Alexander Gosztonyi

Das große Buch der SEELE

Evolution, Bewusstsein
und transzendentale Intelligenz

WINDPFERD

Alexander Gosztonyi, Dr. phil. (1925–2011), führte 40 Jahre lang eine Praxis als Lebensberater und Rückführungstherapeut in Zürich. Er veröffentlichte zahlreiche Publikationen über naturwissenschaftliche Themen, Philosophie, Psychologie, Theologie und Religionsgeschichte, die ihn international bekannt machten.
Einen Überblick über alle erhältlichen Bücher sowie Mitschnitte seiner Vorträge und Kurse als Kassetten, CDs oder im mp3-Format finden Sie auf der Webseite www.alexander-gosztonyi.ch
Seine Frau Rita Gosztonyi kann zu Fragen seines umfassenden Werkes unter www.ritamaria.ch kontaktiert werden.

Vom Autor außerdem bei Windpferd erschienen:

Die Welt der Reinkarnationslehre

Grundlagen und Praxis der Rückführungstherapie

Das Vaterunser

Windpferd Taschenbuch
10032

3. Auflage 2014

Vollständige Taschenbuchausgabe
der 2002 im Windpferd Verlag erschienenen Erstausgabe *Anatomie der Seele*

Umschlaggestaltung: Andrea Barth – Guter Punkt/Agentur für Gestaltung
Bildquelle Cover: © stockbyte/Thinkstock
Grafische Darstellungen: Entwürfe von Alexander Gosztonyi,
Illustrative Umsetzung: Peter Ehrhardt
Layout und Satz: Marx Grafik & ArtWork
Gesetzt aus der Adobe Garamond
Druck: Himmer AG, Augsburg

FSC www.fsc.org
MIX
Papier aus verantwortungsvollen Quellen
FSC® C095359

Printed in Germany
ISBN 978-3-86410-032-1
www.windpferd.de

Gib Gott eine Chance,
dass er dir die Schöpfung zeigt,
und du wirst staunen,
wie sinnvoll sie
eingerichtet ist.

INHALTSVERZEICHNIS

II. Teil
Die Struktur der Seele

III. Teil
Die Entfaltung der Seele

VERZEICHNIS DER ABKÜRZUNGEN/ ABKÜRZUNG DER BIBELSTELLEN

Evangelium nach:

Mt	Matthäus
Mk	Markus
Lk	Lukas
Jo	Johannes

Alt- und neutestamentarische Bücher:

Gen	Genesis – 1. Buch Mose
Spr	Die Sprüche
Apg	Apostelgeschichte
1. Pet	Der erste Brief des Petrus

(Bibelzitate entnommen aus der Zwingli-Bibel, Zürich 1962)

Andere Abkürzungen

ahd.	althochdeutsch
arab.	arabisch
engl.	englisch
franz.	französisch
germ.	germanisch
got.	gotisch
gr.	griechisch
hebr.	hebräisch
lat.	lateinisch
mhd.	mittelhochdeutsch
neulat.	neulateinisch
sans.	sanskrit
westgerm.	westgermanisch

GRAPHISCHE DARSTELLUNGEN UND TABELLEN

Graphische Darstellungen:

Tabellen:

EINE ANATOMIE DER SEELE

Jeder Mensch, der innerlich erwacht, wird eines Tages den Wunsch haben, bewusst zu leben. Er wird wissen wollen, was Sinn und Ziel seines Lebens sind, und fragen, wie er den Sinn seines Lebens erfüllen und seinem Ziel näher kommen kann.
Er kann allerdings die Fragen nur beantworten, wenn er weiß, wer er ist. Er muss eine Antwort auf die Frage finden: *Was ist der Mensch*?

Damit er eine Antwort finden kann, muss er sich genau kennenlernen. Er muss in sich dringen, sich „zergliedern", um dann die einzelnen Teile als Glieder eines einheitlichen Ganzen zu erfassen.

Die Kunst der Zergliederung heißt auf Griechisch *Anatomie.* Sie bedeutet im heutigen Sprachgebrauch „die Wissenschaft von Bau und Lage der Körperteile und Organe von Lebewesen und Menschen". (Lebewesen sind Pflanzen und Tiere.)

Lebewesen und Mensch bestehen jedoch nicht nur aus „Körper". Streng genommen haben sie gar keinen Körper. Sie haben einen *Leib.*

Der Körper ist unlebendig. Ist ein Körper lebendig, so heißt er „Leib". – Es ist die *Seele,* die ihn lebendig macht.

Die Seele

Der Pathologe VIRCHOW soll gesagt haben, er habe unzählige Menschen seziert, doch sei er dabei nie auf eine Seele gestoßen. – Hätte er einen Menschen und nicht bloß einen Leichnam zu sezieren versucht, hätte er die Existenz der Seele im Menschen feststellen können.

Die Seele *reagiert.* Auf das Seziermesser reagiert sie mit Schmerz. Um schmerzfrei zu bleiben, muss der Mensch vor einem operativen Eingriff narkotisiert oder anästhesiert werden.

Ein Leichnam ist ja kein Leib, ein Leichnam ist ein „toter" Körper. Und auch diese Behauptung ist nur bedingt richtig. Es gibt in der Welt nichts, was nicht auf eine bestimmte Weise belebt wäre.

Der Leib jedoch trägt das Leben deutlich wahrnehmbar und stets erlebbar in sich. – Das Leben ist im Leib wahrnehmbar und erlebbar, weil die Seele, die ihn belebt, fähig ist, alles, was sich im Leib und was sich in ihr regt, und alles, was auf sie von außen her zukommt, wovon sie berührt wird, zu *erleben*.

Sie kann es erleben, weil sie Anteil am *Geist* hat. Es ist der Geist, der die Seele *lebendig*: beweglich und zur Aktivität fähig macht. Er ermöglicht damit Lebewesen und Menschen das Leben, und er ermöglicht ihnen, *sinnvoll* zu leben.

Soll der Mensch in seinem ganzen Wesen erfasst werden, so darf die Kunst der Zergliederung nicht an der Oberfläche: im Materiellen stecken bleiben. Sie muss sich vielmehr auf das tragende Element seines Wesens: auf die *Seele* richten.

Eine Anatomie der Seele wird sich notwendigerweise auch auf die Analyse des *Geistes* erstrecken. Und erst von der Anatomie der Seele und einer Analyse des Geistes her wird es überhaupt möglich, auch das wahre Wesen des *Leibes* zu erkennen.

Das Wachstum der Seele

Der Geist belebt die Seele, und das Leben der Seele äußert sich in ihrem *Wachstum*.

Die Seele ist wie eine Pflanze. Wie diese entstand auch die Seele nicht in einem einzigen Augenblick aus dem „Nichts". Sie ist allmählich gewachsen. Ihr Ursprung ist nicht das „Nichts", ihr Ursprung liegt in Gott.

Die Seele hat ihren eigenen Lebensrhythmus und ihre eigenen Wachstumsgesetze. Sie ist ihnen unterworfen. Daher braucht ihr Wachstum Zeit. Und es kann nicht beschleunigt werden. Versucht man es zu beschleunigen, so verdorrt die Seele wie die Pflanze, die übermäßig gedüngt wird, oder sie wird krank wie das Kind, das überfordert wird. Die Seele braucht Pflege und vor allem Liebe, um gedeihen zu können. Auch hierin ist sie der Pflanze ähnlich.

Der Mensch wird in seinem Erdenleben ebenfalls nicht an einem einzigen Tag zu einem ausgewachsenen Menschen. Er benötigt dazu einen relativ langen biologischen Wachstumsprozess, der mindestens anderthalb Jahrzehnte dauert und den jeder, der nicht jung stirbt, durchzumachen hat.

Das Wachstum der Seele kann allerdings nicht in einem einzigen irdischen Leben vollendet werden. *Ein* Erdenleben ist nur ein winziger Ausschnitt aus der Gesamtentwicklung der Seele, und diese Entwicklung benötigt überaus viel Zeit.

Dies hat natürlich seine Gründe. Dem Menschen ermöglicht erst das Wachstum seiner Seele, innerlich zu reifen. Er soll ja nicht nur physisch und biologisch, sondern auch seelisch und geistig *erwachsen* werden.

Da die Seele nur langsam wächst, braucht der Mensch zum inneren: zum seelisch-geistigen Wachstum eine noch längere Zeitspanne. Er braucht dazu nicht nur mehrere, sondern unübersehbar viele Erdenleben. Seine innere Entwicklung umfasst einen äußerst langen Zeitraum: einen ganzen *Äon* – ein Weltalter.

Ein *Äon* ist das Zeitalter, das die Seele in menschlicher Gestalt durchzuleben hat. Es umfasst *einige Hunderttausende* von Inkarnationen.

Der innere Wachstumsprozess des Menschen ist seine *äonische Entwicklung*, die er abwechselnd in der übersinnlichen Welt – im Jenseits – und auf der Erde vollzieht, indem er sich immer wieder *inkarniert*: einen physischen Leib annimmt.

Nach Abschluss der äonischen Entwicklung wird der Mensch zu einem engelhaften Wesen. Auch danach entwickelt sich seine Seele weiter, allerdings auf „Hochschulniveau": auf dem Plan Höherer Wesenheiten.

Das Ziel der Entwicklung

Es entsprang nicht irgendeiner Götterlaune, dass der Mensch in einen so groß angelegten Entwicklungsprozess gestellt wurde. Auch wurde der Mensch nicht aufgrund irgendwelcher Umstände oder Zufälle in das Leben „geworfen". Er wurde mit Bedacht in die Welt gesetzt. Und als er in die Welt gesetzt wurde, war das Ziel seiner Entwicklung schon festgelegt.

Die Tatsache, dass die Entwicklung zielgerichtet ist, bedeutet indessen nicht, dass sie determiniert wäre. Sie ist nur in groben Zügen vorgezeichnet. Innerhalb der Gesamtentwicklung sind sowohl die Etappenziele als auch die dazu führenden Entwicklungswege für die einzelnen Seelengruppen unterschiedlich. Überdies besteht auf jeder

Etappe ein ausreichend großer Spielraum für die individuelle Gangart in der Entwicklung jeder Einzelseele. Daher sind die Wege, die zum Ziel führen, im Einzelnen verschieden.

Das *Endziel der äonischen Entwicklung* hingegen ist für alle Menschen dasselbe. Der Mensch soll nicht nur in seiner äußeren Gestalt und biologisch, sondern auch innerlich zu einem *wahrhaftigen Menschen* werden. Er ist dann ein wahrhaftiger Mensch, wenn er in seiner Gesinnung und seinem Verhalten im wahren Sinne *menschlich* ist.

Menschlich – wahrhaftig menschlich – ist der Mensch erst, wenn er einerseits alles, was er vom Tier „geerbt" hat, auf eine ihm würdige: *humane* Weise leben kann. Er soll jedoch nicht nur das Tier- und Triebhafte, sondern alles, was ihn rücksichtslos und selbstsüchtig macht, überwinden. Er soll darüber hinaus in seinem Denken und Handeln auch das Interesse von Mitmenschen und Mitseelen (Pflanzen und Tieren) wahrnehmen und wahren. Er soll sein Verhalten ausschließlich nach seinen *Einsichten* und nach den Gesetzen der echten *Liebe* ausrichten.

Menschsein im wahren Sinne bedeutet also nicht, die physische Gestalt eines Menschen zu haben, sondern viel mehr. Es bedeutet die Fähigkeit, die *Kosmische Ordnung* und mit ihr das *Göttliche* im irdischen Leben für alle spürbar werden zu lassen.

Das ist ein hohes Ideal, das der Mensch nur im Laufe einer langen inneren Entwicklung verwirklichen kann. Es ist ein *Vorbild*, dem er sich immer mehr anzunähern suchen muss.

Das Ziel der äonischen Entwicklung ist die – in diesem Sinne verstandene – *Menschwerdung* des Menschen.

Der Sinn der Entwicklung

Die Seele kann die Materie – den Körper – beseelen und das Leben leben und erleben, weil sie ein *Funke aus Gott*: ein Teilchen von Gottes Seele ist. Daher existiert alles durch die Seele, und daher kann alles nur durch die Seele erfahren werden.

Jede Seele ist ein *„Gedanke" Gottes*. Der Sinn der Entwicklung besteht für jede Seele darin, dass sie einen bestimmten „Gedanken" Gottes in der irdischen Welt verwirklicht.

Dies ist eine hochgesetzte Aufgabe. Damit der Mensch dieser Aufgabe entsprechen kann, muss er ausgerüstet sein.

Er ist es auch. Seine Seele verfügt über *Gaben*. Die Gaben sind in ihr am Anfang jedoch nur *potentiell* – im Keim – enthalten. Sie müssen im Laufe ihrer Entwicklung erst *aktualisiert*: herangebildet und entfaltet werden.

Die vollständige Aktualisierung sämtlicher Anlagen ist die *eine* grundlegende Aufgabe der Seele. Sie beginnt bereits in der *vor*menschlichen Phase ihrer Entwicklung.

Die andere grundlegende Aufgabe für jede Seele ist es, zu einer *Einzelseele* zu werden: sich zu *individualisieren*.

Zeitlosigkeit und Zeitlichkeit

Die Gesamtheit der Anlagen bildet den *Kern der Seele*. Dieser ist *zeitlos*. Die Aktualisierung der Anlagen hingegen geschieht in einer *zeitlichen* Abfolge. – So ist die Seele *zeitlos* und *zeitlich* zugleich.

Zeitlos ist sie in ihrem Kern. Der Kern der Seele ist ein Teil von Gottes Seele, er ist das Göttliche in ihr. Und dieses ist überzeitlich.

Was in Gottes Seele enthalten ist, ist in jeder Seele enthalten. Es ist in ihr allerdings nur anlagemäßig enthalten. Volle – *absolute* – Realität besteht nur auf der Göttlichen Ebene. Was in der Einzelseele enthalten ist, muss erst entfaltet werden, damit es nicht nur auf der Göttlichen, sondern auch auf der irdischen und somit auf der menschlichen Ebene zur *Wirklichkeit* werden kann.

Zeitlich ist die Seele, weil sie ihre potentiellen Anlagen nur *in der Zeit* aktualisieren kann.

Die Seele weist demzufolge eine Doppelnatur auf: Sie hat eine *statische* und eine *dynamische* Struktur. Die *statische* Struktur ist die bleibende: der Grundplan, der *zeitlos* ist. In diesem sind alle Gaben potentiell enthalten, in ihm ist alles vorgezeichnet, was entwickelt werden muss. – Ihre *dynamische* Struktur hingegen gelangt erst in jenem großen Prozess zur Entfaltung, in welchem ihre Anlagen aktualisiert und entfaltet werden. In diesem Prozess vollzieht sich die *Entwicklung der Seele*. Und dieser Prozess ist an die *Zeit gebunden*.

Das innere Wissen

Die *erste Zielsetzung* dieses Buches ist, dem Menschen, der sich kennenlernen will, weil er sich entwickeln möchte, zur *Selbsterkenntnis* zu verhelfen.

Um *Selbsterkenntnis* zu erlangen, muss man die richtige – hinreichend weite – Sicht haben. Der Mensch muss dann nicht nur wissen, dass er wiederholt und überaus häufig auf die Erde kommt, er muss auch wissen, dass er in einem groß angelegten *Entwicklungsprozess* steht.

Dieses Wissen: das Wissen um die wiederholten Erdenleben und das Wissen um die innere Entwicklung, ist in der Seele eines jeden – wie ein verborgener Schatz – vorhanden. In ihm ist auch das Wissen um die Beschaffenheit des Kosmos und seine Gesetzmäßigkeit, das Wissen um Hintergründe des Lebens und des Schicksals und das Wissen um Gott enthalten. Es ist ein *inneres* Wissen, das dem Menschen üblicherweise nicht oder nicht in vollem Umfang zugänglich ist.

In extremen Situationen kann es in ihm jedoch aufsteigen: bei großen Erschütterungen, angesichts des Todes, in einem Gotteserlebnis und immer dann, wenn der Kern der Seele, in welchem dieses Wissen verborgen ist, aufbricht.

Das innere Wissen wird – im Laufe der inneren Entwicklung – einem jeden zugänglich. Ist der Mensch innerlich hinlänglich reif, so wird er immer bewusster aus seinem inneren Wissen schöpfen können.

Mit dem Verstand freilich ist es nicht möglich, nach diesem verborgenen Schatz zu graben. Dafür ist die *Herzensintelligenz* zuständig. Rationale „Beweise" und Erörterungen würden den Gehalt nur verflachen und die Wahrheit schal erscheinen lassen. Der Mensch muss in sich hinein*fühlen*, um dem Verborgenen auf die Spur zu kommen.

Die Sinnhaftigkeit des Seins

Zum inneren Wissen gehört auch das Wissen um die *Sinnhaftigkeit des Seins.*

In einer Welt, in welcher alles sinnvoll ist, gibt es keinen Zufall. Nicht, weil Gott alles von vornherein vorausbestimmen würde. Im

Gegenteil: Er lässt für die Freiheit jedes Menschen hinreichend Spielraum.

Doch Gott „würfelt nicht", – wie EINSTEIN schon sagte. Er sagte es im Hinblick auf die „Unschärferelation". „Unschärfe" bedeutet in der Quantentheorie die Ungewissheit über das Eintreten vorausgesagter Ereignisse. Es zeigt sich, dass im atomaren Bereich nicht alle Vorgänge vorauskalkulierbar sind. Insofern können sie als „zufällig" gelten.

Sie sind jedoch nicht deswegen nicht voraussagbar, weil sie „zufällig" wären, sondern weil der Mensch aus seiner „Froschperspektive" keine ausreichende Übersicht hat, um Ereignisse vorauszusehen.

Gott ist allerdings kein Mensch. Aus seiner „Perspektive" ist alles voraussehbar, ohne dass es festgelegt wäre. Je mehr der Mensch seine Sicht erweitert, umso klarer erkennt er, dass alles, was ihm früher als „Zufall" erschien, nicht zufällig, sondern sorgfältig geplant war.

Er wird auch erkennen können, dass Vorkommnisse selbst im Materiellen nicht zufällig sind. Jedes Ereignis – ob materiell, ob seelisch, ob geistig – wird sich ihm als sinnvoll erweisen, sobald er erkennt, wie *harmonisch* die Welt aufgebaut ist. Denn in einer Welt, in welcher alles miteinander im Einklang steht, trägt jedes Geschehen dazu bei, dass die Schöpfung – und in ihr und mit ihr jede Seele – immer näher zu Gott gelangt.

Glauben an den harmonischen Aufbau der Welt, Glauben an die Sinnhaftigkeit des Lebens ist freilich eine Sache; konkret aufzuzeigen, dass alles Wesentliche, was den Menschen betrifft, in sinnvollem Bezug zueinander und in einer logisch aufgebauten Ordnung steht, ist eine andere.

Das tiefere Anliegen dieses Buches – seine *zweite Zielsetzung* – ist gerade dies: aufzuzeigen, dass jedes Ereignis in sämtlichen Bereichen des Lebens *sinnvoll* ist. Das Buch erreicht sein Ziel, wenn Menschen der Sinn des Weltgeschehens klar wird, wenn sie also einsehen, dass alles, was in der Welt vor sich geht, auf die Vervollkommnung und Vollendung einer jeden Seele angelegt ist und dass hinter jedem Ereignis Gott steht, dessen Liebe alle Seelen unwiderstehlich an sich zieht.

*

Der Autor schöpft wie alle, die um die Sinndeutung bemüht sind, aus seinem inneren Wissen. Alles, was in diesem Buch vorgelegt wird, beruht ausschließlich auf seiner eigenen Erfahrung, die er in der therapeutischen Arbeit mit Menschen oder durch innere Erkenntnisse erworben hat. Diese Erfahrung ermöglicht es auch ihm, sich dem inneren Wissen immer mehr zu öffnen.

Wie bei jeder geisteswissenschaftlichen Arbeit ist es auch in dieser unvermeidlich, auf bestehenden Erkenntnissen aufzubauen und Ausdrücke, die anderswo bereits gebraucht worden sind, zu verwenden. Der Sinn solcher Ausdrucksformen wird hier jedoch durch Definition oder Umschreibung jeweils neu bestimmt.

In einer so komplexen Struktur wie derjenigen der Seele greift jeder Bereich, jede Funktionseinheit in die andere. Bei deren Schilderung ist es daher unvermeidbar, auf manche Fakten, die erst hinterher zur Erörterung gelangen, vorher schon hinzuweisen und manches zu wiederholen.

Teil I

Der Werdegang der Seele

Kapitel 1

DAS BAUWERK „MENSCH“

Es gibt Bauten, bei deren Anblick Menschen, die des Staunens fähig sind, nur staunen können. Und solche Bauwerke gibt es nicht nur in Stein oder Beton, Stahl oder Glas, sondern auch immateriell.

Ein solch bewunderungswürdiges Bauwerk ist auch die Seele des Menschen. Wie jedes große – materielle oder geistige – Bauwerk, wurde auch sie – nicht anders als eine Kathedrale – nach und nach aufgebaut. Und es gibt nichts in ihr und nichts an ihr, was nicht umsichtig geplant und sinnvoll wäre.

Dies ist wörtlich zu nehmen. Es geschieht auf der Welt nichts von selbst. Kein Wachstum geht von selbst – rein mechanisch – vor sich. Alles wird gründlich überlegt, sorgfältig vorbereitet, gezielt durchgeführt und unablässig überwacht. So auch die Entstehung und die Entwicklung der Seele.

Der Bauvorgang

Die Abfolge der einzelnen Entwicklungsschritte ist auf das Ziel hin ausgerichtet. Jede Phase und jede Inkarnation stellt einen Baustein dar, der in das Bauwerk sinnvoll eingefügt wird.

Zur Zeit, als Kathedralen erbaut wurden, waren Bauarbeiter gleichzeitig mit der Bearbeitung verschiedener Teilstücke beschäftigt, deren Verwendung in verschiedenen Bauetappen erfolgte. Zum Beispiel hauten Steinmetze Steine für Pilaster oder Säulen zurecht, andere verzierten Wasserspeier oder schufen Statuen, während wieder andere noch dabei waren, Steine im Steinbruch zu gewinnen und zur Baustelle zu transportieren. Vieles geschah gleichzeitig, was erst nach und nach zusammengefügt wurde und im Augenblick nur denjenigen sinnvoll erschien, die den Plan der ganzen Kathedrale kannten und den ganzen Ablauf der Arbeiten überblicken konnten.

So entsteht auch die menschliche Seele im Laufe ihrer Entwicklung aus unzähligen Einzelstücken schichtweise, und viele ihrer Anlagen und Fähigkeiten werden von langer Hand bereitgestellt und finden nach und nach bei ihrer Entfaltung Verwendung.

Vollendet ist der Bau der Seele erst, wenn der Mensch seine innere Entwicklung abgeschlossen hat. Vorher jedoch, auf jeder Stufe der Entwicklung, wird an ihr noch gearbeitet.

So sind in der Seele manche Bereiche durchgestaltet, andere sind erst halbfertig, so manches muss noch vom Staub der Bauarbeiten gereinigt werden. Und selbst in jenen Bereichen, die erst viel später zur Entfaltung gelangen werden, wird vieles jetzt schon, etliches sogar von Anfang an, bereitgestellt.

Die Arbeiten benötigen natürlich Zeit. Auch der Bau irdischer Werke braucht ja Zeit. So nahm der Aufbau mancher Kathedrale ein volles Jahrhundert und noch längere Zeit in Anspruch. Die Bauarbeiten an der Seele dauern allerdings länger. Sie benötigen bis zu ihrer Vollendung *Hunderttausende* von Jahren.

Ein wesentlicher Unterschied zum Bau einer Kathedrale besteht darin, dass die Seele nicht Stück für Stück zusammengefügt wird, sondern in einem natürlichen Wachstumsprozess entsteht. Dabei wird auch die kürzeste Wachstumsphase lange im voraus entworfen und Schritt um Schritt planmäßig durchgeführt. Erst vom Ende her, wenn die äonische Entwicklung abgeschlossen ist und die Seele als Bauwerk – als „menschliche Kathedrale" – vollends errichtet ist, können wir Menschen den Gesamtbau überblicken.

Der Platz des Menschen im Kosmos

Jedes wichtige Gebäude (z. B. ein Tempel, eine Kirche) wurde zu früheren Zeiten nach der Kunst der *Geomantie* an einer geeigneten Stelle aufgebaut. So wird auch für jeden Menschen ein geeigneter Platz in der Gesamtheit aller Seelen ausgesucht. Jede Seele hat ihren Platz in der Gemeinschaft aller Seelen: in der *Weltharmonie*. An welche Stelle sie hingestellt wird, hängt von der Aufgabe ab, die ihr zugeteilt wird.

Die Aufgabe besteht für jede Seele grundsätzlich darin, den Kosmos von einer bestimmten Stelle aus zu spiegeln. Konkret bedeutet dies: bestimmte Anlagen, die im Kosmos – letzten Endes in Gottes Seele – vorhanden sind, in der irdischen Welt auf menschliche Weise zu verwirklichen.

Der Mensch – genauer: die Struktur seiner Seele – bildet jedoch im gewissen Sinne den ganzen Kosmos ab. Alles, was im Kosmos vorhanden ist, existiert auch in seiner Seele, und alles, was im Kosmos vor sich geht, ereignet sich auch in ihr.

Während aber die Einzelseele den Kosmos nur von einer bestimmten Stelle aus und unter einem bestimmten Gesichtspunkt, daher nur einseitig oder nur bruchstückhaft widerspiegeln kann, ergeben alle Einzelseelen zusammen ein ganzheitliches Bild des Kosmos. Da jede Einzelseele in ihrem Kern das Göttliche enthält, sind alle Seelen miteinander verbunden und wesensgleich. Alle zusammen spiegeln das Göttliche.

Der Architekt und die Baumeister

Der Architekt, der die Kathedrale der Seele entworfen und ihr eine Stelle im Kosmos angewiesen hat, ist natürlich Gott. Jede Seele ist ein „Gedanke" Gottes, und in Gottes „Gedanken" ist auch die Entwicklung der Seele bis zu ihrer Vollendung enthalten.

Die Baumeister sind Engel: die *Bauingenieure des Kosmos.* Unter der Leitung der *Ordnenden Intelligenz*: des *Heiligen Geistes,* führten und führen sie die Realisierung von Gottes Gedanken aus und lenken und überwachen die Entfaltung der irdischen Welt und somit die Entwicklung eines jeden Menschen und der ganzen Menschheit.

Je klarer der Mensch erkennt, dass alles, was in der Welt geschieht, sinnvoll, weil von Gott gewollt ist und letztlich nur ihm selber: dem Menschen dient, desto heimischer und geborgener wird er sich in dieser Welt fühlen.

Er wird also keine Angst haben, dass er in seiner Entwicklung „auf der Strecke bleibt". Er kann ja wissen, dass er von Gott nicht einfach in die Welt „gestoßen" und dann allein gelassen wird. Im Gegenteil: er wird auf seinem Entwicklungsweg Schritt für Schritt begleitet und betreut. Und da bei Gott die Vervollkommnung seiner Seele beschlossen ist, kann er wissen, dass er das Ziel seiner Entwicklung einmal erreichen und ihren Sinn unfehlbar erfüllen wird.

Erkennt er dies, so wird er sich vor einer Weltkatastrophe nicht ängstigen, die alles Lebendige mit einem Schlag wegfegen und den kläglichen Untergang der Welt und die Ausrottung der Menschheit heraufbeschwören würde. Denn er weiß, dass Gott eine mit so viel Sorgfalt und mit so viel Liebe hervorgebrachte Schöpfung nicht mit einer einzigen Handbewegung vernichten wird. Gott tut nichts Sinnloses, und mit seiner Schöpfung und mit jedem einzelnen Menschen hat er seine konkreten Pläne, die zu verwirklichen er zweifellos imstande ist.

Er hält ja die Welt und mit ihr jeden Menschen und jede Seele liebevoll in seiner Hand.

Und aus der Hand Gottes kann keine Welt, kein Mensch, keine Seele je herausfallen.

Kapitel 2

DIE WELT, IN DER WIR LEBEN

Alles, was es gibt, ist von Gott ausgegangen. Jede Seele ist aus seiner Seele hervorgegangen. So auch die Welt, in der wir leben, so auch die Seele aller Wesenheiten.

Das Hervorgehen aus Gott ist die *Schöpfung*.

Die *Schöpfung* ist ein *Kosmisches Geschehen*. Und „Schöpfung" ereignet sich fortwährend. Unsere Welt ist nur eine Welt unter vielen. Es gehen dauernd Welten aus Gott hervor, entfalten sich nach und nach, erleben eine Blütezeit und lösen sich wieder auf.

Jene Stätte, in welcher immer wieder neue Welten entstehen und vergehen, ist das *Universum*. In ihm wird mit jeder neu entstehenden Welt auch der zugehörige *Kosmos* entfaltet. Der Teil in unserem Kosmos, in dem wir leben, ist die *Erdsphäre*.

DAS UNIVERSUM

Das *Universum* (lat. das All) umfasst alles, was es gibt: alles Materielle, Seelische und Geistige. Man könnte auch sagen: Das Universum ist der *„Leib" Gottes*.

Uns Menschen ist der größte Teil des Universums unbekannt. Unsere Unkenntnis gründet nicht nur darin, dass wir bedeutende, vor allem fernliegende Teile des Universums astronomisch noch nicht entdeckt haben. Unsere Unkenntnis wurzelt in der Tatsache, dass unsere Erkenntnisfähigkeit *qualitativ* begrenzt ist. Uns ist nur das zugänglich und wir können nur das erleben und erfahren, wozu uns unser Entwicklungsstand befähigt. Und unser Entwicklungsstand ist nicht besonders hoch. So haben wir überhaupt keine Vorstellung darüber, keine Begriffe dafür, was im Universum noch alles vorhanden ist und was in ihm vor sich geht.

Wir wissen beispielsweise nicht einmal (oder noch nicht), ob das Universum endlich oder unendlich ist, da wir uns die *Unendlichkeit* konkret überhaupt nicht vorstellen können. Wir können höchstens „Unendlichkeit" mit „Unbegrenztheit" gleichsetzen, um dann die räumliche und die zeitliche Unendlichkeit nach der mathematischen Definition der Unendlichkeit der Zahlenreihe wie folgt zu umschreiben: Es gibt keine Raumstelle, über welche hinaus kein Raum mehr denkbar wäre; es gibt weder in der Vergangenheit noch in der Zukunft einen Zeitpunkt, über welchen hinaus in beiden Zeitrichtungen keine weitere Zeit vorstellbar wäre.

Die „Grenzen" des Universums decken sich mit den Grenzen unseres Vorstellungs- und Denkvermögens, da sie durch letztere festgelegt sind.

Jener Bereich des Universums, zu welchem wir Zugang haben, ist der *Kosmos*.

*

Wissenschaftler sind der Ansicht, dass in Anbetracht der – uns bereits zugänglichen – Größe des „Universums" (gemeint ist der Kosmos) die Erde nichts als ein Sandkörnchen ist. – Dies trifft zweifellos zu. Umso größer ist das Wunder, dass auf diesem Sandkörnchen Abermilliarden von Wesenheiten leben, unter welchen Milliarden jene Wesenheiten – nämlich Menschen – sind, die über das All nachdenken können und etliche von ihnen der Welt und ihrem Schöpfer in dankbarer Bewunderung begegnen.

*

Wesenheiten sind alle Seelen, die im Universum existieren. Der Ausdruck *Wesenheit* ist ein Oberbegriff, der sämtliche Einzelseelen umfasst, so auch Lebewesen und Menschen, ferner Naturwesen, Niedere und Höhere Wesenheiten, unter ihnen Geistige Führer, Engel, die Himmlischen wie JESUS und viele andere. Es gibt sehr viele Arten von Wesenheiten, von deren Existenz und Beschaffenheit wir Menschen keine Kenntnis, nicht einmal eine Ahnung haben.

Lebewesen sind Einzelseelen, die auf der Erde inkarniert, aber (noch) keine Menschen sind: Tiere und Pflanzen. In gewisser Weise gilt auch das Mineral als „Lebewesen".

DER KOSMOS

Der *Kosmos* (gr. Ordnung) ist der uns – astronomisch und physikalisch, sowie seelisch und geistig – zugängliche und somit (wenn auch noch lange nicht vollständig) bekannte Ausschnitt aus dem Universum.

Wenn wir vom „All" reden, meinen wir den *Kosmos*. Ausschließlich das, was im Kosmos vorhanden ist, können wir mit unserem Verstand begreifen und errechnen oder selber erleben. Und auch davon können wir vieles erst dann erfassen, wenn wir uns innerlich sehr weit entwickelt haben. Damit uns aber auch der unbekannte Teil des Kosmos vertraut werden kann, müssen wir unsere äonische Entwicklung abgeschlossen haben und in jene Phase der seelisch-geistigen Entwicklung getreten sein, die jenseits der Erde stattfindet.

Der *Kosmos* besteht aus *Regionen*, diese bestehen aus *Sphären* und die Sphären sind in *Seinsebenen* unterteilt.

Regionen sind umfassende Bereiche der übersinnlichen Welt, die sich *qualitativ* unterscheiden. Unterschiedlich ist sowohl die Stofflichkeit ihrer Materie als auch die seelische und geistige Beschaffenheit der dort angesiedelten Wesenheiten.

Sphären sind Teilbereiche der Regionen. Wie Erfahrungen erkennen lassen, gibt es im Kosmos *zwölf* Sphären.

Seinsebenen sind Schwingungsbereiche unterschiedlichen Niveaus, die bei der schichtweise erfolgten Unterteilung einer Sphäre entstehen.

Jene Sphäre, welche die Erde und die zu ihr gehörenden Bereiche umfasst, ist die *Erdsphäre*.

DIE SEINSEBENEN

Eine *Seinsebene* ist weder ein Abstraktum noch etwas Materielles. Sie ist die *Ausgestaltung der Seele*: der „Seele an sich", und diese ist die *Seele Gottes.*

Die Seele besteht aus *Schwingung*. Eine Seinsebene ist ein Schwingungsbereich innerhalb einer Sphäre im Kosmos.

Es ist mit großer Wahrscheinlichkeit (aufgrund von Erfahrungen) anzunehmen, dass unsere Welt (vielleicht jede Welt) aus *sieben Schwingungsebenen* besteht. – Diese stellen die *sieben Seinsebenen* in einer Sphäre dar.

Unterschiede in der Schwingung bedeuten eine unterschiedliche Energiestrahlung, die qualitative Unterschiede in der Existenzform bedingt. Verschieden hohe Schwingungen bringen qualitativ verschiedene Erscheinungsweisen des Seins hervor, deren Bereich jeweils eine *Seinsebene* ist.

Die *sieben Seinsebenen* stellen die *substantielle Basis* der Sphäre dar. Die *Seinsebenen* der Erdsphäre beeinflussen auch das Leben auf der Erde und spielen im Aufbau der Seele eine wichtige Rolle.

Jede Seinsebene hat ihr eigenes, für sie charakteristisches Leben. Im Universum geht nichts mechanisch vor sich. Alles ist beseelt und sämtliche Vorgänge werden von zuständigen Wesenheiten gelenkt.

Auch den Seinsebenen stehen Wesenheiten vor. Sie lenken und überwachen alle Funktionen und die dort ablaufenden Ereignisse: das *Leben* einer Seinsebene.

Das *Leben der Seinsebene* ist das Leben jener großen Seelengruppe, die mit der Seinsebene zugleich aus Gott hervorgegangen ist. Jede Seinsebene ist also von einer eigenen, für sie zuständigen Seelengruppe besiedelt. Jede Population im Kosmos (z. B. Bewohner eines Planeten innerhalb oder außerhalb des Sonnensystems) gehört zu einer Seinsebene, deren Ranghöhe ihrem Entwicklungsstand entspricht.

Jede Seelengruppe besteht aus *Wesenheiten*: aus Einzelseelen. Von der Art vieler solchen Wesenheiten können wir Menschen allerdings kaum etwas wissen.

Den Seelengruppen stehen – wie allen Seelen, die der Entwicklung bedürfen – *Höhere Wesenheiten* bei. Diese gehören zu jener Kategorie von Engelsordnungen, die von Ewigkeit her als Lichtgestalten existieren.

Wie der Kosmos, besteht auch die Seele einer jeden Wesenheit aus Schichten. Jeder Seinsebene entspricht eine Seelenschicht. In jeder Wesenheit – in jeder Einzelseele – gibt es den sieben Seinsebenen entsprechend *sieben Seelenschichten.*

Zwischen den *Seinsebenen* und den *Seelenschichten* besteht eine enge Beziehung im Sinne einer *Wechselwirkung.* Vorgänge auf allen Seinsebenen beeinflussen die Einzelseelen, indem sie auf ihre Seelenschichten einwirken. So wird auch die Seele der Wesenheiten, die in der Erdsphäre leben, von allen Seinsebenen her – von den dort lebenden Wesenheiten – gefördert, überwacht und beschützt. Sie erhalten von ihnen Impulse zu ihrer Weiterentwicklung. Dies gilt aber auch umgekehrt: Ereignisse, Erlebnisse und Erfahrungen einer Seele oder einer Seelengruppe wirken sich auf die entsprechenden Seinsebenen aus, und Entwicklungsschritte jeder Seele auf der Erde bereichern auch die Seelengruppe, die für eine Seinsebene zuständig ist.

DIE MATERIE

Jede Seinsebene weist nicht nur eine andere Art seelischer und geistiger Existenz auf, sondern hat auch eine andere Art von *Materialität.* Jede Art von Schwingung bringt immer auch „Materie" hervor, wobei die Stofflichkeit der Materie je nach der Höhe der *Seinsebene* verschieden ist.

Von Seinsebene zu Seinsebene erfolgt eine Abstufung in der Qualität und in der Konsistenz der Stofflichkeit. Die höchste Seinsebene weist die feinste Stofflichkeit und die dünnste Konsistenz auf. Sie besteht aus Licht: aus *Kosmischem Licht.*

Je tiefer die Seinsebene liegt, umso dichter ist ihre Stofflichkeit. In unserer Welt hat die *irdische* – grobstoffliche: physische – *Materie* die dichteste Stofflichkeit.

Je nach „Höhe" der Seinsebene – je nach Nähe der Schwingungsebene zur Urschwingung – weist die Schwingung verschiedene Grade an Intensität und dadurch auch an Qualität auf. Bei jedem Schritt im Schöpfungsprozess verringert sich die Intensität der Schwingung. Dadurch verdichtet sich die Konsistenz der „Substanz": des „Schwingungspakets". Darum gibt es innerhalb einer Seinsebene eine Skala abgestufter Schwingungsniveaus. Die aufeinanderfolgenden Schichten lassen eine absteigende Schwingungsintensität erkennen.

Die unterste Schwingungsschicht mit der geringsten Intensität hat die jeweils dichteste „Substanz" und gilt als die *Materie* der Seinsebene.

Geist und Seele entstehen also nicht – wie materialistisch Denkende es annehmen – aus der Materie, sondern umgekehrt: *Materie* ist das Erzeugnis des Zusammenwirkens von *Geist* und *Seele*. Es ist der Geist, der durch die Seele die – jeweilige – Materie hervorbringt.

Die Relativität der Materie

Die Materie weist in der Dichte ihrer Stofflichkeit *graduelle Unterschiede* auf.

Materie ist ein *Schwingungszustand*. Jede Schwingungsebene hat ihre eigene, in ihr entstandene Materie, die sich von der Materie der anderen Ebenen unterscheidet. Denn je nach Schwingungshöhe des jeweiligen Schwingungsbereichs ist auch das Niveau der untersten Schwingungsschicht verschieden. Auf den höher liegenden Ebenen ist die Schwingung intensiver, demzufolge ist ihre Materialität weniger dicht. Je tiefer – je entfernter vom Ursprung – eine Schwingungsebene liegt, umso dichter ist auch die Stofflichkeit ihrer Materie. Die Konsistenz der jeweiligen Materie hängt also davon ab, an welcher Stelle die fragliche Seinsebene in der Rangordnung der Seinsebenen steht, wie groß ihr Abstand zur Urschwingung ist.

Materie und Materie ist also nicht dasselbe. Was als „Materie" gilt, ist *relativ*. Was auf einer Seinsebene als Materie erfahren wird, hängt von der Höhe der jeweiligen Schwingung ab. Jene Materie, die in einem Schwingungsbereich – zufolge ihrer Schwingung – als die dichteste gilt, gilt in einem anderen, tiefer liegenden Bereich als feinstofflich.

Die irdische – physische – Materie ist *nur eine* Erscheinungsform der Materie schlechthin. Sie ist grobstofflich. Es gibt jedoch Materie, deren Stofflichkeit wesentlich dichter – „gröber" – ist als die unserer irdischen Materie.

Die Art der Stofflichkeit bedingt sowohl die Beschaffenheit der *Materie* als auch die *Materialität* einer Seinsebene.

Die Materie im Kosmos

Grobstoffliche Materie gibt es auch im Kosmos. Sie entspricht der physikalisch und chemisch erfassbaren Materie auf der Erde. Aus dieser Materie besteht im Kosmos alles, was der Mensch unmittelbar, das heißt mit physisch-leiblichen Augen oder mit physikalischen Wahrnehmungsapparaten (z. B. Radioteleskopen, Satelliten und sonstigen Wellenempfängern) wahrnehmen kann: sowohl Gestirne, einschließlich Galaxien, als auch astrophysikalische Phänomene und deren Veränderungen, so zum Beispiel interstellare oder intergalaktische Gravitationsfelder sowie Wandlungsprozesse, die materielle Veränderungen zur Folge haben (z. B. die Entstehung neuer „Sterne“).

Diese grobstofflich-materielle Schicht des Kosmos verfügt – wie die physische Materie auf der Erde – über eine weitgehende Selbständigkeit und dient als tragende materielle Grundlage für das Leben sowohl auf der Erde als auch auf den Gestirnen (z. B. auf Sonnen und Planeten).

Diese Schicht der kosmischen Materie ist jedoch nur die *grobstofflich-materielle Basis* des Lebens auf den Gestirnen. Ihre Beschaffenheit ist für die dort herrschende Stofflichkeit der *Bewohner* nicht ausschlaggebend. Die materielle Beschaffenheit ihres Leibes muss also der Grobstofflichkeit dieser Schicht nicht entsprechen. Die Tatsache, dass im Kosmos die Existenz derselben Art von Materie wie auf der Erde feststellbar ist, darf nicht zur Annahme verführen, auf allen Planeten gäbe es nur dann „Leben“, wenn dieses Leben dem Leben auf der Erde gleichzusetzen wäre. – Alle Planeten unseres Sonnensystems sind bewohnt, aber von Wesenheiten, deren materieller Leib eine feinere Stofflichkeit aufweist als der physische Leib des Menschen und der Lebewesen auf der Erde. Dies ist der Grund, warum mit Hilfe von Raumsonden, deren Wahrnehmungsbereich auf die Wahrnehmung der physischen Materie ausgerichtet ist, kein „Leben“ festgestellt werden kann.

DIE ERDSPHÄRE

Die Erdsphäre ist ihrem Wesen nach kein geographischer Ort, keine astronomische Ortsbestimmung, sondern ein *Schwingungsbereich* mit einem breiten Spektrum abgestufter Schwingungshöhen. Zu ihr gehören nicht nur die Erde und die mit ihr verknüpften Zonen des Jenseits, sondern auch alle Planeten, deren Schwingung der Schwingung der Erde entspricht. Auf diesen herrschen dieselben Bedingungen wie auf der Erde. – Dazu zählen allerdings keine Planeten unseres Sonnensystems. Auf diesen sind die Lebensbedingungen anders als auf der Erde.

Die *vor*menschliche und die menschliche: die äonische Entwicklung der Einzel- und der Gruppenseele findet in der *Erdsphäre* statt. Die Erde und die einzelnen Planeten, auf welchen die Lebensbedingungen denen auf der Erde gleichen, sind wie Schulhäuser. Wechselt der Mensch den Planeten, so bedeutet dies einen Wechsel des Schulhauses. Der Unterricht ist in allen Schulhäusern im wesentlichen derselbe.

Das menschliche Leben ist auf das Leben in der Erdsphäre beschränkt, bis die äonische Entwicklung abgeschlossen ist und der Mensch auch andere kosmische Regionen betreten kann. Dort setzt er seine Entwicklung auf „Hochschulebene" fort.

Die *irdische Materie* geht aus jenem – am wenigsten intensiven – Schwingungsbereich hervor, welcher die unterste Teilschicht der untersten: der *siebenten Seinsebene* bildet. Ihre Existenz ist die Voraussetzung dafür, dass in der *Erdsphäre* jene *materielle Basis* entsteht, dank der die Entwicklung der Einzelseelen stattfinden kann.

Die Seele der Lebewesen und des Menschen weist ebenfalls eine grobstofflich-materielle Schicht auf, allerdings nur dann, wenn sie auf der Erde inkarniert und also in die irdische Materie eingebunden ist. Diese Schicht ist die *Basisschicht.*

Die Materialität

Materialität ist mit *Materie* nicht identisch. – *Die Materie* ist die stoffliche – auf der Erde: die grobstoffliche, physische – Erscheinungsform alles Lebendigen. – *Die Materialität* hingegen stellt die Gesamtheit der Bedingungen dar, denen Lebewesen und Mensch in ihrem irdischen Dasein ausgesetzt sind, wenn sie in einem grobstofflich-physischen Leib leben. – Materie und Materialität stellen gemeinsam die *materielle Wirklichkeitssphäre* auf einer Seinsebene, so auch auf der Erde dar.

Die *Materialität*, die durch die grobstofflich-irdische Materie bedingt ist, umfasst unter anderem die *Form*, und diese ist die physikalische Struktur der Materie, deren Gesetze *mathematisch* formulierbar sind. Dazu gehören ferner die *Erdenschwere*, die *Undurchdringlichkeit*, die *Raum-* und *Zeitgebundenheit*, *Erscheinungsformen* und *Gesetze des* biologischen, physisch und chemisch bzw. physiologisch bedingten *Lebens* wie Wachstum, Lebensrhythmus und Zerfall. Sie bedingt des weiteren die Angewiesenheit auf die leiblichen *Sinne* und *Organe* bei *Wahrnehmung* und Kontaktnahme mit dem Irdischen, die Notwendigkeit einer *Sprache* zur Kommunikation, das Angewiesensein auf *Nahrung*, *Schlaf* und – je nach Klima – auf *Bekleidung*, sodann die *Eingeschränktheit des Bewusstseins*.

Die Materialität der anderen, höheren Seinsebenen engt die Wesenheiten, dank deren Feinstofflichkeit, nicht in selbem Maße wie auf der Erde ein. Bereits auf der Astralebene, auf welcher sich das Lebewesen und der Mensch nach dem physischen Tod im Jenseits befinden, gibt es keine in gleichem Maße einengenden Raum- oder Kommunikationsgrenzen. Der Mensch (vorausgesetzt, er ist im Jenseits auf der Lichtseite) kann zum Beispiel Raumdistanzen ohne körperliche Anstrengung augenblicklich oder in kürzester Zeit überwinden und mit den anderen ohne Sprache: *telepathisch* kommunizieren.

Die Wirklichkeitssphären

Ein Pferd kann sich auf dreifache Weise fortbewegen: im Schritt, im Trab oder im Galopp. In jeder Gangart kann es sich etwas langsamer oder rascher fortbewegen. Wenn es jedoch seinen Gang so sehr beschleunigt oder verlangsamt, dass sein Tempo eine bestimmte Geschwindigkeitsgrenze über- oder unterschreitet, wechselt es seine Gangart.

Bei der Schwingung verhält es sich ähnlich. Wenn sie intensiviert oder verlangsamt wird, wechselt auch sie ihre „Gangart“, und der jeweilige Schwingungszustand tritt auf eine jeweils andere Weise in Erscheinung. Die Schwingungszustände sind mit den drei möglichen Gangarten eines Pferdes auch insofern vergleichbar, als es für die hervorgebrachten Schwingungszustände im Wesentlichen ebenfalls drei verschiedene Erscheinungsformen gibt.

Diese werden uns Menschen täglich vor Augen geführt: in der Form der Aggregatszustände des sich erwärmenden oder abkühlenden Wassers.

Wärme ist Bewegungsenergie der Moleküle im Gas oder im festen Körper. Übersteigt sie 100° C, so wird das Wasser zu Dampf, kühlt es sich unter 0° ab, so wird es zu Eis.

Ebenso treten die Schwingungszustände in drei verschiedenen „Aggregatszuständen" in Erscheinung.

Jede Schwingung enthält *Energie*. Man kann auch sagen: Sie besteht aus Energie. In der Physik gilt die Materie als *„Energieballung"*.

Ändert sich die Schwingung und übersteigt ihre Intensität eine bestimmte Grenze oder sinkt sie darunter, so ändert sich auch die Wirkung der Energie, und diese bringt einen jeweils anderen „Aggregatszustand" hervor.

Die verschiedenen „Aggregatszustände" sind *Wirklichkeitssphären*. Es gibt drei Wirklichkeitssphären: eine *geistige*, eine *seelische* und eine *materielle*.

Die Unterschiede zeigen sich sowohl in ihrer Substanz: in ihrem Kern und Wesen, als auch in ihrer Stofflichkeit. Die höchste Art von Energie, die *geistige*, weist die wirkungskräftigste Substanz und zugleich die feinste Stofflichkeit auf (vergleichbar mit dem Dampf). Diese kann als die „materielle" Erscheinungsform des Geistigen betrachtet werden. – Die mittlere Stufe (vergleichbar mit dem Wasser) ist die Erscheinungsform der *Seele*. – Die untere Stufe weist in einer Hinsicht die schwächste, in einer anderen die härteste Substanz und die gröbste Stofflichkeit auf (vergleichbar mit dem Eis) und gilt als die spezifische *Materie* einer Seinsebene.

„Hart" ist die Substanz der Materie, weil sie – wie das Eis – mit entsprechender materieller Kraft nur zerstückelt, nicht aber aufgelöst werden kann; „schwach" ist sie, weil sie – ebenfalls dem Eis gleich – in der Sonnenwärme – unter Einwirkung des Geistes (des Lichtes bzw. des Feuers) – leicht aufgelöst („geschmolzen") wird.

Entsprechende kosmische Aggregatszustände gibt es auch in der *Erdsphäre*. Auch da haben Geist, Seele und Materie ihre spezifischen Erscheinungsformen in den drei *Wirklichkeitssphären* der irdischen Welt. Es sind spezifische Schwingungszustände, in welchen die erzeugten Energiearten qualitativ wie auch ihrer Wirkung nach unterschiedlich sind.

Auch der Mensch gehört allen drei Wirklichkeitssphären an. Sowohl die Schichten seiner Seele als auch sein Leib bzw. die Leibarten weisen „Aggregatszustände" auf. Diese sind in einer Seelenschicht oder in einer Leibart nicht getrennt, sondern vermischt. Die höheren Seelenschichten und Leibarten sind – eher – geistiger Art, die mittleren vorwiegend seelisch, die unteren überwiegend materiell, aber – mit Ausnahme der Basisschicht – nicht grobstofflich.

Die Zuordnungen sind jedoch nur vorübergehend, denn die Grenzen der Aggregatzustände verschieben sich im Laufe der Entwicklung vom Materiellen zum Geistigen. Entwicklung bedeutet ja immer auch die Erhöhung des Schwingungsniveaus.

Eine der Aufgaben der Lebewesen in der Evolution, sodann des Menschen in der ersten Hälfte seiner inneren Entwicklung ist es, das Materielle, das in jeder Seelenschicht und in jeder Leibart vorhanden ist, mit Seele zu durchtränken, in gewissem Sinne zu „beseelen". Für den Menschen erweitert sich in der zweiten Hälfte seiner inneren Entwicklung diese Aufgabe dahingehend, dass er sowohl das Materielle als auch das Seelische vom *Geist* durchdringen lassen: *vergeistigen* muss, um es schließlich mit dem Göttlichen in Einklang zu bringen.

Der Mensch ist im Laufe seiner inneren Entwicklung zuerst vorwiegend *seelisch* orientiert, und zwar emotionell und affektiv (erste Etappe), alsdann, mit steigender Rationalität, ist er *materiell*, anschließend *geistig und seelisch* und somit gefühlsorientiert (zweite Etappe), gegen Ende ausschließlich *spirituell* (dritte Etappe).

Kapitel 3

URSPRUNG UND BESTIMMUNG DER SEELE

Über den Ursprung der Seele bestehen verschiedene Ansichten.

Nach materialistischer Auffassung gibt es „Seele“ als substantielle Größe überhaupt nicht. All das, was als „Seele“ gilt, sind Manifestationsformen von Funktionen des Gehirns und des Nervensystems. Und diese entstehen vom Zeitpunkt der Empfängnis an allmählich.

Berücksichtigt man zusätzlich die Evolutionslehre und die Gentheorie, so kann man behaupten, dass jene Funktionseinheit, die als „Seele“ gilt, in einem langen Entwicklungsprozess entstanden ist und durch die Gene von Generation zu Generation weitergereicht wird.

Die materialistische Evolutionstheorie lehrt nämlich, dass jene Größen, die für „Seele“ und für „Geist“ gehalten werden, aus der Materie hervorgegangen sind. Im Laufe der Evolution der Lebewesen nahmen rein physische und physiologische Funktionen immer mehr psychische und geistige Erscheinungsformen an. Seele und Geist sind nach dieser Theorie keine eigenständige Größen, sondern Sammelbegriffe, unter welchen die verschiedenen Arten des psychischen Verhaltens und der geistigen – und zwar rein rationalen – Tätigkeit von Lebewesen und Menschen zusammengefasst werden. Da sie keine eigene Existenz haben, können sie nach dem Tod nicht mehr existieren.

Die nicht-materialistische Ansicht lässt die Existenz einer eigenständigen Seele gelten. Sie entsteht bei der Empfängnis oder wie manche – vor allem früher – meinten: bei der Geburt.

Dem christlichen Glauben gemäss entsteht die Seele zwar ebenfalls erst bei der Empfängnis, sie wird jedoch unmittelbar von Gott erschaffen.

Nach Ansicht anderer, so jener, die sich an PLATON orientieren, existiert die Seele von Ewigkeit her. Auf dieser Voraussetzung fußt auch die gnostische Lehre, die besagt, dass die Seele einst vollkommen war und sich in der Nähe Gottes höchster Seligkeit erfreute. Sie wurde aber abtrünnig, erlitt einen Sturz und muss nun zur Strafe durch viele irdische Leben gehen, um gereinigt zu werden und zu Gott zurückkehren zu können.

In all diesen Lehren wird zwischen Geist und Seele nicht unterschieden, nur in der *Kabbala* wird der Unterschied gemacht.

Wer allerdings fähig ist zu erleben und zu erfahren, was *Seele* ist, wird die materialistische Auffassung nicht teilen können. Ebenso wird jeder, der um die Tatsache der Reinkarnation weiß, die These zurückweisen, wonach die Seele erst bei der irdischen Empfängnis entsteht oder erschaffen wird.

Aber auch die Annahme, die Seele existiere von Ewigkeit her, ist nur bedingt haltbar. Weder die Welt noch die menschliche Seele existieren von je her. Beide sind in einem langen Prozess entstanden, genauer: erschaffen worden.

Es gibt allerdings Lichtgestalten, von denen angenommen werden muss, dass sie immer schon existierten. Zu ihnen gehören in erster Linie Engel höherer Ordnung.

Die erschaffene Seele existiert zwar, bevor sie als menschliche Seele in Erscheinung tritt, nur ist sie da noch keine Einzelseele. Sie hat eine *Urgeschichte*, die *kosmischer* Art ist. Es ist die Geschichte der überpersönlichen, der *Kosmischen Seele*, die von Gott ausgegangen ist.

DER PROLOG IN DER BIBEL

„Und Gott schuf den Menschen nach seinem Bilde" (Gen 1,27). – „Da bildete Gott der Herr den Menschen aus der Erde vom Ackerboden und hauchte ihm Lebensodem in die Nase; so wurde der Mensch ein lebendes Wesen" (Gen 2,7).

Ein schönes Bild, der damaligen Vorstellungswelt angepasst und für zahllose heutige Menschen immer noch gültig, – und gewiss erhebender als Behauptungen der Gentechnologie.

Der erste Schöpfungsbericht ist wohl von anderer Hand als der zweite. Beide können als zutreffend gelten, vorausgesetzt, sie werden vor einem hinreichend weiten Horizont interpretiert.

Hierzu ist *erstens* das richtige Zeitmaß anzulegen. Es muss also festgehalten werden, dass Gott ADAM (hebr. Mensch) nicht in einem einzigen kurzen Schöpfungsakt, etwa in einigen wenigen Augenblicken erschuf. Dies gilt auch heute: Keine Einzelseele, ob in der Erdsphäre oder sonst im Kosmos, entsteht „im Nu", sondern in einem für uns unvorstellbar langen Entwicklungsprozess.

Zweitens muss klargestellt werden, was es heißt, dass Gott dem Menschen „Lebensodem" einhauchte. – *Lebensodem*: das ist die Seele. Die Seele kann als Gottes „Odem" verstanden werden, allerdings nur in dem Sinne, dass sie aus Gottes Seele entstanden ist und in ihrem Keim ein Fünklein von Gottes Seele: einen *Göttlichen Kern* enthält.

In einem gewissen Sinne existiert also die Seele von Ewigkeit her, jedoch nicht als Einzelseele. Es ist ja Gottes Seele, die immer schon existiert hat und in welcher auch die Einzelseele ohne Anfang enthalten ist, aber nur potentiell, als „Gedanke". Sie muss, bevor sie auch aktuell – in der Realität – zu einer wirklich existierenden Einzelseele werden kann, aus Gottes Seele erst hervorgehen. So nimmt sie auch nicht irgendwann ihren Anfang, als würde sie plötzlich aus dem „Nichts" erschaffen, sondern entsteht erst allmählich. – Daher ist unter „Erschaffung der Seele" die Entstehung der Einzelseele zu verstehen.

Drittens ist folgendes festzuhalten: Die Rede von der Entstehung der Seele bezieht sich in erster Linie auf die Seele des Menschen. Sie bezieht sich aber auch auf jene Seelen, die in der Erdsphäre leben und der Entwicklung bedürfen. Zu diesen gehören zum Beispiel sämtliche Lebewesen, aber auch die Naturwesen.

Nicht jede Seele muss sich entwickeln. Engel der höheren Engelsordnungen bedürfen der Entwicklung nicht, weil sie immer schon so waren, wie sie heute sind. Sie existieren von Ewigkeit her. Nicht alle Engel waren also einst Menschen.

Es gibt hingegen Engelsordnungen, deren Angehörige die ganze auf Erden stattfindende Entwicklung der Seele – so auch die menschliche Entwicklung – vollzogen und vollendet haben. Zu ihnen gehören die meisten Geistigen Führer des Menschen, so Schutzengel und Meister. Ihre Seele entstand in der gleichen Weise wie die des Menschen.

Es muss zudem festgehalten werden, dass es für die Entstehung und die Entwicklung von Seelen auch andere Möglichkeiten gibt als jene, die für die Entstehung und Entwicklung in der Erdsphäre kennzeichnend sind.

Das Universum ist unendlich groß. Es ist aber nicht nur räumlich unendlich, sondern auch im *qualitativen* Sinne: Es gibt unendlich viele Welten, die in ihrer qualitativen Beschaffenheit voneinander abweichen. So enthält das Universum unendlich viele Möglichkeiten für die Entstehung und Entwicklung von Seelen.

DER SCHÖPFUNGSVORGANG

Eine Welt wird zusammen mit den Seelen, die sie bewohnen werden, in einem einzigen, grandiosen Schöpfungsakt erschaffen. Er läuft in *drei Stadien* ab. Auf welche Weise dies geschieht, dürfte für alle Welten und für alle erschaffenen Seelen die gleiche sein.

Die drei großen Stadien der Schöpfung können schematisch wie folgt geschildert werden:

- *Erstes Stadium*: **Ausströmen aus Gott**. Aus der *Einheit* wird *Vielheit*.
- *Zweites Stadium*: **Individualisierung**. Aus der Vielheit wird eine Vielzahl von Einzelseelen.
- *Drittes Stadium*: **Rückkehr zu Gott**. Aus der *Vielzahl* wird wieder eine *Einheit*. Diese Einheit stellt eine *Seelenhierarchie* dar, die aus der harmonischen Gemeinschaft vollends entfalteter Einzelseelen besteht.

Erstes Stadium: Ausströmen aus Gott

Im *ersten Stadium der Schöpfung* entsteht eine Welt und gleichzeitig werden Seelen erschaffen.

Der *Schöpfungsakt* beginnt, indem von Gott Impulse ausgehen. Diese verlaufen strahlenförmig in verschiedene Richtungen und erzeugen Regionen und in diesen Sphären. Sie unterscheiden sich jeweils nach ihrer Strahlungskraft.

Die Strahlungskraft entspricht der Schwingungsintensität. Durch die stufenweise erfolgte Abschwächung der *Urschwingung* (= Schwingung Gottes) entstehen verschiedene *Schwingungsebenen.* – Es sind dies die *sieben Seinsebenen* im Kosmos. – Die unterste Teilschicht der untersten: der siebenten Seinsebene ist die *materielle Schicht der Erdsphäre.*

Nimmt bei der Entstehung einer Welt die ursprüngliche Schwingung an Intensität ab, so wird die ursprüngliche *absolute Einheit*, die nur in Gott besteht, allmählich aufgelockert, und die einheitliche Seele (= die Seele Gottes) beginnt, sich in immer kleinere Einheiten aufzuteilen. Sie verästelt sich nach und nach, und die Verästelungen werden immer feiner und werden zu Zweigen. Dieser Prozess dauert äußerst lange und erfolgt phasen- und stufenweise.

Auf diese Weise entstehen zuerst immens große Seelengruppen. Aus diesen gehen etwas kleinere und immer kleinere, schließlich jene hervor, aus welcher eine Menschheit besteht. Eine solche Gruppe ist im Hinblick auf die großen Seelengruppen ziemlich klein, für uns Menschen scheint sie jedoch sehr groß zu sein.

Da „Schöpfung“ ununterbrochen geschieht, kommen immer wieder neue Seelengruppen auf die Erde, welche dann als „Menschheiten“ über die Erde gehen. Unsere Menschheit ist also nur eine von vielen.

Zweites Stadium: Individualisierung

Die Schöpfung ist mit der Entstehung der irdischen Materie noch nicht abgeschlossen, nur ihr erstes Stadium ist beendet. Sie wird mit der *Individualisierung*: dem Aufbau und der Entfaltung der *Einzelseele* fortgesetzt.

Aufgebaut wird die Einzelseele, indem ihre Schichten im Laufe ihrer Entwicklung herangebildet werden. Ihre Entfaltung vollzieht sich, indem sie sich aus der Gruppenseele herauslöst und ihre potentiellen Anlagen aktualisiert.

Während der Schöpfungsakt im ersten Stadium gleichsam von oben nach unten weist, wobei die Schwingungsintensität fortwährend *ab*nimmt, verläuft der Schöpfungsvorgang in der ersten Hälfte des zweiten Stadiums in zwei Richtungen. Die Gruppenseele senkt sich immer tiefer in die grobstofflich-irdische Materie und saugt diese gleichsam in sich hinein. Der Aufbau und die Entwicklung der Einzelseele hingegen vollziehen sich in umgekehrter Richtung: von unten – von der materiellen Ebene her – nach oben. Die Gruppenseele muss sich in die Materie senken, um sie vergeistigen zu können. Aufbau und Entwicklung der Einzelseele sind jedoch auf die sukzessive *Erhöhung ihres Schwingungsniveaus* ausgerichtet.

Im zweiten Stadium des Schöpfungsvorganges dringt die Seele immer tiefer in die Materie ein und durchtränkt diese: Sie *beseelt* sie und ermöglicht damit dem Geist, durch sie (durch die Seele) auf die Materie einzuwirken und sie zu *vergeistigen.* – Im Laufe dieses Vorgangs entsteht *Seelenschicht* um *Seelenschicht.* Jede Schicht entspricht einer *Seinsebene.* Am Ende der Entwicklung verfügt die Seele über *sieben Seelenschichten.* Jede neue Schicht baut auf den vorangehenden auf, und die Seele nimmt bei jedem Schritt ihrer Entfaltung an Schwingungsintensität und damit an Schwingungshöhe zu. Sie kann mit Hilfe der Anlagen einer Seelenschicht Kräfte, Informationen und Impulse aus der entsprechenden Seinsebene empfangen. Als Schaltstellen für ihren Empfang dienen die *Chakras.*

Die Seele, deren Schwingungshöhe während der Entwicklung steigt, ist einerseits die *Einzelseele*, andererseits die *Gruppenseele*, zu welcher die Einzelseele gehört. Jede Seele, so auch die der Lebewesen und des Menschen, ist das Glied einer Seelengemeinschaft, die ihre *Seelenfamilie* ist. Mehrere Seelenfamilien sind in einer *Seelensippe* verbunden. Diese gehören größeren Gruppen an, die gemeinsam jene große Gemeinschaft bilden, aus welcher eine *Menschheit* besteht. Doch auch diese immens große Seelengruppe ist nur ein Teil jener allumfassenden Gemeinschaft, die von jenen Wesenheiten gebildet wird, welche – für die meisten Menschen unsichtbar – die Erdsphäre mit den Menschen gemeinsam bewohnen. Zu ihnen gehören auch jene, die im Kosmos bzw. in seinen diversen Regionen und Sphären beheimatet sind.

Die Entwicklung jeder Einzelseele trägt immer auch zum Fortschritt der größeren Gruppe, letztlich der ganzen Menschheit bei, und umgekehrt: Der einzelne Mensch verdankt seine Entfaltung immer auch der Entwicklung der Seelengemeinschaft.

Drittes Stadium: Rückkehr zu Gott

Das *dritte Stadium* beginnt bereits in der Mitte der Entwicklung der menschlichen Seele. Ist die Seele von der Materie gesättigt, ist diese von der Einzelseele weitgehend durchdrungen, so schlägt die Seele den Weg ein, der sie zu Gott zurückführt.

Die zweite Hälfte der Entwicklung der menschlichen Seele ist jedoch nur die Anfangsphase der Rückkehr zu Gott. Die Seele beendet mit dem Abschluss ihrer äonischen Entwicklung ihre Gesamtentwicklung noch lange nicht. Sie setzt ihre Entwicklung auf der *kosmischen Ebene* fort, wobei sich der Mensch weiter entwickelt und zu einer Höheren Wesenheit wird.

Auch auf dieser hohen Stufe gibt es verschiedene Möglichkeiten zur Weiterentwicklung. Welchen Entwicklungsweg die Seele, die ihre menschliche Entwicklung abgeschlossen hat, nun einschlägt, hängt in erster Linie von jener Aufgabe ab, welche ihrer Seelengruppe zugeteilt worden ist. Bei der Wahl wird – wie auf jeder Stufe – auch die Neigung der Seele berücksichtigt. Ihre Neigung fällt allerdings mit Gottes Absicht zusammen, will doch die Seele auf dieser hohen Stufe nichts anderes als Gottes Willen erfüllen.

Die menschliche Seele kann zum Helfer des Menschen oder von Menschengruppen werden oder – falls sie sich noch weiter entwickelt hat – in anderen kosmischen Sphären oder Regionen wirken.

Der Mensch kann somit zum Schutzengel werden, der einen einzigen Menschen betreut, oder zum Meister, der die spirituelle Entwicklung von kleineren oder – als Großmeister – von größeren Menschengruppen überwacht. Er kann sich auf besondere Aufgaben spezialisieren und beispielsweise Menschen, die einen speziellen Auftrag durchzuführen haben, zur Seite stehen.

Menschen auf der Erde haben in allen Lebens- und Tätigkeitsbereichen ihren Höheren Beistand. Das sind „ehemalige" Menschen, die ihre äonische Entwicklung abgeschlossen haben und im Begriff stehen, sich auf höheren Ebenen zu entwickeln.

*

Das Wissen, die Seele sei aus einem „Seelenmeer" (= Gruppenseele) hervorgegangen, scheint übrigens bei manchen Völkern lebendig gewesen zu sein. Zum Beispiel ist die etymologische Bedeutung des deutschen Wortes *Seele* (got. *saiwala*; germ. *saiwolo*): „die vom ewigen See Herkommende". – Nicht umsonst kann die Seele mit dem Meer verglichen werden.

Die Seelenreise

Die Seele ist an sich *passiv*. Dennoch wohnt ihr eine äußerst große eigene *Dynamik* inne (aus: gr. *dynamis* = Kraft; Schwung, Triebkraft). Diese treibt die Seele dorthin zurück, von wo sie ausgegangen ist: zu Gott.

Die Seele kann nicht – wie eine Stecknadel, die auf dem kürzesten Weg zum Magneteisen widerstandslos zurückfliegt – von Gott angezogen, zu Gott zurückkehren. Ihre Ankunft bei Gott ist ja nicht der Abschluss eines Tagesausflugs. Will sie zu Gott zurückfinden, so muss sie sich entwickeln. Sie muss sich sogar verwandeln. Das tut sie auch: Sie verwandelt sich, und zwar vollständig. „Seele" am Anfang und „Seele" am Ende der Reise ist nicht die gleiche.

An ihrem Ausgangspunkt ist sie im strengen Sinne noch gar keine Seele. Sie ist ein „Gedanke" Gottes, der noch seiner Verwirklichung harrt. Sie geht aus Gott als „Same" hervor, und der Same muss zuerst keimen, sprießen, wachsen, sich entfalten, damit er zu jener Pflanze, zu jenem Wesen werden kann, wie das vorgesehen ist. Die Seele muss erst zur Einzelseele werden, dabei wachsen, reifen, sich entwikkeln, um voll auszuwachsen und somit jenen Zustand zu erreichen, der ihr gestattet, als *individuelle Seele* in die Nähe Gottes heimzukehren.

Um diesen Zustand zu erreichen, muss sie sich anstrengen. Sie kann ja nicht auf dem Weg zu Gott die ganze Zeit wie ein Kleinkind an der Hand geführt werden. Sie muss im Gegenteil selbständig und willensstark werden und Bewusstheit erlangen, denn nur so wird sie den Weg zu Gott nun nicht unter Zwang, sondern freiwillig und aus Liebe zu Gott beschreiten und auch zu Ende gehen können.

(Zur Seelenreise vgl. auch die Rolle LUZIFERS, in: *Das Vaterunser,* 1. Aufl. S. 322–326; Neuaufl. S. 327–331)

Der Kreislauf der Seele

Diesen unheimlich langen und bedeutenden Verwandlungsprozess vollzieht die Seele im Laufe ihrer *Gesamtentwicklung*. Diese verteilt sich auf *drei große Perioden*. Die Perioden entsprechen den *drei Stadien des Schöpfungsprozesses*.

Das *erste Stadium der Schöpfung* ist für die Seele die *ausströmende Phase*. Dies ist ihre *erste kosmische Periode*. – In dieser Periode existiert sie noch nicht als Einzelseele. Für die Entstehung der Einzelseele bildet diese Periode die *Vorstufe*.

Das *zweite Stadium* ist die *irdische Periode* der Seele. Diese besteht aus *zwei Phasen*: aus der *vor*menschlichen und der *menschlichen*. In der vormenschlichen Phase ereignet sich die *Evolution der Lebewesen*, in der menschlichen die *äonische Entwicklung*. – Die Seele wird erst in dieser zwei Phasen umfassenden irdischen Periode zur Einzelseele.

Das *dritte Stadium* ist die *zweite kosmische Periode* in der Gesamtentwicklung der Seele: die *Lichtphase*.

Den Werdegang der Seele im gesamten Schöpfungsvorgang kann man sich bildlich als die Bewegung eines Punktes auf dem Kreisbogen vorstellen, die vom höchsten Kreispunkt ausgeht. – Auf dem *ersten Bogendrittel* geht die Seele als eine sehr große Gruppenseele aus Gott hervor, und diese Gruppenseele verästelt und verzweigt sich (*erste kosmische Periode*: *ausströmende Phase*). – Auf dem *zweiten Bogendrittel* individualisiert sich die Seele, sie wird also zur Einzelseele, durchdringt die Materie und bereichert sich an Können und Wissen (*irdische Periode*: *vormenschliche* und *menschliche Phase*). Dieses zweite Bogendrittel ist von Gott am weitesten entfernt. Es gleicht einer langgezogenen Talsohle, bei deren Durchschreiten die Versenkung in die Materie und ihre Vergeistigung erfolgt. Da der Radius des Kreises immens groß ist, ist auf dem zweiten Abschnitt des Kreisbogens der Übergang vom Absteigen ins Aufsteigen kaum wahrnehmbar und dauert sehr lange. – Auf dem *dritten Bogendrittel* vollendet die Seele ihre Entwicklung und kehrt als vollkommen individualisierte Einzelseele, die zur *Persönlichkeit*, schließlich zu einem *Lichtwesen* geworden ist, zu Gott zurück (*zweite kosmische Periode*: *Lichtphase*).

Der Schöpfungsvorgang und die Etappen der Seelenreise

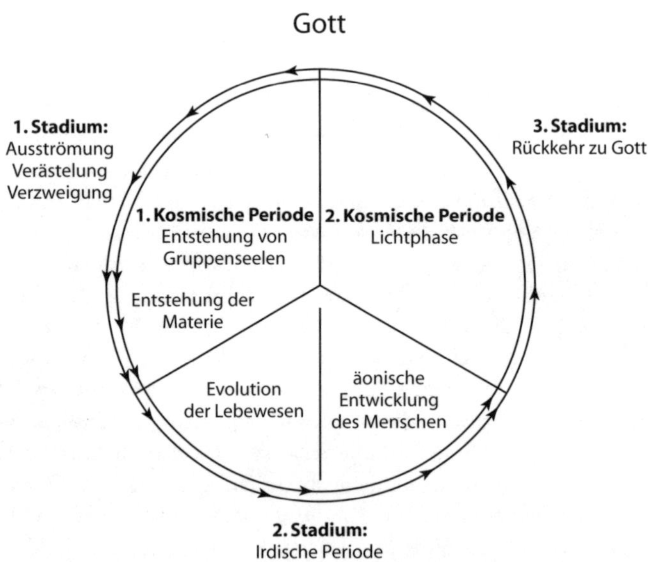

Die Ankunft bei Gott

Die Seele „kehrt" in dem Sinne zu Gott „zurück", dass sie sich aus einem Göttlichen Samen zu einer eigenständigen, einsichts- und liebesfähigen und völlig freien individuellen Seele entwickelt, ihre Anlagen restlos entfaltet und dadurch das ihr beschiedene Höchstmaß an Bewusstheit und Entscheidungsfähigkeit erlangt. Sie verwirklicht damit einen „Gedanken" Gottes und kann sich bewusst und freiwillig in die *Göttliche Hierarchie* einordnen.

Die *Göttliche Hierarchie* ist der *mystische Leib Gottes*, in dem alle Wesenheiten gleich welcher Art und gleich welchen Ranges – ähnlich wie Zellen, Glieder und Organe im physischen Leib – den ihnen zukommenden Platz einnehmen.

Die Seele kann diesen Platz nur einnehmen, wenn sie seiner würdig geworden und somit fähig ist, ihn voll auszufüllen.

Strebt die Seele nach Entwicklung, so erstrebt sie letztlich die *Vereinigung mit Gott*. Die Sehnsucht der Seele, zu Gott zu gelangen, treibt sie zur *Entwicklung*, und ihre Entwicklung ermöglicht ihr, jenen Platz in der Weltharmonie einzunehmen, der für sie bei ihrem Ausströmen aus Gott bereits vorgesehen war.

Die Weltharmonie

Welches die konkrete Wirkungsstätte einer Einzelseele ist, hängt von der Aufgabe ab, die ihrer Seelengruppe zugeteilt wurde. – Dieser Aufgabe entsprechend nimmt jede Seele einen Platz in der Gesamtheit aller Seelen: in der *Weltharmonie* ein, genau wie jeder Musiker seinen Platz im Orchester hat. Je nach Aufgabe, je nach dem Instrument ist auch sein Sitzplatz im Orchester im voraus bestimmt.

Der Platz einer jeden Seele, eines jeden Menschen ist ebenfalls festgelegt: Er befindet sich in der „Sitzreihe" der eigenen Seelengruppe, mit welcher er eine Aufgabe gemeinsam hat (d.h. dasselbe Instrument – z. B. Geige – spielt). Die „Sitzreihe" befindet sich wiederum in der Sitzordnung einer größeren Gruppe (z. B. Streicher), die ähnliche Aufgaben zu bewältigen hat wie die Seelensippe.

Jede Seele kann ihren Platz im Orchester der *Weltharmonie* allerdings erst dann einnehmen, wenn sie – wie der Musiker – ihr Instrument hinreichend beherrscht und beim Konzert tatsächlich einen

Beitrag leisten kann. Ständiges Üben ist angesagt, damit sie ihr Instrument immer besser spielen kann.

Die Übungsphase entspricht der *äonischen Entwicklung*. Die Seele macht zuerst Fingerübungen, dann kratzt oder klimpert sie auf ihrem Instrument herum (das sie selber ist) und spielt immer besser, bis sie die Stufe des Konservatoriums erreicht und damit auf die höheren Stufen ihrer irdischen Entwicklung gelangt.

Sie muss „Konzertreife" erlangen, also weit genug entwickelt sein, damit sie tatsächlich einen konstruktiven Beitrag zur *Weltharmonie* leisten kann. Und „konzertreif" wird sie erst beim Abschluss ihrer äonischen Entwicklung.

Dennoch darf sie vorher schon – wie jeder Heranwachsende, der lernt, ein Instrument zu spielen – in einem Orchester mitwirken. Denn auch dann, wenn die Seele ihr Instrument noch nicht vollkommen beherrscht, kann sie als „Instrument" den „vollendeten Musikern": den Geistigen Führern, letztlich Gott dienen und von ihnen zum Wohl und zur Förderung der inneren Entwicklung von Mitmenschen und Mitseelen eingesetzt werden.

Dass sie aber die volle Größe und Reife einst unfehlbar erreicht und somit ihr Instrument fehlerlos, ja vorzüglich und vielleicht sogar brillant spielen kann, dafür sorgen alle, die an ihrem Aufbau und ihrer Vervollkommnung arbeiten.

Kapitel 4

DIE EVOLUTION

Evolution (lat.) bedeutete ursprünglich: *Auswicklung*, im weiteren Sinne bedeutet sie *Entwicklung*.

Jede Entwicklung ist „Aus-Wicklung", denn jede Entwicklung besteht darin, dass etwas, das „eingewickelt": *potentiell* (der Möglichkeit und der Fähigkeit nach) oder *virtuell* (der Möglichkeit und der Kraft nach) vorhanden ist, nun „ausgewickelt": *aktualisiert* wird.

Jede Seele ist ein „Gedanke" Gottes. Jede Seele hat die Aufgabe, das, was der „Gedanke" Gottes enthält, „auszuwickeln" und somit ihre *Bestimmung* zu erfüllen.

Die Bestimmung jeder Seele ist es, zur *Einzelseele* zu werden und alles, was in ihr schon am Anfang, als sie begann, aus Gott hervorzugehen, im Keim enthalten war, Wirklichkeit werden zu lassen.

Die Seele beginnt erst im *zweiten Stadium der Schöpfung*: in der *irdischen Periode* ihrer Gesamtentwicklung, sich aus der Gruppenseele herauszuindividualisieren und somit zu einer Einzelseele zu werden. – Die *irdische Periode* besteht aus zwei Phasen: aus einer *vor*menschlichen und einer *menschlichen* Phase.

In der *vor*menschlichen Phase vollzieht sich die *Entwicklung der Lebewesen*. Diese Phase der Entwicklung heißt: *Evolution*. – Die darauf folgende *menschliche* Phase ist die *äonische Entwicklung*.

*

Der lateinische Ausdruck *Evolution* hat sich seit dem 19. Jahrhundert für die Bezeichnung der „Entwicklung der Lebewesen" eingebürgert. Ursprünglich war „Evolution" als Gegenbegriff zur „Revolution" ein politischer Begriff; erstmalig von J.G. HERDER 1793 im

Hinblick auf die französische Revolution gebraucht (Werke Bd. XVIII, S. 332). – In der vorliegenden Arbeit wird der Ausdruck *Evolution* ebenfalls für die Bezeichnung der *Entwicklung der Lebewesen* verwendet, um ihn vom Begriff der menschlichen Entwicklung abzuheben. Für die Bezeichnung der menschlichen Entwicklung der Seele wird der Ausdruck *äonische Entwicklung* gebraucht.

DIE SEELE UND DIE IRDISCHE MATERIE

Es wäre durchaus denkbar, dass sich die Seele – namentlich die menschliche Seele – ausschließlich im feinstofflichen Bereich des Kosmos entwickeln könnte, ohne dass sie sich wiederholt in der grobstofflich-irdischen Materie inkarnieren müsste. Die Tatsache, dass sich die Entwicklung der Seele in engster Berührung mit der irdischen Materie vollzieht, hat selbstverständlich Gründe. Der eine ist, dass die Seele in bezug auf die irdische Materie eine wichtige Aufgabe zu erfüllen hat.

Die „Heimholung" der Materie

In dem grandiosen Entwicklungsprozess, den die Seele zu vollziehen hat, wird nicht nur sie selber zu Gott „heimgeholt". Auch die unterste Schicht der Erdsphäre: die grobstofflich-materielle soll verwandelt werden und ihren Weg nach oben antreten. Nachdem das „Eingewickelte" im Schöpfungsprozess (im ersten Stadium) „ausgewikkelt" wurde, wird die Schöpfung (in ihrem zweiten Stadium) von unten her wieder „eingefaltet".

Die Schöpfung wird wieder „eingefaltet", indem alles, was in ihr entstanden ist, mit *Geist*: dem *Geist Gottes,* erfüllt und auf diese Weise zu Gott zurückgeführt wird.

Ihre „Einfaltung" geschieht nicht von selbst: Es ist der Mensch, der diese Aufgabe zu bewältigen hat. – Die Seele des Menschen hat im Laufe ihrer Entwicklung immer mehr Anteil am Geist und strebt zu Gott zurück. Daher hat der Mensch die Aufgabe, in die Materie „einzutauchen", um ihre „Heimholung" zu bewerkstelligen.

Die *Materie* entsteht im *ersten Stadium* des Schöpfungsvorganges. Sie entsteht aus der Seele Gottes: indem die Schwingung (aus welcher die Seele besteht) herabgesetzt wird und ihr niedrigstes Niveau erreicht. Der Schwingungsbereich, der in einer Sphäre als „Materie" gilt, ist die unterste Teilschicht der untersten Seinsebene dieser Sphäre.

Die *irdische Materie* ist demnach die unterste Teilschicht der *siebenten Seinsebene* der *Erdsphäre.*

Sinkt die Schwingung im ersten Stadium des Schöpfungsvorganges auf jenes Niveau hinab, auf welchem sie als „Materie" in Erscheinung tritt, so scheint die Schwingung zu „erstarren", und es scheint, als sei die Materie von der Seele unabhängig, ja ihr sogar entgegengesetzt.

Will nun die Seele zu Gott zurückkehren, so muss sie den ganzen Schwingungsbereich mit allen Ebenen und Schichten, die ja insgesamt zu ihr (zur Seele) gehören, ebenfalls zu Gott „heimführen".

Sie muss daher in diese unterste Schwingungsschicht eindringen, sie in sich aufnehmen, um sie „mitnehmen" zu können.

Die Beseelung der Materie

Wenn die Seele in die Materie eindringt und sie in sich aufnimmt, so bedeutet dies, dass sie die „tote" Materie belebt: Sie „erweckt" die unterste Schwingungsschicht aus ihrer „Erstarrung" und ermöglicht ihr, dass sie wieder als *Seele* in Erscheinung tritt.

Die Materie „erwacht" und beginnt „zu leben", wenn die alles umfassende, große Gruppenseele: die *Seele der Erdsphäre,* in die Materie, die ja ihre eigene unterste, „erstarrte" Teilschicht ist, einzudringen beginnt. Dabei wird sie selbst in immer kleinere Teile: in Seelengruppen zerlegt. Diese gelangen dann je nach Beschaffenheit der Bereiche, das heißt je nach ihrer Schwingungsfrequenz und -intensität, auf verschiedene Weise zur Wirkung. Das Eindringen in die Materie zwingt nämlich die einheitliche Seele zur Absonderung einzelner Teile, sodann zu deren Zersplitterung in kleine und immer kleinere Teile, schließlich in Einzelseelen. Daher ist die Existenz in der grobstofflichen Materie eine der grundlegenden Bedingungen zur Individualisierung.

Die Einzelseelen, die zunächst aus der Seele der Erdsphäre durch „Zersplitterung“ hervorgehen, bereiten die Materie für den Empfang der weiteren Wirkung der Seele auf. Sie sind vorerst nur in einem äußerst geringfügigen Maße individualisiert, sie hängen beinahe vollständig von ihrer Gruppenseele ab und sind eigentlich nur deren „Handlanger“. Ihre Arbeit ist jedoch die Voraussetzung dafür, dass auf der Erde jenes Reich entstehen kann, das sich eignet, höhere Formen des Lebens – und das heißt höhere Wirkungsweisen der Seele – aufzunehmen.

Dieses Reich ist das *Mineralreich*. Die Seelen, die es beleben, kann man „Mineralien-Seelen“ nennen.

Ist die grobstofflich-irdische Materie für den Empfang von höheren Lebensformen aufbereitet, so scheinen aus ihr Lebewesen hervorzugehen. Die Lebewesen „entstehen“ selbstverständlich nicht „aus“ der Materie, sondern es sind die Seelen der Lebewesen, die in die Materie „einsteigen“. Dabei verbinden sie sich mit den „Mineralien-Seelen“, also mit jenen Seelen bzw. Seelengruppen, die sich bereits in der Materie befinden und die Materie auf eine bestimmte – für den Menschen nicht wahrnehmbare – Weise beleben.

Die einsteigenden Seelen können sich mit den „Mineralien-Seelen“ verbinden, weil auch sie selber durch jene Stadien hindurchgegangen sind, deren Absolvierung für die Entwicklung der Seele im Mineralreich erforderlich ist. Der Durchgang ist nötig, damit sich in der Seele jene Schicht heranbildet, welche ihr auf jeder höheren Entwicklungsstufe (Pflanze-, Tier- und Menschenstufe) ermöglicht, in die grobstoffliche Materie einzusteigen: sich zu *inkarnieren*.

Diese Schicht, welche den anderen – den eigentlichen: eng zur Seele gehörenden – Seelenschichten vorgelagert ist, ist die *Basisschicht*. Die Seele bedarf ihrer nur dann, wenn sie inkarniert ist, im Jenseits nicht. Daher gehört sie im strengen Sinne nicht unmittelbar zur Seele.

Wächst die Seele: die große Gruppenseele und mit ihr jede zu ihr gehörende Einzelseele, heran und hat sie immer mehr Möglichkeiten, sich durch die Materie zu manifestieren und immer differenziertere und komplexere Lebensweisen hervorzubringen, so hat dies auch auf die Materie einen Einfluss: Mit jedem Entwicklungsschritt der Seele wird die Materie durchlässiger. Je sensibler und je aktiver sich die Seele durch die Materie betätigen kann, umso empfänglicher wird auch die Materie für die Aktivität der Seele. Auf höheren Stufen wird die Materie „veredelt“: Sie wird für die unmittelbare Wirkung des Geistes aufnahmefähig.

Die Materie geht zwar – als Schwingungsebene – aus der Seele hervor, sie wird jedoch – streng genommen – vom Höchsten Geist: vom Geist Gottes erschaffen. Soll sich nun die materielle Wirklichkeitssphäre der Erde entwickeln, so muss sie mit Geist durchtränkt und somit *vergeistigt* werden.

Diese Aufgabe überlässt Gott seinen Geschöpfen. Es sind die erschaffenen Seelen, die an Einem Geist: am Geist Gottes, teilhaben und ihn in die Erdsphäre tragen. Es sind die Seelen, die in die Materie dringen, um diese mit Geist zu tränken. Und damit sie es tun können, müssen sie in die grobstofflich-irdische Materie „steigen“, sich in ihr *inkarnieren*, wörtlich: zu „Fleisch werden“, um selber „materiell“ zu sein.

Als der Ausdruck *Inkarnation* (aus: lat. *carne* = Fleisch) im westlichen Kulturkreis entstand (um 700 – 800 v. Chr.), haben seine Urheber offenbar noch nicht gewusst, dass auch Pflanze und Tier eine Seele haben und dass sie sich „inkarnieren“: zu „Fleisch werden“ können. Bis heute ist es im allgemeinen Sprachgebrauch nicht üblich, für den physischen Leib der Pflanze den Ausdruck „Fleisch“ zu verwenden. Das Wort „Inkarnation“ kann aber ungeachtet dessen auch für den Einstieg der Seele der Pflanze in die Materie in Anspruch genommen werden. Auch sie kann sich also *„inkarnieren“*. Dasselbe gilt für das Mineral.

Die „Fleisch-Werdung“ besteht im konkreten Sinne darin, dass sich die Einzelseele des Lebewesens oder des Menschen mit jener *Seelenhierarchie* verbindet, welche den physischen Leib betreut. Sie vereinigt sich sogar in gewisser Weise mit diesen – die Materie belebenden – Seelen in ihrer *Basisschicht*, welche die untere: die „materialisierbare“ Randschicht ihrer Seelenschichten bildet. Sie wird bei der Vereinigung (bei der Inkarnation) den Bedingungen der irdischen Materie und der Materialität ausgesetzt, das heißt, den Gesetzen des materiellen Lebens unterstellt, die von Seelen der Leibeshierarchie überwacht sind.

Die Einzelseele „belebt“ also in dem Sinne den physischen Leib, indem sie – mit ihrer Basisschicht – am Leben jener Seelen teilnimmt, welche die Seelenhierarchie ihres materiellen Leibes bilden. Das sind jene Seelen, welche den *physischen Leib* im eigentlichen Sinne: *unmittelbar* beleben.

Von sich aus hat allerdings keine Seele Leben in sich. Denn jede Seele wird – und zwar im buchstäblichen Sinne – von Gottes Geist belebt. Von den Seelen hingegen wird direkt die irdische Materie belebt und somit *beseelt.* – Diese Seelen sind einerseits die „Mineralien-Seelen" und die Seelen der Leibeshierarchie, andererseits jene, die sich in sie einlassen: die Seelen von Lebewesen und Menschen. Die Seelen – gleich welcher Herkunft – können die Materie aber nur deshalb beseelen, weil durch sie der *Geist Gottes* wirkt.

Die Seele zwischen Geist und Materie

Die *Seele der Erdsphäre* steht im Spannungsfeld zwischen dem Geist, an dem sie teilhat und der unablässig auf sie einwirkt, und der Materie, die ihre eigene „gröbste" Erscheinungsform ist. Sie setzt sich aus zahllosen Seelengruppen zusammen, die unzählige Einzelseelen umfassen.

Indem sich die Gruppen- und Einzelseelen aus der Seele der Erdsphäre herauslösen und sich entwickeln, durchdringen sie die Materie immer tiefer und lassen sie dadurch „geistig" werden. Jede einzelne Seele muss dafür die Materie durch und durch erfahren und sich der Materialität voll aussetzen. – Im Spannungsfeld zwischen dem Geistigen, das der Seele innewohnt, und der Materialität, der sie ausgesetzt ist, entfalten sich die Kräfte, welche die einzelnen Schritte in der Entwicklung vorantreiben. Diese Kräfte erscheinen in der Sicht des Menschen immer wieder – vor allem in der ersten Hälfte der äonischen Entwicklung – als *negativ,* weil sie den Menschen zum Bösen treiben. In der Perspektive des gesamten Prozesses gehört jedoch auch die Erfahrung des Bösen: sowohl *passiv* als Erleiden als auch *aktiv* als Tun des Bösen, *notwendig* zur irdischen Entwicklung der Seele. Diese Erfahrung ist sogar eine Voraussetzung für die Vergeistigung der Materie.

DAS MINERALREICH

Damit sich Seelen auf der Erde überhaupt inkarnieren und Seelengruppen durch die Erdsphäre gehen können, um zu Menschheiten zu werden, war es im Schöpfungsprozess nötig, die *materielle Basis* für die Entwicklung bereitzustellen.

Dies geschah am Anfang der *irdischen Periode* in der Entwicklung der Seelen mit der Erschaffung des *Mineralreiches.*

Das *Mineralreich* stellt die unterste, die grobstofflich-materielle Schicht der Erdsphäre dar. Es bildet die Ausgangsbasis für die Individualisierung: Jede Seele beginnt ihre irdische Existenz im Mineralreich. Dabei wird ihre unterste Schicht: die *Basisschicht* herangebildet. – Die *Basisschicht* ist für die Inkarnation der Seele unerlässlich. Sie kann nur in der engsten Berührung mit dem Mineralreich herangebildet werden.

Das *Mineralreich* umfasst alles, was zur physischen bzw. physikalischen und zur chemischen Struktur der irdischen Materie gehört; es ist die Arbeitsstätte der Wesenheiten, die es bewohnen.

Das Mineralreich ist nämlich – wie alles im Universum, in dem es keine „tote“, das heißt: unbeseelte Materie gibt – *beseelt.* Unzählige Wesenheiten (Einzelseelen) verschiedener Klassen und Rangordnungen und unterschiedlicher Stofflichkeit leben im „Gestein“: in allen Erscheinungsformen der irdischen Materie. Sie betreuen die dort ablaufenden Vorgänge. Zu den Wesenheiten, die alles beaufsichtigen, was im Mineralreich vor sich geht, gehören selbstverständlich immer auch Höhere Wesenheiten. – Löst sich das Mineral auf: „stirbt“ es, so bedeutet sein „Sterben“, dass es sich verwandelt. Dabei werden die Seelen in ihm ausgetauscht. – „Sterben“ bedeutet in allen Bereichen *Verwandlung.* Auch der Mensch „verwandelt“ sich, wenn er stirbt: Sein Leib wird feinstofflich.

Das Mineral kann sich auf zweifache Weise „verwandeln“: *passiv* und *aktiv.* Eine *passive* Verwandlung geschieht durch Pflanze, Tier oder Mensch, wenn sie Mineralien auf- bzw. zu sich nehmen oder wenn das Mineral chemischen Prozessen unterzogen wird. Ereignet sich die Verwandlung im physischen Organismus, so wird die im Mineral enthaltene Energie für das Lebewesen oder den Menschen zum Gebrauch freigesetzt. Die freigesetzte Energie kann nicht nur für den Energiehaushalt des physischen Leibes, sondern auch für eine seelische oder geistige Tätigkeit gebraucht werden. Dasselbe gilt bei der Verwertung von pflanzlicher oder tierischer Nahrung.

Die *aktive* Verwandlung wird durch willkürliche Eingriffe in das Mineralreich verursacht. Außerdem gehen im Mineralreich Verwandlungsprozesse auch anderer Art fortwährend vor sich, die – unter der Leitung von Höheren Mächten – von jenen Wesenheiten durchgeführt werden, die das Mineralreich bewohnen und betreuen.

Die materiellen Veränderungen

Wie alles, was auf der Erde existiert, ist auch die materielle Schicht der Erdsphäre: das *Mineralreich,* in Entwicklung begriffen und somit Veränderungen unterworfen. Diese gehen im Vergleich zu den Wandlungen in den anderen irdischen Bereichen allerdings wesentlich langsamer, aber unablässig vor sich. Sie treten jedoch für die Bewohner der Erde nur zeitweise in Erscheinung.

Es wird – mit großer Wahrscheinlichkeit – angenommen, dass auf der Erdoberfläche einst ein einziges zusammenhängendes Festland bestand, das von einer Meerfläche umgeben war. Durch die ungleiche Verteilung der Erdmassen auf der Erdkugel beschrieb deren Achse eine weiter ausholende (evtl. auch raschere) Kreiselbewegung als heute. Daher traten stärkere Kräfte auf, die zum Zerbrechen des einheitlichen Festlandes sowie zu einer auseinander strebenden Verschiebung führten. So entstanden die Kontinente, die sich heute noch in (freilich wesentlich langsamerer) Bewegung befinden. (Der amerikanische Kontinent soll sich z. B. gegen den Pazifik jährlich sogar um 4 cm verschieben.) – Es gehen auch im Erdinnern unablässig Verschiebungen von großen Erdplatten vor sich, die immer wieder – teils große – Erdbeben verursachen. – Sie führen aber auch zu vertikalen Veränderungen, allerdings in einem viel kleineren Ausmaß. So wurde beispielsweise im Herbst 1999 mit Hilfe genauer Messungen mittels Satelliten festgestellt, dass der höchste Berg der Erde, der *Mount Everest,* jährlich vier Millimeter wächst.

Könnte man die Veränderung der Erdoberfläche über einen Zeitraum von Hunderttausenden von Jahren im Zeitraffer zeigen, sähe man eine unregelmäßige Wellenbewegung, vergleichbar dem Wellengang auf dem Meer. Diese Veränderungen werden von Bewegungen im Erdinneren und auch von nicht-materiellen Vorgängen verursacht.

Die Veränderung der Konsistenz

Wichtiger als diese Veränderungen an der Erdoberfläche sind allerdings jene, welche die *Konsistenz der Materie* betreffen. Die Dichte der Stofflichkeit ist auch in der irdischen Materie *relativ*. Sie ändert sich dauernd, allerdings nur in einem engeren Rahmen: Sie bleibt auch dann innerhalb der Grenzen der Grobstofflichkeit, wenn ihre Stofflichkeit etwas feiner wird. Und sie ändert sich in einem so langgezogenen Zeitrhythmus, dass die Veränderungen für die jeweiligen Erdbewohner nicht wahrnehmbar sind.

So gab es immer wieder Epochen in der Erdgeschichte, in denen die Materie dichter, und solche, in denen sie weniger dicht als heute war. Dementsprechend war auch der physische Leib der Lebewesen und des Menschen in seiner Stofflichkeit dichter oder feiner.

Die Konsistenz der Materie in einer Epoche hängt von der Art und dem Aufgabenkreis jener großen Seelengruppe ab, aus welcher zur fraglichen Zeit die jeweilige Menschheit hervorgeht. Da alle Seelen, die zu einer Menschheit gehören, auch die Reihe der Lebewesen durchschreiten müssen, gelten die Veränderungen in der Konsistenz der Materie auch für Lebewesen. Entsprechend ist auch deren äußere, materielle Erscheinungsform je nach Epoche verschieden. So verdanken mythologische Gestalten diverser Kulturen ihre Existenz nicht unbedingt der spielerischen Phantasie, sondern sie können durchaus aus der Wirklichkeit stammen. Im übrigen spiegelt die Phantasie immer eine Realität. – Es ist nicht auszuschließen, dass einst selbst Sagengestalten der Antike (z. B. Faune, Kentauren, Kyklopen u. a.) zu den Erdbewohnern gehörten und sich mit den Menschen vermischt haben. Außerdem experimentierte man zu Zeiten der Magie – wie heute in der Gentechnologie – mit der Erzeugung von Mischformen.

Auch die feinstoffliche und die grobstoffliche Welt vermischten sich zu gewissen Epochen in höherem Maße. Es gab Zeiten, in denen die feinstoffliche Welt: die *Astralwelt,* mit der physischen Welt stärker verflochten war als heute. Die Stofflichkeit der Astralwelt war etwas gröber, die der physischen Welt etwas feiner. So konnten Wesenheiten aus der einen Welt jene aus der anderen wahrnehmen und mit ihnen kommunizieren. – Es ist möglich, dass solche Perioden der Vermischung bei der Ablösung der einen Menschheit durch die nachfolgende eingetreten sind. War die Mehrheit einer Menschheit im Begriff, die äonische Entwicklung abzuschließen, die darauffolgende, sie erst anzutreten, so konnten sich die Nachzügler der einen mit der Vortruppe der anderen vermischen, wobei die Konsolidierung der Konsistenz ihrer Stofflichkeit noch nicht feststand: bei der neuen Menschheit noch nicht, bei der scheidenden nicht mehr. So konnten Schwankungen in der Materialität dieser Menschen eintreten, wobei sie – trotz Unterschiede in der Dichte ihrer Stofflichkeit – einander wahrnehmen und miteinander in Berührung kommen konnten. (Hinweise auf die Koexistenz grob- und feinstofflicher Wesen und Menschen bieten gelegentlich Rückführungen.)

Der Durchgang der Seelengruppen auf der Erde

Die materielle Schicht der Erde dient als solide Grundlage, auf der sich die Entwicklung von immer neuen Gruppen von Seelen vollziehen kann. Die einzelnen Seelengruppen gehen zuerst durch das Mineralreich, um die materielle Basis für ihre weitere Entwicklung in der grobstofflich-irdischen Materialität: ihre *Basisschicht* heranzubilden. – Erst danach beginnt ihre eigentliche Entwicklung in der Erdsphäre: die *irdische Periode* ihrer Gesamtentwicklung. Sie absolvieren die erste Phase dieser Periode: die *Evolution* als *Lebewesen*, die zweite: ihre *äonische Entwicklung* als *Menschen.* Ihr Durchgang auf der Erde setzt alle Schichten, so auch die materielle, in Bewegung, verändert sie immer wieder und trägt damit zur Entwicklung des Mineralreiches, schließlich zur Vergeistigung der irdischen Materie bei.

Auch die materielle Schicht wird also in die Entwicklung der ganzen Erdsphäre einbezogen. Die Veränderungen bestehen dann nicht nur in Schwankungen ihrer Konsistenz, sondern sie laufen letztlich auf die *Veredelung* der Materie hinaus. – *Veredelt* wird die Materie, wenn ihre Grobstofflichkeit in feinere Stofflichkeit verwandelt wird.

Auf diese Weise kann auch die Materie Schritt für Schritt mit Geist durchtränkt: *vergeistigt* werden.

Mit der Heranbildung der *Mineralschicht* wurde also die materielle Basis für die Entwicklung der Seele in der Erdsphäre gelegt. Damit wurde allerdings nur die Voraussetzung für die eigentliche Entwicklung geschaffen. Denn damit Entwicklung wiederholt durchgeführt werden konnte und damit sie heute noch stattfinden kann, musste in einer Vorzeit der Weg dafür gebahnt werden. – Diese Pionierarbeit wurde in der *Ur-Evolution* geleistet.

DIE UR-EVOLUTION

Im allgemeinen wird der Beginn des Lebens auf der Erde mit dem Erscheinen des biologischen Lebens: mit dem Auftreten der ersten Pflanzen angesetzt. Es gibt jedoch keine „tote" Materie. Das Leben war in einem bestimmten Sinne bereits im Mineralreich vorhanden.

Auch die grobstofflich-irdische Materie ist ein Erzeugnis der allumfassenden Seele: der *Seele der Erdsphäre*. Sie „arbeitete" im Mineralreich und bearbeitete es, damit das Leben auf der Erde in diversen Gestalten erscheinen konnte und noch immer kann.

Das *Leben*: das ist die Seele selber, die sich in der irdischen Materie kundtut und danach strebt, in immer mehr anderen und immer reicheren materiellen Erscheinungsformen hervorzutreten. Sie ist genötigt, immer neue physische Gestalten anzunehmen, weil sie die Anlagen, die virtuell in ihr liegen, aktualisieren will, – und es auch tun muss. Zur Aktualisierung jeder Anlage jedoch, sogar für jede noch so geringfügige Abwandlung einer Anlage, bedarf es einer eigenen irdischen Gestalt. Denn nur durch diese kann die Seele genau das, was die Anlage beinhaltet, in der Materie verwirklichen, und sie kann sie nur in einer bestimmten Gestalt auf jene Weise, wie sie zur Geltung gelangen soll, ausleben.

Die wegbereitende Arbeit

Damit die Seele sich in der irdischen Materie und durch diese verwirklichen konnte und kann, musste der Weg auf der Erde vorbereitet werden.

Der Weg, auf dem sich die Seele verwirklichen und ihre Anlagen entfalten konnte, wurde von jener großen Gruppenseele gebahnt, welche erstmalig auf die Erde kam. Da die jeweiligen Aufgaben spezieller Art sind, ist anzunehmen, dass jene Seelengruppen, die zu einer früheren Zeit das Mineralreich vorbereitet haben, mit jenen, die für die Schöpfung des Pflanzenreiches zuständig waren, nicht identisch waren, und dass diese später, beim Aufbau des Tierreiches, wieder von anderen abgelöst wurden. Es gab Spezialisten für die Pionierarbeit in jeder Etappe, und zwar für jede Art sowohl im Pflanzen- als auch im Tierreich.

Die Vorbereitung des Weges für den Durchgang der Seelengruppen, die nachher auf die Erde kamen, war die *Ur-Evolution.* Sie ermöglichte – und ermöglicht –, dass die großen Seelengruppen, aus denen die Menschheiten hervorgegangen sind und noch hervorgehen werden, durch alle Stadien jener großen Entwicklung, die sich heute als die *Evolution der Lebewesen* präsentiert, hindurchgehen konnten bzw. können und auch später noch hindurchgehen werden.

Der Aufbau der Evolution

Damit man sich über den Verlauf der *Ur-Evolution* eine Vorstellung machen kann, muss man sich klar machen, dass jede Entwicklung immer vom Ziel her aufgebaut wird.

Das Ziel der Evolution der Lebewesen ist es, die Seele so zu verwandeln, dass sie als menschliche Seele in Erscheinung treten kann. Dies beansprucht eine äußerst lange Entwicklungsphase, die einem höheren Ziel unterstellt ist. In der darauffolgenden Phase: in der äonischen Entwicklung, soll nämlich die menschliche Seele jenen hohen Zustand erreichen, der für sie von Anbeginn ihrer Erschaffung vorgesehen war. Einzelne Bausteine, die dem Aufbau der äonischen Entwicklung dienten, mussten daher schon in die Evolution eingeplant werden.

Der geplante Entwicklungsweg wurde zunächst in groben Zügen „abgesteckt“ und jede Wegstrecke auf ein bestimmtes Teilziel hin angelegt. Die einzelnen Strecken wurden in Abschnitte eingeteilt, die großen Abschnitte in kleinere unterteilt, die alle ein eigenes Teilziel hatten, wobei jedes Teilziel auf ein höheres, letztlich auf das Endziel hin ausgerichtet wurde. So kam die Seele beim Durchgang der Stadien bei jedem Schritt ihrem Endziel näher.

Vergleichbar ist ein solcher Aufbau vom Ziel her mit der Planung bei der Schulung eines Kindes, das den Wunsch hat, einen bestimmten Beruf zu ergreifen, der eine besondere Ausbildung voraussetzt. Verfügt es über die dazu nötige Begabung, so werden die Erzieher überlegen, welchen Bildungsgang das Kind nach Abschluss der Grundschulung einzuschlagen hat. Dabei werden die Teilziele des Bildungsprogramms und damit die Art der Schule vom Endziel her festgelegt. Der heranwachsende Mensch muss dann die ganze Reihe des Schulungsprogramms Klasse für Klasse, Schule für Schule absolvieren, bis er das angestrebte Diplom in den Händen hat.

Ähnliches geschah in der *Ur-Evolution*. Auch sie wurde vom Endziel ausgehend von Teilziel zu Teilziel rückwärts geplant. In der irdischen Realität wurde sie dann von unten nach oben aufgebaut.

Stand von vornherein fest, welche Teilziele in welcher Reihenfolge anzustreben waren, so war es nicht immer von vornherein klar, auf welche Weise das jeweilige Teilziel zu erreichen war. – Bei der praktischen Durchführung konnte der Weg für die Evolution über eine so lange Wegstrecke ohnehin nicht in allen Einzelheiten und nicht von Anfang an festgelegt werden. Auf dem „Plan“ gab es noch viele weißgebliebenen Stellen, denn die Möglichkeiten des Lebens auf der Erde mussten zuerst „ertastet“ werden, obwohl Erfahrungen aus anderen kosmischen Regionen den führenden „Bauarbeitern“ zur Verfügung standen. – Doch jede neue Konstruktion stellte Planer und Ausführende vor neue Aufgaben, und zu ihrer Lösung brauchte man neue Erfahrungen. Daher begannen sich die ersten Lebewesen beim Erscheinen des Lebens auf der Erde (deren Zeitpunkt wesentlich weiter zurückliegt, als es heute noch angenommen wird) in *verschiedene* Richtungen zu entwickeln.

Je nach äußeren und inneren Bedingungen wurden die einzelnen Entwicklungslinien weiterverfolgt oder angepasst; einzelne gerieten in eine „Sackgasse“ und wurden aufgegeben.

Die *äußeren Bedingungen* waren (und sind) materieller Art: in erster Linie der Grad der Stofflichkeit der Materie, sodann der Zustand und die Verhältnisse auf der Erdoberfläche (Klima, Feuchtigkeitsgrad, Bodenbeschaffenheit, die Proportion zwischen Festland und Meer u. a.), aber auch der Umstand, wie weit das Feinstoffliche (z. B. Astralwesen) in das Irdisch-Materielle hineinwirken konnte und welchen Einfluss das Irdische auf das Feinstoffliche hatte.

Die äußeren hingen von den *inneren Bedingungen* ab. Diese entstanden aufgrund jener seelisch-geistigen Anlagen, deren Aktualisierung für die fragliche Periode der Gesamtentwicklung vorgesehen war. Auch für die Aktualisierung der seelisch-geistigen Anlagen lag (bzw. liegt) ein Plan vor, der einen wichtigen Aspekt für die Planung der wesentlichen Züge und der einzelnen Etappen in der Entwicklung bildet. Für die Aktualisierung der Anlagen und damit für die konkrete Gestaltung von Wesen und Gestalt der Lebewesen wie auch der jeweiligen Lebensmöglichkeiten blieb zunächst ein größerer Spielraum offen.

Die Entfaltung des Lebens

Der Spielraum ließ auch für Experimente und für damit verbundene Erfahrungen Raum. Das *Leben*: die Seele – vom Drang zur Entwicklung angetrieben – begann wie eine Pflanze zu sprießen, und indem die Seele geeignete Bedingungen für ihr Wachstum suchte, entfaltete sie sich nach allen Seiten hin. Dabei strebte sie – auch hierin der Pflanze gleich – stets nach oben: hin zum Licht. Gleichzeitig trachtete sie aber danach, sich, das heißt ihr Leben – kraft ihrer Vitalenergie – auszubreiten, um ihre inneren Möglichkeiten: ihre Anlagen entfalten zu können.

So „wucherte" das Leben auf Erden wie eine „Wildpflanze". Die Seele erschloss sich immer neue Wege, um sich selbst zu realisieren: um sich und ihre Anlagen, die zugleich die Anlagen der Erdsphäre waren (und sind) zu verwirklichen.

Von außen betrachtet, war es das Leben, das nach allen Seiten hin Möglichkeiten suchte, sich im Materiellen anzusiedeln und auszudrücken. Auf welche Weise es ihm gelang, hing von den äußeren Bedingungen – von außen gesehen: vom „Zufall" – ab. Hierin kann seine Ausbreitung mit dem Weg eines Rinnsals verglichen werden, das sich auf einem abschüssigen Boden langsam vorwärts tastet, sich immer wieder teilt, in einigen Rinnen rascher vorankommt, in anderen stecken bleibt, hie und da versickert, doch da das Wasser unablässig weiterrinnt, mit der Zeit den ganzen Boden bedeckt.

Von innen her betrachtet war nichts dem „Zufall" überlassen. Denn unzählige Wesenheiten wirkten (und wirken nach wie vor) unermüdlich mit, um Raum – auch im weiteren Sinne, beispielsweise als Lebensraum – und konkrete Möglichkeiten für die Ausbreitung des Lebens: für die Verwirklichung der Seele in der Materie zu schaffen.

Haben Seelengruppen einen Bereich des irdischen Lebens (z. B. eine Artstufe) „bearbeitet", so wurden sie von nachfolgenden Spezialisten abgelöst, die dann die Entwicklung weitertrieben.

Veränderungen der Entwicklungslinien und Sackgassen

Mit der Verbreitung des Lebens auf der Erde entstanden neue Lebensmöglichkeiten, es erschienen neue Gattungen, Arten, Rassen und Lebensräume auf der Erde und auch die äußeren Lebensbedingungen wurden immer wieder modifiziert.

Das sich entfaltende Leben erschloss auch solche Lebensmöglichkeiten, durch welche bestimmte Anlagen nicht nur ausgelebt, sondern auch *ab*gelebt werden konnten. Die Entwicklungslinie, auf welcher das dafür bereitgestellte seelische Potential erschöpft wurde, wurde nicht weiter verfolgt, denn das Ziel: die Verwirklichung einer bestimmten Lebensmöglichkeit der Seele auf der Erde war erreicht. Die irdische Gestalt, die zur Verwirklichung jener Möglichkeiten zur Verfügung stand, wurde überflüssig und die fragliche Art starb aus. Dies geschah in der *Ur-Evolution* natürlich nicht nur einmal. Bekanntlich sind nicht nur die (heute so beliebten) Dinosaurier von der Erde verschwunden, sondern unzählige Arten von Pflanzen und Tieren. Sie sind jedoch nicht deshalb ausgestorben, weil sich – wie man irrtümlich annimmt – die äußeren (z. B. die klimatischen) Bedingungen so geändert haben, dass der Art die Lebensmöglichkeit genommen wurde. Die äußeren Bedingungen sind lediglich äußere Ursachen, die nötig sind, damit die eigentlichen Gründe auf der materiellen Ebene zur Wirkung gelangen. Die Gründe für jede materielle Veränderung liegen in der neuen Ausrichtung bei der Entwicklung der Seele. Es ist die neue Ausrichtung, welche in einem Bereich der Erde Veränderungen verursacht hatte.

Der entscheidende Grund war in allen Fällen, dass jene Anlagen, für deren irdische Verwirklichung die Art zuständig war, auf der fraglichen Entwicklungslinie nicht mehr weiter entfaltet werden mussten, da sich dafür andere Wege geeigneter erwiesen. Diese Wege wurden dann von anderen Arten begangen. Erst die seelischen – die *„innen-atmosphärischen"* – Veränderungen und Wandlungen ziehen äußerlich sichtbare Veränderungen nach sich. Diese sind letztlich Folgen der inneren Vorgänge, die sich in der *Seele der Erdsphäre* unablässig ereignen. – Auch heutige klimatische Veränderungen, die man unter anderem auf den „Treibhauseffekt" zurückführt, gehören zu diesen – von den Höheren Mächten gelenkten – Folgeerscheinungen innerseelischer Vorgänge und erscheinen nur jenen als bedrohlich, die jede Art von Veränderung von vornherein als unerwünscht erachten.

Die Spezialisten

Der Seele wohnt der *Drang zur Entwicklung* inne, der sie treibt, ihre Anlagen zu aktualisieren, um sie im irdischen Leben zu verwirklichen. Das kann sie nicht von sich aus, und auch die jeweiligen Seelengruppen, denen die Pionierarbeit an der Evolution als Aufgabe gestellt wurde, konnten es nicht allein. Auch sie konnten ihren Auftrag nur mit Hilfe von zuständigen Wesenheiten erfüllen.

Die Leitung der Pionierarbeit lag – selbstverständlich – in den Händen von Höheren Wesenheiten. Diese waren die *Kosmischen Bauingenieure*, genauer jene, welche aus dieser Rangordnung der Engelscharen für den Aufbau der Evolution spezialisiert waren. Diese Fachkräfte verwerteten auch jene Erfahrungen, die sie in anderen Regionen und Sphären des Kosmos bei ähnlichen Arbeiten gewonnen hatten, und sie berücksichtigten fortlaufend auch jene Erfahrungen, die sie in ihrer Arbeit bei der *Ur-Evolution* auf der Erde jeweils gemacht hatten.

Der Verlauf der Evolution der Lebewesen erfolgte – wie beim Aufbau der Seele – etappen- und schichtweise. Für die Heranbildung jeder Schicht standen den „Bauführern" Wesenheiten als „Arbeiter" zur

Verfügung, denen die praktische Durchführung der „Bauarbeiten“ in einer Etappe zugeteilt wurde.

Diese mussten immer wieder neue Lebensmöglichkeiten erschließen und auch realisieren. Sie haben dabei unentwegt neue Erfahrungen gemacht, welche dann die Ausrichtung und Erstellung verschiedener Entwicklungslinien oder ihre Neuorientierung ermöglichten.

Wie beim Bau einer Bahnlinie die einzelnen Abschnitte, sei es in der Ebene oder im Gebirge, sei es ein Viadukt oder ein Tunnel, in der Hand von dafür ausgebildeten Fachleuten liegen, lösten sich auch die Bauingenieure der Evolution sowie die „Arbeiter“ etappenweise ab. Und wie auf den bereits gebauten Strecken die Züge schon verkehren können, konnten immer größere Seelengruppen ihre irdische Entwicklung auf den erstellten Entwicklungswegen noch vor Beendigung der ganzen Wegstrecke antreten und bis zur „Baustelle“ vordringen, um die erschlossenen Lebensmöglichkeiten zu erproben.

Der Beginn des Aufbaus der Einzelseele

In der *Ur-Evolution* wurde nicht nur die Basis für die Entwicklung der Seelen bzw. der Seelengruppe gelegt. Auch mit dem Aufbau der Einzelseele wurde begonnen, und zwar auf zweifache Weise.

Zum einen bot – und bietet auch heute – der Gang durch die Reiche der Lebewesen den Seelen Anstöße zur *Individualisierung*; zum anderen werden in ihnen mit der Aktualisierung der Anlagen auch die entsprechenden *Seelenschichten* herangebildet.

Im Mineralreich entstand die *Basisschicht*, im Pflanzenreich die *Vitalschicht* und im Tierreich die *Animalschicht*.

In der *Ur-Evolution* wurden das geeignete Milieu und die notwendigen irdisch-materiellen Bedingungen für die Aktualisierung jener Anlagen erschaffen, die in der *Basisschicht* und in den *zwei unteren Seelenschichten* liegen.

Die *höheren Seelenschichten* entstanden (bzw. entstehen) nicht in der Evolution der Lebewesen. Die dritte Seelenschicht: die *Rationalschicht* wurde (und wird) im feinstofflichen Reich der Niederen Wesenheiten, die übrigen vier und die *Überschicht* wurden (bzw. werden) während der äonischen Entwicklung des Menschen herangebildet, und zwar im vollen Umfang erst von der vierten Entwicklungsstufe an.

DER NACHVOLLZUG DER EVOLUTION UND DIE MENSCHHEIT

Die Seele des heutigen Menschen gehört zu einer umfassenden Seelengruppe, welche die gegenwärtige Menschheit bildet. Auch sie musste durch alle wichtigen Stadien der Evolution der Lebewesen hindurchgehen. Sie ist jedoch nicht die einzige Seelengruppe, die als Menschheit auf der Erde erschienen ist. Und sie ist nicht jene erste Seelengruppe, welche die Pionierarbeit in der *Ur-Evolution* geleistet hat. Vor ihr existierten schon Seelengruppen auf der Erde, aus denen jeweils eine Menschheit entstanden ist, und andere Seelengruppen werden auch nach Fortgang unserer Menschheit als eine neue Menschheit auf die Erde treten.

Aus der Seelengruppe, welche erstmalig die ganze Stufenleiter der Evolution der Lebewesen bewältigt hat, um schließlich die Entwicklung in menschlicher Gestalt anzutreten, ging die erste Menschheit hervor. Auch für diese wurde der Weg (von den oben erwähnten Wesenheiten) gebahnt. Bei ihrem Durchgang durch die Stadien der Evolution machte diese erste Seelengruppe den Entwicklungsweg für alle nachfolgenden Seelengruppen leichter begehbar.

Jede neu antretende Seelengruppe – so auch die heutige Menschheit – vollzog ihre Entwicklung im Sinne eines *Nachvollzugs der Evolution.*

Der jeweilige Entwicklungsgang wiederholte sich aber nie genau auf dieselbe Weise, sondern führte zu diversen Variationen. Beispielsweise traten die Menschen, die aus den aufeinanderfolgenden Seelengruppen hervorgingen, immer wieder in einer anderen, voneinander teils weitgehend abweichenden Gestalt auf. Sowohl die Dichte der Materie ihres physischen Leibes als auch die äußere Gestalt und ihre seelisch-geistige Struktur waren jeweils – innerhalb eines bestimmten Rahmens – verschieden.

Jede nachfolgende große Seelengruppe „trat" außerdem den Weg „breiter aus", indem sie den Entwicklungsweg erweiterte, modifizierte und differenzierte. Sie bot damit den nachfolgenden Seelengruppen neue Varianten für den Nachvollzug der Entwicklung und erleichterte ihn zugleich.

Da jede Seelengruppe (jede Menschheit) bei ihrem Durchgang durch die irdische Entwicklung auch die Seinsebenen und Schichten der Erdsphäre, darunter auch die materielle Schicht, weiter entwickeln lässt, erhöht sich beim Durchgang jeder neuen Menschheit das Niveau der *ganzen Erdsphäre*. Steigt das Schwingungsniveau der Erdsphäre, so kann jede nachfolgende Menschheit ihre äonische Entwicklung auf einem etwas höheren Niveau antreten.

DAS ERBE

Jede Seele tritt ein *Erbe* an, an dessen Entstehen, Bereicherung und Differenzierung unzählige Gruppenseelen und Einzelseelen gearbeitet haben.

Das *Erbgut*, das ein Lebewesen oder ein Mensch heute übernimmt, wurde also in einem unvorstellbar langen Entwicklungsprozess erworben, immer weiter verfeinert und ausgebaut. Aus diesem Erbgut kann jede Seele – Lebewesen und Mensch – allerdings nur das übernehmen und in ihrem Erdenleben nur das gebrauchen, was sie im Nachvollzug der Evolution selber erfahren und selber erarbeitet hat.

Was also in der *Ur-Evolution* erschaffen und in den nachfolgenden Etappen verändert und hinzugefügt wurde, ist lediglich ein Angebot, von dem jede Seele ihren eigenen Möglichkeiten und Fähigkeiten gemäss Gebrauch machen kann. Und jede Seele wird sich vom Reichtum des Gebotenen nur so viel erwerben können, wie sie sich auf ihrem Weg zur Individualisierung angeeignet hat.

Das Erbgut fällt keiner Seele, keinem Menschen, der sich heute inkarniert, unverdient in den Schoss. Jede Seele muss bzw. musste diesen langen Weg der Entwicklung in einem gewissen Sinne selber durchschreiten, wenn auch unverhältnismäßig weniger mühsam und in einer unverhältnismäßig kürzeren Zeit als jene Pionierseelen, die der *Ur-Evolution* die Wege bahnten. Jede untere Schicht der menschlichen Seele hat daher eine entsprechend lange Entwicklungszeit und einen ebenso langen Entwicklungsweg hinter sich.

Es trifft also in keiner Weise zu, wie dies in den diversen Evolutionstheorien heute noch fast ausnahmslos dargestellt wird, dass Pflanze und Tier (das Mineral gilt für die meisten Wissenschaftler nicht als Lebewesen) bloß jene Vorarbeit geleistet haben, die dem Menschen ermöglicht, alle Schritte der Evolution in äußerst gedrängter Form und in kürzester Zeit – in neun Monaten im Mutterleib – nachzuvollziehen. Es trifft somit auch nicht zu, dass dem Menschen alles, was in jener Evolution erarbeitet wurde, heute gleichsam „unverdient": durch Vererbung, „in den Schoss fällt" und dass alle Fähigkeiten, die Mineralien, Pflanzen und Tiere herangebildet haben, dem Menschen bei seiner Empfängnis restlos zur Verfügung stehen, so dass er sie in einem einzigen Erdenleben, im Laufe seines biologischen und seelisch-geistigen Wachstums, größtenteils entfalten kann. Und falls er etliche davon nicht entfaltet, liegt es – wie man dann irrtümlich meint – an ihm: am Mangel an „Fleiß", und nicht an der Mangelhaftigkeit des Geerbten.

In Wirklichkeit muss jede Einzelseele alle wesentlichen Schritte der Evolution der Lebewesen und hernach sämtliche Schritte auch der menschlichen – der äonischen – Entwicklung selber vollziehen bzw. vollzogen haben, um in den Besitz sowohl jener biologisch-physiologischen als auch jener seelisch-geistigen Fähigkeiten zu gelangen, die zum Erbgut des heutigen Menschen zu zählen sind.

Der Mensch, der auf die Erde kommt, *beerbt* in erster Linie *sich selber*. All das, was ein Mensch heute kann und weiß, hat er sich in einem sehr langen Entwicklungsprozess *selber* erarbeitet, und zu jenem Wesen, das er heute ist, hat er sich *selber* emporgerungen.

Er hat also unzählige Male den physischen Leib angenommen und sich damit der grobstofflich-irdischen Materialität ausgesetzt. Es sind unzählige – teils sogar selbst erworbene – Erfahrungen im Umgang mit den irdischen Bedingungen nötig gewesen, damit er über jenen Reichtum an Fähigkeiten verfügen kann, der ihn heute auf seiner Entwicklungsstufe auszeichnet.

Der Umstand also, dass der Mensch geradezu mit einer atemberaubenden Geschwindigkeit aus der befruchteten Eizelle zu einem seelisch und geistig mehr oder weniger reifen Wesen wird und dass er jene Fülle seelischer und geistiger Fähigkeiten, die jedem im großen und ganzen eigen sind, in einer verblüffend kurzen Zeitspanne entfalten kann, liegt darin begründet, dass sich seine Seele, wie die Seele jedes Menschen, in das Leben auf der Erde schon längst eingeübt hat und einen großen Teil ihrer Fähigkeiten, über die sie im gegenwärtigen Erdenleben verfügt, bereits auf der vormenschlichen Stufe entfaltet hat. – Trägt man diesem Umstand Rechnung, so ist leicht einzusehen, dass die Reinkarnation eine unabdingbare Voraussetzung für die seelisch-geistige Entwicklung des Menschen ist.

Die Auseinandersetzung mit der irdischen Materie und ihren Bedingungen kann der Einzelseele niemand abnehmen. Jede Seele muss sie selber vollziehen, jede muss sich selber in die irdische Existenz einüben.

Nicht alle Seelen und nicht alle kleineren Seelengruppen, die zu einer großen Seelengruppe gehören, setzten aber ihre Entwicklung auf der menschlichen Ebene fort. Für die Erdbewohner bestehen auch andere Möglichkeiten, sich weiter zu entwickeln.

VARIANTEN DER ENTWICKLUNG

Die Variationen für die Entwicklungsmöglichkeiten finden schon auf der untersten Stufe der Evolution statt. So geht nicht jede Seele oder Seelengruppe in ihrer Entwicklung durch sämtliche Arten von Mineralien, Pflanzen und Tieren hindurch. Es gibt im großen und ganzen parallel verlaufende oder sich immer wieder kreuzende Entwicklungslinien, deren Eigenart von der Gesamtheit jener potentiellen Anlagen abhängt, die eine Seelengruppe jeweils charakterisieren.

Ebenso wenig müssen alle Mineralienseelen in das Pflanzenreich und alle Pflanzenseelen in das Tierreich hinüberwechseln. Auch für sie gibt es alternative Wege für ihre Weiterentwicklung.

Überdies können Pflanzenseelen, die ja Anlagen aus ganz bestimmten Bereichen der allgemeinen Seele: der *Seele der Erdsphäre* verwirklichen, in manchem sogar weiter entwickelt sein als Seelen aus dem Tierreich, obwohl Tiere über zwei grundlegende Fähigkeiten verfügen, die im Pflanzenreich noch nicht herangebildet sind: die Fähigkeit zur *Fortbewegung* und die *Spontaneität.* Letztere ist die Fähigkeit, *Aktionen* selber auszulösen und *Aktivitäten* durchzuführen. Pflanzen hingegen sind *re*-aktiv, sie sind nur aktiv, wenn sie dazu von ihrem Organismus oder von außen her veranlasst werden. Und auch für ihre Re-Aktivität ist der gegebene Rahmen eng begrenzt.

Nicht jede Einzelseele bzw. Seelengruppe in der Erdsphäre muss zur menschlichen Seele werden. Es gibt auch andere Wege als den Weg des Menschen, auf denen Lebewesen ihre weitere seelisch-geistige Entwicklung absolvieren können. Ein solcher Weg führt zum Beispiel durch das Reich der Naturgeister. Pflanzen- und Tierseelen können zu Naturgeistern, zu sogenannten *Devas* (aus: sans. *div* = scheinen, leuchten) werden und somit jene Entwicklung beschreiten, die diesen offen steht. Innerhalb dieses Entwicklungsweges gibt es für die Heranbildung der Seelen zahlreiche Varianten. Auch Naturgeister bilden diverse, hierarchisch gegliederte Gruppen, die sich auf verschiedene Bereiche verteilen und entsprechende Aufgaben auszuführen haben.

Ferner ist ein Austausch zwischen dem *Reich des Menschen* und dem *Reich der Naturgeister* möglich. Eine Seele kann also von einer Entwicklungslinie auf die andere hinüberwechseln. So kann beispielsweise die Seele eines Devas auch dann noch zur menschlichen Seele werden, wenn sie im Devareich eine bestimmte Entwicklungshöhe erreicht hat. In dem Fall wird sie meistens zuerst zum Vital-Ich eines Menschen. – Dafür, dass auch eine menschliche Seele ihre Entwicklungslinie gewechselt hat und zur Seele eines Naturwesens geworden ist, liegen dem Verfasser keine Erfahrungen vor.

Auch eine Tierseele, die im Begriff ist, im Einzelgang zur Seele eines Menschen zu werden, kann es sich noch anders überlegen oder sich sogar weigern, den Schritt zu tun (z. B. wegen schlechter Erfahrungen mit Menschen als Nutztier oder später als Vital-Ich). Sie kann in dem Fall auf eine völlig andere Entwicklungslinie hinüberwechseln, um sich in einem anderen Reich weiterzuentwickeln.

Jede Seele muss jedoch, sobald sie eine bestimmte Höhe in ihrer Entwicklung erreicht hat, durch das *Reich der Niederen Wesenheiten* gehen. Jede Tierseele, die zur Menschenseele werden soll, wird vor dem Antritt ihrer Menschwerdung eine *Niedere Wesenheit.* Aber auch die Seelen der Naturgeister und jene, die aus anderen Reichen stammen, gelangen im Laufe ihrer Entwicklung in dieses Reich. Ihr Aufenthalt dort bietet ihnen eine spezielle Schulung, die sie auf ihren weiteren Entwicklungsweg vorbereitet.

Kapitel 5

DIE HERANBILDUNG DES BEWUSSTSEINS

In der Evolution entfaltet sich mit der Aktualisierung der Anlagen auch die *Geistigkeit* der Seele. Ihre Entfaltung macht sich bei Lebewesen und Menschen darin bemerkbar, dass sie an *Bewusstheit* zunehmen.

Bewusstheit ist ein Seelenzustand, in welchem sich die Seele vermehrt öffnet, sich auf etwas ausrichtet und zunehmend empfangsbereit wird. Sie ermöglicht Lebewesen und Menschen, auf etwas aufmerksam zu werden, etwas zu verstehen und sich das Erlebte bewusst zu machen. Dies setzt die Fähigkeit zur Aufmerksamkeit voraus, und dies setzt voraus, dass die Seele in einem bestimmten Zustand: bei *Bewusstsein* ist.

Bewusstsein ist ebenfalls ein Seelenzustand, aber auch eine Seelenqualität. Der Begriff „Bewusstsein" ist vieldeutig. Er bezeichnet unter anderem jenen Teil der Seele, der – im Gegensatz zum Unbewussten – Lebewesen und Menschen zugänglich ist, und gilt als das *Zentrum* und *„Werkstatt" des Denkens.*

Wie alles, worüber der Mensch verfügt, hat auch das *Bewusstsein* eine Entstehungsgeschichte. Auch das Bewusstsein muss zuerst herangebildet werden. Seine Heranbildung hat – wie die aller Anlagen – eine Vorgeschichte, die bereits auf der vormenschlichen Stufe der irdischen Entwicklung der Seele beginnt. Auf der menschlichen Stufe wird das Bewusstsein weiterentwickelt, seine volle Entfaltung beansprucht die ganze äonische Entwicklung.

DIE SCHICHTSPEZIFISCHEN BEWUSSTSEINSZENTREN UND DAS ZENTRALE BEWUSSTSEIN

Es gibt in der Seele *zwei Arten von Bewusstsein*: ein *schichtspezifisches* und ein *zentrales*.

Jede *Seelenschicht* besitzt ihr eigenes, vom Bewusstsein der Einzelseele unabhängiges Bewusstsein. Dieses Bewusstsein bildet das *Bewusstseinszentrum* der entsprechenden Seelenschicht.

Von diesem Bewusstseinszentrum ist das *eigene Bewusstsein* der Einzelseele (von der Tierstufe an) getrennt und von ihm unabhängig. – Das eigene Bewusstsein der Einzelseele bildet das *zentrale Bewusstsein* des Lebewesens und des Menschen.

Die Bewusstseinszentren

Sowohl von den Seinsebenen als auch von den Seelenschichten aller Wesenheiten gelangen pausenlos Informationen auf die Seelenschichten von Lebewesen und Menschen. Die Aufnahmestellen für die einlaufenden Informationen sind die *Chakras*, ihre Auswertung geschieht in den *Bewusstseinszentren*.

Das Bewusstseinszentrum einer Seelenschicht kann die Auswertung vornehmen, weil es über ein Wissen verfügt, das den Lebewesen und dem Menschen – größtenteils oder gänzlich – bewusst nicht zugänglich ist. Aufgrund dieses Wissens können die Informationen, die in die Seelenschichten einlaufen, in den entsprechenden Bewusstseinszentren ausgewertet werden. – Diese Informationen sind für den physischen Organismus von großer Bedeutung. Mit ihrer Hilfe wird das Leben der Lebewesen und des Menschen – auf den unteren Entwicklungsstufen – weitgehend reguliert, dank ihnen können sie die Bedingungen der irdischen Existenz überhaupt meistern.

Ausgewertet werden die Informationen von jenen Wesenheiten, welche die Bewusstseinszentren „bedienen", wobei – je nach Bedarf – auch Geistige Führer mitwirken. Bei der Auswertung werden zudem bereits gemachte – individuelle – Erfahrungen des Lebewesens oder des Menschen berücksichtigt.

Verhaltensregeln, welche die Reaktionen von Lebewesen und auch noch des Menschen bis zur dritten Entwicklungsstufe hinauf bestimmen, gelten als *Instinkte*. Je tiefer eine Seele auf der Entwicklungsleiter steht, in einem umso größeren Ausmaß ist sie der Dominanz der Instinkte unterworfen.

Die Auslösung von Instinkthandlungen wird in erster Linie durch jene Informationen angeregt, die auf den *drei unteren* Seelenschichten einlaufen. Ist das Lebewesen noch ganz oder vorwiegend von Instinkten geleitet, so deckt sich sein eigenes *zentrales Bewusstsein* mit den *Bewusstseinszentren* der Seelenschichten, welche die Informationen auffangen und „verstehen". – *Verstehen* bedeutet für das Lebewesen auf diesem frühen Niveau, dass die Informationen in ihm *sinnvolle*: der Situation angepasste Reaktionen auslösen bzw. auslösen können. Ausgelöst werden die Reaktionen allerdings nicht von den Informationen selbst, sondern von den zuständigen Wesenheiten, welche die Informationen deuten und aufgrund ihrer Deutung das Lebewesen zu den Reaktionen anregen. Auf der Pflanzenstufe und auf den unteren Tierstufen wirkt die „Anregung" zwanghaft; es besteht also für das Lebewesen ein *Instinktzwang*. Bei Tieren höherer Art und beim Menschen hingegen bleibt für die Reaktion ein Spielraum offen, der dem Niveau entsprechend kleiner oder größer ist.

Auf diesen höheren Stufen lösen die Wesenheiten die Reaktionen nicht vom Bewusstseinszentrum der Seelenschichten direkt aus, sondern geben den Informationen entsprechende Impulse dem *zentralen Bewusstsein* des Lebewesens oder des Menschen weiter und versuchen, sie zu angemessenen Reaktionen zu veranlassen. Auf diesen Stufen beginnt sich der Instinktzwang zu lockern, so dass sich das Tier oder der Mensch auch *gegen* den Impuls seiner Instinkte entscheiden kann.

Die Weisung der Instinkte wird vom Tier und auch noch vom Menschen bis auf die zweite Entwicklungsstufe mit Hilfe von *Empfindungen* erfasst. Das „Verstehen" erfolgt also nicht bewusst, sondern rein *empfindungsmässig*, und das heißt: *instinktiv*. Beim Menschen trägt auch das *Vital-Ich* zur Auswertung der Informationen bei.

Das zentrale Bewusstsein

Das *zentrale Bewusstsein* eines Lebewesens ist eine *Vorstufe* des eigenen Bewusstseins: des *Wachbewusstseins*; es ist jedoch auch schon im Pflanzenreich der *Bezugspunkt* des *Selbstgefühls*.

Individualisiert sich die Seele aus der Gruppenseele heraus, so löst sich mit jedem Schritt auch ein Teil des *Gruppenbewusstseins* aus diesem heraus und wird allmählich zum *eigenen Bewusstsein* des Lebewesens. – Die Eigenständigkeit dieses Bewusstseins ist allerdings auf der Pflanzenstufe und auf der Stufe niedriger Tierarten dermaßen klein, der Einfluss der Bewusstseinszentren der Seelenschichten auf das zentrale Bewusstsein dagegen dermaßen groß, dass es nur in einem sehr eingeschränkten Sinne als „eigenes" Bewusstsein gelten kann.

Im Pflanzenreich fällt das *zentrale Bewusstsein* mit dem *Bewusstseinszentrum* der untersten (und einzig vorhandenen) Seelenschicht beinahe ganz zusammen. Auf der Tierstufe beginnt ihre allmähliche Trennung. Ist das Lebewesen – auf höheren Tierstufen – so weit entwickelt, dass es fähig geworden ist, Signale von der Außenwelt nicht bloß wahrzunehmen, sondern ihre Bedeutung auch zu erfassen, so lockert sich der Instinktzwang, und das zentrale Bewusstsein tritt zunehmend *eigenständig* in Funktion.

Die eintretende Lockerung des Instinktzwanges ist das Zeichen dafür, dass die Heranbildung und die Verselbständigung des zentralen Bewusstseins begonnen haben. Bei Tieren höherer Art und beim Menschen wird das zentrale Bewusstsein gleichlaufend mit ihrer Individualisierung allmählich zum *Wachbewusstsein*, das dann immer selbständiger in Aktion treten kann.

Die Bewusstseinszentren im Jenseits

Im Jenseits schrumpft der Wirkungskreis der Bewusstseinszentren der drei unteren Seelenschichten erheblich zusammen. Das „Amt" wird „geschlossen": die Bewusstseinszentren werden nicht mehr bedient, die Wesenheiten, die den physischen Leib betreuen und die Informationen auswerten, verlassen nach dem Tod den Leichnam, um ihn jener Abteilung von Wesenheiten zu überlassen, die seine „Kompostierung" besorgt, es sei denn, er wird verbrannt. In dem

Fall sind für die Versorgung wiederum andere Wesenheiten zuständig, welche die durch die Verbrennung freigewordene Energie in Kosmische Energie überführen.

Der Astralleib umfasst zwar – als „Hülle" der Seele – auch im Jenseits sämtliche aktualisierten Schichten. Da aber die unteren Seelenschichten in erster Linie auf die Existenz im physischen Leib ausgerichtet sind und die empfangenen Informationen weitgehend oder insgesamt auf das Erdenleben bezogen sind, besteht für sie kein Bedarf mehr. So haben die Bewusstseinszentren der drei unteren Seelenschichten für das Lebewesen oder den Menschen während des Aufenthaltes im Jenseits keine nennenswerte Bedeutung.

Daher ist das Leben der Pflanzen und der Tiere niederer Art im Jenseits dumpf. Tiere höherer Art hingegen haben schon ein soweit entwickeltes eigenes (zentrales, d. h. Wach-) Bewusstsein, dass sie auch in der Astralwelt ein einigermaßen bewusstes Leben führen können. – Dies gilt natürlich auch für den Menschen, dessen Bewusstsein je nach Grad seiner inneren Entwicklung weniger oder in höherem Maße wach ist. Dementsprechend wird er – je nach dem, in welcher Etappe seiner äonischen Entwicklung er steht – im Jenseits nur vegetieren (1. Etappe), oder ein zwar bewusstes, aber eher passives Leben führen (2. Etappe), oder aber hellwach sein und seine innere Entwicklung auch dort fortsetzen können (3. Etappe).

Dass Tiere höherer Art (Hunde, Pferde, Katzen u. a.) im Jenseits ein fröhliches und sogar – relativ – bewusstes Leben führen, nehmen medial begabte Menschen in „Meditationen", bzw. in Halbtrance, nicht selten in Rückführungen deutlich wahr.

DIE WANDLUNG IM BEREICH DES BEWUSSTSEINS

Auf der mittleren Tierstufe trennt sich das *zentrale Bewusstsein* immer mehr von den Bewusstseinszentren der beiden unteren Seelenschichten. Das *zentrale Bewusstsein* wird auf den höheren Artstufen allmählich zum *Wachbewusstsein.*

Mit der Heranbildung des *eigenen Bewusstseinszentrums* geht die schrittweise erfolgte Übernahme der Rolle der Instinkte durch die

Verstandestätigkeit einher. Die Fähigkeit, Informationen aus den Bewusstseinszentren zu empfangen und auf sie instinktiv, das heißt: ohne Überlegung zu reagieren, nimmt ab, die *Rationalität* hingegen, die Fähigkeit, die Situation selber zu durchschauen und aufgrund von Überlegungen und Erfahrungen darauf zu reagieren, nimmt zu.

Auch der Mensch büßt auf den unteren Entwicklungsstufen die Empfänglichkeit für Informationen aus den Bewusstseinszentren der drei unteren Seelenschichten ein, und zwar in dem Maße wie seine Instinkthaftigkeit abnimmt. – Was jedoch in den Bewusstseinszentren der Seelenschichten gespeichert ist, bildet einen Teil seines unbewussten: inneren Wissens. Dank der Funktion und des „Gedächtnisses" (= Archiv) der Bewusstseinszentren weiß der Mensch innerlich wesentlich mehr, als er rational – mittels seines Wachbewusstseins – erfassen kann.

Übrigens wissen und verstehen auch Lebewesen – selbst die weniger entwickelten – wesentlich mehr, als manche Menschen sich vorstellen. Ebenso ist ihre Sensibilität sehr groß, in manchem übertrifft sie weit die des Menschen. Daher ist es im Umgang mit Pflanze und Tier wichtig, darauf zu achten, dass ihre Sensibilität nicht verletzt und ihre Geistigkeit nicht unterdrückt oder erstickt werden. Sie empfinden nicht nur bei schlechter Behandlung oder Misshandlung physische Schmerzen, sondern bei Vernachlässigung oder seelischer Grausamkeit leidet auch ihre Seele. So können Pflanzen auch dann eingehen, wenn sie zwar physisch betreut werden, seelisch jedoch unterernährt sind, etwa bei mangelnder innerer Zuwendung. – Und es ist gut, auch das zu bedenken: Vor Gott ist jede Seele, ob im Menschen oder im Lebewesen inkarniert, allen anderen ebenbürtig.

Die Verschiebung von der Instinkthaftigkeit zur Rationalität kann nur deshalb stattfinden, weil die Seele an *Bewusstheit* ständig gewinnt. Dieser Prozess: die *Zunahme der Bewusstheit* ereignet sich zuerst als *Bewusstwerdung*, sodann – von einer höheren Stufe an – als *Bewusstmachung*.

Bewusstwerdung und Bewusstmachung

Bewusstwerdung und *Bewusstmachung* sind Ergebnisse der Anstrengung der Seele, dem Wirken des Geistes in sich immer mehr Raum zu geben. Sie sind grundlegend für das *Denken*, dessen erste Erscheinungsform: das *elementare Denken* sich im Wesentlichen mit der *Bewusstwerdung* deckt.

Bewusstwerdung und *Bewusstmachung* sind die beiden aufeinanderfolgenden Abschnitte in einem Prozess, in welchem das Lebewesen, sodann der Mensch an Bewusstheit zunimmt. Ist die Seele noch nicht sehr weit entwickelt und daher vollständig oder zumindest weitgehend *passiv*, so *wird* ihr das, wovon sie „berührt" wird: was sie erlebt und aufnimmt, bloß *passiv bewusst*. Das *passive* Aufnehmen von Bewusstseinsdaten und -inhalten bedeutet: *Bewusstwerdung*.

Kann die Seele der Wirkung des Geistes in sich schon Raum geben, so wird sie in einem immer höheren Maße imstande sein, all das, was ihr widerfährt und was sie erlebt, sich auch – zum Teil zumindest – selber *bewusst* zu *machen*. Dabei wird sie (z. B. von Neugier gepackt) bei steigender Entwicklungshöhe an ihrer Bewusstheit immer intensiver auch selber, das heißt: *aktiv* arbeiten. Die *aktive* Aufnahme von Bewusstseinsdaten und -inhalten heißt: *Bewusstmachung*.

Es ist die *Geistigkeit*, die in jeder Seele wirksam ist und Lebewesen und Menschen drängt, den Prozess der *Bewusstwerdung*, auf höherer Entwicklungsstufe den Prozess der *Bewusstmachung* zu vollziehen. Beide Prozesse ermöglichen es der Seele, alles, was mit ihr oder in ihr geschieht, *bewusst* zu *erleben* und es sich dadurch zur echten: beachteten und verwertbaren *Erfahrung* zu machen.

Nicht alles, was das Lebewesen oder der Mensch durchmachen muss, ist ein *echtes Erlebnis*. Vieles ist bloß etwas ihm Widerfahrenes, dessen Bedeutung dem Betroffenen „rätselhaft" bleibt, falls er ihm überhaupt Beachtung schenkt. Beim echten Erlebnis hingegen wissen Lebewesen und Mensch mehr oder weniger genau, was sie erlebt haben.

Jeder Schritt in der Bewusstwerdung und in der Bewusstmachung erweitert das Bewusstsein des Lebewesens und des Menschen: Sie *wissen* hinterher mehr und sie *können* mehr.

Wird ihr Bewusstsein erweitert, so sind sie dem bewusst Erlebten immer weniger *bloß passiv* ausgesetzt. Sie können die Erlebnisse mit Hilfe ihrer steigenden Bewusstseinsfähigkeit in immer höherem Maße eigenständig auswerten und aus ihnen immer mehr *lernen*.

Der Prozess der Bewusstwerdung

Erwacht die *Geistigkeit* in der Seele, so wirkt sie zunächst verborgen und daher unbewusst. Sie äußert sich an den Anfängen der irdischen Entwicklung als Fähigkeit zur Empfindung: als *Sensibilität*. – *Sensibilität* ist die Voraussetzung für die *Bewusstwerdung*. Nur das, was die Seele tatsächlich empfindet, erlebt und erfährt, kann ihr, kann dem Lebwesen oder dem Menschen, überhaupt bewusst werden.

Die ersten Schritte ihrer *Bewusstwerdung* vollzieht die Seele im *Pflanzenreich*. (Es ist allerdings möglich, dass die Anfänge schon im Mineralreich liegen.) – Den Vorgang kann man sich etwa folgendermaßen vorstellen: Bestimmte Reize, die auf die Seele der Pflanze einwirken, lösen in ihr aufgrund ihrer *Sensibilität* Empfindungen aus. Ihre Empfindungen sind jedoch nicht bloß allgemein oder diffus, sondern sie empfindet sie auf eine bestimmte Weise je nach Art des Reizes (z. B. Licht, Temperatur, Feuchtigkeit). Die Seele hat dann eine *ganz bestimmte Empfindung*.

Es kann sein, dass es in der *Ur-Evolution*, als die verschiedenen Arten von Empfindungen entstanden, anfänglich nur eine einzige Empfindung gab: den *Schmerz*. – Wie Blinde nach geglückter Operation beim ersten Sehversuch nur Schmerz empfinden und dann ihre Schmerzempfindung nach wiederholten Sehübungen allmählich ins Sehen übergeht, so dürfte bei der Entstehung der einzelnen Empfindungen ähnliches vor sich gegangen sein.

Der wiederholte Empfang desselben Reizes rief jeweils dieselbe Empfindung hervor. Nach unzähligen Wiederholungen begann die Seele (die Pflanze) nicht mehr nur, später überhaupt nicht mehr Schmerz zu empfinden, sondern hatte eine ganz *bestimmte*, nur den fraglichen Reiz beantwortende *Empfindung* (z. B. die Wahrnehmung von Licht, Wärme, Nässe). Andere Reize lösten einen ähnlichen Vorgang aus und ermöglichten die Entstehung anderer Empfindungen (die Wahrnehmung des Wechsels von Tag und Nacht oder der Jahreszeiten, das Nahen von Gewittern, von Perioden der Trockenheit u. a.). Reize meldeten sich auch aus dem physischen Organismus, die als bestimmte *Leibesempfindungen* erlebt wurden (z. B. Durst als Bedürfnis nach Wasser, Hunger als Bedürfnis nach bestimmten Mineralien).

Auf diese Weise differenzierten sich verschiedene Empfindungen in einem sehr lange andauernden Prozess heraus. Diese Empfindungen sind für die Pflanze insgesamt sinnvoll: Sie helfen ihr, durch geeignete Reaktionen auf bestimmte Reize zu überleben und sich fortzupflanzen.

Die Pflanze reagiert zwar auf eine bestimmte Empfindung in gewisser Hinsicht *unbewusst*, das heißt durch den entsprechenden *Instinkt geleitet*, dennoch erfolgt ihre Reaktion nicht vollständig unbewusst. Denn bei der „Identifizierung" einer Empfindung (als Licht-, als Durstempfindung u. a.) nimmt die Seele sowohl die spezielle Art des Reizes als auch die Besonderheit ihrer eigenen Empfindung auf eine Weise zur Kenntnis. Sie *weiß* also in einem gewissen Sinne darum, was in ihr vor sich geht, *was* es ist, das sie *empfindet*. – Dieses Wissen kommt einesteils durch ihre „geistige" Tätigkeit zustande: Sie speichert ihre einschlägigen Erfahrungen als inneres Wissen in ihrem Unbewussten und kann sie – bis zu einem gewissen Grad – „verstehen". Anderenteils verhelfen ihr zu diesem Wissen und zum Verstehen die Wesenheiten, die das Bewusstseinszentrum ihrer (einzigen) Seelenschicht betreuen.

Bewusstwerdung geschieht also – einfach gesagt – dadurch, dass alles, was die Seele passiv zu ertragen hat, an ihr nicht spurlos vorbeigeht. Die Besonderheit des Erlebten und somit der *Charakter der Empfindung* bleibt an ihr haften und wird ihr in einem gewissen Sinne *bewusst*. Bewusst wird es ihr freilich nur in dem Ausmaß und in dem Sinne, wie sie das Erlebte auf ihrer jeweiligen Entwicklungshöhe (= Artstufe im Pflanzenreich) erfassen und seine Bedeutung (was die Empfindung ihr „sagen" will) „verstehen" kann.

In diesem Sinne verfügt schon die Pflanze über ein – natürlich nur rudimentäres – *zentrales Bewusstsein*, das die Vorstufe zum *Wachbewusstsein* ist. – Auf der Tierstufe wird im Laufe der Bewusstwerdung das zentrale Bewusstsein und mit ihm das – zunächst verschwindend kleine – *Wachbewusstsein* mit jedem Schritt größer. Dabei werden immer größere Teile aus dem Unbewussten (das auf dieser Stufe identisch mit dem Unterbewussten des Menschen ist) in das Wachbewusstsein hinübergeführt. In diesem Prozess, in dem immer weitere Teile des Unbewussten bewusst werden, besteht das *geistige Wachstum* der Seele.

Auf den höheren Tierstufen erreicht die Geistigkeit jene Intensität, das Wachbewusstsein jene Größe, welche die Seele befähigt, zu diesem Prozess selber beizutragen. Damit geht die Bewusstwerdung allmählich in *Bewusstmachung* über.

Die Bewusstmachung

Es gibt selbstverständlich keine scharfe Grenze zwischen *Bewusstwerdung* und *Bewusstmachung*. Beide lösen sich immer wieder ab, dann verlaufen sie während langer Strecken der Evolution parallel. Dabei erlebt die Seele einen immer größeren Teil ihrer Empfindungen konkret: Sie „versteht", was sie bedeuten, und reagiert immer bewusster, das heißt, aufgrund von immer mehr eigenen „Überlegungen".

Dies zeigt sich erstens darin, dass die Seele bei der Auswertung der Informationen im Bewusstseinszentrum den Wesenheiten immer mehr „Arbeit" abnimmt, indem sie beginnt, immer mehr Informationen selber zu „verstehen" und die Bedeutung von Einwirkungen „richtig" einzuschätzen. – Zweitens kann sie immer mehr Verbindungen zwischen den Empfindungen herstellen. Sie „versteht" dann nicht nur die Bedeutung einzelner Empfindungen, sondern erkennt allmählich auch Zusammenhänge.

Auf diese Weise kommen die ersten *eigenen Kombinationen* zustande. Mit diesen Kombinationen nimmt das *Denken* seinen Anfang. – Die *Kombinationsfähigkeit* bildet die erste Stufe der *rationalen Denkfähigkeit*, sie ist die tragende Funktion der ersten Form des Denkens: des *elementaren Denkens*.

Schon auf der Pflanzenstufe findet also in gewissem Sinne ein Lernprozesses statt. „Erfolg" und „Fehlschlag" – anfänglich vor allem in Form von „richtigen" und „falschen" Einschätzungen – dürften bereits da eine Rolle spielen. Die richtige Einschätzung der Reaktion wird zwar von Wesenheiten des Bewusstseinszentrums – in Sonderfällen von der Geistigen Führung – „suggeriert", und die Seele (die Pflanze) führt die Reaktion unter Instinktzwang aus. Dennoch kann auch die Pflanze schon im Erkennungs- und Auswertungsverfahren etwas Eigenes beisteuern, was natürlich vermehrt zu Fehlschlägen führen kann.

Der Anteil der bewussten – also der eigentlich *geistigen* – Vorgänge ist in diesem anfänglichen Denk- und Lernprozess natürlich äußerst minim. Die spärlichen Denk- und Lernansätze reichen auf dieser Stufe trotzdem aus, damit das Lebewesen seine Existenz auf der Erde bewältigen kann. Sie ermöglichen allenfalls, den eng begrenzten *Lebensraum* zu beherrschen und mit einer gewissen Eigenständigkeit – auf ihre spezielle Weise – das Leben zu *führen*. – Die noch so geringfügige Eigenständigkeit ist das erste Anzeichen dafür, dass die Seele den Prozess ihrer *Individualisierung* angetreten hat.

LEBENSRAUM UND BEWUSSTHEIT

Der *Lebensraum* steht in engster Beziehung zum *Bewusstsein*. Nicht die eingenommene – etwa räumliche – Größe des Betätigungsfeldes eines Lebewesens ist für die Weite und Beschaffenheit seines Lebensraumes ausschlaggebend, sondern der Horizont seiner *Bewusstheit*. Je weiter die Bewusstheit eines Lebewesens entfaltet ist, umso größer und differenzierter ist auch sein Lebensraum.

Die Welt der Lebewesen

Der *Lebensraum* ist jener Ausschnitt aus der Gesamtwirklichkeit, zu dem das Lebewesen einer bestimmten Art Zugang hat und dessen Elemente für das Lebewesen Bedeutung haben. Er ist jene spezifische *Welt*, in der ein Lebewesen lebt.

Der Lebensraum hat eine „materielle" Grundlage, deren Einzeldaten für das Lebewesen der Art eine bestimmte *Bedeutung* haben. Der Lebensraum ist eigentlich ein *Sinngefüge*, dessen Bedeutung das Lebewesen „verstehen" kann.

Es „versteht" den Sinn einerseits *instinktiv*, also mit Hilfe seiner Bewusstseinszentren und der Geistigen Führung, andererseits immer mehr auch *bewusst*: mit Hilfe seines bereits entfalteten zentralen oder Wachbewusstseins.

Die „materielle" Grundlage des Lebensraumes ist sowohl grobstofflicher als auch feinstofflicher Art. Sie ist also nicht nur auf die physische Materie beschränkt, sie wird auch aus verschiedenen Komponenten sowohl der irdisch-materiellen als auch der übersinnlichen Wirklichkeitssphäre gebildet. Für das Lebewesen liegen die materiellen Daten in jenem *Wahrnehmungsfeld* vor, das für die Art *relevant*, das heißt: erfahrbar und bedeutungsvoll ist.

Das *Wahrnehmungsfeld* ist die Gesamtheit aller Sinneseindrücke und Sinnesreize, die dem Lebewesen oder dem Menschen durch die Sinnes- und Leibesorgane zugänglich sind. Es setzt sich einerseits aus visuellen, akustischen und durch Geruch, Geschmack und Betasten gebildeten Wahrnehmungsbereichen zusammen, die mit den fünf Sinnen erfasst werden, andererseits aus dem Wahrnehmungsbereich, der den Leibesempfindungen zugänglich ist. Vertreter einer bestimmten Art können aus einem einzigen Wahrnehmungsbereich (aus dem Sehfeld, Hörfeld, Geruchsfeld u. a.) jedoch nur einzelne Gruppen oder Kategorien von *Sinnesdaten* wahrnehmen. Die Auswahl ist *artbedingt*; die besondere Weise, *wie* ein Lebewesen das jeweils Wahrnehmbare und Erfahrene *erlebt*, ist *artspezifisch*.

Sinnesdaten sind bewusst aufgenommene Ausschnitte aus dem Wahrnehmungsfeld (z. B. Umrisse verschiedenfarbiger Flächen, bestimmte Geräusche). Sie kommen durch *Reize* zustande. – *Reize* sind durch die Sinnesorgane vermittelte (also „sinnliche") Einwirkungen auf die Seele. Die Sinnesdaten werden von Lebewesen je nach Situation selektioniert und jene, die als „Signale" gelten, bewusst wahrgenommen und damit „verstanden". – *Leibesempfindungen* sind Zustandsmeldungen des Organismus (z. B. Hunger, Müdigkeit). Ihr Charakter hängt selbstverständlich ebenfalls von der physisch-physiologischen Eigenart der Art bzw. der Gattung ab.

Eine bestimmte Pflanze „sieht" die Welt demzufolge anders, genauer: empfindet anders als eine andere. Es gibt generelle Empfindungselemente, die für sämtliche Pflanzen gelten (z. B. Licht- oder Feuchtigkeitsempfindlichkeit) und es gibt spezielle, die Differenzierungen oder Varianten genereller Empfindungen darstellen und die nur für eine bestimmte Gattung oder Art erfahrbar sind. – Dies gilt auch für Tiere: Eine Zecke nimmt viel weniger wahr als ein Spatz, ein Spatz weniger als eine Katze (die bei der Wahrnehmung zudem differenziertere Emotionen hat).

Lebewesen nehmen nicht nur das Grobstofflich-Materielle wahr. Ihre Wahrnehmung erstreckt sich auch auf das *Übersinnliche.* Die Welt der Lebewesen besteht also nicht nur aus Sinnesdaten und Leibesempfindungen, sondern auch – und sogar größtenteils – aus jenen *Empfindungen,* mit denen sie auf nicht-sinnliche Einwirkungen reagieren. Die Art der jeweiligen *Empfindungen – wie* die Seele eine Einwirkung jeweils empfindet – ist je nach Entwicklungshöhe und je nach Gattung oder Art verschieden.

Aus dem *Übersinnlichen* übernimmt das Lebewesen in erster Linie jene Informationen, die in die Bewusstseinszentren der Seelenschichten einlaufen. Das Lebewesen nimmt aber – darin vielen Kindern ähnlich – auch Ausschnitte aus der feinstofflich-materiellen Welt wahr und hat Kontakt zu den Bewohnern dieser Welt, vor allem zu den Naturwesen, aber auch zu Höheren Wesenheiten. Die „wahre Gestalt“: das „innere Antlitz“ der Natur und die unsichtbaren Wesenheiten gehören ebenso zu seiner Welt wie ihre – für das Lebewesen wahrnehmbare – äußere: physische Gestalt.

Es ist gelegentlich zu beobachten, dass Tiere (z. B. Hunde) etwas wahrzunehmen scheinen, was für den Menschen unsichtbar ist. Sie können zum Beispiel in eine bestimmte Richtung schauen und dort etwas sehen, wo dem Menschen nichts zu sein scheint.

Sie können auf eine für den Menschen nicht nachvollziehbare Wahrnehmung sogar auf auffällige Weise reagieren, beispielsweise beim Spazieren an einer bestimmten Stelle regelmäßig ausweichen oder sich weigern, eine Brücke zu überqueren oder dem Besitzer auf einer Wegstrecke zu folgen. Ähnliche Beobachtungen kann man bei manchen Säuglingen oder Kleinkindern machen. Lebewesen können – wie Kinder – Höhere Wesenheiten (auch sie haben ihre Engel) wahrnehmen, manche auch den Todesengel: ihren eigenen oder jenen, der einen Menschen – zum Beispiel ihren „Meister„ – abholt.

„Wahrnehmen“ heißt auf der Pflanzenstufe ausschließlich, auf der Stufe der niederen Tierarten vorwiegend, bei den höheren Arten immer auch: *empfindungsmässig erfassen.* Das Visuelle, das Akustische, die Geruchs-, Geschmacks- oder Tastwahrnehmung ist eher ein *Empfinden* als ein scharfes, konkretes Sehen oder Hören oder sonstiges Wahrnehmen; es ist mit Wahrnehmungen aus dem Übersinnlichen durchsetzt. – Das Lebewesen – wie auch das hellsichtige Kind –

unterscheidet (noch) nicht zwischen dem Grob- und dem Feinstofflichen, beide Welten sind für sie miteinander verwoben. Sie liegen tatsächlich ineinander.

Die Trennung beider Welten beginnt auf der mittleren Tierstufe, auf welcher die Heranbildung der *Rationalität* – und mit ihr die der *Urteilskraft* – ihren ersten Anfang nimmt.

Auch für den Menschen fließen bei Beginn seiner inneren Entwicklung beide Welten noch weitgehend ineinander. Daher entnimmt sein Denken auf den untersten Entwicklungsstufen: das *elementare Denken,* seine Bausteine aus beiden Welten.

Die weitere Entwicklung nötigt dann den Menschen zur immer intensiveren Auseinandersetzung mit der irdisch-materiellen Realität und zwingt ihn schließlich, sich gleichsam in sie „einzulassen“, damit er später eine seiner wichtigsten Aufgaben auf Erden vollziehen kann: die *Vergeistigung der Materie.*

Auf den höheren Stufen erwacht die Fähigkeit wieder, das Übersinnliche wahrzunehmen, die Besonderheiten der feinstofflichen Welt (wieder) kennenzulernen und mit den vorher unsichtbaren Wesenheiten Kontakt aufzunehmen. Die auf diesen Stufen herrschende Denkform: das *intuitive Denken,* formt sich größtenteils im „Nachbilden“ der Strukturen der unsichtbaren Welt.

Die Vielfalt der Welten und die Bewusstheit

Den herangebildeten Seelenschichten entsprechend ist die Welt der Pflanze eine *Empfindungswelt,* die weitgehend *emotionell* bedingt ist; die Welt des Tieres ist außerdem *affektiv* gestaltet und auf den höheren Artstufen mit wachsender *Rationalität* durchsetzt.

Die Welt eines Insektes unterscheidet sich von der Welt einer Pflanze und von der eines Vogels, und deren Welt von der eines Hundes in sehr vielen Zügen. Die Unterschiede haben zwei Gründe. – *Erstens* sind für die Repräsentanten einer Gattung oder einer Art jeweils andere Ausschnitte und andere Komponenten in den einzelnen (visuellen, akustischen, durch Geruch u. a. bedingten) Wahrnehmungsfeldern ausschlaggebend und erfahrbar. – *Zweitens* werden die einzelnen Wahrnehmungsdaten (z. B. Reize) vom Lebewesen jeder Gattung und jeder Art auf eine jeweils andere Weise empfunden, wahrgenommen und „verstanden". Auch bei höheren Tierarten kann im gesamten Wahrnehmungsfeld wesentlich mehr an Sinnesdaten vorhanden sein, als das Tier tatsächlich registriert. Denn nicht alles, was es sehen oder hören, schmecken oder riechen bzw. wittern könnte, hat für das Lebewesen jeweils Bedeutung. Nur das, was ihm etwas signalisiert (sich z. B. als Nahrung, als Tarnung anbietet, vor Gefahr warnt), ist für das Tier wichtig und somit beachtenswert. Es ist beispielsweise zu beobachten, dass Raubvögel, die über Felder neben einer Autobahn kreisen, sich vom Lärm offenbar nicht stören lassen, ihn vielleicht auch nicht wahrnehmen, hingegen auf die geringste Veränderung, die ein Tier auf dem Feld verursacht, sogleich reagieren.

Die Bewusstheit des Lebewesens ist auf der Pflanzenstufe äußerst klein, weil sein Lebensraum, den es mit seinen instinktgesteuerten Aktionen und mit seiner Eigenaktivität beherrschen muss, entsprechend eingeschränkt ist, und weil die Lebensweise, die für die Pflanze auf der jeweils arteigenen Stufe die einzig mögliche ist, von ihr keine größere Bewusstheit erfordert. – Entwickelt sich die Seele, so nimmt sie bei jedem Schritt an Bewusstheit zu. Damit erweitert sich auch der Lebensraum und vervielfältigten sich die Möglichkeiten, die dem Lebewesen für die Gestaltung seiner Lebensweise zur Verfügung stehen.

Während jedoch das Wachstum der Seele keine Sprünge macht, verändern sich Lebensraum und Lebensweise beim Artwechsel in einem bestimmten Sinne *sprunghaft*.

Wachstum und Sprunghaftigkeit

Natura non facit saltus (lat.): Die Natur macht keine Sprünge, und auch das Wachstum nicht. Dennoch scheint es, dass sich gewisse Wachstumsprozesse sprunghaft ereignen. Der Widerspruch ist allerdings nur scheinbar. Er löst sich auf, wenn man beachtet, dass es lange Perioden ohne nach außen wahrnehmbare Veränderungen gibt, während in bestimmten Phasen größere Veränderungen auch nach außen hin sichtbar werden.

So ist es auch in der Entwicklung der Seele. Die Seele wächst innerhalb einer Inkarnationsreihe in derselben Gestalt: im „Gewand" derselben Gattung bzw. derselben Art, ohne dass die (kleinen) Etappen ihres Wachstums nach außen hin in Erscheinung treten würden. Dabei durchschreitet sie einen – relativ großen – Entwicklungsraum bis zur oberen Grenze: zur Artgrenze. Zur Überschreitung der Artgrenze genügt dann ein winziger Schritt im Wachstum, der zum Wechsel der Art führt.

In ähnlicher Stafetten-Form scheint sich zum Beispiel die Nachtkerze (*Oenothera)* zu öffnen, als bewegte sie ihre Blütenblätter sprunghaft; ähnlicherweise vollzieht sich das Wachstum jeder Pflanze, jeder Blüte von der Knospe bis zur Entstehung der Frucht. Wenn die Frucht schließlich von der Pflanze oder vom Baum fällt, geschieht es plötzlich. Das Wachstum geht stets kontinuierlich vor sich, nur die sich verändernden Manifestationsformen des Wachstums treten an bestimmten Stellen – am „Grenzübergang" – *sprunghaft* in Erscheinung.

Diesem Wachstum ähnlich, das in langen Perioden ohne sichtbare Veränderungen nach außen vor sich geht, um dann zeitweise – scheinbar – dennoch große Sprünge zu machen, vollzieht sich auch der Prozess der Bewusstwerdung und der Bewusstmachung. Das Wachstum der Seele, das die Erweiterung der Bewusstheit bewirkt, ist das grundlegende Ereignis, das alle Manifestationsformen des Lebens bewirkt und lenkt.

Der Wechsel der Erscheinungsformen, so auch der Gattung und der Art, ist das Resultat eines *inneren* Vorganges und vollzieht sich fließend, obwohl die Veränderungen häufig sprunghaft in Erscheinung treten. Der Prozess der Bewusstwerdung und der Bewusstmachung verläuft ebenfalls kontinuierlich, und auch der Übergang von der einen zur anderen ereignet sich ohne Bruch.

Der Wechsel von der Bewusstwerdung zur Bewusstmachung kann bei höheren Tierarten, bei den Niederen Wesenheiten, besonders aber beim Menschen beschleunigt werden. Es gibt die Möglichkeit, ihre Eigenständigkeit auch im Prozess der Bewusstmachung zu fördern: durch die *Erziehung.*

Erziehung tritt anfänglich auf der Tierstufe und noch beim Menschen bis zur dritten Entwicklungsstufe häufig als *Drill* in Erscheinung.

Drill ist eine wichtige Lehrmethode und als solche eine Vorform des eigentlichen Unterrichts bzw. des Lernens. Er bringt dem Lebewesen und dem Menschen etwas bei, was sie vorwiegend – wenn auch nicht restlos – *passiv* aufzunehmen haben. Dabei wird ihnen das Angedrillte, das sie ja auch miterleben und erfahren müssen, *bewusst.* – Das gezielte *Lernen* hingegen, das die Aufmerksamkeit und die Merkfähigkeit des Tieres und des Menschen herausfordert, verlangt von der Seele die *aktive* Teilnahme. Tier und Mensch müssen sich beim Lernen – je nach Veranlagung mehr oder weniger – anstrengen und zumindest einen Teil dessen, was sie lernen sollen, eigens *bewusst* machen.

Wie zwischen Bewusstwerden und Bewusstmachen ist die Grenze auch zwischen Drill und Lernen fließend. Beide aktivieren die Entfaltung einer der grundlegenden Anlagen der Seele: die der *Rationalität.* Sie erziehen zum *Denken.*

(Zu den in diesem Kapitel behandelten Fragen vgl. auch: *Grundlagen der Erkenntnis* 1972)

Kapitel 6

DIE ENTSTEHUNG DER EINZELSEELE

Die *Heranbildung der Einzelseele* beginnt in einem gewissen Sinne bereits im *ersten Stadium des Schöpfungsprozesses*, in welchem aus der Einen ursprünglichen Seele: der *Seele Gottes*, durch Verästelung, sodann durch Verzweigung immer kleinere Gruppenseelen hervorgehen. Dies ist die *erste kosmische Periode* in der Gesamtentwicklung der Seele. – In dieser Periode ist die Einzelseele nur *virtuell*: als „Gedanke" Gottes vorhanden, der erst auf dem Weg zu seiner Verwirklichung ist. Diese Periode bildet die *Vorstufe* zur eigentlichen *Individualisierung*.

Das erste Stadium endet mit der Erschaffung der Erdsphäre. Erst hinterher: im *zweiten Stadium der Schöpfung*, beginnt die eigentliche Heranbildung des Individuums. In dieser *irdischen Periode* ihrer Gesamtentwicklung lösen sich die Einzelseelen aus der Gruppenseele heraus und *individualisieren* sich.

Der Beginn der Individualisierung fällt mit dem Erscheinen des Lebens auf der Erde zusammen. Die Individualisierung, deren allererste Anfänge ins Mineralreich zurückreichen, erstreckt sich über die ganze Evolution der Lebewesen und setzt sich im Reich der Niederen Wesenheiten fort. Die Evolution der Lebewesen und die Entwicklung der Niederen Wesenheiten bilden die *vormenschliche Stufe* in der Heranbildung der Einzelseele.

Die Seele ist zwar im Lebewesen in einer gewissen Weise schon eine Einzelseele, sie ist jedoch auch dann noch nicht vollständig individualisiert, wenn sie erstmalig in menschlicher Gestalt auf der Erde erscheint. Auch der Mensch muss sich in der ersten Hälfte seiner äonischen Entwicklung weiter individualisieren, bis er sich aus sämtlichen Abhängigkeiten restlos herausgelöst hat. Eine vollständige Unabhängigkeit erreicht er erst auf den höheren Stufen seiner Entwicklung.

Die *Heranbildung der Einzelseele* erstreckt sich also über die *Evolution der Lebewesen* und reicht bis in die *zweite Hälfte* der *äonischen Entwicklung* des Menschen hinein.

Nach Abschluss der irdischen Periode entwickelt sich die Seele des Menschen weiter und gelangt in die *zweite kosmische Periode* ihrer Gesamtentwicklung. Diese Periode liegt im *dritten*, abschließenden *Stadium der Schöpfung*. In dieser letzten Periode erreicht die bereits voll individualisierte Seele ihre höchstmögliche *Vervollkommnung*.

DIE EINZELSEELE UND DIE GRUPPENSEELE

Jede Einzelseele gehört zu einer Gruppenseele, jede stellt eine individuelle Verwirklichung von deren Möglichkeiten dar. Sie spiegelt unter einem bestimmten Gesichtswinkel die Gruppenseele wider und ist ein Bestandteil von ihr. Je weniger individuell sie entwickelt ist, umso kleiner ist auch der individuelle Seelenanteil im Lebewesen und umso größer ist seine Abhängigkeit von der Gruppenseele.

Die Abhängigkeit eines Lebewesens von der Gruppenseele ist für seine jeweilige Lebensweise ausschlaggebend. Diese ist *art-typisch*, und die spezifische Lebensweise einer Art wird von jener Variante möglicher Lebensweisen bestimmt, welche für die jeweilige Gruppenseele kennzeichnend sind.

Abhängigkeit als Schutz

Das „Eingebettetsein" in die Gruppenseele ist für das Lebewesen eine unumgängliche Lebensbedingung. Sie bedeutet *Schutz*. Es wäre ohne Einwirkung der Gruppenseele auf seine Seele noch nicht in der Lage, seine Existenz auf der Erde – also allein – zu meistern.

Auf den unteren Stufen der Evolution: bei Lebewesen der tiefer stehenden Arten, ist die Abhängigkeit von der Gruppenseele noch sehr groß. Der Grad an Abhängigkeit entspricht dem Grad an Schutzbedürftigkeit des Lebewesens. Das Lebewesen wäre, völlig auf sich gestellt, nicht fähig, auch nur am Leben zu bleiben, geschweige aufgrund eigener Kenntnisse und eigener Erfahrungen die Aufgaben der irdischen Existenz zu bewältigen.

Das Mittel, durch welches die Gruppenseele der Einzelseele auf der vormenschlichen Stufe beisteht, ist der *Instinkt*. Das Lebewesen bedarf der Instinkte, ohne Unterstützung seitens der Gruppenseele, ohne Instinkt wäre es auf der Erde nicht lebensfähig.

Eine relativ hohe Abhängigkeit der Einzelseele von der Gruppenseele besteht auch für den Menschen noch auf den unteren Stufen seiner Entwicklung. Auch für ihn bedeutet Abhängigkeit Schutz. Wozu der Mensch noch nicht in der Lage ist, das erledigt für ihn seine Gruppenseele. Der Mensch der unteren Stufen denkt und fühlt weitgehend nicht selber, sondern es ist seine *Gruppenseele*, die für ihn und an seiner Stelle *fühlt*, und es ist der *Gruppengeist*, der für den Menschen bzw. an seiner Stelle *denkt*. – Der *Gruppengeist* ist der Anteil der Gruppenseele an Einem Geist: am *Geist Gottes*.

Austausch der Erfahrungen

Entwicklung kann nur dank der Zusammenarbeit von Gruppenseele und Einzelseelen, ferner im Zusammenwirken von kleineren Gruppenseelen mit der sie umfassenden großen Gruppenseele vollzogen werden.

Damit jeweils eine höhere Stufe und eine – relative – Vollendung erreicht werden kann, müssen die Einzelseelen als individuelle Vertreterinnen einer Art (als eine bestimmte Pflanze, als ein bestimmtes Tier) ihre eigenen, persönlichen Erfahrungen gemacht haben. Jede Erfahrung kommt sogleich der ganzen Gruppenseele zugute, und jede Bereicherung der Gruppenseele durch Erfahrungen der Einzelseelen bietet allen anderen Individuen der Gruppe die Möglichkeit, daraus Nutzen zu ziehen. Keine Einzelseele arbeitet nur für sich, die Erfahrung des Einzelnen dient allen Einzelseelen der Gruppe.

Im menschlichen Leben gilt dasselbe. Was ein Mensch erfährt, was ein Mensch im Leben erarbeitet, kommt allen Mitgliedern der Gruppenseele zugute. Die Gruppenseele ist in der ersten Hälfte der äonischen Entwicklung die Seelenfamilie des Menschen, die auf dieser Etappe mit seiner irdischen Familie meistens identisch ist. Was der eine erfährt oder tut, braucht der andere nicht unbedingt selber zu erfahren oder zu tun.

Ausgenommen sind die Grunderfahrungen. Denn jede Einzelseele muss bestimmte grundlegende Erfahrungen machen, dies gehört zu den Voraussetzungen ihrer eigenen Entwicklung. Wie jeder Schüler in der Schule bestimmte Grundfertigkeiten wie Lesen, Schreiben oder Rechnen lernt, aber nicht ein jeder sämtliche Fachausbildungen absolvieren muss, so ist es auch in der Entwicklung der Lebewesen und der Menschen.

Jeder muss Schritt für Schritt lernen, die grundlegenden Lebensbedingungen auf der Erde selber zu meistern. Jedes Individuum muss für seine Entwicklung einen eigenen Beitrag leisten. Lernt der Schüler nicht, seine Hausaufgaben selber zu machen, so lernt er letztlich nichts.

Je höher die Gruppenseele in der Entwicklung steht, umso mehr Selbständigkeit und somit Eigenarbeit wird auch den Einzelseelen zugemutet. – Dies gilt auch im täglichen Leben: Ein Kind im Säuglingsalter muss betreut werden. Wächst es heran, so muss es lernen, immer mehr Bedürfnisse eigenständig zu befriedigen (z. B. selbständig zu essen, später sich anzuziehen, allein in die Schule zu gehen) und es wird ihm immer mehr Verantwortung nicht nur für sich selber, sondern mit der Zeit auch für andere aufgebürdet.

Ablösung und Solidarität

Doch wie das heranwachsende Kind steht auch der Mensch nie allein da, selbst auf den höheren Stufen seiner Entwicklung nicht. Mitglieder seiner Seelenfamilie stehen ihm bei, und jeder Mensch hat unsichtbare Helfer um sich: Menschen, die im Jenseits sind, und vor allem seine Geistigen Führer, die ihm unentwegt und in allem behilflich sind, damit er die fälligen Entwicklungsschritte vollziehen kann.

Denn die Loslösung von der Gruppenseele bedeutet nicht das Aufheben der Beziehung, sondern deren *Umgestaltung*. Soll die Abhängigkeit aufgelöst werden, so muss die Beziehung frei gestaltet und auf die zwischenmenschliche bzw. „zwischen-seelische“ Ebene gehoben werden. Löst sich ein Heranwachsender von seinen Eltern, so heißt das nicht, dass er ihnen den Rücken kehren muss. Auch nach der Ablösung kann, falls zwischen Eltern und Kind eine echte seelische Verbundenheit (z. B. engere Seelenverwandtschaft) besteht, die Beziehung weiter gepflegt werden, nur nicht als Eltern-Kind-Verhältnis, sondern als eine Beziehung zwischen Erwachsenen. – In ähnlicher Weise bleibt der Mensch nach der Ablösung von seiner Gruppe mit den Mitgliedern seiner Seelenfamilie und der größeren Seelengruppen verbunden. Das Band zwischen ihnen, das sie dann verbindet, ist nicht mehr die Abhängigkeit, sondern die *Solidarität*, die auf *echter Liebe* beruht.

Die Seele bleibt ja weiterhin ein Glied der Gemeinschaft. Nur ist sie nicht mehr unbewusst und willenlos in sie eingebettet, sondern sie ordnet sich in sie bewusst und freiwillig ein, und zwar aufgrund der von ihr schon entfalteten Einsichts- und Liebesfähigkeit.

Eine von allen Bindungen gelöste, ihre Individualität in allen Belangen voll entfaltete Seele profiliert sich dann – auf den letzten beiden Stufen der äonischen Entwicklung – als *Persönlichkeit.*

DIE INDIVIDUALISIERUNG

Individualisierung bedeutet die *Herauslösung der Einzelseele* aus der Gruppenseele und die damit einhergehende Erlangung ihrer *Selbständigkeit.*

Die Herauslösung aus der Gruppenseele

Die Stufenordnung in der Evolution entspricht der Rangordnung der Lebewesen. Sie stellt eine Stufenleiter steigender Eigenständigkeit und damit der *Individualisierung* der Seele dar.

Die einzelnen Reiche, welche die Seele in der Evolution der Lebewesen durchschreitet, sind im Grunde materielle Erscheinungsweisen der sie umfassenden großen Gruppenseele. So gehört das Mineral, die Pflanze, das Tier, die Niedere Wesenheit und der Mensch zu einer je eigenen, dem Stand der Entwicklung entsprechend gestalte-

Herauslösung der Einzelseele aus der Gruppenseele

ten und differenzierten großen Gruppenseele, die sich sowie ihre Anlagen durch die zu ihr gehörenden Individuen: durch die Population in den einzelnen Reichen verwirklicht.

Im Laufe der Evolution lösen bzw. lösten sich aus den großen Gruppenseelen der einzelnen Reiche zunächst kleinere Gruppenseelen heraus, aus diesen noch kleinere: die Gruppenseelen einer Gattung, dann die der Art, der Rasse, sodann innerhalb der Rasse Seelensippen, aus diesen schließlich Seelenfamilien. Bei jedem Schritt der Herauslösung einer kleineren Seelengruppe aus einer größeren nehmen bzw. nahmen auch die zu den Gruppen gehörenden Einzelseelen an Individualität zu.

Die entstandenen diversen Gattungen, Arten, Rassen von Lebewesen stellen also Manifestationsformen von immer kleineren Gruppenseelen dar, welche aus der umfassenden, großen Gruppenseele der einzelnen Reiche hervorgingen. Sie blieben aber mit ihr nach wie vor verbunden.

Die Stammbäume der Lebewesen sind eigentlich Stammbäume der Seele und illustrieren die hierarchische Gliederung der Zusammengehörigkeit der einzelnen Gruppenseelen und ihre Zugehörigkeit zu der alle umfassenden *Seele der Erdsphäre*.

In jedem Lebewesen, in jeder Wesenheit – ob sie für den Menschen sichtbar ist oder nicht, ob sie auf der Erde inkarniert ist oder nicht – befindet sich eine Einzelseele, die ihre grob- oder feinstoffliche Gestalt belebt. Jede Einzelseele stellt eine besondere Individuation der Gruppenseele dar. – Jedes Lebewesen, so auch jedes Stück Mineral, ja jedes Sandkorn, ist sowohl die Erscheinungsform einer Gruppenseele als immer auch der Ausdruck einer mehr oder weniger großen (evtl. verschwindend kleinen) individuellen Seele.

Das Verhältnis zwischen Gruppen- und Einzelseele kann man sich bildlich (und überaus vereinfacht) etwa folgendermaßen vorstellen: Die Gruppenseele stellt eine einzige, große, aus elastischer Masse bestehende, äußerst flexible Kugel dar, die kleine Ausbuchtungen aufweist. Die „Ausbuchtungen" sind die Einzelseelen.

Die Individualisierung besteht nun darin, dass die „Ausbuchtungen" immer größer, schließlich so groß werden, dass sie sich von der großen Masse vollständig ablösen können und zu eigenständigen „Kugeln" (Seelen) werden.

Auch beim Tode eines Lebewesens bleiben die „Ausbuchtungen" bis zu einer bestimmten (evtl. minimalen) Größe bestehen. Stirbt das Lebewesen, verlässt seine Seele den physischen Leib, so geht sie nicht zugrunde. Befindet sie sich auf den unteren Stufen der Evolution, so geht sie in die Gruppenseele ein, sie löst sich in ihr jedoch nicht vollständig auf.

Je höher die Gruppenseele auf der Stufenleiter der Evolution steht, umso mehr behalten die ihr zugehörigen Einzelseelen von ihrer Individualität bei, wenn sie ein Erdenleben abschließen. Sie werden nach dem Tod nur teilweise von der Gruppenseele „aufgesogen", und dieser einverleibte „Teil" wird bei steigendem Entwicklungsgrad immer kleiner. Auf der Stufe der höheren Tierarten und des Menschen kehrt die Einzelseele beim Tode zwar zur Gruppenseele zurück, ihre Seele wird jedoch von ihr nicht mehr „eingesogen", sondern bleibt eigenständig. Meistens halten sich die Verstorbenen in ihrer Gruppe auf. Denn auch im Jenseits treffen sich die Mitglieder einer Seelenfamilie, genauso wie auf der Erde Verwandte und Freunde gerne zusammenkommen. Ebenso bewahren Tiere der höheren Arten ihre Individualität und verbringen ihre Zeit auch im Jenseits – in ihrer eigenen Astralwelt – mit ihren Gruppenangehörigen gemeinsam, aber als Individuen.

Der Sinn der Individualisierung

Die *Individualisierung* hat zwei Aspekte. Sie ist die Voraussetzung für die eigenständige: die individuelle Entwicklung der Einzelseele, und sie ermöglicht der Gruppenseele, durch die individuelle Entwicklung der ihr zugehörenden Einzelseelen ihre Anlagen in wunderbarer Vielfalt zu verwirklichen und sich dadurch qualitativ zu erhöhen und immer differenzierter zu werden.

Die Verselbständigung ermöglicht, alles, was ursprünglich nur Anlage und Inhalt der großen Gruppenseele: der *Seele der Erdsphäre* war, *in* den Einzelseelen und *durch diese* auf individuelle Weise zu verwirklichen. Damit dies geschehen kann, ist es nötig, dass sich in den einzelnen Erscheinungsformen der Seele: in den verschiedenen Gestalten von Lebewesen, nicht die ganze Gruppenseele – „auf einmal" – inkarniert, sondern sich immer wieder Teile von ihr als *Ein-*

zelseele ins Erdenleben treten und dabei Eigenaktivität entfalten. Nur dann, wenn sich die Gruppenseele – genauer ein „Teilchen" von ihr – jeweils in einem Lebewesen als Einzelseele inkarniert, kann sich dieses „Teilchen" aus ihr herauslösen, zu einer individuellen Einzelseele werden und lernen, in irdischer Gestalt eigenständig zu leben und zu wirken.

Die *In-karnation*: die Versenkung der Seele in die Materie, ist eine Voraussetzung für die Individualisierung auf der vormenschlichen Stufe der Gesamtentwicklung, und sie ist somit die Bedingung dafür, dass sich die *Seele der Erdsphäre* auf der Erde in vielfältiger Gestalt verwirklichen kann.

DIE MATERIELLE GESTALT UND DIE INDIVIDUALISIERUNG

Die Seele kann ihre Anlagen nur in der engsten Berührung mit der irdischen Materie aktualisieren. Das Erdenleben in verschiedenen Lebensformen und Gestalten, die für die spezielle Gattung und Art des Lebewesens jeweils charakteristisch sind, ermöglicht es der Einzelseele, im Vollzug ihrer Entwicklung die allgemeinen Anlagen der Gruppenseele auf individuelle Weise zu aktualisieren.

Die Eigentümlichkeiten der jeweiligen Art, welcher das Lebewesen zugehört, stecken mit ihren Möglichkeiten und Begrenzungen in Organismus und Lebensweise den Rahmen der Individualisierung ab. Darin wird auch der Manifestation der individuellen Eigenart des Lebewesens etwas Spielraum geboten. Je weiter die Seele in ihrer Entwicklung innerhalb einer Art, sodann von dieser zur höheren Art fortschreitet, umso größer wird der Spielraum für die Entfaltung ihrer Individualität.

Die Materialität als Individualisierungsfaktor

Erscheint nun die Seele auf Erden in einer eigenen grobstofflich-materiellen Gestalt, so ist sie – zumindest was ihren physischen Leib betrifft – von ihrer Gruppenseele abgesondert und für die Zeit der Inkarnation *materiell* individualisiert.

Sie erlebt sich in ihrem physischen Leib den anderen Seelen und der Umwelt gegenüber materiell abgegrenzt. Ist sie materiell abgegrenzt, so ist sie auch räumlich und zeitlich abgegrenzt. Damit ist sie zugleich eingeschränkt. Die „Hautgrenze" ist auch ihre physische Grenze.

Seelisch und geistig ist sie freilich nach wie vor an die Gruppenseele gebunden. Sie löst sich nur allmählich von ihr. Erst auf der menschlichen Stufe ihrer Entwicklung – und auch da erst nach Erreichen der Mitte – individualisiert sie sich aus ihr auch seelisch wie geistig vollständig und damit endgültig heraus.

Bis dahin hat sie zwar bei jeder Inkarnation einen eigenen physischen Leib, jedoch nur in – je nach Entwicklungsgrad – beschränktem Maße auch eine eigene Seele und ein eigenes Bewusstsein.

Ein einfaches Beispiel aus dem Tierreich liefern die in Schwärmen oder Haufen lebenden Tiere, wie bestimmte Arten von Fischen oder Insekten. So verrichten Ameisen oder Bienen ihre Arbeit – auf der materiellen Ebene – individuell, der ganze Schwarm oder Haufen wird jedoch von einem einzigen Bewusstsein: dem Bewusstsein der Gruppenseele gelenkt.

Obwohl die Einzelseele nur materiell: nur ihrem physischen Leib nach von den anderen Seelen und der Gruppenseele abgesondert ist, bedeutet ihr Zustand auf der Erde während der Dauer der Inkarnation für sie eine *Trennung*. Sie erlebt sich auf Erden in mehrfacher Hinsicht als Einzelwesen, und diese Situation verlangt von ihr Eigenständigkeit.

Mag auch der Spielraum für die Eigenständigkeit einer Einzelseele noch so klein sein, jede Inkarnation stellt sie in eine individuelle Situation. Und selbst auf den unteren Stufen der Rangordnung der Arten legt das Lebewesen eine gewisse persönliche Eigenart an den Tag.

Guten Beobachtern wird nicht entgehen, dass sogar unter Tieren, die in Haufen oder Schwärmen leben, so unter Ameisen, nicht alle mit demselben Eifer ans Werk gehen und dass sie auch sonst verschiedene Temperamente aufweisen. Manche sind aggressiv, manche sprichwörtlich fleißig, andere eher phlegmatisch, manche sind offensichtlich „klug" und verrichten ihre Arbeit sinnvoll, manche töricht (sie rennen z. B. wie kopflos herum) und einige scheinen sogar ein „kontemplatives" Leben zu führen: Sie spazieren gemächlich auf und ab und schauen zu, wie sich ihre Kolleginnen mit Herbeischleppen von Lasten abmühen.

Das Dasein in der irdischen Materialität ist jener Zustand, in welchem die Seele ihre Eigenständigkeit und damit ihre Individualität auslebt und diese somit immer wieder erfährt. Ihre jeweilige, sie von der Gruppenseele trennende Materialität ist daher die Voraussetzung dafür, dass sich die Seele in ihrer Eigenständigkeit erleben und ihre Eigenart entfalten kann. Die irdische Existenz ist also während der Evolution der Lebewesen ein wichtiger, auf deren unteren Stufen sogar der wichtigste Faktor bei der Individualisierung der Einzelseele.

Die Gruppenseele und die materielle Gestalt

Die *Gruppenseele* selbst nimmt keine irdisch-materielle Gestalt an. Es sind die Einzelseelen, die sich gleichsam an ihrer statt auf der Erde inkarnieren. Die Einzelseelen stellen einzelne Varianten von Möglichkeiten dar, die auf der jeweiligen Stufe der Entwicklung aktualisiert werden. Die einzelnen Individuen verwirklichen im irdischen Leben all das, was ihre Gruppenseele an möglichen Lebensweisen beinhaltet, und sie leben jene Anlagen aus, deren Aktualisierung auf der Arthöhe freigegeben ist. Sie leben das Vorgezeichnete auf ihre *eigene, individuelle* Weise und im Rahmen jener Möglichkeiten aus, deren Grenzen von der Eigenart ihrer Gattung bzw. ihrer Art festgelegt sind.

Die jeweilige Einzelseele verwirklicht eine einzige individuelle Möglichkeit jener – etwas kleineren – Gruppenseele, zu welcher sie gehört und die für die Gattung oder Art oder Rasse das Gruppenbewusstsein bildet.

Je weiter sich die Gruppenseele entwickelt, je höher also die Art oder die Gattung auf der Stufenleiter der Evolution steht, umso mehr Eigenschaften der Seele „an sich“: der *Seele der Erdsphäre*, letztlich der Seele Gottes, kann die Gruppenseele durch das Leben der Einzelseele auf der Erde verwirklichen. Dementsprechend reicher, vielfältiger und qualitativ höher wird das Leben des Lebewesens, aber auch des Menschen sein. Die qualitative Erhöhung zeigt sich in der Zunahme an seelischen, bald schon an geistigen Möglichkeiten. Die Zunahme an inneren Möglichkeiten führt sodann zur steigenden Differenzierung und zur Vervielfältigung auch der Funktionen des leiblichen Organismus der Lebewesen.

Primär ist dabei immer das *Seelische.* Die materielle Erscheinung der Seele: ihre irdische Gestalt, ist nur Folge der seelischen Bedingungen. Und diese dominieren auch in der Entwicklung. Der Grad an Individualität der Einzelseelen hängt von der Entwicklungshöhe der Gruppenseele ab. Je höher die Gruppenseele in der Entwicklung steht, über umso mehr Individualität verfügen auch die Einzelseelen.

Im Tierreich ist die Entsprechung von Entwicklungshöhe und Grad an Individualität augenfällig. Bei den unteren Artstufen sind die individuellen Unterschiede noch kaum, bei den höheren immer deutlicher auch an ihrer physischen Gestalt ablesbar. Würmer oder Insekten derselben Art beispielsweise unterscheiden sich zwar individuell voneinander, doch auch bei Größenunterschieden gleichen sie sich sowohl äußerlich als auch in ihrer inneren Struktur. – Bei Individuen etwas höherer Tierarten ist die Verschiedenheit größer, bei noch höheren dann groß genug, um auch für den Menschen leicht erkennbar zu sein. – Bei den am weitesten entwickelten Arten kann man nicht nur die Unterschiede der Einzeltiere in der äußeren Erscheinung, sondern auch im Charakter meistens mühelos feststellen (so z. B. bei Pferden, Hunden, Katzen, Elefanten oder Affen). Unterschiede im Charakter sind bekanntlich nicht durch die Rassenzugehörigkeit, sondern individuell bedingt. Eine Katze kann beispielsweise in ihrem Verhalten bisweilen einem – bestimmten – Hund mehr gleichen als einer anderen, anderswie (z. B. aggressiv oder sanft) veranlagten Katze.

Der Wechsel der Art

Bei jedem größeren Schritt der Entwicklung, nach jeder bedeutsamen oder entscheidenden Erfahrung wird die Seele nicht nur individuell bereichert, sondern auch in ihrer irdischen Gestalt verändert. Die jeweiligen Veränderungen (Mutationen) werden durch die Gruppenseele vollzogen, die sich mit den ihr zugehörigen Individuen ebenfalls entwickelt.

Es ist das Innere, das nach außen strahlt. Das Seelische entscheidet auch über die jeweilige materielle Erscheinungsform der Seele. Demzufolge wird sich die Seele nach jedem entscheidenden Schritt in ihrer Entwicklung in einem jeweils modifizierten, andersartigen irdischen Leib inkarnieren. Das führt dazu, dass bei jedem größeren

Schritt für die Angehörigen der Gruppe die *Art*, sodann die *Gattung* und an entscheidenden Stellen der Evolution – bei einem sehr großen Entwicklungsschritt – auch die Zugehörigkeit zu einem der Reiche wechselt.

Ein etwas größerer Entwicklungsschritt ist erst dann fällig, wenn die Gruppenseele die stufenbedingten Möglichkeiten durch die ihr zugehörigen Individuen voll ausgelebt, sie in sämtlichen möglichen Varianten auf der Erde verwirklicht und zu einer der Stufe entsprechenden Vollendung geführt hat.

Jede Rasse, jede Art, jede Gattung und jedes Reich stellt die Ausformung einer Gruppe bestimmter Anlagen der Seele dar, die für sie kennzeichnend ist. Dieser Komplex ausgeformter und ausgelebter seelischer Inhalte tritt am höchsten Punkt der Stufe in einer gewissen Vollendung in Erscheinung. – Vollendung bedeutet, dass das Lebewesen dank seiner Artzugehörigkeit die fraglichen Anlagen ungehindert und vollständig ausleben kann.

Jede Seele lebt auf Erden immer wieder als eine bestimmte Pflanze, sodann als ein bestimmtes Tier, und bewegt sich während einer langen Reihe von Inkarnationen annähernd auf derselben Entwicklungshöhe, das heißt, sie inkarniert sich im Leib derselben Art. Sobald sie die Anlagen voll ausgelebt und die nötigen Erfahrungen gemacht hat, steigt sie eine Art höher und erscheint auf Erden in einem entsprechend veränderten, neuartigen Leib. Der jeweilige irdische Leib entspricht in allem den seelischen und geistigen Fähigkeiten, welche die Seele bereits entfaltet hat oder deren Entfaltung unmittelbar bevorsteht.

Neuartig ist der physische Leib allerdings nur für die Gruppenseele und so auch für die Einzelseelen. In Wahrheit treten sie in ihrer Entwicklung nur in die Fußstapfen ihrer Vorgänger, ist doch der lange Weg der Evolution bereits von vielen begangen und so auch ausgetreten worden.

Entwickelt sich die Seele: die Gruppen- und Einzelseele, so wird auch ihre irdische Gestalt, in der sie sich inkarniert, immer differenzierter und bietet immer mehr Möglichkeiten, das Leben auf der Erde auf mannigfache Weise zu leben.

Das bedeutet aber, dass sich mit steigender Entwicklungshöhe auch der physische Leib vervollkommnet. – Vervollkommnung des physischen Leibes bedeutet, dass durch die materielle Gestalt die Seele – und durch die Seele mittelbar auch der Geist – in einem immer differenzierteren und qualitativ höheren Maße wirken können. Dadurch wird der physische Leib – wie die Materie im allgemeinen – vergeistigt.

Hat die Seele die materielle Gestalt restlos durchdrungen und ist diese völlig vergeistigt (was u. a. an ihrer Ausstrahlung zu erkennen ist), so hat die Vervollkommnung des physischen Leibes ihren höchsten Grad erreicht. Der physische Leib wirkt in der Inkarnation für die Seele nicht mehr beengend, und die jeweils dominierende feinstoffliche Leibart, die gegen Abschluss der äonischen Entwicklung der *Lichtleib* ist, kann über den physischen Leib – dank dessen Verfeinerung – nach Belieben bzw. nach Bedarf ungehindert verfügen.

In dem Fall herrscht zwischen der Seele des Menschen und den Seelen der Seelenhierarchie, welche seinen jeweiligen physischen Leib bevölkern und in Ordnung halten, vollkommene Harmonie.

Die individuellen Entwicklungslinien

Die Entfaltung der Anlagen wird *Entwicklungslinien* entlang vollzogen. Es gibt allgemeine Anlagen und besondere. – Der Entwicklungsweg für die allgemeinen Anlagen besteht aus drei grundlegenden Entwicklungslinien, auf denen die *drei Grundanlagen*: das *Wollen*, das *Fühlen* und das *Denken* von allen menschlichen Seelen – als „Pflichtfach" – herangebildet und entfaltet werden müssen. Auf den anderen Entwicklungswegen und -linien werden *spezielle Fähigkeiten* entfaltet. Diese werden nur von einzelnen Gruppen herangebildet.

Der allgemeine Entwicklungsweg, aber auch etliche spezielle Wege sind wie „Heeresstraßen", auf welchen immense Massen von Seelen marschieren. Die „Straßen" sind allerdings so breit, dass es noch genügend Raum für die Entfaltung einzelner, persönlich gestalteter Entwicklungslinien gibt, auf denen voranschreitend die Einzelseelen ihre individuelle Entwicklung vollziehen können.

Nicht jede Gruppenseele und nicht jede Einzelseele muss alle möglichen Varianten der Lebensweisen in der Folge der Inkarnationen durchlaufen oder auch nur erproben. Nicht jede Seele inkarniert sich also in sämtlichen Pflanzen- und Tierarten. Die ursprüngliche Bestimmung einer Seele: der besondere „Gedanke" Gottes, den sie verwirklichen soll, legt von Anfang an und während ihrer Gesamtentwicklung in einem größeren Rahmen sowohl ihren Charakter und ihre grundlegende Haltung als auch die Art ihrer Aktivität und ihrer persönlichen Erfahrungen fest und entscheidet somit auch über die jeweilige, für das Individuum charakteristische Lebensweise.

Zurückhaltung oder Draufgängertum, lieber im Vordergrund, lieber im Hintergrund stehen, Pioniergeist oder Mitläufertum, Fleiß oder Neigung zur Bequemlichkeit und zahllose anlagemäßig vorhandene Eigenheiten und Neigungen der Einzelseele prägen bis zu einem bestimmten Grad schon im Pflanzenreich ihr Erscheinungsbild. So bevorzugen manche Pflanzen die Lichtseite, andere leben im Schatten, manche sind aggressiv und verdrängen die anderen, wieder andere sind bescheiden und genügsam.

Der Charakter und die allgemeine Haltung, die Art, wie die Seele ihr Erdenleben und ihre Aufgaben jeweils anpackt und meistert, sowie alles, was die *Individualität* der Seele kennzeichnet, tritt nicht nur vorübergehend hervor. Der Grundcharakter der Einzelseele drückt seinen Stempel nämlich nicht nur einigen Inkarnationen oder einigen Zyklen von Inkarnationen auf, sondern durchzieht ihre Gesamtentwicklung. Er prägt die Art ihrer Lebensweise bereits im Pflanzen- und Tierreich, im Laufe ihrer menschlichen Entwicklung und bleibt auch darüber hinaus: noch auf der Kosmischen Ebene erhalten. – Auf höheren Ebenen erscheint der Grundcharakter in *veredelter* Form. So bewahren auch Engel und alle Geistigen Führer, sogar die Himmlischen, die einmal Menschen waren (z. B. Schutzengel, Meister oder JESUS und MARIA), ihren ursprünglichen Charakter und ihre Eigentümlichkeiten. Sie wirken diesen entsprechend, und alle wirken auf eine jeweils andere, oft klar unterscheidbare Weise.

Der Charakter und die grundlegende Haltung der Seelen hängen zum Teil von jener Aufgabe ab, die einer Seelenfamilie bzw. Seelensippe, und innerhalb dieses Aufgabenkreises den Einzelseelen gestellt wird. Der gesamte Aufgabenkreis ist zwar durch die Affinität der Seelengruppe zu einer „Gegend" im Kosmos: zu einem „Organ" im „Leib" Gottes bestimmt, auf welche Weise jedoch die Aufgabe von der Einzelseele durchgeführt wird, ist persönlich bedingt.

Der Reichtum an Gottes „Phantasie“ ist ja unerschöpflich, es dürfte ihm nicht schwer fallen, jeden seiner „Gedanken“ eine eigene, individuelle Prägung zu verleihen.

Es könnte übrigens für künftige Forscher eine reizvolle Aufgabe sein, die einzelnen Entwicklungslinien aufzuspüren, welche bereits das Pflanzenreich, in groben Zügen gewiss schon das Mineralreich durchziehen und in die Höhere Welt hinaufreichen.

Kapitel 7

DIE NIEDEREN WESENHEITEN

Jede Tierseele muss, bevor sie sich in menschlicher Gestalt inkarnieren kann, durch das Reich der *Niederen Wesenheiten* hindurchgehen.

Die *Niederen Wesenheiten* haben keinen physischen Leib. Sie leben in jenem Zwischenreich, welches das Tierreich mit dem Reich des Menschen verbindet. In diesem Reich wird die Entwicklung nur auf der seelischen und der geistigen Ebene fortgeführt.

Der Leib der Niederen Wesenheiten ist dementsprechend *feinstofflich*. Ihr Leib ist der *Astralleib*. Dieser weist unter den feinstofflichen Leibarten die „gröbste" Stofflichkeit auf.

Alle Wesenheiten, die sich inkarnieren, haben neben ihrem physischen Leib auch einen Astralleib. Sterben sie, so legen sie ihren physischen Leib ab und leben im Jenseits im Astralleib.

Da die Niederen Wesenheiten ausschließlich auf der Astralebene existieren, sind sie für die physischen Augen des Menschen unsichtbar. Mit den inneren Augen hingegen können manche sie wahrnehmen. Viele Kinder im Säuglings- und Kleinkindalter sind fähig, etliche von den Niederen Wesenheiten zu sehen, wie sie auch Naturgeister oder Engel wahrnehmen können.

DAS REICH DER NIEDEREN WESENHEITEN

Es ist ein bunt gemischtes Seelenreich, das Reich der Niederen Wesenheiten. Es gleicht einem großen Auffangbecken, in welches die Entwicklungswege – wie Bäche in einen See – von allen Seiten her einmünden. Denn die Seelengruppen, die eine strenge Entwicklungszeit hinter sich haben und nun auf ihre weitere Entwicklung vorbereitet werden sollen, gelangen aus verschiedenen Bereichen der Erdsphäre in dieses Zwischenreich. Nur Tiere kommen aus der grobstofflich-irdischen Welt, alle anderen aus Bereichen, in welchen der Leib der Wesenheiten feinstofflich ist. Zu diesen gehören Naturgeister und verschiedene Wesenheiten, die ihre Arbeit auf der Erde verrichten.

Auch in diesen Reichen entwickeln sich die Seelen weiter und werden dementsprechend geschult. Je nachdem, welchen weiteren Entwicklungsweg sie wählen, werden sie auf ihre Aufgabe vorbereitet. Ihre Vorbereitung findet ebenfalls im Reich der Niederen Wesenheiten statt.

Dieses Reich ist je nach Art und Entwicklungshöhe der Wesenheiten in Regionen unterteilt. Die Spannweite der Entwicklung, die in diesem Zwischenreich vollzogen werden kann, ist zwar kleiner als die im Tierreich, doch immer noch groß genug, um eine ansehnliche Reihe von Stufen und Zwischenstufen zu enthalten.

Gründe der Feinstofflichkeit

Es mutet vielleicht eigenartig an, dass zwischen zwei so grundlegenden Phasen in der Gesamtentwicklung der Seele: der Entwicklung im Tierreich und der menschlichen Entwicklung, ein großes Intervall liegt, in welchem die Seele keinen physischen Leib besitzt. Dass das Reich der Niederen Wesenheiten nicht grobstofflich ist, hat natürlich seine Gründe.

Der *eine Grund* ist, dass den Seelen, die aus verschiedenen, größtenteils feinstofflichen Reichen kommen, hinreichend Gelegenheit geboten wird, sich zu entscheiden, auf welchem Weg sie ihre Entwicklung fortführen wollen. Niedere Wesenheiten können in die diversen „Lehrgänge“, die ihnen offen stehen, Einblick nehmen, um Entwicklungswege kennenzulernen, die sie dann einschlagen können.

Der *zweite Grund* gilt vor allem für die Tierseele, die eine sehr lange Zeit – während zahlloser Inkarnationen – der Grobstofflichkeit ausgesetzt war. Das Leben in der Feinstofflichkeit bietet ihr zunächst Erholung.

Der Durchgang durch das irdische Leben während der ganzen Evolution der Lebewesen ist äußerst lang, die Bedingungen im irdischen Leben sind oft schwer und hart. Für die Seelen ist jeder Entwicklungsgang eine strenge Schulung.

Haben Seelen die Lehrzeit im Tierreich hinter sich, so dürfen sie eine größere „Pause" machen und sich den Belastungen der Grobstofflichkeit für eine Weile entziehen. Denn ähnlich wie für junge Menschen, die eine Ausbildung abgeschlossen haben und lernmüde sind, eine Unterbrechung regenerierend wirken kann, so dass sie sich hinterher – mit neuen Kräften versehen – leichter weiterbilden können, bedeutet auch für die Tierseele die Existenz in der Feinstofflichkeit zunächst Entspannung und somit Erholung. – In ähnlicher Weise bietet im irdischen Leben der Schlaf für Tier und Mensch Erholung und die Gelegenheit zum Kräfteschöpfen. Dies gilt ebenso für den Aufenthalt zwischen zwei Inkarnationen im Jenseits.

Auch die Tierseele genießt die Freiheit, die die Existenz in der Feinstofflichkeit nach jeder Inkarnation bietet. Wenn das Tier stirbt, kommt es mit seinem Astralleib – wie der Mensch – in einen Bereich des Jenseits, dessen Beschaffenheit seinem Entwicklungsstand angemessen ist. Tiere niedriger Art verschmelzen teilweise mit ihrer Gruppenseele; jene höherer Art, die schon mehr individualisiert sind, bleiben auch nach dem Tod: im Jenseits, individuelle Einzelseelen und dürfen nach ihrer Ankunft dort eine Weile das tun, was sie am liebsten tun möchten. Hernach werden sie immer wieder – und immer häufiger – Belehrungen unterzogen und damit auf die nächste Inkarnation vorbereitet.

Ähnliches geschieht mit den Tierseelen, wenn sie in das Reich der Niederen Wesenheiten gelangen: Auch sie genießen eine Zeitlang – und in einem bestimmten Rahmen – ihre Freiheit. Nach Ablauf einer Ruhepause werden sie für bestimmte Aufgaben eingespannt, Erfahrungen ausgesetzt und weiter geschult.

Entspannung bietet aber nicht nur der Wegfall der täglichen Sorgen um die bloße Existenz, die das Leben der Tiere auf Erden mitunter pausenlos belasten. Entspannend wirkt auch, dass sie die Möglichkeit zur Abwechslung haben. Sie können mit anderen und mit andersartigen Wesenheiten auf eine neue Weise in Kontakt treten und für ihre Zukunft wichtige Erfahrungen machen. Auf ähnliche

Weise orientieren sich junge Menschen gegen Ende oder nach Abschluss ihrer Schulzeit über die Möglichkeiten ihrer Weiterbildung („Schnupperlehren").

Der *dritte* und wichtigste Grund dafür, dass das Reich der Niederen Wesenheiten *feinstofflich* ist, liegt in ihrer besonderen Schulung. Ihre Entwicklung ist von dieser Höhe an auf die weitere Heranbildung ihres Bewusstseins angelegt, die auf dieser Stufe einen großen Schritt zu machen hat. Sie besteht vor allem in der Entfaltung des *Ordnungssinnes,* welche die Vorstufe zur Heranbildung der *Rationalität* ist.

Die Narrenfreiheit

Da die Niederen Wesenheiten an keinen physischen Leib und somit weder materiell noch räumlich gebunden sind, sind sie in einem gewissen Sinne „freischwebend". Sie haben also eine gewisse Freiheit, die mitunter auch eine „Narrenfreiheit" sein kann.

Das Reich der Niederen Wesenheiten ist – wie alle Reiche – *nicht* homogen. Die Seelen unterscheiden sich auch da nach der Höhe ihrer Entwicklung. Und wie sich die Menschen nach ihrem inneren Alter unterscheiden, so gehören auch die Niederen Wesenheiten verschiedenen Altersklassen an. Die Spannweite reicht vom Kleinkind- bis zum Grundschulalter.

Die Niederen Wesenheiten sind ihrem Entwicklungsstand entsprechend an sich weder gut noch böse. Sie sind noch „unschuldige Kinder". Die Fähigkeit zur Unterscheidung von Gut und Böse: die *Urteilskraft,* wird erst auf der menschlichen Stufe – und auch da erst auf einer bestimmen Höhe – herangebildet. Sie haben jedoch – wie Tiere höherer Art – Affekte (z. B. Eifersucht, Neid, Rachsucht), und diese können sie zu Handlungen hinreißen, die für sie und für andere Wesenheiten, so auch für Lebewesen und Menschen – angenehme oder unangenehme – Folgen haben können.

In ihrem Verhalten sind die Niederen Wesenheiten wie Kinder, – die jüngeren auch Hunden oder Affen gleich. Sie spielen gern, machen mit Vorliebe Schabernack, sind vertrauensselig und – ebenfalls wie Kinder: sie brauchen Führung.

Bevor ihre eigentliche Schulung beginnt, sind sie – wie Kinder vor dem Schulalter – in dem Sinne frei, dass sie sowohl mit sich selber Erfahrungen machen als auch die irdische Welt „von der anderen Seite“: von der feinstofflichen Ebene her, erkunden können. Sie unternehmen „Entdeckungsreisen“ in das Reich der Pflanzen, vor allem aber in das Reich der Tiere und der Menschen.

Ihre Freiheit ist indes nicht grenzenlos. Einerseits ist sie eingeschränkt durch den Rahmen, der ihnen durch ihre Geistige Führung geboten wird, andererseits ist die Begrenzung naturgegeben, da ihre eigenen Fähigkeiten der Höhe ihres Schwingungsniveaus entsprechend begrenzt sind.

Niedere Wesenheiten sind selten allein. Auch sie gehören zu einer Seelenfamilie. Sie bilden größere Gruppen, vor allem jene, die als Tiere in Gruppen lebten und auch jetzt in der Gruppe bleiben. Andere gesellen sich zu zweit oder zu dritt zueinander (sie sind meistens ebenfalls alte Freunde aus der Tierzeit), manche rotten sich zu „Banden“ zusammen, und solange sie nicht regelmäßig geschult werden und Aufgaben auferlegt erhalten, versuchen sie ihre Kräfte und ihre Fähigkeiten selber – oft eigenwillig – zu erproben. Sie können dabei auch mit Menschen in Berührung kommen und unter Umständen auch auf die physische Ebene einwirken.

Das Einwirken auf die physische Ebene

Für sämtliche Wesenheiten, die nicht inkarniert sind, gilt generell, dass sie auf die physische Ebene nur dann einwirken können, wenn von dieser Ebene her die Möglichkeit dazu geboten wird. Dies gilt auch für Verstorbene. Auch sie können aus dem Jenseits auf einen Menschen nur dann einwirken, wenn in ihm dafür eine Entsprechung besteht und er – seine Seele (bzw. darin das Unbewusste) – auf die Einwirkung mit Resonanz antworten kann. Ebenso können sich Niedere Wesenheiten nur dann in der Tier- oder der Menschenwelt bemerkbar machen, wenn auf der physischen Seite – beim Tier oder Menschen – dafür ein „Tor“ offen steht oder wenn die Niederen Wesenheiten vom Menschen für bestimmte Zwecke eigens herangeholt werden.

Eine große Anzahl „parapsychischer Phänomene“ (z. B. Knacken im Gebälk, unerklärliche Geräusche, Erlöschen des Lichtes, Pannen bei elektrischen Geräten, gewisse – nicht alle – Spukphänomene) wird zum Teil von unternehmungslustigen Niederen Wesenheiten verursacht, falls sie die dafür nötige physische Energie einer Person an Ort und Stelle entnehmen – deren Energievorrat gleichsam „anzapfen" – können. Diese Person muss medial begabt, aber auch anfällig sein für Einwirkungen aus der übersinnlichen Welt (der Astralwelt, zu welcher auch das Jenseits gehört), ferner eine gewisse Labilität, Zerfahrenheit, Wankelmütigkeit oder seelische Schwäche aufweisen. Es können in ihr aber auch innere „Quellen" vorhanden sein, die sie nicht beachtet, so dass – wie bei einem geringfügigen Leck in einem Wasserrohr – unbemerkt Energie heraussickern kann. Die sorgsam abgeriegelte Schattenseite einer Person, aus der durch Überdruck „Dampf" entweicht, kann eine solche Energiequelle darstellen. Mit dieser Kraft können dann die Niederen Wesenheiten den Energiebedarf ihres jeweiligen Unternehmens in der physischen Welt decken.

Nur wenn die Niederen Wesenheiten irgendwo und irgendwie „einhaken" können, sind sie in der Lage, sich auf der physischen Ebene bemerkbar zu machen. Dasselbe gilt für die Einwirkung von Jenseitigen und für die sogenannte „Besessenheit".

Es muss aber betont werden, dass jeder Mensch, der offen ist und in sich – in seiner Seele – nichts verbirgt und vor allem Kontakt mit der Höheren Führung pflegt, vollkommen geschützt ist und keinem „Energie-Vampirismus", nicht einmal dem geringsten negativen Einfluss aus der Astralwelt, so auch keiner Einwirkung aus dem Jenseits und aus dem Reich der Niederen Wesenheiten ausgesetzt ist. Wer sich öffnet: sich selber und Gott gegenüber und sich stets in die Wahrheit stellt, hat nichts zu befürchten.

(Zur Besessenheit vgl. *Die Welt der Reinkarnationslehre*, S. 80–82)

DIE SCHULUNG

Die Schulung bereitet die Niederen Wesenheiten auf ihre weitere Entwicklung vor. Diese muss nicht unbedingt auf der menschlichen Ebene fortgeführt werden. Für die Entwicklung der Seele gibt es viele Wege, die auf der Astralebene verlaufen und in verschiedene Richtungen führen.

Diejenigen Niederen Wesenheiten, die den Wunsch in sich tragen, zu Menschen zu werden, gelangen in die Nähe der Menschen, um dort entsprechende Erfahrungen zu sammeln und bestimmte, ihnen angemessene Aufgaben zu übernehmen. Diejenigen unter ihnen, die sich schon auf der Tierstufe entschlossen haben, den individuellen Weg zur Menschwerdung einzuschlagen, haben sich ohnehin bereits auf der höheren Tierstufe als Nutz- oder Haustiere inkarnieren müssen bzw. dürfen, um sich an die Eigenheit des Menschen und die Eigenart des Menschseins zu gewöhnen.

Der Drill

Im Vordergrund der Schulung steht die *Erziehung zur Ordnung.* Dabei wird in der Seele bereits auf der höheren Tierstufe eine ihrer wichtigsten Anlagen: der *Ordnungssinn,* geweckt und seine Entfaltung gefördert. Sowohl das Nutztier als auch das in Gruppen lebende „Wildtier" muss bestimmte Verhaltensweisen erlernen und wird auf die Verrichtung vorgeschriebener Handlungen sogar *gedrillt*: das Nutztier vom Menschen, das freilebende Tier von der Gruppe, vornehmlich von deren Anführern.

Beim *sinnvollen Drillen* wird nicht beabsichtigt, das Tier eigenmächtig zu irgendeinem Verhalten willkürlich abzurichten, es geht nicht darum, seine blinde (und wehrlose) Unterwerfung zu erzwingen, es in eine formelle Abhängigkeit zu stellen oder ihm – womöglich unnötige – Begrenzungen aufzuerlegen. Der sinnvolle Drill besteht gerade im Bemühen, in der Seele jene Anlagen zu erwekken, deren Verwirklichung – und somit auch ihr Ausleben – für das Tier natürlich und wichtig – weil entwicklungsbedingt – ist. In ähnlicher Weise wird jeder gute Tierdompteur aus seinen Schützlingen nur das herausholen wollen, was in ihnen ohnehin (z. B. als Neigung) vorhanden ist.

Der Drill der Einzelseelen richtet sich in der Schule der Niederen Wesenheiten – ganz besonders in der „Vital-Ich-Schule" – darauf, jene Anlagen der Seele zu entfalten, welche die Heranbildung ihres Denkvermögens ermöglichen. Der Drill beabsichtigt in erster Linie das Erwecken des Sinnes für Ordnung („Ordnung" im weitesten Sinne): für Strukturierung, auch für die Strukturierung von Verhaltensweisen, aber auch für die Strukturierung des Wahrgenommenen, des Erfahrenen im Sinne von *Verstehen*.

Die Schulung in dieser Drillphase bereitet jene geistige Aktivität vor, die dem Menschen ermöglicht, die verschiedenen Varianten von Ordnung kennenzulernen und zu lernen, Ordnung zu halten. Zur Ordnung gehört das Erfassen von verschiedenen Zusammenhängen, beispielsweise das Unterscheiden zwischen Ursache und Wirkung, zwischen „Erlaubt" und „Nichterlaubt", zwischen „Gut" und „Böse". – Aus höherer Sicht erweisen sich diese Polaritäten allerdings als Ergänzungen.

Die Niedere Wesenheit muss mit der Ordnung nicht nur Bekanntschaft machen, sondern auch lernen, sich nach ihr zu richten und sich in sie einzuüben. Sie muss lernen, mit Hilfe des Angedrillten geordnete Abläufe – etwa im Verhalten – durchzuführen, bestimmte Ordnungsgefüge sogar selber herauszufinden oder zusammenzustellen, damit sie die jeweilige Lebenssituation meistern kann. Sie lernt im Grunde zu kombinieren, damit sie alles, was ihr begegnet, erfassen und *begreifen* kann.

Drill, der auf die Entfaltung des Ordnungssinnes gerichtet ist, steht im Dienste der Heranbildung der *Rationalität*: des *Verstandesdenkens*. Er bildet ihre *Vorstufe*. Drill als Schulung im Erfassen von Ordnung und Erziehung zur Ordnung ist der erste grundlegende Schritt in der Entfaltung des *rationalen Denkens*.

Es würde der Seele freilich nichts nützen, wenn sie „Ordnung" nur „theoretisch" kennenlernen und das „Ordnung-Halten" ausschließlich im feinstofflichen Bereich erlernen würde. Damit die Niedere Wesenheit das Erlernte in die Praxis umsetzen kann, wird sie ins Praktikum geschickt. Dieses beginnt sie auf der feinstofflichen Ebene als Niedere Wesenheit und setzt es dann auf der irdisch-materiellen Ebene fort. – Für die Absolvierung der grobstofflich-materiellen Phase des Praktikums gibt es zwei Möglichkeiten: Will die Niedere Wesenheit den individuellen Weg der Menschwerdung einschlagen, so wird sie zum *Vital-Ich*. Setzt sie jedoch ihren Entwicklungsweg in der Gruppe fort, so inkarniert sie sich im eigenen physischen Menschenleib mit den Angehörigen ihrer Seelenfamilie gleichzeitig. Die erste Zeit ihres Erdenlebens im Menschenleib gilt dann als Praktikum. Sie bildet die *Vorstufe* zur *äonischen Entwicklung* sowohl der Gruppe als auch des Individuums.

Das Praktikum auf der feinstofflichen Ebene

Der Ordnung bedarf es nicht nur auf der irdisch-materiellen, sondern auch auf der feinstofflichen Ebene: auf der *Astralebene*. In der irdischen Welt sind die Ordnungshüter Menschen, im Reich der Niederen Wesenheiten sorgen eben diese Wesenheiten für Ordnung. Allerdings nicht alle, sondern nur jene, welche die dafür nötige Schulung absolviert haben oder darin so weit gekommen sind, dass sie das Praktikum als Ordnungshüter machen können. Sie tun dies unter der Aufsicht Höherer Wesenheiten.

Ob ein Mensch es weiß oder nicht: Er ist in seinem Alltagsleben von Niederen Wesenheiten umgeben. Er ist ihnen jedoch nicht einfach zufällig (wie einer Horde von Zudringlichen) ausgeliefert. Sie werden ihm zugeteilt, damit sie ihren Lehrgang in seiner „Werkstätte" absolvieren können, wobei sie vor allem die Eigenheiten der menschlichen Art kennenlernen und mit ihrer Lebensweise vertraut werden. Sie beobachten den Menschen, versuchen ihn nachzuahmen, sogar mit Hand anzulegen, um ihm behilflich zu sein. Sie sind nämlich nicht bloß Zuschauer, lernen nicht bloß passiv durch Beobachtung, sondern sind Lehrlinge, die sich in der Praxis bewähren müssen.

Sie bilden jeweils Gruppen, die hierarchisch strukturiert sind. Es gibt darin Fortgeschrittene, welche die jeweilige Gruppe leiten, sodann Ausführende und Anfänger. Jede Gruppe muss Dienstleistungen erbringen, und jede hat ihre besondere Aufgabe.

Die Dienstleistungen

Sie sorgen vor allem für Ordnung. Wie Schüler der Mittelstufe zum Beispiel bei Anlässen den Verkehr regeln und sonst so manches zu verrichten helfen, so können auch die Niederen Wesenheiten Ordnungshüter sein. Wo im Grobstofflichen ständig ein Kommen und Gehen ist, gibt es auch im Feinstofflichen viel Verkehr. Und wie auf der Erde, kann auch auf der Astralebene nicht ein jeder nach Belieben ungehindert überall hingehen. In Büros, Praxisräumen, aber auch in Wohnungen und Häusern wird auf der Astralebene das Gelände von reiferen Niederen Wesenheiten bewacht. Die Wächter gewähren nur den zuständigen Niederen Wesenheiten Zutritt und verhindern das Eindringen von außenstehenden Niederen Wesenheiten in seelische, aber auch in physische Räume. Sie kontrollieren alle Niederen Wesenheiten, die ankommende Menschen (z. B. Gäste) begleiten, ob sie tatsächlich zu ihnen gehören und berechtigt sind, einzutreten. Neugierige, deren Zahl unter den noch nicht Schulpflichtigen stets groß ist, werden abgewiesen, Zudringliche abgefangen und der Höheren Instanz übergeben.

Die Höhere Instanz bilden meistens ebenfalls reifere, zur Zeit nichtinkarnierte Menschen, die im Jenseits die Aufgabe übernehmen, unter der Leitung ihrer Geistigen Führer die Niederen Wesenheiten – meistens nur für eine Weile – zu betreuen. (Auch die Tierpflege ist übrigens im Jenseits Aufgabe von nicht-inkarnierten Menschen.)

Niedere Wesenheiten können auf diese Weise Menschen, die inkarniert sind, auf der Astralebene bzw. von dort her schützen, gegebenenfalls sogar von kleineren Unfällen bewahren. Es gibt für sie eine ganze Reihe möglicher Dienstleistungen. Bei jedem Ereignis, bei jeder Handlung auf der Erde ereignen sich gleichzeitig auch auf der feinstofflichen Ebene Vorgänge, die durch das irdische Tun ausgelöst werden, und das Gelingen einer Handlung hängt nicht selten davon ab, was bei – oder sogar schon vor – der Durchführung des Unternehmens im Feinstofflichen bezüglich des Vorhabens ausgelöst wurde.

Dies gilt nicht nur für weitreichende oder wichtige Ereignisse, sondern auch für das banale, alltägliche Leben. Zu den Dienstleistungen der Niederen Wesenheiten gehören zum Beispiel Küchendienst und „Handreichungen" auch in anderen Lebensbereichen. Manche können verhindern, dass Gegenstände hinunterfallen oder aus der Hand gleiten. Sie können ferner gewisse Störungen verhindern, die auf der Astralebene einzutreten drohen und Folgen auf der physischen Ebene haben würden. Sie können ihren Dienst auch mit Reinigungsarbeit leisten, indem sie zum Beispiel Astralmüll (der sich z. B. bei leibbezogener Therapie ansammelt) zusammenkehren und für den Abtransport bereitstellen. Dieser wird dann von anderen „Fachleuten" entsorgt.

Wenn Niedere Wesenheiten mit einem Menschen zusammenleben und gewohnt sind, mit ihm (z. B. im Haushalt, am Arbeitsplatz) zusammenzuarbeiten, so sind sie in der Lage, den Menschen auch auf bestimmte Einzelheiten aufmerksam zu machen, die er vielleicht übersehen würde. Spezialisten unter ihnen kann es gelingen, die störungsfreie Funktion verschiedener technischer Geräte oder Einrichtungen, zum Beispiel von elektrischen Anlagen, so auch des Computers, zu gewährleisten und sogar gewisse Pannen zu beheben.

MISSBRAUCH UND HILFELEISTUNG

Niedere Wesenheiten, die nicht die Aufgabe haben, einem Menschen zu dienen, kommen zwar in der Regel an Menschen nicht heran, sie können sich jedoch bei jenen Menschen bemerkbar machen, die mit ihnen in früheren Inkarnationen schon zu tun hatten. Hat jemand Niedere Wesenheiten zum Beispiel für magische oder sonstige zerstörerische Zwecke in Anspruch genommen, seine dabei begangenen Verschuldungen aber noch nicht aufgearbeitet, so können sie sich bei ihm – auch in sehr unangenehmer Weise – bemerkbar machen.

In diesem Fall ist der Mensch Niederen Wesenheiten gegenüber noch „offen" und „verletzbar". Diejenigen Niederen Wesenheiten, die sich bei jemandem auf eine ungute Weise bemerkbar machen, müssen allerdings nicht unbedingt identisch mit jenen sein, die in früheren Zeiten (z. B. vor einigen Jahrtausenden) für Magie oder zum Auslösen von bösen Handlungen benutzt, das heißt missbraucht wurden. Sind es jedoch dieselben, so machen sie sich nicht etwa aus „Rache" bemerkbar, sondern weil sie ebenfalls *erlöst* werden wollen. Und dazu kann ihnen ihr ehemaliger „Meister" verhelfen.

Magie

Ein Mensch kann die Hilfe der Niederen Wesenheiten auch für magische Zwecke in Anspruch nehmen. Und treibt er schwarze Magie, so wird er sie dabei missbrauchen. – Voraussetzung dafür, dass Niedere Wesenheiten zu magischen Praktiken eingesetzt werden können, ist, dass sie sich dafür eignen. Und sie eignen sich nur dann dafür, wenn sie innerhalb ihrer Entwicklungsspanne noch auf den unteren Stufen stehen, wenn also ihre Schulung noch nicht begonnen hat oder noch in den Anfängen steht.

Solange Niedere Wesenheiten nicht wissen, was wahrhaftig gut oder böse ist, können sie auch nicht erkennen, was sie eigentlich tun, wenn sie etwas tun. Dies gilt allerdings für Menschen auf den unteren Entwicklungsstufen ebenfalls. Niedere Wesenheiten – wie auch Menschen – müssen jedoch die Neigung dazu in sich tragen, wenn sie zu etwas gebraucht oder missbraucht werden können. Will sie jemand zu Magie verleiten, um dadurch anderen zu schaden, so müssen sie zu den entsprechenden Handlungen – also destruktiv – veranlagt sein. Man darf nicht vergessen, dass eine große Anzahl von Niederen Wesenheiten zuvor Tiere waren, viele unter ihnen Raubtiere, für welche das Jagen und Töten naturgegeben war. Und auch Tiere können vom Blutrausch erfasst werden oder der Zerstörungswut verfallen.

In der Magie geschieht die Kraftübertragung, die zum Auslösen von gewünschten Ereignissen führt, im Unsichtbaren: entweder auf der geistigen oder auf der feinstofflichen Ebene. Für das Hervorrufen größerer Ereignisse (z. B. von Naturkatastrophen) wurden dafür geeignete, wesentlich größere (als die Niederen Wesenheiten) und mächtige feinstoffliche Wesenheiten, vor allem Druden (vampirähnliche Gestalten) gewonnen und abgerichtet.

Im kleineren Rahmen konnten für gewisse Eingriffe in die physische Welt auch Niedere Wesenheiten verführt oder genötigt werden. Wollte ein Magier oder eine Hexe jemandem physisch schaden oder ihn töten, so griffen sie beispielsweise zur folgenden (heute noch bekannten) Methode: Eine Wachspuppe wird mit Nadeln gestochen, wodurch eine Person, mit welcher die Puppe „gleichgesetzt" wird, an den gestochenen Stellen Schmerzen erleidet und Kraft verliert, so dass sie infolge der „Behandlung" sogar sterben kann.

„Arbeitete" der Magier oder die Hexe auf der geistigen Ebene, so dienten die Nadelstiche zur Lenkung ihrer stark erhöhten und konzentrierten geistigen Kraft, mit deren Hilfe sie dem Opfer das beabsichtigte Leiden zufügen konnten. Nahmen sie Niedere Wesenheiten zur Hilfe, so dienten die Nadelstiche in der Puppe zur Anleitung für die gefügig gemachten Niederen Wesenheiten: Es wurde ihnen auf diese Weise gezeigt (und eingeschärft), an welchen Stellen sie auf den Astralleib der fraglichen Person einwirken sollten, um diese zu plagen. War die Person (aus karmatischen Gründen) anfällig für Misshandlungen, so konnten die Niederen Wesenheiten mit der destruktiven Energie, mit der sie bei ihrem „Meister" aufgeladen wurden, sogar auf den *Ätherleib* direkt einwirken und die Vitalkraft physischer Organe oder des ganzen Organismus schwächen. (Der Ätherleib ist das Verbindungsorgan zwischen dem physischen und dem Astralleib) – Die Herabsetzung der Vitalenergie geschah in der Regel dadurch, dass sie das Vital-Ich der Person angriffen und seine Arbeit beeinträchtigen oder – falls es schwach war – gänzlich blokkierten. Da die Hauptaufgabe des Vital-Ich darin besteht, die Energiezufuhr für den biologischen Organismus sicherzustellen, konnten die Niederen Wesenheiten durch Unterdrückung des Vital-Ich (z. B. durch Angst-Machen) und die dadurch erfolgte Blockierung seiner Funktion die Zufuhr von Vitalenergie so stark drosseln, dass die Person starb.

Dabei lud sich nicht nur der Magier negatives Karma auf. Auch seine feinstofflichen Gesellen: die Niederen Wesenheiten, disponierten sich für Inkarnationen, in welchen sie das Verursachte selber erleiden mussten. Manche von ihnen wurden, falls sie von Zerstörungssucht oder Mordgier übermannt wurden, wieder in einen Tierleib versetzt, damit sie ihre Neigungen ausleben und schließlich auch *ab*leben konnten. – Die Zurückversetzung einer Niederen Wesenheit in das Tierdasein ist mithin ein Grund für die irrtümliche Annahme, dass eine Menschenseele sich wieder im Tierleib inkarnieren könne. Nicht der Mensch also, sondern die Niedere Wesenheit oder das Vital-Ich des Menschen kann wieder zum Tier werden.

Hilfeleistungen

Niedere Wesenheiten können aber auch im Rahmen der „weißen" Magie oder bei außergewöhnlichen Fähigkeiten eines Menschen für neutrale oder gute Zwecke herangezogen werden. Eine solche außergewöhnliche Fähigkeit ist die zur Materialisation. Ein dazu fähiger „Meister" konnte zum Beispiel einen menschlichen Leib materialisieren, in welchen dann eine Niedere Wesenheit – wie in ein

„Gewand" – schlüpfte, um darin für die Dauer der Ausführung einer Aufgabe in einem physischen Leib zu erscheinen. In diesem Leib konnte sie – als wäre sie ein inkarnierter Mensch – gewisse Arbeiten verrichten oder als Kurier, als Mahner, als Helfer, sogar als Heiler eingesetzt werden.

Niedere Wesenheiten können auch im Jenseits – unter Höherer Führung – eine bestimmte Gestalt im Astralleib annehmen und eine bestimmte Rolle übernehmen, um Menschen im Jenseits Erfahrungen oder Erlebnisse, die für diese notwendig sind, zu ermöglichen. Viele Menschen kommen nämlich nur dann zur Erkenntnis oder zur Einsicht, wenn sie entscheidende Szenen, die sie im Erdenleben vielleicht selber verursacht haben oder denen sie ausgesetzt waren, auch nach ihrem Tod – im Jenseits – wiederholt erleben oder – gezwungenermaßen – erleben müssen.

KONTAKT UND DANKBARKEIT

Niedere Wesenheiten können das Leben eines Menschen weitgehend und auf verschiedene Weise erleichtern. Sie tun es besonders gerne, wenn sie und ihre Dienstleistungen beachtet werden, wenn der Mensch mit ihnen spricht, ihnen seine Wünsche mitteilt und natürlich ihnen auch dankt. – Jedes Wesen – ob Pflanze oder Tier, Kind oder Erwachsener – ist ja glücklich, wenn es Beachtung und Anerkennung findet.

Ein Mensch, der gewohnt ist, nichts als selbstverständlich hinzunehmen, wird seine Dankbarkeit für alles Empfangene Gott, den Himmlischen und seinen Geistigen Führern regelmäßig – womöglich im voraus schon – bekunden. Und er wird seinen kleinen Helfern ebenfalls danken, sobald er erfährt, dass er von ihnen umgeben ist. Ist er aber „seinen" Niederen Wesenheiten, seinem Vital-Ich und allen, die bemüht sind, ihm helfend zur Seite zu stehen – so auch all jenen unzähligen Seelen, die seinen physischen Leib bevölkern – dankbar, so wird er immer deutlicher merken, wie „rein die Luft" – die seelische Atmosphäre – um ihn herum ist. Und sein alltägliches Leben wird auffällig harmonisch verlaufen.

Es täte außerdem jedem Menschen gut, wenn er daran denken würde, dass er in allem, was er tut, nachgeahmt wird. Sein Verhalten dient ja zur Schulung des kleinen Völkchens um ihn herum. Achtet er vermehrt auf sein Verhalten, bedenkt er, wie viele unsichtbare Augen sich unablässig auf ihn richten, so wird er von seinen kleinen Helfern noch auf eine ganz andere Weise einen Vorteil genießen: Er wird dann selber von seinen unsichtbaren „Lehrlingen" fortwährend belehrt und sogar erzogen (z. B. zur Disziplin).

Kapitel 8

DIE MENSCHWERDUNG

Unter „Menschwerdung“ versteht man in der Evolutionstheorie den Übergang vom Tier zum Menschen. Der Übergang wird in einem entscheidenden Entwicklungsschritt („Mutation“) vollzogen. Da in der Naturwissenschaft nur die materielle Seite des Lebens berücksichtigt wird, bedeutet für sie „Menschwerdung“, dass der physische Leib der Lebewesen immer mehr menschliche Züge annimmt, bis er schließlich in der physischen Gestalt eines Menschen erscheint.

Beim Übergang vom Tier zum Menschen erscheint die *Seele*, und zwar die Einzelseele, in menschlicher Gestalt. Nun muss die Seele nicht bloß einen menschlichen Leib annehmen, sie muss sich auch so verhalten können, wie sich ein Mensch zu verhalten hat. Das Lebewesen muss also nicht nur körperlich, sondern auch *seelisch* und *geistig* zum Menschen werden.

Die *Menschwerdung* bedeutet also nicht bloß den Eintausch eines Tierleibes gegen einen Menschenleib. Sie bedeutet auch die Umformung der Tierseele in eine Menschenseele. Und erst dann, wenn die Seele ihre „Tierhaftigkeit“: ihre spezifischen animalischen Eigenschaften und Eigenheiten, ablegen kann, wird sie zu einer menschlichen Seele. Erst dann wird sie fähig sein, das neue „Fahrzeug“, mit dem sie auf ihrem irdischen Entwicklungsweg vorankommen soll, eigenständig und „richtig“, das heißt den jeweiligen Bedingungen und Umständen entsprechend zu steuern.

Dieses „Fahrzeug“ ist die menschliche Gestalt, zu welcher nicht nur ein menschlicher Leib, sondern auch eine menschliche Seele und ein menschlicher Geist gehören.

Die Seele legt das „Tierhafte" ab, indem sie es verwandelt. Das „Tierhafte" liegt in den beiden unteren Seelenschichten: in der *Vital-* und der *Animalschicht*. Diese bzw. ihre Anlagen müssen auf jene Weise verwandelt werden, dass sie der menschlichen Entwicklungshöhe entsprechend gelebt und gebraucht werden können.

Die Verwandlung kann natürlich nicht in einer Inkarnation oder in einigen wenigen vollzogen werden. Erscheint die Seele erstmalig in menschlicher Gestalt auf der Erde, so ist dies erst der Anfang ihrer menschlichen Entwicklung. Erst nach diesem ersten Schritt beginnt ihre eigentliche Menschwerdung. Diese erstreckt sich über die zwei ersten Entwicklungsstufen hinaus bis auf die dritte. Erst auf der dritten Entwicklungsstufe erlangt der Mensch all jene Fähigkeiten, welche die Eigenart der Spezies „Mensch" kennzeichnen.

Und auch auf der dritten Entwicklungsstufe ist die Menschwerdung nicht beendet. Denn der Mensch, der über alle Eigenschaften der menschlichen Art verfügt, muss noch keineswegs im echten Sinne *menschlich* sein. Seine *Menschwerdung* beginnt in einem tieferen Sinne erst auf der vierten Stufe und dauert bis zum Erreichen der höchsten Entwicklungsstufe.

Dieser Vorgang, bei welchem die Seele in eine menschliche Seele verwandelt wird, die am Ende alle Züge der Menschlichkeit trägt, ist die *Humanisierung*.

DER ÜBERGANG VOM TIER ZUM MENSCHEN

Wie jeder entscheidende Schritt in der Entwicklung, wird auch die erste Etappe der Menschwerdung: der Übergang vom Tier zum Menschen, sorgfältig vorbereitet und in kleinen Einzelschritten vollzogen. Denn es müssen Herausforderungen und Probleme bewältigt werden, vor welche die Seele während dieses Überganges gestellt wird.

Wir Menschen, die wir uns – vor allem, wenn wir jung sind – in unserem physischen Leib mehr oder weniger heimisch fühlen, können uns kaum vorstellen, wie anspruchsvoll das Leben im physischen Leib eines Menschen für die Seele ist. Die Seelen müssen im menschlichen Leib den Umgang mit dem hochkomplizierten physischen

Organismus und den dazugehörenden seelischen Vorgängen erst lernen, sie müssen sich in seinen Gebrauch und in die Anwendungsmöglichkeiten der seelisch-geistigen Anlagen (z. B. Sprache) mit viel Mühe einüben. Hinzu kommen die harten irdischen Bedingungen, mit denen umzugehen sie als Niedere Wesenheiten verlernt haben.

Der physische Leib

Zwischen dem physischen Leib einer der höchsten Tierarten, zum Beispiel eines Menschenaffen, und dem eines Menschen ist der Unterschied nur geringfügig, zwischen dem eines Hundes und dem eines Menschen schon wesentlich größer. Man könnte daher der Meinung sein, ein Hund müsse zuerst zu einem Primaten werden, damit seine Seele den Entwicklungssprung vom Tier zum Menschen machen kann.

Nun weiß aber der Hund – wie auch jedes Tier, das in der Nähe des Menschen lebt – vom Menschen unverhältnismäßig mehr als ein Tier, das fernab von Menschen lebt und diesen womöglich nur als seinen Feind kennt. – Ein Hund hingegen kann über das menschliche Leben gut Bescheid wissen. Würde man ihn zu den Affen in die Wildnis schicken, damit er auch körperlich menschenähnlich wird, so würde das dem Schicksal eines jungen Menschen gleichkommen, der in einem zivilisierten Milieu herangewachsen ist, sich die dortige Lebensart angeeignet und viel gelernt hat, dann jedoch ohne jeglichen Beistand im Urwald ausgesetzt wird. Es wäre nicht so sicher, dass ihm das Schicksal eines „Tarzans" Freude machen würde und er das Leben dort überhaupt meistern könnte.

Doch auch für das Tier, das die Tücken des menschlichen Daseins wenigstens aus der Tierperspektive einigermaßen kennt, bedeutet der Einstieg in das Menschenleben eine große Anforderung. Es muss sich auf drei Ebenen an das Leben in Menschengestalt gewöhnen und sich in dieses Leben einüben: auf der *physischen*, auf der *seelischen* und auf der *geistigen* Ebene.

Auf der *physischen Ebene* stellt sich die Aufgabe, die Lenkung des menschlichen Leibes zu erlernen. Selbst Primaten, deren Leib zum Leib des Menschen große Ähnlichkeiten, in vielem eine weitgehende Übereinstimmung aufweist, müssen die Lenkung ihres neuen „Fahrzeuges", wenn sie zu Menschen werden, in verschiedener Hinsicht neu erlernen. – Kann jemand einen Traktor lenken, so wird er zwar die Lenkung eines Kraftwagens in manchem rascher erlernen als derjenige, der noch nie ein Fahrzeug gesteuert hat, dennoch muss er viel Wichtiges und Entscheidendes hinzulernen. Für Tiere allerdings, die zwar mit ihrem physischen Leib der menschlichen Gestalt nähergekommen sind, jedoch nicht in seiner Nähe lebten, stellen sich die Aufgaben in erster Linie auf der seelischen und der geistigen Ebene.

Die seelisch-geistige Schulung

Seelisch und *geistig* muss jede Tierseele auf die Existenz in Menschengestalt vorbereitet werden. Dieser Schulung werden alle Tiere unterzogen, unabhängig davon, ob sie die höchsten Stufen ihrer Entwicklung in der Nähe des Menschen oder fern von ihm vollzogen haben. – Ihre Schulung findet im Reich der *Niederen Wesenheiten* statt.

In dieses Reich gelangt aber nicht nur eine Tierseele, sondern jede Seele, welche ihre Entwicklung in der Erdsphäre bis zu dieser Entwicklungshöhe vollzogen hat. Hinzu gehören also auch jene Seelen, deren Entwicklung außerhalb der Evolution der Lebewesen in einem anderen Bereich liegt (z. B. im Reich der Naturwesen). – Andererseits wird nicht jede Seele zur menschlichen Seele, welche ihre Entwicklung in der Evolution der Lebewesen beendet hat. Sie kann ihre Entwicklung auch auf der feinstofflichen Ebene fortsetzen, so zum Beispiel im Reich der Naturwesen oder in einem anderen Bereich, in welchem den Wesenheiten eine besondere Aufgabe gestellt wird.

Die beiden Wege der Menschwerdung

Will eine Seele den Weg der Menschwerdung beschreiten, so gibt es für sie zwei Möglichkeiten: Sie kann den Übergang vom Tier zum Menschen *in einer Gruppe* oder im *Einzelgang* vollziehen.

Der Entscheid für einen der Wege wird bereits im Laufe der Evolution der Lebewesen gefällt. Dieser wird jedoch nicht von der Einzelseele, sondern von der *Gruppenseele* getroffen. Eine Einzelseele wäre dazu auf jener Entwicklungshöhe noch gar nicht fähig.

Die Wahl entscheidet über den Verlauf der Entwicklungslinien. Diese sind in groben Zügen bereits festgelegt. Denn der Entwicklungsverlauf einer Seelengruppe wird – wie jeder Entwicklungsplan – vom Endziel her programmiert und die einzelnen Schritte werden so zusammengestellt, dass die Gruppe das Ziel ihrer Entwicklung erreichen und jede Einzelseele ihren persönlichen Auftrag durchführen kann. Die Wahl wird also so getroffen, dass sowohl die Gruppe als auch die Einzelseelen den *Sinn* ihrer *Existenz* erfüllen können.

Doch selbst dann, wenn die Aufgabe solcher Art ist, dass sie erst in der zweiten Hälfte der äonischen Entwicklung in Angriff genommen werden kann, wird die Seele auf deren Durchführung „von der Pike auf": schon vom Durchgang durch das Pflanzenreich an vorbereitet. (So wie jemand, der einen Hotelbetrieb leiten möchte, seine Ausbildung als Liftboy, als Zimmermädchen oder mit den „niedrigsten" Arbeiten im Küchendienst beginnt.) – Im übrigen ist jede einigermaßen wichtige Aufgabe, die dem Menschen gestellt wird, solcher Art, dass ihre volle Erfüllung erst auf den höheren Entwicklungsstufen erfolgen kann.

Für jede Seele – Einzel- und Gruppenseele – besteht somit ein Angebot, eine bestimmte Linie entlang die Entwicklung zu beschreiten. Bereits in der Evolution der Lebewesen gibt es verschiedene Entwicklungslinien. Die Gruppenseelen entwickeln sich eine oder mehrere Entwicklungslinien entlang, so dass sie nicht alle möglichen Erscheinungsformen auf der Stufenleiter der Arten durchlaufen. So gibt es innerhalb der Evolution Lebensformen, die eher den Einzelgang der Seelen, andere, welche die Entwicklung in Gruppen begünstigen. (Auch im Pflanzenreich gibt es Individualisten und Gemeinschaftswesen.)

DER ANTRITT DER MENSCHLICHEN ENTWICKLUNG IN GRUPPEN

Die in Gruppen lebenden Seelen inkarnieren sich auch auf den höheren Tierstufen in Gemeinschaften, die keine direkte Berührung mit den Menschen haben. Auf der höchsten Stufe gehören zu ihnen beispielsweise die in Gemeinschaft lebenden Primaten oder in Herden oder Rudeln lebende „Wildtiere".

Diese machen ihre ersten Gehversuche als Menschen ebenfalls in ihrer Gruppe. Wenn sie sich erstmalig im physischen Leib des Menschen inkarnieren (wobei unter „erstmalig" Hunderte von Inkarnationen zu verstehen sind), so leben sie stets in derselben Gemeinschaft, in welcher sie schon als Tier inkarniert waren. Diese ist ihre *Seelenfamilie*, und deren Mitglieder inkarnieren sich auf den unteren Entwicklungsstufen meistens gleichzeitig und bilden eine irdische Familie.

Eingewöhnung in das Menschsein

Für diese Seelen besteht die Aufgabe in dieser einleitenden Phase der Menschwerdung in erster Linie darin, dass sie sich an das *Menschsein* nicht nur physisch (im menschlichen Leib), sondern auch *seelisch* und *geistig* gewöhnen.

Ihr „neuer" physischer Leib ist für sie (vor allem, wenn sie vorher Menschenaffen waren) nicht so fremd. Auch äußerlich kann ihr menschlicher Körper noch weitgehende Übereinstimmung mit ihrem letzten Tierleib aufweisen, wie dies paläontologische Funde (Neandertaler, Java-Menschen u. a.) zeigen. Diese ermöglichen auch, die physische Gestalt und die mutmaßliche Lebensweise dieser Menschen zu rekonstruieren. Die „ersten Menschen" können aber je nach Gegend und Umweltbedingungen oder aufgrund von Schwankungen in der Dichte der Stofflichkeit auch eine völlig andere Gestalt angenommen haben.

Die Seelen, die sich mit der Gruppe gemeinsam inkarnieren, haben in der Schule der Niederen Wesenheiten eine etwas kürzere Zeit zu absolvieren als jene, die den individuellen Weg der Menschwerdung einschlagen. Denn das Hauptgewicht ihrer irdischen Schulung liegt in jener Phase, in welcher sie sich bereits im menschlichen Leib auf der Erde befinden.

Diese erste Phase ihres Menschseins ist daher nur eine *Vorstufe* zu ihrer eigentlichen Menschwerdung. Sie ist der ersten Stufe der eigentlichen menschlichen: äonischen Entwicklung vorgelagert.

Seelen, die ihre Menschwerdung in Gruppen antreten, müssen durch diese Vorstufe hindurchgehen. Denn der Durchgang durch die Vorstufe ermöglicht es ihnen, sich an das Leben auf der Erde in Menschengestalt zu gewöhnen und die allerersten „Kunstgriffe" des menschlichen Daseins zu erlernen.

In dieser *Vorphase* der äonischen Entwicklung werden die Gruppen von *Geistigen Führern* unmittelbar betreut. Manche von ihnen inkarnieren sich sogar. Ohne eine kundige Führung wäre die Seelengruppe auf der Erde nicht lebensfähig.

Das „paradiesische" Leben

Die meisten Gruppen sind von den übrigen Menschen, welche die eigentliche Entwicklung schon angetreten haben oder auf einer höheren Stufe stehen, in der Regel abgeschirmt. Sie werden anfänglich von der Sorge um die Erhaltung des irdischen Lebens weitgehend befreit, ihre Mühe um die Befriedigung ihrer Bedürfnisse ist auf ein Minimum herabgesetzt. Sie leben in einem kindlich paradiesischen Zustand unter der Führung ihrer „Eltern" (= Geistigen Führern), zu welchen ihre menschlichen Anführer engsten Kontakt haben. Sie sind mit der Natur eng verbunden und der feinstofflichen Welt, so auch Naturwesen und den Höheren Mächten gegenüber weit offen. Da sie „kurz" vorher als Niedere Wesenheiten eine Zeit ausschließlich in der feinstofflichen Welt verbracht haben, ist ihre Verbindung zu dieser Welt noch sehr eng. Sie wird erst gegen Ende der ersten Entwicklungsstufe merklich gelockert. Diese Menschen leben auf der Vorstufe ihrer Menschwerdung noch in zwei Welten: auf der irdischen und in der feinstofflichen, nicht viel anders als auch Tiere und manche Kinder.

Der Abschied vom Paradies

Erst nach dieser Vorstufe gelangen die Seelen bzw. die Seelengruppen auf die erste Stufe der eigentlichen menschlichen Entwicklung. Sie müssen ihr „Paradies": den Zustand, in welchem sie – wie Säuglinge – völlig behütet waren, verlassen. Dazu werden sie von innen her, mitunter auch von außen genötigt.

Die innere Nötigung. Ausschlaggebend dafür, wann die Zeit für das Verlassen des „Paradieses" gekommen ist, ist das seelisch-geistige

Wachstum. Erreicht die Seele in ihrem Wachstum eine bestimmte Reife (wächst sie über das „Säuglingsalter" hinaus), so erwachen in ihr Neigungen, Bedürfnisse und Wünsche, die sie in Unruhe versetzen. Dies sind insgesamt Zeichen dafür, dass in ihr der natürliche Drang zur Individualisierung zu wirken beginnt.

Der Drang treibt die Einzelseelen dazu, sich aus der Gemeinschaft herauszulösen und sich immer deutlicher zu behaupten. Sie beginnen auseinander zu streben. Der Drang tritt phasen- und schubweise auf. Bei jedem Schub entstehen Spannungen innerhalb der Gemeinschaft, beim Abflauen des Dranges tritt wieder Entspannung und damit Frieden ein.

Der Frieden erweist sich allerdings immer häufiger als vorübergehende Waffenruhe. In der Seele treten Veränderungen ein, die sie immer wieder in Spannung versetzen. – Die Gründe dafür liegen auf der Hand. Wächst das Selbstbewusstsein, wird der eigene Wille in der Einzelseele stärker, so ändert sich auch die Sicht ihrer Welt, selbst wenn in der Umgebung alles unverändert bleibt. Die Menschen nehmen in demselben Umkreis, der ihnen vor einiger Zeit harmonisch schien, nun Spannungen, Unruhe und Disharmonie wahr. – Nun verlaufen parallel zur inneren Wandlung Veränderungen auch in der Außenwelt. Die Gruppe inkarniert sich beispielsweise in weniger „paradiesischen" Gegenden, immer häufiger tauchen Hindernisse auf, die sich der Befriedigung der Ansprüche und Wünsche, ja sogar der Befriedigung der existenziellen Bedürfnisse in den Weg stellen, und die ganze Welt beginnt ungemütlich, sogar unwirtlich und bedrohlich zu werden. – Sogar wenn das Leben der Gemeinschaft von außen her nicht beeinträchtigt wird, wenn keine besonderen äußeren Veränderungen auftreten, empfinden immer mehr Gruppenangehörige ihre Welt anders: weniger „paradiesisch". Es sind die Menschen, die sich verändern, und indem sie sich innerlich wandeln, ändert sich auch ihre Welt. So werden das Weltempfinden und in der Folge die Lebensverhältnisse umgestaltet: aus einem einzigen Grunde, weil die Gruppe beginnt, seelisch und geistig zu erwachen.

Die Austreibung. Jene Gruppen allerdings, welche sich dem Druck des inneren Wachstums, somit dem Drang zur Entwicklung widersetzen und – wie einige Kinder – innerlich nicht erwachsen werden wollen, können aus dem „Paradies" auch von außen her, nicht selten auf gewaltsame Weise verstoßen werden.

Die eine Möglichkeit besteht darin, dass sie aus ihrer – meistens auch räumlich begrenzten – Isolation herausgeholt werden. Bei Nomaden – um ein Beispiel zu nennen – kann es die Dürre sein, die sie zwingt, in fernliegende Gebiete zu ziehen, welche von entwickelteren Menschen besiedelt sind. Kommen sie mit diesen in Berührung, so werden sie früher oder später angehalten, deren Lebensart („Zivilisation") anzunehmen, was für sie den endgültigen Abschied vom „paradiesischen" Leben bedeutet.

Die „Austreibung aus dem Paradies" kann auch dadurch zustande kommen, dass das „Territorium entdeckt" wird. Sind die Eindringlinge kriegerisch veranlagt, so können sie beispielsweise die Ureinwohner für tierähnliche Wesen halten und die – vermeintliche – Gefahr aus „Notwehr" abwenden, indem sie einige von ihnen töten oder ihre Existenzbasis zerstören (z. B. durch Zuschütten ihrer Wasserquellen, wie dies in Rückführungen gezeigt wurde). Was diesbezüglich bei der Entdeckung von Mittel- und Südamerika geschah, dürfte allgemein bekannt sein: Es gehört zu den traurigsten und beschämendsten Kapiteln der Geschichte unserer Menschheit.

Die „Austreibung aus dem Paradies" dient aber in jedem Fall dazu, die Seelengruppen – ob sanft oder gewaltsam – zu weiteren Entwicklungsschritten in ihrer Menschwerdung zu veranlassen oder dazu zu zwingen.

Die Eigenart der gruppenbezogenen Einzelseele

Die Seelen, welche ihre äonische Entwicklung von Anfang an in Gruppen antreten, bewahren ihre Eigenart auch diesbezüglich auf allen Entwicklungsstufen. Sie stellen in der Menschheitsgeschichte jene Gruppen dar, in denen das Empfinden der Gruppenzusammengehörigkeit überaus stark, oft dominant ist.

Das erhöhte Gruppenbewusstsein prägt ihr Verhalten auf den beiden unteren Entwicklungsstufen auffallend. – Auf der ersten Stufe können sie Fremden gegenüber treuherzig und leichtgläubig sein, ja sie sogar „vergöttern". Sind sie misstrauisch oder aggressiv veranlagt – oder es geworden – so werden sie eher zurückhaltend bis ablehnend sein. – Von der zweiten Stufe an, auf welcher die „kriegerische Natur" des Menschen hervorgekehrt wird, beginnen sich die Menschen, die sich mit ihrer Gemeinschaft eins fühlen, anderen Gruppen oder außenstehenden Menschen gegenüber zunehmend feindlich zu verhalten. – Gruppengeist und Fremdenhass sind die beiden Seiten derselben Medaille.

Von der dritten Stufe an zeigen sich dann die Vorzüge des Gruppenbewusstseins immer deutlicher. Die Mitglieder der Gruppe beschäftigen sich in ihrer Arbeit vorwiegend in und mit Gruppen. – In der zweiten Hälfte der äonischen Entwicklung offenbart sich der Gruppengeist im wachsenden Gefühl der *Solidarität.* Die Hauptaufgabe der Gruppe wird in der Betreuung eher von Gruppen als von einzelnen Menschen, sowie im Sozialwesen und in ähnlichen gruppenbezogenen Tätigkeiten liegen. Dabei wird der Kreis der Menschen, die zur „Gruppe" gehören und denen sich die Gruppenangehörigen in Solidarität, sodann in echter Liebe zuwenden, fortwährend erweitert, schließlich auf die ganze Menschheit ausgedehnt.

DER INDIVIDUELLE WEG DER MENSCHWERDUNG

Jene Seelen, welche die Menschwerdung im Einzelgang vollziehen möchten, werden auf die neue – menschliche – Lebensweise bereits auf der Tierstufe vorbereitet. Sie inkarnieren sich auf den höheren Artstufen als Tiere, die in der Nähe des Menschen leben. Viele von ihnen gehören – aus menschlicher Sicht betrachtet – zu den „Nutztieren". Auf den höchsten Artstufen sind es Tiere, die dem Menschen zur Verfügung stehen wie Pferde, Esel, Maultiere, Elefanten, aber auch das Vieh und Geflügel. Neuerdings wurden bekanntlich auch die Delphine als menschenfreundliche Tiere wieder entdeckt (als solche galten sie schon in der Antike) und da sie höchstentwikkelt sind, in den Dienst des Menschen genommen. – Zu Tieren, die eng mit dem Menschen oder in seinem unmittelbaren Umkreis leben, gehören heute vorwiegend Katzen und Hunde – letztere vielfach als „Diensttiere" wie Hirten-, Lawinen- oder Blindenhunde.

Diese Tiere leben in der Nähe des Menschen, einmal, um durch ihre Dienste die „Sporen“ für ihre „Beförderung“ (Weiterentwicklung) abzuverdienen, zum anderen, um sich an die Lebensweise des Menschen – an Gepflogenheiten und Tücken der Spezies „Mensch“ – zu gewöhnen. Dabei werden sie mit deren diversen Verhaltensweisen (auch mit den weniger schönen) vertraut und sammeln über das Menschsein Erfahrungen. – Wer Umgang mit diesen Tieren hat, wird nicht übersehen, wieviel „Menschliches“ in ihnen, in ihren Aktionen und Reaktionen, Emotionen und Affekten, enthalten ist. Einerseits ist dies durch die Reife ihrer (Tier-)Seele bedingt, andererseits durch ihre Lernbereitschaft: Sie lernen von ihrem „Vorbild“, manche sogar unentwegt, da sie bemüht sind, den Menschen – auf ihre Weise – nachzuahmen. (Die Mentalität – z. B. Freundlichkeit oder Angriffslust – eines Hundes oder einer Katze stimmt mit der inneren Haltung des Tierhalters mitunter verblüffend überein. Mit ein Grund für diese Ähnlichkeit ist aber auch ihre seelische Affinität.)

Hat die Seele die Entwicklung auf der animalischen Stufe beendet, so kommt sie in das Reich der Niederen Wesenheiten, um ihre Entwicklung dort fortzusetzen. Hat sie den individuellen Weg eingeschlagen, so bleibt sie länger im Feinstofflichen als jene Seelen, die ihre Menschwerdung in Gruppen schon auf der Vorstufe antreten. Denn für den individuellen Weg benötigt die Seele eine wesentlich längere Zeit für die Schulung. Dafür kann sie ihre Entwicklung im menschlichen Leib auf einer höheren Entwicklungsstufe beginnen. Sie überspringt die Vorstufe und kann ihre äonische Entwicklung – je nach dem, wie reif sie innerlich ist – auf einer tieferen oder höheren Teilstufe der ersten Entwicklungsstufe antreten.

Diesen Sprung kann sie aber nur tun, weil sie auf das Menschsein auf eine ganz andere Weise als die in Gruppen lebenden Seelen vorbereitet wird. Sie wird nicht nur als Niedere Wesenheit geschult, sondern hat auch ein langes Praktikum als *Vital-Ich* zu absolvieren.

Darauf wird die Seele schon im Reich der Niederen Wesenheiten besonders vorbereitet. Sie besucht jene spezielle Schule, die eigens für die Ausbildung der Vital-Ichs eingerichtet ist. Die Schulung besteht sowohl aus der Vermittlung von „Theorie“ als auch – und im Wesentlichen – aus einem Praktikum. In der „Theorie“ werden vor allem die bereits auf der Tierstufe gemachten Erfahrungen in einen größeren Zusammenhang gestellt und Lehren daraus gezogen. Das Praktikum absolviert die Seele im physischen Leib eines Menschen als dessen *Vital-Ich.*

DAS VITAL-ICH

Das *Vital-Ich* ist jene – nicht mehr tierische, doch noch nicht (ganz) menschliche – Seele, die mit der Seele des Menschen in demselben physischen Leib inkarniert ist und dem Menschen während des Erdenlebens wichtige Dienste leistet.

Es ist mit dem Menschen auf diese – sehr enge – Weise verbunden. Es sitzt mit ihm im selben irdischen „Fahrzeug": im physischen Leib, um das Menschsein zu erlernen und sich in die Führung und Bewältigung des menschlichen Lebens einzuüben. – Als Gegenleistung steht das Vital-Ich dem Menschen auf vielfache Weise bei und erleichtert ihm das Leben auf der Erde, vor allem ermöglicht es ihm, das Leben im physischen Leib reibungslos zu meistern.

Bevor sich eine Niedere Wesenheit als Vital-Ich inkarniert, wird sie auf der Astralebene, im Reich der Niederen Wesenheiten, in der dafür eigens eingerichteten Schule vorbereitet. Damit sie das Praktikum als Vital-Ich in der Ko-Inkarnation mit einer menschlichen Seele antreten kann, muss sie bestimmte Bedingungen erfüllen: Sie muss das kombinative Denken bis zu einem gewissen Grad beherrschen (wozu schon Tiere höherer Art – auch Vögel – ansatzmäßig fähig sind), ferner die Informationen, die auf den drei unteren Seelenschichten einlaufen, dechiffrieren und verwerten können, und sie muss mit jener Gruppe von Seelen umgehen können, die den gemeinsamen physischen Leib betreut und die Funktionen der Organe in Gang hält und überwacht.

Das Denken und das Gedächtnis

Während die Tierseele aus zwei Seelenschichten besteht, verfügen die Niederen Wesenheiten noch über eine zusätzliche: über die *dritte Seelenschicht.* So umfasst die Seele des Vital-Ich alle *drei unteren Seelenschichten.*

Die *dritte Seelenschicht* ist die *Rationalschicht*. Sie wird besonders in der Vital-Ich-Schule herangebildet und während des Praktikums, in der Ko-Inkarnation, weiter entfaltet.

Für jene Niederen Wesenheiten, die in Gruppen leben und ihre Menschwerdung in Gruppen antreten, dauert die Heranbildung der dritten Seelenschicht und damit ihrer Rationalität länger. Voll entfalten kann auch der Mensch seine rationale Denkfähigkeit erst auf der dritten Entwicklungsstufe.

Das Vital-Ich ist für eine gesteigerte Denkfähigkeit prädestiniert. Es war schon immer, sowohl auf der Tierstufe als auch als Niedere Wesenheit, eher ein Einzelgänger und wurde daher zum eigenständigen Denken wesentlich intensiver angehalten als jene Seelen, die – selbst noch in menschlicher Gestalt – weitgehend auf Führung angewiesen und von ihrer Gruppe abhängig sind.

Die Ausübung der Rationalität bedeutet hier die Betätigung des *Ordnungssinnes*. Ordnung halten gehört zu den wichtigsten Aufgaben des Vital-Ich.

Ordnung muss auch im Geistigen, das heißt auf dieser Stufe: im *Wachbewusstsein* herrschen. In Ordnung gehalten wird das, was im Wachbewusstsein vorhanden ist oder ihm zur Verfügung stehen muss. Für die Ordnung im „Verstand“ steht einerseits das Vital-Ich, andererseits – und hauptsächlich – natürlich der Mensch selber.

Für das *reproduzierbare Gedächtnis* ist das Vital-Ich zuständig; es ist im wesentlichen dessen Hüter und Verwalter. Dem reproduzierbaren Gedächtnis steht das *Erinnerungsvermögen* gegenüber, dessen Verwaltung allein dem Menschen obliegt. – Das Vital-Ich verfügt aber ebenfalls über ein Erinnerungsvermögen, auch in seiner Seele sind die Erfahrungen archiviert, die im Laufe der Evolution und der bisherigen Entwicklung gesammelt wurden. – Zum reproduzierbaren Gedächtnis gehört das Zahlen- und Daten-, Zeit- und Raumgedächtnis, im allgemeinen praktische Kenntnisse über die formale Struktur der Wirklichkeit. – Das Vital-Ich muss Inhalte des Gedächtnisses auf eine einfache Weise auch kombinieren können. Geübte Vital-Ichs können in manchen Sparten sogar „Spitzenleistungen“ zuwege bringen (z. B. fehlerloses, evtl. kompliziertes Kopfrechnen, gute Zeit- und Raumorientierung). Kennt jemand zahlreiche Telefonnummern oder sonstige Daten auswendig, so ist es sein Vital-Ich, dem er „sein“ gutes Gedächtnis zu verdanken hat.

Ist das Gedächtnis eines Menschen schlecht, so kann der Grund bei seinem Vital-Ich oder aber bei ihm selber oder bei beiden liegen. Das Vital-Ich kann in dem Fall für das Formale weniger begabt, für das Rationale wenig interessiert oder in seine Aufgabe noch wenig eingeübt sein. Ist jedoch das Vital-Ich – im gebotenen Rahmen – denktüchtig und hinreichend merkfähig, so kann es sein, dass die Gedächtnisschwäche seinem „Meister“ zu „verdanken“ ist. Er nimmt nicht wahr, was ihm sein Vital-Ich anbietet, weil sein „Kopf“ stets anderswo ist, ihn das Exakte, Konkrete nicht interessiert, oder weil er überhaupt nicht auf sein Vital-Ich hört, da er seine Interessen dauernd wechselt oder von Natur aus unaufmerksam, zerstreut oder faul ist. Hört der Mensch nur selten oder nie auf sein Vital-Ich, so verliert es die Lust, seinem „Meister“ Mitteilungen zu machen, und vernachlässigt seine Arbeit. Es verliert überdies sein Vertrauen zum Menschen, – wie Kinder, die von ihren Eltern stets belogen und betrogen werden oder die immer wieder erfahren, dass ein Versprechen nur ausnahmsweise eingehalten wird. Das Vital-Ich wird – wie ein verwahrlostes Kind – lustlos oder sucht sich anderswie schadlos zu halten, beispielsweise durch „Trotzen“, so dass dem Menschen kein Handgriff mehr richtig gelingt, oder dadurch, dass es seinen „Meister“ zu erhöhter Esslust (oft von Süßigkeiten), zum Rauchen animiert, in Extremfällen sogar zu Alkohol, Drogen und zu anderem selbstzerstörerischen Verhalten. – Bei schlechter Funktion des Gedächtnisses sind aber meistens beide untüchtig. Das Vital-Ich wird ja für den Menschen stets so ausgewählt, dass es ihm in möglichst vielem gleicht.

Die Wahrung der Vitalinteressen

Die Hauptaufgabe des Vital-Ich ist jedoch, die *Vitalinteressen* des physischen Leibes und damit des Menschen zu wahren. Aus diesem Grunde wurde für diese Wesenheit die Bezeichnung *Vital*-Ich gewählt. Der Mensch hingegen ist in erster Linie für die seelisch-geistige Entwicklung und damit einerseits für das *Mentale*: für die praktische Nutzung des Wachbewusstseins, andererseits für die *innere*

Einstellung: für die *Mentalität* verantwortlich. Man kann daher das Ich des Menschen, um es vom Vital-Ich abzuheben, *Mental*-Ich nennen.

Zur Wahrung der Vitalinteressen dient einerseits die Fähigkeit, *Informationen*, die von den Seinsebenen auf den entsprechenden drei unteren Seelenschichten einlaufen, zu *verwerten*, andererseits die Orientierung in der materiellen Welt. Die materielle Welt gilt als die „Außenwelt", der Kontakt mit ihr wird durch die *sinnliche Wahrnehmung* sichergestellt. – Zur Wahrung der Vitalinteressen gehört im gewissen Sinne auch die Bewegung, deren Durchführung dem Vital-Ich obliegt.

Die Informationen. Das Vital-Ich verwaltet die drei unteren Seelenschichten, indem es einen Teil der dort einlaufenden Informationen selektiert und auswertet, sodann – falls nötig – an seinen „Meister" weiterleitet. Es arbeitet mit den jeweils zuständigen Wesenheiten der *Seelenhierarchie* zusammen, deren Aufgabe es ist, die einlaufenden Informationen zu empfangen und einen großen Teil der Informationen selber zu verwerten. Diese Informationen sind vor allem für den physischen Leib und seine Funktionen wichtig und betreffen im allgemeinen das praktische Leben auf der Erde. Ausgewertet werden sie von den Seelen in den Bewusstseinszentren.

Der Mensch könnte solche Informationen selber gar nicht dechiffrieren und verstehen. Das Vital-Ich macht jene Botschaften, die für den Menschen und auch für es selber von Interesse sind, seinem „Meister" verständlich, der die Mitteilung als Gemütsimpulse, Empfindungen oder Gefühle aufnimmt. Der Mensch fühlt sich dann beispielsweise wohl oder unwohl, er merkt auf, überprüft seine Lage, denkt über sein Vorhaben nach oder fühlt sofort, was er tun oder unterlassen soll.

Alle Reflexe und Reaktionen, die Schutzfunktionen haben, werden vom Vital-Ich gesteuert. Der Mensch selbst könnte in manchen Fällen gar nicht so schnell wie sein Vital-Ich reagieren. Es kann zum Beispiel den Menschen – und sich selber – bei einer plötzlich auftretenden Gefahr (z. B. ein rasch herannahendes Fahrzeug) dank einer reflexartigen Bewegung (Sprung oder plötzliches Stoppen) retten. Aber auch vor andersartigen Gefahren kann es den Menschen warnen, zum Beispiel durch Unwohlsein, Übelkeit, Abneigung gegen eine bestimmte Speise oder ein Getränk, die für physische Organe unbekömmlich wären (weil sie z. B. verdorben sind). Und es weist ihn auf alles Lebenswichtige im irdischen Lebensbereich hin, das der Mensch mit Hilfe seines Bewusstseins nicht wahrnehmen kann.

Die Sinneswahrnehmung. Wird die Niedere Wesenheit zum Vital-Ich, so kommt sie nach längerer Zeit wieder in unmittelbaren Kontakt mit der grobstofflich-irdischen Materie. Als Vital-Ich muss sie sich also in den Umgang mit der Grobstofflichkeit erst wieder eingewöhnen. Da das Vital-Ich mit seinem „Meister“ dasselbe „Haus“ bewohnt, muss es anfänglich nicht alle Tücken des Lebens in der irdischen Materie selber meistern. Bald schon – meistens in der ersten Vital-Ich-Inkarnation oder (bei weniger Tüchtigen) nach einigen Inkarnationen – steigt in ihm jedoch alles allmählich herauf, was seine Seele im Tierreich während unzähliger Inkarnationen in der ständigen Auseinandersetzung mit der Materie und der grobstofflichen Welt erfahren und erlernen konnte und nun als inneres Wissen in seinem *Unbewussten* gelagert ist. – Das Unbewusste des Vital-Ich ist zugleich das *Unterbewusste* des Menschen. – Nach einer Zeit der Einübung, die je nach seinen Fähigkeiten zwei, drei oder mehrere Inkarnationen dauern kann, lernt das Vital-Ich sämtliche Wahrnehmungsapparate des physischen Leibes des Menschen zu beherrschen und die empfangenen Sinnesdaten auszuwerten. – Der Mensch selber erleidet während dieser Einübungszeit seines Vital-Ich jedoch keine Einschränkungen. Zum einen beherrscht er die Sinneswahrnehmung ohnehin selber; zum anderen benötigt er die Mitarbeit seines Vital-Ich in den fraglichen Inkarnationen nicht in dem Maße, wie es in anderen Inkarnationen der Fall sein kann. (Menschen, die das Leben in der Stadt, in geschlossenen Räumen bevorzugen, bedürfen beispielsweise der erhöhten Wahrnehmungsfähigkeit oder des guten Orientierungssinnes wesentlich weniger als „Naturmenschen“.)

Das Vital-Ich übt sich aber nicht nur in die Wahrnehmung der Außenwelt ein, sondern auch in seine – im Tierreich erworbene – Fähigkeit zur *spontanen Aktivität:* zur *Spontaneität.* Diese Fähigkeit äußert sich beim Vital-Ich darin, dass es Willensimpulse seines „Meisters“ oder auch eigene seelische Impulse in Bewegung von Gliedmassen und in sonstige physische Aktionen umsetzen kann. – Zu solchen Aktionen gehört die Durchführung jeder Art von leiblicher Tätigkeit oder physischer Arbeit. Der Mensch agiert bei seinen Handlungen auf der *seelisch-geistigen*, das Vital-Ich auf der *sensomotorischen* Ebene.

Es ist das Vital-Ich, das die *Eigenbewegung* des physischen Leibes ausführt, der Mensch gibt bloß die Impulse dazu. Will er zum Beispiel einen Gegenstand ergreifen, so vollzieht er die Aktion nur auf der Mentalebene (im Denken). Auf der materiellen Ebene hingegen ist es sein Vital-Ich, das den Arm bewegt und die Hand nach dem Gegenstand ausstreckt. Der Mensch kann keinen Bewegungsablauf in allen Einzelbewegungen lenken, geschweige bewusst durchführen. – Dies merkt er, wenn er einen Bewegungsablauf, in den er sich eingeübt hat, wieder in allen Einzelbewegungen willkürlich vollziehen möchte (z. B. beim Ankleiden, Schuhsenkel schnüren, Musizieren, an der Schreibmaschine oder am Computer schreiben u. a.). Er muss sich selber anstrengen, oft wird er das Beabsichtigte kaum fertig bringen können. Lässt er sich hingegen leiten und überlässt die Leitung des Handlungsablaufs seinem Vital-Ich, so geschieht das Gewünschte im Handumdrehen.

Das Vital-Ich kann eine Bewegung deshalb genau (und ohne den Menschen) ausführen, weil es in der Lage ist, die zuständigen Einzelseelen, welche die Sehnen und Muskeln beseelen, zum nötigen Verhalten zu veranlassen. Es „spricht" noch die „Sprache" dieser Seelen, der Mensch hingegen hat sie längst verlernt und wird sie erst wieder erlernen, wenn er sich auf den letzten Stufen seiner inneren Entwicklung *allen* Seelen, so auch jenen, die seinen physischen Leib bevölkern, restlos geöffnet hat und befähigt sein wird, mit ihnen bewusst in Kontakt zu treten.

(Zur Bewegung vgl. auch: *Grundlagen der Erkenntnis*, 1972)

Das Vital-Ich und der Wechsel des „Meisters"

Ein Vital-Ich kann mit demselben Menschen während mehrerer Inkarnationen einen physischen Leib gemeinsam bewohnen, was beispielsweise bei künstlerischen Hochleistungen eine Voraussetzung für die tadellose Beherrschung der zugehörigen Motorik ist (z. B. für das Musizieren).

Das Vital-Ich kann seinen „Meister“ von Inkarnation zu Inkarnation aber auch wechseln. Die Entscheidung darüber wird stets individuell (und von Höheren Instanzen) gefällt und hängt von Erfahrungen und Aufgaben ab, die dem Vital-Ich und dem Menschen in einer Inkarnation gestellt werden. Sind diese übereinstimmend, so bleiben sie länger zusammen, sind sie verschieden, so trennen sich „Meister“ und „Lehrling“.

Sie können sich allerdings auch uneins werden, sich sogar „verkrachen“. Das geschieht dann, wenn der Mensch seinem Vital-Ich etwas zumutet, was es über- oder unterfordert. Überforderung kann in übermäßigem „Stress“ bestehen: zuviel Arbeit, pausenlose Aktivität, zu große Anstrengungen, keine Erholung. Unterfordert wird ein Vital-Ich, wenn es zu wenig Gelegenheit zur körperlichen Bewegung, zum Auslaufen, zum Kontakt mit der Natur (z. B. zu Spaziergängen) oder aber zu geistiger Tätigkeit hat oder wenn seine Merk- und Kombinationsfähigkeit brach liegen bleiben, sein Sinn für Orientierung, für Zahlen ungenutzt bleibt, weil sein „Meister“ übermäßig träge oder hoffnungslos faul ist.

Ist ein Vital-Ich reifer, so kann sich sein „Meister“ nicht alles erlauben. Erwartet er etwas, wofür das Vital-Ich die Verantwortung nicht übernehmen kann (süchtiges Verhalten, Grobheit oder Brutalität, sexuelle Ausschweifungen), so kann es, falls es moralisch und ethisch schon auf einer gewissen Höhe ist, rebellieren, indem es sogar Körperfunktionen oder die Sensomotorik blockiert und zum Beispiel eine „hysterische“ Lähmung provoziert. Wird etwas gefordert, was für das Vital-Ich unerträglich ist, weil es einen Niveausturz bedeuten würde, so kann es sogar während der Inkarnation abgelöst und durch ein weniger entwickeltes Vital-Ich ersetzt werden. – Grund für die Ablösung kann aber auch das Vital-Ich selber geben. Es wird ersetzt, wenn es auf eine gravierende Weise versagt, unfähig oder nicht willens ist, das Nötige, sogar das Allernötigste zu tun. In einem extremen Fall kann seine Ablösung dringend gefordert werden, wenn es zum Beispiel versucht, seine noch vorhandene animalische Aggressivität und Destruktivität durch seinen „Meister“ auszuleben. Ist der Mensch reif genug, um den entsprechenden Impulsen *nicht* zu gehorchen, so ist er durch die Zumutungen seines Vital-Ich irritiert, und falls er zur Blockierung der Impulse zu viel Energie verbraucht, wird er von dem „Macho“ in seinem Leib: von seinem haltlos-aggressiven Vital-Ich befreit. Im allgemeinen gesellen sich aggressive Vital-Ichs aber nur zu aggressiven Menschen.

Der Einstieg des Vital-Ich in die menschliche Entwicklung

Auch das Vital-Ich entwickelt sich, und zwar – mehr oder weniger – parallel zum Menschen, nur auf einer (dies versteht sich) tieferen Ebene. Erreicht das Vital-Ich eine bestimmte Entwicklungshöhe, hat es alle wesentlichen Erfahrungen gemacht und alles gelernt, was für das Praktikum eines Vital-Ich notwendig ist, so kann seine Seele versuchen, sich als *Mental-Ich* im physischen Leib eines Menschen zu inkarnieren.

Im Gegensatz zu jenen Seelen, die ihre Entwicklung im menschlichen Leib in Gruppen antreten, wird die Seele, die eine lange Reihe von Inkarnationen als Vital-Ich hinter sich brachte, auf die Vorstufe der äonischen Entwicklung verzichten und etwas höher „einsteigen“ können. Ist das Vital-Ich reifer, besitzt es die erforderliche seelische Tragfähigkeit, so kann es sogar einige Zwischenstufen der äonischen Entwicklung überspringen und seine menschliche Entwicklung auf einer etwas höheren Teilstufe der ersten Entwicklungsstufe antreten.

Je nach dem, wie die ersten Gehversuche in menschlicher Gestalt gelingen, kann das Vital-Ich seine Entwicklung als Mensch weiterführen oder aber, falls es bei seinen ersten Gehversuchen mit dem Menschsein noch große Mühe hat oder sogar scheitert, eine Weile wieder als Vital-Ich dienen, um weitere Erfahrungen zu sammeln, vor allem um stärker und selbständiger zu werden. In Ausnahmefällen – falls das Animalische oder gar das Bestialische im Vital-Ich überhand nimmt – kann es sogar wieder in einen Tierleib zurückgeschickt werden. Auch diesem geht es dabei allerdings nicht anders als jenem Menschen, der einen (scheinbaren) Rückfall in seiner Entwicklung erleidet.

Nicht die Seele des Menschen also, sondern die Seele seines Vital-Ich ist es, die sich wieder in einen Tierleib inkarnieren kann. Die irrtümliche Annahme, dass der Mensch im Laufe der Inkarnationen auch in Tiergestalt wieder auf die Erde kommen kann, ist infolge der Unkenntnis über die Existenz des Vital-Ich entstanden. (Vgl. dazu: *Die Welt der Reinkarnationslehre*, S. 173–181)

Die Lösung der Aufgaben, die sich im Leben im menschlichen Leib anfänglich stellen, geht nicht immer ohne Schwierigkeiten vor sich. Das ehemalige Vital-Ich braucht eine ziemlich lange Zeit, bis es das Leben auf der menschlichen Stufe als *Mental-Ich:* als Mensch, eigenständig führen kann. Auch da muss sich der – „neugeborene" – Mensch in den Gebrauch und in die Lenkung des physischen Leibes und in die Meisterung der seelisch-geistigen Aufgaben des irdischen Daseins erst einüben. – Doch die Zeit des Einübens ist für die „ehemaligen" Vital-Ichs wesentlich kürzer als für jene Seelen, die ihre menschliche Entwicklung in Gruppen antreten und die ganze Vorstufe der äonischen Entwicklung (in Hunderten von Inkarnationen) zu durchlaufen haben.

Ein Vital-Ich kann das innere Alter eines Schulpflichtigen, in Ausnahmefällen ein noch höheres Alter bis zur Vorpubertät erreichen. In dem Fall muss allerdings auch der Mensch, dem das Vital-Ich „dient", innerlich reif sein. So kann das Vital-Ich – hinreichende innere Reife vorausgesetzt – seine menschliche Entwicklung sogar gegen Mitte oder – in Ausnahmefällen – gegen Ende der ersten Stufe antreten.

DER MENSCH UND DAS LEBEWESEN

Erscheint die Seele „erstmalig" – nach Hunderten von Inkarnationen – in *eigener menschlicher Gestalt* auf der Erde, so ist ihre erste grundlegende Aufgabe, diese für sie völlig neue Situation zu meistern. Es ist ein tiefgreifender Unterschied, die irdische Welt aus der Sicht einer Pflanze, eines Tieres oder des Menschen zu erleben und zu erfahren. Der Unterschied liegt zum einen in der Qualität der Erfahrung, zu welcher eine Pflanze, ein Tier auf den verschiedenen Artstufen und der Mensch auf den einzelnen Entwicklungsstufen fähig ist, zum anderen in den Aufgaben, die sie zu bewältigen haben. – Aber auch die Sicht des Menschen erweitert sich immerzu. Schreitet er in seiner inneren Entwicklung voran, so erscheint ihm die Welt – je nach Stufe seiner inneren Entwicklung – unter einem anderen Blickwinkel, und er wird der Wirklichkeit auf jeweils verschiedene Weise begegnen: entsprechend seinem – biologischen und inneren – Alter.

Aufgaben und Ausrüstung

Der Mensch wird für die Bewältigung seiner Aufgabe auf der Erde sorgfältig ausgestattet. In einer ersten, sehr langen Phase bedarf es dazu – wie beim Lebewesen – noch instinktgesteuerter Fähigkeiten, später werden diese von Anlagen abgelöst, die der Mensch – dank seiner zunehmenden Bewusstheit – immer besser selber beherrschen kann. Da der Mensch sein Menschsein ausschließlich unter den irdischen Bedingungen meistern lernt, muss er in dieser Phase überaus häufig – meistens in relativ kurzen Abständen – auf die Erde kommen. Er kann mit den – für seine Seele neu entstandenen – irdischen Bedingungen nur dann zurecht kommen, wenn er sich in sie eingewöhnt. Er muss sich auch in den Gebrauch seiner Anlagen erst einüben und kann seine Aufgaben anfänglich nur in Ansätzen bewältigen. Dies ist der Grund, warum die Entwicklung des Menschen auf den unteren Stufen äußerst langsam – und nur mit ständiger Hilfe der Geistigen Führung – vonstatten geht. Daher beansprucht diese Entwicklungsphase eine sehr große Anzahl von Inkarnationen.

Hat sich die Seele in das Leben in der grobstofflichen Materie, das sie nun in menschlicher Gestalt zu führen hat, eingewöhnt, so muss sie sich jener Reste entledigen, die aus ihrem ehemaligen animalischen Dasein in ihr zurückgeblieben sind. Und diese sind beträchtlich. Sie wurzeln in den Anlagen, welche die Seele während der vormenschlichen Phase ihrer Entwicklung erworben hat. Obwohl sie durch das feinstoffliche Reich der Niederen Wesenheiten hindurchgegangen ist, bleibt an ihr noch sehr viel Animalisches haften. Sie ist vor allem vom Triebhaften und von solchen – tierischen – Instinkten geprägt, deren Zwanghaftigkeit erst in der irdischen Existenz und nur allmählich aufgelöst werden kann. – Der Mensch muss nun diese Anlagen menschwürdig gestalten: *humanisieren.*

Der „Quantensprung“

Diese Anlagen stammen aus den *drei unteren Seelenschichten.* In der ersten Etappe seiner Entwicklung verfügt der Mensch über keine anderen Anlagen. Die mittlere und die höheren Seelenschichten sind mit ihren Anlagen in seiner Seele zwar schon vorhanden, aber nur *virtuell.* Sie werden erst auf den entsprechend höheren Entwicklungsstufen herangebildet und voll entfaltet.

Obwohl die drei unteren Seelenschichten in der Evolution der Lebewesen herangebildet und entfaltet wurden und den wesentlichen Teil auch der menschlichen Seele bilden, besteht ein grundlegender, und zwar *qualitativer* Unterschied zwischen der Seele eines Lebewesens sowie der Niederen Wesenheiten und der Seele eines Menschen.

Der Seele der Lebewesen und der Niederen Wesenheiten fehlt es noch an jener Qualität, welche die Seele erst zu einer *menschlichen Seele* macht. Die qualitative Veränderung kommt dadurch zustande, dass die höheren Schichten: die *Mentalschicht* und die *drei oberen Seelenschichten*, die auf der Tierstufe nur rudimentär vorhanden, daher noch kaum wirksam sind, beim Menschen bereits auf den unteren Stufen seiner inneren Entwicklung zur Geltung gelangen.

Es wäre daher verfehlt zu behaupten, der Mensch sei früher ein Stein, eine Pflanze, ein Tier oder eine Niedere Wesenheit gewesen. Er selber war es nicht, nur *je eine Schicht* seiner heutigen Seele gehörte zum fraglichen Lebewesen bzw. zur Niederen Wesenheit. Und auch dies gilt nur in eingeschränktem Sinne. Denn sobald die drei unteren Schichten zu Schichten der menschlichen Seele werden, sind sie dem rückwirkenden Einfluss der latent vorherrschenden höheren Seelenschichten ausgesetzt, so dass in deren „Sog" auch die bereits herangebildeten Anlagen eine Wesensverwandlung erfahren.

Die Entwicklung jeder Seele wird vom Ziel her aufgebaut. Das Ziel des Wachstums ist das Erreichen eines „Vorbildes". Auch eine Pflanze wächst unfehlbar in jene Gestalt hinein, zu welcher sie werden soll. (Aus einem Blumensamen wird nie eine Tanne.) – Das „Vorbild" für die Seele ist jener hohe Zustand, den sie einst erreichen soll. Es wirkt von Anfang der Gesamtentwicklung an und bestimmt auf jeder Stufe die jeweilige Qualität der Seele. Auf der menschlichen Stufe zeigt sich die Wirkung des „Vorbildes" darin, dass die Anlagen der drei höheren Seelenschichten auf die Seele des Menschen bereits in der *ersten Hälfte seiner äonischen Entwicklung* einwirken können.

Wird die Seele des Tieres zur menschlichen Seele, so scheint sie bei dem Übergang in ihrem Wachstum einen so großen Schritt getan zu haben, dass der Schritt einem „Quantensprung“: einem Sprung ohne Zwischenstufen gleichkommt. Der „Sprung“ tritt auch nach außen hin in Erscheinung: im „plötzlichen“ Wechsel der äußeren Gestalt vom Tier- zum Menschenleib.

Dass der Übergang vom Tier zum Menschen nicht „plötzlich“ vor sich gehen kann, wurde hinreichend gezeigt. Es gibt beim Übergang dennoch eine große qualitative Veränderung, die sich allerdings allmählich vollzieht. Diese Veränderung besteht darin, dass in der Seele die höheren Seelenschichten mit ihren Anlagen (die schon in der Tierseele als „Samen“ vorhanden sind) zu „keimen“, sodann zu „sprießen“ beginnen und anfangen, auf die unteren Seelenschichten einzuwirken. Da ihre Wirkung erst allmählich einsetzt, ist der „Quantensprung“ nur scheinbar: Es ist kein Sprung, der eine Bruchstelle in der Entwicklung bedeuten würde, die Veränderung vollzieht sich in kleinen und kleinsten Schritten.

Ist also die Seele dieselbe, so ist sie doch nicht dieselbe. Denn wie ein Same noch keine Pflanze, ein Sprössling noch kein Baum, ein Kind noch kein Erwachsener ist, aber – falls das Wachstum nicht vorzeitig abgebrochen wird – unfehlbar zu einem solchen wird, war die menschliche Seele einst ebenfalls nur in einem gewissen Sinne die Seele eines Lebewesens.

Ein Säugling kann bestimmte Erfahrungen noch nicht machen und gewisse Aufgaben nicht lösen, zu welchen ein Kleinkind schon fähig ist, und diesem fehlt die Fähigkeit zu wieder anderen Erfahrungen und zur Bewältigung von Aufgaben, die ein Kind im Schulalter machen bzw. in Angriff nehmen kann. – In ähnlicher Weise gibt es grundlegende *qualitative* Unterschiede in der Erfahrung auf allen Entwicklungs- bzw. Altersstufen. Eine Pflanze kann jene Erfahrungen nicht machen, die für Tiere möglich sind, und die Erfahrungen auf den verschiedenen Tierstufen sind qualitativ ebenfalls verschieden. Auch der Mensch kann nur Erfahrungen machen, die jener Entwicklungsstufe gemäß sind, auf welcher er sich befindet.

Dasselbe gilt für die Aufgaben: Welche Aufgaben einem Lebewesen oder einem Menschen zugemutet werden können, hängt von seiner Entwicklungshöhe ab. Ebenso ist von der Entwicklungshöhe die Art und Weise abhängig, *wie* ein Lebewesen oder ein Mensch eine Aufgabe angehen und meistern kann.

Die Kontinuität

Zwischen einem Kind und dem Erwachsenen, zu dem es heranwächst, besteht jedoch *Kontinuität*. Vieles davon, was sich in der Kindheit ereignet hat, ist im Erwachsenen noch gegenwärtig oder in seinem Erinnerungsgut: im Archiv seiner Seele aufbewahrt. So lebt auch im Menschen noch vieles von den Erfahrungen, welche seine Seele in Stadien ihrer vormenschlichen Entwicklung gemacht und wegen ihrer Wichtigkeit in den entsprechenden Seelenschichten gespeichert hat, als diese noch die Schichten der Seele eines Lebewesens waren. Die überwiegende Zahl solcher Erfahrungen kann allerdings erst der Mensch bewusst auswerten.

Die Unumkehrbarkeit des Wachstums

Der Vergleich zwischen Kind und Erwachsenem führt aber auch zur Einsicht in eine weitere grundlegende Tatsache: Wie ein (biologisch) Erwachsener in einem Erdenleben nicht mehr zu einem Kind werden kann, so kann auch die menschliche Seele nie wieder zu einer Tierseele werden und sich – wie dies irrtümlicherweise vielenorts behauptet wird – wieder in einem Tierleib inkarnieren.

Das Wachstum ist ja *unumkehrbar*.

Der Mensch kann allerdings, falls er erwachsen ist, auch noch in einem anderen Sinne nicht mehr zu einem Kind werden: in seinem *inneren Alter*. Auch sein inneres Alter, das er einmal erreicht hat, kann nicht „zurückgedreht" – wieder rückgängig gemacht – werden. Scheint es aber, dass der Erwachsene sich wieder wie ein Kind benimmt, so hat dies andere Gründe, die vornehmlich darin liegen, dass er in Wahrheit noch nicht erwachsen ist und daher noch Entwicklungsschritte nachzuholen hat.

Die Menschwerdung als Humanisierung

Menschwerdung bedeutet die Umwandlung der Tierseele in eine Menschenseele. Sie besteht in der qualitativen Verwandlung der Anlagen, die die drei unteren Seelenschichten enthalten und im Laufe der Evolution der Lebewesen herangebildet wurden.

Diese qualitative Verwandlung der Anlagen ist ihre *Humanisierung.* Sie verläuft in drei Etappen: in einer Vorphase und in zwei Hauptphasen. Die Etappen entsprechen den drei großen Etappen der äonischen Entwicklung.

Die Vorphase: Die Ausrüstung für die Humanisierung wird der Seele schon im Laufe ihrer Entwicklung auf den letzten Tierstufen und in ihrer Schulung im Reich der Niederen Wesenheiten bereitgestellt. Ausgestattet wird die Seele einerseits, indem in ihr der *Ordnungssinn* und die *kombinative Denkfähigkeit* geweckt werden, andererseits dadurch, dass sie grundlegende Verhaltensregeln des *menschlichen* Daseins kennenlernen muss.

Die Schulung setzt sich für in Gruppen lebende Seelen auf der *Vorstufe* der äonischen Entwicklung fort, während Seelen, die auf dem individuellen Weg sind, die Weiterbildung in ihrem Praktikum als *Vital-Ich* absolvieren.

Die *erste Phase der Humanisierung* fängt für die in Gruppen lebenden Seelen dann an, wenn der Einzelne beginnt, sich von der Gruppe zu lösen und etwas Eigenständigkeit erlangt, also nach dem „Abschied vom Paradies", für das Vital-Ich, wenn es sich in eigener menschlicher Gestalt inkarnieren kann. Sie dauert bis zur Mitte der vierten Entwicklungsstufe. – In dieser ersten Phase geht die radikale Verwandlung des Tierhaften in die menschliche Art vor sich. Es ist ein Lernprozess, in welchem der Mensch übt, die im Tierreich und im Reich der Niederen Wesenheiten herangebildeten Anlagen: die Anlagen der drei unteren Seelenschichten auf menschliche Weise zu gebrauchen. In dieser Phase beginnt auch die weitere Entfaltung der Anlagen.

Die Verwandlung der Anlagen bedeutet immer auch die Verwandlung der ganzen Seele. Darum geht die Entwicklung in dieser Phase so langsam vor sich und benötigt äußerst viele Inkarnationen.

In der *zweiten Phase* wird die Humanisierung in einem tieferen Sinne vollzogen. Die Umwandlung des Tierhaften ins Menschliche in der ersten Phase bedeutet, dass der Mensch dabei im engeren Sinne *menschlich* wird. Der Gebrauch der Anlagen auf „menschliche Weise" besagt lediglich, dass ihre Handhabung auf eine „überlegte" – teils von der Ratio gelenkte – Weise geschieht, wie dies selbst für Tiere höherer Art in dem Maße noch nicht möglich ist. – Die Anlagen können aber vom Menschen – wie die Menschheitsgeschichte zeigt – auch auf höchst unmenschliche Weise gebraucht werden.

Der Niveauunterschied zwischen der Humanisierung in der ersten Phase und der Humanisierung in der zweiten Phase ist bedeutend, der Abstand ist ebenso groß wie zwischen der Humanisierung der Vorphase und der ersten Phase.

In der zweiten Phase der Humanisierung erfährt nämlich die Seele eine zweite, ebenso radikale Umwandlung, wie in der ersten Phase. Das „Material", das weiter verwandelt wird, ist dasselbe wie in der ersten Phase: Es besteht in den aus dem Tierhaften ins Menschenartige verwandelten Anlagen. Diese müssen aber weiter verwandelt werden, damit sie *menschenwürdig* gebraucht werden können. – Damit der Mensch das tun kann, muss er auch die Anlagen der höheren Seelenschichten entfalten und lernen, sie so zu gebrauchen, dass sie eine qualitative Aufwertung erfahren. – Die qualitative Aufwertung der Anlagen bedeutet ihre *Veredelung*. Die *Humanisierung* vollzieht sich auf den höheren Entwicklungsstufen als *Veredelung* sämtlicher Anlagen. – *Veredelt* werden sie, wenn sie in ihrem Gebrauch der *geläuterten Gesinnung* des Menschen unterstellt werden.

Ist die *Gesinnung* des Menschen *geläutert*, so wird er seine Fähigkeiten *human* einsetzen: Er wird aus *Einsicht* und aufgrund der *echten Liebe* handeln.

Kapitel 9

ETAPPEN DER ÄONISCHEN ENTWICKLUNG

Die *seelisch-geistige Entwicklung* des Menschen wird vom *Wachstum seiner Seele* gesteuert. Sie erstreckt sich auf die ganze *äonische Entwicklung*. Sie beansprucht dementsprechend sämtliche Inkarnationen in Menschengestalt, deren Zahl nicht geringer als *sechsstellig* ist.

Die *äonische Entwicklung* umfasst *sieben Stufen*, die von zwei Randstufen umgeben sind. Am Anfang ist eine *Vorstufe* vorgelagert, abschließend folgt eine *Überstufe*.

Das *innere Wachstum* vollzieht sich in *drei großen Etappen*. Sie verteilen sich auf die Entwicklungsstufen wie folgt: Die *erste Etappe* enthält die *Vorstufe* und die *erste* Entwicklungsstufe, auf der die eigentliche Entwicklung der Seele in Menschengestalt beginnt; die *zweite Etappe* erstreckt sich von der zweiten Entwicklungsstufe bis in die Mitte der vierten Entwicklungsstufe; die *dritte Etappe* umfasst alle höheren Entwicklungsstufen von der Mitte der vierten Entwicklungsstufe an.

Für die einzelnen Etappen sind die Stufen des *inneren Alters* des Menschen und die jeweilige Art der *Humanisierung der Anlagen* kennzeichnend.

DAS ZWEIFACHE ALTER

Der Mensch wächst seelisch und geistig im Laufe einer einzigen Inkarnation überaus langsam, während vieler Inkarnationen – scheinbar – überhaupt nicht. Biologisch hingegen wird er in jeder Inkarnation – falls er nicht vorzeitig stirbt – erwachsen und sogar alt.

Sein Alter im physischen Leib in einer Inkarnation ist sein *biologisches* Alter. Sein *inneres* Alter hingegen hängt vom Stand seines seelisch-geistigen Wachstums: von seinem Entwicklungsniveau ab. Der Mensch hat demnach *zwei Arten* von Alter: ein *biologisches* und ein *inneres*. Sein inneres Alter deckt sich in jeder Inkarnation mit seinem biologischen Alter, jedoch nur für eine kurze Zeit.

Das *innere Alter* des Menschen ist an seinem Verhalten ablesbar. Sein Verhalten ist durch seine *Gesinnung* bedingt. Sein inneres Alter ist dafür ausschlaggebend, wie er mit seinen Trieben und Anlagen und mit allem umgeht, womit er im Laufe seiner inneren Entwicklung zu tun hat: mit Mitmenschen, mit Mitseelen (Pflanzen und Tieren), mit irdischen, seelischen und geistigen Gütern, aber auch mit sich selber. Sein inneres Alter ist für sein *Wollen*, *Fühlen* und *Denken* ebenso maßgebend wie für den Gebrauch seiner sonstigen Gaben.

In seinem biologischen Alter ist der Mensch, falls er alt genug wird, nacheinander ein Säugling, ein Kind, ein Heranwachsender, ein Erwachsener, ein Betagter, schließlich ein Greis.

Auch der innere Wachstumsprozess verläuft stufenweise. Die Stufen des inneren Alters sind für die Wesenszüge der menschlichen Entwicklung in den einzelnen Etappen der äonischen Entwicklung charakteristisch.

Die *erste Etappe* umfaßt die *Vorstufe* und die *erste Entwicklungsstufe*. Der Vorstufe entspricht das innere *Säuglingsalter*, der ersten Entwicklungsstufe das *Kleinkindalter*. Die Vorstufe haben alle Seelen durchzuschreiten, die ihre Menschwerdung in Gruppen antreten. Seelen hingegen, die als Vital-Ichs gedient haben, können sie überspringen.

Der *zweiten Etappe*, die vom Anfang der zweiten bis zur Mitte der vierten Entwicklungsstufe reicht, entspricht das Alter des *Heranwachsenden*. Diese ist die Etappe des Reifens, in welcher der Mensch über die *Pubertät* hinauswächst. – In der *dritten Etappe*, die alle höheren Entwicklungsstufen umfasst, wird der Mensch seinem inneren Alter nach zum *Erwachsenen*.

Der Mensch schließt seine irdische Entwicklung im Erwachsenenalter ab. Seine Seele setzt jedoch ihre Entwicklung noch fort, aber nicht mehr auf der Erde, sondern in anderen kosmischen Regionen und Sphären. In ihrer kosmischen Entwicklung wird die Seele innerlich älter, so dass sie die höheren Altersstufen erreicht.

Die *erste Etappe* ist durch *Unbewusstheit* und seelische *Dumpfheit* (nicht identisch mit „Dummheit"), durch *Unwissenheit* und beinahe völlige *Abhängigkeit* von der Gemeinschaft, aber auch durch *Offenheit* gegenüber dem *Übersinnlichen* gekennzeichnet.

Die *zweite* ist die Etappe der Erziehung und der Erfahrungen, also der *Schulung*. Der Mensch entfaltet seine *Eigenständigkeit* und seine *Intelligenz* und strebt danach, alles durch seinen *Willen* und seinen *Verstand* zu beherrschen.

In der *dritten Etappe* kehrt er zur Haltung der ersten Etappe zurück, aber auf einem unvergleichlich höheren Niveau, und nähert sich dem *Reiche Gottes*. Alles, was er in der ersten Etappe nur empfindungsmässig und noch fast völlig unbewusst erfasste und tat, erkennt er nun auch innerlich unabhängig von den anderen mit voller *Bewusstheit* und handelt aus *Einsicht* und *verantwortungsbewusst*.

DIE DREI ETAPPEN DES INNEREN ALTERS

Die *äonische Entwicklung* ist nicht gradlinig, sondern verläuft wie auf den Windungen einer *Spirale*. Je weiter der Mensch in seiner inneren Entwicklung voranschreitet, umso höher gelangt er auf der Entwicklungsspirale und umso weiter wird auch seine Sicht. Vergleichbar ist es mit dem Besteigen eines Aussichtsturms. Steigt man die Wendeltreppe hinauf, wechselt die Sicht immer wieder und der Überblick wird mit dem Erreichen jedes Treppenabsatzes größer.

So ändert sich auch die *Sicht der Welt* beim Vorwärtsrücken auf der Entwicklungsspirale. Und nicht nur die Sicht der Welt ändert sich: Der Mensch erlebt auch die Wirklichkeit auf eine immer neue Weise.

Die erste Etappe: das Paradies

In der *ersten Etappe* gewöhnt sich die Seele an das Erdenleben in menschlicher Gestalt und übt sich in die – hier noch schwierige – Aufgabe ein, ihre Anlagen auf menschliche Weise zu gebrauchen (Vorphase der Humanisierung). – Die eigentliche Umformung der Anlagen beginnt erst in der zweiten Etappe.

Der Mensch ist auf der ersten Entwicklungsstufe dem Übersinnlichen gegenüber – wie das Lebewesen – noch offen. Er kann von der Innenseite (= der Seele) der Natur noch vieles erfassen, mit Naturwesen und Niederen wie Höheren Wesenheiten Kontakt halten, von den „Eltern", die neben seinen Ahnen und sonstigen Jenseitigen in erster Linie seine Geistigen Führer sind, Anweisungen und Belehrungen übernehmen. Seine Welt ist noch in vielem vielfältiger, „bunter" als in der zweiten Etappe, weil er noch fähig ist, nicht nur die irdische, sondern auch die übersinnliche Welt wahrzunehmen. Außerdem ist seine Welt mit viel Emotionellem und Empfindungsmäßigem durchsetzt und mit seelischen Elementen – teils mit Hilfe der Phantasie – ausgestaltet. Diese Art des *Welterlebens* charakterisiert auch das *elementare Denken*, das in dieser Etappe vorherrscht.

Diese Welt – die Welt der „Primitiven" – ist jedoch weder primitiv noch „chaotisch". Sie ist geordnet, logisch aufgebaut, nur „sieht" sie ganz anders aus als jene, deren Aufbau sich vorwiegend auf das *rationale Denken* stützt. Die Seele lebt noch in ihrer Unmittelbarkeit, und sie hat – als „Gemüt" – in dieser Etappe noch wesentlich mehr zu sagen als der Verstand (der ohnehin noch nicht hinreichend herangebildet ist). Diese Welt wird daher eher „gefühlsmäßig": aufgrund von Empfindungen und Emotionen, als mit Hilfe des rationalen Denkens erfasst und verständlich.

Das „Gemüt" des Menschen ist da allerdings noch das Gemüt eines Kindes. Die Welt der ersten Etappe ist die Welt der „kindlichen Unschuld". – „Unschuld" bedeutet auf dieser Stufe Unwissenheit, Gefühlsdumpfheit, aber auch volles Vertrauen, daher Gehorsam und die Bereitschaft, die Verhaltensweise von den „Eltern" (= Anführern der Gruppe und Geistigen Führern) unbesehen zu übernehmen. – Das „Kind" muss sich in allem führen lassen, denn es kann noch keine Verantwortung übernehmen. Es kennt das Leben noch nicht und könnte es allein nicht meistern. Seine Abhängigkeit von der Gemeinschaft entlastet da den Menschen, und zwar nicht nur in materiellen Belangen, sondern auch seelisch und geistig. Er ist emotionell noch in die Gruppenseele und geistig in das Gruppenbewusstsein eingebunden. Dadurch ist er von allen Sorgen entbunden, die nicht seinen – sehr eng begrenzten – Umkreis betreffen. So ist er auch von jeglichem Planen, Voraussehen, erst recht von wichtigen Entscheidungen befreit. Und da er beinahe keine Verantwortung tragen muss, lebt er in einem *Paradies*.

Ist er von allem entlastet, was seinen eng begrenzten Horizont überschreitet, so kann – und muss – er sich in allem führen lassen. Und da er sich für Sachen, die ihn und die Seinen nicht unmittelbar betreffen, nicht interessiert, kann ihm alles, was außerhalb seiner Welt ist oder vor sich geht, völlig *gleichgültig* sein.

Die zweite Etappe: die Schulung

In der *zweiten Etappe* werden alle Anlagen, die auf der vormenschlichen Stufe – also im Pflanzen- und Tierreich – herangebildet wurden, nun dem menschlichen Niveau entsprechend umgewandelt (erste Phase der Humanisierung).

Am Anfang der zweiten Etappe steht der „Abschied vom Paradies". Das „Kind" (= die Seele) wächst und beginnt wissend zu werden, anders als bisher zu empfinden, die Denkfähigkeit intensiver zu entfalten und muss immer mehr Verantwortung übernehmen. Dabei verliert es seine „kindliche Unschuld". Es erhält immer weniger Anweisungen von den „Eltern", es muss immer schwierigere Aufgaben eigenständig bewältigen, immer häufiger selber handeln, selber nachdenken und planen. Denn es muss sich mit der irdischen Wirklichkeit, mit Fragen seiner Existenz – die oft Fragen des Überlebens sind – selber auseinandersetzen. Und dafür reicht seine bisherige Denkart: das *elementare Denken* nicht mehr aus.

Der Mensch muss auf dieser Stufe wesentlich konkreter denken können, und „konkret" bedeutet auf dieser Entwicklungshöhe: *wirklichkeitsnahe*. Das Denken muss sich an den irdisch-materiellen Gegebenheiten: an der *Realität* orientieren. So beginnt sich – von der Mitte der zweiten Stufe an – das *rationale Denken* weiter heranzubilden, dessen elementare Form: das *kombinative Denken* schon von der höheren Tierstufe an – in anfänglichen Formen – entfaltet wird. Das rationale Denken erreicht den Zenit beim Durchgang durch die dritte Entwicklungsstufe. – Dieses Werkzeug: die *Rationalität*, ist für den Menschen umso nötiger, als seine Instinkte immer schwächer werden und die Führung seines Lebens von seinen „Eltern": den

Vorstehern und den Geistigen Führern, nach und nach in seine eigenen Hände gelegt wird.

Er wird zwar von seiner Gemeinschaft gelenkt, doch er muss sich – wie jeder – am gemeinsamen Werk selber beteiligen. Die „paradiesische Sorglosigkeit" weicht, er ist Belastungen ausgesetzt und die Verpflichtungen seinen Mitmenschen und der Gemeinschaft gegenüber nehmen zu. War also Sorglosigkeit im „Paradies": im *Reich des Urvertrauens,* noch eine Tugend, so gilt sie in der zweiten Etappe als *Un*tugend: als Verstoß gegen die Regeln des Gemeinschaftslebens, vor allem gegen die *Solidarität.* Ist dem Menschen etwas gleichgültig, was ihn angeht und in den Bereich seiner Verantwortlichkeit gehört, so zeigt dies, dass er die Aufgaben seiner Existenz nicht wahrnimmt, sich seiner Verantwortung entzieht und damit erkennen lässt, dass er sein Leben und seinen Auftrag nicht ernst genug nimmt. Mit seiner Haltung isoliert er sich und provoziert Erfahrungen, die nicht immer angenehm sind.

Die Welt sieht für ihn auch in anderen Belangen völlig anders aus als während seines „paradiesischen" Lebens. Vieles von dem, was in seinem „Kinder-Paradies" noch als „gut" galt, kehrt sich in dieser zweiten Etappe in ihr Gegenteil um und wird als „falsch", „irrtümlich", wenn nicht als „schlecht" oder „böse" bewertet. Hinzu kommt, dass er – bereits von der Mitte der zweiten Entwicklungsstufe an – beginnt, die Last der Vergangenheit: das *Karma,* auch im Negativen zu spüren. Kein Wunder, dass der Mensch das irdische Leben nicht mehr als „Paradies", sondern eher als „Jammertal" empfindet, das zu durchwandern ihm immer mehr Mühe kostet. Seine Lust, auf die Erde zu gehen und sich zu inkarnieren, nimmt dermaßen ab, dass er mitunter gezwungen werden muss, das irdische Leben anzutreten.

In der zweiten Etappe wird der Mensch genötigt, sich mit sich selber und seiner Welt auseinanderzusetzen. In der Mitte dieser Etappe beginnt die Phase des inneren Kampfes und der Reinigung der Seele. Diese Phase erstreckt sich bis auf die höheren Entwicklungsstufen hinauf und läuft erst gegen Ende der dritten Etappe allmählich aus.

Die dritte Etappe: das Reich Gottes

Die *dritte Etappe* ist dadurch gekennzeichnet, dass alles, was in der zweiten Etappe umbewertet wurde, wieder neu gewertet wird. Die durch diese „Umwertung“ gewonnenen Werte gleichen jenen Werten der ersten Etappe, jedoch auf einem höheren Niveau.

Es ist überhaupt ein grundlegendes Charakteristikum der äonischen Entwicklung, dass in ihr die wichtigsten Anlagen der Seele *wiederholt* entfaltet werden. Jede Wiederholung erfolgt auf einer jeweils höheren Ebene: auf der nächsten Windung der *Entwicklungsspirale*. – Wenn der Mensch auf der Entwicklungsspirale – wie auf einer Wendeltreppe – eine „Stelle“ erreicht, an welcher er weiter unten schon stand, so erfolgt die Weiterbildung derselben Anlagen, die auf einer unteren Windung der Spirale an derselben „Stelle“ – dem damaligen Entwicklungsgrad entsprechend – bereits entfaltet wurden. – In einem wesentlich größeren Maßstab gilt dasselbe für die dritte Etappe. Auch in der dritten Etappe werden alle wesentlichen Züge, die in der ersten Etappe dominierten, auf einer wesentlich höheren Ebene wieder lebendig. Alles, was der Mensch in seiner „kindlichen Unschuld“ auf der ersten Etappe in sich trug, lebt in ihm auf und verwirklicht sich in ihm von neuem, allerdings auf einer qualitativ unvergleichlich höheren Ebene.

Die *dritte Etappe* ist in diesem Sinne eine *Überhöhung* der ersten. Diese Steigerung kann nur deshalb erfolgen, weil der Mensch in der zweiten: der dazwischenliegenden großen Etappe, alle seinen Anlagen und Fähigkeiten in wesentlichen Zügen bereits entfaltet hat. – Diese werden nun *veredelt* (zweite Phase der Humanisierung).

Was sich in dieser dritten Etappe vollzieht, ist die *Wiedergeburt im Geiste* (Jo 3,3 u. 3,5). – „Wiedergeburt“ bedeutet in diesem Sinne, dass das Kindliche, das den Menschen in der ersten Etappe kennzeichnete, in der dritten wiederkehrt, freilich auf der Ebene der höchsten Entwicklungsstufe. Es ist das Kind, das in ihm wieder geboren wird. Aber es ist das *verklärte* Kind, das ihn zum *geläuterten* Menschen macht, das Kind der *Spiritualität*: das „Göttliche Kind“.

Der Horizont seiner Welt, der in der zweiten Etappe durch die Grenzen der Rationalität beengt war, öffnet sich ihm wieder und wird ihm auf alte Weise – wie in seiner „ersten Kindheit“: der ersten Etappe – abermals vertraut. Denn auch die alte Denkweise: das *elementare Denken* tritt erneut in den Vordergrund, allerdings in einer wesentlich erhöhten Form.

Es wird zum *intuitiven Denken.* Damit wird seine *Rationalität* nicht auf die Seite geschoben, sondern *überhöht.* Die erhöhte Rationalität ist nicht mehr ausschließend wie die gewöhnliche, stellt also nicht einfach alles, was rational nicht erfassbar ist, auf die Seite, um es zu ignorieren, sondern macht es sich auf andere Weise zugänglich. Sie ermöglicht auf dieser Entwicklungshöhe dem Menschen alles, was er durch die *Intuition* erfahren und erkennen kann, in seine Welt einzuordnen. – Die *Intuition* ihrerseits befähigt den Menschen, seine Welt „bis an die Grenzen der Welt“ (= des Kosmos) auszudehnen und alles in seine Welt einzubeziehen, was ihm auf dieser hohen Stufe zugänglich ist.

Der Mensch will die Welt aber nicht mehr an sich reißen, sie in Besitz nehmen, wie in der zweiten Etappe seiner äonischen Entwicklung. Er weiß jetzt, dass diese Welt nicht ihm gehört. Aber sie steht ihm zur Verfügung. Und da er sie mit anderen Augen anschaut, nimmt er ihre verborgene Schönheit und die in ihr herrschende Harmonie wahr. Er fühlt sich in ihr immer mehr heimisch und empfindet sie allmählich wieder als „paradiesisch“.

Freilich, er ist kein Kind mehr im Sinne der ersten Etappe: Er ist nicht mehr unwissend, nicht mehr verantwortungsunfähig und nicht gefühlsdumpf. Im Gegenteil: er ist mit allen Erfahrungen, mit allem Können und Wissen bereichert, die er auf seinem langen Entwicklungsweg gesammelt hat. Er ist wissend, verantwortungsbewusst und gefühlsfähig, in einem bestimmten – und wesentlichen – Sinne aber dennoch „unschuldig“: Er hat seine Seele inzwischen gereinigt, sich von allem Negativen befreit, das heißt: ins Positive gewandelt. Dies bedeutet, dass die Schattenseite seiner Seele restlos erhellt wurde. Der Mensch ist dadurch *geläutert* und *frei* geworden.

Er ist auch äußerlich *frei*: frei von Bindungen an Personen oder Gruppen, an Irdisches oder an Übersinnliches. Er ist auch innerlich frei, frei dafür, dass er zu sich selber stehen und das verwirklichen kann, was er als seine Aufgabe: als seine *Sendung* erkennt.

Ist der Mensch innerlich vollkommen frei geworden, hat er damit die „kindliche Unschuld“ wieder erlangt, so gelangt er am Ende seiner äonischen Entwicklung wieder dorthin, woraus er am Anfang vertrieben wurde: in das *Paradies*.

Das „Paradies“ heißt in der dritten Etappe: *Reich Gottes*.

„Im Paradies leben“ heißt auf dieser Entwicklungshöhe: an der Verwirklichung des *Reiches Gottes* zu arbeiten – arbeiten zu *dürfen*.

Gerade dies ist der Grund, warum der Mensch in der dritten Etappe seiner inneren Entwicklung immer mehr wahre Freude erlebt: Er beginnt, *selig* zu werden.

Es ist sein *Selbstgefühl*, das ihn selig macht. Die Quelle seines Selbstgefühls ist jedoch nicht mehr sein – früher oft aufgeblasenes – Ich, seine – vermeintliche – Wichtigkeit und seine Zufriedenheit mit sich selber. Im Gegenteil, sein *Selbstgefühl* ist die Frucht seiner *inneren Freiheit*: der Freiheit von den Wünschen und Vorstellungen seines Ich und den Anmaßungen seiner Person. – Die innere Freiheit führt zur *Selbstlosigkeit*. Der Mensch weiß nun, dass er nur dann „richtig" handeln kann, wenn er von oben geführt wird. Er nimmt daher keinen „Erfolg", keine Anerkennung mehr für sich in Anspruch. Sein Selbstgefühl wurzelt daher letztlich im Gefühl, von Gott geliebt zu werden, ihm zu gehören, ihm mit allem, was er kann und weiß, zu dienen, mit ihm „zusammenzuarbeiten".

Der Wunsch, Gott dienen zu dürfen, stieg in ihm auch in der zweiten Etappe immer wieder auf, nur konnte er da bloß eine kurze Zeit seinem Wunsch gemäß leben und Gott tatsächlich dienen. – Jetzt ist er aber fähig, seinen Wunsch zu verwirklichen, ohne wieder in die Gottesferne zu geraten. Sein Herz ist für Gott schon beinahe vollständig offen, er kann sich nun freiwillig und voll bewusst in den Dienst Gottes stellen, um an der *Verwirklichung des Reiches Gottes* auf Erden mitzuwirken. (Zum Reich Gottes vgl. *Das Vaterunser*, S. 65–91)

Die hohe Stufe des Gleichmuts

In dem Maße, wie der Mensch Gott alles überlassen und sich von ihm führen lassen kann, wird ihm alles in einem besonderen Sinne „gleichgültig". Was in der zweiten Etappe als „Untugend" galt, wird somit in der dritten wieder zur höchsten *Tugend*.

Gleichmut bedeutet auf dieser Entwicklungshöhe, dass der Mensch in seinem Denken und Handeln, Planen und Wollen keine persönlichen Absichten verfolgt, sondern alles Gott überlässt. Er will also durch sein Wirken in der Welt nicht sich selber bestätigen, sondern den Willen Gottes verwirklichen.

Mitmenschen und Mitseelen, ihr Schicksal und die Welt sind ihm daher nur in dem Sinne „gleichgültig", dass er sie nicht manipulieren, nicht nach seinem eigenen Gutdünken formen will. Er weiß, dass nicht er zu bestimmen hat, wie etwas sein soll, sondern Gott, und er versucht lediglich, Gottes „Ratschluss“: seine Pläne auszuführen.

Und dies gerade aus dem Grunde, weil ihm Mitmenschen und Mitseelen und das Weltgeschehen im tiefsten Sinne *nicht* gleichgültig sind. Er weiß jedoch, dass er jedem nur dann wirklich helfen kann, wenn er das tut, was für die Einzelnen am besten ist. Und was für alle das Beste ist, kann nur Gott wissen. Darum tritt er mit seinem Ich und seiner Person, mit seinen eigenen Vorstellungen und Wünschen zurück und überlässt Gott die Führung.

Gleichmut bedeutet also auf dieser Entwicklungsstufe, zum *Urvertrauen* zurückzufinden, es einzuüben und im Urvertrauen zu leben und zu handeln.

Das *Urvertrauen* wurzelt im Wissen, dass alles, was es gibt, in Gott aufgehoben ist. Und dass es bei Gott aufs beste aufgehoben ist. Denn Gott hält jede Seele mit größter Liebe in seiner Hand und will, dass in seiner Welt *alle* selig werden.

Diese Welt: die Welt Gottes, wird zur Welt des Menschen. Seine Welt ist nicht mehr nur die irdische Welt. Der Mensch fühlt sich auch in der Himmlischen Welt immer heimischer, denn er fühlt seine Zugehörigkeit zu jenen, die auf der ganzen Strecke seiner inneren Entwicklung seine Geistigen Führer waren: das Einssein mit seinen Engeln und Meistern, mit den Himmlischen und mit Gott.

Die Welt Gottes und die irdische Welt ist nun seine *Heimat.* – Seine Heimat ist das *Reich Gottes.* Das Reich Gottes umfasst Himmel und Erde und befindet sich im Herzen des Menschen.

So wird der Mensch, der sich in seiner inneren Entwicklung dem Abschluss der dritten Etappe nähert und in dessen Herz das „Paradies“: das *Reich Gottes* zu wachsen beginnt, zu einem Bindeglied zwischen Himmel und Erde.

Kapitel 10

DIE ENTWICKLUNGSSPIRALE

Die Heranbildung und Entfaltung sämtlicher Anlagen und Fähigkeiten vollzieht sich phasenweise. In der äonischen Entwicklung treten Phasen ein, in welchen sich der Mensch der Entfaltung bestimmter Anlagen und Fähigkeiten wie auch bestimmten Aufgaben und Erfahrungen, ferner der Wahrnehmung und Lösung bestimmter Probleme eher zu-, von den anderen sich eher abwendet. Sowohl die Aufgabe, bestimmte Fähigkeiten weiter zu entfalten, als auch die verschiedenen Aufgaben und Erfahrungen nebst ungelöster Probleme werden dem Menschen immer wieder, jedoch auf einem jeweils immer höheren Niveau vorgelegt.

Die äonische Entwicklung kann auf einer Spirale dargestellt werden, welche sich von unten nach oben windet und nach oben hin immer enger wird. In der äonischen Entwicklung gibt es sieben Entwicklungsstufen, denen sieben große Spiralwindungen entsprechen.

Die unteren Windungen haben einen ganz großen Radius. Der Grund dafür ist, dass die unteren Entwicklungsstufen – mit der quantitativen: irdischen Zeit gemessen – außerordentlich langsam durchschritten werden. Nach oben hin verengen sich die Windungen, weil die Entwicklung, sobald sie einigermaßen bewusst vollzogen wird, immer rascher vor sich geht und auf den obersten Stufen sich sogar merklich beschleunigt.

Die Phasen der Entfaltung gleicher Fähigkeiten liegen auf den Spiralwindungen übereinander. Ebenso erhält der Mensch auf jeder Windung der Entwicklungsspirale annähernd an derselben Stelle, die über dem entsprechenden Abschnitt der unteren Windung liegt, dieselben Aufgaben vorgesetzt. Er muss ferner an bestimmten Stellen auf vorgegebene – meistens ungelöste – Probleme zurückgreifen

Die Entwicklungsspirale

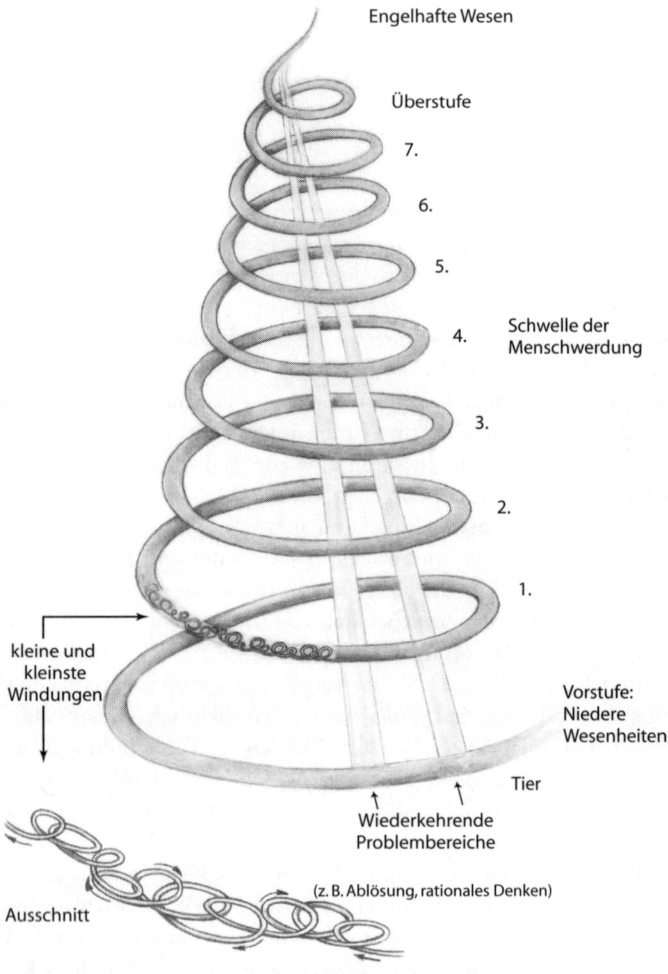

und Erfahrungen aus diesen Lebensbereichen wiederholt machen. Da er sich bei jeder Wiederholung auf einer höheren Spiralwindung befindet, muss er die Aufgaben und Probleme diesem Niveau entsprechend lösen sowie die Erfahrungen jener Entwicklungshöhe gemäss von einem höheren Standpunkt aus werten.

Jede der sieben großen Spiralwindungen besteht aus einer großen Anzahl von kleineren Spiralen, die ihrerseits wiederum je eine Reihe von noch kleineren Spiralen enthalten. So kann eine Aufgabe, ein Problem oder eine Erfahrung auch auf den Windungen der kleineren oder ganz kleinen Spiralen immer von neuem auf übereinander liegenden Windungsabschnitten erscheinen, und der Mensch kann auf eine Aufgabe, auf ein Problem oder auf eine Erfahrung wesentlich häufiger als nur siebenmal stoßen.

Keine einzige Aufgabe von Bedeutung, kein einziges Problem von Wichtigkeit und keine einzige Erfahrung von Gewicht wird beim ersten Anlauf endgültig gelöst und „erledigt". Dies darf auch nicht sein und könnte auch nicht vorkommen, denn der Mensch kann jeweils nur seinem Entwicklungsniveau entsprechend eine Aufgabe bzw. ein Problem lösen oder eine Erfahrung machen. So kann er in einer einzigen Phase nur einen Teil davon und diesen auch nur bis zu einem gewissen Grad erfassen, geschweige denn aufgreifen und auflösen.

Dies ist der Grund, warum er sich mit derselben Aufgabe, demselben Problem immer wieder beschäftigen und bestimmten Erfahrungen immer wieder ausgesetzt werden muss. Er wird immer wieder und solange vor dieselbe Aufgabe, vor dasselbe Problem gestellt, bis er sie endgültig lösen kann, und er muss solange bestimmte Erfahrungen machen, nicht selten sie sogar durchleiden, bis er die Konsequenzen daraus zieht und seine von der Erfahrung vorgelegte Lektion lernt.

Auf eine Phase, die einer Aufgabe, einem Problem oder einer Erfahrung gewidmet ist, folgt für eine Weile eine Pause, in welcher er sich anderen Aufgaben, anderen Problemen und anderen Erfahrungen zuwenden kann und zuwenden muss. Dabei sammelt er weitere Erfahrungen. Er wird seelisch stärker und geistig reifer. Indem er innerlich wächst und tragfähiger wird, wird er Aufgaben, Problemen und Erfahrungen in der nächsten Phase mit ganz neuen Voraussetzungen und bewusster entgegentreten, so dass er sie auf einem – vielleicht sogar wesentlich – höherem Niveau in Angriff nehmen kann.

Das wiederholte Erscheinen von Aufgaben, Problemen und Erfahrungen ist bei der Heranbildung grundlegender Anlagen und Fähigkeiten besonders wichtig. Ihre vollständige Entfaltung benötigt ja die ganze Zeitspanne der äonischen Entwicklung. Im allgemeinen gilt: Je wichtiger die Aufgabe, je bedeutsamer oder je tiefer greifend die Erfahrung ist, umso häufiger treten sie im Entwicklungsplan auf.

In der Entwicklung läuft nichts mechanisch ab. Jeder Verlauf, jede Phase in der Entwicklung wird vom Menschen – wenn auch mit Göttlicher Hilfe – gestaltet, und jeder Abschnitt in der Entwicklung entfaltet sich je nach dem, wie der Mensch auf seine Aufgaben und Probleme oder im allgemeinen auf seine Lebenssituation reagiert. Ob und wie er seine Aufgaben in Angriff nimmt, wie er mit seinen Problemen umgeht, ob er sich ihnen überhaupt stellt und was er aus seinen Erfahrungen zu lernen bereit ist, beeinflusst den Verlauf seiner inneren Entwicklung.

Die Zukunft ist immer und überall, bei jedem kleinen und großen Entwicklungsabschnitt *offen* und gestaltet sich aufgrund dessen, wie der Mensch fühlt und denkt, und vor allem danach, was er tut. Nichts ist auf den Tag, geschweige auf die Minute vorherbestimmt, selbst die Stunde des physischen Todes wird in den allermeisten Fällen erst „im letzten Augenblick„ endgültig festgesetzt.

Der Mensch aber muss sich in alles einüben und sich in allem üben. Weder Rom, noch eine Kathedrale, noch der menschenwürdige Mensch wurde und wird an einem Tag „erbaut“. Der Mensch muss sich in den Umgang mit sich, in den Umgang mit der Welt und in den Umgang mit dem Himmel regelrecht einüben. Und dazu braucht er Erfahrung, Erfahrung und immer wieder Erfahrung.

Die innere Entwicklung, falls sie den Menschen seelisch und geistig weiterbringen soll, kann daher nur langsam, äußerst langsam, in kleinen, ja winzigen Schritten vor sich gehen. Der Mensch muss jedes Schrittchen selber vollziehen und gründlichst durchführen, sonst bringt es ihn nicht vom Fleck.

Daher braucht der Mensch Geduld, Geduld vor allem mit sich selber.

Seine Geistigen Führer wissen es. Sie haben mit ihm Geduld, eine Engelsgeduld. Sie sind ja schließlich Engel.

Und Engel sind Diener Gottes. Wer aber soll mit dem Menschen mehr Geduld haben, wenn nicht Gott?

II. Teil

Die Struktur der Seele

Kapitel 11

DAS STRUKTURMODELL DER SEELE

Was „Seele" ist, ist nicht leicht fassbar. Unsere menschliche Vorstellung über die Seele stößt an Grenzen. Dennoch ist es hilfreich, wenn wir versuchen, die grundlegenden Aspekte ihres Aufbaus in einem übersichtlichen Strukturmodell zusammenzufassen.

Da sich unser Verstand am leichtesten an Raummodellen orientiert, ist es unvermeidlich, die Seele räumlich darzustellen. Dies ist jedoch nur eine Hilfskonstruktion. Ein Modell zeigt nur strukturelle Zusammenhänge auf, vermittelt aber das Wesen, das Substantielle nicht.

Um die Nähe zur Wirklichkeit nicht zu verlieren, soll zunächst erörtert werden, in welchem Sinne die Seele „räumlich" wiedergegeben werden kann.

RÄUMLICHKEIT UND UNRÄUMLICHKEIT DER SEELE

Die *Seele* ist an sich *unräumlich.* Sie hat keine räumlichen Grenzen und ist nicht ortsgebunden.

Es gibt allerdings nur eine einzige Seele, die vorbehaltlos unräumlich ist: die *Seele Gottes.* Sie ist die einzige Seele, die es im strengen Sinne gibt. – Gottes Seele ist in der Tat grenzenlos, das heißt *unendlich* und nicht raumgebunden: Sie befindet sich *überall.*

Damit ist unsere menschliche Vorstellung von der Unräumlichkeit der Seele bereits an ihr Ende gelangt. Denn sobald wir über jene Seelen nachdenken, die nicht mit Gottes Seele identisch sind, geraten wir in räumliche Vorstellungen.

Alle Gruppen- und alle Einzelseelen sind „Funken“ aus Gottes Seele. Wir können sie uns als „Verdichtungen“ in der unendlichen Seele Gottes vorstellen. – Die „Substanz“ jeder Gruppen- und Einzelseele ist Schwingung. Diese ist ihrer Ranghöhe gemäß und hat eine – ihrem Entwicklungsniveau entsprechende – *Ausstrahlung*.

Wir können uns also die Seele als Punkt denken, der zwar (im geometrischen Sinne) als raumlos gilt, als Schwingungszentrum jedoch *ausstrahlt*. Infolge ihrer Ausstrahlung „dehnt“ sich die Seele aus: Sie wird „räumlich“.

Ihre Räumlichkeit ist jedoch spezieller Art. Sie ist nicht materiell-räumlich – wie etwa der physische Leib – begrenzt, sondern dadurch, dass die Intensität der Ausstrahlung „irgendwo“ abnimmt und allmählich ausklingt.

In diesem – und nur in diesem – Sinne gibt es eine „Raumgrenze“ für die Seele und somit für die feinstofflichen Leibarten. Die Seelen verdrängen sich also nicht, wie das die physischen Leiber der Lebewesen und des Menschen tun. Sie können vielmehr mit ihren feinstofflichen „Leibern“ ineinander „fließen“ und dieselbe Raumstelle einnehmen. Bereits die Scholastiker hatten die Möglichkeit erwogen, dass sich auf einer Nadelspitze gleichzeitig beliebig viele Engel – nicht neben-, sondern ineinander – befinden können. (THOMAS VON AQUINO verneint allerdings eine solche Annahme; vgl. FB: Scholastik.)

Die Seele ist also nicht materiell-räumlich, nur ihre Ausstrahlung hat einen Wirkungsbereich, der räumlich begrenzt ist. Daher können Seelen ineinander liegen und deshalb kann eine große Seele mehrere, sogar viele Einzelseelen in sich aufnehmen. So umfassen die Gruppenseelen unzählige Einzelseelen, und aus diesem Grunde kann sich jede Einzelseele unserer Menschheit als ein Teilchen oder eine „Zelle“ im *Lichtleib* JESU betrachten.

Die „räumliche“ Größe einer Seele hängt also von ihrer Strahlkraft ab, und diese wiederum von der erreichten Entwicklungshöhe oder – bei Engeln – von ihrer Ranghöhe. Eine weit entwickelte menschliche Seele ist wesentlich „größer“ als der materielle Raum, den ihr physischer Leib auf Erden einnimmt, und fortgeschrittene Seelen, die sich nicht mehr inkarnieren, oder Geistige Führer und die Himmlischen sind ebenfalls wesentlich größer als jene Gestalt, in der sie Menschen erscheinen.

Sie erscheinen uns Menschen, als wären sie materiell-räumlich begrenzt, weil wir sie in unserer Eingeschränktheit nur auf diese Weise wahrnehmen und erkennen können. Erscheint ein Engel, eine Himmlische Wesenheit (z. B. JESUS oder MARIA) uns Menschen annähernd in wahrer Größe, so sehen wir nur helles, oft grelles oder sogar unerträglich starkes Licht, aber keine Gestalt. Und wenn wir mit Gott selber in Kontakt treten dürfen, so können wir ihn erst recht nicht in seiner wahren Größe: in seiner Unendlichkeit erleben, sondern nur in seiner „Konzentration" auf eine „Stelle", von der aus er uns anstrahlt und sich erleben lässt. Die „Stelle" aber ist nur in einem sehr weiten Sinne „räumlich" aufzufassen, denn sie befindet sich auch dann in unserem Herzen, wenn wir das Gefühl haben, Gott „stünde" über uns oder vor uns.

Man muss sich also vor Augen halten, in welchem Sinne hier „Räumlichkeit" gemeint ist, wenn man versucht, ein „Raummodell" zu schaffen, mit dessen Hilfe die Struktur der Seele verständlich werden kann.

DIE „SEELENKUGEL"

Die wesentlichen Strukturelemente der Seele sind die *Seelenschichten*, die *Seelenbereiche* und die *Leibarten*. – Die Seelenbereiche werden gebildet vom *Bewusstsein*, vom *Unbewussten* und von der *Licht-* und der *Schattenseite*. – Die Leibarten gehören deshalb zu den Strukturelementen, weil die Materie ein Abkömmling der Seele und der Leib ihre „Hülle" ist.

Es gibt zwei Arten von *Seelenbereichen*. Die erste weist verschiedene Grade an *Bewusstheit*, die zweite verschiedene Grade an *Helligkeit* auf. Die beiden Arten liegen ineinander, befinden sich also „räumlich" an derselben „Stelle": Sie füllen die ganze Seele aus. Sie sind jedoch – bis gegen Ende der äonischen Entwicklung – voneinander unabhängig.

Sucht man nach einem Modell, mit dessen Hilfe die Struktur der Seele verdeutlicht werden kann, so kann sie – mit Vorbehalt – mit einer Kugel verglichen werden. Ein solches Modell ermöglicht es,

Seelenschicht und Sektor

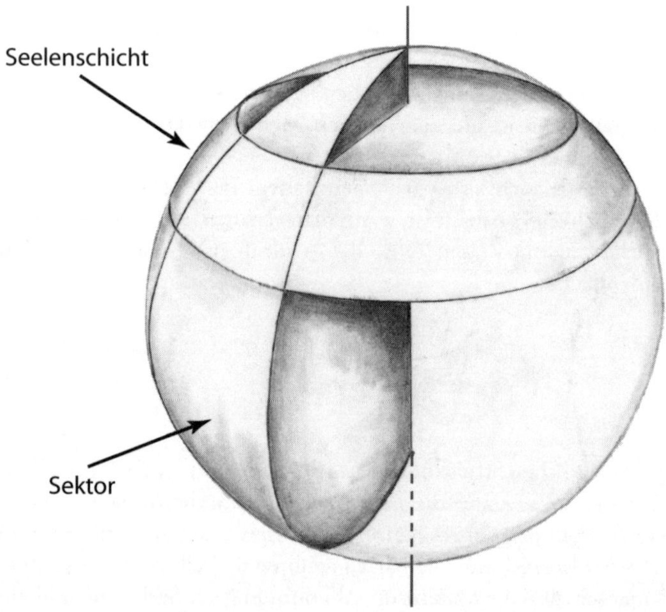

die gegenseitige Beziehung zwischen den Schichten und den einzelnen Abschnitten in den beiden Bereichen der Seele darzustellen.

Wird die „Seelenkugel" von Ebenen geschnitten, die *senkrecht* zur Kugelachse stehen, erhält man die *Seelenschichten* (Segmente). Wird sie von Ebenen geschnitten, welche die Kugelachse enthalten, so entstehen Abschnitte oder *Sektoren* in beiden *Seelenbereichen.*

Diese zweifache Aufteilung kann am einfachsten wie folgt veranschaulicht werden: Schneidet man eine Apfelsine quer zu den Schnitzen auf, so entstehen Scheiben, welche Ausschnitte aus sämtlichen Schnitzen enthalten, diese sind die *Seelenschichten*; die Schnitze selbst sind die *Sektoren* der beiden *Bereiche.*

In jeder Seele gibt es *sieben Schichten.* – Die beiden Arten von Bereichen und die in ihnen enthaltenen Sektoren, die sich nach ihrem *Bewusstheitsgrad* bzw. nach ihrem *Helligkeitsgrad* unterscheiden, gehen durch alle sieben Seelenschichten hindurch. In allen Schichten gibt es Anlagen, die schon *bewusst* gemacht worden sind, andere sind noch unzugänglich, das heißt *unbewusst.* – Ebenso ist es mit dem Bereich der *Helligkeit.* Die Anlagen einer jeden Seelenschicht können sowohl zum Guten als auch zum Bösen gebraucht werden. Je nachdem wie sie gebraucht werden, liegen sie in einem helleren oder dunkleren Sektor. Sowohl im bereits bewusst gemachten Bereich der Seele (z. B. im Wachbewusstsein) als auch im Unbewussten gibt es helle und dunkle Stellen, das heißt *Sektoren.*

Je höher sich ein Mensch entwickelt, desto differenzierter wird seine Seele und umso weitergehend verändern sich die Bereiche und umso differenzierter werden die Sektoren. Nähert sich der Mensch dem Abschluss seiner äonischen Entwicklung, so gleichen sich sowohl die beiden Arten von Bereichen als auch die Sektoren immer mehr an. Der Bewusstheitsgrad steigt in immer mehr Sektoren der ersten Art, letzten Endes in allen; die der anderen Art werden immer heller, um schließlich einen einzigen Bereich zu bilden, der die ganze Seele einnimmt und restlos von *Licht* durchstrahlt ist.

Kapitel 12

DIE SEELENSCHICHTEN

Die Seele des Menschen spiegelt den Kosmos wider. Ihr Aufbau entspricht der Struktur des Kosmos. Und wie der Kosmos, ist auch die Seele schichtweise aufgebaut. Der Kosmos enthält Regionen, die Regionen enthalten Sphären. Die unterste Sphäre im Kosmos ist die *Erdsphäre*.

Die Sphären sind in Seinsebenen unterteilt. Jede Sphäre enthält *sieben Seinsebenen*. Aus den Seinsebenen der Erdsphäre sind die *Seelenschichten* der Erdbewohner hervorgegangen.

Den *sieben Seinsebenen* entsprechend gibt es *sieben Seelenschichten*.

SEINSEBENE UND SEELENSCHICHT

Jede Seelenschicht weist zur entsprechenden Seinsebene *Affinität* auf und ist von ihr abhängig. Seinsebene und Seelenschicht stehen in einer *Wechselwirkung* zueinander. Auf die Seelenschichten laufen von den entsprechenden Seinsebenen fortwährend Informationen ein, und alles, was in den Seelenschichten vor sich geht, wirkt sich auf die Seinsebenen aus.

Die Seelenschichten stehen jedoch nicht nur mit der jeweils entsprechenden Seinsebene in Kontakt, sondern mit allen Seinsebenen, ähnlich wie durch die Telefonzentrale und mit Hilfe des Telefon- bzw. Satellitennetzes alle Telefonapparate miteinander verbunden sind. Daher wirken sich seelische Vorgänge in einem Lebewesen oder

Menschen auf alle anderen aus, vorausgesetzt freilich, dass eine Seele für die betreffende Wirkung schon empfänglich ist. Da die meisten Vorgänge in den Seelenschichten dem Menschen bewusst nicht zugänglich sind, geschieht die Beeinflussung der anderen Seelen in der Regel unterschwellig.

Solche unterschwelligen Wirkungen, die sich im Unbewussten ereignen, können bei Rückführungen beobachtet werden. Besteht zwischen zwei Menschen eine Spannung, ohne dass dafür gegenwärtig ein sichtbarer Grund vorliegt, so kann der eine, der sich Rückführungen unterzieht, den Auslöser dafür in einer früheren Inkarnation aufspüren. Ist der Grund (wie dies in der Regel der Fall ist) eine Verschuldung der anderen Person gegenüber, und löst der Schuldige seine Schuld durch Reue und Bereitschaft zur Wiedergutmachung auf, so ändert sich in den meisten Fällen auch die Haltung der anderen Person dem Schuldigen gegenüber, ohne dass dieser von der Verschuldung und der Konfrontation wissentlich etwas erfährt. Sie muss auch keine Kenntnis von der Reinkarnation haben. (Vgl. die Beispiele dazu in: *Die Welt der Reinkarnationslehre,* S. 262 u. 511)

DER AUFBAU DER SEELENSCHICHTEN

Während die *Seinsebenen* in absteigender Folge entstanden sind, wurden die *Seelenschichten* in der umgekehrten Richtung: von unten nach oben aufgebaut. Ihr Aufbau konnte erst beginnen, als in der Erdsphäre auch die unterste Teilschicht der siebenten Seinsebene: die irdisch-materielle Schicht, vollständig entfaltet war.

Die Heranbildung der Seelenschichten

Die Seelenschichten wurden mit ihren Anlagen in der *Ur-Evolution* herangebildet. Beim Durchgang jeder neuen großen Seelengruppe durch die Evolution wurden auch die Seelenschichten und ihre Anlagen gemäss der Eigenart dieser Seelengruppe modifiziert.

Der Aufbau der *Basisschicht* und der *drei unteren Schichten* erfolgte (und erfolgt auch heute) im Laufe der *Evolution der Lebewesen*: im

Durchgang durch das *Mineral-*, *Pflanzen-* und *Tierreich* und durch das *Reich* der *Niederen Wesenheiten*. Die Seele des Lebewesens und des Menschen musste (bzw. muss) alle wesentlichen Schritte der Evolution nachvollziehen, um die drei unteren Seelenschichten heranbilden zu können.

Die Seele jedes Lebewesens enthält auch die Seelenschicht der vorangehenden Artstufe in sich: das Tier die Seelenschicht der Pflanze, die Niedere Wesenheit die Seelenschichten von Pflanze und Tier und der Mensch von Anfang an alle drei. Die Seele von Pflanze, Tier und Mensch wird während ihrer Inkarnation mit der *Basisschicht* ergänzt.

Die drei unteren Seelenschichten, die bereits im Laufe der Evolution der Lebewesen herangebildet werden, können nur deshalb zu Schichten der menschlichen Seele werden, weil sie auf einer jeweils höheren Stufe weiter bearbeitet werden. Die Seele des Minerals wird von der Pflanze, die der Pflanze vom Tier, die der unteren Tierarten von den höheren, die der höheren Tierarten von den Niederen Wesenheiten aufbereitet. Dabei wird auch das Schwingungsniveau der Seele immer höher.

Der Mensch hat dann die Aufgabe, die Seelenschichten so zu verwandeln, dass sie im wahren Sinne *menschenwürdig* gebraucht werden können. Er muss sie *humanisieren*.

Die *mittlere Seelenschicht*, die *drei höheren* und die *Überschicht* werden im Laufe der äonischen Entwicklung des Menschen entfaltet. Im Keim sind sie jedoch von Anbeginn der äonischen Entwicklung enthalten.

Die Struktur der Seelenschichten

Die Gesamtheit der Seelenschichten stellt eine *statische Struktur* dar. Innerhalb dieser Struktur entfaltet sich eine *Dynamik*, welche die Entwicklung der Seele ermöglicht.

Statisch ist die Struktur insofern, als sie alles, was die Seele des Lebewesens und des Menschen enthält, *gleichzeitig* in sich schließt. Sie ist für alle Lebewesen und alle Menschen verbindlich, ungeachtet der Entwicklungshöhe, auf der sie sich befinden.

Jedoch ist nicht alles in der statischen Struktur auf die gleiche Weise vorhanden. Auf der geistigen Ebene (auf den entsprechenden

Seinsebenen) ist die ganze statische Struktur *Wirklichkeit*. Was aber auf der geistigen Ebene *reell* vorhanden ist, liegt auf der irdischen erst *virtuell* vor. Im irdischen Leben müssen daher die einzelnen Strukturteile, so auch die Seelenschichten, aktualisiert werden.

Die Aktualisierung der Seelenschichten erfolgt stufenweise. Erreicht die Seele in ihrer Entwicklung die menschliche Stufe, so setzt sich die Heranbildung der Seelenschichten fort. Auf jeder Entwicklungsstufe wird hauptsächlich eine Seelenschicht entfaltet. Die Entfaltung der sieben Seelenschichten ist auf die *sieben Entwicklungsstufen* verteilt.

Die *Seelenschichten* enthalten Anlagen, die auf den korrespondierenden Seinsebenen *reell* vorhanden sind. Diese Anlagen müssen auf der Erde „realisiert" werden. Sie werden auf den entsprechenden Entwicklungsstufen realisiert, indem die Anlagen aktualisiert werden.

Die Anlagen sind kennzeichnend sowohl für die Seelenschicht, zu welcher sie gehören, als auch für die jeweilige Entwicklungsstufe, auf welcher sie entfaltet werden. Sie sind *stufenspezifisch*.

Die schrittweise erfolgende Entfaltung schichten- bzw. stufenspezifischer Anlagen durch die sieben Entwicklungsstufen markiert den Entwicklungsweg des Menschen. Die Anlagen liefern das Rüstzeug, mit dessen Hilfe der Mensch jene Erfahrungen machen und jene Aufgaben bewältigen kann, die für ihn auf den einzelnen Entwicklungsstufen an die Reihe kommen, damit er die jeweils fälligen Entwicklungsschritte vollziehen kann.

Die Gliederung

Die statische Struktur der Seele wird von den *Seelenschichten* und den *Randschichten* gebildet. Die Schichten liegen – bildlich gesprochen – übereinander und werden von je einer zusätzlichen Schicht unten und oben abgeschlossen. Zuunterst ist die grobstofflich-materielle *Basisschicht*, zuoberst die *Überschicht*. Letztere ist der Sitz des *Göttlichen* im Menschen.

Die Seelenschichten sind *gruppenweise* gegliedert und weisen *Entsprechungen* auf. – Die drei unteren und die drei oberen Seelenschichten bilden je eine Dreiergruppe: eine *Triade*. – Die *untere Triade* besteht aus der *Vital-*, der *Animal-* und der *Rationalschicht*. – Die vierte Schicht ist die *Mentalschicht.* Sie steht ohne Entsprechung in der Mitte und verbindet die untere Triade mit der oberen. – Die *obere Triade* umfasst die *Kausal-*, die *Transzendental-* und die *spirituelle Schicht.*

Die *Gruppierung* lässt die großen Etappen in der äonischen Entwicklung erkennen. – Die *Entsprechungen* verweisen auf das Wiederkehrende auf der Entwicklungsspirale.

Die *Basisschicht* und die drei unteren Seelenschichten – die *untere Triade* – bilden den *Unterbau.* – Die vierte: die *Mentalschicht,* ist jene Verbindungsschicht, deren Aktualisierung die Wende in der Entwicklung des Menschen bedeutet. – Die drei oberen Seelenschichten – die *obere Triade* – stellen mit der *Überschicht* den *Überbau* dar.

Der Aufbau der Seelenschichten ergibt demnach folgendes Bild:

	– Überschicht	geistige Grundlage
Überbau	7. Spirituelle Schicht 6. Transzendentalschicht 5. Kausalschicht	obere Triade
Verbindungs-schicht	4. Mentalschicht	menschliche Grundlage
Unterbau	3. Rationalschicht 2. Animalschicht 1. Vitalschicht	untere Triade
	– Basisschicht	materielle Grundlage

Die Entsprechungen

Die einzelnen Seelenschichten der unteren und der oberen Triade entsprechen sich paarweise, und zwar einmal *parallel,* zum anderen *spiegelbildlich.* – Die *Mentalschicht* steht allein und hat *keine* Entsprechung.

Die *Entsprechungen* kommen dadurch zustande, dass bestimmte Anlagen, die in der unteren Schicht vorhanden sind, auch in der entsprechenden höheren Schicht wiederkehren. Sie sind dort jedoch

Menora

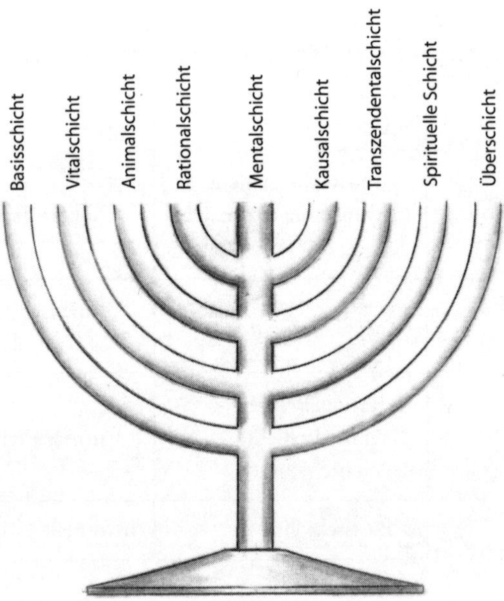
Basisschicht
Vitalschicht
Animalschicht
Rationalschicht
Mentalschicht
Kausalschicht
Transzendentalschicht
Spirituelle Schicht
Überschicht

qualitativ weitgehend oder völlig gewandelt und gelangen auf andere Weise zur Geltung als in der unteren.

Parallel entsprechen sich: die *Vital-* und die *Kausalschicht*, die *Animal-* und die *Transzendentalschicht*, die *Rational-* und die *spirituelle Schicht.*

Spiegelbildlich entsprechen sich: die *Vital-* und die *spirituelle Schicht*, die *Animal-* und die *Transzendentalschicht*, die *Rational-* und die *Kausalschicht.*

Die *Animal-* und die *Transzendentalschicht* weisen also eine *zweifache* Entsprechung auf.

Die spiegelbildliche Entsprechung ergibt das Bild des siebenarmigen – oder, falls die Randschichten berücksichtigt werden – des neunarmigen Leuchters: der *Menora* (hebr.).

DIE BASISSCHICHT

Um die Beschaffenheit der *Basisschicht* besser verstehen zu können, sei vorerst das Wesentliche über die Materie noch einmal kurz dargelegt.

Materie besteht aus *Schwingung.* Auch die Seele besteht aus Schwingung. Es ist die Seele, die jene Schwingung hervorbringt, welche als „Materie" in Erscheinung tritt.

Auch die irdische Materie wurde von der Seele hervorgebracht. Die Seele, welche die Materie erzeugte, ist allerdings keine Einzelseele, auch nicht eine – noch so große – Gruppenseele. Es ist jene im Kosmos alles umfassende *Kosmische Seele*, aus welcher die Seinsebenen mit der Erdsphäre – so auch die Erde – hervorgegangen sind. Dabei trat jener Schwingungsbereich aus der Kosmischen Seele, welcher die untere Teilschicht der untersten: der siebenten Seinsebene bildete (bzw. bildet), als die *grobstofflich-irdische Materie* in Erscheinung. Sie gilt nun als die *materielle Basis der Erdsphäre.*

Zum Zeitpunkt, als die Einzelseele begann, sich aus der Gruppenseele herauszuindividualisieren, um überhaupt zu einer Einzelseele zu werden, war die irdische Materie bereits *fest*gefügt. Sie bildet ein „Energiepaket". – „Fest" ist sie, weil sie als Schwingung in ihrer Beschaffenheit und Intensität – aus menschlicher Sicht – eine äußerst große *Stabilität* aufweist.

Die materielle Basis ist zwar materiell, doch ist ihr eine hochgradige *Geistigkeit* zu eigen. Diese kommt in der strengen *Gesetzmäßigkeit* der Vorgänge in der Materie und in der Natur zum Ausdruck. – Dies ist mit ausschlaggebend dafür, weshalb die Basisschicht der Überschicht spiegelbildlich entspricht: Auch in der Überschicht herrschen unverrückbare Gesetze.

Obwohl die Materie von der Seele hervorgebracht worden ist, bildet die – bereits stabilisierte – irdische Materie zur Einzel- und zur Gruppenseele einen unüberbrückbar scheinenden Gegensatz. Der Gegensatz ergibt sich aus der verschiedenartigen Beschaffenheit ihrer Schwingung. Die Schwingung der Seele ist wesentlich „feiner" und hat eine andere Qualität, ähnlich wie in unserem Wahrnehmungsfeld Licht- und Schallwellen zwei qualitativ verschiedene Schwingungsbereiche darstellen.

Dieser Gegensatz: die (relativ) sehr große Ungleichheit der beiden Schwingungen, muss während der Inkarnation überbrückt werden, wenn die Seele in eine materielle Gestalt „eingekleidet" werden soll. Es ist die *Basisschicht*, welche die Überbrückung ermöglicht.

Die Bedeutung der Basisschicht

Die *Basisschicht* gehört eigentlich *nicht* zum Wesen der Seele. Sie ist jedoch als Randschicht in ihr enthalten und lebt in ihr auf, wenn die Seele sich inkarniert.

Vor der Inkarnation ist die Basisschicht in der Seele nur *virtuell* vorhanden. Sie wird erst bei der irdischen Empfängnis aktiviert. Bei der Empfängnis wird die Seele in die irdische Materie eingesogen und mit der „Silberschnur" in den physischen Leib (in die Gebärmutter) eingebunden.

Die Basisschicht hat dabei die Aufgabe, die beiden Schwingungsbereiche: den der grobstofflichen Materie und den der untersten Seelenschicht, zu verkoppeln und den Schwingungsunterschied auszugleichen. Sie ist ein Verbindungselement zwischen Seele und Materie. In ähnlicher Weise, wie die Kupplung eines Kraftwagens zwei Drehscheiben durch Synchronisation auf die gleiche Drehgeschwindigkeit bringt, bewirkt die Basisschicht als Zwischenschicht die „Synchronisation" der beiden unterschiedlichen Schwingungen.

Da sie zwischen Grobstofflichkeit und Feinstofflichkeit vermittelt, manifestiert sie sich gleichzeitig in zwei Erscheinungsformen. Ihre materiellen Erscheinungsformen sind die beiden Leibarten, die Lebewesen und Mensch nur während ihres Aufenthaltes auf der Erde – also in der Inkarnation – besitzen: der *physische Leib* und der *Ätherleib*. Beim Tod werden beide aufgelöst.

Die Basisschicht als Vermittlerin befähigt die Seele, sich in die grobstofflich-irdische Materie überhaupt einzulassen, einen physischen Leib anzunehmen, dadurch mit der Materie zu „verschmelzen", somit selber „materiell" zu werden. Sie ermöglicht damit der Seele, das Leben auf der Erde in einem physischen Leib zu führen.

Die Basisschicht und der physische Leib

Die *Basisschicht* stammt aus dem *Mineralreich*. Sie kristallisiert sich beim Durchgang durch das Mineralreich aus der Seele heraus. Dazu braucht es eine äußerst lange und intensive Erfahrung mit der Materie, welcher die Seele während unzähliger Inkarnationen als „Gestein" ausgesetzt ist. Was in der Basisschicht enthalten ist, gleicht einem Reservoir, in welchem die Seele ihre Erfahrungen mit der Materie aufbewahrt. Diese Erfahrungen werden nutzbar gemacht, wenn sich die Seele inkarniert.

Damit die Seele in der Materie leben kann, muss sie diese zwar beherrschen, aber nur in einem relativ geringen Grad. Der physische Leib besteht nämlich nicht aus „toter" Materie (die es gar nicht gibt), sondern ist ein weitgehend *autonom funktionierender Organismus*, der von unzähligen Seelen getragen und gelenkt wird. Lebewesen und Mensch übernehmen – gleichsam als ihr „Fahrzeug" – diesen Organismus, wenn sich ihre Seele in die „Materie" hineinlässt, sich buchstäblich *in-karniert*. Der physische Leib bleibt ihnen aber in einem gewissen Sinne fremd. Sie benützen dieses „Fahrzeug": den physischen Leib, lediglich auf der „Fahrt" durch das Erdenleben. Und für jede Inkarnation wird ihnen ein neues „Fahrzeug" zur Verfügung gestellt.

Möchte die Seele das „Fahrzeug" lenken, muss sie mit bestimmten „Handgriffen" vertraut sein und mit den Instrumenten umgehen können. Sie muss das „Fahrzeug" – wie der Fahrer den Kraftwagen – jedoch nur lenken können, ohne die Funktion jedes Organs überwachen oder gar regulieren zu müssen, wozu sie gar nicht imstande wäre. Auch ein Wagenlenker muss nicht wissen, wie die einzelnen Mechanismen seines Wagens funktionieren, geschweige sie zusammensetzen oder reparieren können.

Beim Lenken des „Fahrzeuges" helfen der Seele die Erfahrungen, die sie beim Durchgang durch das Mineralreich gesammelt hat und die in der Basisschicht aufbewahrt sind. Die Basisschicht ermöglicht die Kommunikation zwischen Seele und Materie. Dank ihr können sie miteinander in Kontakt treten. Weil sie miteinander kommunizieren, sind zum Beispiel Sinneswahrnehmung (somit die Verbindung zwischen „außen" und „innen") oder die Bewegung der Gliedmassen und jede Art von leiblicher Aktivität (das Wirken von „innen" nach „außen") möglich. Jede Einwirkung der Seele auf die Materie und umgekehrt: jede Einwirkung der Materie auf die Seele kommt in der Inkarnation mit Hilfe der Vermittlerrolle der Basisschicht zustande.

Der Austausch zwischen Seele und dem physischen Organismus verläuft bei Lebewesen und Menschen *unbewusst.* Heute drängt sich zur Illustrierung der Vergleich mit dem Computer auf: Die Steuerung bestimmter Vorgänge kann man weitgehend oder sogar restlos dem „Betriebssystem" überlassen, ohne dass die allermeisten Benützer auch nur annähernd eine Ahnung hätten, wie sich die Vorgänge im Computer abspielen.

Ähnlich ist die Lage für die Seele während der Inkarnation. Wie in einem Computer (in der „Harddisk") ist auch in der Basisschicht die gesamte Erfahrung gespeichert, welche die Seele während ihrer Existenz im „toten Stein" (im Mineralreich) gemacht hat. Die Basisschicht gelangt zu vollem Einsatz, wenn sich die Seele als Pflanze, Tier oder Mensch inkarniert. Es ist die Basisschicht, welche dann den Verkehr der Seele mit dem grobstofflichen Organismus reguliert. Sie stellt zugleich die Grundlage für den Kontakt mit der materiellen Welt her. Der Kontakt selbst wird dann mit Hilfe der Anlagen der untersten Seelenschicht: der *Vitalschicht* – bis zu einem gewissen Grade – *individuell* gestaltet.

DIE UNTERE TRIADE

Die *untere Triade*, welche die *erste*, die *zweite* und die *dritte* Seelenschicht: die *Vital-*, die *Animal-* und die *Rationalschicht* umfasst, enthält Anlagen, die in entsprechender Weise bereits auf der vormenschlichen Stufe: im Pflanzen- und Tierreich und im Reich der Niederen Wesenheiten herangebildet wurden. Eine der Hauptaufgaben des Menschen ist auf den drei unteren Entwicklungsstufen, die drei unteren Seelenschichten den menschlichen Bedingungen entsprechend umzuformen und die in ihnen liegenden Anlagen auf der menschlichen Ebene weiter zu entfalten.

Der Mensch muss lernen, die – von ihm selber „geerbten" – Anlagen den menschlichen Bedingungen entsprechend zu gebrauchen und sich in ihren Gebrauch einzuüben, schließlich sie zu *humanisieren.*

Die Entfaltung der spezifischen Anlagen der einzelnen Schichten ermöglicht Lebewesen und Menschen, jene *Hauptfähigkeiten* zu erlangen, welche für die jeweilige Schicht und für die entsprechende Entwicklungsstufe kennzeichnend sind.

Die erste Seelenschicht: die Vitalschicht

Die *erste* Seelenschicht ist die V*italschicht* oder *vegetative Schicht.* Sie hat im *Pflanzenreich* ihren Ursprung. – Die Hauptfähigkeiten dieser Schicht sind die *Vitalität* und die *Sensibilität.*

Die ***Vitalität*** ermöglicht der Seele sowohl die irdische als auch die feinstoffliche Existenz und das *Wachstum.* Die dazu nötige Lebensenergie bezieht die Seele aus der *Vitalschicht.* Diese versorgt nicht nur die Seele, sondern auch den physischen Leib mit Lebenskraft. – Seele und physischer Organismus stehen im irdischen Dasein in einer *Wechselbeziehung:* Sie wirken gegenseitig aufeinander ein. Die Vermittlerin (der „Katalysator") ist die *Basisschicht*, genauer: der zu ihr gehörende „Zwischenleib": der *Ätherleib.* Zustände der Seele beeinflussen den Zustand und den Energiehaushalt des Organismus und umgekehrt.

Eine Steigerung oder Minderung der Lebenskraft hängt also nicht nur vom Zustand des physischen Organismus ab, sondern auch –

sogar in erster Linie – von der Seele, vorausgesetzt, dass der Leib durch keine äußeren oder inneren Einwirkungen (z. B. Nahrungs- oder Flüssigkeitsentzug, Gifte, Erschöpfung, Krankheit) geschwächt oder zerstört wird. – Eine solche Minderung hat immer karmatische, somit seelische Gründe. Selbst für das leibliche Wohl oder Unwohlsein, für Gesundheit oder Krankheit des Leibes ist letztlich die Haltung der Seele ausschlaggebend. Auch ein schwacher oder kranker Leib kann eine vitale Seele beherbergen, und umgekehrt: Auch ein körperlich starker Mensch kann seelisch (z. B. infolge von Kummer oder Depression) in seiner Vitalität geschwächt sein.

Der Verwalter der Vitalenergie im Menschen ist sein *Vital-Ich*.

Die *Quelle der Vitalenergie* ist die Urquelle aller Energie: die *Göttliche Willenskraft*. Diese hat zwei Wirkungsweisen: eine von „oben" und eine von „unten". – Von „oben" wirkt sie als *geistige Energie*, von „unten" als *Lebenskraft*. Beide Wirkungsweisen drängen die Seele zur Entwicklung und fördern ihr Wachstum. So ermöglicht die Vitalität als Lebensenergie das Wachstum sowohl des physischen Leibes als auch der Seele.

Der unablässige Zufluss aus der ursprünglichen Energiequelle macht die Seele überhaupt lebensfähig und hält sie, auf Erden wie im Jenseits, am Leben. – In der Tatsache, dass diese Energiequelle für keine Seele je versiegt, gründet die *Unsterblichkeit der Seele*.

Die ***Sensibilität*** (aus: lat. *sentire* = fühlen) ist die Voraussetzung für die *zweite Grundanlage* der Seele: für das *Fühlen*. Sie liegt der *Empfindungsfähigkeit* und der *Emotionalität* zugrunde. Sie ermöglicht außerdem den *Empfang von Informationen* aus der untersten Seinsebene.

Der ersten Seelenschicht entspricht *parallel* die fünfte: die *Kausalschicht*. Ihre gemeinsame Anlage ist die *Sensibilität*, die in der fünften Schicht in zwei höheren Erscheinungsformen: als *Intuition* und als Fähigkeit zur *Inspiration* zutage tritt.

Spiegelbildlich entspricht der *Vitalschicht* die siebente: die *spirituelle Schicht*. Die Entsprechung bekundet sich darin, dass die beiden Haupteigenschaften der untersten Seelenschicht: die *Vitalität* und die *Sensibilität*, auf der siebenten Schicht ihre höchste Ausgestaltung erreichen. Sie erscheinen als *geistige Vitalität* und als *Empfängnisfähigkeit für das Göttliche*. Letztere ist die Kerneigenschaft der *Spiritualität*.

Die zweite Seelenschicht: die Animalschicht

Die *zweite* Seelenschicht: die *Animalschicht* stammt aus dem *Tierreich.* Die neue, zur Sensibilität hinzutretende grundlegende Eigenschaft der Seele in dieser Schicht ist die *Spontaneität.*

Die ***Spontaneität*** ist die Voraussetzung für jede Art von *Aktivität.* Sie ermöglicht zum einen das Auslösen von *Aktionen,* zum anderen die spontane *innere* Aktivität: die *Affektivität.*

Die zweite Seelenschicht enthält also jene Anlagen, die es dem Lebewesen und dem Menschen ermöglichen, *aktiv* zu werden, aufzubrechen, sich aus der materiellen, seelischen oder geistigen Enge (z. B. von der Gruppe) zu befreien, das heißt sich zu individualisieren und sich zu behaupten, Angehörige und Besitz zu verteidigen und den eigenen Einflussbereich (z. B. das Revier oder die Ichsphäre) zu erweitern.

Die ***Aktivität*** zielt beim Menschen auf der entsprechenden zweiten Entwicklungsstufe auf die Erweiterung seines Wirkungsbereichs und damit seiner *Ichsphäre* ab. Sie äußert sich als Streben nach Eroberung und Besitznahme irdischer, später auch seelischer und geistiger Güter sowie nach Beherrschen von Lebewesen und Menschen. Es ist das Streben nach Macht und nach Ausweitung des *Machtpotentials,* das auf dieser Stufe vorherrscht. Dementsprechend gilt die zweite Entwicklungsstufe als Stufe der *Krieger* und als *Macht*stufe.

Der zweiten Seelenschicht entspricht sowohl *parallel* als auch *spiegelbildlich* die sechste: die *transzendentale Schicht.*

Die grundlegende Anlage der *zweiten* Seelenschicht: die *Aktivität* kehrt in der sechsten Schicht wieder als Streben nach *Erweiterung*; nun aber nicht im materiellen, nicht der Ichsphäre und von Macht, sondern im seelischen und geistigen Bereich. Sie tritt als *Transzendieren*: als Überschreiten der Grenzen der irdischen Welt hervor und ermöglicht dadurch die Erweiterung des Wissenshorizontes und des Bewusstseins.

Die andere Haupteigenschaft der zweiten Schicht: die *Affektivität* kehrt auf der sechsten Stufe als Streben nach *Veredelung* der Affekte wieder. Veredelung bedeutet, aus den Affekten die „Schlacken" auszubrennen, sie von ihren destruktiven Elementen zu befreien. Dadurch werden in ihnen die positiv wirkenden Kräfte befreit und aus ihnen herausgeholt, so dass die innere Entwicklung des Menschen auf der Höhe der sechsten Stufe auch von Affekten vorangetrieben werden kann.

Die dritte Seelenschicht: die Rationalschicht

Die *dritte* Seelenschicht ist die *Rationalschicht.* Sie geht aus dem Reich der *Niederen Wesenheiten* hervor. Sie ist die Seelenschicht, deren Anlagen es dem Menschen ermöglichen, sein Leben zu konsolidieren, ihm einen Rahmen zu geben, seine Triebe zu bändigen und somit die Herrschaft über sie zu erlangen.

Der Mensch wächst nicht einfach von selbst aus einer alten Lebensweise heraus. Er muss sich immer wieder anstrengen, damit sich sein Leben verändert und er sich wandeln kann. Es geht darum zu lernen, bewusster zu leben und das Leben immer bewusster zu gestalten.

Dies erreicht er freilich nicht aus eigener Kraft, mag er sich noch so anstrengen. Er muss dazu befähigt sein. Er wird dazu selbstverständlich befähigt: Er wird dafür ausgerüstet. Das wichtigste Rüstzeug ist auf dieser Stufe die *Intelligenz.*

Die grundlegende Anlage dieser dritten Schicht ist die *rationale Intelligenz.* Sie ist die eine Erscheinungsform der *Geistigkeit* im allgemeinen. Sie ermöglicht das *rationale Denken,* das wiederum die eine Erscheinungsform der *dritten Grundanlage* der Seele: der Fähigkeit zum *Denken* ist.

Das Instrument, dessen sich die rationale Intelligenz bedient, ist der *Verstand.* Er ist jenes Instrument, das zum *Verstehen* und zur *Erkenntnis* befähigt.

Die Heranbildung des Verstandes und damit die Schulung für das rationale Denken beginnt bereits im Tierreich, vielleicht schon auf mittleren Artstufen. Auch das Tier höherer Art ist in einem bestimmten Rahmen fähig zu denken, vor allem zu kombinieren, gewisse Vergleiche aufzustellen, Unterschiede wahrzunehmen und sich mit Hilfe des *kombinativen Denkens* zu entscheiden. – Mit der Entfaltung des kombinativen Denkens beginnt die Heranbildung der *Urteilskraft.*

Der Lernprozess des Denkens wird im Reich der Niederen Wesenheiten fortgesetzt und besteht im wesentlichen im *Erlernen* von *Ordnung.* Es ist der *Ordnungssinn,* der dabei herangebildet wird.

Die Heranbildung des Ordnungssinnes bedeutet *Erziehung*. Zur Erziehung ist auf der Tierstufe und beim Menschen noch bis auf die dritte Entwicklungsstufe *Drill* nötig.

Der dritten Seelenschicht entspricht *parallel* die siebente: die *spirituelle Schicht*. Die Haupteigenschaft beider Schichten ist die *Intelligenz*. Auf der dritten erscheint diese als *rationale*, auf der siebenten als *Herzensintelligenz*. – Der *Rationalität* des Unterbaus entspricht somit die *Spiritualität* im Überbau.

Spiegelverkehrt entspricht der dritten Schicht die fünfte: die *Kausalschicht*. In dieser tritt der Ordnungssinn als *Sinn* für jede Art von *Realität* in Erscheinung. Während sich der Ordnungssinn auf das Erfassen der sinnlich und rational zugänglichen Struktur der irdischen Welt richtet, eröffnet der *Realitätssinn* dem Menschen den Zugang auch zu den Hintergründen der materiellen Wirklichkeit und damit den Zugang zu den Tiefenschichten der Seele.

Die Schichten der unteren Triade bilden die Grundlage für die höhere, nun im strengen Sinne *menschliche* Entwicklung. Die entsprechenden schichtentypischen Anlagen müssen im Laufe der äonischen Entwicklung auf den höheren Stufen weiter entfaltet und zu wahrhaft menschlichen Eigenschaften geformt und somit umgewandelt: *humanisiert* werden. Gleichzeitig mit der Umwandlung der unteren Schichten und ihrer Anlagen werden in dieser zweiten Hälfte der äonischen Entwicklung die eigentlich menschlichen – nur für den Menschen bestehenden – weiteren *vier Seelenschichten* herangebildet.

DIE VIERTE SEELENSCHICHT:
DIE MENTALSCHICHT

Das Verbindungsglied zwischen der unteren und der oberen Triade ist die mittlere, die *vierte* Seelenschicht: *die Mentalschicht*. *Mental* (aus: lat. *mens* = Geist, Verstand, Sinnesart, Gemüt) heißt diese Schicht, weil ihre Heranbildung auf die Entfaltung des Geistes angelegt ist.

Die Mentalschicht gelangt erst auf der menschlichen Ebene, und zwar in der Mitte der äonischen Entwicklung, zur Heranbildung. Sie stellt eine Zäsur im Aufbau der Seele dar. Sie ist die Seelenschicht, die innerhalb der Seelenschichten keine Entsprechung hat.

In einer gewissen Hinsicht hingegen entspricht sie den beiden Randschichten: der *Basis-* und der *Überschicht*. Auch diese nehmen eine Sonderstellung im Gesamtaufbau der Seele ein und gelten als Vermittlerschichten.

Die *Mentalschicht* ist die Grundlage für den Aufbau der oberen Triade, wie die *Basisschicht* die Grundlage für den Aufbau der unteren Triade ist, allerdings nur in einer bestimmten Weise. Während nämlich die *Basisschicht* dazu dient, dass die Seele ihre Entwicklung in der Materie: in der Inkarnation durchführen kann, gilt die *Mentalschicht* als die Grundlage für die *geistige Entwicklung*, die in der zweiten Hälfte der äonischen Entwicklung vollzogen wird. Sie enthält bereits alle Anlagen der drei höheren Seelenschichten, allerdings nur in Ansätzen. Ihre volle Entfaltung wird auf den drei oberen Entwicklungsstufen vollzogen.

Die *Mentalschicht* „krönt" andererseits die untere Triade, wie die *Überschicht* die obere.

Jede Art von Geist ist ein Derivat (Abkömmling) des Göttlichen Geistes. Der Anteil am Göttlichen Geist zeigt sich im Menschen als Befähigung zur *genuinen* (ursprünglichen) *Geistigkeit*. Die Wirkung dieser Geistigkeit schlägt sich in der Gesinnung eines Menschen nieder und prägt seine *Mentalität*.

Die *genuine Geistigkeit* wirkt in einer gewissen Weise bereits auf den höheren Tierstufen, in mancher Hinsicht sogar im Pflanzenreich. So ist zum Beispiel das Streben der Pflanze nach Licht (bzw. in die Höhe) immer auch eine Auswirkung der Anziehungskraft des Göttlichen, das in der Seele auf jeder Stufe ihrer Gesamtentwicklung wirksam ist.

Auf der vierten Entwicklungsstufe beginnt die Entfaltung der *genuinen Geistigkeit* im eigentlichen Sinne und mit ihr die Heranbildung jener Anlagen, deren Entfaltung die Wirkung der genuinen Geistigkeit voraussetzt. Sie werden erst auf den drei höheren Entwicklungsstufen voll entfaltet. In der oberen Triade der Seelenschichten treten diese Anlagen, die in der Mentalschicht nur in Ansätzen enthalten sind, in qualitativ höher stehenden Erscheinungs- und Wirkungsformen hervor.

Die Anlagen, deren Heranbildung auf der vierten Entwicklungsstufe ihren Anfang nimmt, sind außer der *genuinen Geistigkeit*: der *Realitätssinn*, die *Urteilskraft*, das *echte Gewissen*, die *Gefühlsfähigkeit*, die *Einsicht*, die *Liebe* und die *Herzensintelligenz*.

DIE OBERE TRIADE

Die *obere Triade*, welche die *fünfte*, die *sechste* und die *siebente* Seelenschicht: die *Kausal-*, die *Transzendental-* und die *spirituelle Schicht* umfasst, wird von der grundlegenden Anlage der höheren Schichten: der *genuinen Geistigkeit* und ihren Erscheinungsformen beherrscht, deren Entfaltung bereits auf der vierten Stufe beginnt. Sie enthalten also keine grundsätzlich neuen Anlagen.

Auf den drei höheren Entwicklungsstufen werden auch die Anlagen der drei unteren Seelenschichten weiter entfaltet. Alle Impulse, so auch Triebe und Instinkte, sowie alle bereits entfalteten Fähigkeiten müssen der nun erreichten inneren Reife des Menschen gemäss in eine wahrlich menschenwürdige Form gebracht werden. Die *Humanisierung* gelangt in ihre zweite Phase.

Die Umwandlung der Anlagen der unteren Triade und die Entfaltung der grundlegenden Anlagen der vierten Schicht und der oberen Triade führt dazu, dass die beiden Triaden miteinander zunehmend harmonieren. Dieser Prozess führt zur *Integration* aller Seelenschichten.

Die *Integration* ist dem Menschen auf diesen Entwicklungsstufen als Aufgabe auferlegt. Ihre Durchführung ermöglicht es ihm, alle polarisierten: als gegensätzlich betrachteten Eigenschaften miteinander zu „versöhnen“ und sämtliche Anlagen und Fähigkeiten der Seele in Einklang zu bringen. Dabei wird die Zusammengehörigkeit sämtlicher – von ihrer Negativität befreiten – Anlagen und Fähigkeiten offenkundig.

Die fünfte Seelenschicht: die Kausalschicht

Die *fünfte* Seelenschicht ist die *Kausalschicht*. Kausal heißt diese Schicht, weil ihre Anlagen es dem Menschen ermöglichen, hinter die Fassade des Seins und der schicksalhaften Ereignisse zu blicken, die Zusammenhänge im Weltgeschehen – den Kausalnexus: die ursächliche Verbindung der Ereignisse – zu erkennen und die wahren Gründe des Schicksals und des Weltenganges, damit den *Sinn* der Ereignisse zu erfassen (lat. *causa* = Ursache, Grund).

Die *Kausalschicht* ist die unterste Schicht der oberen Triade. Ihr entspricht *parallel* die unterste Schicht der unteren Triade: die *Vitalschicht*. In der Kausalschicht kehrt die eine grundlegende Anlage der Vitalschicht: die *Sensibilität* in neuer Gestalt als *Gefühlsfähigkeit* wieder.

Spiegelverkehrt entspricht sie der dritten Seelenschicht: der *Rationalschicht*. Die wichtigste Anlage der dritten Schicht ist die *rationale Denkfähigkeit*. Auch die fünfte Schicht enthält eine grundlegende Anlage des Denkens, das auf *Intuition* beruht.

Es ist die *genuine Geistigkeit*, die in der *Kausalschicht* bereits wirksam ist und den Menschen zu dieser erhöhten Art des Denkens: zum *intuitiven Denken* befähigt. Während auf der dritten Stufe das Instrument des Denkens die *rationale Intelligenz* ist, ist auf der fünften das entsprechende Instrument die *transzendentale* oder *Herzensintelligenz*, deren volle Entfaltung erst auf der sechsten Entwicklungsstufe erfolgt.

Die sechste Seelenschicht: die transzendentale Schicht

Die *sechste* Seelenschicht ist die *transzendentale* Schicht. *Transzendentalität* ist die Fähigkeit, Grenzen zu überschreiten und sich zu öffnen (aus: lat. *transcendere* = hinübersteigen).

Das *Transzendieren* ermöglicht es dem Menschen, sich nach allen Seiten hin und nach oben zu öffnen und seine eigenen Grenzen sowie die Grenzen der sinnlich-materiellen Welt zu überwinden. Das Transzendieren besteht daher nicht in der Ausweitung des rationalen Wissenshorizontes. Es ist ein inneres Geschehen, das zur Entfaltung der *Einsichts-* und der *Liebesfähigkeit* führt.

Die *transzendentale Schicht* ist die zweifache – parallele und spiegelverkehrte – Entsprechung der zweiten, der *Animalschicht*. Die gemeinsame Anlage beider Seelenschichten ist die *Aktivität*. In der zweiten Schicht setzt diese die *Spontaneität*, in der sechsten die *Transzendentalität* voraus. – Die *Aktivität* richtet sich auf der zweiten

Entwicklungsstufe auf *materielle* Bereiche und auf die Ichsphäre, auf der sechsten auf *seelische* und *geistige* Dimensionen.

Der Mensch überschreitet nicht nur die Grenzen der sinnlich-materiellen Welt, sondern öffnet sich auch der Kosmischen Wirklichkeit. Seine Offenheit für das Kosmische bedeutet zugleich sein Offensein für das *Göttliche.* Wird er für das Göttliche vorbehaltlos offen, so ist dies ein Anzeichen dafür, dass die Hauptanlage der nächsten Seelenschicht: die *Spiritualität* im Begriff ist, sich in ihm zu entfalten.

Die siebente Seelenschicht: die spirituelle Schicht

Die *siebente* Seelenschicht ist die *spirituelle Schicht.* Die Anlagen dieser Schicht bieten dem Menschen die Möglichkeit, sein *Höheres Selbst* vollständig zu entfalten und somit seine *Persönlichkeit* zu festigen. Sie ermöglichen ihm ferner, sich *allen Seelen* und *Gott* gegenüber *vollständig zu öffnen.* Tut er es und ist er vollständig offen, so ist er dabei, seine äonische Entwicklung abzuschließen.

Die siebente Schicht liegt *parallel* zur höchsten Seelenschicht der unteren Triade: zur *Rationalschicht* und entspricht *spiegelverkehrt* der ersten Seelenschicht: der *Vitalschicht.*

Die *parallele Entsprechung* zur dritten: zur *Rationalschicht* zeigt sich darin, dass die geistigen Fähigkeiten, die auf dieser Stufe ihre Kulmination erreichen, jene Anlagen und Fähigkeiten, die auf der rationale Ebene herangebildet und entfaltet wurden, allmählich ablösen. Das *innere Wissen* tritt anstelle des *Verstandeswissens,* das unmittelbare, vom *Gefühl* und der *Intuition* geregelte Erfassen der Dinge und Zusammenhänge, löst die *rationale Denkfähigkeit* ab. Der *Verstand* rückt an jene Stelle, die ihm gebührt: Er wird *Diener* der *Intuition* und ist nicht mehr ihr Herr wie auf der dritten Stufe.

Der Verstand wird also nicht etwa „ausgeschaltet", sondern hat weiterhin die Aufgabe, das intuitiv Erfahrene und Erfasste klar zu gliedern und in das innere Wissen einzuordnen. Der Verstand entlehnt sich die Ordnungsprinzipien und die Ordnungsregeln nicht mehr wie früher von außen (z. B. von der Gemeinschaft) und er erfindet die Ordnungsstrukturen nicht selbst oder gar eigenwillig, wie er es auf den unteren Entwicklungsstufen oft tat. Er bemüht sich nun um die wirklichkeitsgetreue Darstellung der Zusammenhänge und ermöglicht durch Hinweise und Umschreibungen, den *Sinn* zu begreifen.

Die *Einsicht* in den Sinn wird durch die *genuine* (und nicht durch die rationale) *Geistigkeit* ermöglicht. Diese erreicht auf dieser Stufe ihre höchstmögliche Verfeinerung und stärkste Wirkung.

Die genuine Geistigkeit gelangt auf der siebenten Entwicklungsstufe als *spirituelle Geistigkeit* zur Wirkung. – *Spiritualität* ist eigentlich ein Seelenzustand, in dem sich der Mensch bewusst wird, dass er unterwegs zu Gott ist. Dieser Zustand ist die Voraussetzung dafür, dass er Gott unmittelbar erfahren kann. Die Spiritualität meldet sich gelegentlich schon auf den unteren Entwicklungsstufen als *Sehnsucht nach Gott.* – Die *Sehnsucht nach Gott* ist die Antwort auf die *Liebe,* die Gott seinen Geschöpfen entgegenbringt.

Die Spiritualität erreicht ihre Kulmination auf dieser höchsten Entwicklungsstufe in der Entfaltung des *Christus-Bewusstseins.*

Spiegelbildlich gibt es eine *dreifache* Entsprechung zwischen der *spirituellen* und der *Vitalschicht:* Sie betrifft die *Vitalität,* die *Sensibilität* und die *Solidarität.*

Die *Vitalität* tritt in der höchsten Seelenschicht als *geistige Vitalität* in Erscheinung; die *Sensibilität* als *Sensitivität:* als *Sensorium* für den *Empfang von Informationen* aus der höchsten: der siebenten Seinsebene und die *Solidarität* als Fähigkeit zur *echten Liebe.*

DIE ÜBERSCHICHT: DIE LICHTSCHICHT

Die *Überschicht* ist die *Lichtschicht.* Sie ist der Sitz des *Göttlichen* im Menschen. Mit dieser Schicht ragt der Mensch in die Göttliche Sphäre; durch diese Schicht kann der erste Aspekt Gottes: der *Vater*-Aspekt – der Geist Gottes – in ihm wirksam werden.

Die Leibart, die der Überschicht zugeordnet ist, ist der *Lichtleib.* Dieser ist die „Hülle" des Göttlichen im Menschen.

Die Anlagen der Überschicht sind – wie die höheren Seelenschichten – keine neu hinzugekommenen Anlagen. Diese Schicht enthält sämtliche Anlagen aller sieben Seelenschichten in völlig veredelter und vergeistigter Form.

Die *Vergeistigung* vollzieht sich auf den höheren Entwicklungsstufen als *Spiritualisierung*. – *Spiritualisiert* sind die Anlagen, wenn sie geeignet sind, als Instrumente zur Realisierung des Göttlichen im Menschen zu dienen. Sie werden in diesem Fall ausschließlich an Gottes Willen orientiert und der Liebe Gottes gemäss eingesetzt.

Die Überschicht und die Basisschicht

Die *Überschicht* ist die *obere Randschicht*. Sie schließt die Seelenschichten oben ab, während die untere Randschicht: die *Basisschicht* den unteren Seelenschichten vorgelagert ist.

Die Anlagen der Basisschicht fügen sich den materiellen Gesetzen und ermöglichen es der Seele, sich in der grobstofflichen Materie zu inkarnieren, also einen physischen Leib anzunehmen, was ohne die Verankerung in der Basisschicht nicht möglich wäre.

Die *Überschicht* liegt über der obersten Seelenschicht: der *spirituellen* Schicht. Sie ermöglicht dem Menschen die Teilhabe am Göttlichen. Sie ist jene Schicht, in welcher das eigene *Höhere Selbst* des Menschen wurzelt.

Die beiden Randschichten entsprechen sich spiegelbildlich. Beide stellen eine Verbindungsschicht dar. Die *Basisschicht* verbindet die Seele mit der grobstofflich-irdischen Materie und ermöglicht dem Menschen die Inkarnation; die *Überschicht* verbindet den Menschen mit der „Lichtwelt", letztlich mit Gott.

Während jedoch die Basisschicht ihre verbindende Rolle jeweils nur für die Dauer eines einzigen Erdenlebens zu erfüllen hat, besteht für den Menschen die Verbindung zur Lichtschicht und damit zur „Lichtwelt" jederzeit, also unabhängig davon, ob er inkarniert ist oder sich im Jenseits aufhält.

Gemeinsam ist der *Überschicht* und der *Basisschicht*, dass in ihnen strenge Gesetzmäßigkeit herrscht. Beide Randschichten sind Trägerinnen Göttlicher Gesetze, die sowohl der grobstofflich-materiellen Welt als auch dem Göttlichen Bereich und seinen Sphären – so auch der Kosmischen Ordnung – zugrunde liegen. Die Gesetze sind *unverrückbar*. Gerade diese Unabänderlichkeit verbürgt die Stabilität der materiellen und der geistigen Welt. Diese Gesetze können willkürlich nicht aufgehoben, sondern höchstens – unter Umständen – in ihrer Wirkung verändert werden. In dem Fall wirkt etwas „Höheres" hinein (so z. B. bei den „Wundertaten" JESU). In solchen Fällen kann zum Beispiel die grobstoffliche Materie „entmaterialisiert", das heißt, ihre Schwingung wesentlich erhöht und ihre Erscheinungsform dadurch verändert werden.

Das „Höhere" ist immer das Rein-Geistige: das Göttliche. Gott ist die Quelle aller Gesetze sowie jeglicher Gesetzmäßigkeit in der irdischen Natur und in der Natur der Seele. Nur Gott oder jene Wesenheit, in der das Göttliche vorherrscht, ist in der Lage, Gesetze und Gesetzmäßigkeit zu überhöhen und dadurch ihre Wirkung zu verändern. – Gott tut freilich nichts aus Willkür. Er greift in die irdische Welt nur dann ein, wenn dies sinnvoll ist. Und sinnvoll ist nur das, was die Geschöpfe auf dem Weg zu ihm fördert. Daher handelt Gott ausschließlich im Hinblick auf ihre Entfaltung, und das heißt: aus *Liebe*.

Die Übereinstimmung der beiden äußeren Seelenschichten: dass nämlich die unterste und die oberste Schicht gleichermaßen gesetzmäßig strukturiert sind, verbindet die beiden Pole der Weltordnung miteinander: das zuunterst stehende Materielle und das Oberste, das Göttliche. So wird die Einheit der Herrschaft der von Gott geschaffenen Naturgesetze und der Kosmischen Gesetze in der Weltharmonie offenkundig.

Die Überschicht und die Mentalschicht

Eine gewisse parallele Entsprechung besteht auch zwischen der *Überschicht* und der *Mentalschicht*. – Diese beiden Schichten sind Übergangsschichten: Auf den entsprechenden Entwicklungsstufen ereignen sich Abschluss und Aufbruch.

Auch die *Mentalschicht* „krönt" in einem gewissen Sinne die untere Triade, da in ihrem Entfaltungsbereich: in der Mitte der äonischen Entwicklung, die Entfaltung der Fähigkeiten der unteren Triade zum Abschluss kommt. Damit hört jene Lebensweise, die für den Menschen in der ersten Hälfte seiner inneren Entwicklung gültig – die „richtige" – war (die zweite Etappe), endgültig auf, und eine neue (die dritte Etappe) beginnt.

Die Überschicht „krönt“ in gleicher Weise die unter ihr stehenden Schichten und bietet die Möglichkeit zum Abschluss der ganzen äonischen Entwicklung. Sie beinhaltet sämtliche, in der ganzen vormenschlichen und in der ganzen menschlichen (äonischen) Entwicklung der Seele herangebildeten und nun schon vollständig entfalteten Anlagen. Sie sind jetzt restlos *geläutert.*

In dieser Hinsicht kann die *Überschicht* als eine überhöhte Erscheinungsform der *Mentalschicht* betrachtet werden. Die Umwandlung sämtlicher Anlagen, ihre Reinigung von allem Negativen, die Hervorkehrung des Positiven in ihnen, schließlich ihre Veredelung, deren Durchführung mit Hilfe der Anlagen der Mentalschicht auf der vierten Entwicklungsstufe begonnen hat, erreicht auf der Überstufe ihre Vollendung.

Die Vollendung

Die *Überschicht* ermöglicht es dem Menschen, genauer: seiner Seele, die menschliche Entwicklung zu übersteigen. Die Seele kann hernach jenen Lehrgang in ihrer Schulung antreten, der sie in ihrer Gesamtentwicklung weit über die menschliche Stufe hinausführt. Die Entwicklungsstufe, die der Überschicht entspricht, bildet die Übergangsstufe von der äonischen zur höheren Entwicklung, die die Seele außerhalb der Erde – in höheren kosmischen Regionen – vollzieht.

Hat der Mensch sämtliche Anlagen vollständig vergeistigt und im oben angegebenen Sinne spiritualisiert, so ist er *Meister* geworden. Die Schulung in Dimensionen, die jenseits des Menschseins liegen, ist die Schulung in der „Meisterschaft“. Sie befähigt die Seele, zu einem *Geistigen Führer* jener Menschen zu werden, die sich auf der Erde noch inkarnieren müssen, oder jene Seelen zu betreuen, die sich noch – auf irgendeine Weise – in Entwicklung befinden.

Die „Schichtung“ der Seele stellt selbstverständlich keine räumliche Unterteilung dar. Die Schichten durchdringen sich (wie auch mehrere Seelen sich durchdringen können). So ist auch die „Über“-schicht unräumlich. Sie befindet sich im *Herzen* des Menschen und bildet dessen *Göttlichen Kern.*

Kapitel 13

DAS BEWUSSTSEIN UND DAS UNBEWUSSTE

Der Mensch ist in einer paradoxen Lage: Er weiß vieles und weiß vieles nicht. Was er nicht weiß, kann er auf eine Weise dennoch wissen.

Was er weiß, weiß er mit seinem *Verstand*. Es ist sein *Wachbewusstsein*, das die Tätigkeit seines Verstandes ermöglicht.

Was er nicht weiß und es auf eine Weise dennoch weiß, beruht auf seinem inneren Wissen. Und dieses ist in seinem *Unbewussten* aufbewahrt.

DAS BEWUSSTSEIN

„Bewusstsein" als Begriff hat mehrere Bedeutungen. *Erstens* bezeichnet es einen inneren Zustand: die klare geistige Verfassung, „bei Bewusstsein sein", „seiner selbst oder eines Dinges bewusst zu sein". – *Zweitens* bedeutet es jenes Wissen, welches das Lebewesen oder der Mensch durch Erfahrungen gesammelt hat und über welches sie auch willentlich verfügen können. Hierzu gehört das Wissen um seelische und geistige Zustände und das Gewahrwerden von innerem Geschehen. – *Drittens* gilt es als konzentrierte Aufmerksamkeit, als Ausrichtung der Absicht, als Bewusstheit („mit vollem Bewusstsein"). – *Viertens* gilt es als ein Zentrum, auf welches alles bezogen wird, was dem Lebewesen oder dem Menschen „bewusst" zugänglich ist. – *Fünftens* wird es als jenes „Organ" der Seele verstanden, das die Fähigkeit zur Sinneswahrnehmung und zum Denken, so auch zur „Selbstreflexion" (zum Nachdenken über sich selbst), im allgemeinen zum Erfassen der Wirklichkeit – gleich welcher Art – hat. In der philosophischen Erkenntnistheorie ist „Bewusstsein“ das Subjekt, das dem – „außen stehenden“ – Objekt, das zu erfassen gilt, gegenübersteht. – *Sechstens* ist es jene Sphäre (der Seele), in der alles, was für Lebewesen und Menschen erfahrbar ist, bewusst wird und in welcher sich das Denken vollzieht. In diesem Sinne gilt es als *Bewusstseinssphäre*.

Bewusst können sich das Lebewesen und der Mensch dessen sein, worauf sie nicht reflexartig oder mechanisch, nicht unbewusst und nicht spontan reagieren bzw. reagieren müssen. Sie müssen einen – zeitlichen und geistigen – Spielraum für die Reaktion, eventuell auch schon für die Überlegung haben. – *Bewusstheit* ist dementsprechend dann vorhanden, wenn die Seele zu dem, wovon sie berührt oder angesprochen wird, innerlich auch Distanz nehmen kann oder zumindest Distanz nehmen könnte.

(Zum Fragenkomplex „Bewusstsein“ vgl. *Grundlagen der Erkenntnis* 1972)

Das Wachbewusstsein

Das *Wachbewusstsein* ist als Seelenzustand eine klare *geistige* Verfassung, welche die Voraussetzung dafür ist, dass der Verstand in Aktion treten kann. Es ist zugleich jenes geistige Zentrum, auf welches die Tätigkeit des Verstandes bezogen wird (vgl. oben Punkt vier).

Alle Eindrücke, Reize, Einflüsse, innere oder von außen kommende Informationen und Impulse, die der Mensch zur Kenntnis nimmt, werden mittels des Wachbewusstseins aufgenommen, wahrgenommen, erkannt und in die Vorstellungs- oder Gedankenwelt eingeordnet. Was „bewusst“ aufgenommen wird, gelangt in das Wachbewusstsein und wird im *Gedächtnis* „gelagert“.

Die Inhalte des Gedächtnisses sind abrufbar. Was dem Menschen mit Hilfe seines Wachbewusstseins nicht zugänglich ist, gehört nicht zu seinem verfügbaren – reproduzierbaren rationalen – Wissen, es ist nicht Bestandteil seines *Gedächtnisses*. – Von diesen Gedächtnisinhalten sind *Erinnerungen* zu unterscheiden. Diese steigen aus dem Archiv des *inneren Wissens* in das Wachbewusstsein. Erinnerungen sind nicht immer und nur selten unmittelbar reproduzierbar. Sie werden meistens aufgrund von Emotionen, gelegentlich von bestimmten Sinneswahrnehmungen und auf andere Weise aus dem Archiv der Seele hervorgeholt. (Eine Melodie, der Geschmack einer Speise z. B. kann Erinnerungen an bestimmte Situationen in der Kindheit wachrufen.)

Was in das Wachbewusstsein tritt, ist dem Menschen *geistig* zugänglich: Es ist ihm *bewusst.*

Nicht alles jedoch ist ihm auf dieselbe Weise und mit derselben Klarheit bewusst.

Die Bewusstheit hat *verschiedene Grade.*

Grade der Bewusstheit

Es gibt zwei Arten von Bereichen in der Seele. Beide sind in Sektoren unterteilt. Die Sektoren des ersten Bereiches unterscheiden sich nach dem *Grad der Bewusstheit* ihrer Inhalte, die Sektoren des zweiten nach ihrem *Helligkeitsgrad.*

Die erste Art ist der Bereich des *Bewusstseins.* Nicht alles, was die Sektoren im Bereich des Bewusstseins enthalten, ist dem Menschen entweder voll bewusst oder ganz unbewusst. – *Unbewusst* ist ein Inhalt, der dem Wachbewusstsein unzugänglich ist. Es gibt eine überaus reiche Abstufung von *Graden der Bewusstheit.* Je nach dem, auf welche Weise ein Inhalt in die Seele gelangt oder aufgenommen wird, und inwieweit er bewusst werden kann, ist er dem Menschen voll, halb, bruchstückhaft oder nur vage bewusst. Er weiß oft nur, dass etwas in sein Bewusstsein getreten ist, kennt aber den Inhalt – was dieser genau besagt – nicht. Manches ahnt er bloß, und vieles, was ihm bewusst geworden ist, kann er aus seinem Bewusstsein – teilweise oder ganz – verdrängen oder nicht zur Kenntnis nehmen oder verdrehen.

Es gibt nur einen einzigen Sektor im Bewusstseinsbereich der Seele, dessen Inhalte größtenteils vollbewusst sind. Dieser Sektor enthält das *Wachbewusstsein* des Lebewesens und des Menschen. Die Inhalte aller anderen Sektoren sind ihnen weitgehend oder vollständig unbewusst.

Der bewusste Sektor mit dem Wachbewusstsein ist bei Lebewesen (falls sich ihr zentrales Bewusstsein schon zum Wachbewusstsein entwickelt hat) verschwindend bis sehr klein, und auch beim Menschen ist er bis zur Mitte seiner inneren Entwicklung nicht besonders groß. Wie ein Apfelsinenschnitz hat dieser Sektor gegen seine Mitte die breiteste Stelle. Die „Mitte" ist jeweils jene Seelenschicht, in welcher das Wachbewusstsein zentriert ist: beim Tier höherer Art in der zweiten Schicht, bei der Niederen Wesenheit in der dritten, beim Menschen in der vierten. Diese vierte ist die *Mentalschicht.* – Die Pflanze verfügt – vermutlich – nur über das zentrale Bewusstsein.

Die *Mentalschicht* ist zwar die Seelenschicht des *Wachbewusstseins*, doch auch sie unterliegt der Teilung der Sektoren, so dass auch in der Mentalschicht ein Teil unbewusst ist.

Die „Wände" der Sektoren sind durchlässig, die Grenze zwischen „bewusst" und „unbewusst" verläuft dementsprechend fließend. Gewisse Inhalte, die in die Seele gelangen oder aus den verschiedenen Seelenschichten heraufsteigen, werden laufend bewusst gemacht, während andere vergessen, verdrängt oder aufgelöst werden.

Die graduelle Abstufung des Bewusstseins ist mithin ein Grund dafür, dass der größte Teil des menschlichen „Wissens" aus Ahnungen und Vermutungen besteht, und dass sich vieles, was als (z. B. „wissenschaftlich") gesichertes Wissen gilt, bei genauerer Kenntnis der Wirklichkeit als unzutreffend – als „falsches Wissen" – erweisen kann.

In jeder Seelenschicht gibt es *Bewusstseinszentren*, welche die einlaufenden Informationen empfangen und verwerten und die wichtigsten von ihnen – meistens verschlüsselt – weitergeben. Die Mehrzahl der weitergereichten Informationen, die aus den unteren Seelenschichten stammen, werden von den zuständigen Wesenheiten, welche die Seelenhierarchie des physischen Leibes bilden, sowie vom Vital-Ich ausgewertet. Die Informationen aus den höheren Schichten sind dem Menschen selber verständlich, sobald er innerlich hinreichend entwickelt ist. Auf den unteren Stufen wird er auf vieles, was ihm unbewusst ist oder was er nicht zur Kenntnis nehmen will, oft durch aufsteigende oder gar ausbrechende Emotionen oder Affekte aufmerksam gemacht, bis er sich gezwungen sieht, sie zur Kenntnis zu nehmen und sich zu fragen, aus welchen Gründen er ihnen ausgesetzt ist.

Vieles, was dem Menschen unbewusst bleibt, können ihm andere Instanzen bewusst machen. Solche Instanzen können auf ihn von außen her Einfluss nehmen oder in ihm liegen.

Die *äußeren Instanzen* werden gebildet von den Gemeinschaften, die durch moralische und ethische Vorschriften sein – künstliches – Gewissen formen; zu den *inneren Instanzen* gehört einerseits der *innere Mensch,* der das echte Gewissen verwaltet und auf den höheren Stufen zum eigenen *Höheren Selbst* des Menschen wird; andererseits sind es die *Geistigen Führer,* die ihn durch Eingebungen (Traum, Intuition u. a.) während der ganzen äonischen Entwicklung lenken.

DAS UNBEWUSSTE

Der Mensch weiß mehr, als was er in seinem Wachbewusstsein weiß. Es gibt ein verborgenes, inneres Wissen in ihm: in seiner Seele, aus dem Inhalte – oft nur bruchstückhaft – aufsteigen. Dann weiß er plötzlich etwas, was ihm nicht sein Verstand vermittelt hat und was er mit seiner Ratio vielleicht vorerst gar nicht begreift.

Dieses verborgene Wissen wirkt in ihm gelegentlich sogar sehr intensiv und veranlasst ihn zu Reaktionen: zu Empfindungen, Emotionen und Affekten, aber auch zu Verhaltensweisen und Handlungen. Und falls er das Vokabular der Psychologie kennt, deutet er sie als Signale seines *Unbewussten,* das sich ihm bemerkbar macht.

Das Wesen des Unbewussten

Nicht nur der Begriff des Bewusstseins, auch der des Unbewussten ist mehrdeutig. *Unbewusst* ist dem Menschen seine Seele in zweifacher Hinsicht: einmal im Hinblick auf ihre *Dynamik,* zum anderen im Hinblick auf ihre *Inhalte.*

Zur *Dynamik* der Seele gehört alles, was im Menschen und im Lebewesen unerkannt und unkontrollierbar „arbeitet" und sie zu Reaktionen verschiedenster Art veranlasst oder sogar treibt. Alles Triebhafte und Instinktbedingte, Emotionelle und Affektive, gestaute Vitalkraft und gehemmte Aktivität, somit alles Aggressive und De-

Das Bewusstsein und das Unbewusste

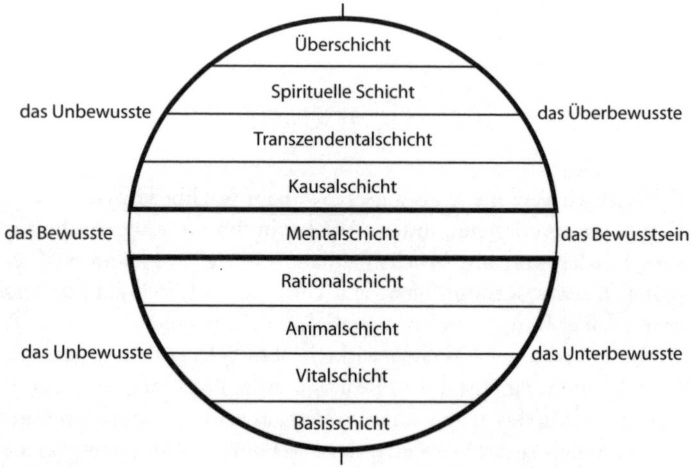

struktive, alles, was der Mensch nicht beherrschen kann, alles, was in seiner Seele vor sich geht oder aus ihr hervorbricht, bildet den *dynamischen* Teil seines Unbewussten.

Dynamisch ist dieser Teil auch aus einem anderen Grunde. Alles, was in der Seele des Menschen auf den unteren Stufen seiner inneren Entwicklung unbewusst wirkt, muss auf den höheren Stufen bewusst gemacht werden. Das Unbewusste „arbeitet" gerade deswegen im Menschen, damit er die unbewussten Inhalte seiner Seele auslebt, sie dadurch erfährt und sie somit erkennen, also sich bewusst machen kann.

Das Unbewusste hat eine immense Triebkraft in sich, die den Menschen drängt, sich alles, was es enthält, bewusst zu machen. Diese treibende Kraft im Unbewussten ist die eine grundlegende Erscheinungsweise des urtümlichen *Dranges zur Entwicklung*: der *Drang zur Geistigkeit*. – Seine andere grundlegende Erscheinungsweise ist die *Sehnsucht nach Gott*.

Den anderen: den statischen Teil des Unbewussten bilden die *unbewussten Inhalte*, die im inneren Wissen des Menschen enthalten sind. Diese Inhalte bestehen zu einem Teil aus dem Erfahrungsgut, das die Seele in ihrer Gesamtentwicklung, so auch auf der *vor*menschlichen Stufe, gesammelt hat, zum anderen aus unmittelbar und unbewusst aufgenommenen Informationen und Einwirkungen (z. B. Wahrnehmungsdaten, Vorstellungen, Gedanken).

Die beiden Hälften des Unbewussten

Die *Mentalschicht* bildet eine Zäsur im Aufbau der Seelenschichten. Die ihr entsprechende Entwicklungsstufe: die vierte hat demgemäss die Bedeutung einer Übergangsstufe. – Bildlich gesehen steht die Mentalschicht senkrecht zu den beiden Arten von Seelenbereichen (zur Achse der „Seelenkugel") und halbiert die Bereiche. So wird auch der Bereich des Unbewussten in zwei Hälften unterteilt: in eine untere und eine obere.

Die untere Hälfte umfasst die drei unteren Seelenschichten, beim Menschen auch einige Teile der vierten. Dieser Teil des Unbewussten ist das *Unterbewusste*. Die drei höheren Seelenschichten bilden die obere Hälfte; dieser Teil ist das *Überbewusste*.

Das Unterbewusste

Das Unterbewusste enthält Informationen und Impulse, die in die drei unteren Seelenschichten einlaufen. Es ist zu einem Teil die Domäne des *Vital-Ich*, das – im Gegensatz zum Menschen – in der Lage ist, sie zu selektieren und auszuwerten. Ihm stehen dabei Wesenheiten zur Seite, welche die Bewusstseinszentren dieser Seelenschichten bedienen und einen großen Teil der Informationen auffangen, auswerten und verwerten. Sie entlasten damit das Vital-Ich und natürlich auch den Menschen. Inhalte und Vorgänge in der Basisschicht wie auch im physischen Leib bleiben größtenteils beiden: dem Vital-Ich und dem Menschen unbewusst. Auch diese Bereiche gehören zu jenen, die von den Wesenheiten aus der Seelenhierarchie des Leibes verwaltet werden.

Zum Unterbewussten gehört ferner jenes Wissen, das die Seele im Laufe ihrer Entwicklung auf der *vor*menschlichen Stufe und den drei ersten menschlichen Stufen selber gesammelt hat, welches jedoch allgemeiner Art ist. Dieses Wissen beinhaltet an erster Stelle das Wissen über elementare Tatsachen. Diese sind das Wissen um die Unsterblichkeit der Seele, also über das Weiterleben nach dem physischen Tod; das Wissen um die Reinkarnation und damit um das Karma-Gesetz und das Wissen um Gesetze des inneren Wachstums.

Übrigens haben auch Pflanzen und Tiere ein *Unterbewusstsein*, das bei der Pflanze eine, beim Tier zwei Seelenschichten mit jenen Anlagen umfasst, welche – der Stufe entsprechend bis zu einem gewissen Grad – bereits herangebildet sind.

Das Überbewusste

Die obere Hälfte des *Unbewussten* umfasst einen kleinen Teilbereich der *Mentalschicht*, und jene Bereiche der *drei oberen Seelenschichten* und der *Überschicht*, welche noch nicht bewusst gemacht wurden. Zu diesem Teil gehört das innere Wissen, das nicht im Laufe der Entwicklung der Seele angesammelt wurde, sondern gleichsam von oben her in sie gelangt ist. Es betrifft das Wissen um Gott, um seine Existenz und sein Wesen, ferner das Wissen um die Beschaffenheit des Kosmos, um die Seelenhierarchien und alles, was der Mensch in der zweiten Hälfte seiner inneren Entwicklung erfahren und erleben, erkennen und einsehen kann. Es enthält auch das Wissen, dass jeder Mensch vor Gott gleich ist, dass jede Seele aus Gott hervorgegangen und in Gottes Liebe eingebettet ist und dass ausnahmslos ein jeder in seine Nähe gelangen wird.

Auch das *Überbewusste* ist nur so lange „unbewusst", bis der Mensch die höheren Stufen in seiner inneren Entwicklung erreicht. Seine ganze innere Entwicklung auf den höheren Stufen besteht vorwiegend darin, dass er sich die Inhalte seines Überbewussten bewusst macht. Sein Überbewusstes ist aber schon zu Beginn seiner äonischen Entwicklung *virtuell* in ihm und beeinflusst – ihm noch unbewusst – seinen Werdegang immer wieder und stets auf die beste, ihn fördernde Weise.

Der Verwalter des *Überbewusstseins* ist das *Höhere Selbst.* Wie das Überbewusste erst in der zweiten Hälfte der äonischen Entwicklung zur Wirkung gelangt, entsteht im Menschen das *Höhere Selbst* ebenfalls erst in dieser zweiten Hälfte, und zwar dann, wenn der *innere Mensch* reif ist, dieses hohe „Amt" selber einzunehmen. Bis dahin sind es die *Geistigen Führer* des Menschen, welche die Rolle des *Höheren Selbst* übernehmen, um ihn auf seinem Entwicklungsweg zu leiten. Der innere Mensch verwaltet jedoch von Anbeginn seiner äonischen Entwicklung das gesamte innere Wissen.

Das persönliche Unbewusste

Sowohl das *Unterbewusste* als auch das *Überbewusste* enthält ein Wissen, dessen Herkunft persönlicher Art ist und das Wissen ergänzt, das im allgemeinen: überpersönlichen Unbewussten enthalten ist. Dieses Wissen ist in je einem Teil des Unterbewussten und des Überbewussten archiviert. Beide Teile bilden gemeinsam das *persönliche Unbewusste.* Wie das überpersönliche Unbewusste ist auch dieses in zwei Hälften unterteilt.

In der *unteren Hälfte* des *persönlichen Unbewussten* ist jenes Wissen enthalten, das aus dem Erfahrungsgut der Seele besteht, welches sie auf den drei unteren Entwicklungsstufen gesammelt hat. Es beinhaltet jene Erfahrungen, die der Mensch auf seinem Entwicklungsweg *persönlich* gemacht hat. Es umfasst das Wissen um sämtliche bisher erlebten Inkarnationen und das Wissen um alles, was in den Inkarnationen geschah, wie auch das Wissen darüber, *wie* sich der Mensch in ihnen verhalten hat. Es umfasst also auch das Wissen um sein – gutes wie negatives – Karma (Taten und ihre Folgen), außerdem jenes Können und Wissen, das sich der Mensch zwar bereits angeeignet hat, von dem er jedoch in der gegenwärtigen Inkarnation keinen Gebrauch macht oder machen kann. Zu solchem Können und Wissen gehören zum Beispiel Begabungen verschiedener Art, die zur Zeit brachliegen und von denen der Mensch vielleicht nicht einmal weiß, dass sie in ihm schlummern.

Auch Tiere – besonders höherer Art – sind in der Lage, individuelle Erfahrungen zu machen. Die Heranbildung des *persönlichen Unbewussten* beginnt also bereits auf der Tierstufe (eventuell schon auf der Pflanzenstufe). Aus diesem persönlichen Erfahrungsgut steigen Rückerinnerungen an früher Erlebtes auf, zu denen auch Erinnerungen an frühere Verschuldungen gehören, die der Mensch oder auch ein Tier höherer Art begangen hat. Solche Erinnerungen setzen Mensch und Tier der – vorerst nur unbewussten – Wirkung ihres schlechten Gewissens aus, zum Beispiel in Form von Depressionen.

Die *obere Hälfte* des *persönlichen Unbewussten* beinhaltet das Wissen um die Stellung des Menschen in der Seelengemeinschaft, sein Wissen um seine wahre Aufgabe, aber auch das Wissen um den *Sinn* von all dem, was er in seiner früheren Vergangenheit erlebt, erfahren und getan hat.

Der Mensch hat die Aufgabe, sich sein ganzes *Unbewusstes* restlos bewusst zu machen. Dazu braucht er die ganze zweite Hälfte seiner inneren Entwicklung. Dabei hat er alles, was zum Inhalt der unteren Hälfte des persönlichen Unbewussten gehört, zu verwandeln und zu sublimieren.

Die folgende Tabelle soll den Zusammenhang zwischen Seelenschichten, Sektoren und ihren Verwaltern veranschaulichen:

Verwalter	**Seelenschicht**	**Bewusstsein**	**Unbewusstes**
Gott und der ganzheitliche Mensch	Überschicht		höheres inneres Wissen
Höheres Selbst und der innere Mensch	Spirituelle Schicht Transzendentalschicht Kausalschicht	Überbewusstes	
Mental-Ich = der äußere Mensch	Mentalschicht	Wachbewusstsein verfügbares Wissen	inneres Wissen
Der innere Mensch und das Vital-Ich	Rationalschicht Animalschicht Vitalschicht	Unterbewusstes	
Wesenheiten in der Seelenhierarchie des Leibes	Basisschicht physischer Leib		

Kapitel 14

DIE DREHBÜHNE DER SEELE

Die *Sektoren der Seele* unterscheiden sich nicht nur im Hinblick auf die *Bewusstheit* ihrer Bereiche, sondern auch bezüglich ihrer *Helligkeit.* In der Seele befindet sich das Bewusste neben dem Unbewussten, die Lichtseite neben der Schattenseite. Und wie es verschiedene Grade an Bewusstheit gibt, so gibt es auch verschiedene Grade an Helligkeit.

Der Umfang des bewussten und des unbewussten Teiles hängt von der Entwicklungshöhe des Menschen ab. Ebenso ist die Verteilung der Helligkeit und damit das Verhältnis der Lichtseite zur Schattenseite *entwicklungsbedingt.*

Der Bereich der Bewusstheit und der Bereich der Helligkeit sind voneinander unabhängig – zumindest in der ersten Hälfte der äonischen Entwicklung. Weder kann die Lichtseite mit dem Bewusstsein noch die Schattenseite mit dem Unbewussten gleichgesetzt werden. Sowohl im Bewusstsein als auch im Unbewussten gibt es hellere und dunklere, ja ganz dunkle Bereiche.

Was also im Menschen vom sogenannten „Licht des Bewusstseins" (vom Wachbewusstsein) erhellt wird, muss keineswegs zum Lichtsektor gehören. Der Mensch kann sowohl *bewusst* „gut" als auch *bewusst* „böse" sein, und er kann auch in seinem *Unbewussten* die Neigung zu beidem haben.

Die mancherorts verbreitete Meinung, das Böse geschehe aus „Unwissenheit", trifft daher nicht zu. Das Böse hat auch andere Quellen als die Unbewusstheit. Ist der Mensch beispielsweise destruktiv veranlagt, so kann er auch das „Böse" klar wissend und mit voller Absicht tun.

DIE LICHT- UND DIE SCHATTENSEITE

Je nachdem, mit welcher Grundeinstellung die Anlagen der Seele gebraucht und eingesetzt werden, zählen sie zur *Licht-* oder *Schattenseite*. Zur *Lichtseite* gehören sie, wenn die Gesinnung gekennzeichnet ist durch Rücksichtsnahme, Wohlwollen, Liebesfähigkeit, Menschlichkeit; zur *Schattenseite* gehören sie, wenn die Gesinnung Egoismus, Rücksichtslosigkeit, Bosheit, Aggressivität, Destruktivität oder Bösartigkeit verrät.

Licht und *Schatten* unterscheiden sich in der Seele also nach der *Qualität* des Gebrauchs ihrer Anlagen. Aber auch die Anlagen haben ihre eigene Qualität. Diese hängt davon ab, ob sie noch im „Rohzustand" sind oder schon „bearbeitet" wurden.

Sowohl die Qualität der Anlagen als auch die Gesinnung bei ihrem Gebrauch ist *entwicklungsbedingt* und für die jeweilige Entwicklungsstufe charakteristisch.

Die Helligkeit der Sektoren

Sämtliche Inhalte, sämtliche Anlagen der Seele sind an sich *neutral*: weder gut noch böse. Es gibt keine Anlagen in der Seele, die nicht sowohl zum Guten als auch zum Bösen benutzt werden könnten. Sie sind also an sich weder hell noch dunkel. Dies gilt sowohl für Impulse (z. B. Triebe, Affekte) als auch für die seelischen und geistigen Gaben (z. B. Sensibilität, Intelligenz).

Hohe rationale Intelligenz beispielsweise kann sowohl für gute Zwecke, zum Wohle der Menschheit, als auch für gewaltige Zerstörungen (Kriegstechnik) eingesetzt werden. Ebenso können Affekte und Aggressivität nicht nur negativ, sondern auch zugunsten von Menschen und Lebewesen genutzt werden. Sie können zum Beispiel bei der Beseitigung von sozialen Mißständen als Energiequelle dienen: Statt Racheakte zu planen, werden die Menschen auf der politischen Ebene aktiv und setzen Reformen durch („stille Revolution").

Die Qualität der Anlagen. Welche Qualität die Anlagen aufweisen und auf welche Weise der Mensch mit ihnen in ihrem jeweiligen Zustand umgehen kann, zeigt sich erst, wenn sie gebraucht werden.

Dann erst erweist es sich, welcher Helligkeitsgrad im Sektor herrscht, dem sie angehören.

Es besteht ein qualitativer Unterschied zwischen den Anlagen und somit auch in der Helligkeit bzw. Dunkelheit der Sektoren, je nachdem, ob zum Beispiel ein Trieb, ein Affekt noch hemmungslos ausgelebt wird oder schon „kanalisiert", bewusstgemacht, weitgehend verwandelt oder gänzlich veredelt – „sublimiert" – worden ist. Je weniger sich ein Mensch Impulse und Inhalte seiner Seele bewusst gemacht hat, je weniger er sie beherrscht, je wehrloser er seinen rohen Trieben, Begierden und Leidenschaften ausgeliefert ist und von seinen Emotionen und Affekten regiert wird, desto „dunkler" ist auch der Sektor, aus dem sie hervortreten oder hervorbrechen. Je gründlicher er sich von seiner Rücksichtslosigkeit, seiner Ichbezogenheit oder seinem Egoismus lösen kann, umso heller werden auch die Sektoren, aus welchen die Impulse zu den jeweiligen Aktionen stammen.

Die Disposition. Der Mensch gebraucht seine Anlagen sogar auf derselben Entwicklungsstufe nicht immer auf dieselbe Weise. Er ist vielmehr zu ihrem Gebrauch je nach Entwicklungsphase *anders disponiert.* Wechselt der Erfahrungsbereich und damit die Lernaufgabe von einer Inkarnation – oder einer Reihe von Inkarnationen – zur anderen, so verschiebt sich auch das Niveau beim Gebrauch der Anlagen und es scheint, als sei auch die Qualität der Anlagen – innerhalb eines bestimmten Rahmens – schwankend. Sie zeigen sich einmal von ihrer „guten": förderlichen, dann von der zerstörerischen Seite. – Scheint es, der Mensch habe in seiner inneren Entwicklung eine ansehnliche Höhe erreicht, so folgt nach einer Weile unfehlbar ein Abstieg. Denn solange er innerlich noch nicht reif genug und daher seelisch noch nicht gefestigt ist, kann er sich nicht auf der zur Zeit erreichten Höhe halten und wird wieder hinabgleiten, in manchen Inkarnationen sogar hinabstürzen.

Kein Mensch ist immerwährend gut oder ständig böse. Um ständig „gut" zu sein, muss er innerlich vollständig gereinigt und in seiner makellosen Gesinnung vollauf gefestigt sein. Bis dahin gibt es in der Entwicklung Phasen, in welchen er seine guten Eigenschaften hervorkehrt, und andere, in welchen er sich durch Rücksichtslosigkeit, Böswilligkeit oder destruktive Taten „auszeichnet".

Der Wellengang der Entwicklung. Dennoch gibt es in der Folge der Inkarnationen kein zufälliges Auf und Ab. Der Mensch wechselt die Stufen seiner inneren Entwicklung nicht dauernd wie Kinder, die auf den Treppenabsätzen unermüdlich hinauf und hinunter springen. Die innere Entwicklung geht ununterbrochen voran und führt stets aufwärts. Nur verläuft sie nicht gradlinig, sondern wellenförmig. Nach jedem größeren Wellengang liegt das durchschnittliche Niveau des Entwicklungsstandes etwas höher.

Die innere Entwicklung ereignet sich in sämtlichen Phasen nach einem geregelten Plan. Nicht nur die Auswahl der Anlagen, die in einer Phase – in einem Wellengang – aktualisiert und ausgelebt werden müssen, erfolgt je nach Periode planmäßig. Auch die *Art ihres Gebrauchs*, die vorschreibt, für welche Zwecke und aus welcher Motivation sie eingesetzt werden, ist geregelt.

Dem Menschen wird also nicht nur das vorgegeben, *was* er ausleben soll, sondern auch die Art, *wie* er es tun soll. Beides „soll" er allerdings nur deshalb tun, weil bestimmte Erfahrungen, die er auf diese Weise machen, und bestimmte Lehrstücke, die er dabei lernen muss, in seinem Entwicklungsplan an die Reihe gekommen sind. Und er wird auf die vorgegebene Weise leben und handeln, weil er sich auf der betreffenden Entwicklungshöhe noch nicht anders verhalten kann.

Die Planung des Inkarnationsverlaufs bedeutet jedoch keine sture Festlegung des Schicksals, also keine Determination. Es hängt weitgehend vom Menschen ab, *wie* sein Schicksal in einer Inkarnation verläuft. Ist er bereit, die Lektion, die ihm durch sein Leben vorgesetzt wird, zu lernen, veranlassen ihn also die Erfahrungen dazu, seine innere Einstellung zu etwas Bestimmtem und damit seine Gesinnung zu ändern, so braucht er weniger Erfahrung und ist weniger Schwierigkeiten oder Leid ausgesetzt. Weigert er sich, sich zu ändern, lässt er seine „Hausaufgaben" liegen, versucht er sogar, „die Schule zu schwänzen", so wird ihm die Lektion immer wieder und solange vorgesetzt, bis er bereit ist, seine Aufgaben in Angriff zu nehmen und die geforderte Wandlung zu vollziehen.

Die scharfe Grenze

Die Seele hat also eine hellere und eine weniger helle, ja dunkle Seite. Und wie der Mond, der bei seinem Kreislauf um die Erde von dieser einmal mit seiner beleuchteten, dann mit seiner dunklen Seite betrachtet werden kann, wechselt auch die Seele ihre vorgezeigte Seite, so dass sie einmal lichtvoll, dann wieder ganz dunkel erscheint.

Der Vergleich mit dem Mond ist auch insofern stimmig, als die Seele das Licht nicht selber erzeugt. Auch sie widerspiegelt nur das Göttliche Licht, das auf sie fällt und sie erleuchtet. – Der Mensch ist von sich aus nicht gut, er kann es nur sein, wenn er sich Gott öffnet und die Güte Gottes weiterleitet. (Vgl. dazu JESU Bemerkung, als ihn jemand „guten Meister" nannte: „Was nennst du mich gut? Niemand ist gut außer Gott allein"; Mk 10,18; vgl. auch Mt 19,17.)

Der entscheidende Unterschied zum Mond ist jedoch, dass in der Seele die Grenze zwischen Licht und Schatten *nicht* scharf gezogen ist: Sie ist durchlässig, *Licht-* und *Schattenseite* gehen fließend ineinander über. Deshalb gibt es in der Seele jedes Menschen, der die höchsten Stufen seiner inneren Entwicklung noch nicht erreicht hat, alle Schattierungen von hell bis dunkel.

Es kann jedoch den Anschein haben, als wäre die Lichtseite von der Schattenseite scharf getrennt. Ob die Grenze fließend ist und beide Seiten Schattierungen aufweisen oder ob es scheint, es gäbe nur ein grelles Licht und daneben einen pechschwarzen Schatten: Dies hängt von der Einstellung des Menschen zu sich – zur Beschaffenheit seiner Seele – und damit von seinem Entwicklungsstand ab.

Scharf gezogen scheint die Grenze dann, wenn der Mensch – da er noch weitgehend unbewusst ist – sich mit seiner Lichtseite vorbehaltlos identifiziert, die Existenz seiner Schattenseite dagegen ignoriert oder leugnet. Tut er dies, so verdrängt er alles Unbewusste, das noch den größten Teil seiner Seele einnimmt.

Er ist dann nicht nur sich selber, sondern auch den Mitmenschen gegenüber blind. Seine Blindheit zeigt sich darin, dass er seine Schattenseite (die für ihn überhaupt nicht existiert) auf andere hinausprojiziert, das Negative, das Böse nur in anderen sucht und natürlich glaubt, es dort auch zu finden. Und er verurteilt diese und behandelt sie dementsprechend.

Blind ist er auch der Tatsache gegenüber, dass in jedem Menschen beide Seiten: die gute wie die böse, vorhanden sind und dass dazwischen eine reich abgestufte Schattierung von hell und dunkel besteht. Blind ist er dafür, weil er noch im Entweder-Oder-Denken befangen ist und weil er so gut wie alles, was ihm begegnet, verallgemeinert und damit die Welt polarisiert. Er kennt demzufolge nur extreme Positionen: „*Alle* Männer", „*alle* Frauen", „*alle* Landsleute", „*alle* Ausländer", „*alle* Andersartigen" sind so und so. Er selber steht natürlich immer auf der „guten" Seite (als Mann fühlt er sich den „Weibern", als Frau den „Mannsbildern", als Weißer den Dunkelhäutigen hoch überlegen), und wer nicht auf seiner Seite steht, den lehnt er kategorisch ab.

Es ist also der Mensch, der zwischen Licht und Schatten eine scharfe Grenze zieht, indem er „unversöhnliche" Gegensätze schafft und alles, was in seinen Augen „schlecht" ist, von sich stößt. – Die Seele selbst hingegen weist eine äußerst reiche Nuancierung von hell bis dunkel auf, die solange besteht, bis der Mensch alle Facetten seiner Seele vollständig erhellt hat.

Die „Mondphase" im Leben des Menschen: die Phase der scharfen Trennung von Licht und Schatten, ist seine *unbewusste* Phase, in der er jeglicher Kritik unzugänglich, zur Selbstkritik unfähig und zur Kritik an anderen allzeit bereit ist.

Die Erfahrung der Licht- und der Schattenseite

Der Mensch muss jedoch *beide* Seiten seiner Seele erfahren. Damit er sie erfahren kann, muss er sie ausleben. Er muss natürlich nicht nur die Schattenseite, sondern auch die Lichtseite seiner Seele erleben können. Er wird sie immer wieder erleben, damit der Kern seines wahren Wesens: das Göttliche in ihm, jeweils zum Leuchten kommt. Das Göttliche wird immer wieder in ihm aufleuchten, denn nur so sieht er sich darin bestärkt, dass er seiner Berufung, ein menschlicher Mensch zu werden, folgen kann. Glaubt er daran, dass er seine Bestimmung erreichen kann, so wird er ermuntert, den langen und beschwerlichen Weg weiterzugehen. – Im Gegenzug muss er aber auch seine Schattenseite ausleben, um erfahren zu können, was an Dunklem in seiner Seele noch vorhanden ist. Er muss die Dunkelheit erfahren, damit er sie erhellen kann.

Erfahrungen kommen nur dann zustande, wenn der Mensch die jeweils dafür geeigneten Anlagen auslebt. Welche Anlagen an der Reihe sind, hängt – wie schon gesagt – davon ab, welche Erfahrungen der Mensch in einer Inkarnation oder in einer Reihe von Inkarnationen machen und welche Lektionen er lernen muss.

Zu den Anlagen gehören auch Triebe sowie Tugenden und Untugenden, deren Verwirklichung für die innere Entwicklung des Menschen auf den entsprechenden Stufen wichtig oder sogar unerlässlich ist, wie zum Beispiel: Ehrgeiz und Ichsucht, Streben nach Selbstverwirklichung oder nach Macht, Wunsch nach Isolierung, nach Askese, nach Wiedergutmachung. Auch negative Erfahrungen sind Erfahrungen, so auch Rücksichtslosigkeit, Lieblosigkeit oder Bösartigkeit.

Die Anlagen, deren Aktualisierung und deren Ausleben in einer Inkarnation oder in einer ihrer Phasen an die Reihe kommt, gehören mehreren Seelenschichten an, und diese weisen während der Zeitspanne dieselbe Schattierung von hell und dunkel auf.

Praktisch bedeutet das, dass der Mensch seine Anlagen ungeachtet ihrer Beschaffenheit eine Weile auf dieselbe Weise auslebt. Sie werden phasenweise auf eine gute und sinnvolle oder eine ungute, zerstörerische oder aber eine „nichtssagende“: neutrale Art eingesetzt. Auch Anlagen, deren vollständige und endgültige Aktualisierung auf einer höheren Stufe der Entwicklung stattfindet und die daher eine hohe Qualität haben und also „hell“ sind (z. B. echte moralische oder ethische Haltung oder Spiritualität), können schon auf unteren Stufen in Form guter Eigenschaften in Erscheinung treten. Für die innere Orientierung und die seelische Stärkung des Menschen ist es überaus wichtig, dass er von seinen künftigen Möglichkeiten und Fähigkeiten bereits auf den unteren Entwicklungsstufen eine Art Kostprobe nehmen kann.

So wird der Mensch immer wieder erfahren können, dass er neben viel Negativem auch eine gute – helle – Seite in sich hat. Deshalb ist er im Laufe seiner Entwicklung verschiedenen, mitunter gegensätzlichen Erfahrungen ausgesetzt. Sie ermöglichen es ihm, einmal die gute, einmal die dunkle Seite seiner Seele kennenzulernen, sich somit selber zu erfahren, um einerseits zur Entwicklung seines Potentials angespornt zu werden, andererseits die nötigen Korrekturen an sich vornehmen zu können.

Um die Erfahrungen und die Entwicklungsschritte machen zu können, die aufgrund des Schicksalsplanes jeweils vorgezeichnet sind, gelangt phasen- oder inkarnationsweise – wie auf einer Drehbühne – immer ein anderer Sektor der Seele in den Vordergrund. Dabei kann es scheinen, als sei die Entwicklung des Menschen – dem Lauf der Planeten aus Erdensicht ähnlich – *rückläufig* geworden.

DER DREHBÜHNEN-EFFEKT

In ähnlicher Weise, wie die genaue Kenntnis der tatsächlichen Bewegung der Planeten das Rätsel ihrer scheinbaren Rückläufigkeit löst, erklärt auch der *Drehbühnen-Effekt* der Seele, auf welche Weise in der Entwicklung „Rückläufigkeit", das heißt *Rückschritt* oder *Rückfall*, zustande kommt. Dabei wird es offensichtlich, dass jeder Rückschritt und jeder Rückfall nur *scheinbar* ist.

Der Rückschritt

Der scheinbare *Rückschritt* ist eine natürliche Folge der Fortbewegung der Drehbühne der Seele. Rückschritt kann (scheinbar) nur dann eintreten, wenn im ersten Bühnenbild einer Entwicklungsphase die Lichtseite im Vordergrund steht. Der Mensch, der innerlich noch unreif ist, so dass er sich mit seiner hellen Seite (die er gerade auslebt) weitgehend oder vorbehaltlos identifiziert, glaubt, eine ansehnliche Höhe in seiner inneren Entwicklung erreicht zu haben.

Nun geht aber die Entwicklung weiter und die Drehbühne dreht sich ebenfalls. Ein neuer Sektor rückt in den Vordergrund, die Bühne wird etwas weniger hell und die ganz helle Seite des Menschen mit den bereits entfalteten guten Eigenschaften tritt etwas in den Hintergrund. Dafür gelangt ein weniger heller Sektor, beim nächsten Schritt ein grauer Sektor in den Vordergrund, so dass die Bühne bei jedem Schritt immer dunkler wird, bis schließlich – nach weiteren Schritten – die ganze Bühne von der völlig dunklen Schattenseite eingenommen wird.

Anfänglich, wenn die Schattenseite ihren Schatten voraus wirft und es auf der Bühne bloß ein wenig dunkler wird, nimmt die Qualität der Eigenschaften, die hervortreten, nur geringfügig ab. Dann aber – bei weiterer Drehung – werden die Eigenschaften immer schlimmer. Taucht die Bühne letzten Endes in Finsternis, so erliegt der Mensch vollends dem Bösen, das in seiner Seele nur darauf lauert, wieder hervorbrechen zu können. Der Mensch lebt dann seine Triebe und Begierden, Affekte und Leidenschaften, die sich in ihm noch im Rohzustand befinden, hemmungslos aus und richtet dementsprechend viel Unheil an. Hat er sich mit seiner Lichtseite identifiziert und seine Schattenseite nicht zur Kenntnis genommen oder sie sogar unterdrückt, so muss er bei der Drehung der Bühne die bittere Erfahrung machen, dass er doch nicht über alles so erhaben, so gütig und liebevoll ist, wie er sich dies gedacht – oder insgeheim erhofft – hatte.

Steht der Mensch allerdings noch auf den unteren Stufen seiner Entwicklung, so macht ihm eine solche Erfahrung keinen besonderen Eindruck, denn dann ist die Erfahrung für ihn noch keine „Erfahrung“ im echten Sinne. Er wird also kaum in sich gehen und seine Schattenseite objektiv betrachten. Er wird nie um eine Ausrede verlegen sein, um sich zu rechtfertigen, er wird Sündenböcke aufspüren, denen er die Schuld an allem zuschiebt. Und die Schlechtigkeit, ja die Bösartigkeit der – in seinen Augen – „Schuldigen“ macht ja plausibel, warum er (der ja „im Grunde gut ist“) sich zu bösen Taten hat hinreißen lassen.

Der Weg zur Selbstfindung ist lang, und weil er nur in kleinen Schritten begangen werden kann, müssen immer wieder Rückschritte eintreten, damit der Mensch lernt wahrzunehmen, wieviel Ungutes, Böses in ihm (wie in jedem Menschen) vorhanden ist. Erst dann, wenn er dies eingesehen hat, kann er daran gehen zu lernen, mit seiner Schattenseite umzugehen, damit er sie erhellen, das Negative in seiner Seele ins Positive wenden kann.

Der Rückfall

Ein *Rückfall* scheint dann einzutreten, wenn die Drehung der Drehbühne zügig vor sich geht und der Wechsel von der hellen zur Schattenseite abrupt erfolgt. Ein jovialer, für gütig gehaltener Mensch, der vielleicht viel Macht hat, die er human handhabt, dabei auch anerkannt und geschätzt wird, so dass er hohe Ehre genießt, wird in weniger günstige oder gar widrige Umstände gestellt (z. B. durch sozialen oder politischen Sturz oder aber in einer nachfolgenden Inkarnation). Und da er im „Guten“ noch nicht gefestigt ist, somit seine Lichtseite nur schwach leuchtet und die anderen Bereiche noch nicht hinreichend erhellt sind, reagiert er auf den Verlust seiner „Würde“ wie alle Menschen, die innerlich noch nicht reif sind: mit dem Hervorkehren negativer Eigenschaften, mit dem Vorzeigen der Schattenseite. Aus dem gütigen und verständnisvollen Menschen wird im Handumdrehen ein unausstehlicher, liebloser, in vielen Fällen rachsüchtiger und destruktiver Mitbürger und nicht selten sogar ein Unhold.

Dies kann einem widerfahren, wenn man in einer neuen Inkarnation das Geschlecht wechselt bzw. wechseln muss. Identifiziert sich ein Mensch zu stark mit seinem Geschlecht, in das er vielleicht während mehrerer Inkarnationen gestellt worden ist, und verachtet er das andere Geschlecht, so kann der Geschlechtswechsel für ihn einen Schock bedeuten. Natürlich weiß er da noch nicht, warum er in dieser neuen Inkarnation „schockiert“ ist. Er fühlt sich als Angehöriger seines heutigen Geschlechts minderwertig und sogar verachtet. Und dies nicht ohne Grund. Da er früher das Geschlecht, dem er heute angehört, gering schätzte, glaubt er nun, jeder Träger des anderen Geschlechtes würde auf ihn, genauer: auf sein Geschlecht herabschauen.

In dieser Situation, in welcher er seiner *eigenen* Grundeinstellung seinem heutigen Geschlecht gegenüber ausgesetzt ist, „verlassen ihn die guten Geister“. Alles Gute, das in seiner Natur noch nicht gefestigt ist, bröckelt von ihm ab und seine wahre Gesinnung kommt zum Vorschein. Unterdrückte er beispielsweise seine Aggressivität in den vorangehenden Inkarnationen als „jovialer“ Mann oder als „sanfte“ Frau mit Erfolg, so bricht sie nun ungehemmt aus ihm hervor und er wütet vorwiegend gegen Träger jenes Geschlechtes, zu dem er heute – zu seinem großen Leidwesen – nicht mehr gehört.

Bei einer so plötzlichen auftretenden Kehrtwende in der Wesensart bedeutet der Rückschritt oder der Rückfall im Hinblick auf die Gesamtentwicklung des Menschen allerdings einen – mitunter großen – Fortschritt. Denn der Mensch kommt in seiner inneren Entwicklung nur dann voran, wenn er seine Schattenseite Stück für Stück erhellt. Und dazu bietet ihm jeder Rückschritt und jeder Rückfall die beste Voraussetzung.

Der heilsame Schock

Rückschritte und Rückfälle konfrontieren den Menschen mit seiner Schattenseite und bieten ihm Gelegenheit, sie zur Kenntnis zu nehmen. Ist der Mensch innerlich reifer, ist er also imstande wahrzunehmen, was mit ihm eigentlich geschieht, so kann diese Konfrontation – somit der Rückschritt oder der Sturz – für ihn produktiv werden. Ist er innerlich reif genug, um einsehen zu können, weswegen er schockiert ist, so hat er schon einen ersten großen Entwicklungsschritt getan. Ist er schockiert, weil er feststellen muss, was aus ihm: dem „Gütigen" und „Liebevollen", geworden ist, als beim Drehen der Bühne seiner Seele die Schattenseite in den Vordergrund rückte und er sich entsprechend verhalten hat, so wird für ihn die unliebsame Erfahrung zu einem *heilsamen Schock*. Bricht überdies in ihm „eine Welt zusammen", so kann er wissen, dass seine innere Befreiung begonnen hat. Denn auf andere Art kann eine Welt, die morsch geworden ist, die ihn nun beengt und sein Vorwärtskommen verhindert, nicht beseitigt werden.

Die Schattenseite bildet einen Teil des *Unbewussten*. Sie gleicht einem brachliegenden Feld, dessen unkultivierter Boden vom wilden Pflanzenwuchs befreit und umgepflügt werden muss. Erst dann kann das Feld neu bepflanzt werden. Gerade wegen seiner „Verwilderung" ist aber dieser Boden, sobald er bebaut wird, besonders fruchtbar.

Die Kräfte nämlich, die im Menschen – im Schattenbereich seiner Seele – verborgen sind, gehen bei der Säuberung nicht verloren. Im Gegenteil: sie werden von ihrer Gebundenheit an das Dunkle im Unbewussten, an das Triebhafte und Ichhafte, befreit und stehen dem Menschen in vollem Umfang zur Verfügung. Jeder, der sich der Reinigung seiner Seele unterzieht, wird den allmählichen Kräftezuwachs in seiner Seele erfahren (vgl. *Die Welt der Reinkarnationslehre,* S. 259–260).

Entwicklung bedeutet *Wachstum* der Seele. Jede Art von organischem Wachstum ist *unumkehrbar*. So kann auch das Wachstum der Seele nicht rückgängig gemacht werden. Die Seele wächst immerzu, wird immer reifer, und damit sie wachsen und reifer werden kann, muss alles, was in ihr anlagemäßig vorhanden ist, nicht nur zum Vorschein kommen, sondern auch verwandelt werden, so dass das Dunkle in ihr erhellt wird.

Die Anlagen sind allesamt *Gaben der Seele*, und alle Gaben sind ausnahmslos *neutral*: weder positiv noch negativ. Sie können zum Guten wie zum Bösen gebraucht werden.

Was der Mensch lernen muss, ist, sie so zu gebrauchen, dass sie sich *menschenwürdig* manifestieren: zum Nutzen aller Mitmenschen und Mitseelen.

Um das zu lernen, muss sich der Mensch in den Umgang mit den Gaben einüben. Dazu bieten ihm die verschiedenen Sektoren seiner Seele Gelegenheit, die beim Drehen der Seelenbühne nacheinander – in einer umsichtig geplanten Reihenfolge – in den Vordergrund rücken und sich solange ablösen, bis unter ihnen kein Unterschied mehr besteht, da sie alle – bis in die verborgensten Ecken – vom *Göttlichen Licht* durchstrahlt werden.

Kapitel 15

DER LEIB UND DIE LEIBARTEN

Der Leib ist das *materielle Medium* der Seele, das von ihr „ausgefüllt“ und belebt wird. Da er materiell ist, nimmt er *Raum* ein und ist *räumlich* begrenzt.

Nun ist aber die Seele nicht einheitlich. Sie stellt einen umfangreichen Schwingungsbereich dar, innerhalb dessen es *qualitative Unterschiede* gibt. Diese ergeben sich aufgrund der unterschiedlichen Schwingungsqualität der Seelenschichten, die jeweils eine Schwingungsebene bilden.

Wie die Seinsebenen weisen auch die Schwingungsebenen eine Art von *Materialität* auf. Die Materialität „umhüllt“ – bildlich gesprochen – die Schwingungsebene, das heißt die Seelenschichten oder die Triade, und diese „materielle Umhüllung“ gilt als ihr *Leib*. Die Materialität eines Leibes hängt von der Schwingungshöhe der Schwingungsebene ab und ist demzufolge *relativ*. Relativ ist somit auch seine Räumlichkeit, die ihm aufgrund seiner Materialität zukommt. Der unterschiedlichen Materialität und der Art der Räumlichkeit entsprechend gibt es mehrere „Leiber“, genauer: *Leibarten*.

DIE LEIBARTEN

Jene Leibart, die im Erdenleben als wichtigste und für viele sogar als die einzig vorhandene gilt, ist der *physische Leib*. Der physische Leib ist jedoch weder der einzige Leib noch die einzig mögliche Art von Leib. Jedes Lebewesen und jeder Mensch besitzt auch auf der Erde noch andere Leibarten, die allerdings *feinstofflich* sind.

Die Stofflichkeit der Leibarten

Nur der physische Leib der Lebewesen und des Menschen ist grobstofflich, alle anderen Arten von Leib weisen eine feinere Stofflichkeit auf. Demzufolge sind diese den physischen Augen des Menschen unsichtbar. Dies ist der Grund, weshalb die meisten Menschen keine Ahnung haben, dass sie mehrere Arten von Leib besitzen, und dies ist der Grund auch dafür, dass viele nicht imstande sind, Wesenheiten wahrzunehmen, deren Leib feinstofflich ist (z. B. Engel, Jenseitige, Naturwesen).

Im irdischen Leben besitzen Lebewesen und Menschen außer dem physischen Leib noch eine Leibart, die mit dem physischen Leib engstens verbunden ist: den *Ätherleib*.

Stirbt das Lebewesen oder der Mensch, so legen sie den physischen Leib und den Ätherleib ab und existieren im Jenseits in einem Leib weiter, der feinstofflich ist: im *Astralleib*.

Die Bezeichnungen „Ätherleib“ und „Astralleib“ für feinstoffliche Leibarten wurden seit dem späten Mittelalter in verschiedenen Lehren verwendet, so im – zur Zeit der Renaissance wieder auflebenden – Neuplatonismus, in neuerer Zeit in der Theosophie und in der Anthroposophie. Die Ausdrücke wurden in den verschiedenen Lehren in einem jeweils bestimmten Sinne gedeutet. Für die vorliegenden Ausführungen wurde ihre Deutung nicht übernommen, die Begriffe werden den inzwischen erworbenen Erkenntnissen entsprechend neu definiert. (Zum Ursprung der Ausdrücke vgl. FB)

Im Jenseits wie im Diesseits besitzt der Mensch außer dem Astralleib noch weitere feinstoffliche Leibarten, die zu den bereits entfalteten höheren Seelenschichten gehören: den *Mental-*, den *kosmischen*, den *Pneuma-* und den *Lichtleib*.

Die Zuordnung der Leibarten zu den Seelenschichten

Es gibt *sieben Leibarten*. Sie können je nach Entwicklungsgrad der Seele – den Seelenschichten ähnlich – noch unentfaltet, also nur *virtuell*, oder aktualisiert, also *reell*, vorhanden sein.

Nicht alle Leibarten existieren somit in einer Wesenheit *aktuell*. V*irtuell* hingegen sind in ihr alle vorhanden. Je höher eine Seele in der Gesamtentwicklung steigt, umso mehr Leibarten gelangen in der Wesenheit zur Aktualisierung.

Während jede Seinsebene ihre eigene „Materie“ hat, kann die Materialität der drei unteren und der drei oberen Seelenschichten: der Triaden als einheitlich gelten.

Die Leibarten sind den alleinstehenden Seelenschichten einzeln, den Triaden gruppenweise zugeordnet. So umfassen zwei Leibarten je drei Seelenschichten, drei andere nur je eine einzige und zwei sogar gar keine. Letztere stellen die Verbindung zwischen zwei Leibarten und mit ihnen auch von Seelenschichten her.

Die Leibarten und die zugeordneten Seelenschichten sind:

Leibarten	**Seelenschichten**
Lichtleib	Überschicht
Pneumaleib	obere Verbindungsschicht
kosmischer Leib	Spirituelle Schicht Transzendentalschicht Kausalschicht
Mentalleib	Mentalschicht
Astralleib	Rationalschicht Animalschicht Vitalschicht
Ätherleib	untere Verbindungsschicht
physischer Leib	Basisschicht

DER PHYSISCHE LEIB

Der physische Leib enthält die *Basisschicht*. Er ist der Leib, welcher der Seele die Existenz in der grobstofflichen Materie und damit Lebewesen und Menschen das Leben auf der Erde ermöglicht. Er besteht zwar aus der irdisch-grobstofflichen Materie, doch solange er beseelt ist, weist er Eigenschaften auf, die in der unteren Schicht der grobstofflichen Materie (im Mineralreich) nicht vorhanden sind.

Die Seelenhierarchie im physischen Leib

Der physische Leib ist allerdings nicht nur von der Seele des Lebewesens oder des Menschen beseelt. Möchte jemand seinen physischen Leib wahrhaftig kennenlernen, so muss er sich von der materialistischen Vorstellung des Körpers als eines mechanisch funktionierenden Apparates lösen.

Der Leib funktioniert nicht wie ein seelenloser Mechanismus, er ist keine Maschine, wie dies zur Zeit des Rationalismus (16.–17. Jh.) behauptet wurde. Es sind vielmehr Wesenheiten, also *Seelen*, die den Körper zu einem lebendigen Organismus machen. Daher ist der Leib mit einem Vielvölkerstaat vergleichbar, in welchem unzählige kleine Wesenheiten leben, die seine Funktionen ermöglichen und überwachen.

Diese gehören einer anderen Art von Wesenheiten an als das Lebewesen und der Mensch. Sie unterscheiden sich auch von den Naturgeistern, und als Mitglieder einer anderen Seelengemeinschaft unterliegen sie einer anders gestalteten und anders verlaufenden Entwicklung. Sie sind jedoch ebenso Seelen wie die Seelen der Lebewesen und des Menschen: Auch sie sind „Splitter" aus Gottes Seele.

Jedes Organ im physischen Leib, jeder Funktionskreis, jedes Glied und jede Zelle wird von ihnen beseelt und in Funktion gehalten. Dies ist der Grund, warum der Leib sehr weitgehend autonom funktionieren und der Mensch den überwiegenden Teil seiner Leibesfunktionen nicht selber – und schon gar nicht bewusst – beherrschen und in Gang halten kann. Die Wesenheiten (= Seelen) bilden im physischen Leib eine Gemeinschaft: eine *Population*, und diese ist hierarchisch gegliedert. In dieser *Seelenhierarchie des physischen Leibes* nimmt der Mensch als *Mental-Ich* die höchste Stelle ein. – Das *Mental-Ich* vertritt die *Mentalität*, es verkörpert sie sogar. Die Mentalität ist für die Art des Gebrauchs des physischen Leibes und für seine Führung ausschlaggebend.

Der „Rangzweite" in der Seelenhierarchie ist das *Vital-Ich*. Es ist ein unsichtbarer Helfer des Menschen und dient ihm als „erster Sekretär" oder „Adjutant". Der Mensch könnte seine Existenz im grobstofflich-irdischen Leib ohne Hilfe seines „Adjutanten" nicht meistern.

Der Umgang mit dem physischen Leib

Aus dem Bereich der Hygiene und der Präventivmedizin wissen wir, wie wir mit unserem physischen Leib umgehen sollen. Wie er funktioniert, lernten wir – zumindest soweit er in seiner grobstofflich-materiellen Beschaffenheit fassbar ist – im Biologieunterricht.

Nun ist aber das Grobstofflich-Materielle nur die Außenseite des Leibes. Der Leib ist ein Vielvölkerstaat, gebildet von Wesenheiten, die über ein Fachwissen verfügen. Möchte der Mensch seinen physischen Leib so, wie er in Wahrheit ist, kennenlernen und angemessen steuern, so muss er lernen, Umgang mit den Wesenheiten zu pflegen, die seinen Leib bewohnen und bedienen. Bei Müdigkeit, Unpässlichkeit, Schwäche, selbst bei Krankheiten kann er versuchen, mit den zuständigen Wesenheiten Kontakt aufzunehmen, um zu erfahren, was er in seinem Verhalten oder Leben ändern muss, damit er wieder zu Kräften kommt und gesund wird. Er muss sich aber wirklich auf ein Gespräch einlassen, also nicht nur seine Beschwerden oder Wünsche äußern oder gar Befehle erteilen, sondern den Wesenheiten auch *zuhören*. Tut er dies mit der nötigen Offenheit, so wird er – meistens durch Vermittlung seines Vital-Ich – fühlen, was sie ihm sagen wollen.

Sind Organe von Krankheitsträgern befallen, so kann der Mensch die Krankheit mit einem solchen Gespräch natürlich nicht kurieren. Die Kontaktnahme mit den Seelen im physischen Leib ersetzt also weder die Medizin noch sonstige Heilmethoden gleich welcher Art. Sie kann jedoch dank aufmerksamer Beobachtung der Wünsche der zuständigen Wesenheiten zu einer genauen Diagnose führen und durch Veränderung der inneren Einstellung sowie der Verhaltensweise jene seelische Disposition schaffen, aufgrund derer eine Heilung ermöglicht, erleichtert, eventuell sogar beschleunigt werden kann. Oft wirken Medikamente oder Heilmethoden erst, wenn der Kranke die nötigen Änderungen in seiner Haltung vorgenommen oder deren Grund (z. B. das Karma) durch Rückführungen ermittelt hat.

Der Tod

Am Ende einer Inkarnation verlässt beim eintretenden Tod nicht nur der Mensch, sondern auch sein Vital-Ich den physischen Leib. Ebenso entfernen sich alle im Leib vorhandenen Wesenheiten, und der physische Leib wird zum „toten“ Körper: zum Leichnam.

Die Wesenheiten selber werden – wie der Mensch und sein Vital-Ich – an den ihnen zustehenden Platz in ihrer „Heimat“: in einen helleren oder dunkleren Bereich in der Astralwelt – zurückgeführt. Die grobstofflich-irdische Materie des Leibes wird hingegen, falls er nicht verbrannt wird, von dafür zuständigen – für uns unsichtbaren – Fachkräften entsorgt und aufgearbeitet. Diese Wesenheiten bilden eine eigene Gruppe von Naturgeistern, die von allen anderen verschieden ist und deren Mitglieder ebenfalls eine ihnen eigene Entwicklung durchmachen.

DIE VERBINDUNG DER LEIBARTEN

Während der *physische Leib grobstofflich* ist, sind die sechs anderen Leibarten *feinstofflich*. Die erste unter ihnen, der *Ätherleib*, unterscheidet sich allerdings von den anderen in einer bestimmten Hinsicht: Er löst sich – wie der physische Leib – vom *Astralleib*, wenn das Lebewesen oder der Mensch stirbt, und löst sich – wie jener – auf.

Die anderen fünf Leibarten bleiben, insofern sie schon herangebildet sind, auch im Jenseits bestehen. Jene, die noch nicht herangebildet sind, sind auch im Jenseits nur *virtuell* vorhanden.

Die feinstofflichen Leibarten liegen *ineinander* und sind während der Inkarnation der Lebewesen und des Menschen mit dem physischen Leib verbunden. Sie können jedoch unter Umständen (z. B. im Schlaf) den physischen Leib verlassen.

Auch die feinstofflichen Leibarten sind – wie der physische Leib – auf ihre Art, nämlich in ihrer Ausstrahlung, *räumlich* und somit räumlich *begrenzt*. Sie füllen innerhalb ihrer Raumgrenze das Volumen gleichsam aus.

Bildlich kann man sie sich auf eine äußerst einfache (aber nicht ganz zutreffende) Weise als jene Spielzeugpuppen vorstellen, die man ineinander stecken kann („Babuschka"). Jede Puppe hat dieselbe Form, aber eine immer kleinere Größe.

Jede Puppe ist hohl, jede bildet jeweils die Hülle des Raumvolumens, wie die Leibart die Hülle einer Seelen"qualität" ist. Die abnehmende Größe der Puppen ist umgekehrt proportional zur Schwingungshöhe der jeweiligen Seelen"qualität": je kleiner die Gestalt, umso höher die Qualität.

Am Anfang der äonischen Entwicklung entspricht die Rangordnung der Leibarten der Größenordnung der Puppen. Der *physische Leib* ist da die wichtigste Leibart für den Menschen, die feinstofflichen bleiben noch im Hintergrund. Die mittlere: der *Mentalleib*, und die höheren Leibarten liegen nur *virtuell* vor, sie sind noch nicht entfaltet.

Der innere Reifungsprozess bringt es mit sich, dass das Wirken der feinstofflichen Leibarten immer stärker wird. Auf der jeweiligen Entwicklungshöhe assimilieren die feineren die gröberen, wie wenn die inneren Puppen wachsen und sich die äußeren allmählich einverleiben würden.

Gegen Abschluss der äonischen Entwicklung durchdringt die siebente Leibart: der *Lichtleib* – als Hülle des Göttlichen im Menschen – die sechs anderen Leibarten, wie wenn die ursprünglich kleinste Puppe über alle anderen hinauswachsen und diese in sich aufnehmen würde.

Zwei weitere, weitaus treffendere Hinweise kann man durch folgende Vergleiche geben. *Erstens*: Die Leibarten liegen ineinander und befinden sich während der Inkarnation gemeinsam im physischen Leib wie mehrere Gase von verschiedener Dichte und Qualität, die gleichzeitig denselben Raum erfüllen. – *Zweitens*: Sie können, da sie letztlich aus Schwingung bestehen, am selben Ort gleichzeitig vorhanden sein, wie elektrische Wellen verschiedener Frequenzhöhe („Protokolle") durch dieselbe Leitung zur selben Zeit geführt werden können (z. B. mehrere Gespräche durch eine Telefonlinie).

Der Ätherleib

Der *Ätherleib* verbindet den feinstofflichen Leib der Seele: den *Astralleib,* mit dem physischen Leib. Er ist der Sitz jener *Chakras,* deren Funk-

Die Leibarten

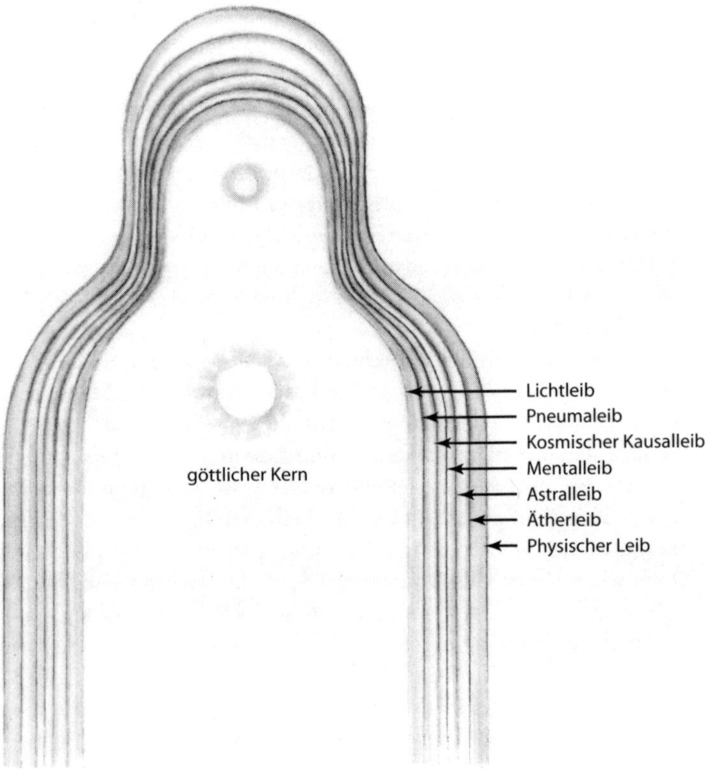

tion dem Menschen am ehesten zugänglich gemacht werden kann. (Jede Leibart hat ihre eigenen Chakras.)

Alle Lebewesen und der Mensch haben während ihrer Inkarnation einen *physischen* und einen *Ätherleib*. Beide lösen sich nach dem irdischen Tode auf. Wann allerdings die vollständige Auflösung des Ätherleibes eintritt, ist individuell verschieden. Sie hängt sowohl von *persönlichen* als auch von *überpersönlichen* Bedingungungen ab.

Eine *persönliche* Bedingung ist zum Beispiel die Frage, ob der Mensch giftfrei oder vergiftet ist (durch Medikamente, Nikotin, Alkohol, Drogen u. a). Ist der Mensch vergiftet, so muss beim Hinübergehen sowohl der Äther- als auch der Astralleib zuerst entgiftet werden. Denn der Ätherleib kann nur dann aufgearbeitet werden, wenn seine „Substanz" giftfrei geworden ist. – Die Auflösung des Ätherleibes kann auch dann hinausgezögert werden, wenn der Verstorbene zu stark am Irdischen haftet.

Die *überpersönliche* Bedingung betrifft die Frage, ob Erdbestattung oder Kremation stattfindet. Bei Erdbestattung steht zur Aufarbeitung des Leichnams hinreichend Zeit zur Verfügung, bei Kremation wird die dabei freigewordene irdische Energie unmittelbar in Kosmische Energie verwandelt, so dass keine sonstige „feinstofflich-biologische" Verwertung (Kompostierung) der beiden Leibarten möglich ist.

Der Astralleib

Der *Astralleib* ist für Lebewesen und auf den drei unteren Entwicklungsstufen auch für den Menschen der *eigentliche Leib* der Seele. Er ist der Leib, in dem sich Lebewesen und Menschen zwischen zwei Inkarnationen während ihres Aufenthaltes im Jenseits – in der „Astralwelt" – befinden, den sie aber auch in der Inkarnation, wenn sie im physischen Leib sind, beibehalten.

Die Stofflichkeit des Astralleibes ist wesentlich feiner als die des physischen Leibes und etwas feiner als die des Ätherleibes. Dennoch ist sie relativ „grob". Unter den höheren feinstofflichen Leibarten weist der Astralleib die dichteste Stofflichkeit auf.

Der Astralleib eines Menschen, der in seiner inneren Entwicklung schon fortgeschritten ist, ist etwas größer als sein physischer Leib. Er besitzt dann eine Strahlkraft, so dass es scheint, als würde den physischen Leib eine etwas hellere Hülle umgeben. Diese wird von manchen als *Aura* wahrgenommen.

Der Astralleib der Pflanze beinhaltet – ihrem Entwicklungsstand entsprechend – nur *eine einzige* Seelenschicht, die des Tieres *zwei*, die der Niederen Wesenheiten *drei* Schichten.

Auch beim Menschen umfasst der Astralleib die drei unteren Seelenschichten: die *Vital-*, die *Animal-* und die *Rationalschicht*. (Die vierte Seelenschicht: die *Mentalschicht* gehört zum *Mentalleib*.)

Der Astralleib ist relativ leicht formbar und leicht zu prägen. Emotionen, Empfindungen und Affekte, Gefühle und Gedanken verfärben und formen bzw. *ver*formen den Astralleib. Es prägt sich ihm ferner alles ein, was Lebewesen und Mensch erleben, tun, erfahren, lernen, heranbilden oder entfalten. In dieser Hinsicht ist er mit einem riesigen Computer vergleichbar, in dem alles, was ihn – bzw. seine Seele – berührt, augenblicklich gespeichert wird. Er ist der Sitz von allem Können und Wissen, er ist jene Leibart, die verwundet wird, wenn der Mensch einer anderen Seele (Menschen oder Lebewesen) Leid zufügt. Somit ist er auch der Sitz des *Karmas*.

Je nach Prägung und Formung, je nach Färbung und Ausstrahlung des Astralleibes erscheint die *Aura* eines Lebewesens oder Menschen jeweils anders gefärbt, heller oder dunkler, größer oder kleiner. Und da Gemütsleben, Vorstellungen und Gedanken stets in Veränderung begriffen sind und da im Astralleib jede Veränderung Spuren hinterlässt, wechselt auch die Gestalt und die Tönung der Aura fortwährend.

Der Mentalleib

Nur der Mensch besitzt einen *Mentalleib*. Er ist der Leib, der zu einer einzigen Schicht: der *Mentalschicht* gehört. Er ist jener Leib, dessen Größe von der inneren Reife des Menschen abhängt und daher sein *inneres Alter* anzeigt. Während der Astralleib je nach Entfaltung von Fähigkeiten bereits ausgewachsen sein kann, kann der *Mentalleib* auch eines (biologisch) Erwachsenen noch der eines Säuglings, Kleinkindes, Schulkindes oder Halbwüchsigen sein. Erst wenn der Mensch die zweite Hälfte seiner inneren Entwicklung betritt, beginnt auch sein *Mentalleib* die Gestalt eines Heranwachsenden, sodann eines Erwachsenen anzunehmen.

Der kosmische Leib

Der *kosmische Leib* ist ebenfalls ausschließlich Eigentum des Menschen. Er umfasst die obere Triade der Seelenschichten: die *Kausal-*, die *Transzendental-* und die *spirituelle* Schicht. Er entfaltet sich erst, wenn die drei oberen Seelenschichten herangebildet werden. Bei fortschreitender Entwicklung auf den höchsten Stufen geht der Astralleib allmählich in den *kosmischen Leib* über.

„Kosmisch" heißt dieser Leib zum einen, weil er jene Seelenschichten beinhaltet, welche den Menschen mit dem Überirdischen, den kosmischen Wesenheiten und Bereichen, verbinden; zum anderen, weil er nach Abschluss der äonischen Entwicklung zum eigentlichen Leib der Seele wird, in welchem sie ihre Entwicklung in kosmischen Regionen fortsetzt.

Der Pneumaleib

Der *Pneumaleib* ist – wie der Ätherleib – ein „Zwischenleib", der den *kosmischen Leib* mit dem *Lichtleib* verbindet. Er ist ein rein *geistiger* Leib (gr. *pneuma* = Geist), durch welchen die Seele mit ihrem *Göttlichen Kern* und dadurch mit dem *Göttlichen* selber verbunden ist.

Der Pneumaleib ist die Brücke, über welche das Göttliche vom Lichtleib aus auf die Seele einwirkt. – *Pneuma* heißt auch: Hauch, Atem; das Leben Schaffende; der höhere, Göttliche Geist. So in der Bibel: „Da bildete Gott der Herr den Menschen aus Ackerboden und hauchte ihm Lebensodem in die Nase; so wurde der Mensch ein lebendes Wesen." (Gen 2,7)

Der Pneumaleib löst sich – wie der Ätherleib – einmal auf, aber erst beim Abschluss der äonischen Entwicklung. Je stärker das Göttliche auf die ganze Seele einwirken kann, umso weniger ist eine Vermittlung nötig. Deshalb wird der Pneumaleib gegen Ende der äonischen Entwicklung vom Lichtleib aufgesogen, so dass er schließlich mit ihm gänzlich verschmilzt.

Der Lichtleib

Der *Lichtleib* ist der Sitz des *Göttlichen* in der Seele, in ihm liegt der *Göttliche Kern*. Er enthält als Seelenschicht die *Überschicht*.

Der Lichtleib ist in jeder Seele, so auch in der Seele der Lebewesen und des Menschen, immer schon vorhanden und wirkt unablässig. Denn die höheren Seelenschichten und die höheren Leibarten beeinflussen die Seele dann schon, wenn sie im Lebewesen und im Menschen überhaupt nicht oder noch nicht vollständig entfaltet sind. Da der *Lichtleib* den *Göttlichen Kern* enthält, wirkt er – bzw. der Göttliche Kern durch ihn – in jeder Seele, unabhängig davon, wie weit sie entwickelt ist. Ohne das Göttliche könnte die Seele nicht existieren. Es ermöglicht überhaupt erst das Leben der Seele, und zwar durch die Wirkung über den *Pneumaleib*.

Die Leuchtkraft des Lichtleibes ist je nach Entwicklungshöhe verschieden. Anfänglich – im Mineralreich – ist das Licht in der Seele kaum wahrnehmbar. Allmählich – im Pflanzenreich – wird aus dem schwachen Glimmen eine winzige, dann langsam stärkere Flamme, die beim Menschen, wenn er die höchsten Stufen seiner inneren Entwicklung erreicht, zu einem hellstrahlenden Glühkörper wird und alle Leibarten durchstrahlt. – Bei jenen, die zu wahrhaften *Lichtgestalten* geworden sind, bewirkt das Leuchten ihres Lichtleibes ihre gute Ausstrahlung. Leucht- und Strahlkraft können auch dann schon eine beachtliche Intensität erreichen, wenn der Mensch zwar noch auf einer tieferen Stufe seiner inneren Entwicklung steht, aber in einer Inkarnation eine Kulmination seiner Spiritualität erlebt.

Durchstrahlt der *Lichtleib* eines Menschen bzw. einer Höheren Wesenheit alle Leibarten, so ist der Mensch oder die Wesenheit als *Lichtgestalt* in der Lage, jede beliebige Leibart anzunehmen, somit auch in einem physischen Leib zu erscheinen.

Dies tat JESUS nach seiner Auferstehung (vgl. Mt 28,17-20; Mk 16,9 u. 12 u. 14-18; Lk 24, 15-31 u. 36-51; Jo 20, 14-17 u. 19-23 u. 26-29; 21, 1-23).

AUFBAU UND VERWANDLUNG DER LEIBARTEN

Der Mensch hat, wenn er sich inkarniert, drei „Leiber", einen *physischen*, einen *seelischen* und einen *geistigen*. Der seelische Leib ist der *Astralleib*, der geistige der *Mentalleib*. Beide sind feinstofflicher Art.

Wie nun der physische Leib des Menschen nach der Empfängnis zu wachsen und sich zu verwandeln beginnt, wachsen und verwandeln sich auch seine feinstofflichen Leibarten, allerdings nicht in einer Inkarnation, sondern im Laufe der äonischen Entwicklung.

Größe und Beschaffenheit des Astralleibes

Der *Astralleib* wird aus allem aufgebaut, was die Seele im Laufe ihrer Entwicklung sowohl in der vormenschlichen Phase (in der Evolution der Lebewesen) als auch in ihrer äonischen Entwicklung aufgenommen, sich angeeignet und gelernt hat. Alles, was der Mensch kann, und alles, was er verstandesmäßig weiß, prägt und bereichert seinen Astralleib. Dieser repräsentiert sein Können und Wissen, das es ihm ermöglicht, sich im irdischen Leben zurechtzufinden, es zu meistern, die nötigen Erfahrungen zu machen und die jeweils gestellten Aufgaben zu erfüllen.

Dieses *Können und Wissen* besteht in erster Linie aus den Anlagen und Fähigkeiten der drei unteren Seelenschichten, die der Mensch bereits aktualisiert hat. Dies gilt ebenfalls für Lebewesen. Auch ihr Astralleib birgt jenes Können und Wissen, das sie aufgrund eigener Erfahrungen gesammelt oder durch Aktualisierung der Anlagen als Pflanzen oder Tiere erworben haben.

Dieses Können und Wissen ist zu unterscheiden vom später erworbenen *inneren Wissen* des Menschen. Größe und Beschaffenheit des Astralleibes hängen nämlich *nicht* vom *inneren* Fortschritt und also *nicht* von der erreichten Entwicklungshöhe ab, sondern von der Lernbereitschaft und von der Art sowie der Qualität zahlloser Erfahrungen, die es dem Menschen ermöglichen, sein Ich und seine Ichsphäre, damit seine Individualität und seine Rationalität, zu entfalten und sich in diesem Sinne seelisch und geistig zu bereichern.

Die Leibart, die von seiner Gesinnung geprägt wird, ist sein *geistiger* Leib: der *Mentalleib*. Dieser ist – im Gegensatz zum Astralleib – von seiner *inneren* Entwicklung abhängig. Im Mentalleib offenbart sich die *Mentalität* des Menschen, seine Größe zeigt sein *inneres Alter* an.

Der Astralleib hingegen ist von der Entwicklung nur insofern abhängig, als die Erfahrungen, welche das – für das irdische Leben nötige – Können und Wissen ermöglichen, nur in einer langen Reihe von Inkarnationen gemacht werden können. – Die Gesinnung – und somit Größe und Gestalt des Mentalleibes – hängt vom Wachstum der Seele ab; während das Können und Wissen, das von den drei unteren Seelenschichten und somit vom Astralleib aufgenommen wird, durch die Art und die Intensität des Lernprozesses in der Auseinandersetzung mit dem Irdischen bedingt ist. Der Mentalleib zeigt an, wie *reif* die Seele in Wahrheit ist, der Astralleib, *was* sie im Laufe ihrer Entwicklung bereits aufgenommen und *gelernt* hat.

Was im Astralleib enthalten ist, dient vorwiegend dem Irdischen, dem Materiellen, der Selbstbehauptung und der nach außen gerichteten Selbstverwirklichtung. Es stellt dem Menschen jeweils die Ausrüstung für das Leben in der Inkarnation zur Verfügung.

Da der Astralleib fortlaufend von Erfahrungen geprägt wird, sind in ihm sämtliche Dispositionen für künftige Inkarnationen eingeprägt. Die Dispositionen stellen das *Karma* dar, welches das Schicksal des Menschen in einem Erdenleben festlegt. Die eigene Seele wird bei einer Übeltat an derselben Stelle bzw. – bei seelischen oder geistigen Leiden – auf dieselbe Weise verwundet wie die des Opfers. Die Wunde der Seele prägt sich im Astralleib ebenfalls als Wunde ein und disponiert das Lebewesen oder den Menschen für eine entsprechende „Verwundung" zu einem späteren Zeitpunkt, oft in einer der nächsten Inkarnationen. Die Wunde liegt allerdings nicht sichtbar an der Oberfläche des Astralleibes, so wie eine physische Wunde sichtbar ist. Sie ist in ihm virtuell vorhanden, vergleichbar einer Datei, die im Computer gespeichert ist und nach Bedarf abgerufen werden kann.

Man merkt es dem Astralleib nicht an, dass er vielfach „verwundet" ist. Erst wenn die Zeit kommt, um ein bestimmtes Karma abzutragen, bricht die entsprechende Wunde auf, sie beginnt zu „bluten", und das Lebewesen oder der Mensch wird für die entsprechende „Verwundung": das Abtragen des Karmas disponiert.

Die Wunden bleiben im Astralleib – virtuell – solange erhalten, bis das Lebewesen oder der Mensch dasselbe Leid erleiden, das sie anderen zugefügt haben, bis sie also ihr Karma passiv abtragen oder aber die Verschuldung durch aktive Wiedergutmachung tilgen. Ändert der Mensch seine Gesinnung und gibt er sich Mühe, seine Schuld durch Wiedergutmachung auszugleichen, so wird ihm ein – eventuell großer – Teil oder das ganze Karma erlassen. Bei einer Reduktion oder Aufhebung des Karmas muss auch die Wunde am Astralleib geheilt werden, was durch einen „operativen" Eingriff am Astralleib – eine „Astraloperation – von den Geistigen Führern vorgenommen wird. (Vgl. dazu: *Die Welt der Reinkarnationslehre,* S. 236–243).

Der Astralleib kann bereits an den Anfängen der inneren Entwicklung ausgewachsen sein, wenn der Mensch die Bewältigung des irdischen Lebens zügig vorantreibt. Er „baut" mit jeder Erfahrung und jeder Tätigkeit an seinem Astralleib, und dieser nimmt, sobald der Mensch in einer Inkarnation biologisch zum Erwachsenen wird, ebenfalls die Gestalt eines Erwachsenen an. Ist der Mensch zudem mächtig, verschafft er sich eine wichtige Position, bläht er sich gar mit seinem Ich auf, so wird auch sein Astralleib immer größer und kann gelegentlich – wenn auch nur vorübergehend – eine Übergröße erreichen, welche die Größe seines physischen Leibes mitunter weit übersteigt.

Menschen, die einer Person viel Macht über sich geben (was auch karmatische Gründe haben kann), nehmen diese – eventuell visuell, sonst gefühlsmäßig – als eine auch räumlich überdurchschnittlich große – und natürlich übermächtige – Gestalt wahr. Es kommt nicht selten vor, dass die Übergröße des Astralleibes während einiger Inkarnationen – und in den Intervallen auch im Jenseits – bestehen bleibt.

Der Astralleib nimmt erst dann seine „normale" Größe ein, wenn die Machtphase des Menschen abgeklungen ist, wenn er sich nicht mehr „aufbläht" bzw. „aufblähen" kann und beginnen muss, dazu zu stehen, was er wirklich ist und was er wirklich in sich hat.

Der Mentalleib und das innere Alter

Die Größe des *Mentalleibes* hängt hingegen ausschließlich von der erreichten Höhe in der inneren Entwicklung ab. Seine Größe zeigt das *innere Alter* eines Menschen an, und das innere Alter ist durch die Gesinnung: durch die *Mentalität* des Menschen bedingt. Die *Altersstufen* signalisieren, wie weit der Mensch im wahren Sinne menschlich – *human* – geworden ist. Sie geben somit über seine *Einsichts-* und *Liebesfähigkeit* Auskunft: Ob er ihrer bereits fähig ist, wie weit er sie schon entfaltet hat, wie gut er sie in die Praxis umsetzen kann.

Die Größe des Mentalleibes zeigt also an, ob jemand innerlich erwachsen oder noch ein Kind ist: wo er in seiner Entwicklung steht. So kann in einem übergroßen Astralleib der Mentalleib eines Kleinkindes, ja eines Säuglings stecken. Nicht bloß jene, die viel Macht horten, auch jene, die auf einem Gebiet Großes leisten (z. B. in Wissenschaft, Philosophie, Kunst, Musik) oder durch Erfindungen, Gedankenarbeit oder im Bereich der Politik der Menschheit sogar etwas Nützliches bieten, können in ihrer humanen Gesinnung noch un- oder unterentwickelt sein und somit einen noch nicht erwachsenen Mentalleib besitzen.

Eine solche Diskrepanz besteht zum Beispiel dann, wenn sich ein begabter Mensch mit seinem Werk identifiziert und dabei – wie dies nicht selten vorkommt – hochmütig wird, dem Eigendünkel verfällt und – was als Begleiterscheinung ebenfalls häufig ist – auf alle anderen hinabschaut oder sie geradezu verachtet. Dies kommt besonders bei Menschen vor, deren Verdienste nicht besonders groß sind, die sich aber für umso wichtiger halten.

Nach außen gerichtete Leistungen, und seien sie noch so bedeutsam, hängen ausschließlich vom Können und Wissen, von der rationalen Intelligenz und der Fachkompetenz, sowie von der Willenskraft des Menschen ab, nicht aber von seiner Gesinnung und seiner Einstellung zu wahren Werten des Lebens. So kann zum Beispiel medizinische Forschung mit dem Ziel betrieben werden, Krankheiten zu beheben, wobei auf das Leiden der „Versuchsobjekte“: von Menschen, Tieren oder Pflanzen, keine Rücksicht genommen wird. Ist also jemand mit jenen Eigenschaften begabt, die es ihm ermöglichen, eine – aus der irdischen Sicht – beachtliche Leistung hervorzubringen, so darf man bei ihm nicht von vornherein auf das Vorhandensein von wahrhaft menschlichen Qualitäten (wie z. B. Einsichts- und Liebesfähigkeit) schließen.

Verhältnis und Wechsel der beiden Leibarten

Der *Mentalleib* ist – im Diesseits wie im Jenseits – stets in den Astralleib eingebettet. Er hat eine feinere, aber intensivere Schwingung als dieser, auch wenn er auf den unteren Stufen noch – vielleicht sogar wesentlich – kleiner als der Astralleib ist.

In Situationen, in welchen der Mensch so erscheint, wie er in Wahrheit – das heißt, seinem *inneren Alter* nach – ist, verschwindet sein Astralleib in einem gewissen Sinne, er wird unsichtbar und sein *Mentalleib* kommt zum Vorschein.

Der Mentalleib *verkörpert* im wahren Sinne den Menschen. Er zeigt, wie er im Hinblick auf sein *Mensch*sein – auf die Menschlichkeit – ist.

Der Astralleib hingegen stellt das dar, was sich der Mensch angeeignet hat. Ist davon auch vieles im besten Sinne gut und nützlich, so ist es dennoch äußerlich: Das alles ist nicht er selber. Es ist nur sein Reisegepäck, von dem das allermeiste nur zeitweilig Bestand hat, weil es nur seine Ausrüstung für die jeweilige Inkarnation oder für eine Reihe von Inkarnationen enthält. Und auch dann, wenn er das Angeeignete während mehrerer Inkarnationen beibehält und vieles davon noch lange Zeit mit sich trägt, gehört es nicht zu seinem Wesen. Alles, was an Können und Wissen tatsächlich gut und förderlich ist, wird ja auf den höheren Entwicklungsstufen verwandelt. Es verbleibt also beim Menschen nicht in derselben Form. Entscheidend für ihn – für seine innere Entwicklung – ist, welchen Gebrauch er von all dem, was er sich angeeignet hat, macht. Und dafür ist seine innere Haltung: seine *Mentalität* ausschlaggebend.

Das Äußere: alles, was der Mensch verstandesmäßig weiß, was er in irdischen Belangen kann, formt ausschließlich seinen Astralleib, nicht aber seinen Mentalleib. Alles, was von seinem Können und Wissen nicht mit menschlicher Gesinnung durchtränkt, nicht „humanisiert" ist, bleibt an seinem Mentalleib *nicht* haften. Die humane Gesinnung wurzelt im wahren Wissen, das auf Einsicht und Liebe beruht. Nur das, was von seinem Können und Wissen in diesem Sinne „humanisiert" ist, nimmt der Mensch nach Abschluss seiner äonischen Entwicklung auf seine kosmische Reise mit.

Was nicht humanisiert ist, kann den Menschen in bestimmten Situationen belasten, ihn sogar in seinem inneren Vorwärtskommen behindern. So finden zum Beispiel viele Menschen nach ihrem physischen Tod den Weg im Jenseits nicht, auf dem sie weiterkommen könnten, weil ihr Astralleib sie belastet. Er belastet sie, weil sie sich mit ihm voll identifizieren, sich also einbilden, dass alles, was sie auf der Erde waren und was sie konnten, ihnen als Eigentum gehört. Sie können das Irdische, darunter auch Macht und Ruhm, gesellschaftlichen Stand, Ehre, rationales Wissen, seelisches oder auch leibliches Können, nicht loslassen.

Nicht der Astralleib, sondern die *Identifikation* mit ihm bindet den Menschen auch nach seinem Tode an das Irdische.

Werden diese Menschen von ihrem Engel – unter Umständen von einer Person, die sie auf Erden kannten, oder sonst von einem Helfer – aufgefordert, zu dem zu werden, was sie in Wirklichkeit: dem *inneren Alter* nach sind, so beginnt – vielleicht nach anfänglichem Zögern – ihr Astralleib zusammenzuschrumpfen, bis er die Größe ihres Mentalleibes erreicht. Der Mentalleib tritt dann deutlich hervor, und aus dem „großen“ Menschen (aus der weltberühmten Koryphäe, dem Wissenschaftler, dem Machthaber u. a.) wird ein kleines Kind, das der Engel liebevoll in den Arm nimmt und wegführt oder – wenn er zu einem Säugling geworden ist – es sogar wegtragen muss.

Nun wird aber dem Menschen der Astralleib nicht weggenommen. Er wurde ja auf einem äußerst langen, oft mühsamen Entwicklungsweg unter viel Anstrengung erworben, und der Mensch braucht das Können und Wissen, das in diesem Leib aufgenommen und eingeprägt wurde, auch noch auf der nachfolgenden Wegstrekke seiner inneren Entwicklung.

Beim Eintritt in die jenseitige Welt erscheint der Mensch in seinem Mentalleib, dann schlüpft er bald wieder in seinen Astralleib, der sich für ihn wieder ausformt. Begibt er sich wieder in das Erdenleben, so richtet sich die Größe seines Astralleibes vor allem nach jenen Aufgaben, die er in der jeweils angetretenen Inkarnation zu bewältigen hat. Die Größe des Astralleibes bleibt während vieler Inkarnationen unverändert, falls der Mensch seine Ichsphäre nicht wesentlich erweitert oder einengt. Wenn sich der Mensch in seiner Machtphase befindet, kann die Übergröße während Inkarnationen weiterbestehen. Der Astralleib schrumpft erst dann allmählich zusammen, wenn der Mensch seine Macht Schritt für Schritt einbüßt und sein „Kostüm“ wie alle seine „Requisiten“ am Ende der Machtphase „abgeben“ muss.

Die Größe des Astralleibes wechselt also, und der Mensch arbeitet (auch außerhalb der Machtphase) ständig und mit verschiedenen Mitteln an ihm, wenn er neue Anlagen entfaltet und auf irgendeine Weise tätig ist, vor allem aber, wenn er Neues dazulernt.

Auch auf der Erde kann der Mensch in eine Situation kommen, in der er auf sich selber zurückgeworfen wird und „Farbe bekennen" muss. Dann kann er alles Äußere, das nicht zu seinem Wesen (zu seinem Mentalleib) gehört, verlieren oder abstreifen. Dies tritt am häufigsten in einer – eventuell plötzlich einbrechenden – Leidenssituation ein: Sein Astralleib verschwindet und er erscheint in seinem Mentalleib. Dies geschieht bisweilen bei einem Unfall, beim Tod eines geliebten Menschen, beim Ausbruch einer schweren Krankheit, in Angstsituationen, beim Ausgeliefertsein in der Gefangenschaft (z. B. im Konzentrations- oder Kriegsgefangenenlager), bei Folterung oder Konfrontationen mit früher begangener Schuld (Schuldgefühl, Depression). Da hilft dem Menschen all das, was er im Irdischen und Rationalen kann und weiß und was er in den Augen der anderen ist oder gegolten hat, herzlich wenig.

Hierzu gehören auch jene Situationen, in welchen wichtige Entscheidungen gefällt werden müssen und in denen der Mensch zeigen wird, wie es um seine Menschlichkeit steht. Der Mensch muss sich dann entscheiden, ob er (z. B. in einer Kriegssituation) einen Befehl ausführen oder (z. B. im Amt) eine Vorschrift befolgen soll, obschon Unmenschliches verlangt wird. Beispiele dafür: Erschießen von Wehrlosen, Gefangenen, Geiseln oder Deserteuren, Ausweisung von Fremden, Abweisung von Asylsuchenden. Zu denken ist etwa auch an die Zurückweisung von Juden an der Landesgrenze neutraler Staaten während des Krieges und damit ihre Auslieferung in den sicheren Tod. Aktuell ist die Weigerung reicher Länder, Flüchtlinge aufzunehmen. (Übrigens müsste selbst die Erteilung von Parkbussen in einem bestimmten Fall eine Gewissensfrage sein.)

Der Mentalleib des Menschen offenbart durch sein eigenes Alter, auf welcher Entwicklungsstufe sich dieser befindet. Sein eigenes Alter ist das innere Alter des Menschen. Der Mentalleib hat eine „stabilere" Schwingung als der Astralleib. Dieser ist leicht formbar und kann zeitweilig ganz aufgelöst werden, während der Mentalleib nie schrumpfen, nur wachsen kann. Scheint der Mensch in seiner inneren Entwicklung einen Rückfall zu erleiden, so wird sein Mentalleib nicht etwa kleiner, sondern es zeigt sich, dass er größer schien, als er in Wahrheit ist.

Die Entfaltung des kosmischen Leibes

Die Rolle des Astralleibes übernimmt auf den höheren Entwicklungsstufen nach und nach der *kosmische Leib*. Dieser besteht einerseits aus allem, was der Astralleib beinhaltet, aber in einer *qualitativ höheren* Form, andererseits aus jenem höheren Können und tieferen Wissen, das dem Menschen auf den oberen Stufen seiner inneren Entwicklung zuteil wird bzw. das er sich dort erarbeitet.

Wie alles, was sich der Mensch in der ersten Hälfte seiner Entwicklung verfügbar macht, sich in seinen Astralleib einprägt, prägt sich dieses Können und Wissen in der zweiten Entwicklungshälfte in den kosmischen Leib ein.

Der Unterschied besteht sowohl in der Dauer als auch in der Qualität. Während die Prägung des Astralleibes vorübergehend ist, bleibt alles, was der kosmische Leib in sich aufnimmt, „für alle Zeiten" bestehen. Denn alles, was im kosmischen Leib enthalten ist, gehört *wesentlich* zum Menschen, und alles, was wesentlich zum Menschen gehört, kann ihm nicht verloren gehen.

Der qualitative Unterschied zeigt sich im Eröffnen neuer Dimensionen in all den Bereichen, die dem Menschen bereits verfügbar sind. Der Mensch kann über sein irdisches Können und Wissen auf den höheren Stufen nicht einfach noch besser verfügen, sondern erhält Zugang zu neuen Dimensionen des Seins, aus welchen er ein höheres Können und tieferes Wissen schöpft. Er öffnet sich auf dieser Entwicklungshöhe nach allen Seiten hin und wird bereichert: Es steht ihm das Wertvolle und Dauerhafte aus seinem früher erworbenen Können auf einer neuen – qualitativ höheren – Ebene zur Verfügung, und es wird ihm darüber hinaus tieferes Wissen zugänglich.

Dieses Können und Wissen ist jedoch nicht bloß mental verfügbar, sondern wird auch auf seine Realisierbarkeit hin geprüft. Als „realisierbar" gilt nicht mehr einfach alles, was unter den irdischen Bedingungen machbar ist. Es ist vielmehr eine Frage der Menschlichkeit, zu entscheiden, was verwirklicht werden soll oder darf. Das Wissen des Menschen fordert von ihm beispielsweise zu überlegen, ob das, was er aufgrund seiner Fähigkeiten und Kenntnisse tun und verwirklichen könnte, menschlich zu verantworten sei, ob er mit seinem Vorhaben niemandem – auch keinem Lebewesen, weder der Natur noch der Umwelt – Schaden zufügen würde.

Blindes Tun, das heißt: alles, was machbar ist, zu versuchen und herzustellen (z. B. in der Subatomar- oder Gentechnik), kommt für den Menschen, der beginnt, menschlich zu denken, nicht mehr in Frage. Seine humane Gesinnung durchdringt – wie der Sauerteig den Brotteig – allmählich den ganzen Astralleib, wodurch dieser in den *kosmischen Leib* verwandelt und schließlich von diesem „einverleibt" wird.

Der kosmische Leib wird von allem geformt und genährt, was in den drei höheren Seelenschichten enthalten ist. Mit der Aktualisierung ihrer Anlagen wächst auch der kosmische Leib. Da die Aktualisierung dieser Anlagen auf die Förderung humaner Gesinnung angelegt ist, wächst auch der Träger der Menschlichkeit: der *Mentalleib*. Dieser wird nach und nach in den kosmischen Leib eingeformt und gegen Ende der äonischen Entwicklung von diesem sogar restlos „aufgesogen".

Damit wird die Seele des Menschen auf ihren Ausstieg aus der Erdsphäre vorbereitet. Der Leib der Seele, die ihre äonische Entwicklung beendet und sich in anderen kosmischen Regionen zu entwickeln hat, ist der *kosmische Leib*.

Der kosmische Leib ist – im Gegensatz zum Astralleib – nicht abgegrenzt, sondern nach allen Seiten hin offen. Er ist der mit allen Wesenheiten kommunizierende Leib der Seele, darum heißt er *kosmisch*. Er bleibt der Leib der Seele auch dann noch, wenn er vom *Lichtleib* durchstrahlt wird. Denn er stellt – wie der Astralleib in der ersten Hälfte der äonischen Entwicklung – der Wesenheit jenes Instrumentarium zur Verfügung, welches diese zu ihrer Wirkung auf den höheren Ebenen benötigt.

Die Wirkung des Lichtleibes bei der Entwicklung

Bereits in der ersten Hälfte der Entwicklung wirkt das Obere nach unten und durchdringt alle Seelenschichten. Auch das Höchste: die *Überschicht,* beginnt in der zweiten Hälfte der Entwicklung nach unten zu strahlen und durchdringt nicht nur die drei oberen Schichten, sondern auch die mittlere und die unteren. Das Höherliegende wie auch das Höchste wirken also schon auf den drei unteren Entwicklungsstufen, so dass sich die oberste Leibart: der *Lichtleib* im Astralleib schon auf den unteren Stufen – zumindest zeitweilig – deutlich bemerkbar macht (z. B. als Streben nach dem Guten, nach Reinheit). Seine permanente Wirkung zeigt sich vor allem im *Mentalleib*. Der Lichtleib fördert das Wachstum des Mentalleibes – wie die Vitalkraft das organische Wachstum – fördert. Somit treibt der Lichtleib die innere Entwicklung des Menschen voran.

Der *Lichtleib* ist die „Hülle" des Göttlichen im Menschen und damit der „Sitz" der *geistigen Kraft*. Diese Kraft ist es, die jede Art von Wachstum, so auch das innere und damit auch das spirituelle, im Menschen vorantreibt. Der Lichtleib kann schon auf den unteren Stufen der Entwicklung „aufleuchten" und dem Menschen zu spirituellen Erlebnissen verhelfen. Dieses von Gott bewirkte Erstrahlen des Lichtleibes gibt dem Menschen einen Entwicklungsanstoß, damit in ihm die *Sehnsucht nach Gott* immer wieder entfacht und gestärkt wird, so dass er auf seinem Entwicklungsweg ermutigt weitergeht.

Beim Abschluss der äonischen Entwicklung gehen die beiden miteinander verschmolzenen Leibarten: der Mental- und der kosmische Leib im *Lichtleib* weitgehend und schließlich, wenn der Mensch zu einer *Lichtgestalt* geworden ist, vollständig auf. – Da der Astralleib auf dieser Entwicklungshöhe vom kosmischen Leib „einverleibt" und assimiliert (angeglichen) ist, wird auch er im gewissen Sinne zum Bestandteil des Lichtleibes. Denn ohne jene enorme Leistung, welche die Seele auf den unteren Entwicklungsstufen vollbringt, wenn ihr Leib der Astralleib ist, könnte sie nie zu einer Lichtgestalt werden.

Letztlich befinden sich in einem gewissen Sinne alle sechs Leibarten im *Lichtleib*. Daher kann die Wesenheit, deren Leib zum Lichtleib geworden ist, in jeder der Leibarten, so auch im physischen Leib, nach Bedarf und Belieben erscheinen.

Kapitel 16

DIE CHAKRAS

Chakras (sans. Rad, Scheibe) sind Verbindungsorgane. Sie vermitteln sowohl zwischen den Seinsebenen und den Seelenschichten als auch zwischen dem physischen Leib und den feinstofflichen Leibarten. Sie sind für die physischen Augen des Menschen unsichtbar; mit den inneren Augen hingegen können Hellsichtige sie wahrnehmen.

Unter den feinstofflichen Leibarten ist in der ersten Hälfte der äonischen Entwicklung der *Astralleib* dominant. Die Verbindung zwischen dem Astralleib und dem physischen Leib stellt der Ätherleib her. Daher ist der Sitz jener Chakras, durch welche diese Verbindung zustande kommt, im *Ätherleib*.

Vom Ätherleib sind während der Inkarnation – wie vom physischen Leib – alle anderen Leibarten in einem gewissen Sinne abhängig. Dem Ätherleib ist keine eigene Seelenschicht zugeordnet, er steht aber mit allen sieben Seelenschichten in Verbindung.

Auch die feinstofflichen Leibarten und der physische Leib haben ihre eigenen Chakras, im physischen Leib treten sie als Körperorgane in Erscheinung.

Jede Seelenschicht hat ihr eigenes Chakra, demgemäss gibt es in jeder Leibart *sieben Chakras*.

DIE AUFGABE DER CHAKRAS

Die *Chakras* haben eine zweifache Aufgabe: Sie regulieren die Aufnahme von Energie sowie von Informationen, und sie ermöglichen die wechselseitig wirkenden Beziehungen zwischen dem grobstofflichen und dem feinstofflichen Bereich des Gesamtorganismus.

Die Energieversorgung

Chakras sind *Schaltstellen*, an denen die Kosmische Energie aus den sieben Seinsebenen in die entsprechenden sieben Seelenschichten des Menschen einströmt. Sie sind *Transformatoren* vergleichbar, welche die elektrische Stromstärke regulieren (z. B. Starkstrom in Schwachstrom umsetzen). Die Schwingungen, die je nach Seinsebene von unterschiedlicher Intensität sind, werden durch die sich drehenden Scheiben der Chakras gefiltert, aufgenommen und entsprechend der seelisch-geistigen Kapazität der Person moduliert: gesteigert, ausbalanciert oder abgeschwächt. Der Mensch kann nur soviel Schwingung aufnehmen, wie er verkraften kann, und nur von jener Art, die ihm zuträglich ist. Die Auswahl ist selbstverständlich nicht willkürlich, sie hängt nicht vom Willen, von der rationalen Intelligenz oder von der Fähigkeit zur Meditation ab, sondern ausschließlich von der inneren Reife eines Menschen, so auch von der Stärke seiner Seele.

Je nach seelischer Tragfähigkeit lassen die Chakras die einströmende Kosmische Energie in den Organismus herein, blockieren von vornherein den Eintritt des Unbekömmlichen oder scheiden das Unerwünschte, das eingedrungen ist, aus.

Die Versorgung mit Informationen

Von den Seinsebenen fließt nicht nur Energie in die Seele, sondern es gelangen ununterbrochen auch *Informationen* von dort her in sie hinein. Die Chakras fangen die Informationen auf und leiten sie an die *Bewusstseinszentren* der entsprechenden Seelenschichten weiter. Dort werden sie von den zuständigen Wesenheiten ausgewertet und, falls nötig, werden entsprechende Reaktionen ausgelöst oder Impulse zu Reaktionen gegeben. – Für den Menschen bleiben Informationen, die von den Seinsebenen auf die drei unteren Seelenschichten einlaufen, größtenteils unbewusst. Mit einem Teil von ihnen kann hingegen das *Vital-Ich* in der Regel gut umgehen.

Die Informationen bewirken also indirekt – durch Vermittlung der Bewusstseinszentren bzw. der zuständigen Wesenheiten oder des

Vital-Ich – unterschwellig Vorgänge in den Seelenschichten, die nicht selten Reaktionen auslösen. Der Mensch reagiert auf sie meistens mit Gemütsbewegungen, beispielsweise mit Freude oder Unruhe, sogar mit Traurigkeit oder Angst, nur weiß er nicht, wodurch er dazu veranlasst wird. Sein Vital-Ich hingegen begreift vieles von jenen Informationen, die auf die drei unteren Seelenschichten einströmen. Es wird daher je nach Information seinen „Meister" (den Menschen) vor Gefahren warnen oder ihn ermuntern, etwas zu unternehmen oder zu unterlassen, so dass die – gemeinsamen – Lebensinteressen gewahrt werden.

Auch Lebewesen haben selbstverständlich Chakras. Ihre Zahl ist jedoch auf jene Seelenschichten begrenzt, welche in ihnen schon entfaltet sind. Pflanzen haben ein Chakra, Tiere zwei. Niedere Wesenheiten besitzen, da sie keinen physischen Leib haben, nur feinstoffliche Chakras, und zwar drei.

Der Umstand, dass das Vital-Ich des Menschen mit den Informationen, die durch Vermittlung der Chakras in die Seelenschichten des Menschen einlaufen, gut umgehen kann, ist darauf zurückzuführen, dass sich die Seele schon auf der vormenschlichen Stufe in die Aufnahme und die Verwertung entsprechender Informationen eingeübt hat.

Die Informationen, die durch das mittlere und die höheren Chakras einlaufen, muss der Mensch selber auswerten. Um sie auswerten zu können, muss er innerlich reif geworden sein. Er kann es daher erst auf den vier höheren Entwicklungsstufen tun.

DIE HAUPT- UND NEBENCHAKRAS

Es gibt ihrer Bedeutung nach *Haupt-* und *Nebenchakras*. Die Zahl der *Hauptchakras* ist – der Zahl der Seinsebenen und Seelenschichten entsprechend – *sieben*: 1. *Wurzel-* oder *Basischakra*, 2. *Nabelchakra*, 3. *Milzchakra*, 4. *Herzchakra*, 5. *Halschakra*, 6. *Stirnchakra*, 7. *Scheitel-* oder *Koronalchakra*.

Die *Nebenchakras* dienen zur Ausübung spezieller Fähigkeiten.

Die Hauptchakras

1) Das ***Wurzelchakra*** hat seinen Sitz an der Basis der Wirbelsäule und ist für die Aufnahme von *Vitalenergie* zuständig.

2) Das ***Nabelchakra*** liegt unterhalb des *Solarplexus*. Es ist die Schaltstelle für unmittelbare seelische Reaktionen: Empfindungen und Emotionen, ebenso für die Spontaneität. Von ihm gehen Impulse zur Aktivität und zu Affekten aus, die nicht vom Verstand und vom Willen ausgelöst werden wie Reflexbewegungen, unwillkürlich hervorbrechende Emotionen und Affekte, die auch gegen den Willen des Menschen entstehen können.

3) Das ***Milzchakra*** liegt oberhalb der Milz und ist die Zentrale für die Auslösung von Instinkthandlungen und für den Empfang von Informationen, welche vor allem für das *Vital*-Ich wichtig sind. Es ist in einem gewissen Sinne das *zentrale Bewusstsein* des Vital-Ich, das auch als sein „Gehirn" bezeichnet werden kann. Es hat unter anderem die Auswertung (das Verstehen) eines Teiles der Informationen der drei unteren Chakras und damit der drei unteren Seelenschichten zur Aufgabe.

4) Das ***Herzchakra***, mit Sitz in der Herzgegend, ist das Zentrum sowohl der *Mentalschicht* und damit der „Menschlichkeit" des Menschen als auch des feinstofflichen Organismus überhaupt. Erst dann, wenn der Mensch sein Herzchakra hinreichend entfaltet hat, kann er beginnen, die drei oberen Chakras – zumindest einigermaßen bewusst – in Funktion treten zu lassen.

5) Das ***Halschakra*** ist ein „Grenzwächter" zwischen den vier unteren und den beiden über ihm liegenden Chakras. Es reguliert das Gefühlsleben. Die Grenze, welche das Bewusste vom Unbewussten, den „Kopf" (den Verstand) vom Herzen (vom Gefühl) trennt, liegt in einem bestimmten Sinne „im Hals". Die Grenze kann durchlässig, schwer passierbar oder hermetisch abgeschlossen sein.

Auch die Funktion des Halschakras ist durch den Willen oder durch Meditations- oder Chakra-Übungen *nicht* beeinflussbar. Ob es Gefühlen gestattet, heraufzusteigen und ins Bewusstsein zu treten oder dies verhindert, indem es die Gefühle abblockt, hängt ausschließlich von der inneren Reife und der Gesinnung des Menschen ab, ferner davon, in welcher Entwicklungsphase er steht. In der Phase der Triebhaftigkeit und Rücksichtslosigkeit (erste und zweite Entwicklungsstufe) steigen Emotionen und Affekte hemmungslos auf, Gefühle hingegen hat der Mensch im eigentlichen Sinne noch nicht oder nur ausnahmsweise in besonderen Inkarnationen. (Es sei daran erinnert, dass Emotionen und Affekte einen anderen Ursprung und eine andere Qualität haben als Gefühle.) In der darauffolgenden – langen – Entwicklungsphase, die als Reaktion auf die vorangehende – „liederliche" – Phase erfolgt und in der sich der Mensch Askese, Abtötung und Selbstbestrafung auferlegt, wird sein Wille gestärkt. Er kontrolliert sich vom Verstand her, wird kopflastig und gestattet sich keine seelischen Regungen, so auch keine Gefühle (vorwiegend dritte Stufe). Von der Mitte der äonischen Entwicklung an beginnt die Wiedererweckung des Gefühlslebens, und der Mensch muss – wieder – lernen, Gefühle zuzulassen, genauer: in sich aufsteigen zu lassen, und sie dann auch zur Kenntnis nehmen. Erst von dieser Zeit an beginnt sich auch das Halschakra zu entfalten und in Funktion zu treten. Bis dahin ist es „geschlossen", lässt also keine echten Gefühle hochsteigen (falls diese schon vorhanden sind); dafür ist das Hervorsprudeln von Emotionen und Affekten, die aus dem „Bauch" – aus dem Nabelchakra – stammen, umso reger.

6) Das ***Stirnchakra*** bildet das „dritte Auge", das sich zwischen den beiden Augenbrauen befindet. Es ist jenes Auge, mit dem der Mensch im wahren Sinne Klar- bzw. Hellsicht hat, wenn er in seine Seele und in ihr Archiv, so auch in die früheren Inkarnationen, oder in das Übersinnliche schaut. Es ermöglicht eine Überhöhung der *Medialität.*

Medialität ist jedoch eine Erscheinungsform der Sensibilität, somit eine Fähigkeit der Vitalschicht. Solange das Herz- und das Stirnchakra nicht hinreichend entfaltet sind, wird Medialität noch vom untersten Chakra: vom Wurzelchakra reguliert. Klarsicht bedeutet immer auch die Fähigkeit, etwas nicht bloß instinktiv oder intuitiv, sondern auch *bewusst* wahrzunehmen und „klar" – im Sinne von wahrheitsgemäß – zu erkennen oder es sogar einzusehen. Manche meinen, es sei das „dritte Auge", das ermöglicht, das wahre Wesen von Mitmenschen und Mitseelen, von Natur und Welt zu erkennen und ihre innere Wirklichkeit zu erfassen. Damit jedoch der Mensch hinter die „Fassade" blicken kann, muss er innerlich offen sein. Und Offenheit ist eine Angelegenheit des Herzchakras. Erst das *Herzchakra* ermöglicht es, sich in die Seele eines Menschen, eines Lebewesens oder sonst in eine Wesenheit hineinzufühlen. Nicht das „Sehen" mit dem „dritten Auge", sondern das Gefühl: *das Gefühl für andere,* öffnet den Menschen für die innere Wahrnehmung. Das „dritte Auge" wird in diesem Sinne erst dann wahrnehmungsfähig, wenn das Herzchakra hinreichend entfaltet ist.

7) Das ***Scheitel-*** oder ***Koronalchakra*** hat seinen Sitz auf der Schädeldecke und ist für den Empfang der unmittelbaren Eingebungen von oben zuständig. Es empfängt Impulse und Informationen aus der kosmischen Sphäre und aus dem Göttlichen Bereich.

Ist der Mensch innerlich noch nicht reif genug, um sein Koronalchakra hinreichend zu öffnen, so neigt er unter Umständen dazu, Impulse und Eingebungen, die aus den drei unteren Chakras stammen, der Funktion des Koronalchakras zuzuschreiben.

Dies zeigt sich beispielsweise darin, dass ein Medium – vielleicht ohne böse Absicht – behauptet, Durchgaben von einer höheren oder sehr hohen Wesenheit (z. B. Erzengel) zu empfangen, obschon in Wahrheit ein nicht-inkarnierter Mensch (im Jenseits) der Urheber der „Botschaften" ist. Das Medium redet dann nur nach, was dieser ihm eingibt, und nicht, wie das Medium meint, aufgrund echter Inspiration durch eine Höhere Instanz.

Das Koronalchakra kann nur dann in Funktion treten, wenn das *Herzchakra* bereits *weit geöffnet* ist. Primär ist die *Liebe,* nicht die „geistige Eingebung". Denn die Liebe ist die Basis jeglichen Kontaktes mit der Himmlischen Welt und auch die Grundlage der Weisheit. Der Mensch steht *mit seinem Herzen* in Kontakt mit Gott und nicht mit seiner Schädeldecke. Was von „oben", so auch durch das Koronalchakra, in den Menschen „fließt", ist die *geistige Energie.* Und diese kann er nur *mit* seinem und *in* seinem Herzen „verarbeiten", um sie ihrer wahren Bestimmung gemäß einzusetzen.

Wer Menschen helfen will, jedoch sein Herz vor ihnen verschließt und meint, aus eigener Kraft Hilfe leisten zu können, der wird rasch erschöpft und kraftlos, weil er die nötige Energie von oben weder empfangen kann noch empfangen will. Sein Herz ist in diesem Fall nach allen Seiten hin, so auch gegen „oben", verschlossen, und somit ist auch sein Koronalchakra noch versiegelt.

Wer sein Herz öffnet und weiß, dass er die geistige Energie, die von oben – von Gott und den Geistigen Führern – kommt, bloß weiterreicht, dessen Koronalchakra ist offen und wird immer weiter, wie ein goldener Trichter, der immerzu „gen Himmel" wächst und immer mehr Licht empfangen kann.

Das höchstrangige Chakra ist also nicht das siebente: das Koronalchakra, sondern das mittlere: das *Herzchakra*. Alle Chakras sind nicht nur miteinander verbunden, sondern auch in das Herzchakra *ein*gebunden, so dass ihre Funktion von der Offenheit dieses zentralen Chakras abhängig ist.

Die Nebenchakras

Die Nebenchakras sind über den ganzen Leib verteilt. Sie haben verschiedene Funktionen und – den speziellen Fähigkeiten eines Menschen entsprechend – größere oder geringere Bedeutung. Es gibt beispielsweise auf den Handflächen und den Fußsohlen Chakras. Diejenigen auf den Handflächen können Heilkräfte haben, darum werden sie auch *Heil-Chakras* genannt.

DER UMGANG MIT DEN CHAKRAS

Nach altindischer Vorstellung stehen die Chakras dem Menschen nicht von Natur aus von vornherein zur Verfügung, sondern müssen mittels geeigneter Übungen erst geweckt und dann weiter entwickelt werden.

Dies ist richtig. Denn weil der Mensch in einem vielschichtigen Entwicklungsprozess steht und Art und Grad der Entfaltung sämtlicher Fähigkeiten von seinem Entwicklungsstand abhängen, ist es gewiss, dass in der Entwicklung auch die Chakras als potentielle

Anlagen erst entfaltet werden müssen. Was jedoch in dieser indischen Lehre modifiziert werden muss, ist die Vorstellung vom Umgang mit den Chakras.

Nach einer weit verbreiteten Meinung können Chakras willkürlich „geöffnet" und „geschlossen" werden. Dazu sind – so die Ansicht – bestimmte Behandlungsweisen, die auf das Feinstoffliche gerichtet sind, oder besondere Übungen – darunter auch gezielte Meditationen – erforderlich. Diese Vorstellung, wonach Chakras, die noch nicht funktionstüchtig sind, absichtlich geöffnet und geschlossen werden können, gehört allerdings in den Bereich reiner Illusion. Dies gilt auch dann, wenn Behandelte oder Meditierende besondere Energieströmungen an den betreffenden Leibstellen – vermeintlich an den Chakras – verspüren. Chakras können nur dann „geöffnet" und in einem gewissen Sinne dann wieder „geschlossen" werden, wenn sie ohnehin schon offen sind. Und sie können nur soweit geöffnet werden, wie der innere Entwicklungsgrad der Person es zulässt, wie sie also ohnehin schon offen stehen.

Es soll vorgekommen sein, dass das Wurzelchakra durch extreme Übungen so stark „bearbeitet" wurde und damit die sogenannte „Kundalinikraft" in dem Maße intensiviert war, dass dies dem Menschen ausgesprochen geschadet hat. (Manche sollen dabei sogar „wahnsinnig" geworden sein.) Solche Fälle (falls die Berichte darüber überhaupt wahr sind) dürften die Richtigkeit der Ansicht erhärten, dass Chakras nicht manipuliert werden dürfen und auch nicht manipulierbar sind. Denn bei Manipulationen des Wurzelchakras wird nicht das Chakra „geöffnet", sondern die Vitalkraft übermäßig gesteigert. Und dies kann sich zum Beispiel gerade deswegen zerstörerisch auswirken, weil das Chakra noch nicht hinreichend geöffnet ist und der Mensch noch nicht in der Lage ist, die Überdosis an Vitalenergie zu kanalisieren: sie auf förderliche Weise zu gebrauchen.

Die Aufgabe der Chakras ist viel zu wichtig, als dass der Mensch in ihre Funktion hineingreifen, ja hineinpfuschen könnte. Er ist auch nicht imstande, in die Funktion der meisten Leibesorgane einzugreifen, und dies schützt ihn davor, schädliche Eingriffe vorzunehmen, die zu Krankheit oder sogar zum Tod führen könnten.

Die Frage, ob ein Chakra überhaupt oder wie weit es schon offen ist, hängt ausschließlich von der Entwicklungshöhe eines Menschen ab. Auf den unteren Entwicklungsstufen werden daher nach und nach nur die unteren drei Chakras herangebildet und damit – wenn auch nicht vollständig – geöffnet, während die anderen – nicht anders als die entsprechenden Seelenschichten und Leibarten – nur *virtuell* vorhanden sind. Von der Mitte der inneren Entwicklung an beginnt sich mit der Zunahme an Liebesfähigkeit allmählich das Herzchakra zu öffnen. Öffnet es sich, so fängt der Mensch an, *menschlich* zu werden. Von da an ist seine innere Reife und damit seine Entwicklungshöhe am Grad seiner *Menschlichkeit* ablesbar. Von da an können auch die drei oberen Chakras nach und nach – parallel zur Entfaltung der drei höheren Seelenschichten – geöffnet werden.

Da die Menschlichkeit eine Angelegenheit des Herzens ist, dürfte die zentrale Bedeutung des Herzchakras – sowohl für alle anderen Chakras als auch für den Menschen im allgemeinen – feststehen. An der Weite der Offenheit seines *Herzchakras* kann der Grad seiner im wahren Sinne *menschlichen* Reife abgelesen werden.

Für alle Chakras gilt, dass sie sich im Laufe der äonischen Entwicklung von selbst öffnen und – wie die entsprechenden Seelenschichten mit ihren Anlagen – eigens herangebildet und entfaltet werden. Der Mensch kann mit Meditationen oder Manipulationen ihre Entwicklung nicht beeinflussen, genau so wenig, wie er das Wachstum seines physischen Leibes oder seiner Seele oder das Wachstum einer Pflanze künstlich beschleunigen oder hemmen kann.

Ebenso kann er seine eigenen Chakras oder die eines anderen nur in einem bestimmten Sinne jeweils öffnen oder schließen. Er kann es nur im selben Sinne tun, wie er seine Verdauungsorgane, die bereits funktionstüchtig sind, einmal mehr, einmal weniger in Anspruch nimmt, oder für eine Weile seinen Verstand gebraucht oder sich auf seine Gefühle verlässt.

Der Mensch kann das Öffnen der Chakras nur fördern, indem er sich bemüht, seine Entwicklungsschritte zu machen, wenn er also an sich arbeitet und sich in den Dienst der Mitmenschen stellt. Auch Meditationen können zur Förderung seiner inneren Entwicklung beitragen, falls sie den Menschen veranlassen, über sich und über seine innere Lage nachzudenken, sich seiner inneren Erfahrungen bewusst zu werden und die noch verborgenen Dimensionen seiner Seele – die inneren Welten – zu erschließen. Und Meditationen können den Menschen in die innere Stille und den inneren Frieden führen, so dass er die Stimme seiner Geistigen Führer oder die Stimme Gottes besser vernehmen kann.

Die Chakras öffnen sich mit dem Wachstum der Seele. Ein Mensch wird – um ein Beispiel zu geben – keineswegs liebesfähig, wenn sein Herzchakra behandelt oder – wie er meint – durch Meditationen „geöffnet" wird. Er muss zuerst echte Liebe erlernen, und indem er lieben lernt und sich in der echten – klugen – Liebe übt, öffnet sich auch sein Herzchakra immer mehr. Und um lieben zu lernen, braucht es unheimlich viele Erfahrungen und damit eine lange Reihe von Inkarnationen.

JESUS hat sein Herz für sämtliche Seelen der Erdsphäre auch nicht durch „Meditation", sondern durch seine völlige Hingabe an alle geöffnet. Daher ist die „Herz-JESU-Verehrung" keine sentimentale oder gar kitschige Angelegenheit, sondern das Zeugnis von Menschen dafür, dass sie jene Liebeskraft spüren, die aus seinem Herzen – aus dem Herzchakra – hervorströmt.

CHAKRAS DER ANDEREN LEIBARTEN

Nicht nur der Ätherleib besitzt Chakras, es gibt sie – wie schon angedeutet – auch in allen anderen Leibarten. Denn alle Leibarten stehen im Austausch mit allen sieben Seinsebenen, und die Vermittler dafür sind die entsprechenden Chakras. Selbst die materielle Schicht: die Basisschicht, und mit ihr der physische Leib haben ihre entsprechenden Chakras.

Die Chakras des physischen Leibes

Im physischen Leib sind die Chakras den Bedingungen der Materie gemäß grobstofflich. Sie erfüllen jedoch ähnliche Aufgaben wie – auf den jeweils entsprechenden feinstofflichen Ebenen – die Chakras des Ätherleibes oder der anderen Leibarten.

Im physischen Leib umfasst das *Wurzelchakra* das untere Verdauungssystem und die Genitalien; das *Nabelchakra* beeinflusst den oberen

Verdauungstrakt einschließlich Magen, Leber und Galle; die Milz reinigt das Blut, darin dem *Milzchakra* ähnlich, das – als das zentrale Bewusstsein des Vital-Ich – die Auswahl und die Verwertung der Informationen aus den drei unteren Seinsebenen bzw. auf den entsprechenden Seelenschichten durchführt. – Das Herz entspricht im physischen Leib dem *Herzchakra* und ist von diesem abhängig: Herzstörungen sind immer Folgen (noch) nicht geleisteter Liebe. – Der Hals ist Organ des Sprechens (Kehle) und des Schluckens und stellt dem Halschakra entsprechend im physischen Leib die Grenze zwischen Rumpf- und Kopf: zwischen dem Emotionellen und dem Bewussten sowie zwischen Gefühlen und dem Bewusstsein dar. – Die physischen Augen ermöglichen die visuelle Wahrnehmung in der grobstofflich-irdischen Welt wie das dritte Auge: das *Stirnchakra* im Übersinnlichen und sind *Ausdruck der Seele*. – Dem *Koronalchakra,* dem Eingangstor für den Einfluss von oben, entspricht das Großhirn, dessen Funktion nicht nur vom Willen und Verstand des Menschen, sondern auch von seiner Offenheit nach oben abhängt.

Die Chakras der feinstofflichen Leibarten

Der Austausch zwischen Seelenschichten und Seinsebenen geht auch dann vor sich, wenn sich das Lebewesen oder der Mensch im Jenseits befindet. Ihr Leib ist dort der Astralleib, und auch dieser besitzt Chakras, die den entsprechenden feinstofflichen Bedingungen gemäss feiner und somit sensibler als die des Ätherleibes sind.

Wesentlich sensibler sind die Chakras des *Mentalleibes*. Wenn nämlich der Mensch eine bestimmte Entwicklungshöhe erreicht hat und sein Mentalleib demzufolge einen bestimmten Reifegrad (das Alter der Pubertät) aufweist, beginnt er sich zu öffnen. Er wird vor allem für die Impulse, die auf den drei oberen Seelenschichten eintreffen, empfänglicher. Außerdem beginnen in ihm die *genuine Geistigkeit* und mit ihr das *echte Gewissen* zu erwachen, und diese „sensibilisieren" ihn, das heißt, sie erhöhen seine *Gefühlsfähigkeit*.

Feinere Impulse, nuancierte Unterscheidung zwischen Gut und Böse, behutsame Anstöße zu humanem Verhalten, die er auf den unteren Entwicklungsstufen gar nicht bemerkt hätte, kann er jetzt aufnehmen. Solche Impulse treffen auch auf den Seelenschichten –

und zwar auf den drei oberen – ein und werden zu den Chakras des Mentalleibes weitergeleitet. Falls der Mensch inkarniert ist, gelangen sie zugleich an die gleichgeschalteten Chakras des Ätherleibes, damit sie von den zuständigen Wesenheiten für das irdische Leben ausgewertet werden können.

Wird der Mentalleib – auf den höchsten Entwicklungsstufen – vom Kosmischen Leib allmählich „aufgesogen", so übernehmen seine Chakras die Leitung des Austausches zwischen den Seinsebenen und den Seelenschichten während des Erdenlebens. Den Austausch selbst besorgen jedoch nach wie vor die Chakras des Ätherleibes, nur werden diese immer empfangsfähiger und „feinfühliger".

Die Chakras der verschiedenen Leibarten decken sich also. Wichtige Impulse gehen immer von den Chakras jener feinstofflichen Leibart aus, die bereits entfaltet ist und dominiert.

Bei der Entfaltung des *kosmischen Leibes* werden die drei unteren Chakras in die drei oberen in der umgekehrten Reihenfolge („spiegelverkehrt") einbezogen, wie auch die unteren Seelenschichten von den oberen – ebenfalls „spiegelverkehrt" – integriert werden. Damit wird die Vereinigung aller Chakras vorbereitet.

Der Grund dafür, dass sie vereinigt werden können, ist derselbe wie bei den Seelenschichten: Beide erfüllen die gleichen Aufgaben, aber bis zur letzten Entwicklungsstufe hinauf auf unterschiedlichem Niveau. Das Wurzel- und das Scheitelchakra sorgen für den Energiehaushalt von Leib und Seele: die Vitalenergie wird in die geistige Energie überführt; das Nabel- und das Stirnchakra regulieren das Gemütsleben: das Emotionale und die Affektivität werden von der Einsicht in das wahre Wesen der Dinge abgelöst; das Milz- und das Halschakra sind für das Verstehen zuständig: das mit dem „Bauch" erfasste wird zum klaren Verständnis und letztlich eine Angelegenheit der Herzensintelligenz.

Der Lichtleib und das Herzchakra

Während in den übrigen feinstofflichen Leibarten jeweils sieben Chakras vorhanden sind, fallen im *Lichtleib* alle sieben zusammen und bilden ein einziges „Chakra", das *Lichtchakra*, das wie eine Lichtquelle ist und Licht ausstrahlt. Die Intensität des ausgestrahlten Lichtes hängt von der Entwicklungshöhe – bei Engeln: von der Ranghöhe – der Wesenheit ab, und diese entspricht dem Grad ihrer Liebesfähigkeit und damit ihrer Nähe zu Gott.

Kosmisches Licht ist *ausgestrahlte Liebe.* Und die Liebe durchdringt und verwandelt alles. So durchdringt sie auch die Chakras aller Leibarten, die sich allmählich vereinigen. Sie vereinigen sich, indem die drei unteren und die drei oberen Chakras vom *Herzchakra* integriert – „aufgesogen" – werden, so dass sie mit ihm eine einzige „Liebesballung" bilden. Diese „Ballung" der vereinigten Chakras, die unter der Obhut des *Herzchakras* stehen, ist jenes Medium, mittels dessen die Seele ihre Liebe – ins Höchste und Reinste gesteigert – zum Ausdruck und zur Wirkung bringen kann.

Durch das Herzchakra aller Leibarten fließt das *Göttliche Licht* in den Menschen, das er – als *Liebe* – auf alle Geschöpfe weiterleiten soll. Es ist sein „Lichtherz", das in ihm schlägt, weil er mit Gottes „Herz" verbunden ist, und das auch das Schlagen des Herzens seines physischen Leibes in Gang hält.

Jede Seele: jedes Lebewesen, jeder Mensch, jede Wesenheit existiert nur aus dem Grunde, weil das Herz Gottes auch in ihrem Herzen schlägt. Besitzt eine Wesenheit (Mineral, Pflanze oder Tier niederer Art) noch kein physisches Herz, so ist sie gleichwohl mit dem Herzen Gottes – wie der Embryo durch die Nabelschnur mit dem Mutterleib – verbunden, das sie – wie sämtliche Seelen im All – am Leben hält.

Kapitel 17

DAS ICH, DIE PERSON UND DAS HÖHERE SELBST

Dem Menschen ist ein großer Teil seiner Seele unbekannt, was in ihr vor sich geht, bleibt ihm *unbewusst*. – Der *bewusste* Teil, mit dessen Hilfe er über sich und über alles, was zu ihm gehört, verfügt, ist sein *Ich*.

Die Gestalt, die der Mensch in einer Inkarnation annimmt, ist die *Person*. Sie umfasst jene seelisch-geistige Struktur, die beim Menschen in einer Inkarnation in den Vordergrund rückt und seinen physischen Leib prägt.

Während die Person von Inkarnation zu Inkarnation *wechselt*, bleibt das *Ich* immerfort bestehen, allerdings verwandelt es sich, da sich der Mensch entwickelt.

Das *Höhere Selbst* ist jene Instanz im Menschen, die erst auf den höheren Stufen seiner inneren Entwicklung herangebildet wird. Auf diesen Stufen ist eine der wichtigsten Aufgaben des Menschen, diese Instanz in sein Ich zu integrieren, genauer: sein Ich so weit zu öffnen, dass es mit dem Höheren Selbst verschmelzen kann.

Das Ich jenes Menschen, der seine äonische Entwicklung abgeschlossen hat, wird vom Höheren Selbst völlig „aufgesogen“. Er erlebt sich nicht mehr isoliert als Ich, schon gar nicht als Person, sondern als ein Glied in jener immens großen Seelenfamilie, die aus sämtlichen Wesenheiten besteht und deren gütiger Vater Gott ist.

DAS ICH

Das *Ich* ist der bewusste Teil der Seele, das Zentrum des Bewusstseins und das Zentrum der Person.

Der Mensch erlebt nicht nur das, was auf ihn von außen her zukommt oder aus seiner Seele heraufsteigt, sondern auch *sich selber*. Er erlebt sich als *Ich*. Als *Ich* erlebt er sich aber nicht nur, wenn er inkarniert ist, sondern auch dann, wenn er sich nicht in seinem physischen Leib befindet (z. B. im Jenseits oder im Traum, wenn er im Schlaf den physischen Leib verlässt).

Das Ichgefühl

Alles, was die Seele „berührt", erzeugt in ihr Spannung. Der Mensch erlebt die Spannung und die erfolgte seelische Reaktion zum Beispiel als Wahrnehmung oder Empfindung, Emotion oder Vorstellung, Gedanke oder Gefühl. Spannung und Reaktion (Entladung der Spannung) können entstehen, weil bereits ein Spannungsfeld besteht, auf welchem bei einer Einwirkung entsprechende Bereiche moduliert werden. (So muss auch ein Computer am Strom angeschlossen werden, damit er spezifische elektrische Impulse empfangen und dadurch überhaupt arbeiten kann.)

Dieses Spannungsfeld wird vom Kern der Seele – von ihrer ureigenen Dynamik – „unter Strom gehalten". Diese beständige Hintergrundspannung gibt dem Menschen das Gefühl, *vorhanden zu sein, da zu sein*. Es ist wie ein Dauererlebnis, das jedes andere Erleben begleitet oder diesem beigemischt wird, und es besteht unabhängig davon, ob es beachtet wird oder nicht.

Dieses Gefühl des Vorhandenseins ist die Grundlage des *Ichgefühls*. In diesem Sinne haben auch Tiere – vielleicht schon Pflanzen und sogar das Mineral – ein „Ichgefühl".

Das Ich als Zentrum

Das *Ichgefühl* besteht im Erleben der Hintergrundspannung, die durch die eigene Existenz hervorgerufen und gespeist wird. Diese Spannung ist vielfältig und erstreckt sich auf ein ganzes Spannungsfeld, das immer wieder von Einwirkungen moduliert wird. Der Mensch lebt in diesem Spannungsfeld und bezieht alles, was er erlebt und erfährt, auf dieses Spannungserlebnis, das heißt: auf sein *Ich*.

Das Spannungsfeld „Ich" umfasst alle Seelenschichten. Mit den drei Grundanlagen der Seele: dem Wollen, Fühlen und Denken, wurzelt es in den drei unteren Seelenschichten, mit seiner *Personhaftigkeit* in der Mentalschicht. Die höheren Seelenschichten kann es nur dann integrieren, wenn es sich verwandelt.

Die Wurzeln des *Ichgefühls* liegen in der *emotionellen* Schicht: in der *Vitalschicht*, die das *Fühlen* ermöglicht. – Die Wurzeln des *Ichbewusstseins* reichen in die *affektive* Schicht: in die *Animalschicht*. Diese ist zugleich die Seelenschicht der *Aktivität*, in ihr ist auch der *Wille* verankert. – Das *denkfähige* bzw. *denkende Ich* hat in der *rationalen Schicht* seine Wurzeln.

Das *Ich* ist das *Zentrum* des *Willens*, von dem die Impulse zu jeder Art von *Aktivität* ausgehen. – Es ist zugleich das *Zentrum* des (Wach-)*Bewusstseins*, in das der Mensch alles, was ihm bewusst wird, aufnimmt. – Es ist das *Zentrum* seines *Verstandes*, von dem aus er denkt und von dem aus er das Gedachte einordnet.

Es ist schließlich das Zentrum jener Gestalt, in welcher der Mensch in einer Inkarnation in Erscheinung tritt: das *Zentrum* seiner *Person*. Bis auf die höheren Stufen seiner inneren Entwicklung identifiziert er sich (sein Ich) mit der jeweiligen Person.

Das Ichbewusstsein

Obwohl das Ich das Zentrum des Bewusstseins ist, bedeutet dies noch nicht, dass es dem Menschen bewusst sein muss. Das *Ichbewusstsein*: das *Wissen um das Ich,* entsteht erst, wenn das Tier oder der Mensch fähig wird, zu sich selber, zu seinem Ich, etwas Distanz zu gewinnen. Ein erster Schritt auf der Tierstufe dazu ist, wenn das Tier lernt, seine Reaktionen bewusst aufzuschieben, indem es zum Beispiel den richtigen Augenblick abwartet. In dem Fall werden seine Reaktionen nicht mehr wie bisher durch Signale von außen oder von innen gleichsam „automatisch" ausgelöst. Es kann schon bis zu einem gewissen Grad bewusst reagieren, falls es in der Lage ist, die

Situation einigermaßen klar zu beurteilen und sich somit für eine der möglichen Reaktionen zu entscheiden (bei Gefahr z. B. flüchten, sich ducken oder zum Gegenangriff ansetzen).

Für den Menschen ist es überdies nötig, auch zu sich selber in Distanz zu treten, damit er über sein Ich reflektieren, das heißt es wahrnehmen, erkennen und über sein Ich nachdenken kann.

Distanz zu gewinnen zum eigenen Ich ist eine Aufgabe des Menschen von den mittleren Entwicklungsstufen an. Die Bewältigung dieser Aufgabe ist deshalb so schwierig, weil sich der Mensch mit seinem Ich bis dahin – auf den unteren Entwicklungsstufen – völlig identifiziert hat.

Und er identifiziert sich nicht nur mit seinem Ich, sondern auch mit seiner Person, außerdem mit allem, was er in sein Ich einbezieht.

Die Identifikation mit dem Ich und die Ichsphäre

Der Mensch erlebt und betrachtet nicht nur sein Ich als zu ihm gehörig, sondern alles, was er in Besitz nehmen, was er sich *einverleiben* kann.

In Besitz nimmt er auf den unteren Stufen seiner inneren Entwicklung nicht nur materielle Güter, sondern auch Personen und geistige Güter wie seelische und geistige Gaben: Begabungen, Fähigkeiten (z. B. Intelligenz, Musikalität), ferner Geburtsrecht, Vorstellungen, Ideen, eine ganze Weltanschauung oder Religion, aber auch deren Träger und die irdischen Autoritäten. Er nimmt etwas in Besitz, indem er sich damit identifiziert. Es gehört dann zu seinem Ich, dessen Radius sich somit ausweitet.

Der Umkreis des Ich, mit dem sich der Mensch identifiziert, ist seine *Ichsphäre.* Dass etwas zu seiner Ichsphäre gehört, zeigt seine Reaktion an: Geschieht etwas mit dem, womit sich der Mensch identifiziert, oder stößt diesem etwas zu, so reagiert der Mensch so, als ob das Ereignis ihm selber widerfahren wäre. Er reagiert *emotionell,* allzu oft auch *affektiv.* Je nach Vorfall reagiert er rührselig, geschmeichelt, mit Stolz oder aber verärgert, gekränkt, er fühlt sich verletzt, enttäuscht. In dem Fall steigen in ihm meistens auch Affekte wie Zorn, Wut, Eifersucht oder Hass auf.

Auf den unteren Entwicklungsstufen dehnt sich seine Ichsphäre auf seine ganze irdische Familie aus; ebenso gehören zu seiner Ichsphäre: der Clan, Gesinnungsgenossen und Glaubensbrüder, die Partei, der Sportverein, die Verehrer desselben Idols (Schauspieler, Popsänger, Fußballspieler, politisch oder sonstwie berühmte Personen), die Kirche, das Volk oder die Nation, die Rasse und alle, die seine Macht stützen können.

Seine Macht kann er dadurch erhöhen, dass er sich – sein Ich – mit den jeweiligen Machthabern und ihrem System identifiziert. Der Grund, warum so viele Menschen skrupellose Despoten anhimmeln, liegt gerade darin: Indem sie sich mit ihnen und ihren Machenschaften identifizieren, gewinnen sie selber an Macht.

Wie das Tier sein Revier, verteidigt der Mensch seine Ichsphäre. Falls ihm etwas genommen werden soll, vernichtet er es lieber, als darauf verzichten zu müssen. Er gibt es nicht her, nicht weil er es vielleicht tatsächlich braucht, sondern weil es zu seiner Ichsphäre gehört und weil er dessen Verlust als Minderung seines Selbstgefühls empfindet. Und sein Selbstgefühl fällt auf den unteren Entwicklungsstufen noch mit seinem Ichgefühl zusammen.

Die Entwicklungsphasen, das Ich und die Ichsphäre

Da der Mensch mit seinem Ich und mit allem, was er sich in seine Ichsphäre einverleibt: sich einver*ich*t, blind identifiziert, hat er sehr große Mühe, das Einverleibte loszulassen, es wieder freizugeben, wenn in seiner inneren Entwicklung die Zeit dafür gekommen ist. Sein Ich muss ja einmal seine wahre Größe wieder einnehmen, also – eventuell wesentlich – *kleiner* werden und seine Ichsphäre muss auf ihren „normalen" Umfang reduziert werden.

Schwierig ist dieser Verzicht, weil die Identifikation mit dem Ich und die Einbeziehung der Dinge in die Ichsphäre auf den unteren Entwicklungsstufen natürliche Vorgänge sind. Es ist für den Menschen auf diesem Entwicklungsniveau selbstverständlich, dass er in seinem Ich zentriert ist. Er fühlt und empfindet, denkt und handelt von seinem Ich aus und bezieht alles, was er auf sich bezieht, auf sein Ich, und er bezieht alles, was er in Besitz nimmt, in seine Ichsphäre ein. Er kann nicht anders.

Von den mittleren Stufen an – wenn er innerlich reifer wird – lokkert sich seine Beziehung zu seinem Ich, er beginnt sich von ihm abzukoppeln und gewinnt Distanz zu sich und damit zu seinem Ich. Damit beginnt er, auch die Größe seiner Ichsphäre zu verkleinern.

Auf den höheren Entwicklungsstufen – sobald er innerlich erwachsen ist – büßt das Ich für den Menschen immer mehr an Bedeutung ein. Seine Gewichtigkeit wird schließlich höchst relativ. Da er die wahren Beziehungen zwischen allen Seelen und die Zusammengehörigkeit aller Wesenheiten immer deutlicher erkennt, weiß er, dass er nicht – wie er auf dem Zenit seines Egoismus, auf dem Höhepunkt seiner Macht noch glaubte – ganz isoliert dasteht und im Vollzug seiner Individualisierung für seine Selbstbehauptung kämpfen muss. Er weiß jetzt, dass er ein Glied einer ganzen Seelengemeinschaft ist, mit der er durch *Solidarität*, sogar in *echter Liebe* verbunden ist und für die sich einzusetzen für ihn nicht mehr eine auferlegte Pflicht, sondern ein natürliches Bedürfnis ist.

Er empfindet sich schließlich nicht mehr als *Ich*, sondern als Teil eines *Wir*. Denn er weiß, dass es nichts gibt, was er allein zu bewältigen hätte und was er allein bewältigen könnte. Er weiß, dass alles, was der Mensch fühlen, denken oder tun kann, ein Gemeinschaftswerk ist, das von vielen Seelen, nicht zuletzt von Lichtgestalten, getragen wird, und er hat erkannt, dass für dieses gemeinsame Werk auch sein Beitrag unerlässlich ist.

(Zu den angeschnittenen Fragen vgl. auch: Der Ichtrieb, S. 323–334)

DIE PERSON

Die *Person* ist jene Gestalt, als welche der Mensch in einer Inkarnation in Erscheinung tritt, um eine bestimmte „Rolle“ zu spielen (lat. *persona*; aus: *personare* = hindurchtönen; gr. *prosopon* = Maske).

Die Person lässt sich tatsächlich mit einer Maske vergleichen, denn in der Person zeigt sich nicht der ganze Mensch, die Maske verhüllt sein wahres Gesicht und sein wahres Wesen.

Die Maske gestaltet nicht bloß das äußere Erscheinungsbild des Menschen, sondern auch seine Innenseite. Sie bestimmt Charakterzüge, Neigungen und Tendenzen, die in einer Inkarnation zum Zuge kommen, und schließt Anlagen ein, deren Aktualisierung nun an der Reihe ist. Mehr jedoch als das, was zu jener Rolle gehört, die der Mensch in einer Inkarnation auf der Bühne des Lebens zu spielen hat, bringt die Person nicht mit sich. Der Mensch ist dadurch im Erdenleben viel freier. Alles, was er bereits in sich hat, sein erworbenes Können und Wissen, wird im Hinblick auf die Aufgabe hin, die ihm in der anzutretenden Inkarnation auferlegt wird, selektiert. Er wird somit von vielem entlastet, was er bereits in sich trägt, aber jetzt nicht benötigt. Begabungen und Fähigkeiten, die er nicht entfalten, Pläne, die er nicht verwirklichen könnte, bleiben in der Reserve. Der Mensch weiß in der Inkarnation nicht einmal, dass er sie (potentiell) in sich hat, und ist nicht beunruhigt oder bedrückt, dass er sie jetzt nicht gebrauchen und entfalten kann. Er ist in seiner Seele unverhältnismäßig „mehr" als die jeweilige Person, die nur einen relativ bescheidenen Ausschnitt aus der Gesamtheit seiner Möglichkeiten darstellt.

Die Bühne des Lebens, auf der das Schicksalsspiel des Menschen in der jeweiligen Inkarnation aufgeführt wird, ist jener Sektor der Drehbühne der Seele, der nun in den Vordergrund rückt und sich zum Publikum hin öffnet.

Das Rollenspiel

Die Entwicklung geht ununterbrochen weiter. Sie kann allerdings nur dann weitergehen, wenn auch der Mensch die Rolle, die er jeweils zu spielen hat, von Inkarnation zu Inkarnation wechselt. Der Wechsel muss nicht groß ein, manchmal steht er nur in einer kleinen Modifizierung der Rolle. Der Mensch tritt dann annähernd mit demselben Charakter auf, mit denselben Eigenschaften wie im vorangehenden „Bühnenstück", und dies mitunter während vieler Inkarnationen. – Der Wechsel kann aber auch radikal sein (dabei z. B. auch einen Geschlechtswechsel mit sich bringen), so dass der „alte" Mensch, der aus seiner vorangehenden Rolle in eine vollkommen anders gestaltete hinüberwechselt, zumindest in seiner Erscheinung kaum noch zu erkennen ist. Viele Merkmale bleiben aber – selbst beim Geschlechtswechsel – unverändert erhalten.

Die Entwicklung geht weiter und die Rolle wechselt, weil die Drehbühne der Seele in jeder neuen Inkarnation ein Stückchen weiter gedreht wird. Das jeweilige Bühnenbild – die Disposition für die Inkarnation – hängt davon ab, welche Anlagen aktualisiert, welche Erfahrungen gemacht, welche Fähigkeiten ausprobiert oder stärker entfaltet, welche Lebensweisen ausgekostet oder zu Ende gelebt werden sollen.

Die „Rolle", die der Mensch zu spielen hat, ist demnach *entwicklungsbedingt* und richtet sich nach jenen Erfahrungen und Aufgaben, die dem Menschen in der fraglichen Inkarnation zugedacht sind. In jeder Inkarnation rückt ein anderer Sektor auf der Drehbühne der Seele in den Vordergrund, in jeder Inkarnation muss der Mensch andere Anlagen aktualisieren, andere Fähigkeiten entfalten und eine andere Verhaltens- und Lebensweise verwirklichen oder aber an bereits Aktualisiertem weiterarbeiten und Versäumtes nachholen.

Der Wechsel der Rollen findet auf eine Weise bereits in der Evolution der Lebewesen statt. Wenn die Seele einen größeren Entwicklungsschritt – einen „Quantensprung" – macht, so wechselt sie die irdische Gestalt und damit die Art oder sogar die Gattung, in welcher sie sich jeweils inkarniert. Der Gattungs- oder Artwechsel bedeutet gleichzeitig den Wechsel der Rolle (der Lebensweise), und der Rollenwechsel ermöglicht es der Seele, wieder eine neue Seite ihrer inneren Möglichkeiten auszuleben und somit neue potentielle Anlagen zu verwirklichen. Die „Rolle", die ein Insekt, ein Vogel, eine Katze, ein Menschenaffe in der Natur spielt, ist augenfällig verschieden.

Beim Menschen bewirkt der Rollenwechsel keinen „Quantensprung" (die Art wird ja nicht mehr gewechselt). Das Weiterrücken der Drehbühne erfolgt in der Regel nur langsam. An kritischen Punkten kann aber der Rollenwechsel dem Menschen abrupt erscheinen. – Von der Stellung der Drehbühne hängt es ab, wieviel Licht und wieviel Schatten auf der Inkarnation liegt.

Die Identifikation mit der Rolle

Wie das Lebewesen, identifiziert sich auch der Mensch auf den unteren Entwicklungsstufen sowohl mit seinem Ich als auch mit der

Rolle, die er in einer Inkarnation zu spielen hat. Er identifiziert sich dadurch mit der Person, die ihn verkörpert, und das bedeutet, dass er diese Person in seine Ichsphäre voll einbezieht.

Die Identifikation des Ich mit der Person findet auf den unteren Entwicklungsstufen als ein durchaus natürlicher seelischer Vorgang statt. Es wird da von jedem als naturgemäße Gegebenheit empfunden, dass Ich und Person identisch sind.

Daher kommt es, dass ein innerlich noch unreifer Mensch es für selbstverständlich hält, wenn er in einer Inkarnation viel Macht oder beachtliche – rationale – Intelligenz besitzt, eine hohe Position bekleidet, „hochwohlgeboren" oder wohlhabend ist. Er kann sich nicht vorstellen, dass er über das, was er heute besitzt, morgen: in den nächsten Inkarnationen, möglicherweise nicht mehr im selben Maße oder überhaupt nicht mehr verfügen kann und dass er das, was er heute ist (ein Mann, eine Frau, eine hochgestellte, hochbegabte, geachtete oder gefürchtete Person), morgen vielleicht nicht mehr sein wird.

Erfolgt der Rollenwechsel abrupt, liegen zwischen zwei Inkarnationen mit extrem entgegengesetzten Rollen keine zusätzlichen Inkarnationen, welche einen allmählichen Übergang ermöglichen, so kann der Mensch beim Rollenwechsel einen „Schock" erleiden. Der Schock ist allerdings im Hinblick auf seine weitere Entwicklung ausnahmslos ein *heilsamer Schock*, so zum Beispiel beim Wechsel von Reichtum zur Armut, von Macht zu Machtlosigkeit oder beim Geschlechtswechsel, falls sich der Mensch mit dem einen Geschlecht völlig identifiziert hat.

Erst von der Mitte der inneren Entwicklung an, nachdem er beim Rollenwechsel immer wieder viel Unangenehmes erfahren musste, beginnt der Mensch seine Identifizierung mit der Rolle, die er spielt, in Frage zu stellen, seine jeweilige Person immer häufiger als fremd zu empfinden und an seiner Identität zu zweifeln. Tritt er in die Phase der Konfrontationen, so wird er mehreren, ja vielen Personen gegenübergestellt, die er einst – in früheren Inkarnationen – selber war. Er wird ihnen in dem Sinne gegenübergestellt, dass er ihren wahren (d. h. seinen eigenen, damaligen) Charakter kennenlernen und ihr (d. h. sein eigenes, früheres) Verhalten erfahren muss.

Diese Personen, die der Mensch einst selber war, mit denen er sich aber heute nicht mehr identisch fühlt, können ihn auch bedrängen (z. B. in Alpträumen). In dieser Phase der Aufarbeitung der Vergangenheit beginnt auch die Integration – die „Heimführung" – aller Personen aus früheren Inkarnationen in die „wahre Heimat": in das Ich. Der Mensch integriert sie, indem er anerkennt, dass er einst die jeweilige Person selber war und ihre Rolle damals selber spielte, und er anerkennt auch die allfälligen Verschuldungen, die jene Personen begangen haben, als seine eigenen.

In der zweiten Hälfte der inneren Entwicklung lernt der Mensch, sich auch von seiner jeweiligen Rolle zu distanzieren und sich von der Person abzuheben. Er begreift mit der Zeit, dass er mit der Gestalt, in welche er für die Inkarnation jeweils eingekleidet wurde, eine bestimmte Aufgabe erhalten hat, und dass er mit der Person, die er war, nur in einem beschränkten Sinne identisch war und identisch ist. So ist auch jeder Erwachsene mit dem Kind, das er früher war, in einer Hinsicht identisch, in einer anderen nicht mehr.

Dem Menschen wird ebenso klar, dass die Person ein Aspekt von ihm ist und eigentlich nur für die Inkarnation zu seiner Ausrüstung gehört, die er nach seinem Tod – wie der Schauspieler das Kostüm am Ende der Vorstellung – wieder ablegt.

Die einzelnen, einst ich-besetzten Personen repräsentieren einzelne Facetten der Seele des Menschen, die bei der Aktualisierung je einer Anlage der Seele – oder einiger ihrer Anlagen – durch die jeweilige Person (meistens besonders betont, gelegentlich extrem stark) zum Vorschein gekommen sind. Die bewusste Einbeziehung dieser Facetten der Seele in das Ich ermöglicht die Bewusstmachung vieler – auf den höchsten Stufen schließlich aller – noch unbewussten Aspekte der Seele. Dieser Prozess führt letzten Endes zur Verwandlung der ganzen Seele, das heißt: zur vollständigen Erhellung ihrer Schattenseite.

Der Identitätsverlust

Probleme mit der Identität sind Probleme mit der „Rolle", die der Mensch als Person zu verkörpern hat. Der sogenannte „Identitätsverlust" entsteht meistens dann, wenn der Mensch zu Änderungen in seiner inneren Einstellung gedrängt wird und so manches, woran er festhält, loslassen soll. Er muss es loslassen, damit er den fälligen Entwicklungsschritt vollziehen kann. Was er loslassen soll, gehört nämlich nicht mehr zu seiner Ausrüstung, die er auf jenem Entwicklungsniveau, welches er erreichen muss, noch brauchen kann. Will er das Überflüssige nicht abgeben, so bremst er seine eigene Entwicklung oder verursacht für eine Weile Stagnation.

Dennoch wehrt er sich zunächst dagegen, das, was für ihn nicht mehr brauchbar ist, loszulassen. Da er sich mit seiner Rolle und mit den zugehörenden Gedanken und Fähigkeiten, mit Ruhm und Ehre, Stellung und Macht identifiziert, befürchtet er, wenn er sie nicht mehr als sein Eigentum betrachten könnte, wenn er sie verlieren würde, würde er auch sich selber „verlieren" und müsste sich verloren vorkommen. Er meint, wenn er seine Person aufgeben würde, wäre auch sein Ich nicht mehr vorhanden und er würde zum „Nichts".

Der Mensch, dem etwas weggenommen wird, woran sein Herz hängt, ist hinterher in der Tat nicht mehr derselbe. Was er (noch) nicht erkannt hat, ist, dass gerade die Tatsache, nicht mehr derselbe zu sein, einen Fortschritt in seiner inneren Entwicklung bedeutet. Denn wie die Schlange ihre alte Haut, so muss auch der Mensch seine alte Hülle abstreifen, um sich erneuern zu können.

Wehrt sich jemand, die nötige Veränderung in seinem Leben, in seiner Einstellung, in seinem Verhalten vorzunehmen, so kann er infolge seiner hartnäckigen Weigerung sogar dazu gezwungen werden. Er wird krank oder (nicht selten durch Schlaganfall) lahmgelegt. Dadurch wird verhindert, dass er seine bisherige Lebensweise fortführt, welche angefangen hat, ihm immer größeren seelischen und geistigen Schaden zuzufügen. Er muss also seine „Identität" gezwungenermaßen aufgeben, was im Grunde bloß bedeutet, dass er zu seinem eigentlichen Wesen zurückgeführt – oder zurückgeworfen – wird, um sich darauf zu besinnen.

Ein anderer Grund des Identitätsverlustes besteht darin, dass in ihm die Erinnerungen an frühere Inkarnationen, meistens an Verschuldungen, so intensiv aufsteigen, ihn sogar dermaßen überfluten, dass er sich in jene Person – oder jene Personen – gänzlich zurückversetzt fühlt, die er in jenen Inkarnationen selber war. Die Gegenwart dieser – früher gelebten – Person ist in ihm so groß, ihr damaliges Verhalten lebt in ihm mit solcher Intensität auf, dass er nun nicht mehr weiß, wer er heute eigentlich ist. (Dies ist der Grund z. B. für die Verwirrung „senil" gewordener Leute, die – auch nur zeitweise – nicht wissen, wer sie in Wahrheit sind und wo sie sich befinden.)

Hinzu kommt, dass die meisten Menschen, die einen solchen Identitätsverlust erleben, nicht wissen, dass jene Verhaltensweise, die in ihnen heute – vielleicht auf eine höchst unangenehme Weise (z. B. als gesteigerte Aggressivität) – auflebt, früher einmal (meistens gar nicht so lange her) ihr eigenes, oft praktiziertes Verhalten war. Diese Menschen stehen am Übergang zwischen der hemmungslosen, aggressiven Phase und jener neuen Phase, in der sie allmählich zur Besinnung kommen und ihr Verhalten überdenken müssen. Da sie seelisch noch nicht stark genug sind, um sich aus den Fesseln ihres früheren Verhaltens zu lösen, werden sie beim Aufbäumen dieser Kräfte von ihnen mitgerissen und fallen in ihre alten Gewohnheiten zurück. Bekanntlich kann bei einem solchen Menschen aus einem an sich harmlosen ein rabiater Mensch werden, der andere bedroht oder sein eigenes Leben gefährdet.

Dieser Mensch kann dabei das Empfinden haben, er sei nicht „er selber", aber die andere Person ist er ebenfalls nicht. Er ist also zwei – oder mehrere – Personen zugleich, und doch keine von ihnen.

Dies ist die innere Situation der *Schizophrenen*. In der Psychiatrie heißt das Phänomen „Ichspaltung". Das „Ich" wird dabei allerdings nicht „gespalten". Es ist unspaltbar. Es ist der Mensch, der sein Ich in dem Sinne „aufspaltet", dass er sich (sein Ich) nicht nur mit seiner heute gelebten – „wahren" – Person, sondern auch mit einer anderen, in ihm beim Schub auflebenden oder immerfort gegenwärtigen Person (gegebenenfalls mit mehreren) identifiziert. Er identifiziert sich mit dieser zweiten Person natürlich unbewusst, häufig allerdings zwangsweise. Infolge seiner gleichzeitigen Identifikation mit seiner „wahren" Person und zusätzlich mit einer anderen oder mehreren, die er einst selber war, scheint das Ich „aufgespalten" zu sein.

Erfolgt die Identifikation zwangsweise, so hat auch dies seinen Grund. Der Zwang nötigt den Menschen zur Konfrontation mit seinem früheren schuldhaften Verhalten und mit allem, was davon in ihm vielleicht noch lebendig ist (z. B. seine Neigung zur Aggressivität). Er wird somit mit seiner Schattenseite konfrontiert und wird veranlasst, sie zu akzeptieren.

Ähnlich ist die Lage, wenn jemand sich von „bösen Geistern" oder „Dämonen" besessen fühlt und meint, er sei nicht mehr „er selber". Auch da lebt die böse Vergangenheit im Menschen wieder auf, und der Grund für die „Besessenheit" ist, dass die Gestalten, die ihm heute als „böse Geister" oder „Dämonen" erscheinen, jene Personen waren, die er einst verkörperte und mit denen er sich restlos identifizierte. Seine damalige Identität flammt in ihm wieder auf, er fühlt sich mit dieser Person aus seiner Vergangenheit wieder identisch, was sein heutiges Identitätsgefühl natürlich erschüttern kann. In einem solchen Fall können sich überdies verwandte „böse Geister" (unreife und böswillige Jenseitige) „einschalten" und seine Neigung zu unbeherrschten Verhaltensweisen schüren oder ihn dazu anhalten. (Zur Besessenheit vgl. *Die Welt der Reinkarnationslehre,* S. 80–82)

Psychose im allgemeinen ist in jeder ihrer Erscheinungsformen ein Zustand, in den der Mensch durch sein *schlechtes Gewissen* versetzt wird. Meldet sich das Gewissen wegen – in früheren Inkarnationen begangenen – Verschuldungen, so veranlasst das Schuldgefühl den Menschen zu jenen absonderlichen Verhaltensweisen, die als „psychotisch" gelten (Wahnvorstellungen, Verfolgungswahn, Schizophrenie, Tobsucht, Bewegungsstarre u. a.).

Heilbar ist eine Psychose nur dann, wenn der Psychotiker seelisch stark genug ist, um mit der Wahrheit konfrontiert zu werden. Er muss also schon einsehen können, dass es *Rückerinnerungen* an seine eigenen, in früheren Inkarnationen begangenen Verschuldungen sind, die in ihm das – berechtigte – Schuldgefühl entfachen und von ihm verlangen, zur Schuld zu stehen und die Verantwortung dafür zu übernehmen. Dazu allerdings sind die allerwenigsten fähig, die vorderhand die Psychose als „Lösung" ihrer inneren Bedrängnisse wählen.

DAS HÖHERE SELBST

Das *Höhere Selbst* wird erst auf den drei letzten Stufen der äonischen Entwicklung als eine eigenständige Größe herangebildet.

Die Aufgabe des Höheren Selbst

Dies ankert in der Bestimmung des Höheren Selbst: Es soll dem Menschen ermöglichen, die Führung seiner inneren Entwicklung selber in die Hand zu nehmen. Dazu aber muss er innerlich reif sein.

Die eigene Führung selber in die Hand nehmen bedeutet, diese Aufgabe den Geistigen Führern abzunehmen. Jeder Mensch (in einem gewissen Sinne sogar das Lebewesen) hat ein Höheres Selbst. Es ist jene Instanz, die den Menschen (und das Lebewesen) – aufgrund der genauen Kenntnis seiner eigenen inneren und der äußeren Realität – seelisch und geistig, so auch spirituell, überwacht und führt, somit seine innere Entwicklung ermöglicht. Zur eigenen Wirklichkeit des Menschen gehören sein innerer Entwicklungsstand, seine Vergangenheit, seine innere Reife, ferner seine Stellung sowohl in der seelischen als auch in der Kosmischen Gemeinschaft (Seelenfamilie bzw. -sippe, Seelenhierarchie). Damit er darüber Bescheid wissen kann, muss er auch die Struktur der äußeren Wirklichkeit, so auch die des Kosmos, der sich in ihm widerspiegelt, kennen.

Soll nämlich die Führung kundig und wirksam vor sich gehen, muss jener, der sie in die Hand nimmt, das materielle, seelische und geistige Gesamtfeld, in welchem der Mensch steht, in allen Bereichen überblicken können.

Der Entwicklungsverlauf, somit auch das Schicksal in jeder Inkarnation, ist im voraus geplant. Der Mensch ist von Anfang seiner inneren Entwicklung an auf die Erfüllung bestimmter Aufgaben ausgerichtet. Um diese lösen zu können, muss er bestimmte Erfahrungen machen und bestimmte Lektionen lernen. Die Kontrolle über sich kann er jedoch nur dann selber übernehmen, wenn er die Erfahrungen nicht bloß machen, sondern auch *auswerten* kann. Erst dann wird er das, was ihm als Lektion vorgelegt wird, auch lernen können.

Weder die Kenntnis über seine Lage im Gesamtfeld der Realitäten und über Voraussetzungen zu seiner inneren Entwicklung noch die Fähigkeit zur Auswertung der Erfahrungen kann er sich von heute auf morgen aneignen. Er muss sie erst erlernen. Das tut er auch, aber erst in der zweiten Hälfte seiner inneren Entwicklung, wenn er dazu reif geworden ist.

Reife bedeutet immer auch *seelische Tragfähigkeit.* Der Mensch muss seelisch stark genug sein, weil er mit jedem Schritt in seinem Lernprozess immer mehr Verantwortung für sich – und für andere – zu übernehmen hat. Und er muss geistig reif sein, damit er aus dem *höheren Wissen* schöpfen kann.

Das höhere Wissen

Das *höhere Wissen* lagert im *Überbewussten,* das den oberen Teil des *Unbewussten* bildet. Die Verwaltung des *höheren Wissens* besorgt das *Höhere Selbst.* Da auf den unteren Entwicklungsstufen das Höhere Selbst von den *Geistigen Führern* vertreten wird, verwalten diese das *höhere Wissen.* Ihre Arbeit übernimmt von den mittleren Stufen an allmählich der Mensch selber und wächst damit gleichsam in das *Höhere Selbst* hinein. – Dieser Mensch ist der *innere Mensch,* der von der Mitte der Entwicklung an den *äußeren Menschen* allmählich durchdringt.

Das *höhere Wissen* enthält auch das *innere Wissen,* das dem Menschen bis zu den höheren Stufen seiner inneren Entwicklung zwar verborgen ist, auf ihn jedoch bereits auf den unteren Stufen, wenn auch ihm unbewusst und unbemerkt, durch Vermittlung der Geistigen Führer und des inneren Menschen einwirkt. Dem inneren Menschen ist ja das innere Wissen von Anfang der äonischen Entwicklung an zugänglich.

Eignet sich der Mensch mit Hilfe des Höheren Selbst ein höheres Wissen an, so werden für ihn außer den neuen Informationen und Impulsen aus dem Kosmischen Bereich immer mehr Inhalte auch aus seinem inneren Wissen fassbar.

Dieses innere Wissen ist in jeder Seele vorhanden. Sein Verwalter ist der innere Mensch. Es enthält einmal das Wissen um die Göttliche Herkunft der Seele, um ihren Entwicklungsgang durch die „Äonen“ (Stadien, Etappen und Phasen der Gesamtentwicklung) und um den Zusammenhang und den Sinn allen Seins und allen Geschehens sowie über das wahre Wesen Gottes.

Auch das gespeicherte innere Wissen, das im Unterbewussten liegt, wird dem Menschen auf dieser Entwicklungshöhe allmählich zugänglich. In diesem Wissen ist alles ein*be*schlossen, was der Mensch im

Laufe seiner bisherigen Entwicklung erlebt, erfahren, gelernt und gemacht hat, also das Wissen über seine ganze Vergangenheit: über den Verlauf sämtlicher Inkarnationen mit allen Erfahrungen und Lektionen.

Gegen Ende der äonischen Entwicklung erfährt die Seele (der Mensch) alles über ihr Leben und lernt sowohl den Aufbau der Entwicklung aller Seelen als auch die Struktur und die Gesetze des Kosmos kennen.

Dieses Wissen kommt selbstverständlich nicht durch den Verstand, sondern im „Herzen" zustande. Es ist ein *Herzenswissen,* das aber im nachhinein auch vom Verstand „begriffen", das heißt in das rationale Wissen eingeordnet wird, wodurch das rationale Wissen vertieft und verwandelt wird. Das Wissen aber, das der Mensch in seinem Herzen trägt, verwandelt nicht nur sein Verstandeswissen, sondern auch ihn selber. Seine Seele wird dabei heller, ihre *Lichtseite* größer, bis die Seele schließlich ganz in das Höhere Selbst hineinwächst.

Das Höhere Selbst als Lichtseite der Seele

Das *Höhere Selbst* enthüllt sich nach und nach als *Lichtseite der Seele.* Der „Lichtträger" ist der *innere Mensch.* Je mehr sich der Mensch nach der Lichtseite seiner Seele richten, dabei das innere Licht als jenes Licht, das ihn leitet, erkennen und ihm folgen kann, umso mehr verwandelt sich seine Seele in das *Höhere Selbst.*

Das *Höhere Selbst* ist jene Instanz, die fähig ist, das *Göttliche* im Menschen wirken zu lassen. Das *Licht des Göttlichen* durchdringt unter seiner Wirkung allmählich die ganze Seele und damit das ganze Wesen des Menschen, so dass er auf den letzten Stufen seiner inneren Entwicklung zu einer immer heller leuchtenden *Lichtgestalt* wird. Er wird immer mehr *spirituell*: Gott gegenüber immer offener, um schließlich auf der Überstufe mit dem Geiste Gottes aufs engste verbunden zu sein.

Auf den höheren Stufen verlagert sich das Bewusstseinszentrum des Menschen – man kann auch sagen: sein Ich – immer näher zum Höheren Selbst. Er ist in seinen Gefühlen und Gedanken nicht – wie früher – in der Mentalschicht und damit in seinem Ich zentriert, sondern im Höheren Selbst. – Dabei wird der äußere Mensch in den inneren „eingeformt".

Praktisch bedeutet dies, dass er nicht nur in der *Wir*-Form denkt, sondern auch seine *Solidarität* zur Gemeinschaft durch sein Leben und sein Verhalten auf Schritt und Tritt bekundet. Seine Gemeinschaft ist für ihn freilich nicht mehr auf seine irdische Familie oder auf seine Seelenfamilie beschränkt, wie in der ersten Hälfte seiner inneren Entwicklung, sie umfasst letztlich alle Seelen.

Ihr tragendes Element ist die echte – und kluge – Liebe, die es ihm ermöglicht, seine Verhaltensweise und seine Handlungen am wahren Interesse der anderen zu orientieren. Bei seinen Entscheidungen denkt er in erster Linie nicht – wie er dies früher getan hat – an sich, an seine Vorteile (was da noch ganz natürlich war), sondern berücksichtigt alle Beteiligten und ihre Interessen, und in vielen Fällen stellt er sich zurück und nimmt Opfer auf sich.

Damit ahmt er im Grunde die Geistigen Führer nach, die bei jeder Angelegenheit, die mehrere Seelen (Menschen wie auch Lebewesen und die Natur) betrifft, stets auf das wahre Wohl sämtlicher Wesenheiten bedacht sind. Und das wahre Wohl entwicklungsbedürftiger Seelen besteht in der Förderung ihrer seelisch-geistigen Entwicklung.

Er ahmt aber mit seiner Opferbereitschaft auch den Herrn: JESUS nach, der sich am Kreuz vollkommen entäußerte, um allen Seelen den Weg zu Gott zu öffnen. (Vgl. dazu: *Die Welt der Reinkarnationslehre,* S. 309–325)

Mit seinem Höheren Selbst „berührt" der Mensch die Seele der Wesenheiten höheren Ranges: die seiner Engel und Geistigen Führer sowie der Himmlischen, und lernt, Menschen im wahren Sinne zu führen.

Kapitel 18

DER INNERE UND DER ÄUSSERE MENSCH

Die *Seele* ist *wissend*. Es ist ihr innerer Kern, in welchem alles, was sie wissen muss und wissen kann, beschlossen ist.

Dieses Wissen ist kein Verstandeswissen, sondern ein *inneres*, das von der Entwicklungshöhe des Menschen *unabhängig* ist. Es ist auch von seinem inneren Alter unabhängig.

Es ist der *Geist Gottes*, der in der Seele vom Uranfang an wirkt und sie wissend macht. Daher verfügt auch die Seele des Lebewesens über dieses innere Wissen.

Der Mensch weiß um sein inneres Wissen, und zwar auch dann schon, wenn er noch völlig unbewusst ist. Nur ist der Mensch, der darum weiß, nicht der äußere, sondern der *innere Mensch*. Denn die Seele hat zwei Verwalter: einen inneren und einen äußeren. Der innere Verwalter ist der innere Mensch, der äußere Verwalter der äußere Mensch. Über die Existenz des inneren Menschen hat allerdings der äußere in der ersten Hälfte seiner inneren Entwicklung keine Kenntnis.

Während das innere Wissen dem Wachbewusstsein des Menschen unzugänglich ist, wirkt es im inneren Menschen unablässig. Es gibt ihm Impulse zur Weiterentwicklung und tritt in Aktion, und zwar zum entscheidenden Zeitpunkt in bestimmten Phasen, die nicht selten kritische Phasen sind.

DER INNERE MENSCH

Der *innere Mensch* ist die „Seelenhülle" jenes Göttlichen Samens, der in jeder Seele von Anfang an vorhanden ist und den Lebewesen und Menschen Sein und Dasein überhaupt erst ermöglicht.

Der innere Mensch trägt den Samen in sich und behütet den *Göttlichen Kern*. Er hat Zugang zu dem Wissen, das darin eingeschlossen ist. Was Gott weiß, weiß auch der innere Mensch, oder genauer: Er könnte es wissen. Denn er entnimmt aus diesem Wissen nur das, was ihn als Menschen betrifft. Doch das ist immer noch viel. So ist sein Wissen beachtlich groß: Er kennt den Grund, warum er erschaffen wurde, und er weiß auch, warum er so, wie er als Einzelner ist, erschaffen wurde. Er kennt nämlich jene Aufgabe, die ihm gestellt wurde und die er bewältigen muss, damit er den Sinn seiner Existenz erfüllen kann. Er weiß somit auch um jene Stelle in der Gesamtheit der Seelen, die für ihn von Anfang an bestimmt wurde. Denn er kennt jenen „Gedanken" Gottes, den er zu verwirklichen hat.

Der innere Mensch ist also in einem besonderen Sinne „Mensch". Er „nimmt" den *ganzheitlichen Menschen* gleichsam „vorweg". Im inneren Menschen ist jener Mensch bereits Wirklichkeit, der erst durch die Verwirklichung des „Gedanken" Gottes zur Realität werden soll.

Der innere Mensch und die Entwicklung

Der „Gedanke" Gottes wird durch das Wachstum der Seele – und das heißt für den Menschen: durch seine innere Entwicklung – verwirklicht.

Der innere Mensch gibt dem äußeren Impulse zur Entwicklung und führt ihn auf seinem Entwicklungsweg. Er ist es, der den Weg kennt, den der äußere Mensch jeweils einzuschlagen hat, um immer mehr aus jener Fülle von Lebensmöglichkeiten zu verwirklichen, über die der innere Mensch Bescheid weiß. Auf diesem Weg wird der äußere Mensch für die Wirkung des inneren immer zugänglicher, so dass das Wesen des inneren Menschen auch im äußeren immer deutlicher in Erscheinung treten kann.

Entwicklung vollzieht sich, indem der innere Mensch den äußeren durchdringt. Dafür muss der innere Mensch alles, was er im Keim in sich trägt, entfalten und durch den äußeren Menschen zur Wirkung gelangen lassen. In dem Maße, wie der innere Mensch den äußeren prägt, verwandelt sich dieser. Jeder Schritt zur Entfaltung und Verwirklichung der Anlagen und Fähigkeiten verändert mehr oder weniger immer auch den äußeren Menschen.

Während also der innere Mensch, der das Göttliche in sich trägt, in seinem *innersten Wesen* unverändert bleibt, verändert, entwickelt und wandelt sich der äußere. Er muss es tun, denn nur so kann der innere Mensch durch ihn all das verwirklichen, was zur Erfüllung der Bestimmung des Menschen: des *ganzheitlichen* Menschen dient.

Im Laufe der Entwicklung verändert sich im gewissen Sinne auch der innere Mensch. Denn die Verwandlung des äußeren wirkt sich auch auf den inneren Menschen aus. Sein innerstes Wesen bleibt zwar unverändert, seine Fähigkeit, sich und sein Potential an Möglichkeiten durch den äußeren Menschen zu verwirklichen, steigt hingegen. Auch er macht ja laufend Erfahrungen und lernt unentwegt. Je besser der innere den äußeren Menschen durchdringen und sich durch ihn verwirklichen kann, umso reifer wird auch er selber, umso tiefer kann er in sein Wissen eindringen und umso besser kann er mit dem äußeren Menschen umgehen und sein Wissen durch diesen in die Tat umsetzen.

Der äußere Mensch

Der *äußere Mensch* versteht sich sowohl als *Ich* als auch – in den Inkarnationen – als *Person*. In beiden Gestalten verändert er sich fortwährend.

Das *Ich*, mit dem sich der äußere Mensch identifiziert, besteht zwar permanent und weist eine langwährende Kontinuität auf, die weit über die Hälfte der äonischen Entwicklung bestehen bleibt. Dennoch ist das Ich immerfort – von Inkarnation zu Inkarnation – Veränderungen unterworfen. Es dehnt sich, das heißt: es dehnt seine Sphäre während Inkarnationen aus, engt sich wieder ein, „pulsiert“ auf diese Weise und erfährt dabei fortwährend Veränderungen. Diese kommen auch dadurch zustande, dass jeweils verschiedene Anlagen aktualisiert und verschiedene Seiten der Seele ausgelebt werden. Gerade dies ermöglicht es dem Menschen, Fortschritte in seiner inneren Entwicklung zu erzielen. Gegen Ende der äonischen Entwicklung wird das Ich völlig verwandelt und damit – in einem bestimmten Sinne – auch aufgelöst: Aus dem Ich wird ein *Wir*.

Je mehr sich das Ich wandelt, je mehr der Mensch „ent-*icht*" wird, umso mehr wird der äußere Mensch in den inneren Menschen „eingeformt".

Am deutlichsten tritt der äußere Mensch in der *Person* in Erscheinung. Die Person ist jene „Maske", die der Mensch trägt, um in einer Inkarnation eine bestimmte Rolle zu spielen. Das Übernehmen der Rollen ermöglicht es ihm, die geplanten Erfahrungen zu machen, die aufgetragenen Aufgaben zu erledigen und somit die vorgesehenen Entwicklungsschritte zu vollziehen.

Während der äußere Mensch sich sowohl mit seinem Ich als auch mit seiner Person – besonders in der ersten Hälfte seiner inneren Entwicklung – vollauf identifiziert, weiß der innere Mensch, dass die Bedeutung des Ich nur *relativ*, die der Person *zeitbedingt* ist. Er versucht daher, den äußeren Menschen zu veranlassen, sich immer weniger mit dem Ich und der Person zu identifizieren, um ihn von seiner Abhängigkeit von dem, was nicht zu seinem Wesen gehört und nur zeitweilig Gültigkeit hat, zu befreien.

Diese Versuche schaffen zwischen dem inneren und dem äußeren Menschen Spannungen, die gelegentlich äußerst intensiv sein und zu ernsthaften Konflikten führen können. Doch gerade dies kommt dem äußeren Menschen zugute. Konflikte dienen ja dazu, die innere Entwicklung zu fördern, und nicht selten, den Menschen aus einer Stagnation zu erwecken.

Der innere Mensch und das innere Alter

Der innere Mensch ist an sich ohne Alter. Er ist so alt wie die Seele. Der äußere Mensch hingegen hat zwei Alter: ein äußeres: *biologisches* und ein *inneres*.

Das *äußere Alter* ist das jeweilige Alter des Menschen in einer Inkarnation. Es umfasst die gelebte Zeitspanne im Erdenleben. Von diesem biologischen Alter ist die Altersreife des Menschen in einer

Inkarnation abhängig. Je nach seinem biologischen Alter verfügt er über seine Fähigkeiten auf eine jeweils andere, dem Alter entsprechende Weise. – Das *innere Alter* ist jenes Alter, das der Mensch in seiner gesamten – äonischen – Entwicklung erreicht hat. Es wird an seinem Entwicklungsstand gemessen. Es ist für seine Gesinnung ausschlaggebend, und diese hängt davon ab, wie weit der Mensch seine *Menschlichkeit* entfaltet hat.

Menschlich wird der Mensch, wenn er das Göttliche, dessen Hüter der innere Mensch ist, in sich verwirklichen kann. Seine Einstellung zu allem lässt erkennen, wie weit er im wahren Sinne menschlich geworden ist. Es ist der innere Mensch, der an der Veredelung der Gesinnung des äußeren Menschen arbeitet, damit der *ganze* Mensch menschlich wird.

Durch diese Arbeit reift auch der innere Mensch. Die Entwicklung des Menschen hängt nicht nur von den Fortschritten des äußeren, sondern auch vom Reifen des inneren Menschen ab. Er muss den richtigen Umgang mit dem äußeren Menschen erst lernen. Dabei wird er immer wieder vor neue Situationen gestellt, die er meistern muss. Er muss auch den Umgang mit seinem Wissen, nicht zuletzt mit den Göttlichen Gesetzen lernen, nach welchen sich das Leben des Menschen auszurichten hat. Daher ist für das innere Alter auch der erreichte Reifegrad des inneren Menschen ausschlaggebend.

Das *innere Alter* zeigt an, wie weit der innere Mensch den äußeren durchdringen, seine Absichten durch ihn verwirklichen kann. Die Aufgabe des inneren Menschen ist ja, den äußeren mit allem, was er in sich trägt, so auch mit dem Göttlichen, zu sättigen und alle Anlagen, die er potentiell in sich trägt, durch den äußeren Menschen zu aktualisieren. Wie weit er dies jeweils – in den dafür geeigneten Phasen von Inkarnationen – durchführen kann, hängt nicht nur vom äußeren Menschen, sondern auch vom inneren Menschen ab. Denn nicht nur die Schüler lernen vom Lehrer, sondern auch der Lehrer von den Schülern (mitunter sogar mehr als diese von ihm).

Am inneren Alter ist dann ablesbar, wie weit der äußere Mensch in den inneren „eingeformt", wie weit seine Gesinnung „veredelt" wurde.

Die gesamte äonische Entwicklung dient dazu, die „Einformung" des äußeren Menschen in den inneren durchzuführen und schließlich zu vollenden, damit der *ganze* Mensch in seinem inneren Alter die Altersstufe der Reife erreichen und somit erwachsen werden kann.

Die Verwandlung der Leibarten

Die einzelnen Phasen dieses Verwandlungsprozesses zeichnen sich auch auf der feinstofflich-leiblichen Ebene ab. Auf der vierten Entwicklungsstufe, auf welcher die Wirkung des inneren Menschen beim äußeren deutlich wahrnehmbar wird, erreicht auch der – inzwischen herangebildete – *Mentalleib* eine ansehnliche Größe (dem inneren Alter der Pubertät entsprechend). Der *Astralleib* wird von da an allmählich in den *Mentalleib* überführt, er geht in dem Maße, wie der innere Mensch den äußeren durchdringt, im Mentalleib auf.

Von der fünften Entwicklungsstufe an gewinnt die Wirkung des inneren Menschen deutlich an Intensität und der äußere Mensch kann sich immer mehr nach oben öffnen. In dieser Phase vollzieht sich die Heranbildung, sodann die Entfaltung des *kosmischen* oder *Kausalleibes*, der den *Mentalleib* mit dem einbezogenen Astralleib in sich aufnimmt – „aufsaugt" – und ihn dabei verwandelt.

Vom Ende der sechsten Stufe an übernimmt der innere Mensch die Herrschaft über den äußeren beinahe vollständig. Seine Dominanz zeigt sich darin, dass der *Lichtleib* des Menschen auch nach außen hin „zu leuchten" beginnt. Der Mensch strahlt nach außen und seine lichtvolle Gesinnung und Liebeskraft macht sich überallhin bemerkbar.

Es ist die *Leuchtkraft des Göttlichen*, die durch den Menschen nun immer stärker zur Geltung gelangt. Denn die „Hülle" des Göttlichen Kerns ist das eigentliche „Kleid" des inneren Menschen: Es ist der *Lichtleib*, der schließlich auch den kosmischen Leib und sämtliche in diesen aufgenommenen Leibarten durchdringt.

Gewinnt im Menschen der *Lichtleib* an Dominanz, so bedeutet dies, dass in ihm das eigene *Höhere Selbst* zur Wirkung gelangt ist.

Der innere Mensch als das Höhere Selbst

Kann der äußere Mensch von der vierten Stufe an allmählich erkennen, dass er – neben den Geistigen Führern – auch von einer inneren Instanz geführt wird, so ist dies ein Zeichen dafür, dass der innere Mensch begonnen hat, die Rolle des *Höheren Selbst* von den Geistigen Führern zu übernehmen. Er wird dann Schritt für Schritt zur eigenen und eigenständigen Instanz im Menschen.

Das *eigene Höhere Selbst* ist der in seiner Wirkung erstarkte und den äußeren Menschen durchdringende *innere Mensch*, der sowohl das Ich als auch die jeweilige Person – dank seiner zunehmenden Strahlkraft – nach und nach verwandelt. Richtet sich der Mensch nach dem inneren Menschen und somit nach seinem eigenen *Höheren Selbst*, so wird er sein Leben immer klarer seinem Göttlichen Ursprung gemäss ausrichten und dessen würdig leben können.

EINHELLIGKEIT UND ZWIETRACHT

Der *innere Mensch* hat die Aufgabe, den äußeren zu führen und seine Entwicklung zu ermöglichen. Er will ja den Sinn seiner Existenz erfüllen. Daher drängt er den äußeren Menschen, seiner Bestimmung gemäss zu leben und seinen Göttlichen Auftrag auszuführen. Der äußere Mensch folgt ihm, denn obwohl er zeitweise Widerstände gegen die Absichten des inneren Menschen hat, weiß er letztlich, dass er nur dann lebensfähig ist, wenn er ihm gehorcht. Denn „leben" heißt: sich *entwickeln*. Dies ist der Grund, weshalb sich jeder Mensch fortwährend entwickelt, selbst wenn dies nach außen hin nicht immer sichtbar ist, und warum ein jeder seine äonische Entwicklung einst abschließen und schließlich sein Entwicklungsziel erreichen wird.

Um das Ziel zu erreichen, muss der äußere Mensch viele Erfahrungen machen und viel lernen. Und da er mitunter eigene Wege gehen will, deckt sich sein Wille nicht immer mit den Absichten des inneren Menschen.

Der innere Mensch kann sich – vor allem in der ersten Hälfte der äonischen Entwicklung – häufig nicht durchsetzen. Aber er sitzt „am längeren Hebel": Gott wirkt ja durch ihn. Daher setzt der innere Mensch seinen Willen, wenn auch nicht sofort, so letzten Endes immer und unfehlbar durch. Und wenn er unterliegt, so bemüht er sich so lange, bis er die Abwehr des äußeren Menschen überwindet oder – falls erforderlich – seinen Widerstand bricht, damit die Entwicklung wieder in Gang kommt. Deshalb nötigt er den äußeren Menschen mitunter recht energisch, sich aufzuraffen und die fälligen Entwicklungsschritte zu tun.

Konflikte

In vielen Fällen merkt der Mensch, sofern er innerlich schon reifer ist, dass er in einen inneren Konflikt mit sich selber geraten ist. Der Konflikt mit sich ist der Konflikt zwischen dem inneren und dem äußeren Menschen. In solchen Fällen ahnt oder weiß dieser sogar, dass er etwas tun oder unterlassen oder auf andere Art machen sollte. Doch er kann es oft nicht. Er will es vielleicht auch nicht wahrhaben, dass etwas nicht gut läuft, und weigert sich, auf seine innere Stimme: auf die Stimme des inneren Menschen zu hören.

Häufig verläuft der Kampf zwischen dem inneren und dem äußeren Menschen unterschwellig: Der Mensch spürt lediglich, dass er seelisch Spannungen ausgesetzt ist, nur weiß er nicht, woher sie kommen. Er versucht, falls er noch weitgehend unbewusst ist, sie mit Hilfe äußerer Ursachen zu erklären: mit Wetterumschlag, unruhigem Schlaf, schlechten Träumen, unangenehmen Auseinandersetzungen in der Familie oder am Arbeitsplatz oder mit einer Krankheit, die im Anzug ist. All das kann tatsächlich zutreffen, nur ist keiner der Hinweise der wahre Grund seiner inneren Unruhe.

Es gibt grundsätzlich zwei Konfliktsituationen, in welchen der innere Mensch energisch einzugreifen pflegt. Die erste ergibt sich, wenn sich der äußere Mensch in seiner „Haut" äußerst wohl fühlt und nicht bereit ist, sein Verhalten oder sein Leben zu ändern. Er will also an seinem gegenwärtigen Zustand unbedingt festhalten. – Die zweite Situation ist der ersten entgegengesetzt: Der äußere Mensch weigert sich, das für ihn vorgesehene Leben zu leben, er weigert sich vielleicht, überhaupt in das Erdenleben zu treten.

In beiden Situationen sieht sich der in Bedrängnis geratene innere Mensch genötigt, nach Zwangsmaßnahmen zu greifen oder – im Notfall – bei den Geistigen Führern darum zu ersuchen. Er will mit den Maßnahmen lediglich erreichen, dass die Entwicklung des Menschen wieder in die richtige Bahn gelenkt wird oder wieder in Gang kommt.

Das Festhalten am Leben

Worin sich der Mensch eingeübt hat, was er sich erarbeitet, mit viel Mühe und großem Einsatz erreicht hat, gibt er nicht so leicht auf. Ist er gewohnt, seine Triebe hemmungslos und vielleicht auf eine bestimmte Weise auszuleben, hat er Macht erlangt, kann er sich seinen Neigungen uneingeschränkt hingeben, seine Bedürfnisse und Wünsche vollauf befriedigen und fühlt er sich groß und stark, so versucht er, an jener Lebensführung, an jenen Verhaltensweisen festzuhalten, welche ihm eine derartige Erhöhung seines Selbstgefühls und die Bestätigung der Richtigkeit seiner Haltung ermöglichen.

In der Gesamtentwicklung des Menschen hat alles – auch eine solche Lebensweise – seine Zeit. Der Durchgang durch die Reihe von Inkarnationen, in welchen die Triebe ausgelebt werden, das Streben nach Macht Früchte zeigt, noch so absonderliche Bedürfnisse und Wünsche befriedigt werden können, gehört ebenso organisch zum Plan der Gesamtentwicklung wie die Folgen, die solche Verhaltensweisen und Handlungen nach sich ziehen.

Die Folgen treten ein, um den Menschen aus seiner Haltung, die von Egoismus und Rücksichtslosigkeit geprägt ist, herauszuholen. Was er verursacht hat, wird er nun selber erfahren und dabei nicht nur die Wirkung, sondern auch den Sinn des *Karma-Gesetzes* kennenlernen. Er muss zwar das negative Karma abtragen, demzufolge viel Leid und Schmerz ertragen, aber nur damit er lernt, Verständnis für andere zu haben. Er wird erfahren, wie es jenen zumute war, die er missbraucht und misshandelt hat. Er muss die Folgen seines Verhaltens erleiden, damit er aufgrund seiner Erfahrungen seine Gesinnung ändert.

Das Karma-Gesetz wirkt allerdings nicht automatisch. Es sind Höhere Wesenheiten, die es einsetzen. Jene Wesenheit aber, die jeweils um seinen Einsatz bittet, ist in den meisten Fällen der Mensch selber, genauer: der innere Mensch.

Er wahrt ja die – wahren – Interessen des Menschen. Er sorgt dafür, dass das fröhliche Leben in Glanz und Gloria, Pracht und

Prasserei auf Kosten anderer nicht ewig dauert. Er weiß, wohin ein solches Leben führt. Und er weiß genau, wann die Zeit für das hemmungslose Genießen abgelaufen ist.

Neigt sich also die Zeit der Selbstherrlichkeit, der Macht, der Triebhaftigkeit, des Eigendünkels dem Ende zu, so bittet der innere Mensch die Geistige Führung, in die Inkarnationen jene Maßnahmen einzuplanen, die es verhindern, die bisherige Lebensweise beizubehalten oder sie von vornherein unmöglich machen. Gewaltsamer Tod, militärische Niederlage, wirtschaftlicher Zusammenbruch, Unfall, schwere Krankheit, Verkrüppelung, Naturkatastrophen und viele andere Unannehmlichkeiten gehören zum Repertoire, über das die Geistige Führung verfügt und aus welchem der innere Mensch jenes Mittel wählt, das ihm geeignet scheint, den äußeren Menschen zur radikalen Änderung seiner Lebenshaltung zu bringen oder gar zu zwingen.

Der Eigendünkel

Doch auch in „ruhigeren" Zeiten kann der innere Mensch mit dem äußeren seine liebe Not haben. Besonders schwer ist seine Lage, wenn sich der äußere Mensch mit seiner Lichtseite vollständig identifiziert. Betrachtet dieser seine gute Seite als die einzig vorhandene, so existiert für ihn die Schattenseite überhaupt nicht. Er wird dann nicht einsehen können, dass er fähig ist, etwas Ungutes oder Böses zu tun, selbst wenn er etwas Schlimmes anstellt. Er wird versuchen, die Sache so zu drehen, dass er eine „weiße Weste" behalten kann.

Eine solche Situation ist charakteristisch für die „Mondphase" der Seele. In einem solchen Fall ist die Drehbühne der Seele scharf in zwei Bereiche getrennt: Der eine Bereich ist hell erleuchtet, der andere völlig im Dunkeln.

In eine solche Hell-Dunkel-Lage manövriert sich der äußere Mensch in der Regel dann hinein, wenn er in seiner inneren Entwicklung – gegen die Mitte einer Entwicklungsstufe angelangt – überzeugt ist, dass er alles, was nur möglich ist, erreicht habe und sein Können und Wissen auf dem höchstmöglichen Stand sei. Eigendünkel und Hochmut lassen es dann nicht zu, dass er Kritik annehmen, geschweige in sich schauen oder sich in Frage stellen könnte. Da nun der innere Mensch alles unternehmen wird, um ihn aus dieser Sackgasse herauszuholen, wird der äußere Mensch innerlich dennoch etwas beunruhigt sein. Nur wird er auch sich selber gegenüber nicht zugeben, dass er beunruhigt ist. Und er wird seine gelegentlich auftretende innere Unsicherheit immer wieder überspielen, indem er an der Vorstellung, die er von sich hat, hartnäckig festhält. – An seiner „Image-Pflege“ arbeiten meistens auch andere, die ihn bewundern. Denn er hat ja bereits etwas erreicht. Er hat sich nämlich all das, was auf dieser Entwicklungsstufe zu lernen ist, angeeignet. Und ob sein Können und Wissen im Haudegentum, im Machtstreben, in der Manipulation von Menschen oder sogar (z. B. auf der dritten Stufe) in rational-geistigen Fähigkeiten oder in der Rolle eines „Guru“ oder sonst in der Führung einer Gruppe besteht, ist an sich völlig gleichgültig. Es ändert nichts an seinem übersteigerten Selbstbewusstsein. Sogar die Frage bleibt belanglos, ob er all das tatsächlich erfüllen und tun kann, was er glaubt, tun zu können.

Der innere Mensch scheut auch in einer solchen Situation keine Mühe, seinem Schützling aus der Misere herauszuhelfen. Er holt bei den Geistigen Führern Hilfe, und diese unterstützen ihn, möchten sie doch selber die Entwicklung des Menschen wieder in Gang setzen. Und dies geschieht häufig dadurch, dass sie den äußeren Menschen auf sich „zurückwerfen“, damit er wieder auf die Stimme des inneren Menschen hört. Er erleidet zum Beispiel einen Schlaganfall (vielleicht sogar mehrere) oder einen Herzinfarkt oder wird krebskrank.

Jene, die ihn bewundern, können nicht verstehen, dass ein Mensch, der – wie sie meinen – einen so hohen Entwicklungsstand erreicht hat, einen derart schweren Schicksalsschlag erleiden muss. Der innere Mensch hingegen weiß sehr wohl, dass die Entwicklung nur dann weitergeht, wenn der äußere Mensch sich innerlich dorthin stellt, wohin er in Wahrheit gehört: nach hinten, damit er den Aufbau seiner Seele, wenn auch nicht ganz von unten (dies wäre nicht nur überflüssig, sondern auch unmöglich), so doch von einer wesentlich tieferen Stufe neu ansetzen kann.

Der Mensch, dessen Verhalten und Wirken nicht hinreichend mit „Substanz“ erfüllt sind, wird bald schon hohl. Zeitweilig kann er etwas leisten, sogar Gutes tun und anderen helfen. Dann aber kommt die innere Leere immer stärker zum Vorschein, und er beginnt, mit seiner „Hilfeleistung" immer mehr Schaden anzurichten.

Und er schadet auch sich selber, bis er erkennt, was jene „Substanz" ist, woran es ihm fehlt. Die „Substanz" im Verhalten ist nämlich die *Demut*, die „Substanz" im Wirken die *Liebe*.

Die Verweigerung der Existenz

Der äußere Mensch kann auch dem Leben eine massive Absage erteilen. Steht ihm etwas Unangenehmes bevor, so kann er sich weigern, damit konfrontiert zu werden, in extremen Fällen sogar versuchen, eine vorgesehene Inkarnation zu vereiteln oder sich zu vernichten.

Eine solche Verweigerung der Existenz kommt bei jenen vor, die gegen die Mitte ihrer äonischen Entwicklung angelangt sind. Sie müssen beginnen, sich selber und somit ihre Schattenseite kennenzulernen und ihre Vergangenheit – namentlich die Verschuldungen aus früheren Inkarnationen – aufzuarbeiten. Es gibt unter ihnen immer wieder solche, die versuchen, ihre bevorstehende Inkarnation zu verhindern, weil sie mit unangenehmen Auflagen aufwartet.

In solchen Fällen sehen sich die Geistigen Führer des Menschen genötigt, ihn zu *zwingen*, auf die Erde zu gehen. Doch selbst dann, wenn er in den physischen Leib seiner künftigen Mutter bereits eingebunden ist und also empfangen wurde, ist es noch nicht ganz sicher, dass er auch geboren werden kann. Denn der äußere Mensch kann versuchen, sich – wie er meint – aus der „Falle zu retten" und in die feinstoffliche Welt (ins Jenseits) zurückkehren. Auch Embryos können bekanntlich versuchen, sich umzubringen, indem sie sich zum Beispiel solange drehen, bis sich die Nabelschnur um ihren Hals wickelt und sie ersticken, oder sie versuchen die Mutter durch Gefühlsimpulse dahingehend zu beeinflussen, dass sie sie abtreibt. – Es ist jedoch zu betonen, dass in beiden Fällen (Tod des Embryos durch Erdrosselung mit der Nabelschnur oder Abtreibung) auch andere (z. B. karmatische oder bei den Eltern liegende Gründe) bestehen können. – Werden solche Menschen dennoch geboren, so können sie versuchen, in eine Krankheit zu flüchten, die sie aus ihrer „misslichen“ Lage herausholt und sie sterben lässt, so dass sie wieder auf den „sicheren“ Boden des Jenseits gelangen können. Es kommt vor, dass ein Kind im Schlaf stirbt, und zwar ohne ersichtliche Ursache (plötzlicher Kindstod). Der Grund aber kann sein: Verweigerung der irdischen Existenz.

Auch ein Erwachsener kann, falls er mit etwas Unangenehmem konfrontiert wird, versuchen, etwas zu unternehmen, um der Konfrontation zu entgehen. Er kann bewusst oder unbewusst aus dem Erdenleben flüchten: bewusst durch Selbstmord, unbewusst, indem er ins Koma fällt. Manche erteilen eine Absage an ihre Existenz dadurch, dass sie ihr Leben ruinieren, zum Beispiel durch Alkohol, Drogen oder eine entsprechende – selbstzerstörerische – Lebensführung.

Die meisten dieser Menschen begnügen sich allerdings damit, dauernd zu klagen und alle Welt zu beschuldigen, Schwierigkeiten oder Schmerzen, die sie zu erdulden haben, verursacht zu haben. Der äußere Mensch wehrt sich gegen das, was ihm der innere Mensch beschert hat, und da er den wahren Urheber seiner Probleme nicht kennt, sucht – und „findet“ – er ihn draußen.

Der äußere Mensch spürt alleine den Zwang, der ihn von innen her bedrängt, er fühlt sich beengt und gequält und in seiner „Haut“ unfrei, weil er – noch – nicht weiß, dass letztlich er selber – seine innere Instanz: der innere Mensch – paradoxerweise gerade aus seiner immens großen *inneren Freiheit* heraus diesen Weg des Zwanges wählte und – da dieser das Interesse des *ganzen* Menschen wahrt – diesen Weg wählen *musste.*

Der Zwang

Es gibt im Leben des Menschen *keinen Zwang.* Wird der Mensch zu etwas gezwungen, so geschieht dies im Einverständnis mit ihm: mit dem inneren Menschen. Auch die Geistigen Führer zwingen den Menschen nicht und auch Gott zwingt ihn nicht. Es ist der innere Mensch, der im gegebenen Fall Maßnahmen ergreift. Und wenn er es tut, so wird auch er dazu ebenfalls gezwungen: vom äußeren Menschen, wenn dieser sich weigert, das zu tun, was er tun müsste.

Die *Paradoxie des Zwanges* besteht gerade in diesem Kreislauf der Zwänge: Der äußere Mensch zwingt durch sein Verhalten den inneren Menschen, Zwangsmaßnahmen zu ergreifen, und der innere zwingt den äußeren, seine Trägheit und seine Widerstände zu überwinden, um aus der Stagnation herauszukommen. Er hat ja das allergrößte Interesse daran, dass der äußere Mensch das tut, was er tun muss, nämlich auf seinem Entwicklungsweg die nötigen Schritte zu vollziehen und sich dabei führen zu lassen. Der innere Mensch ist dankbar dafür, dass die Höhere Führung ihm in Krisensituationen beisteht, wenn er den äußeren Menschen selber nicht mehr beeinflussen, ja nicht einmal erreichen kann. In dem Fall fleht er seine Geistigen Führer an, ihm zu helfen und seinem Schützling: dem äußeren Menschen, das aufzuerlegen, was für diesen unbedingt nötig ist, beispielsweise ihn zwingen, in das Erdenleben zu treten, oder ihn durch einen Schock (Unfall, Hirn- oder Herzschlag, Schicksalsschlag, Krankheit u. a.) aus einer verfahrenen inneren Situation herauszuholen.

Der innere Mensch ist ja wissend. Er weiß, was dem Menschen tatsächlich gut tut. Daher lässt er sich von den Ausflüchten und Widerständen des äußeren Menschen nicht beeindrucken und nichts kann ihn von der Verwirklichung seiner stets nur guten Absichten abhalten.

Auf die oft gestellte Frage: „Wird der Mensch von den Höheren Mächten je gezwungen?“ lautet also die Antwort: nur mit dem Einverständnis des inneren Menschen. Scheint der Mensch zu etwas „gezwungen“ zu werden, so ist der Zwang eine letzte – mitunter verzweifelte – Maßnahme, den Menschen am „Leben“ zu erhalten. – Der Mensch lebt im wahren Sinne nur dann, wenn er bereit ist, in das Leben zu treten und sich am Leben zu halten, und das heißt: wenn er bereit ist, sich zu entwickeln. – Wie es nun die Pflicht eines jeden Arztes oder Krankenpflegers ist, einen Selbstmordkandidaten zu retten und am Leben zu erhalten, so ist es auch die Pflicht des inneren Menschen, den äußeren zu zwingen, sein eigentliches Leben nicht aufzugeben, es nicht zu verlieren. Der innere Mensch erkennt rechtzeitig, wann das Leben des Menschen infolge des Verhaltens des äußeren Menschen bedroht ist. So weiß er auch immer genau, wann und warum er zu Zwangsmaßnahmen sein Einverständnis geben oder nötigenfalls um solche bitten soll.

„Wer sein Leben zu erhalten sucht, der wird es verlieren, und wer es verliert, der wird es gewinnen“ (Lk 17,33; vgl. auch Mt 16,25 u.

Jo 12,25). Denn „Leben" und „Leben" sind nicht dasselbe. Und was im wahren Sinne *Leben* ist, das weiß der innere Mensch.

Leben ist *Wachstum*. Und wenn der äußere Mensch sein Wachstum und damit sein Leben unterbinden will, so zwingt ihn der innere Mensch zum Weiterleben: Er zwingt ihn, sich weiter zu *entwickeln*.

GEWISSEN UND GERECHTIGKEIT

Es ist das *Gefühl*, durch das der innere Mensch dem äußeren seine Mitteilungen macht. Und da er als Träger des Göttlichen Kerns über ein sicheres Wissen verfügt, ist das Gefühl *unfehlbar*. – Scheint das Gefühl trügerisch zu sein, so deshalb, weil es kein „echtes" Gefühl ist, sondern vom äußeren Menschen mit Empfindung oder Emotion verwechselt wird.

Durch das Gefühl meldet sich auch die Stimme des echten Gewissens. – Das *echte Gewissen* beruht auf innerem Wissen. Das Ge-Wissen betrifft jenen Teil des Wissens, welcher für das Leben und die Lebensweise des Menschen entscheidend ist: das Wissen um die Kosmische Ordnung und ihre Gesetze, aber auch die Kenntnis der eigenen Vergangenheit. Der innere Mensch ist der *Hüter des Gewissens*. Er weiß genau, was richtig und falsch, was gut und böse ist. Tut der äußere Mensch etwas Ungutes, so meldet sich der innere Mensch durch das *Gefühl*, und dieses Gefühl ist in diesem Fall das *Schuldgefühl*.

Der innere Mensch kann sich allerdings erst dann durch die Stimme des Gewissens melden, wenn der äußere Mensch schon auf sie hören und ihr entsprechen kann. Dazu ist er aber erst gegen Ende der dritten Entwicklungsstufe fähig. Bis dahin braucht er eine „Krükke", die ihm hilft, sich über Gut und Böse auch ohne die Stimme seines echten Gewissens zu orientieren.

Diese „Krücke" ist auf den unteren Entwicklungsstufen das *künstlich erzeugte Gewissen*. Es wird dem Menschen von außen her, in erster Linie von der Gemeinschaft, in welcher er steht, anerzogen, häufig sogar durch Drill. Das künstliche Gewissen richtet sich in erster Linie nach Vorstellungen und Satzungen der Gemeinschaft, die nicht immer mit der Wirklichkeit und der Kosmischen Ordnung übereinstimmen, selbst wenn sie für Göttliche Gesetze ausgegeben werden.

Sie decken sich auch nicht immer mit dem Wissen des inneren Menschen. Nur kann er sich auf den unteren Entwicklungsstufen noch nicht durchsetzen: Der Mensch ist seinem inneren Alter nach noch ein Kind. Damit er an den Satzungen des künstlich erzeugten Gewissens Korrekturen anbringen kann, muss der äußere Mensch reif genug sein, um all das, was er von der Gemeinschaft übernommen hat, in Frage zu stellen. Solange sich jedoch der äußere Mensch noch nicht nach dem inneren Menschen und also nicht nach der inneren Wahrheit und den Kosmischen Gesetzen richtet bzw. richten kann, kennt er nur das, was ihm anerzogen wurde. Was also für ihn als „gut" oder „schlecht" oder „böse" zu gelten hat, sagt ihm sein künstlich erzeugtes Gewissen. Ob er ihm dann folgt, ist eine andere Frage.

Erst gegen Mitte der äonischen Entwicklung: auf der vierten Stufe, kann er die Stimme des inneren Menschen vernehmen. Nimmt er sie wahr, so bedeutet es, dass in ihm das echte Gewissen „erwacht" ist.

Die ausgleichende Gerechtigkeit

Nun arbeitet im Menschen das echte Gewissen auch dann schon, wenn er sich dessen nicht bewusst werden, geschweige es sich bewusst machen kann, so dass er sich noch nach seinem künstlich erzeugten Gewissen richtet bzw. richten muss.

Der innere Mensch verwaltet auch da schon das echte Gewissen und richtet sich nicht nach den irdischen (orthodox-religiösen oder juristischen u. a.) Vorschriften und Paragraphen, sondern nach den *Kosmischen Gesetzen.* Er wertet Verhalten und Handlungen des äußeren Menschen diesen entsprechend und bemüht sich, sie so zu steuern, dass sie den Kosmischen Gesetzen nicht zuwiderlaufen.

Der innere Mensch weiß, dass jede Handlung, jede Verhaltensweise, selbst jeder Gedanke und jede Einstellung zu irgend etwas und erst recht die jeweilige Gesinnung Folgen nach sich zieht. Er kennt die Folgen, die nach einer bestimmten Tat eintreten, und er kennt auch das Gesetz, das die Folgen festlegt. Es ist das bekannte *Karma-Gesetz*: das Gesetz der *ausgleichenden Gerechtigkeit.*

Nun ist das *Karma-Gesetz* kein Gesetz, das mechanisch funktioniert. Es wird von Höheren Wesenheiten, vor allem von den Geistigen Führern (den „Karma-Engeln“) des Menschen, letztlich von Gott gehandhabt. Aber auch der innere Mensch redet bei seiner Anwendung mit. Nur stimmt die Sicht des inneren Menschen, solange er nicht reif genug ist, mit der Auffassung der Höheren Mächte nicht immer überein. (Zum Karma-Gesetz vgl. auch: *Die Welt der Reinkarnationslehre,* S. 155–159)

Aus der Sicht der Höheren Mächte erscheint das Karma-Gesetz als das Lernprogramm für den Menschen. Er muss durch viele Erfahrungen geführt werden, um all das zu lernen, was ihm ermöglicht, im wahren Sinne *menschlich* zu sein. Er muss erfahren, *wie* seine Lebensführung und Gesinnung bei Menschen und Lebewesen wirken. Falls er ihnen etwas Böses angetan hat, wird er demselben Leid, denselben Schmerzen ausgesetzt. Nur auf diese Weise lernt er, seinen Mitmenschen und Mitseelen Verständnis entgegenzubringen.

Aus himmlischer Sicht sind die Auswirkungen des Karma-Gesetzes demnach *Lektionen* im gesamten Lernprozess. Sie sollen den Menschen belehren und ihn Schritt für Schritt führen. – Aus der Sicht des inneren Menschen erscheint das Karma-Gesetz hingegen zunächst als Auftrag, der *ausgleichenden Gerechtigkeit* Geltung zu verschaffen. Der innere Mensch richtet sich danach und versucht, den äußeren Menschen davon abzuhalten, gegen die Kosmische Ordnung zu verstoßen, um ihm – und sich selber – die Mühe und das Leiden des Ausgleichs zu ersparen. Er versucht es mit Mahnungen und Anregungen, die er durch die Stimme des echten Gewissens mitteilt. Und falls nötig, versucht er den äußeren Menschen durch das schlechte Gewissen zu alarmieren, das sich dann auf die unangenehmste Weise bemerkbar machen kann: Der Mensch wird depressiv, hat Ängste oder gerät in psychotische Zustände (z. B. Verfolgungswahn, Phobien) oder in Neurosen (unkontrollierte Bewegungen, absonderliche Verhaltensweisen u. a.).

Ist der äußere Mensch noch nicht soweit, dass er auf die Stimme seines Gewissens hören kann, ist er aber in seiner Entwicklung in eine Sackgasse geraten, so kann der innere Mensch mitunter drastische Maßnahmen ergreifen.

Eine Möglichkeit besteht darin, dem äußeren Menschen Schwierigkeiten in den Weg zu legen, ihn vielleicht sogar Leiden auszusetzen. Denn der innere Mensch verfügt über äußerst große Freiheiten, so dass seine Maßnahmen sehr weit reichen können. Er kann zum Beispiel den Verlauf einer Strecke auf dem Entwicklungsweg des äußeren Menschen weitgehend festlegen und ihm dabei ein schweres Schicksal auferlegen. Auch dies tut er nur im Interesse der inneren Entwicklung. Lässt er den äußeren Menschen Unfälle, Krankheiten, Schicksalsschläge erleiden, so hat er dafür seine Gründe: Er versucht den äußeren Menschen zunächst zur Besinnung zu bringen. Falls dieser zum Umdenken noch nicht fähig oder nicht bereit ist, so will er ihm wenigstens ermöglichen, sich von der Last seiner Verschuldungen zu befreien. – Der innere Mensch kennt sämtliche Verschuldungen, die der Mensch begangen hat und registriert sie fortlaufend. Er weiß genau, was tatsächlich gut und was böse ist. Darum hat er stets ein sicheres Urteil, und er handelt auch danach: Er urteilt, und falls der äußere Mensch sich *ver*schuldet hat, *ver*urteilt er ihn. Er will ja, dass der ausgleichenden Gerechtigkeit Folge geleistet wird. Er auferlegt also dem äußeren Menschen die gebührende Strafe und sorgt dafür, dass er sie abbüßt, damit er sich von der Schuld befreien kann.

Selbst dann noch, wenn der Mensch – gegen die Mitte der äonischen Entwicklung – den äußeren Menschen durch die Stimme des echten Gewissens schon erreicht, hört seine „juristische" Tätigkeit nicht auf. Gerade das sich regende schlechte Gewissen stürzt den äußeren Menschen in neue Nöte. Er wird vom inneren Menschen dazu angehalten, sich zu *bestrafen*. Er gibt ihm das Gefühl ein, er könne sich von seinem quälenden schlechten Gewissen nur dann befreien, wenn er sich der Strafe selber aussetzt.

Die Übergangsphase vom Ende der dritten Entwicklungsstufe bis auf die vierte hinauf ist die Phase der *Selbstbestrafung*. Diese kann auf verschiedene Weise erfolgen und vom relativ harmlosen Sich-nichts-Gönnen bis zur totalen Selbstzerstörung – etwa durch Rauschmittel (Alkohol, Drogen) – reichen.

GOTT UND DIE GERECHTIGKEIT

Nicht die Geistigen Führer, nicht Gott verurteilt und bestraft den Menschen, wenn er sich verschuldet, sondern er sich selber, genauer: der innere Mensch.

Es ist für viele Menschen gewiss ein ungewohnter Gedanke, dass das Karma-Gesetz in seiner rigorosen Anwendung nicht von Gott, sondern vom Menschen: vom *inneren Menschen*, in Gang gesetzt wird. Jeder Mensch könnte sich sehr viel Unannehmlichkeit und Leid ersparen, wenn nicht er – der innere Mensch – richten wollte, sondern seine Führung völlig Gott und somit seinen Geistigen Führern überlassen würde.

Der „strafende Gott" ist eine menschliche Erfindung. Sie ist entstanden durch die Projektion der Haltung des inneren Menschen, der sich – nicht selten übereifrig – um die Wiederherstellung des Gleichgewichts bemüht. Und dieses Bild von Gott als der „strafende Allmächtige" ist auf jener Entwicklungsstufe entstanden, auf welcher der innere Mensch in die Lenkung des Schicksals des äußeren Menschen schon tatkräftig eingreifen kann. Diese ist die dritte Entwicklungsstufe, dem inneren Alter nach die Zeit der Pubertät. Der innere Mensch will gerecht sein und handelt danach, nur begreift er noch nicht, dass Verurteilung und Bestrafung nicht in die Hand des Menschen, sondern in die Hand Gottes gehören.

Gott aber verurteilt und bestraft niemanden. Er führt den Menschen und belehrt ihn. Und das ist ein abgrundtiefer Unterschied zum Bestreben, die ausgleichende Gerechtigkeit walten zu lassen. Führung und Belehrung sind von Liebe geleitet und ersparen dem Menschen viele Umwege. Und sie ersparen ihm überaus viel Leiden. Sie ersparen es ihm, falls er es zulässt.

Der Mechanismus der ausgleichenden Gerechtigkeit

Die exakte Erfüllung der ausgleichenden Gerechtigkeit kann hingegen ins Maßlose führen. Denn sie kann dem Menschen mehr Leiden aufbürden als nötig wäre. Derjenige, der auf ausgleichende Gerechtigkeit bis zum letzten pocht, ist noch blind. Solange der innere

Mensch die ausgleichende Gerechtigkeit als das Gesetz „Aug' um Auge, Zahn um Zahn" versteht (Ex 21,24-25; Lev 24,17-21), sind ihm die *Augen der Liebe* noch nicht aufgegangen.

Der innere Mensch verurteilt und straft also, und der äußere Mensch, der glücklich und sorglos leben würde, hat oft nichts zu lachen. Es ereilen ihn Schicksalsschläge, Unfälle und Krankheiten, Missgeschicke und Beeinträchtigungen, seine Existenz wird bedroht, sein Leben zerstört, er selbst wird womöglich so oft getötet, wie er andere umgebracht hat, und er würde noch mehr „gerechtem" Leiden ausgesetzt, wenn die Höheren Mächte nicht eingreifen würden.

Denn Gottes „Gerechtigkeit" bedeutet nicht, dass alles bis zum letzten Groschen abbezahlt werden muss. Sie will dem Menschen vielmehr zeigen, was es heißt: „Barmherzigkeit will ich und kein Opfer" (Mt 9,13; 12,7; vgl. auch Hos 6,6). Eine erbarmungslose, alles bis ins kleinste zurückfordernde „Gerechtigkeit" ist keine Gerechtigkeit, sondern der herz- und sinnlose Automatismus eines Roboters, der weder auf die Göttliche noch auf die menschliche Ebene gehört. Sie ist in der Welt unreifer Menschen beheimatet, die sie benutzen, um ihre Rachsucht unter dem Deckmantel der „Gerechtigkeit" ausleben zu können.

Der innere Mensch ist allerdings nicht rachsüchtig. Aber er kann auf dieser Stufe mit seinem Wissen noch nicht in allem umgehen. Er kennt nur das Gesetz, nicht aber das Maß in seiner Anwendung. Er muss – wenn er sein Wissen in Tat umsetzen will – noch lernen, was *sinnvoll* ist. Und solange er es nicht weiß, kann es vorkommen, dass er gerade dadurch schadet, dass er dem äußeren Menschen helfen und alles in „Ordnung" bringen will.

Doch auch dies ist nur Schein. Jedes schwere Schicksal, das der äußere Mensch erleidet, bringt ihn auf seinem Entwicklungsweg weiter. Er wird reifer, so dass er auf seine innere Stimme: auf den inneren Menschen, immer besser hören wird. Und auch dieser wird reifer: Er lernt zu begreifen, was Gerechtigkeit in Wahrheit bedeutet.

Die wahre Gerechtigkeit

Gerechtigkeit ist, es zuzulassen, dass sich der *Sinn erfüllt*, und zu erkennen, dass in Gottes Welt jeder das „Recht" hat, *Erbarmen* und damit *Liebe* zu erfahren.

Obwohl Träger des Göttlichen, muss auch der innere Mensch erst in diese tiefe Einsicht hineinwachsen. Dass Gott alles ausgleicht, in seiner Welt die Harmonie, und sei sie – scheinbar – noch so gestört, immer wieder herstellt, ist eine Tatsache. Der innere Mensch weiß um diese Tatsache, und da er Gott in allem nacheifert, sieht er anfänglich nur die „Wiederherstellung der gestörten Ordnung" als seine Aufgabe an. Erst dann, wenn auch er reif ist, wenn auch er aus dem inneren Alter der Pubertät – auf den höheren Entwicklungsstufen – hinausgewachsen ist, gehen seine Augen für die tiefere Wahrheit auf. Erst dann beginnt er wahrzunehmen, dass alles, was dem Menschen in der Welt chaotisch erscheint, keineswegs chaotisch ist, sondern lediglich die beständige Veränderung und Wandlung innerhalb einer allumfassenden Ordnung widerspiegelt.

Kann jemand die Welt aus dieser Sicht betrachten, so wird er merken, dass sich in diese – Kosmische – Ordnung jede Wirkung und jeder Vorgang fugenlos einfügt, so dass in ihr immerfort die *höchste Harmonie* herrscht.

III. Teil

Die Entfaltung der Seele

Kapitel 19

DER GEIST UND DIE SEELE

Die *Entfaltung der Seele* wird vom *Drang zur Entwicklung* vorangetrieben. – Der *Drang zur Entwicklung* ist die Folge des Bestrebens der Seele, dorthin zurückzukehren, von wo sie ausgegangen ist: zu Gott.

Es ist die *Sehnsucht nach Gott*, welche die Seele motiviert, zu Gott zurückzukehren. Damit aber die Seele zu Gott gelangen kann, muss sie sich *entwickeln.*

Denn die Sehnsucht allein genügt nicht. Es genügt ebenso wenig, im Erdenleben den bloßen Wunsch zu haben, von einem Ort zu einem anderen, weit entfernten Ort zu gelangen. Will jemand tatsächlich hinkommen, so muss er sich der Mühe einer Reise unterziehen. Und er muss auch wissen, wie er dorthin gelangen kann.

Die Sehnsucht muss verwirklicht, muss in die Tat umgesetzt werden. Die Seele muss den Drang zur Entwicklung nicht nur verspüren, sie muss diesem Drang auch nachgeben, und sie muss wissen, was sie tun soll, damit sie die Entwicklung tatsächlich vollziehen kann.

Gott freilich erweckt in der Seele nie einen Wunsch, nie eine Sehnsucht, ohne dafür zu sorgen, dass die Seele erfährt, wie sie den Wunsch verwirklichen, ihre Sehnsucht stillen kann. Er legt in sie auch das Wissen, wie sie das ihr Aufgetragene ausführen kann, und er gibt ihr die nötigen Impulse und die erforderliche Kraft.

Es ist der *Geist,* den Gott in der Seele nach und nach erweckt und durch den er die Seele auf ihrem langen Entwicklungsweg führt.

DER UNTERSCHIED ZWISCHEN GEIST UND SEELE

Was ist nun der Geist? Worin unterscheidet er sich von der Seele?

Was „Geist" ist, darüber wurde in der abendländischen Geistesgeschichte viel gerätselt.

Am einfachsten war es, Geist mit Seele gleichzusetzen. Dies lag – und liegt – umso näher, als es gar nicht so leicht ist, Geist und Seele zu unterscheiden.

Naheliegend war seit jeher – und zwar aufgrund der Erfahrung der Diskrepanz zwischen der Materie und dem Immateriellen – den Geist von der Materie oder die Seele vom Körper abzuheben und Geist und Seele dem Materiellen gegenüberzustellen. Aufgrund dieser Erfahrung sah beispielsweise DESCARTES die Welt in zwei unversöhnliche Gegensätze geteilt: in die Welt der *res extensa*, der ausgedehnten Dinge, und die Welt der *res cogitans*, der denkenden Dinge. – *Ausdehnung* galt für ihn als die Haupteigenschaft des Materiellen, *Denken* als das Hauptmerkmal des Geistes. (Meditationes de prima philosophia 1641, II, 9 u. 17-19)

„Geist" bedeutete also, wie dies im Zeitalter des Rationalismus naheliegend war, „*Ratio*" (lat. Rechnen, Rechnung, Berechnung), das heißt den rational (= vernünftig) denkenden Geist, auf deutsch: *Verstand* und *Vernunft*. – Die Seele hingegen wurde (falls von ihr überhaupt die Rede war) entweder mit dem Geist – wenn nicht offen (wie bei DESCARTES), so stillschweigend – gleichgesetzt oder – wie dies bei rein materiell Denkenden heute noch Gepflogenheit ist – auf Funktionen des physischen Leibes, namentlich des Gehirns, reduziert.

Kein Wunder also, wenn Denker am Anfang des 20. Jahrhunderts, in erster Linie die *Lebensphilosophen*, sich veranlasst fühlten, Einspruch gegen die Gleichsetzung von Geist und Seele und vor allem gegen die Degradierung der Seele zu erheben. Der Geist geriet sogar in Misskredit und wurde als „Widersacher der Seele" hingestellt, freilich als ein „Geist", der auf das rein Rationale eingeschränkt und zudem bezichtigt wurde, er setze die Bedeutung von Gefühl und Intuition und damit die der Seele selbst in unerlaubter Weise herab (vgl. LUDWIG KLAGES: Der Geist als Widersacher der Seele 1929-1932).

Dabei galt im Altertum der Geist als *Lebensodem*, der das Leben überhaupt erst ermögliche (gr. *pneuma*; lat. *spiritus*, urspr. strömende Luft; Hauch, Atem). Nicht umsonst heißt es am Anfang des Schöpfungsberichtes in der Bibel (Gen 1,2): „Und der Geist Gottes schwebte über den Wassern" (= der „Urflut").

Das Wort „Geist" bedeutete – dem ursprünglichen Sinn des deutschen Wortes „Geist" entsprechend – auch „Begeisterung" (aus der westgerm. Wurzel: *gheis* = erregt, aufgebracht sein, schaudern, entsetzt sein, schreien; mhd. *gîst* = das Brausende; Erregung, Ergriffenheit). So manche werden dabei an die spektakuläre „Ausgießung des Heiligen Geistes" denken (Apg 2,1-4).

Der Geist ist in der Tat jene Größe, die Erregung und Ergriffenheit auslösen kann. Was aber erregt und ergriffen wird, ist die Seele.

Und die Seele wird vom Geist nicht nur erregt und ergriffen, sondern auch gelenkt. Der Geist ist es, der der Seele Impulse gibt, sich weiterzuentwickeln, er ist es, der in der Seele unablässig wirkt und sie zur Entwicklung drängt. Und er drängt sie nicht nur, er gibt ihr auch ein, was sie tun muss, damit sie sich entwickeln kann, und umreißt oft konkret, wie die anstehenden Entwicklungsschritte zu vollziehen sind.

Der grundlegende Unterschied zwischen *Geist* und *Seele* ist damit bereits angezeigt: Der Geist ist *aktiv*, die Seele *passiv*. Der Geist spornt an; die Seele benötigt Impulse, um ihre Passivität zu überwinden und sich vorwärts zu bewegen. Der Geist legt in die Seele die Antriebe zur Individualisierung und zur Entfaltung ihrer Anlagen; die Seele vollzieht, wozu sie gedrängt wird.

Die Seele muss sich also der Wirkung des Geistes aussetzen, ohne Widerstand zu leisten. Dies ist gemeint, wenn es heißt, sie müsse ihr „natürliches Wachstum" zulassen. Denn nicht sie, nicht die Seele: der *Geist* weiß, wie Wachstum und Entwicklung vor sich gehen.

Der Geist legt in die Seele das Wissen um die Mittel, mit deren Hilfe die Seele all das, wozu sie genötigt wird, realisieren kann. Es sind ihre Anlagen, ihre Fähigkeiten, die sie heranzubilden und zu entfalten hat.

Da Geist und Seele nicht einfach identisch sind, wäre es irreführend – wie dies vielfach geschieht –, den Ausdruck „Geistseele" zu gebrauchen. Dennoch wohnt der Geist in einem bestimmten Sinne der Seele inne.

Denn die permanente Wirkung des Geistes in der Seele führt dazu, dass sie im Laufe ihrer Entwicklung an *Geistigkeit* ständig zunimmt und schließlich selber *geistig* wird.

DER URSPRUNG VON GEIST, SEELE UND GEISTIGKEIT

Die Seele ist ein „Funke" aus Gottes Seele. Woher kommt aber der Geist in die Seele des Menschen? Und wo liegt die Quelle seiner Geistigkeit?

Der Mensch ist ein *Abbild Gottes* (Gen 1,27). Seine Seele spiegelt in allen Einzelheiten den Kosmos. Und da der Kosmos in einem gewissen Sinne eine Erscheinungsweise Gottes ist, spiegelt die Seele des Menschen *Gottes Wesen.*

Das *Wesen Gottes* ist dem Menschen unter drei Aspekten zugänglich: unter dem *Vater-*, dem *Sohn-* oder *Christus-* und dem *Heiligen-Geist-*Aspekt. Der erste Aspekt repräsentiert den *Göttlichen Geist,* der zweite die *Göttliche Seele* und der dritte die *Ordnende Intelligenz.*

Der *Göttliche Geist* ist schöpferisch. Er tritt als *Göttlicher Wille*, als *Schöpferkraft* und als *Allmacht* Gottes zutage. – Die *Göttliche Seele* ist aufnehmend-passiv und befähigt zum Erleben und zum Empfangen im Sinne von Befruchtet-Werden. – Die *Ordnende Intelligenz* ist die *gestaltende Geistigkeit*, die die „Gedanken" Gottes verwirklicht. Sie bringt sowohl die Materie in diversen Graden ihrer Stofflichkeit als auch Form und Gestalt hervor. (*Form* ist die äußere: räumliche und zeitliche Erscheinungsweise, *Gestalt* die äußere und die innere Struktur eines Dinges.)

Als Abbild Gottes verfügt der Mensch über jene Gaben, welche die drei Aspekte Gottes enthalten. Er hat – wie jede Wesenheit – *Anteil an Geist,* Anteil an *Seele* und Anteil an *Materie.*

Der *Geist* als Wille wirkt im Menschen als lebensspendende Energie, als Vitalkraft und als geistige Vitalität und bewirkt die Aktivität; die *Seele* als empfangendes Organ befähigt ihn zur Einsicht und zur Liebe, welche die Grundlagen der Weisheit sind; der *Geist als Intelligenz* ermöglicht ihm die Erkenntnis und die Gestaltung der Wirklichkeit sowie das Durchdringen und die Durchgestaltung der Materie.

Der *Geist* selbst tritt also sowohl im Kosmos als auch im Menschen auf zweierlei Art in Erscheinung: unter dem ersten Aspekt als *erzeugende Schöpferkraft:* als *Wille*, unter dem dritten als *gestaltende Schöpferkraft:* als *Intelligenz.*

Der *Geist* denkt, will und erzeugt; die *Seele* empfängt und wird befruchtet; die *Intelligenz* realisiert das Empfangene, indem sie es zur (im weitesten Sinne) „materiellen" Wirklichkeit werden lässt.

Dieser dreifachen Wirkung entsprechend gibt es sowohl im Kosmos als auch im Menschen drei *Wirklichkeitssphären*: eine *geistige*, eine *seelische* und eine *materielle.*

DER GEIST

Es gibt nur einen einzigen Geist: den *Geist Gottes.* Gott ist Geist, an seinem Geist hat jede Wesenheit Anteil.

Anteil haben an Gottes Geist bedeutet: *das Göttliche* in sich zu haben. Es ist der *Göttliche Kern*, der in jeder Seele – der Seele einer Wesenheit oder einer Seelengruppe – vorhanden ist und diese überhaupt lebensfähig macht. Da in jeder Seele das Göttliche enthalten ist, ist in ihr auch ein Funken von Gottes Geist vorhanden. Auf diese Weise hat jede Wesenheit Anteil am Geist.

Gott ist allmächtig. Sein Geist ist machtvoll. Er äußert sich als Kraft: als *Willenskraft*, die erschafft.

Er ist Wille, Entschlusskraft, das schöpferische Wort, der *Logos*, der Welten entstehen lässt. Er ist *aktiv* und *kreativ.*

Der Kern jeglicher Aktivität liegt in der schöpferischen Willenskraft. Es ist die Teilhabe der Seele an Gottes schaffendem Geist, der ihr ermöglicht, selber *aktiv* und *schöpferisch* zu werden.

Nicht die Seele ist also aktiv, nicht sie ist schöpferisch, sondern jener Geist in ihr, den Gott gleichsam in sie legt und in ihr wachsen lässt.

Es ist Gottes Geist, der die Seele zur Aktivität antreibt und in ihr den Wunsch erweckt, selber *geistig* zu werden.

Der Geist stärkt sie, gibt ihr unentwegt Impulse, motiviert sie und drängt sie somit unablässig zur Weiterentwicklung.

Diese innere Wirkung des Geistes ist die *Geisteskraft*, die sich in Lebewesen und Menschen auch als *Willenskraft* äußert.

Der Geist ist aber auch in einem anderen Sinne „belebend". Er ist tatsächlich der „Lebensodem". Es ist seine Kraft, welche die Seele am Leben hält. – Nur weil Gott in allem, was existiert, anwesend ist, kann alles, was es gibt, überhaupt existieren.

Ist die Seele – als Lebewesen oder als Mensch – auf der Erde inkarniert, so bekommt sie selbstverständlich auch dort die für die irdische Existenz nötige Kraft. Und es ist der Geist, der die Seele mit der zum irdischen Leben nötigen Kraft: der *Lebens-* oder *Vitalkraft* versorgt.

Die Wirkung des Einen Geistes tritt also einerseits unmittelbar: als *geistige Kraft*, andererseits indirekt: als *Lebenskraft* in Erscheinung. – Beide Kräfte wirken in der Seele von Anbeginn ihrer Gesamtentwicklung, allerdings bis hinauf auf die menschliche Stufe und auch da anfänglich noch *unbewusst*. Erst der Mensch kann, sobald er über die unteren Entwicklungsstufen hinausgelangt ist, sie sich bewusst machen und sie bewusst einsetzen, dabei seine *Vitalkraft* mit Hilfe seiner *Geisteskraft* unter Kontrolle halten und lenken.

Es ist die *geistige Kraft*, die in der Seele den *Drang zur Entwicklung* erweckt und belebt. Sie entfacht im Lebewesen wie im Menschen den *Willen zum Leben*. – *Die Vitalkraft* wiederum ermöglicht, indem sie Lebewesen und Menschen mit *Lebenskraft* versorgt, dass sie ihrem Lebenswillen entsprechen und auf der Erde am Leben bleiben können.

„Leben" bedeutet für die Seele allerdings nicht bloß das irdische Leben, das ihr von der *Vitalkraft* ermöglicht wird. Dieses ist nur die materielle Grundlage, auf der sich ihr eigentliches Leben abspielt. – „Leben" im tieferen Sinne bedeutet die *Entfaltung der Seele*. In diesem Sinne wird das Leben unmittelbar vom Geist ermöglicht.

Es ist die *geistige Kraft*, die sich als Antrieb zur Individualisierung und zur Verwirklichung der potentiellen Anlagen auswirkt, im Lebewesen und Menschen die Triebe weckt und wachhält. Sie ist es, die ihre Fähigkeit zum *Wollen* heranbilden und die *Geistigkeit* in der menschlichen Seele entfalten lässt.

Geistigkeit bedeutet, an Gottes Gestaltungskraft teilzuhaben, diese zu vermitteln und zu realisieren. Sie ermöglicht die Erkenntnis und die Fähigkeit zur Gestaltung.

Es ist die *Ordnende Intelligenz*, welche die Seele zur Gestaltung befähigt. Im Menschen äußert sie sich als *rationale*, auf den höheren Entwicklungsstufen als *transzendentale Intelligenz.*

DIE SEELE

Während der Geist *aktiv* ist und daher selber spontan Aktionen auslösen kann, ist die Seele – im Gegensatz zum Geist – von Natur aus *passiv*. Sie erzeugt ohne den Impuls des Geistes nichts selber, sie löst keine Aktionen spontan aus. Alles, was in ihr vor sich geht, und alles, was durch sie entsteht, kommt dadurch zustande, dass sie auf Einflüsse *re*-agiert.

Die Seele ist *re*-aktiv. Es müssen auf sie von außen her Anstöße einwirken oder in ihr Impulse aufsteigen, damit sie sich regt oder in ihr Veränderungen entstehen.

Die Dynamik der Seele

Die Seele ist dem Wasser vergleichbar. Würden auf eine Wassermenge weder Kräfte von außen noch von innen einwirken, so würde das Wasser – infolge seiner Trägheit – der Schwerkraft der Erde widerstandslos erliegen und in Reglosigkeit verharren.

Nun ist aber das Wasser unentwegt Einflüssen ausgesetzt. Ebenso wirken auf das Meer ununterbrochen Kräfte ein: beispielsweise die von der Erdrotation verursachte *Coriolis*-Kraft; die Anziehungskraft des Mondes, die Ebbe und Flut hervorruft; die Temperaturschwankungen, die Strömungen bewirken; Bewegungen am Meeresboden (Erdbeben und Vulkanausbrüche); Winde an der Oberfläche. Das Meer aber ist bestrebt, jede dieser Veränderungen auszugleichen und befindet sich daher stets in Bewegung. – Auf dem Festland fließt das Wasser dem Gefälle entsprechend – und der Schwerkraft folgend – ab und strebt schließlich dem Meer zu. Und damit das Wasser nach oben steigt, bedarf es der Sonnenwärme, die es verdunsten lässt.

So ist es auch mit der Seele. Wirkt nichts auf die Seele ein, so wird ihre naturgegebene Passivität offenbar, die sich nicht selten als Neigung zur Trägheit kundtut. Sie bleibt dann stehen und kann für eine Weile regungslos verharren.

Die Seele muss Impulse erhalten, um – wie das Wasser – in Bewegung zu geraten und in Bewegung zu bleiben. Und sie erhält die nötigen Anstöße: Sie ist unentwegt inneren Impulsen und Einwirkungen von außen ausgesetzt. Denn sie befindet sich in einem energetischen Feld, in welchem unablässig Veränderungen vor sich gehen. In ihr arbeitet ohne Unterlass der Geist, der sie zur Entwicklung drängt und sie unter Spannung setzt. Von außen her strömen dauernd Einwirkungen und Reize auf sie ein, die in ihr ebenfalls Spannungen erzeugen.

Die Seele *erleidet* die Spannung. Sie will sich daher von ihr befreien, das heißt: sich entspannen, und versucht, die Spannung so bald wie möglich auszugleichen.

Auf diese Weise wird sie aktiviert: zur *Aktivität gezwungen.* Der Grund für ihre Aktivität ist also nicht die ursprüngliche Spontaneität wie beim Geist, der drängt, etwas aus sich heraus zu unternehmen, sondern die *Trägheit*: der Wunsch, den Ruhezustand wieder herzustellen.

Infolge ihrer Tendenz, jegliche Spannung auszugleichen, entfaltet auch die Seele ihre *Eigenaktivität.* Aber diese ist – um es noch einmal zu betonen – ausschließlich die Folge ihrer Trägheit: ihrer *Passivität.* Die Passivität, die Entspannung will, zwingt die Seele, auf Einwirkungen und Impulse zu *re*-agieren, wodurch sie selber *aktiv* wird.

Trägheit als Anlass zur Reaktion

Die Spannung besteht in der Seele auch dann, wenn sie scheinbar – an der „Oberfläche“ – unbewegt ist. Denn die Kräfte arbeiten in der Seele auch dann, wenn sie ihrer Trägheit erliegt und für eine Weile unbeweglich bleibt.

Die Seele entspricht nämlich nicht immer dem Anspruch des ihr innewohnenden Geistes und nicht immer leistet sie ihren Beitrag zur Entwicklung tatsächlich. Doch auch dann, wenn sie träge wird, wirkt der Geist in ihr und steigert in ihr die Spannung, mitunter unmerklich, gelegentlich bis ins Unerträgliche.

Die Seele aber reagiert früher oder später auf die Spannung, die in ihr erzeugt wird oder in die sie immer wieder versetzt wird. Sie reagiert, ob sie will oder nicht. Gerade ihre Trägheit veranlasst sie zur Reaktion, möchte sie doch wieder „Ruhe" haben: die Spannung ausgleichen, um sich von ihr zu befreien, um sich zu *ent*-spannen. Auch die Wassermasse möchte „zur Ruhe kommen" und sucht die „Entspannung", auch sie versucht – ihrer Trägheit bzw. der Gravitation gehorchend – die Spannung auszugleichen und strömt dem Gefälle entsprechend in jene Richtung, in welcher sie eine Ruhelage einnehmen kann.

So reagiert auch der Mensch auf die Spannung in seiner Seele, sobald deren Intensität seine Toleranzgrenze überschreitet.

Der Pegel der Toleranz ist individuell, er ist vor allem entwicklungsbedingt. Je reifer ein Mensch innerlich wird, umso stärker wird er auch seelisch. Seine seelische Tragfähigkeit erhöht sich seinem inneren Wachstum entsprechend. Ist der Mensch innerlich erwachsen, so kann er eine wesentlich höhere seelische Spannung ertragen als ein Mensch, der dem inneren Alter nach noch ein Kind ist. Bekanntlich müssen Kinder alles, was sie bewegt, sofort „loswerden", ihre Erlebnisse sofort mitteilen, ihre Wünsche und Bedürfnisse sofort befriedigen. Ein – auch innerlich – Erwachsener hingegen hat Geduld, kann warten und den richtigen Augenblick für ein Vorhaben abwarten. – Distanz nehmen zu können ist ein Zeichen von steigender Bewusstheit.

Arten der Reaktion

Die Seele steht im Spannungsfeld der zweifachen Kraft des Geistes: der *Geistes-* und der *Vitalkraft*. Sie ist einer Dauerspannung ausgesetzt. Um die Spannung auszugleichen, stehen ihr einerseits *Triebe* und *Instinkte*, andererseits Gemütsbewegungen wie *Emotionen* und *Affekte* zur Verfügung. Dank diesen kann sie ihre angestaute Spannung abreagieren und sich somit entspannen.

Triebe und *Instinkte* haben eine zweifache Aufgabe: Sie erzeugen in der Seele eine spezifische Spannung, und sie zeichnen zugleich vor, auf welche Weise sich die Seele abreagieren und entspannen kann. – Der Geist treibt die Seele zur Aktualisierung der potenziellen Anlagen an und gibt ihr jeweils Impulse, wenn die Zeit dafür in der Evolution bzw. in der Entwicklung des Lebewesens oder des Menschen gekommen ist. Auf welche Weise die Seele die Anlagen ausleben kann und ausleben soll, ist durch *Triebe* und *Instinkte* vorgegeben. Diese „kanalisieren" den Prozess der Aktualisierung und lenken sie in „Bahnen". Triebe und Instinkte sind daher wie vorgegebene „Kanäle" und „Bahnen", die – je nach Entwicklungshöhe – mehr oder weniger genau festgelegt sind, damit das Lebewesen und der Mensch ihre Aufgabe erfüllen, das heißt: bestimmte seelische Anlagen ausleben und somit verwirklichen können.

Treten Triebe oder Instinkte in Wirkung, so entsteht in der Seele eine entsprechende Spannung. Möchte sich die Seele von der entstandenen Spannung befreien, sie sobald als möglich abreagieren und sich somit entspannen, so kann sie das nur tun, wenn sie den Trieben und Instinkten gehorcht und jene Anlagen aus sich herausholt und auslebt, deren Aktualisierung in ihrer Entwicklung nun an die Reihe gekommen ist und derentwegen die Spannung in ihr entstanden ist.

Wie die Seele auf die Spannung reagiert, hängt sowohl von der erreichten Entwicklungshöhe und damit von den bereits verfügbaren inneren Fähigkeiten als auch von der jeweiligen Disposition des Lebewesens und des Menschen ab. Beim Menschen ist ferner seine Mentalität und damit sein inneres Alter für die Art der Reaktion ausschlaggebend. Diese Faktoren modifizieren die von den „Kanälen" und „Bahnen" vorgezeichnete Richtung des Spannungsgefälles und legen den Modus der Entspannung fest, das heißt, sie bestimmen, auf welche Weise die Seele ihre Spannung ausleben kann.

Daher hat die Reaktion auf jede Art von Spannung eine persönliche Färbung. Auch Trieben wird – innerhalb des gebotenen Rahmens – auf mehr oder weniger individuelle Weise entsprochen. So kann man zum Beispiel den Sexualtrieb auf die „billigste" – wenn auch vielleicht recht kostspielige – Weise, aber auch im Rahmen der echten Liebe ausleben.

Neben der dauernden Einwirkung des Geistes halten auch andere Einwirkungen die Seele von innen und von außen unter Spannung. Im Erdenleben ist sie Bedingungen und Situationen ausgesetzt, die von ihr Reaktionen verlangen. Es erwachen in ihr laufend natürliche Bedürfnisse und Wünsche, die sie befriedigen möchte und viele von ihnen auch befriedigen muss. Dies veranlasst sie, sich zu bemühen, damit sie in der Inkarnation als Lebewesen oder als Mensch nicht nur überleben, sondern auch ein erfülltes und angenehmes Leben führen kann. Weitere Impulse ergeben sich in der jeweiligen Inkarnation von selbst. – All die Impulse erzeugen in der Seele Spannungen, um sie in Reaktionsbereitschaft zu versetzen und sie zur Aktivität zu veranlassen.

Die aktive Passivität

Befähigt der Geist die Seele zur Aktivität, so bedeutet dies, dass sie vom Geist gleichsam „befruchtet" wird. – Der Geist „befruchtet„ die Seele, und die Seele empfängt vom Geist das von ihm Eingegebene. Die „Frucht„ wächst in der Seele, sie trägt sie aus und „setzt„ sie, sobald es an der Zeit ist, „in die Welt„, um sich von der Spannung der „Schwangerschaft„ zu befreien. Sie „gebiert„ also das Empfangene, das heißt, sie lebt es aus und setzt es in Aktionen um.

Je reifer die Seele wird, umso mehr kann sie sich dem Geist gegenüber öffnen, sich umso leichter von ihm „befruchten" lassen und ihm einen umso größeren Wirkungsraum geben. So kann der Geist durch die Seele in immer höherem Maße *aktiv* werden.

Die Seele ist demzufolge nicht einfach passiv. Ihre Passivität ist – so paradox dies auch klingen mag – eine *aktive Passivität.*

Aktive Passivität bedeutet, dass die Seele – dank ihrer Aufnahme- und Anpassungsfähigkeit sowie unter Einwirkung des Geistes – nicht nur *re*-aktiv, sondern im Sinne von Selbsttätigkeit auch selber *aktiv* werden kann. Aufnahme- und anpassungsfähig ist sie infolge ihrer *Sensibilität,* die durch ihre Passivität bedingt ist. Und kraft ihrer – ermöglichten – *Eigenaktivität* trägt sie zu ihrer eigenen Entwicklung wie auch zur Entwicklung anderer Seelen wesentlich bei.

Der Geist ist *aktiv,* die Seele *re*-aktiv, so erzeugen sie gemeinsam jede Art von Bewegung, jede Veränderung und Wandlung und ermöglichen gemeinsam die *Entwicklung.*

Die *Aktivität* des Geistes und die *aktive Passivität* der Seele stellen die beiden eng zusammengehörenden Triebkräfte für die *Dynamik der Seele* dar, welche das tragende Element für alle Erscheinungsformen des Lebens – auf Erden wie im Jenseits – ist. Und wie die unablässige Bewegung des Wassers die Antwort auf die Anziehungskraft der Erde ist, so ist die Bewegung der Seele: ihre *Entwicklung,* die Antwort auf die Anziehungskraft, welche die *Liebe Gottes* auf seine Geschöpfe ausübt.

Die Seele verdankt die ihr innewohnende *Dynamik* also letztlich ihrem Streben, dorthin zurückzukehren, von wo sie ausgegangen ist: zu Gott.

Dieses Streben meldet sich in ihr als *Drang zur Entwicklung.*

Die Seele kann zu Gott allerdings nur dann zurückkehren, wenn sie – in ihrem bescheidenen Rahmen – Gott „ähnlich" geworden ist. Sie muss „wie Gott" sein. Gott ist aber – unter seinem ersten Aspekt – *Geist.* Will die Seele zu Gott gelangen, so muss sie *geistig* werden.

Der *Drang zur Entwicklung* äußert sich zugleich als *Drang zur Geistigkeit.* Der Drang der Seele zur Geistigkeit ist das Streben, an Gott: an dem *Einen Geist,* immer mehr Anteil zu haben.

Gibt die Seele im Laufe ihrer Entwicklung dem Geist in sich immer mehr Wirkungsraum und entfaltet sie dabei ihre Anlagen, so erlangt auch sie selber immer mehr *Geistigkeit.*

GEIST UND GEISTIGKEIT

Der *Geist* wirkt in der Seele auf zweifache Weise: als *Geistes-* und als *Vitalkraft.* – Beide Wirkungsweisen treten in der Seele von Anfang ihrer Gesamtentwicklung an in Erscheinung. Daher gibt es – wie für alle Erscheinungs- und Äußerungsformen der Seele, die auf der menschlichen Stufe hervortreten – auch für die Wirkung des Geistes Manifestationsformen bereits auf der *vor*menschlichen Stufe der Entwicklung. Der Geist ist also nicht nur im Menschen wirksam: Die Seele *jeder* Wesenheit hat Anteil an ihm, und in jeder entwicklungsbedürftigen Seele – Einzel- oder Gruppenseele – tritt seine Wirkung ungeachtet ihrer Entwicklungshöhe nicht nur als *Drang zur Entwicklung,* sondern immer auch als *Streben nach Geistigkeit* in Erscheinung.

Je höher sich eine Seele entwickelt, umso größer ist ihr Anteil am Geist und umso klarer tritt ihre Geistigkeit als solche in Erscheinung. – Die Wirkung des Geistes bleibt für die Seele zunächst verborgen; der Geist wirkt im Lebewesen und auf den unteren Entwicklungsstufen auch im Menschen noch *unbewusst.*

Die Vorstufen

Die *Wirkung des Geistes* tritt von Anfang der Evolution der Lebewesen an als *Vitalkraft* deutlich in Erscheinung. Sie ermöglicht den Seelen das Leben auf der Erde und bewirkt das *Wachstum* ihres physischen Leibes.

Die *Geisteskraft* ist als *Drang zur Geistigkeit* wirksam. Je nach Entwicklungshöhe ist die Geistigkeit der Seele nicht nur *quantitativ*, sondern auch *qualitativ* verschieden. Sie wirkt jeweils auf eine andere Weise.

Bei der *Pflanze* tritt der Drang zur Geistigkeit als *Streben nach Licht* in Erscheinung, sie richtet ihr *Wachstum* nach „oben" aus. So wachsen Bäume „dem Himmel entgegen" (senkrecht zur Erdoberfläche).

Im *Tier* tritt die Wirkung der *Geisteskraft* als Fähigkeit zur *Spontaneität* und damit zur *Eigenaktivität* hervor. – Diese Fähigkeiten sind die ersten Zeichen der *Willenskraft*.

Die *generelle Wirkung des Geistes* bekundet sich in ihren beiden Erscheinungsformen von der Pflanzenstufe an in jenen Aktivitäten, welche Lebewesen und Menschen in die Lage versetzen, das irdische Leben zu meistern und für die Arterhaltung zu sorgen. – Zum Antrieb solcher Aktivitäten gehören in erster Linie der *Selbst-* und der *Arterhaltungstrieb*, bei Menschen zudem der *Ichtrieb*, und bei allen die *Instinkte*. Sie sind insgesamt auf die Wirkung des Geistes zurückzuführen. Sie sind in dem Sinne geistig, als sie das Verhalten der Lebewesen und des Menschen auf den unteren Entwicklungsstufen *sinnvoll* gestalten. – *Sinnhaftigkeit* kennzeichnet die Wirkung des Geistes und die Geistigkeit.

Triebe geben jene Impulse zur Lebensgestaltung, die ermöglichen, dass in der Inkarnation der generelle Sinn erfüllt, das Leben den grundlegenden Aufgaben entsprechend gelebt wird. Lebewesen und

Mensch müssen in der Inkarnation bleiben und ihr jeweils spezifisches Leben leben *wollen* (Selbsterhaltungstrieb). Sie müssen sich aber auch „vermehren" *wollen* (Arterhaltungstrieb), damit sie anderen Seelen Gelegenheit bieten, sich ebenfalls zu inkarnieren und sich dabei zu entwickeln.

Damit die Triebe sinnvoll ausgelebt werden können, müssen sie „kanalisiert": durch die Instinkte in die richtigen Bahnen gelenkt werden.

Instinkte sind jene – für Lebewesen und Menschen unterschwellige – Wirkungsweise des Geistes, die ihre Aktivität steuert und ihre Lebensform bestimmt, solange sie noch völlig – oder zumindest weitgehend – *unbewusst* sind. Daher erstreckt sich die Wirkung der Instinkte vom Mineral- und Pflanzenreich über die Tierstufe hinaus bis auf die unteren Stufen der menschlichen Entwicklung. Die Aufgabe der Instinkte ist es gerade, die Seele auf ihrem Entwicklungsweg bereits in jenen Etappen der Wirkung des Geistes auszusetzen, in welchen sie selber noch überhaupt nicht oder nicht genügend geistig, also unbewusst ist. Sind Lebewesen und Mensch noch instinktgebunden, so bekundet sich die Wirkung des Geistes in ihnen „mechanisch".

Je bewusster Tier und Mensch werden, umso mehr büßen die Instinkte an Bedeutung ein, umso deutlicher stehen Tier und Mensch unter der *unmittelbaren* Wirkung des Geistes und können dank ihrer wachsenden Geistigkeit die Steuerung bei der Befriedigung ihrer Triebe und Bedürfnisse selbst übernehmen.

Neben den Trieben sind es der *Antrieb zur Individualisierung* und der *Antrieb zur Aktualisierung der potentiellen Anlagen*, in welchen der *Drang zur Entwicklung* in Erscheinung tritt. Sowohl die Individualisierung als auch die Aktualisierung der Anlagen sind Voraussetzungen dafür, dass die Seele an Geistigkeit zunehmen kann.

Der Antrieb zur Aktualisierung potentieller Anlagen und der Antrieb zur Individualisierung bedingen sich gegenseitig. Gehorcht die Seele dem einen Antrieb, so muss sie auch dem anderen Folge leisten. Sie kann sich nur individualisieren, wenn sie die potentiellen Anlagen aktualisiert, und dies kann sie nur tun, indem sie sich individualisiert. Individualisierung und Aktualisierung der Anlagen bilden einen einzigen Vollzug und sind während der ganzen Evolution der Lebewesen, sodann in der menschlichen Entwicklung noch bis hinauf zu den mittleren Entwicklungsstufen – neben den Trieben – die wichtigste Triebfeder der Entwicklung der Seele. Die Individualisierung wird erst in der zweiten Hälfte der äonischen Entwicklung endgültig abgeschlossen, während die Weiterentfaltung der Anlagen bis zum Abschluss der irdischen Entwicklung fortgeführt wird.

Das geistige Wachstum

Es ist eines der wichtigsten Ziele in der Entwicklung der Seele, selber *geistig* zu werden.

Die *Geistigkeit* befähigt die von Natur aus *passive* Seele, selber *aktiv* und *schöpferisch* zu werden. Sie ermöglicht ihr, den Einsatz und die Steuerung der geistigen Kraft zu übernehmen, über das *Geistige* zu verfügen und es *sinnvoll* einzusetzen.

Das Geistige ist all das, was die Seele vom Geist – unbewusst oder mit steigender Bewusstheit – empfangen, übernehmen und selber verwerten kann. Sie übernimmt vom Geist alles, was ihre Entwicklung auf irgendeine Weise (so auch auf Umwegen) fördert.

Das *Geistige* tritt in allen Lebenserscheinungen in spezifischer Form hervor und bestimmt jene Fähigkeiten, welche den Lebewesen die *arteigenen Lebensweisen* ermöglichen und ihnen einen entsprechenden *speziellen Lebensraum* zuweisen. Es macht ihr Leben und ihre Aktivitäten *sinnvoll.*

Damit die Seele Geistigkeit erwerben kann, muss sie schon etwas *Selbständigkeit* erlangt haben und zur *Selbsttätigkeit* fähig sein. Sie wird erst dann in höherem Maße dazu fähig, wenn sie der Wirkung des Geistes nicht mehr bloß passiv ausgesetzt ist und daraus lediglich Nutzen zieht, sondern wenn sie imstande ist, die Rolle des Geistes – bis zu einem gewissen Grad – *selbst* zu übernehmen und *bewusst aktiv* zu werden. Dafür muss sie der Wirkung des Geistes in sich immer mehr Raum geben, sich ihr mit steigender Bewusstheit öffnen. Dies ist allerdings keine Frage des guten Willens oder genügender Anstrengung, sondern eine Frage der inneren Reife.

Die Zunahme an innerer Reife bedeutet immer auch die Erweiterung jener Dimension, welche die Seele der Wirkung des Geistes einzuräumen imstande ist. *Seelisches Wachstum* besteht in erster Linie in der *Zunahme an Geistigkeit.*

Die *Zunahme an Geistigkeit* bringt es mit sich, dass für Lebewesen und Menschen alles, was auf sie von innen oder von außen zukommt, immer fassbarer, immer bewusster erlebbar wird. Dies im zweifachen Sinne: Lebewesen und Mensch können sich *erstens* den Einwirkungen und der Informationen *bewusst* werden und sie *bewusst* auswerten; sie können *zweitens* auf sie nicht mehr nur instinktiv, sondern auch überlegt: *bewusst* reagieren, somit auf *sinnvolle* Weise *aktiv* werden und dabei ihren *Eigenwillen* verwirklichen. Der Mensch – wie bereits in gewisser Weise und je nach Arthöhe das Lebewesen – wird sich dabei *seiner selbst bewusst* und erlangt *Bewusstheit.*

Sinnvolle Aktivität kommt durch *Steuerung* seelischer Reaktionen zustande. Ist die Seele schon etwas geistig, so kann sie ihre Reaktionen auf immer mehr Einwirkungen oder Impulse auf der irdisch-materiellen Ebene in bewusst gesteuerte Verhaltensweisen und Handlungen umsetzen. – Dafür muss sie aber hinreichend tragfähig sein und Distanz gewinnen können. Distanz nehmen bedeutet für die Seele: nicht auf jede Einwirkung oder jeden Impuls reagieren zu müssen, die Zeit für die sinnvolle Reaktion abwarten zu können.

Sinnvoll kann die Seele ihre Aktivität allerdings erst dann einsetzen, wenn sie begonnen hat, ihre *Rationalität* heranzubilden und wenn sie bereits auch über etwas *Urteilskraft* verfügt. Einer gewissen bewussten Aktivität ist schon das Tier höherer Art fähig, doch erst der Mensch ist in der Lage, seine Aktivität mit voller *Bewusstheit* auszuüben.

Bewusstheit verhilft Lebewesen und Menschen zu einem Wissen um Dinge und Vorkommnisse, die sie auf irgendeine Weise wahrnehmen oder erfahren. Sie ermöglicht ihnen ferner, sich ein Können im Umgang mit den Dingen und Situationen anzueignen. – Erlangt das Lebewesen etwas Bewusstheit, so ist es nicht bloß Widerfährnissen ausgesetzt, sondern es wird sich des Erfahrenen *bewusst* und kann darüber *bewusst verfügen.* Für das Lebewesen wie auch für den Menschen wird das Erlebte somit zur eigentlichen *Erfahrung.*

Auf höheren Tierstufen und beim Menschen manifestiert sich die Wirkung der Geistigkeit nicht nur als *Streben nach Bewusstheit,* sondern auch als *Streben nach Selbstverwirklichung.*

Das Streben nach Selbstverwirklichung tritt bereits beim Tier höherer Art als *Streben nach Macht* in Erscheinung, beim Menschen

– auf den unteren Entwicklungsstufen – außerdem noch als Streben nach *Erweiterung der Ichsphäre.*

Im Menschen äußert sich der *Drang zur Geistigkeit* vom Ende der zweiten Entwicklungsstufe an im allgemeinen immer auch als *Streben* nach *Höherem*, nach „Mehrsein", im besonderen als Streben nach *Können und Wissen*, auf den höheren Stufen als Antrieb zur *Vergeistigung.*

Die *wachsende Geistigkeit* erweckt im Menschen immer wieder – zeitweise schon in der ersten Entwicklungshälfte, in der zweiten dann immer häufiger – die *Sehnsucht nach Gott.*

DIE ERSCHEINUNGSFORMEN DER GEISTIGKEIT

Die *Geistigkeit* ist eine Folge der Teilhabe der Seele am dritten Aspekt Gottes: am *Heiligen Geist-Aspekt.* Dieser wirkt als *Ordnende Intelligenz* und erzeugt in der Seele die Geistigkeit. Diese hat zwei Erscheinungsformen: die *rationale* und die *genuine* oder *transzendentale Geistigkeit.*

In der ersten Hälfte der äonischen Entwicklung zielt die Wirkung des Geistes auf die Heranbildung der Geistigkeit in der Form von *Rationalität* ab. Die Wirkung erreicht ihren Höhepunkt auf der dritten Entwicklungsstufe. Obwohl auf dieser Stufe die *rationale Intelligenz* noch nicht ganz voll entfaltet ist, dominiert diese im Leben des Menschen, so dass der Mensch seine rationale Intelligenz auf dieser Entwicklungshöhe mit der Geistigkeit schlechthin gleichsetzt. Das *Rationale*, das sich an der sinnlich wahrnehmbaren materiellen Wirklichkeit orientiert, wird das „Maß aller Dinge". – Ihr Instrument ist der *Verstand.*

Von der vierten Entwicklungsstufe an gelangt die Geistigkeit immer mehr in ihrer eigentlichen Gestalt und für den Menschen immer bewusster zur Wirkung: als *genuine Geistigkeit.*

Die genuine Geistigkeit

Die eigentliche, wahre Geistigkeit des Menschen ist die *genuine.* – *Genuin* (lat. angeboren, natürlich, echt; selbstschöpferisch) ist diese

Art von Geistigkeit, weil sie der Seele ermöglicht, jenen unmittelbaren Kontakt mit dem *Einen Geist* – nun bewusst – aufzunehmen, den sie ursprünglich – aber noch völlig unbewusst – schon *vor* ihrer irdischen Entwicklung und noch während der Evolution als Lebewesen hatte.

Der Mensch beginnt von der Mitte seiner inneren Entwicklung an die Wirkung des Geistes unmittelbar wahrzunehmen und sich ihr *bewusst* auszusetzen. Er kann es, weil die grundlegende Anlage der mittleren und der höheren Seelenschichten – und diese ist die *genuine Geistigkeit* – in ihm erwacht.

Es gibt eindeutige Zeichen dafür, die darauf hinweisen, dass im Menschen die *genuine Geistigkeit* erwacht ist. Sie zeigt sich im Erscheinen neuer Anlagen, unter denen die folgenden die wichtigsten sind: das *Gefühl*, das *echte Gewissen,* die *Urteilskraft* und die *transzendentale* oder *Herzensintelligenz*. – Die Heranbildung dieser Anlagen beginnt auf der vierten Entwicklungsstufe.

Transzendental (aus: lat. *transcendere* = überschreiten) heißt diese zweite Art von Intelligenz, weil sie dem Menschen verhilft, über die bloße Erscheinungswelt, über das Materielle sowie über das nur rational Erkennbare hinauszugelangen und das Wesensmäßige *unmittelbar* zu erfassen.

Die *transzendentale Intelligenz* befähigt den Menschen, die Dinge von innen her wahrzunehmen, somit ihr Wesen und ihren Sinn zu erfassen. Sie ist die Voraussetzung für das *Schöpferische:* für die Verwirklichung des – im wahren Sinne – *Geistigen* auf der Erde. – Ihr Instrument ist die *Vernunft.*

Mit steigender Geistigkeit erhöht sich auch die *geistige Vitalität* des Menschen und die Dimension seiner inneren *Freiheit* dehnt sich aus.

Kapitel 20

DIE TRIEBE

Der *Drang zur Entwicklung* tritt in der Seele auf mehrfache Weise in Erscheinung. Er erscheint einerseits als *Antrieb zur Individualisierung* und als *Antrieb zur Aktualisierung der potentiellen Anlagen*, andererseits in der Form von *Trieben.*

Triebe sind stufenspezifische Manifestationsformen des *Dranges zur Entwicklung.* Sie geben Impulse zur Weiterentwicklung und halten den Drang in Gang, indem sie in der Seele jene Spannung erzeugen, die nötig ist, damit sie *aktiv* wird.

Die Triebe legen sowohl das Ziel der Aktivität als auch die Verhaltensweise fest, mit deren Hilfe Lebewesen und Menschen ihre Impulse zur Aktivität ausleben können. Sie bestimmen außerdem – in der ersten Entwicklungshälfte auch für die Menschen – mit Hilfe der Instinkte den Rahmen, innerhalb dessen sie diese Impulse verwirklichen können.

Alle Triebe stehen, selbst wenn sie zerstörerisch wirken, letztlich im Dienste der Entwicklung und treiben die Individualisierung und die Aktualisierung der Anlagen voran.

DAS WESEN DER TRIEBE

Alle Erscheinungsformen der *Dynamik der Seele* sind in der Evolution der Lebewesen und in der ersten Hälfte der äonischen Entwicklung des Menschen immer auch auf das irdische Dasein bezogen. Alles, was aus dem Unbewussten aufsteigt und durch Triebfaktoren bedingt ist, hat immer auch einen materiellen Aspekt. Die Abhängigkeit von der Materie und der Materialität ist auch dann noch mächtig, wenn der Mensch schon begonnen hat, bewusst zu leben, und versucht, seiner Triebe Herr zu werden.

Triebe binden den Menschen an das irdische Dasein. Sie sind keine Folge der irdischen Existenz, sondern es ist umgekehrt: Der Mensch muss unter anderen auch deshalb immer wieder auf die Erde kommen, damit er die innere Dynamik seiner Seele und deren Erscheinungsformen, darunter Triebe, Emotionen und Affekte, ausleben, beim Ausleben kennenlernen und schließlich beherrschen lernen kann.

Auf den mittleren Stufen werden die Triebe allmählich von Antriebskräften seelischer und geistiger Art abgelöst. Diese manifestieren sich vor allem als *Streben nach Mehrsein* und nach *Können* und *Wissen*. Während der ganzen äonischen Entwicklung taucht aber immer wieder auch die *Sehnsucht nach Gott* auf. Sie wird auf den höchsten Stufen zur eigentlichen Triebkraft der Entwicklung.

Triebe sind in allen Lebewesen – in einem gewissen Sinne schon im Mineral – wirksam.

Es gibt zwei Triebe, die sowohl im Reich der Lebewesen als auch beim Menschen als grundlegend gelten: der *Selbsterhaltungstrieb* und der *Arterhaltungstrieb*.

Der *Selbsterhaltungstrieb* wird immer auch vom Antrieb zur Individualisierung angefacht. Er tritt beim Menschen in der ersten Hälfte seiner inneren Entwicklung immer deutlicher als *Ichtrieb* in Erscheinung und veranlasst ihn zur *Erweiterung seiner Ichsphäre*. – Der *Arterhaltungstrieb* wird bereits auf höheren Tierstufen (vielleicht vorher schon) und beim Menschen von der *Sexualität* – teils weitgehend, zeitweise sogar vollständig – überlappt. Diese gilt somit selber als *Trieb*.

Der *Drang zur Entwicklung* kann sich auch auf andere Weise als in der Form von Selbst- und Arterhaltung bzw. Sexualität manifestieren und sich dabei *triebhaft* auswirken. So kann die Befriedigung von Bedürfnissen, Begierden oder sonstigen Wünschen, erst recht von Süchten regelrecht triebhaft vor sich gehen.

Auch die Befriedigung dieser Art von Bedürfnissen steht freilich unter dem Zeichen des Dranges zur Entwicklung, dem ja Lebewesen und der Mensch stets gehorchen müssen.

DER SELBSTERHALTUNGSTRIEB

Der *Selbsterhaltungstrieb* ist gleichsam die Rohform, in welcher der *Lebenswille* unmittelbar in Erscheinung tritt. Für die Entwicklung der Seele ist es unerlässlich, dass sie in ihrer Inkarnation so lange wie möglich auf der Erde und also im physischen Leib bleibt. Der Drang zur Entwicklung hält im Lebewesen und Menschen den Lebenswillen wach, indem er die Seele unter die beinahe absolute Herrschaft jenes Triebes stellt, der in ihr meistens unbewusst, mitunter sogar wider Willen wirkt und gelegentlich alle anderen Impulse verdrängt.

Auf den unteren Entwicklungsstufen gesellen sich zum Selbsterhaltungstrieb auch der *Drang zur Selbstbehauptung* und in dessen Folge der *Wille zur Macht*. Sie sind Manifestationsformen des Antriebs zur Individualisierung und somit erweiterte Formen des Selbsterhaltungstriebes. Sie können bekanntlich auch bei Tieren, die in Gruppen leben, beobachtet werden, so zum Beispiel bei Hühnern, die um ihren Platz in der „Hackordnung" streiten, und erst recht bei höheren Tierarten, bei denen die Rangordnung eine sehr wichtige Rolle spielen kann.

Der Antrieb zur Individualisierung meldet sich in diesen Varianten auch beim Menschen auf den unteren Entwicklungsstufen noch unbewusst und meistens „triebhaft": unkontrolliert und unkontrollierbar, und der Selbsterhaltungstrieb erscheint ebenfalls als „triebhaft": als *Ichtrieb*. In dieser Phase lebt der Mensch seinen Selbsterhaltungstrieb hemmungslos und ohne Rücksicht auf andere aus, wobei er immer wieder viel Leiden verursacht.

Der Selbsterhaltungstrieb steht nicht nur im Dienste der Erhaltung des Lebens auf der Erde, sondern auch im Dienste der Erhaltung der Interessen des *„Selbst"* (des Ich bzw. der Person). Für den Menschen ist beim Ausleben des Triebes sein *wahres Interesse* richtungsweisend. Es zeigt an, was für ihn jeweils das Wertvolle, ja das Wertvollste ist, und somit tatsächlich „wert", diesem alle anderen Interessen, unter Umständen auch „sein" Leben – das irdische Leben – unterzuordnen.

Da bei jedem Schritt der inneren Entwicklung immer auch eine Verschiebung der Interessen und so auch eine *Umwertung der Werte* stattfindet, ändert sich auch der Sinn dessen, was als „Selbsterhaltung" gelten kann.

Die Erscheinungsformen des Selbsterhaltungstriebes sind beim Menschen demzufolge je nach Entwicklungshöhe verschieden. Auch innerhalb eines Manifestationsbereiches verändern sich seine Formen, wie dies an den Wandlungen beim Streben nach Erweiterung des Ich bzw. der Ichsphäre abzulesen ist.

Das Streben nach Erweiterung der *Ichsphäre* kann vorerst egoistisch, aber im bescheidenen Rahmen, etwa als Wunsch nach *Ansehen* in der eigenen Gruppe – Familie, Sippe, Gesellschaft – auftreten (am häufigsten auf der *ersten* Entwicklungsstufe), dann sich zum rücksichtslosen Streben nach *Macht* und nach *Machtausdehnung* erweitern, dem auch Familienangehörige zum Opfer fallen können (besonders auf der *zweiten* Stufe); später (von der *dritten* Stufe an) kann es in das Streben nach *Mehrsein*, nach echtem *Können und Wissen* übergehen, schließlich (von der *vierten* Stufe an) als Streben nach *Geistigkeit* und (auf den *höchsten* Stufen) als Streben nach *Spiritualität* in Erscheinung treten.

Eine Umstellung der Werte kann auch *situationsbedingt* sein. So kann der Selbsterhaltungstrieb vom Arterhaltungstrieb oder von anderen Impulsen überlagert werden. Lebewesen, vor allem Tiere höherer Art und der Mensch, können beispielsweise ihr Leben opfern, um andere zu retten. So kann eine Tiermutter bei der Verteidigung ihrer Jungen ihr eigenes Leben Gefahren aussetzen und es auch hingeben. Der Lebenswille erlischt in dem Fall nicht, sondern wird von einem anderen Impuls: von einem anderen Trieb oder einem Instinkt, verdrängt, der in der gegebenen Situation mächtiger wird als der Selbsterhaltungstrieb. Auch der Mensch kann sein Leben aus Liebe zu anderen oder zu Gott opfern und es sogar für Sach"werte" (z. B. für Geld oder Besitz) riskieren. Und sind Soldaten einmal von der Kampfeslust erfasst, schonen sie auch ihr eigenes Leben nicht.

Der Selbsterhaltungstrieb kann sich hingegen auch „wider Willen" durchsetzen. – Makaber mutet der Fall eines Selbstmordkandidaten an, der, als er zum Tatort eilte, beim Überqueren der Straße von einem Wagen beinahe angefahren wurde, sein Leben mit einem Sprung rettete und erleichtert weiterging, um sich umzubringen.

DER ICHTRIEB

Der *Antrieb zur Individualisierung* kann im Menschen auch „triebhaft" zur Wirkung gelangen. Und „triebhaft" tritt er – zumindest in bestimmten Phasen der Entwicklung – als *Drang zur Selbstbehauptung*, nicht selten als *Streben nach Macht* in Erscheinung.

Will der Mensch sein „*Selbst* behaupten", so will er sich mit seinem *Ich* durchsetzen und damit sich selber zur Geltung bringen. Zur Selbstbehauptung – zum Aufbau und vor allem zum weiteren „Ausbau" seines Ich – wird der Mensch im Laufe seiner Individualisierung unwiderstehlich *getrieben*. Dies ist der Grund dafür, warum auch von einem eigenen – vom Selbsterhaltungstrieb abgesonderten – *Ichtrieb* gesprochen werden kann bzw. werden muss (worauf schon LEOPOLD SZONDI in seiner *Ich-Analyse* 1956 hinwies).

Das Ich

Das *Ich* ist jener Teil der Seele, der schon *individualisiert* ist und dessen sich die Seele bereits *bewusst* ist. Aufgrund dieses *bewussten Teils* ihrer Seele können Lebewesen und Mensch *sich selbst erleben*.

Das – beim Wachbewusstsein permanent vorhandene (wenn auch nicht ständig beachtete) – Gefühl, da zu sein bzw. vorhanden zu sein, ist die Grundlage des *Ich-Gefühls*. In diesem Sinne haben auch Tiere (vielleicht schon Pflanzen und sogar das Mineral) ein „Ich-Gefühl".

Das *Ich* ist das *Zentrum* des – gelebten und erlebten – Lebens, auf welches das Erlebte bezogen wird. Das Ich verfügt über das ihm zugängliche Wissen, das aus Verstandeswissen besteht, während aus dem inneren Wissen der Seele das Ich nur unter bestimmten Umständen schöpfen kann. – Das Ich ist ferner die Zentralstelle, von der die – bewussten – *Willensimpulse* ausgehen.

Für den Menschen ist das Ich überdies das bleibende Zentrum der *Person*, mit welcher er in den jeweiligen Inkarnationen identisch ist. Die Person wechselt von Inkarnation zu Inkarnation, während das Ich seine Identität für eine Reihe von Inkarnationen – und jeweils auch im Jenseits – bewahrt. Es wandelt sich zwar im Laufe der Entwicklung, doch sein Wissen um seine Identität, selbst wenn diese sich immer wieder verändert, bleibt bestehen. Denn das Ich – als Repräsentant des äußeren Menschen – trägt auch jenes Wissen in sich, dessen Verwalter der innere Mensch ist, auf den unteren Entwicklungsstufen aber noch unbewusst. Daher „weiß" das Ich während der ganzen äonischen Entwicklung um seine Kontinuität.

Der Mensch findet sich überall und stets – so auch im Jenseits – als „Ich" und in den Inkarnationen zugleich auch als „Person" vor. Hat er Schwierigkeiten mit seiner Identität, so hat er mit der Anerkennung jener Rolle Probleme, die er als Person zu spielen hat, nicht aber mit seinem Ich.

Das Ich bleibt kontinuierlich bestehen, weil es ein Teilchen der Seele ist, und diese existiert für immer. Es ist das – seiner selbst schon – bewusste Teilchen der Seele, von welcher der größte Teil noch im „Dunkeln" – noch unbewusst – ist. Das Ich ist daher mit der Spitze des Eisberges vergleichbar, die aus dem Meer herausragt. Der Vergleich hinkt allerdings, weil das Ich – bis auf die höchsten Entwicklungsstufen hinauf – nicht ein Zehntel, wie dies beim sichtbaren Teil des Eisbergs der Fall ist, sondern einen wesentlich kleineren Teil der Seele bildet.

Die Ich-Ausdehnung

Da das Ich im Dienste der Entwicklung und somit im Dienste sowohl der Individualisierung als auch der Aktualisierung potentieller Anlagen steht und das ausführende Organ beider Antriebe ist, strebt das Ich – auf den unteren Entwicklungsstufen permanent und unbedenklich – nach Erweiterung seiner „Sphäre": Es will seinen Wirkungsbereich ausdehnen.

Die *Ich-Ausdehnung*: die *Erweiterung der Ichsphäre,* ist die Folge jenes spezifischen Dranges, der dem *Ichtrieb* zugrunde liegt. Dieser Drang ist für das Ich auf diesem Entwicklungsniveau charakteristisch, in ihm kommt das *Ichhafte* im Menschen am deutlichsten zum Vorschein. Er beherrscht den Menschen über weite Strecken seiner inneren Entwicklung und stellt dessen Bestreben unter seine Herrschaft, so dass sie zu Komponenten des einen dominanten Triebes: des *Ichtriebes* werden.

Dem Drang gehorchend versucht das Ich – nach Möglichkeit – alles, was es erreichen, was es (auch im buchstäblichen Sinne) fassen kann, in sein Ich einzubeziehen, einzuverleiben, genauer: sich „einzuver*ich*en". Es bezieht das Er- oder Gefasste in sich ein, indem es sich zunächst damit identifiziert. Es belegt es mit dem Markenzeichen seiner Identifikationen und nimmt es damit in seinen Besitz, wie ein Tier durch Duftmarken sein Revier absteckt.

Das Ich kann nicht nur materielle Güter in Besitz nehmen. Es kann auch Personen, Vorstellungen, Ideen, Ideologien, Weltanschauungen, Religionen und all das in sein Ich integrieren: „einver*ich*en", mit dem es sich auf der materiellen, seelischen oder geistigen Ebene identifizieren kann.

Mit jeder erfolgten Identifikation dehnt der Mensch seine Ichsphäre einen Schritt weiter aus, erweitert seinen Besitz und erlangt so – tatsächlich oder vermeintlich – mehr *Macht*. Die Ich-Ausdehnung steht auf den unteren Stufen der inneren Entwicklung im Zeichen des *Machtstrebens*.

Dabei muss der Mensch nicht unbedingt eigene Macht erlangen. Er kann die Macht auch delegieren und dadurch zu Macht kommen, indem er sich mit den Mächtigen identifiziert und so an ihrer Macht – zumindest in seiner Vorstellung – teilnimmt. Wer sich mit einem Despoten identifiziert, erhöht sein Ichgefühl: Die Identifikation mit dem Machthaber bläht sein eigenes Machtgefühl auf.

Die Macht des Despoten nimmt in dem Maße zu, je mehr Personen ihm ihre Macht „übergeben". Jubeln sie ihrem „Führer" zu, so jubeln sie im Grunde deshalb, weil sie fühlen, wie sich ihr Machtpotential vergrößert, wenn sie an der Macht des „Führers" und an der Macht der Maße der Anhänger teilhaben. Dieser – vermeintliche – Machtzuwachs, den der Einzelne zu erfahren glaubt, erklärt die – gelegentlich totale – Blindheit gegenüber den üblen Machenschaften eines Despoten. Fanatisierte Anhänger verschließen in der Regel ihre Augen sogar vor der Tatsache, dass sie selber völlig versklavt werden, und viele sind von der Illusion, durch Identifikation mit Machthabern selber Macht zu erlangen, derart verblendet, dass sie nicht einmal merken, wie sie an ihrem eigenen Untergang arbeiten.

Ichsucht und Ichbezogenheit

Erreicht das Ich den Zenit seiner Ausdehnung, so bedeutet dies, dass der Mensch die Höhe des *perfekten Egoismus* erklommen hat. (Dabei braucht er nicht zugleich tatsächlich auch eine Machtposition inne zu haben.) Der Ichtrieb manifestiert sich auf dieser „Höhe“ – mitunter sogar krankhaft – in der *Ichsucht*. Der Mensch wird selbstsüchtig, ist also nur auf eigenen Nutzen bedacht und strebt dementsprechend nach Vorteil und Glück – ohne Rücksicht auf Mitmenschen und Mitseelen. Kurz: er ist ein *Egoist*.

Dabei ist seine Individualisierung noch lange nicht abgeschlossen. Er hängt noch – vor allem seelisch und geistig – von der Gemeinschaft ab. Nur in einem bestimmten Sinne ist er zu einem „Individualisten“ geworden: Außer ihm existiert für ihn nichts und niemand, es sei denn, jemand diene ihm als Handlanger bei der Befriedigung seiner Bedürfnisse.

Gleitet er von dieser „Höhe“ gegen Mitte der dritten Entwicklungsstufe allmählich ab, so flaut auch seine Ichsucht ab und sein Egoismus wird nach und nach von der *Ichbezogenheit* abgelöst.

Die *Ichbezogenheit* eines Menschen zeigt sich darin, dass er überall und in allem – ausschließlich oder in erster Linie – sich selber sucht, sich nach Möglichkeit in den Vordergrund stellt und unermüdlich nach Bestätigung und Anerkennung, nach Wertschätzung und Liebe Ausschau hält. Er hat das Gefühl, im Zentrum der Welt zu stehen, und was nicht auf ihn – auf sein Ich – bezogen ist, das versucht er zu ignorieren. Es stellt ja für ihn keinen Wert dar – oder nicht denselben, den es haben könnte, wenn es mit ihm zu tun hätte.

Er unterscheidet sich jedoch vom Ichsüchtigen in einem wesentlichen Punkt: Er will nur das haben, was er ohnehin schon hat, er möchte nur mit dem, was er schon ist, was er schon kann oder weiß, Anerkennung und Lob, Ehre und Ruhm ernten. Er greift daher nicht mehr nach fremdem Gut und will nicht – wie der Egoist – alles, was in sein Gesichtsfeld gerät, für sich horten, und was er in Besitz genommen hat, mit niemandem teilen.

Denn – im Gegensatz zum Egoisten – hat er schon einen Blick für die anderen, in erster Linie allerdings aus dem Grunde, weil er ununterbrochen hofft, von ihnen bestätigt und anerkannt zu werden.

Darum kann er sich auch großzügig zeigen. Gerade sein Werben um Anerkennung und Liebe hindert ihn nämlich daran, den anderen gegenüber rücksichtslos aufzutreten, die anderen zu verdrängen und alles, was er hat, nur für sich zu behalten. Er möchte doch, dass jeder von ihm nur das Beste denkt, und ausgerechnet seine „Image-Pflege" führt ihn aus der einschnürenden Enge seines Egoismus heraus.

Das Pulsieren

Selbstverständlich ereignet sich die Ich-Ausdehnung nicht während der ganzen ersten Hälfte der äonischen Entwicklung. Sie wird zwar, da sie hier eine Grundtendenz des Menschen ist, unablässig angestrebt. Doch praktisch dehnt sich das Ich schubweise und nur in bestimmten Phasen oder Zyklen von Inkarnationen, gelegentlich auch nur in einer Inkarnation jeweils aus, um sich dann – meistens allerdings nur teilweise – wieder zurückzuziehen.

Die Gründe dafür liegen einmal darin, dass die Drehbühne der Seele dauernd in Bewegung ist. Herrscht die Schattenseite vor, so ist auch das Streben nach Ich-Ausdehnung intensiver, beginnt hingegen die Lichtseite zu dominieren, so schrumpft das dringende Bedürfnis nach rücksichtsloser Selbstbehauptung zusammen, und der Mensch fängt an (freilich nur zaghaft), sich andere, weniger brutale, eventuell sogar menschlichere Möglichkeiten zu suchen, um sein Selbstgefühl zu stärken oder – wie dies nach etlichen Rückschlägen oft nötig ist – wieder aufzupolieren.

Hinzu kommt, dass nach Perioden intensiver Ich-Ausdehnung auch das Schicksal zurückschlagen kann. Hat jemand beispielsweise viel Macht erlangt und sie auch missbraucht, so können Inkarnationen folgen, in welchen ihm: dem einstigen Machthaber, das bittere Los zuteil wird, aus seinem reichlich angehäuften negativen Karma einiges abtragen zu müssen. Er wird dann geradezu gezwungen, seine Ichsphäre auf einen bescheideneren Umfang zu reduzieren, sein Ich, wenn auch wider Willen, zurückzunehmen. – Doch auch in Armut und Elend und völlig entmachtet bewahrt der Mensch seine wahre Gesinnung, und wenn diese noch im Zeichen der Ich-Ausdehnung steht und auf Erlangen von Macht ausgerichtet ist, bleibt in ihm auch sein Machtstreben ungebrochen. Viele, die in Armut leben, haben das Gefühl, dass „etwas nicht in Ordnung" ist, dass ihnen ein Leben aufgezwungen wird, das ihnen gar nicht zustehe, weil es nicht ihr „eigentliches" Leben ist, so dass ein Irrtum vorliegen muss. In „unerträglicher" Armut lebt freilich nur derjenige, der, als er reich war und in Überfülle lebte, den Unbemittelten nicht geholfen hat oder die in Not Geratenen sogar verachtet hat und nun das Leben auch von dieser: von der anderen Seite, kennenlernen muss.

Das Streben nach Ich-Ausdehnung und nach Macht bleibt im Menschen meistens noch lange – während Inkarnationen – uneingeschränkt erhalten und wartet nur auf die erstbeste Gelegenheit: auf eine Inkarnation mit „günstigen" Bedingungen, die ein hemmungsloses Machtstreben erlauben. Und falls der Mensch keine sichtbare Macht mehr erlangen kann, so versucht er seine Mitmenschen zu manipulieren, sie nach seinen eigenen Vorstellungen zu formen, nicht selten unter dem Vorwand, ihnen doch nur helfen zu wollen.

Ein weiterer Grund für das Nachlassen der Ich-Ausdehnung ist die Tatsache, dass der Mensch seine Hauptintention von einer Entwicklungslinie immer wieder – in der Regel phasenweise – auf eine andere verlagert bzw. verlagern muss. Dabei kann auch das Interesse an der Ich-Ausdehnung – mitunter weitgehend – abflauen.

Schritte in der Ich-Ausdehnung erfolgen immer dann, wenn die Willenskraft eine Intensivierung erfährt und ein „Ich-Schub" eintritt. In einer weiteren Phase wird der Mensch genötigt, auch an die Heranbildung anderer Fähigkeiten zu denken. Auf diesen Entwicklungsstufen liegt es im Interesse seines Machtstrebens, seine Rationalität zu entfalten, ohne die kein Machtsystem aufgebaut werden kann (z. B. ohne Organisationsgabe). Dann erfolgt wieder eine Drehung der Drehbühne der Seele und der Mensch muss seine Aufmerksamkeit auf die Weiterbildung seiner Sensibilität lenken und sich zeitweise auch der Entfaltung spezieller Fähigkeiten widmen. Da er auf den unteren Stufen seiner inneren Entwicklung alles, was er erreichen will, meistens einseitig und oft mit großer Intensität tut, verfällt er auch nach dem Wechsel der „Fahrbahn" nur zu leicht den Extremen. Der ehemalige Machtmensch wird – wenn auch nicht von heute auf morgen – für eine Weile

„weich", zum Beispiel zu einem harmlosen Aufschneider oder gar zu einem „Pantoffelhelden" (und lebt sich vielleicht sexuell „auf die weiche Tour" aus), oder er wird weinerlich und neigt dazu, in Selbstmitleid zu zerfließen. Und falls er seine Ratio weitgehend entfaltet hat, so kann er zu einem jener Intellektuellen werden, die zwar sehr „gescheit" denken, sich aber – mangels Willenskraft – nicht durchsetzen können.

In der ersten Hälfte der inneren Entwicklung, wenn der Mensch noch nicht fähig ist, gleichzeitig mehrere Fähigkeiten mit derselben Intensität zu entfalten und zu aktivieren, pulsiert sein Ich. Es dehnt sich zeitweise aus, dann zieht es sich wieder zusammen, mitunter engt es sich sogar ein.

Die Pulsation des Ich besteht jedoch nicht in einem regelmäßigen Rhythmus wie die normale Herztätigkeit. Denn von Anfang der zweiten Entwicklungsstufe an verstärkt sich der Drang zur Ich-Ausdehnung, er wirkt triebhaft, und das Ich wird während dieser ganzen Wegstrecke der Entwicklung – wenn auch schubweise, so doch – permanent ausgedehnt. Nur geschieht seine Ausdehnung nicht ohne immer wieder vorkommende Einengungen. Sie vollzieht sich also pulsierend, wie wenn man einen Luftballon aufbläst, wobei bei jedem Atemholen aus dem Ballon etwas Luft entweicht. Wird der Ballon übermäßig aufgeblasen, so platzt er.

Ist der Zenit der Ich-Ausdehnung überschritten und will der Mensch dies nicht wahrhaben, forciert er die Selbstbehauptung weiterhin, so widerfährt seinem Ich das traurige Schicksal eines Luftballons.

Die Ich-Einengung

Die Freude an der Ich-Erweiterung währt nämlich nicht ewig. Schon gegen Ende der zweiten Entwicklungsstufe tauchen am Horizont drohende Zeichen auf. Auf der dritten wird dann der Mensch wiederholt angehalten, schließlich genötigt, wahrzunehmen, wohin ihn seine – vielleicht immer noch ungezähmten – Machtgelüste führen – oder schon geführt haben. Er beginnt allmählich zu merken, dass er sich bei seinen oft rücksichtslosen Bemühungen, die Ichsphäre auszudehnen, immer häufiger eher Schwierigkeiten als Vorteile einhandelt. – Denn die Machtphase klingt gegen Mitte der dritten Stufe ab. Falls der Mensch dies ignoriert und immer noch versucht, eine eigene Machtposition – Rückschlägen zum Trotz – von neuem auf- und auszubauen oder – wie nach einem abgefahrenen Zug – unbeirrt und unermüdlich Machthabern nachzulaufen, um wenigstens durch Identifikation etwas Macht zu erhaschen, so wird er immer deutlicher erfahren müssen, dass die „schönen" Zeiten für das bedenkenlose Ausleben seines Ichtriebes nun vorbei sind. Und das Einzige, was der Trieb, falls er ungezügelt bleibt, ihm noch verschaffen kann, ist ein gründliches Scheitern.

Falls er starrsinnig ist, so wird ihm die Einsicht mit harten Schicksalsschlägen solange eingehämmert, bis er begreift, dass er seine Einstellung zum Leben und seine innere Haltung gänzlich ändern muss. Und damit er sie tatsächlich ändert, werden ihm Erfahrungen nicht erspart, die ihm insgesamt dasselbe sagen: „Rien ne va plus": Nichts geht mehr. Oder genauer: Alles geht zwar, nur geht alles schief.

Und alles geht solange schief, bis der Mensch beginnt, über sich – zumindest ansatzweise – nachzudenken und sich zu besinnen. Das tut er aber zunächst – und lange Zeit – nicht, ist er doch mit seinem Ich immer noch – selbst in seinem Unglück – aufs innigste, und wie er meint: aufs „glücklichste" verheiratet.

Was soll er aber in dieser alt gewordenen Ehe mit seinem Ich noch anfangen? Die erste Reaktion ist in der Regel, dass er sich – wie ein getadeltes Hündchen oder Menschenkindchen – trotzig in eine Ecke verzieht. Praktisch bedeutet dies, dass er beginnt, sein Ich zurückzunehmen, seine „Besitzungen" bzw. „Besetzungen" aufzugeben und damit seine Ichsphäre *einzuengen*.

Und weil sein Schmollen noch weitgehend unbewusst erfolgt, kann seine Ich-Einengung ebenfalls triebhaft vor sich gehen. Ist also sein Selbstgefühl bis zur Neige ausgekostet, bröckelt die Festung seines Ich mit dem Bollwerk seiner – wahren oder vermeintlichen – Macht nun schon deutlich ab, beginnt wegen der vielen Rückschläge seine Lust an Ich-Ausdehnung und an Besitzerergreifen: an „Einver*ich*ung" zu vergehen, so fängt sein Ich an zusammenzuschrumpfen. Es wird umso kleiner, je näher der Mensch an die Phase der Konfrontation mit früheren Verschuldungen herankommt. Und diese beginnt bereits – ihm vorerst noch unbewusst – auf der dritten Entwicklungsstufe.

Der Mensch zieht sein Ich zusammen, beschränkt seine Macht bzw. seinen Geltungsbereich zunehmend, er macht sich sogar selber „klein“, weil in ihm Schuldgefühle wach werden und er fühlt, dass er zur Rechenschaft gezogen wird. Er kann ja die Verantwortung nicht mehr auf andere abschieben, er ist derjenige (er weiß es in den Tiefenschichten seiner Seele sehr genau), der sowohl für sich selber, für die Person also, die er im gegenwärtigen Erdenleben ist, als auch für all diejenigen Personen, die er in den früheren Inkarnationen war, die Verantwortung zu übernehmen und zu tragen hat. In der Konfrontation fühlt er sich aber „ganz klein“, und es ist ihm ganz recht, dass er „so klein ist“ (was er in Wahrheit nicht ist), damit er sich – wenigstens vorderhand – vormachen kann, er könne – als kleines „Nichts“ oder zumindest als kleines Kind – gar nicht so viel Schlimmes getan haben, wie ihm nun angelastet, und schon gar nicht soviel Verantwortung übernehmen, wie ihm zugemutet wird.

Versucht er, sich auch noch so klein zu machen und sich – wie eine Schnecke – in den hintersten Winkel zu verkriechen: Es nützt ihm herzlich wenig. Schmollen und Sich-Verstecken sind ohnehin jene Mittel, die am allerwenigsten helfen. Der Mensch muss sich ändern, er muss seine Einstellung nicht zuletzt zu sich selber – und das heißt immer auch: zu seinem Ich – ändern.

Neue Zielsetzungen

Der Mensch kommt von da an innerlich nur weiter, wenn er eine Kursänderung vornimmt und die Ausrichtung seines Ichtriebes korrigiert. Er tut es, sobald er innerlich reifer wird, nämlich vom Ende der dritten Stufe an. Er legt sich dann selbst ans Werk, um sein Ich zurückzunehmen, es sogar einzuengen. Hat er die Mitte der dritten Entwicklungsstufe erreicht, so zeigt sich die radikale Kursänderung darin, dass er von da an das, was er als Machtmensch bisher von anderen verlangt hat, nun von sich selber fordert. Er beginnt, sich selbst „in die Hand zu nehmen“, sich zu kontrollieren, sein Leben bis ins kleinste zu gestalten. Er wird immer rigoroser sich selber und freilich immer noch – oder erst recht – auch anderen gegenüber. Es ist die Zeit der Askese, der Einsiedelei, des klösterlichen Lebens (das auch außerhalb eines religiösen Rahmens geführt werden kann), und es ist die Zeit, in welcher Verstand und Wille über den Menschen immer mehr Macht erlangen.

Der Mensch wird „vernünftig", erfindet unzählige Vorschriften, wie man „gut", „gesund" (und ohne viel Geschirr zu zerschlagen) leben kann, er kontrolliert seine Emotionen, Affekte und Gefühle (falls er schon welche hat) und erlaubt sich nicht, „gefühlvoll", nicht einmal fröhlich zu sein. Er gleitet dabei unbemerkt in die Kopflastigkeit, und zwar so tief hinein, dass er später seine liebe Mühe haben wird, die dicke Betonschicht des Verstandes, hinter dem er sich verschanzt hat, aufzubrechen und wieder hervorzukriechen, wenn für ihn die Zeit kommt, sich zu öffnen, um seinen Gefühlen wieder freien Lauf zu lassen.

Die großen Pendelausschläge, die ins Extreme ausarten, verteilen sich auf lange Entwicklungsphasen, ja auf ganze Entwicklungsstufen, wie folgt: Am Anfang lässt sich der Mensch gehen, erlaubt sich alles, wozu er getrieben wird (erste und zweite bis Mitte der dritten Stufe). – Im Gegenschlag dazu engt er sich zunehmend ein und unterstellt sich der Herrschaft des Verstandes und des Willens (von der dritten bis zur Mitte der vierten Stufe). – Als Reaktion darauf ist er (auf den höheren Entwicklungsstufen) bestrebt, sich von den Fesseln seines Verstandes und Willens zu befreien und seine inzwischen zur Gewohnheit gewordene Neigung abzulegen, die Neigung: alles in sich zu unterdrücken und sich zu bestrafen. Dabei muss er sich von übernommenen Vorstellungen und von Lebensregeln, die er sich aufgebürdet hat, distanzieren. Und er muss lernen, zu *integrieren*: die – scheinbaren – Gegensätze, vor allem Gefühl und Verstand, Intuition und Willen, miteinander in Einklang zu bringen. Schließlich wird er sich immer mehr nach allen Seiten hin öffnen: sowohl sich selber als auch Mitmenschen und Mitseelen gegenüber sowie nach oben.

Er versucht seinen Ichtrieb immer deutlicher auf das Erlangen von seelischen und geistigen Werten auszurichten. Dabei wird er mit der Zeit merken, dass er die Werte – auch die irdisch-materiellen Werte – nur dann im echten Sinne „erwerben" kann, wenn er sich mit ihnen nicht mehr identifiziert, sie nicht mehr als „seinen Besitz" betrachtet. Er sieht ein, dass Personen und Dinge für ihn nur dann wahre Werte sind, wenn er zu ihnen – innerlich – auf Distanz geht und sie in ihrer

Eigenständigkeit und in ihrer Unabhängigkeit von seinem Ich belässt und in ihrem Wesen anerkennt. Mit diesem Schritt: mit der Abtrennung jeder Person und jedes Dinges von seinem Ich, beginnt die totale Kursänderung seiner Einstellung allem gegenüber. Er beginnt, alles, was er besitzt, nicht als sein Eigentum, als etwas, was ihm zusteht oder was er selber hervorgebracht hat, sondern als *Gabe* anzusehen, die ihm – wenn auch nur im beschränkten Maße und vorübergehend – von oben: von Gott, zur Verfügung gestellt wurde.

Selbst die Personen, die er jeweils war, wurden ihm in einem gewissen Sinne lediglich zur Verfügung gestellt. Sie sind Akteure, die ihm ermöglichten, bestimmte – für ihn jeweils fällige, wichtige – Erfahrungen zu machen. Daher muss er lernen, auch für sie Verantwortung zu übernehmen. Und dies kann er nur dann tun, wenn er diese Personen (z. B. durch Rückführungen) kennenlernt. Erst dann wird er auch die damals gemachten Erfahrungen auswerten können.

Der Abschied vom Ich

Das große Verdienst des Ichtriebes ist es, zu ermöglichen, dass bestimmte Anlagen, die für die Entwicklung unentbehrlich sind, entfaltet werden können. Auch wenn die Anlagen lange Zeit nur für egoistische oder sogar für destruktive Zwecke gebraucht werden, so ist es dennoch der Ichtrieb, der ihre Aktualisierung und damit die innere Entwicklung des Menschen auf den unteren Stufen am stärksten fördert.

Anschließend, von der Mitte der inneren Entwicklung an, nimmt die Bedeutung des Ichtriebes immer mehr ab. Sein Wirken wird für den weiteren Verlauf des inneren Wachstums zunehmend belanglos, schließlich überflüssig. Das wichtigste Ziel, das hinter dem Ichtrieb steht: die Individualisierung, ist erreicht und die Entwicklung wird von anderen Impulsen vorangetrieben.

Beginnt sich der Mensch innerlich zu öffnen, so bedeutet dies zugleich, dass er sich von seinem Ich – genauer: von dessen Interessen – immer mehr abwendet. In den Mittelpunkt der Aufmerksamkeit rücken echte Werte: Mitmenschen und Mitseelen sowie uneigennützige Aufgaben. Der Mensch zeigt sich immer weniger egoistisch, auch seine Ichbezogenheit nimmt ab, und sein Drang zur

Entwicklung meldet sich immer weniger triebhaft. So ändert auch der Ichtrieb seine Qualität und geht allmählich ins *Streben nach Menschlichkeit* über.

Der Mensch versteht in der zweiten Hälfte der äonischen Entwicklung sein „Ich" zunehmend als Teil des *Wir:* als ein Glied in einer größeren „Ich-Gemeinschaft". Er kann jede Rolle, die ihm dann zugeteilt wird, ohne Zögern bejahen. Und dies fällt ihm umso leichter, als sein Ich seine Ichhaftigkeit einbüßt. Er denkt nicht mehr nur an sich, sondern in erster Linie an die anderen. Damit beginnt sich die wahre Menschlichkeit des Menschen heranzubilden, und er wird allmählich zu einer *Persönlichkeit.*

Ist der Mensch zu einer wahren Persönlichkeit geworden, so wird ihm jedes Streben nach Ich-Erweiterung völlig fremd sein.

DER ARTERHALTUNGSTRIEB

Der *Arterhaltungstrieb* beruht auf einem grundlegenden, selbst beim Menschen oft noch unbewusst wirkenden, allgemeinen Antrieb, der das Lebewesen nötigt, sich zu vermehren. Soll sich aber das Lebewesen fortpflanzen und seine Art erhalten, so gibt es dafür einen wichtigen Grund.

Das Lebewesen soll sich aus dem Grunde vermehren, damit möglichst vielen Seelen Gelegenheit geboten wird, sich auf der Erde zu inkarnieren. Es geht also letztlich gar nicht darum, was der Ausdruck – buchstäblich verstanden – besagt: um die „Erhaltung" einer bestimmten „Art". Es geht vielmehr darum, Einzelseelen, vor allem jenen, die zu derselben Seelengruppe gehören, zu ermöglichen, in möglichst großer Zahl auf die Erde zu kommen, um sich individualisieren und ihre Entwicklung einen Schritt weiterführen zu können.

Der Arterhaltungstrieb selbst ist eine Erscheinungsform der *Solidarität* unter Mitseelen, der Solidarität vor allem mit den Einzelseelen, die zu derselben Gruppenseele gehören. Nur ist sich dessen nicht nur das Lebewesen, sondern auch der Mensch nicht bewusst, solange er auf den unteren Entwicklungsstufen steht und nicht im wahren Sinne liebesfähig geworden ist.

Deshalb wird das Lebewesen durch den *Instinkt* genötigt, das Tier höherer Art und der Mensch überdies durch die *Sexualität* veranlasst oder sogar verlockt, der Aufforderung zur Solidarität zu entsprechen. Und damit sie ihr tatsächlich gehorchen, müssen sie einem inneren Drang: dem *Triebdruck* ausgesetzt sein.

Steht also hinter dem Arterhaltungstrieb der Drang, Seelen der Seelengruppe die Entwicklung zu ermöglichen, so tritt dieser Trieb – zumindest von den mittleren Tierstufen an – beinahe immer in der Gestalt der *Sexualität* – und zwar *triebhaft* – in Erscheinung. Auch sie gilt daher – wie der Ichtrieb, der eine Erscheinungsform des Selbsterhaltungstriebes ist – als ein eigener Trieb: als *Sexualtrieb*.

DIE SEXUALITÄT

Die *Sexualität* steht dementsprechend einerseits im Dienste des Arterhaltungstriebes und gibt Lebewesen und Menschen Impulse, den Mitseelen das Leben auf der Erde zu ermöglichen. Sie ist gleichsam das Lockmittel dafür, dass Lebewesen und Mensch – häufig genug auch ungewollt – für die Arterhaltung sorgen. – Der Arterhaltungstrieb kann sich bei vielen meistens erst dann durchsetzen, wenn er sich in der Form des Sexualtriebes meldet. Bei sich paarenden Tieren ist bei der Sexualität die Arterhaltung grundlegend. Daran ändert sich auch in dem Fall nichts, wenn die Sexualität – so wie beim Menschen häufig – nicht zum Zwecke der Kindererzeugung eingesetzt oder sogar missbraucht wird. Wie es in der Natur unzählige Pollen geben muss, bis eine Blüte, unzählige Samen, bis ein Ei befruchtet wird, so muss es auch unzählige Impulse geben, bis die Sexualität diese ihre eigentliche Aufgabe erfüllen kann.

Doch ist die Arterhaltung nicht die einzige Aufgabe der Sexualität, und im praktischen Leben des Menschen steht die Sexualität häufig ohnehin nicht im Dienste der Arterhaltung. Dafür, dass es überhaupt Sexualität gibt und dass die Paarung, selbst wenn es nicht offensichtlich ist, nicht ohne Mitsprache der Sexualität vollzogen werden kann, gibt es zwei Gründe.

Freude und Lust

Der erste Grund – außer der Arterhaltung – ist für die Sexualität, dass Lebewesen und Mensch *Freude* an ihrem Leben auf Erden, Freude namentlich bei der Erfüllung ihrer irdischen Aufgaben haben sollen. – „Freude" erscheint aber auf der physischen Ebene als *Lust.* Das Ausleben der Sexualität ist also nicht bloß aus dem Grunde mit Lust verbunden, damit sie das Lebewesen und den Menschen ködert, den Akt der Befruchtung zu vollziehen, um Nachkommen zu erzeugen und damit Seelen den Zugang zum irdischen Leben zu ermöglichen. Auf der Erde ist vieles so eingerichtet, dass sich sowohl das Lebewesen als auch der Mensch am irdischen Leben freuen kann und Lust verspürt zu leben. Der Himmel gönnt ja seinen Geschöpfen unendlich viel mehr, als mancher sich in seiner Kurzsichtigkeit oder Sittenstrenge vorstellt.

So hat auch die Sexualität, wie alles, was das Leben auf Erden schön, angenehm oder freudig macht, neben einem tieferen Grund auch einen *Selbstzweck.*

Das Erlebnis der Vereinigung

Der zweite, ebenso markante *Grund* – neben der Arterhaltung – liegt darin, dass durch die Sexualität eine weitere grundlegende – der ersten scheinbar entgegengesetzte – Tendenz der Seele, nämlich die zur *Wiedervereinigung mit dem Ursprung,* das heißt: mit Gott, ausgelebt und dabei der *Wunsch nach Einssein* – Einssein mit einer anderen Seele – auch auf der *physischen* Ebene erfüllt werden kann.

Die Sexualität ermöglicht zugleich – wenn auch für eine noch so kurze Zeit – das Erlebnis der *Vereinigung der Seelen,* und dies mit Hilfe des Sexualaktes auf der leiblichen Ebene. Dabei ist es zunächst belanglos, ob ein Mensch in der jeweiligen sexuellen Vereinigung auch eine seelische Vereinigung mit dem Partner erleben kann (oder es überhaupt will). Und es kommt auch darauf nicht an, wie die leibliche Vereinigung vollzogen wird. So gilt das hier Gesagte auch für *Homosexuelle.*

Denn einerseits bietet die Sexualität dem Menschen die Möglichkeit der Vereinigung lediglich an, und es liegt am Menschen, ob er vom Angebot auch Gebrauch macht. Den Umgang mit der Sexualität muss der Mensch ja erst erlernen. Zum würdigen Gebrauch der Sexualität bedarf es einer gewissen inneren Reife. Und auf welche Weise jemand sein Sexualleben gestaltet, hängt nicht zuletzt von seiner inneren Einstellung zum Partner ab.

Andererseits schwingt auch bei leiblichen Vorgängen, selbst dann, wenn man meint, sie würden rein physisch ablaufen, das Seelische mit. Bei der leiblichen Vereinigung taucht auch dann, wenn diese gewerbsmäßig oder wahllos betrieben wird, in einem gewissen Sinne immer auch Seele in Seele, und ihre Vereinigung hinterlässt in jeder Seele mehr Spuren, als dies vorerst den Anschein hat. Der Mensch kann bei einem sexuellen Akt in das reinigende Wasser eines kristallklaren Sees oder in trübe, in unreine Gewässer oder gar in einen übelriechenden Pfuhl tauchen.

Ist die Sexualität für den Menschen noch ein Spiel oder nur eine Triebbefriedigung, paaren sich Männlein und Weiblein kreuz und quer miteinander, so zeigt dies ihren – auf die untersten Stufen beschränkten – Entwicklungsstand und zugleich die Tatsache an, dass sie noch lange keine wahrlich individuellen Seelen geworden sind, sondern immer noch in strikter Abhängigkeit von ihrer Gruppenseele stecken. Suchen sie also Lust und Triebbefriedigung, so suchen sie – ohne es zu wissen – immer auch die Berührung mit der „heimatlichen" Gruppenseele, in die sie dann – unbewusst – eintauchen, wenn sie sich umarmen oder sich leiblich vereinigen.

In dem Fall ist es sogar gleichgültig, ob der Sexualpartner tatsächlich zur selben Seelengruppe gehört, obwohl dies (überraschenderweise) selbst bei Prostituierten und ihren Stammkunden häufig der Fall ist. Auf alle Fälle steht die ganze (sexuelle) „Großfamilie" auf derselben Entwicklungsstufe.

Der Drang zur Vereinigung

Die Vereinigung der Seelen ist eines der Ziele der Entwicklung. In der ersten Hälfte der äonischen Entwicklung entfernt sich – allerdings nur scheinbar – die Einzelseele, wenn sie sich individualisiert, von den anderen und von der Gruppenseele. In der zweiten Hälfte hingegen kommen sich die Seelen wieder näher. Die Einzelseele verharrt nach ihrer vollständigen Individualisierung nicht in einer totalen Isolation, sondern im Gegenteil: von der Mitte ihrer menschlichen Entwicklung an erstrebt sie das Einssein mit allen Seelen. Sie strebt danach, sich mit den Mitseelen wie auch mit der inzwischen ausdifferenzierten und qualitativ bereicherten Gruppenseele, schließlich mit allen Wesenheiten und mit Gott zu vereinigen. Denn der Drang zur Entwicklung ist ja in seinem Wesen nichts anderes als das Streben der Seele, zu Gott zurückzukehren, um sich mit ihm und mit allen, die mit ihm eins sind, zu vereinigen.

Bei der Vereinigung mit anderen Seelen und der Gruppenseele büßt jedoch die Seele ihre bereits erreichte Individualität nicht ein. Sie verschmilzt also mit ihnen nicht in dem Sinne, dass sie sich – wie ein Regentropfen im Meer – auflöst und wieder zu einem unbewussten Teil des Ganzen wird. Sie behält ihre Eigenart und ihre Persönlichkeit, sie stellt sich aber voll bewusst und freiwillig in die jeweilige Partnerschaft und immer auch in die Gemeinschaft, damit sie – ihrer Liebe zu ihnen gehorchend – allen dienen kann.

Auch der Sexualtrieb ist eine Erscheinungsform dieses Dranges: des *Dranges zur Vereinigung*. Die Seele lebt freilich den Drang zur Vereinigung je nach Entwicklungsstufe auf eine jeweils andere Weise aus. In der ersten Etappe der äonischen Entwicklung, in welcher der Mensch seelisch und geistig beinahe vollständig in seine Seelenfamilie eingebunden ist, erlebt er auch im Sexualakt vorwiegend das – seelische – Einssein mit den anderen. Es gibt Naturvölker, bei denen es aus diesem Grunde keine Einehe gibt. Ein jeder kann sich mit jedem paaren, – unter dem Motto: „Das Kind gehört ja ohnehin der ganzen Familie“.

In der zweiten Etappe – mit fortschreitender Individualisierung, wenn das Gefühl der Zusammengehörigkeit immer mehr in den Hintergrund rückt – beginnt sich auch die Sexualität zu verselbständigen. Doch bleibt der Sexualakt auch auf jenen physisch orientierten Stufen, auf welchen das leibliche Erleben vorherrscht, ein Modell für den Akt der Vereinigung der Seelen. Dies auch dann, wenn es dem Menschen ausschließlich um die Befriedigung seines Sexualtriebes oder um das Lusterlebnis geht. Die Befriedigung des Sexualtriebes oder das Lusterlebnis können aber auch da schon einen Vorgeschmack von dem geben, was die seelisch-geistige Vereinigung bieten wird.

Von den mittleren Entwicklungsstufen an erlebt der Mensch die Sexualität immer deutlicher – in der dritten Etappe dann vollends – als eine Begleitform der seelischen und der geistigen Vereinigung mit dem Partner, der auf den höheren Stufen oft der eigentliche Partner des Menschen ist: seine *Zwillingsseele.*

Sowohl die Sexualität als auch der Drang zur Vereinigung können hingegen – besonders auf den unteren Entwicklungsstufen, gelegentlich sogar noch auf der mittleren – eigene Wege einschlagen und von der gewöhnlichen Route abweichen.

Die Sexualität auf Nebenwegen

Die *Sexualität* kann – besonders auf den unteren Entwicklungsstufen – nicht nur zur banalen Triebbefriedigung dienen. Menschen, die sich einsam, unverstanden, ungeborgen fühlen, die menschliche (und nicht bloß körperliche) Wärme nötig haben, können ihre – an sich seelischen – Bedürfnisse durch die Sexualität befriedigen. Auch sie können sich (wie jene, die Sex um des Sex willen treiben) wahllos mit Partnern zusammentun, wobei sie im Grunde nur menschliche Nähe und Geborgenheit suchen.

In dem Fall hat die Sexualität eine *Ersatzfunktion.* Ihre Bedeutung soll aber auch hier nicht unterschätzt werden. Im Grunde zeichnet sich bei der als Ersatz gebrauchten Sexualität bereits ihre höhere Bedeutung ab, nämlich dass sie einen (ebenfalls nicht zu unterschätzenden) Bestandteil der innigsten menschlichen: der seelisch-geistigen Beziehung bildet.

Eine zweitrangige Rolle spielt die Sexualität auch in jenem Liebesverhältnis, das von Leidenschaft gekennzeichnet ist. – *Leidenschaftliche Liebe* ist die emotionell gesteigerte Erscheinungsform der besitzergreifenden Liebe. „Leidenschaftlich lieben" heißt, die geliebte Person unbedingt, unter allen Umständen in Besitz nehmen zu wollen, – ein beliebtes Thema der romantischen Literatur und von Opernlibrettos des 19. Jahrhunderts. Zum Besitzergreifen gehört es natürlich, die angebetete Person auch leiblich in Besitz zu nehmen. In dem Fall hat die Sexualität in erster Linie die Funktion, zu bestätigen, dass das Ziel: die „Eroberung", zumindest auf der körperlichen Ebene erreicht wurde. In seinen – inneren – „Jugendjahren" (genauer: im Kleinkind-

und Schulalter), wenn der Mensch unter „Liebe" nur Identifikation oder Besitznahme verstehen kann, vermischt sich für ihn das sexuelle Bedürfnis sowieso ständig (und ohne, dass er es merkt) mit dem Wunsch, die geliebte Person vollständig in Besitz zu nehmen. – Und dies ist nur natürlich. Wie heißt es doch so schön? „Ich liebe dich so sehr, dass ich dich mit Haut und Haar auffressen möchte!" Und ist man kein Kannibale, so versucht man, es seelisch und geistig zu tun.

Im übrigen kann der Mensch nicht nur in der „Liebe" leidenschaftlich sein, er kann jede Aktivität – Arbeit, Beruf, Planung, Verwirklichung von Projekten, ebenso das Ausleben seiner Aggressivität und Destruktivität oder seines Sadismus und vieles andere – mit „Leidenschaft", sogar triebhaft durchführen.

Die Homosexualität

Der eine Grund für die *Homosexualität* (aus: gr. *hómo-* <Vorsilbe aus: *hómoios* = gleich>; lat. *sexus* = Geschlecht) besteht im abrupten Geschlechtswechsel beim Übergang von einer Inkarnation in die andere. – *Homosexuelle* rekrutieren sich in dem Fall aus jenen Menschen, die während mehrerer, oft sehr vieler Erdenleben in demselben Geschlecht inkarniert waren, sich mit ihm sehr weitgehend identifiziert und die besonderen Eigenschaften dieses Geschlechts: Männlichkeit oder Weiblichkeit, einseitig entfaltet haben. Sie fühlen sich also ausschließlich zu diesem einen Geschlecht zugehörig und sie fühlen sich darin dementsprechend wohl.

Tritt ein – womöglich abrupter – Geschlechtswechsel ein und müssen sie sich im ungewohnten irdischen Gewand des anderen Geschlechts – der Mann als Frau, die Frau als Mann – zurechtfinden, so kommt es vor, dass sie sich nicht – oder nicht sofort – umstellen können. Der Mann fühlt sich seelisch als Frau, die Frau seelisch als Mann.

Verliebt sich dieser Mensch, so verliebt er sich zwar – gemäß seinem seelischen Empfinden – in einen andersgeschlechtlichen Partner. Doch jener befindet sich physisch im Leib desselben Geschlechts. Die andere Person erwidert freilich die Liebe nur dann, wenn sie in derselben – inneren – Lage ist, wie der in sie Verliebte, das heißt, wenn sie auch eine Neigung zur Homosexualität hat. In dem Fall haben beide das Gefühl, seelisch *heterosexuell* zu sein (aus: gr. *heteros* = fremd, verschieden, entgegengesetzt), leiblich sind sie jedoch homosexuell.

Es gibt aber auch einen anderen, tieferen Grund für Homosexualität. Vor allem kann eine dauerhafte homosexuelle Partnerschaft dadurch entstehen, dass die Partner eine lange gemeinsame Vergangenheit erlebt haben und während mehrerer Inkarnationen in einer heterosexuellen Liebesbeziehung standen. Es kann zwischen ihnen überdies – unabhängig davon, zu welchem Geschlecht sie jeweils gehörten – auch eine (über der Geschlechtlichkeit stehende) tiefe menschliche Verbundenheit bestehen. Manche Paare können sogar Zwillingsseelen sein. Die Anziehung zwischen ihnen ist dann natürlich besonders stark.

Bei Homosexuellen der geschilderten Art dominiert das Gefühl der Zusammengehörigkeit, und dieses Gefühl ist es, das sie immer wieder zusammenführt und sie im gegenwärtigen Erdenleben wieder – nun ein homosexuelles – Paar bilden lässt. Stehen zwei Menschen einander innerlich sehr nahe, lebten sie häufig – vielleicht in einer Reihe von Inkarnationen – in einer sehr engen (heterosexuellen) Beziehung, sind sie eventuell sogar Zwillingsseelen, so dürfte es nicht erstaunen, wenn sie versuchen, ihre intime Beziehung auch dann noch fortzusetzen, wenn der eine das Geschlecht wechseln musste. Unter solchen Paaren gibt es häufig auch solche, die zusammenleben, ohne miteinander ein sexuelles Verhältnis zu haben.

Etliche Homosexuelle sind *bisexuell* (aus: lat. *bis* = zweifach), sie können gleichzeitig verheiratet sein und Kinder haben, manche leben ihre Sexualität zunächst heterosexuell, in einem späteren Lebensabschnitt oder während einer Zwischenphase homosexuell aus.

Die Sexualität weist in ihrer homosexuellen Erscheinungsform ebenso große Niveauunterschiede auf wie in der Heterosexualität. Manche Homosexuelle führen eine „Einehe", und viele halten sich an die eheliche Treue; andere wiederum wechseln gelegentlich, manche sogar häufig ihre Partner, und es gibt weit verbreitete homosexuelle Prostitution. Überdies gibt es immer wieder Menschen, die verschiedenes, was ihnen angeboten wird oder von dem sie hören, ausprobieren wollen, seien es Drogen oder Homosexualität oder etwas anderes. Und wie es in der Heterosexualität Verführung, Vergewaltigung, Zwang zur Prostitution, Pädophilie und damit die Gefährdung von Kindern gibt, treten all diese Missbräuche bei Homosexuellen ebenfalls auf.

Die eigene Veranlagung – vor allem eine besondere – stellt jedem Menschen eine wichtige Aufgabe, so auch dem Homosexuellen. Diese besteht für ihn darin, sich in das andere, lange Zeit nicht mehr selbst erfahrene und vielleicht vernachlässigte Geschlecht sowohl leiblich als auch seelisch wieder einzuleben. Es geht für ihn darum, auch innerlich zu dem zu werden, das er seinem Leibe nach ist: zu einem Mann, der bereit ist, seine Männlichkeit zu entfalten und zu leben, zu einer Frau, die ihre Weiblichkeit akzeptiert und verwirklicht.

Nicht alle Menschen freilich werden zu Homosexuellen, wenn sie ihr Geschlecht – und sei es noch so unvermutet – wechseln müssen. Vielen Kindern merkt man im Kleinkindalter an, dass sie vorher physisch dem anderen Geschlecht angehört haben. Sie können in dem Fall Anpassungsschwierigkeiten haben (Knaben verrichten beispielsweise die Leerung der Harnblase sitzend, Mädchen suchen dabei nach dem Glied und wollen stehen). Solche Kinder müssen später selbstverständlich nicht zu Homosexuellen werden.

Zeitweilige Homosexualität erklärt sich damit, dass die Drehbühne der Seele weiterdreht und im hervortretenden Sektor das Empfinden der Zugehörigkeit zu dem einen Geschlecht vorbehaltlos dominiert. Dreht sich die Bühne weiter, so klingt die Neigung zur Homosexualität im Menschen ab. So kann jemand während einiger Monate oder Jahre als Homosexueller leben oder seine Homosexualität nur in der Phantasie ausleben, ohne sich auch nur auf ein einziges Abenteuer einzulassen.

Unter dem Gesichtspunkt der inneren Entwicklung ist der eigentliche Grund für die Homosexualität – wie auch für jede andere Lebenserscheinung – der, dass für den Menschen diese Erfahrung im Hinblick auf seine weitere Entwicklung wichtig ist.

Menschen wegen ihrer Neigung zur Homosexualität als moralisch minderwertig zu betrachten und sie deshalb womöglich zu verurteilen, ist ein Zeichen nicht nur von absolutem Mangel an Seelenkenntnis, sondern auch von großer Einfalt. Und schon so mancher, der andere wegen einer Neigung verurteilte, fand sich plötzlich in einer Inkarnation mit derselben Neigung vor. Jeder, der über jemanden ein Verdikt fällt, disponiert sich sogleich dazu, einmal genau so zu werden wie derjenige, den er heute verurteilt.

Ein innerlich reifer Mensch wird im anderen in erster Linie nicht den Geschlechtsträger, nicht den Mann oder die Frau, sondern – vielleicht sogar ausschließlich – den Menschen sehen und Mann und Frau ungeachtet ihrer Geschlechtszugehörigkeit stets als Menschen behandeln.

Der Transvestismus

Transvestiten (neulat. aus: *trans-* <Vorsilbe> = durch, *vestire* = kleiden) sind jene, die sich nach einem Geschlechtswechsel mit dem Geschlecht in der angetretenen Inkarnation nicht abfinden können und versuchen, den „Irrtum" des Schicksals (oder des lieben Gottes) zu korrigieren. Sie wollen durch Verkleidung und Änderung der Verhaltensweise (vielleicht auch sich selber) vortäuschen, dass sie zum anderen Geschlecht gehören, von welchem sie sich seelisch offenbar noch nicht gelöst haben.

Aus demselben Motiv lassen manche eine Geschlechtsveränderung an ihrem physischen Leib operativ vornehmen und werden so zu *Transsexuellen.*

Transvestiten und Transsexuelle schieben lediglich die Wahrnehmung ihrer Aufgabe hinaus, die ihnen durch das „neue" Geschlecht in die gegenwärtigen Inkarnation auferlegt wurde. Denn ihre Aufgabe wäre es, ihr jetziges Geschlecht durch die unmittelbare Erfahrung (von neuem) kennenzulernen und es sich auch seelisch anzueignen.

Der Inzest

Inzest (aus: lat. *incestus* = befleckt, sündhaft, unzüchtig; *incestum* = Unzucht, Blutschande) heißt der Geschlechtsverkehr zwischen Verwandten, in manchen Ländern (z. B. in Deutschland) auch zwischen Verschwägerten. Er ist strafbar.

Dem Inzest liegt – mit wenigen Ausnahmen – eine tiefere persönliche Beziehung zwischen den Partnern zugrunde. In der Regel geht dem gegenwärtigen Verhältnis eine immer wieder – in mehreren Inkarnationen – gelebte, sexuelle und menschliche Partnerschaft voraus.

Vater und Tochter, Mutter und Sohn, Geschwister oder sonstige Blutsverwandte, die sich gegenseitig besonders stark anziehen, haben eine – meistens sehr lange – gemeinsame Vergangenheit, in der sie des öfteren auch in einem – nicht inzestuösen – Liebesverhältnis gelebt haben. Nicht selten sind sie sogar Zwillingsseelen.

Eine inzestuöse Beziehung kommt dann zustande, wenn beide Menschen der Anziehung, die zwischen ihnen naturgemäß besteht, so intensiv ausgesetzt sind, dass sie ihr – trotz der Inzestschranke – erliegen. Es kann aber sein, dass der Inzest nur für den einen der beiden eine Versuchung darstellt. Gesellt sich bei diesem zur seelischen Anziehung der sexuelle Triebdruck, so kann er unter Umständen alles daransetzen, das schon oft ausgeübte sexuelle Liebesverhältnis auch in der gegenwärtigen Rollenverteilung wieder aufzunehmen, obwohl die Blutsverwandtschaft das Verhältnis nicht zulassen würde. Die Verführung des anderen kann dann die Folge sein.

Die Erfahrung (z. B. bei Rückführungen) zeigt, dass der Impuls zur Inzestliebe nicht immer vom älteren Partner ausgeht. Auch Heranwachsende verführen gelegentlich einen Elternteil oder andere, mitunter viel ältere Blutsverwandte. Kinder beiderlei Geschlechts können schon im frühesten Alter mit einem Elternteil oder einem Erwachsenen auf solche Weise „zärtlich" sein („schmusen"), dass sie sowohl sich als auch den Älteren sexuell erregen. Sie tun es unbewusst: Es lebt in ihnen die Erinnerung an frühere Inkarnationen auf, in welchen ihre innige Liebe Erfüllung fand, wobei das Gefühl ihrer – auch körperlichen – Zusammengehörigkeit in beiden wach wird. Geschlechtsreife Heranwachsende können aber einen Elternteil oder einen Erwachsenen regelrecht zum Geschlechtsakt verführen.

Es kommt vor, dass Menschen, die heute miteinander durch eine Inzestliebe verbunden sind, früher schon im Inzest gelebt haben. Sie erliegen also im gegenwärtigen Erdenleben der Versuchung wieder einmal. Dass sie wieder derselben Versuchung ausgesetzt werden, hat seine Gründe: Jeder, der etwas lernen muss, was ihm ein Opfer abverlangt, wird solange in dieselbe Lage versetzt, bis er lernt, mit der Situation richtig umzugehen und das geforderte Opfer zu erbringen. – Das gilt auch für die Versuchung zum Inzest. Auch die Inzestpartner werden wiederholt in eine ähnliche Situation gestellt, bis sie lernen, der Versuchung zum Inzest zu widerstehen. Sie müssen lernen, ihre Liebe zueinander auf der menschlichen – und nicht auf der sexuellen – Ebene zu leben.

Sind zwei Menschen in eine solche – angespannte – Situation gestellt, so kann der eine als Reaktion ein Verhalten an den Tag legen, das dem Anschein nach gerade das Gegenteil von Liebe ist. Es gibt beispielsweise Väter, die ihre Tochter von sich fernhalten, sie also nie küssen oder streicheln, und sie sind nicht einmal mit Worten zärtlich zu ihr. Sie halten sich zurück, nicht weil sie ihre Tochter nicht lieben, sondern im Gegenteil: sie lieben sie, aber auf jene Weise, dass sie sie zugleich begehren. Um nicht versucht zu werden, sie unzüchtig zu berühren oder sie zu verführen (oder sich von ihr verführen zu lassen), gehen sie ihr aus dem Weg. Die Tochter aber hat das Gefühl, vom Vater nicht geliebt zu werden, sogar verstoßen zu sein. Und nur wenigen ist es möglich, den wahren Grund für das Verhalten ihres Vaters zu erfahren (z. B. bei Rückführungen).

Erliegt ein Elternteil oder ein Erwachsener der Versuchung zur Inzestliebe, so kann dies zum Missbrauch eines Kindes oder eines Heranwachsenden führen. – Der Missbrauch von Kindern in der eigenen Familie kann aber auch die Folge abartiger Neigungen sein, so vor allem von *Pädophilie* oder von *Päderastie*. Der Erwachsene muss dabei zum Kind oder zum Heranwachsenden, selbst wenn es zur selben Familie gehört, keine tiefere persönliche Beziehung haben.

Hat der sexuell missbrauchte Mensch im Erwachsenenalter zur Aufarbeitung des – eventuell traumatischen – Erlebnisses Gelegenheit, so ist es wichtig, *erstens* das Motiv abzuklären, ob der Täter vom bloßen Begehren getrieben war oder aufgrund einer alten Liebesbeziehung gehandelt hat. *Zweitens*: es sollte dem Missbrauchten verständlich gemacht werden, dass er dabei nun als Opfer – heute: als Kind – dasselbe erlebt hat, was er in früheren Inkarnationen anderen Kindern angetan hat. Die Möglichkeit zur Abklärung beider Punkte bieten natürlich Rückführungen.

Die Sublimierung der Sexualität

Die Sexualität steht unter einem hohen Wahrzeichen: Sie ist eine Ausdrucksform des *Dranges zur Vereinigung der Seelen* auf der physischen Ebene. Als solche braucht sie auch auf den höchsten menschlichen Entwicklungsstufen nicht „überwunden" zu werden. So wird auch der Mensch, der im Begriff steht, seine äonische Entwicklung abzuschließen, alle Gaben Gottes (zu denen auch die Sexualität gehört) mit Dank annehmen und gebrauchen. Nur wird er sie natürlich nicht mehr – wie früher – in die Mühle der Triebhaftigkeit werfen, aber auch nicht hinter Schloss und Riegel verdorren lassen.

Wer behauptet, die Sexualität müsse „überwunden" werden und der Mensch, der innerlich reif und somit „über alles" erhaben sei, brauche keine Sexualität mehr, stellt die Sexualität auf eine niedrige Stufe: Er degradiert sie im Grunde zu einem „niedrigen Trieb". Er argumentiert (wenn auch vielleicht stillschweigend): Sie möge zwar für die Arterhaltung unerlässlich sein, derjenige allerdings, der die „tierische Stufe" des Menscheins überstiegen habe, brauche sie nicht mehr und bemühe sich, sie abzutöten.

Nun denken die Himmlischen auch in der Frage der Sexualität anders als so manche Menschen. Wie kein Mensch in den Himmel kommt, nur weil er Vegetarier ist oder weil er keinen Alkohol trinkt, so ist auch die sexuelle Enthaltsamkeit noch kein Freipass für den Himmel, nicht einmal eine Freikarte für eine vornehme Loge im Theater des Lebens. Was hat der Himmel schon davon, wenn ein Mensch sich kasteit oder sogar kastriert? Gott verlangt vom Menschen nichts Unnatürliches. Er kennt ja die menschliche Natur, schließlich war er es, der diese Anlage in die Seele des Menschen eingepflanzt hat. Und die Anlage ist da, damit sie gelebt wird, damit die Seele, also Lebewesen und Mensch, all das, was in ihrer Natur enthalten ist, lebt und auslebt – und dabei lernt, es auf eine immer höhere Weise auszuüben. Der Mensch wird also, sobald er innerlich reifer ist, auch in sein sexuelles Leben die wahre Menschlichkeit einfließen lassen.

Die natürlichen Anlagen sollen *veredelt* und nicht abgetötet werden.

Der Himmel hat vor allem dann Freude am Menschen, wenn dieser sich menschlich zeigt und Verständnis und Liebe bezeugt. Jeder, der liebesfähig ist, wird in der gegebenen Situation wissen, was die echte Liebe von ihm verlangt. Dies kann auch eine schlichte Hingabe sein. So kann zum Beispiel jemand seinem Partner ermöglichen, sein sexuelles Bedürfnis auch dann auszuleben, wenn er dazu selber von innen her nicht gedrängt wird oder im Augenblick dazu keine Lust verspürt.

Nun gibt es aber für Christen in Sachen Sexualität ein wichtiges Argument für die Enthaltsamkeit und die Ehelosigkeit: Es wird auf JESU Beispiel hingewiesen. JESUS war unverheiratet. Wer ihm also folgen möchte, müsse auf die Ehe verzichten. (Dies ist mit ein Grund für das Zölibat der katholischen Priester.) – JESU Ehelosigkeit hatte indes andere Gründe: Sie hing mit seiner überaus hohen und ebenso schweren Aufgabe zusammen. Eine Familie hätte ihn schon in den langen Jahren seiner Vorbereitungszeit und erst recht während seiner öffentlichen Wirksamkeit nur belastet. Und selbst seine elterliche Familie hat ihn – zumindest anfänglich – nicht verstanden und meinte, „er sei von Sinnen" (Mk 3,21).

Ein wesentlich größeres Gewicht bei der Diskussion über die sexuelle Enthaltsamkeit hat jedoch seine Aussage über die „Verschnittenen". Dass dieses – oft missverstandene und gelegentlich buchstäblich befolgte – Wort keine sexuelle Abstinenz (des Mannes oder der Frau), sondern die Zähmung der Triebhaftigkeit auch in der Sexualität meint, dürfte jedem einleuchten, der weiß, dass auch die Sexualität eine Göttliche Gabe ist.

Wer sind aber diese „Verschnittenen, die sich selbst verschnitten haben um des Reiches der Himmel willen"? (Mt 19,12) Wohl kaum die Männer, die dieses Wort allzu buchstäblich nahmen und sich kastrierten.

Freiwillig „verschnitten" ist ein Mensch (Mann oder Frau), der die sexuelle Enthaltsamkeit aus bestimmten Gründen bewusst auf sich nimmt. Und diese „bestimmten Gründe" müssen keineswegs mit klösterlichem Keuschheitsgelübde oder mit „Überwindung" der Sexualität zu tun haben. „Keuschheit" im Sinne von „Unberührtheit" ist ohnehin nur auf der Stufe der Orthodoxie: auf der dritten Entwicklungsstufe, ein Lebensideal. – Im alltäglichen Leben sind freiwillig „Verschnittene" zum Beispiel jene Ehe- oder Liebespartner, deren Partner durch Unfall oder Krankheit zum Sexualleben unfähig wurde, und die dann aus Liebe zu ihrem behinderten Partner auf ein Sexualleben freiwillig verzichten. Zu ihnen gehören auch jene Männer (und es gibt heute noch einige), die zu Zeiten, als es noch keine Verhütungsmittel gab, zur Schonung ihrer Frau, die schon mehrere Kinder geboren hatte (und vielleicht keine mehr haben durfte), sich des sexuellen Verkehrs mit ihr enthalten haben, um sie nicht wieder zu schwängern. Es gibt verschiedene Arten körperlicher Zärtlichkeiten, durch welche auch die „körperliche Liebe" bekundet und bis zu einem gewissen Grad sogar ersetzt oder ausgelebt werden kann.

In den Fällen, in denen aus Liebe auf Sexualität verzichtet wird, erfährt auch die sexuelle Liebe eine hohe Bewertung. Die „Sublimierung" der Sexualität kann ja nur bedeuten, dass sie etwas Höherem untergeordnet wird. Und dieses Höhere muss ein wahrhaftig Höheres sein. Über allem steht aber ausschließlich die echte Liebe.

Die Sublimierung der Sexualität besteht also zum einen in ihrer Befreiung aus der Triebhaftigkeit, zum anderen in ihrer Einordnung in die seelisch-geistige Vereinigung. Auch die Sexualität ist eine Erscheinungsform der echten Liebe. Sie ist dann sublimiert, wenn sie im gebotenen Rahmen – in einer echten Partnerschaft – unter der Führung der wahren gegenseitigen Liebe gelebt wird.

Und ein jeder – jedes Paar, das die Sexualität als einen natürlichen Vollzug innerhalb der seelisch-geistigen Vereinigung erlebt – wird spüren, wieviel echte Liebe diese hohe Gabe Gottes bei der leiblichen Umarmung in den sich Liebenden erwecken kann.

Der geliebte Partner aber kann nicht nur ein Mensch, sondern – in Ausnahmefällen – auch Gott sein. Ist die Liebe eines Menschen zu Gott echt und außerdem groß genug, um ihn ganz zu erfüllen, so kann diese Liebe die Sexualität gleichsam absorbieren: „aufsaugen". Sie wird dann in der Vereinigung mit Gott auf eine besondere – nämlich seelisch-geistige – Weise erlebt.

Bekanntlich haben manche Mystiker in ihrer Liebesunion mit Gott auch sinnliche Erlebnisse, von denen einige auch in ihrer Poesie Zeugnis ablegen (so z. B. JOHANNES VOM KREUZ). – Auch das berühmte *Hohelied* im Alten Testament hat nicht nur eine mystische und poetische, sondern – als Liebesdichtung – auch eine sinnliche Seite.

Dass aber ein Mensch, dem die mystische Vereinigung mit Gott zuteil wird, zugleich ein irdisches Liebes- und somit ein Sexualleben mit einem menschlichen Partner führen kann, dürfte wohl selbstverständlich sein. Auch dafür gibt es Zeugnisse in der Geschichte echter Heiliger. So war die aus dem ungarischen Königshaus stammende ELISABETH VON THÜRINGEN (13. Jh.) ihrem Gatten, von dem sie mehrere Kinder hatte, (entgegen der Behauptungen von Legenden, z. B. der des „Rosenwunders") in zärtlicher Liebe ergeben, ohne dass dadurch ihre Liebe zu Gott auch nur im geringsten beeinträchtigt gewesen wäre. Im übrigen war auch ihr Mann, der Landgraf von Thüringen, LUDWIG IV, mit dem Beinamen „der Heilige", seiner Gattin in feinfühliger Liebe zugetan. (Als „heilig" galt er – aus Volkes Gnaden – dank seiner im Volk sehr beliebten wohltätigen Frau.)

Liebe ist ja nie ausschließend, sondern stets *ein*schließend. Sie schließt, falls sie echt ist, auch die sexuelle Liebe in sich.

Die Suche nach der Zwillingsseele

Nun sucht der Mensch, selbst wenn er von der Leidenschaft getrieben wird oder noch die „Freuden" der sexuellen Freizügigkeit genießt und in seiner Partnerwahl nicht wählerisch ist, dennoch schon nach *dem* Partner. Hinter der noch so oberflächlichen Partnersuche verbirgt sich die Suche nach dem „echten" Partner. Dies wird dem Menschen immer deutlicher bewusst, je gefühlsfähiger er geworden ist (also vom Ende der dritten Entwicklungsstufe an). Er sucht nach einem *seelischen* Partner, und wenn er das tut, so sucht er nach seiner *Zwillingsseele.*

Die Sehnsucht nach Vereinigung mit dem wahren Partner ist immer auch eine Erscheinungsform der Sehnsucht nach Ganz-Werden, nach Vervollkommnung. Der Mensch aber wird dann „ganz", wenn er mit seiner „Ergänzung" eins werden kann. Seine „Ergänzung" ist seine Zwillingsseele. Wird er mit ihr eins, so wird er – so werden beide gemeinsam – zu einem *ganzen* „abgerundeten" Menschen.

Zwillingsseelen – auch „Dualseelen" genannt – sind jene zwei Seelen, die von Anfang ihrer Entstehung an miteinander am engsten verbunden sind und zueinander gehören. Sie haben denselben seelischen Stamm, von dem ausgehend sie sich in zwei Äste teilen. Sie haben also dieselben seelischen Grundlagen, auf jeder Entwicklungsstufe annähernd dieselbe Gesinnung und Lebensauffassung, sie unterscheiden sich jedoch in der individuellen Ausgestaltung ihrer gemeinsamen Anlagen. Sie sind sich nicht gleich, nicht „identisch": sie *ergänzen* sich. Sie können daher sowohl in ihrer äußeren Erscheinung als auch innerlich – in Charakter und seelischer Haltung – recht verschieden sein. (Was die eine ist oder hat, braucht die andere nicht zu sein oder zu haben.) Sind zwei Seelen in allem ganz gleich, so können sie sich nicht ergänzen.

Die Verbundenheit von Zwillingsseelen stammt aus den Urzeiten der Seele. Zwillingsseelen entwickeln sich annähernd gleichzeitig und miteinander auf der ganzen Länge der irdischen Entwicklung, so bereits während der Evolution der Lebewesen. – Vielleicht schon bei Pflanzen, gewiss bei Tieren zeigt es sich, dass sie eine Zwillingsseele haben. Der Grund dafür, dass die Individuen mancher Tierart in Einehe leben, liegt darin, dass sie auch seelisch innigst verbunden sind. Dies bekunden sie auch außerhalb der Balz- oder Brunstzeit.

Obwohl Zwillingsseelen eng zueinander gehören und sich in allem ergänzen, bedeutet dies nicht, dass sie jeden wichtigen Schritt in ihrer inneren Entwicklung nicht selber vollziehen müssten. Jede Einzelseele hat sich selber zu entwickeln und sich dabei zu individualisieren.

Auf diversen Strecken ihrer inneren Entwicklung können Zwillingsseelen die Entwicklungsschritte auch im Alleingang vollziehen. Sie inkarnieren sich nicht immer gleichzeitig, und nicht in jeder Inkarnation bilden sie ein Paar und sind Liebespartner. So können sie sich in verschiedener Rollenverteilung begegnen (z. B. Eltern-Kind, Geschwister, Verwandte, Freunde, Komplizen), dabei verschieden- oder gleichgeschlechtlich sein. Das Gefühl ihrer engen Zusammengehörigkeit kann aber auch in einem solchen Fall auf der seelischen Ebene deutlich zum Ausdruck kommen.

Durch ihre innige Verbundenheit kommt jede Erfahrung, welche die eine Seele macht, in gewisser Weise auch der anderen zugute, wie dies im allgemeinen für alle Mitglieder einer Seelenfamilie gilt. Sie können sich zwar das Entscheidende: den Kern der Erfahrungen, nicht abnehmen, doch die eine kann aus den Erfahrungen der anderen wesentlich leichter als von einer Fremdseele lernen, weil ihr die Art und Weise, etwas zu erleben, in der Regel innigst vertraut ist. Daher können sie füreinander bestimmte – eher äußere – Erfahrungen oder gewisse Aufgaben erledigen. Jede von ihnen muss allerdings sowohl die Grundanlagen (Wollen, Fühlen und Denken) – und zwar vollständig – als auch die wesentlichen Aspekte der Männlichkeit und der Weiblichkeit entfalten. Dies ungeachtet dessen, ob ihre Seelen vom Ursprung her schon in einem gewissen Grad polarisiert – also eher männlich oder eher weiblich – sind.

Ihre innige seelische Verbundenheit kommt allerdings nicht in jeder gemeinsamen Inkarnation zum Vorschein. Da sie miteinander in vielem (auch im Negativen) verbunden sind, können sie sich auch gegeneinander wenden und sich gegenseitig Gelegenheit geben, auch Unangenehmes, ja Böses zu erfahren, was letztlich aber ihrer Weiterentwicklung zugute kommt.

Wer liebt, stößt den anderen auf seinem Entwicklungsweg voran, und dieses „Anstoßen" kann schmerzhaft sein und den anderen zu Fall bringen. Besonders auf den unteren Stufen der Entwicklung fassen sich die beiden mitunter überaus unsanft an. Sie sind ja einander nicht immer wohlgesinnt: Sie rivalisieren immer wieder und schaden sich gelegentlich gegenseitig. Ein Mord aus Eifersucht oder sonst im Affekt geschieht ja auf den unteren Entwicklungsstufen nur zu oft wie von selbst, und auch die Liebe kann sich nur auf jene Weise zeigen, wie es ihr die innere Reife – oder Unreife – eines Menschen gestattet. – Geht die Entwicklung der beiden Seelen noch auf krummen Wegen, so zeigt sich ihre enge Beziehung oft in ihrer Komplizenschaft.

Sie können sich allerdings auch in dem Sinne „Liebesdienste" erweisen, dass sie dem Partner ermöglichen, negatives Karma abzutragen. In solchen Phasen sind sie rücksichtslos zueinander, bringen sich abwechselnd gegenseitig um, und zwar nicht bloß aus blanker Eifersucht, sondern auch aus Wut oder Hass. Denn auch das Ausleben der Schattenseite gehört zu den Entwicklungsschritten und ermöglicht Erfahrungen, die für die Selbsterkenntnis und damit für die Entwicklung unerlässlich sind. Und die Zwillingsseelen verhelfen sich gegenseitig – aus Liebe – auch zu solchen wichtigen Erfahrungen.

Der Weg, der zur Vereinigung mit der Zwillingsseele führt, ist allerdings auch in einem ganz anderen Sinne mit Disteln überwuchert. Und er führt nicht selten über eine Geröllhalde. Der Mensch, der sich auf die Suche nach seiner Zwillingsseele macht, kann sich auf dem Weg leicht verirren und in die Tiefe abstürzen. So mancher, der von der Existenz der Zwillingsseele schon Kenntnis hat, neigt – beflügelten Fußes – dazu, jeden, der für ihn (wenn auch nur für kurze Zeit) als „Partner" in Frage kommt (oder ihm auch nur über den Weg läuft), als „seine Zwillingsseele" zu betrachten und oft auch als solche anzureden. Dass er dann bald schon von einem Harem von „Zwillingsseelen" umgeben ist, zeigt, wie leicht – und wie gerne – sich der Mensch täuscht, wenn er seine – frommen (und weniger frommen) – Wünsche walten lässt. Und es dürfte bekannt sein, wieviel Unfug mit dem Wissen um die „Zwillingsseele" getrieben, wie oft eine „echte Partnerschaft" vorgegaukelt und als Köder benützt wird, um (mehr oder weniger) Gutgläubige zu verführen.

Je reifer der Mensch innerlich wird, je größer und schwieriger seine Aufgaben werden, desto größer ist für ihn auch die Chance, dass ihm in der Inkarnation zur Unterstützung seine Zwillingsseele – oft als Lebenspartner – zur Seite gestellt wird.

Die Suche nach Erfüllung in der Liebe ist immer auch die Suche nach der Zwillingsseele. Doch auch die Suche nach dieser Liebe entpuppt sich letztlich als die Suche nach der Quelle aller Liebe: der Liebe Gottes.

Das hier Ausgeführte gilt natürlich – wie oben schon angedeutet – auch für *Homosexuelle*. Auch sie suchen letztlich die seelische Vereinigung mit dem Partner. Falls sie noch nicht so weit entwickelt sind, erleben sie die Partnerschaft in der scheinbar unpersönlichen Lustbefriedigung. Sind sie innerlich reifer, so tun sie es in einer monogamen Partnerschaft: in der „Einehe". Die große Zuneigung, die Homosexuelle zueinander haben können und die sie veranlassen kann, sich über familiäre oder gesellschaftliche Schranken oder Vorurteile hinwegzusetzen und miteinander vielleicht sogar eine „Ehe" zu führen, gründet vielfach darin, dass sie Zwillingsseelen sind. – Ähnliches gilt auch für etliche Inzest-Beziehungen.

Zwillingsseelen bleiben auch nach Abschluss ihrer äonischen Entwicklung miteinander verbunden, sie wirken auch als Lichtgestalten gemeinsam. Zum Beispiel betreuen Schutzengel, die Zwillingsseelen sind, Menschen, die ebenfalls Zwillingsseelen sind. Sie ergänzen sich bei ihrer Tätigkeit, wie sie dies schon auf der menschlichen, ja schon auf der vormenschlichen Stufe taten.

Unter den höchsten Lichtgestalten ist uns als Zwillingsseelen-Paar JESUS und jene Frau bekannt, die in seiner letzten Inkarnation seine Mutter war: MARIA.

Kapitel 21

DER INSTINKT

Der *Instinkt* (lat. Anreiz, Antrieb) ist eine besondere Anlage der Seele. Der Instinkt veranlasst durch Impulse Lebewesen oder Menschen zu bestimmten Handlungen oder zwingt sie gar dazu. Er steuert somit das Verhalten der Lebewesen und reguliert noch bis in die dritte Entwicklungsstufe hinauf auch das Verhalten des Menschen.

Der Instinkt ist eine – noch völlig unbewusste – Erscheinungsform der Wirkung des Geistes in der Seele. Daher ist der Instinkt stets *sinnvoll.* Er ermöglicht Lebewesen und Menschen, sich in den jeweiligen Lebenslagen den eigenen Interessen und den Gegebenheiten entsprechend zu verhalten, das heißt *zweckgemäß* zu handeln.

DER SINN DER INSTINKTE

Das Leben, das Angehörige einer Art von Lebewesen führen, ist durch innere und durch äußere Faktoren bedingt. Die inneren Faktoren sind die Triebe. *Triebe* nötigen Lebewesen und Menschen zur Erfüllung ihrer wesentlichen Aufgabe auf der Erde und wahren somit ihre Interessen sowie die der Spezies. – Die äußeren Faktoren werden von den *irdischen Bedingungen* gestellt, welche den materiellen Rahmen für das Leben der Angehörigen einer Art und für den Menschen bestimmen.

Instinkte sind *artbedingt* und haben den beiden Faktoren entsprechend eine zweifache Aufgabe.

Erstens: Sie bestimmen den Verlauf der Triebbefriedigung und legen somit die Triebhandlungen auf eine – der Art und den Lebensbedingungen entsprechende – Weise fest. Das Lebewesen und der Mensch wissen dank dem Instinkt, wie sie sich in der jeweiligen Situation verhalten sollen, was sie zu tun haben, wenn sich in ihnen Triebe melden und sie nötigen, ihnen zu gehorchen, und wie sie ihre Triebe ausleben können, damit sie tatsächlich befriedigt werden. Triebe gelten nur dann als befriedigt, wenn sie ihren Zweck erfüllt haben.

Zweitens: Sie ermöglichen Lebewesen und Menschen, den irdischen Bedingungen gerecht zu werden, die Anforderungen des Erdenlebens zu meistern und so ihr eigenes Leben und das Leben der Nachkommen zu sichern.

Instinkte befähigen zum Beispiel das Lebewesen bei der Nahrungssuche, so das Bekömmliche vom Unbekömmlichen zu unterscheiden, oder den Arterhaltungstrieb auf artgerechte Weise zu befriedigen. Beispielsweise regen sie das Männchen zur Zeit der Balz zunächst zur Imponierhaltung an. – Sie können auch eine Schutzfunktion ausüben: Sie veranlassen das Lebewesen bei Gefahr zur Flucht oder zum Angriff oder signalisieren etwas Ungewöhnliches, zum Beispiel eine bevorstehende Natur- oder sonstige Katastrophe. So kündigten aufgrund innerer Informationen die Gänse des Kapitols in Rom das Nahen eines feindlichen Heeres an; Ratten fliehen instinktiv aus einem Gebäude, von dem sie „wissen“, dass es gleich einstürzt, und dass sie ein sinkendes Schiff zu verlassen suchen, bevor die Seeleute den Ernst der Lage erkannt haben, ist ja sprichwörtlich geworden.

Da das Lebewesen mit seinem Verstand selbstverständlich noch nicht wissen kann, auf welche Weise es seine Triebe sinnvoll ausleben und befriedigen und wie es sich in den verschiedenen Lebenslagen verhalten soll, sind die Verhaltensweisen und damit auch die Handlungsabläufe in seiner Seele gleichsam „vorprogrammiert“. – Die Triebhandlungen werden somit zu *Instinkthandlungen*.

„Vorprogrammiert“ für diese Zwecke wird allerdings nicht die Einzelseele. Der Instinkt ist eine Anlage, die der Gruppenseele eigen ist. Jede Einzelseele nimmt bei ihrer jeweiligen Inkarnation die Anlage in das Erdenleben mit, und es ist dann sie: die Einzelseele, welche die jeweilige Anlage auf Erden aktualisiert, das heißt: sich dem Instinkt entsprechend verhält.

Das „Wissen" des Lebewesens ist also eigentlich das Wissen der Gruppenseele. Mit diesem Wissen übernimmt das Lebewesen von der Gruppenseele auch die Instinkte.

Nun ist weder die Befriedigung der Triebe noch das Leben auf der Erde die eigentliche Aufgabe des Lebewesens. Sowohl Triebe als auch Instinkte stehen im Dienste der *Entwicklung der Seele.*

Der *Sinn der Instinkte* ist somit klar umrissen: *Instinkte* geben dem Lebewesen und dem Menschen genaue Anweisungen dafür, wie sie sich in ganz konkreten Situationen verhalten sollen, damit ihre Seele ihre beiden grundlegenden Aufgaben auf der Erde: sich zu individualisieren und ihre potentiellen Anlagen zu entfalten, im irdischen Leben voll erfüllen und damit sich *entwickeln* kann.

DIE VERWALTUNG DER INSTINKTE

Der *Instinkt* ist – wie alles, was sinnvoll ist – kein Mechanismus, der im Lebewesen oder im Menschen automatisch wirken würde. So übernimmt auch die Einzelseele von der Gruppenseele die Instinkte nicht mechanisch. Wie alles, werden auch Instinkte von zuständigen Wesenheiten betreut.

Der physische Leib ist von unzähligen Wesenheiten (= Seelen) bevölkert. Sie sind für das störungsfreie Funktionieren der Organe und des Gesamtorganismus verantwortlich. – Sie können diese Aufgabe nur erfüllen, weil sie auf ihre Art und ihrem Wesen gemäß geistig sind und ein entsprechendes Bewusstsein haben.

Der größte Teil von ihnen ist noch nicht individualisiert. Sie bilden – wie Bienen den Schwarm – ein Teilchen der Gruppenseele und haben – auch hierin den Bienen ähnlich – ein Kollektivbewusstsein.

Im Kollektiv besteht eine hierarchische Ordnung, die Stufenfolge entspricht dem *Grad der Bewusstheit* der einzelnen Seelen. Dem Kollektiv steht eine etwas höher stehende Wesenheit – eine „Fachkraft" – vor, welche die Arbeit der Seelengruppe leitet.

Instinkte werden von *Seelen der Leibeshierarchie* verwaltet. Für die Informationen und für die Entscheidung über die Auslösung der jeweiligen Instinkthandlungen sind aber auch jene Geistigen Führer zuständig, die das Lebewesen oder den Menschen betreuen.

Die Instinkte werden aufgrund von Informationen aktiviert. Die Seelengruppe erhält Informationen einerseits von der Seinsebene her, die in die entsprechende Seelenschicht gesendet werden, andererseits von den Leibesorganen, oder genauer: von den diese betreuenden Seelen. Zu den letzteren gehören auch Informationen von der Außenwelt, so vor allem Wahrnehmungsdaten, und Zustandsmeldungen des Organismus (z. B. Hunger).

Die Seelengruppe dieser Wesenheiten wertet die Informationen aus und sendet entsprechende Impulse sowohl an das Bewusstsein des Lebewesens oder des Menschen als auch an die anderen, im Leib befindlichen „Arbeiter" (= Seelen).

Je nach dem Ergebnis der Auswertung der Informationen in den Bewusstseinszentren und je nach Dringlichkeit der Reaktion geben die zuständigen Seelengruppen oder – in schwierigen Situationen und bei komplizierteren Handlungsweisen – die Geistigen Führer den Impuls zur Auslösung der entsprechenden Instinkthandlung.

Ist eine Reaktion unaufschiebbar, so üben die Seelengruppen des Leibes zusammen mit den Geistigen Führern auf das Lebewesen oder den Menschen Druck aus und sie können sie zu der entsprechenden Verhaltensweise sogar zwingen, wenn dies für das Überleben oder die Arterhaltung erforderlich ist.

DIE SPEZIFITÄT DER INSTINKTE

Jedes Lebewesen, jeder Mensch, solange er noch Instinkte braucht, kann auf eine irdische Situation nur auf die Weise reagieren, wie dies seinen spezifischen Anlagen und seinem Entwicklungsgrad entspricht.

Der Instinkt reguliert die Art der Triebbefriedigung, und jeder Trieb hat auf jeder Stufe der Entwicklung seine spezifische Erscheinungs- und Wirkungsweise. Denselben Trieb, dieselben Bedürfnisse befriedigt ein Floh auf eine andere Weise als ein Vogel, und dieser auf eine andere Weise als eine Katze. Ebenso reagiert jede Tierart auf dieselbe Situation anders als die anderen Arten. Ein Reh verhält sich in Gefahr anders als eine Raubkatze, Vögel paaren sich anders als Fische.

Instinkte sind *artspezifisch*. Sie können nur innerhalb bestimmter Grenzen wirken. Und diese werden durch jene Möglichkeiten abgesteckt, welche dem Lebewesen durch die Eigenheit seiner Art und durch die Bedingungen seines Lebensraumes gegeben sind.

Die Art und ihre Anlagen

Die Spezifität der Instinkte und damit die Weise, wie das Lebewesen seine Triebe befriedigt und auf bestimmte Situationen reagiert, hängt also nicht nur vom Auslöser der Instinkthandlungen – von der Triebart oder der jeweiligen Situation – ab, sondern auch von jenen Anlagen, welche die Eigenheit einer Art charakterisieren.

In der Seele liegen verschiedene Anlagen gleichzeitig einsatzbereit vor, die Instinkte stellen unter ihnen nur eine spezielle Gruppe dar. Veranlasst der Instinkt das Lebewesen zu einer bestimmten Instinkthandlung, so lebt das Lebewesen zusätzlich noch eine weitere Anlage oder mehrere andere Anlagen der Seele aus. Dies zeigt sich in den besonderen Verhaltensweisen, welche die Instinkthandlung begleiten oder mit dieser zusammenfallen.

In der Brunstzeit reagieren beispielsweise die Männchen vieler Arten auf das Erwachen des Paarungstriebes unter anderem mit Imponiergehabe und einer Neigung zum Rivalisieren, zu der auch Aggressionsbereitschaft gehört. Auf eine drohende Gefahr reagieren Fluchttiere mit Flucht, aggressive Tiere mit Gegendrohung oder Angriff, wieder andere mit Sich-Ducken, Sich-Verstecken oder mit Mimikry.

Der ursprüngliche Instinktimpuls kann auch in sein Gegenteil umschlagen, falls ein anderer Trieb stärker wird. So wird ein „lammfrommes" Mutterschaf aggressiv, wenn ihr Lämmchen in Gefahr ist, während sich ein Tiger, der sonst stets angriffsbereit ist, der Bedrohung durch Flucht entziehen kann.

Jede Spezies verwirklicht Anlagen aus einem anderen Bereich der allgemeinen Seele: aus der *Seele der Erdsphäre*. Bei der Weiterentwicklung wechselt die jeweilige Gruppenseele die Art. Die ihr zugehörigen Einzelseelen inkarnieren sich dann in der Gestalt einer höheren Art. Dabei verschiebt sich jener Ausschnitt aus den Bereichen der Erdseele, dessen Anlagen dieser Schwarm der Einzelseelen auf der Erde zu verwirklichen hat. Durch die jeweilige Verschiebung werden also andere Anlagen aktualisiert, und diese zieht die Modifikation der Instinkthandlungen nach sich und führt bei größeren Evolutionsschritten zu ihrer völligen Veränderung.

Eine Gruppenseele geht aber bei ihrer Entwicklung nicht durch sämtliche Arten auf der Stufenleiter hindurch. Es gibt auch in der Evolution der Lebewesen nebeneinander mehrere, parallel liegende Linien, und nur einer davon hat die Gruppenseele zu folgen. Sie kann aber auch, falls dies angezeigt ist, von einer Entwicklungslinie auf eine andere hinüberwechseln.

Instinkthandlungen kennzeichnen daher den Charakter einer Art. Beim Weiterrücken auf der Stufenleiter der Arten bleiben etliche Züge erhalten, viele sind innerhalb eines Intervalls der Arthierarchie: auf einigen Sprossen der Entwicklungsleiter, gleich oder ähnlich, andere verändern sich.

Instinktimpulse und damit spezifische Grundhaltungen bleiben noch auf der menschlichen Stufe erhalten. Es gibt auch unter den Menschen stets aggressions- und fluchtbereite Individuen, und es gibt solche, die andere mit „Imponiergehabe“ beeindrucken wollen, indem sie sich „schön machen“ oder mit etwas „brüsten“.

Lebensraum und Lebensweise

Instinkte manifestieren sich bei jeder Art auf eine besondere Weise. Auf welche Weise sie sich manifestieren, hängt immer auch von ihrem *Lebensraum* ab.

Auch der *Lebensraum* ist ein Produkt der *Seele der Erdsphäre*. Er entsteht, indem die Seele der Erdsphäre versucht, jene Bedingungen auf der Erde zu schaffen, die es den Angehörigen einer Seelengruppe ermöglichen, jene Anlagen auszuleben, deren Aktualisierung an der Reihe ist.

Die besondere Art und Weise, wie die Aktualisierung dieser Anlagen vollzogen wird, ergibt die jeweilige *Lebensweise*. Diese ist für die betreffende Seelengruppe: für die *Spezies* charakteristisch.

Lebensraum und *Lebensweise* einer Spezies sind eng aufeinander bezogen. Sie sind es, weil die irdischen Bedingungen in einem bestimmten Lebensraum, und die Anlagen der Seele, die durch die Lebensweise zur Aktualisierung gelangen, engstens aufeinander bezogen sind. Die Bedingungen auf der Erde für eine bestimmte Art werden im Hinblick auf die Aktualisierung jener Anlagen erstellt, welche diese Art nun zu verwirklichen und auszuleben hat.

Bei jedem Vorstoß in der Evolution, bei welchem neue Anlagen aktualisiert werden, wird immer auch ein neuer Lebensraum eröffnet, falls nötig, von Grund auf erstellt. Dadurch wird es den Einzelseelen, welche sich in diesen Lebensraum inkarnieren, ermöglicht, die fraglichen Anlagen aus einem besonderen Seelenbereich auszuleben und damit auf eine bestimmte: auf *art*spezifische Weise zu leben.

Instinkt und Erfahrung

Lebensraum und *Lebensweise* sind zwar für eine Art weitgehend festgelegt, sie lassen ihr jedoch für die konkrete Gestaltung der Lebensweise einen hinreichend großen Spielraum. Dabei hat immer auch die Erfahrung eine gewisse Bedeutung. So kommen auch jene Richtlinien, welche die Lebensweise der Art und somit die Lebensweise der zugehörigen Lebewesen bestimmen, innerhalb des abgesteckten Rahmens teilweise durch Erfahrung zustande.

Zu diesen Richtlinien gehören in erster Linie die *Instinkte.* Im Prozess der Entstehung von Lebensraum und Lebensweise während des Verlaufs der *Ur-Evolution*, in welcher überhaupt erst die Lebensbedingungen auf der Erde geschaffen wurden, bildeten sich auch die Instinkte heran.

Auch Instinkte sind einesteils aufgrund von Erfahrungen entstanden. Andernteils sind sie durch die Spezifität der jeweils zu aktualisierenden Anlagen bestimmt. Letztere stecken die Richtung und den Rahmen ab, in welchen die Erfahrungen gemacht werden können und auch gemacht werden sollen.

Die Gruppenseele sammelt ihre Erfahrungen aufgrund der „Erkenntnisse" der von ihr ausschwärmenden Einzelseelen, welche diese – wie Bienen den Nektar – während ihrer Inkarnationen einholen. Ebenso tragen jene Wesenheiten, die den physischen Leib des Lebewesens und dessen Organe betreuen, ihr „Wissen" bei.

Alle Erfahrungen der Individuen und der Wesenheiten fließen in die Gruppenseele ein, welche seelisch mit beiden verbunden ist. Die Einzelseelen sind noch lange nicht individualisiert, sie bleiben mit der Gruppenseele wie mit einer Nabelschnur verbunden und es besteht ein ununterbrochener Austausch zwischen Einzel- und Gruppenseele. – Die Heranbildung der Instinkte wird also immer auch durch jene Erfahrungen ermöglicht, welche die Gruppenseele während ihres bereits zurückgelegten Entwicklungsweges gesammelt hat.

Die Erfahrungen der Einzelseele beschränken sich jeweils auf das Leben innerhalb eines stark begrenzten Zeit- und Lebensraumes. Die Seele schreitet jedoch nicht nur von Inkarnation zu Inkarnation, sondern auch in ihrer allgemeinen Entwicklung voran. Bei jedem Schritt in der Evolution wird auch der Umkreis der Erfahrungen modifiziert oder erweitert.

Sind nun Verhaltensweisen als Instinkthandlungen bereits festgelegt, so stehen diese der Gruppenseele auch dann noch zur Verfügung, wenn die Gruppe auf der Stufenleiter der Evolution höher gestiegen ist und dabei die Art gewechselt hat. Denn alle Erfahrungen werden im Archiv der Gruppenseele aufbewahrt, zu dem jede Einzelseele Zugang hat. Deshalb kann das Lebewesen über das innere Wissen verfügen, in welchem auch jene Erfahrungen aufbewahrt sind, welche in den vorherigen Inkarnationen – so auch auf tieferen Stufen der Entwicklung – gesammelt worden sind. Die früheren Erfahrungen wirken bei der Modifizierung der alten oder bei der Gestaltung der neuen Instinkthandlungen mit. Und auch der Mensch greift – freilich unbewusst – immer wieder auf Erfahrungen zurück, die seine Seele auf der vormenschlichen Stufe gemacht hat.

Die Erfahrungen müssen auch ausgewertet werden, und zu ihrer Auswertung braucht die Gruppenseele selbst dann noch Hilfe, wenn sie schon entwickelt ist.

Die Hilfe kommt von jenen Höheren Wesenheiten, in deren Obhut die jeweilige Gruppenseele steht. Jede inkarnierte Seele – Lebewesen oder Mensch – empfängt unbewusst immer auch die Weisungen der Höheren Führung und wertet – teils mit ihrer Hilfe, teils eigenständig – die bereits gesammelten Erfahrungen auch aus früheren Inkarnationen – ebenfalls unbewusst – aus.

Die grundlegenden Erfahrungen, die zum Aufbau der irdischen Welt und somit auch zur Erstellung der jeweiligen Lebensräume und zur Heranbildung der Instinkte nötig waren, haben die zuständigen Höheren Wesenheiten, vor allem die *Bauingenieure der Erdsphäre*, während der *Ur-Evolution* und bei jeder späteren Abwandlung des Evolutionsverlaufs selber gesammelt und ausgewertet.

Das Erfahrungsgut einer Gruppenseele – einer bestimmten Art – bildet einen Teil aus dem Erfahrungsgut der *Bauingenieure der Erdsphäre*. Aus ihrem Schaffen sind auch die *Instinkte* hervorgegangen.

DER INSTINKTZWANG

Indem Instinkte die Verhaltensweisen der Lebewesen regulieren, schützen sie diese zugleich, und zwar auf vielfache Weise.

Instinktzwang als Schutz

Da Instinkte den konkreten Vollzug von Triebhandlungen ermöglichen und dem Lebewesen jene Verhaltensregeln anbieten, mit deren Hilfe es die irdischen Bedingungen meistern kann, schützen Instinkte das Leben der Lebewesen – oft buchstäblich (z. B. in Gefahrsituationen). Sie schützen es aber noch in einem ganz anderen Sinne: Sie schützen es vor der Gefahr, dass es seine Aufgaben im Erdenleben verfehlt oder unerfüllt lässt.

Die Versuchung, sich der Pflichterfüllung zu entziehen, ist nicht nur beim Menschen auf den unteren Entwicklungsstufen groß, sondern auch bei Lebewesen. Wäre ein Lebewesen keinem Instinktzwang ausgesetzt, sondern sich selbst überlassen, so würde es sich der Mühen der Fürsorge für die Nachkommen kaum freiwillig unterziehen und die Arterhaltung wäre in Frage gestellt. In dem Fall würde es aber einer seiner Aufgaben in der Inkarnation nicht entsprechen: Mitseelen der Gruppe Gelegenheit bieten, sich zu inkarnieren, und die Nachkommen aufziehen.

Bei Menschen, die dem Instinktzwang zwar entwachsen, zur echten Liebe jedoch noch nicht fähig sind, kommt es nicht selten vor, dass sie ihre Kinder, falls sie sie überhaupt in die Welt treten lassen, vernachlässigen. Der Instinkt zwingt sie nicht mehr, die Liebe veranlasst sie noch nicht, sich Kinder zu wünschen oder ihre Verpflichtungen ihren Kindern gegenüber zu erfüllen.

Auch bei der Selbsterhaltung schützen Instinkte das Lebewesen. Ohne sie könnte ja das Lebewesen bei der Ernährung das Bekömmliche vom Unbekömmlichen oder Schädlichen überhaupt nicht unterscheiden. Instinkte schützen also sowohl die Existenz des Lebewesens als auch die Existenz der Nachkommenschaft. Sie schützen – gemeinsam mit den Trieben – das Lebewesen und – auf den unteren Entwicklungsstufen – den Menschen aber auch davor, der natürlichen Trägheit zu erliegen, Erfahrungen auszuweichen, somit die Lebensaufgabe zu vernachlässigen, sich vor dem Lernen zu drücken und also dem Drang zur Weiterentwicklung keine Folge zu leisten.

Damit die Instinkte diese Aufgabe erfüllen können, wirken sie in der Evolution bis zu den höheren Tierarten hinauf *zwanghaft*. Je höher die Seele jedoch in ihrer Entwicklung fortschreitet, umso mehr lockert sich der Instinktzwang, was bei Tieren höherer Arten augenfällig sein kann. Diese können in innere Konflikte geraten, wenn sich in ihnen zum Beispiel Instinktzwang und Drillzwang, denen sie gleichzeitig ausgesetzt werden, widersprechen. – Zwingt man beispielsweise Hunde zu einem Verhalten (z. B. junge Jagdhunde zum Stillhalten), was ihrem Instinkt widerspricht, so bekunden die meisten ihre verzweifelte Lage durch Jaulen.

Der Impuls, der den Instinkt auslöst, nötigt das Lebewesen, auf eine Information unmittelbar zu reagieren. (Wittert ein Reh innerhalb seiner – individuellen – Fluchtgrenze etwas Bedrohliches, so ergreift es die Flucht augenblicklich. Fliegt in einem Schwarm ein Vogel auf, so fliegen alle anderen ebenfalls auf.) Das Lebewesen hat da noch keinen individuellen Spielraum, um sich über die Information Klarheit zu verschaffen, sie zu verstehen, damit es sich entscheiden kann (ob z. B. die mutmaßliche Gefahr tatsächlich besteht oder nicht). Es muss dem Impuls unmittelbar folgen: Dieser wirkt *zwanghaft*.

Der Instinktzwang nötigt somit das Lebewesen, den Informationen gleichsam ohne Überlegung zu folgen und die entsprechenden Maßnahmen zu ergreifen. Selbst bei Tieren höherer Art folgt die Instinkthandlung auf die Information mehr oder weniger unmittelbar, solange es über keinen oder nur über einen sehr geringen – seelischen – Raum verfügt, um sich die Mitteilung bewusst zu machen und sich für die Reaktion bewusst zu entscheiden.

Die Lockerung des Instinktzwanges

Über einen seelischen Raum verfügt das Lebewesen erst dann, wenn es in der Lage ist, innerlich auf Distanz zu gehen. Es wird dann auf einen Reiz nicht zwanghaft und unmittelbar reagieren müssen, es kann etwa den richtigen Augenblick für seine Reaktion abwarten oder den Reiz auch mit einer andersartigen Reaktion beantworten. Reagiert zum Beispiel ein Wildtier auf eine Bedrohung sogleich: mit Gegenangriff oder Flucht, so kann dies ihm (zur Freude des Jägers) zum Verhängnis werden. Der Hase springt auch dann aus seinem Versteck auf, wenn der Jäger, der keinen Hund mit sich führt, an ihm vorbeigeht, ohne ihn zu bemerken. Ein Fuchs hingegen, der am Waldrand steht und bemerkt, dass ihn jemand beobachtet, wartet den Augenblick ab, bis der Beobachter abgelenkt wird und somit nicht merkt, in welche Richtung er verschwindet. Und falls der Beobachter ihn zu lange im Auge behält, tut er immer wieder so, als ob er gerade wegspringen wollte: Er macht entsprechende Kopf- oder Körperbewegungen, um den Beobachter glauben zu machen, er verschwinde. Auch der Fuchs vollzieht dieses Ritual seines Abganges selbstverständlich instinktiv und nicht aufgrund seiner Überlegung. Dennoch ist für sein Verhalten: für das Abwarten des günstigen Augenblickes zur Flucht, etwas Spielraum gegeben, den der Fuchs nützt.

Es muss ein bereits ausreichender Zeitraum zwischen Signal und Reaktion bestehen und der Instinktzwang gelockert sein, damit das Lebewesen oder der Mensch in einer bestimmten Situation überlegt reagieren kann.

Spielraum für Erkenntnis und Entscheidung entsteht erst, wenn das Lebewesen schon etwas bewusst und seelisch tragfähig geworden ist. Erst dann fühlt sich das Lebewesen nicht mehr gezwungen, sofort und vielleicht überstürzt (wie der Hase) auf den Auslöser einer Instinkthandlung zu reagieren.

Der Instinktzwang wird aber nur dann gelockert und nur dann endgültig aufgelöst, wenn anstelle des Instinktes etwas anderes treten kann, das imstande ist, die lenkende und schützende Rolle des Instinktes voll zu übernehmen.

Ablösung der Instinkte

Es gibt zwei grundlegende Fähigkeiten, welche die Aufgabe der Instinkte übernehmen können: die *Rationalität* und die *Fähigkeit zur Liebe.*

Die Heranbildung der *Rationalität* beginnt bereits auf der vormenschlichen Stufe der Gesamtentwicklung. Mit fortschreitender Bewusstwerdung und Entfaltung der Denkfähigkeit – auf der Tierstufe: der Kombinationsfähigkeit – lockert sich der Instinktzwang. Da ihre Ablösung nur allmählich vor sich geht, ist auch der Mensch auf den unteren Stufen seiner Entwicklung der Macht der Instinkte noch weitgehend unterworfen.

Die rationale Denkfähigkeit löst den Instinkt nicht unmittelbar ab. Der Mensch braucht für sein Verhalten auf den unteren Entwicklungsstufen auch dann noch Lenkung, wenn die Signale seiner Instinkte zu versiegen beginnen. Diese Lenkung erhält er in den allerersten Anfängen seiner äonischen Entwicklung von den Geistigen Führern, welche die Gruppe betreuen. Auf dieser Stufe ist der Instinktzwang noch mächtig. Von der zweiten Entwicklungsstufe an beginnen Vorschriften der Gemeinschaft die Verhaltensmuster der Instinkte zu ersetzen. Diese Vorschriften können den rationalen Verhaltensregeln – mehr oder weniger – entsprechen, aber auch entgegengesetzt sein. Der Instinkt kann sich beispielsweise so auswirken, dass das Tier oder der Mensch den besiegten Rivalen nicht tötet, sondern leben lässt (Instinkthemmung zum Töten). Die Gemeinschaft hingegen kann ihre Mitglieder – und der Mensch das Tier – zum Töten veranlassen oder sogar zwingen (z. B. Pferde oder Hunde auf Töten drillen). – Selbst der Mensch übernimmt lange Zeit (mitunter während Zyklen von Inkarnationen) die Richtlinien seiner Gemeinschaft praktisch unbesehen. Auf ihre Einhaltung wird er von der Gemeinschaft sogar – wie das Nutztier – immer wieder gedrillt, dabei moralisch und ethisch (nicht selten auch mit Brachialgewalt) unter Druck gesetzt. Tier wie Mensch gehorchen dem Drill, der nach und nach die Instinkte ersetzt.

Entwickelt sich der Mensch weiter, so wächst er aus dem Drillalter heraus und übernimmt die Richtlinien verstandesmäßig. Er muss zu ihrer Übernahme nicht mehr gezwungen bzw. gedrillt werden, denn er versteht ihren Sinn, und dies in zweifacher Weise: Er begreift, dass sie für das Gemeinschaftsleben nötig sind, und versteht, was die einzelnen Vorschriften bedeuten, was ihr „Sinn" ist (wie auch ein Fahrschüler die Bedeutung der verschiedenen Verkehrstafeln erlernen muss). – Zunächst glaubt der Mensch, dass die Vorschriften „richtig" sind, weil er von seiner Gruppe emotionell noch abhängig ist. Erst später, wenn er sich von seiner Gruppe innerlich hinreichend abgelöst hat, kommt er in die Lage, mit Hilfe seines rationalen Denkens bzw. seiner Intuition, aber auch mit Hilfe seines nun heranwachsenden Gefühls, die von der Gemeinschaft jeweils aufgestellten Richtlinien auf ihre Richtigkeit hin zu prüfen. Er wird sie also nicht mehr unbesehen übernehmen und nicht mehr vorbehaltlos anwenden. Er wird auch erwägen können, ob sie zu Recht bestehen und ob er sie für sich als gültig erachten kann.

Je weiter der Mensch in seiner Entwicklung fortschreitet, je mehr er erkenntnisfähig, auf höheren Stufen zudem einsichts-, gefühls- und liebesfähig geworden ist, umso weniger benötigt er Instinkte. Wenn er also beispielsweise Kinder hat, so braucht er zu ihrer Pflege keine Instinkt-Impulse, denn er liebt sie und handelt nach den Regeln der echten Liebe. – Kommt er also allmählich in die Lage, aufgrund seiner Erkenntnisse und später aufgrund seiner Einsichten zu handeln, und kann er in die Tat umsetzen, was er für richtig hält, so braucht er keine vorprogrammierte Lenkung, keine vorgeschriebenen Verhaltensmuster mehr. Er kann sich dann aufgrund seines bewussten Wissens und seiner Einsicht selber entscheiden, wie er seine Triebe befriedigen und seine Lebensbedingungen meistern soll, ohne dabei rücksichtslos zu sein, ohne nachher ein schlechtes Gewissen haben zu müssen und ohne dass seine allmählich erwachten seelischen und geistigen Ansprüche und Wünsche zu kurz kommen.

Auf den höchsten Entwicklungsstufen wird die Aufgabe der Instinkte vollends vom *Höheren Selbst* des Menschen, somit vom voll ausgereiften *inneren Menschen* übernommen. Das Höhere Selbst stellt ihm das – inzwischen reichlich angewachsene – innere Wissen zur Verfügung und ermöglicht ihm, die bisher – auf dem langen Weg der inneren Entwicklung – gemachten Erfahrungen auszuwerten und auf die jeweiligen Verhältnisse anzuwenden. So wird er jede innere wie auch äußere Situation aufgrund dieser Erfahrungen und dieses Wissens immer selbständiger und immer besser meistern können.

Doch auch da noch wird der Mensch – auch der innere Mensch – die Hilfe seiner Geistigen Führer in Anspruch nehmen müssen. Ist sein seelisches und geistiges Niveau gestiegen, so steigen auch die Anforderungen an ihn. Und ist auch sein Können und Wissen sehr groß, so wird er sich auf ein noch höheres Niveau hin weiterentwickeln müssen (und wollen), das an ihn Ansprüche stellt, die sein Können und Wissen vorderhand übersteigen.

Der Mensch – die Seele – braucht die Hilfe der Höheren Führung selbst dann noch, wenn er seine äonische Entwicklung abgeschlossen hat. Und die Geistigen Führer stehen ihm genauso bei, wie sie es bereits zu Beginn und während des ganzen Entwicklungsweges immerzu schon getan haben, dann freilich auf einer unverhältnismäßig höheren Ebene.

Kapitel 22

ANLAGEN DER SEELE

Die *Seele* hat ihre Gaben, und der *Geist* versieht die Seele mit Gaben. Erst mit Hilfe der Gaben des Geistes kann die Seele ihre eigenen Gaben entfalten und nutzen. Dank ihnen erlangt sie schließlich *Geistigkeit.*

Die Gaben des Geistes und ihre eigenen Gaben ermöglichen ihr zu wachsen. Sie stellen jenes Instrumentarium dar, mit dessen Hilfe sie ihre Entwicklungsschritte vollziehen kann.

Die Gaben sind ihre *Anlagen.* Alle Anlagen der Seele sind schon *vor* dem Antritt ihrer Gesamtentwicklung vorhanden. Sie sind ursprünglich jedoch nicht das Eigentum der Einzelseele. Diese ist anfänglich streng genommen nur in einem sehr bedingten Sinne eine „Einzel"-Seele. Die Anlagen sind von Anfang an in jener immens großen Gruppenseele enthalten, welcher alle Seelen und Seelengruppen, die sich in der Erdsphäre entwickeln, angehören. Diese allumfassende Seele ist die *Seele der Erdsphäre.*

Die Anlagen sind allerdings auch in der Seele der Erdsphäre nur *potentiell* (der Möglichkeit nach) und *virtuell* (der Wirkung nach), das heißt „im Keim" enthalten. Sie liegen im Göttlichen Kern der Seele. Letztlich stammt jede Seele von Gott: aus Gottes allumfassender Seele. Jede Seele kann nur jene Anlagen in sich haben, welche in Gottes Seele enthalten sind.

Es ist eine der wichtigsten Aufgaben jeder Seele, ihre potentiellen und virtuellen Anlagen im Laufe ihrer Entwicklung zu *aktualisieren*, das heißt heranzubilden und zu entfalten.

DIE AKTUALISIERUNG DER ANLAGEN

Aktualisierung (aus: lat. *actualis* = tätig, wirksam) bedeutet, das Potentielle *real* werden zu lassen, das Virtuelle *wirksam* zu machen. Die Seele muss die Anlagen entfalten, damit sie über jene Fähigkeiten verfügt, mit deren Hilfe sie das Leben auf der Erde meistern und ihre Aufgaben erfüllen kann.

Eine Anlage kann erst dann aktualisiert werden, wenn die Seele dafür reif geworden ist. Und jede Anlage kann nur auf jene Weise und bis zu jenem Grad aktualisiert werden, wie dies sowohl die Eigenart der einzelnen Seelen als auch ihre jeweils erreichte Entwicklungshöhe ermöglichen. – Damit bestimmte Anlagen aktualisiert oder auf eine bestimmte Weise weiter entfaltet werden können, muss die Seele eine entsprechende Stufe erreicht oder in eine bestimmte Phase ihrer Entwicklung hineingewachsen sein. Auch innerhalb eines einzigen Erdenlebens muss der Mensch für die Erlangung bestimmter Fähigkeiten (z. B. Zeugungs- bzw. Empfängnisfähigkeit) physisch reif (im Beispiel: geschlechtsreif) sein. Erst dann, wenn die Seele in ihrer inneren Entwicklung die entsprechende Phase erreicht hat, kann sie mit der Entfaltung der Fähigkeit beginnen.

Die Aktualisierung wichtiger Anlagen erstreckt sich über mehrere Entwicklungsstufen. Je umfangreicher, differenzierter und für das Leben bedeutsamer eine Anlage ist, umso mehr Zeit bedarf es zu ihrer Entfaltung. Die Entfaltung mancher Anlagen nimmt daher nicht bloß einige Inkarnationen, sondern ganze Zyklen von Inkarnationen in Anspruch. Es gibt Anlagen, zu deren vollständiger Entfaltung sogar die ganze Länge der äonischen Entwicklung benötigt wird. Zu diesen gehören an erster Stelle die *Grundanlagen*.

Die meisten Anlagen werden *phasenweise* aktualisiert. Da die Seele bei der Entfaltung einer Fähigkeit für jeden neuen Schritt reifer werden muss, gibt es zwischen den einzelnen Entfaltungsphasen eine mehr oder weniger große – oft mehrere Inkarnationen währende – Pause. In der Zwischenzeit wendet sich die Seele der Aktualisierung anderer Anlagen zu. Somit werden im Zuge der Gesamtentwicklung die diversen Fähigkeiten *parallel* entfaltet.

In der ersten Entwicklungshälfte werden vor allem jene Anlagen weiter entfaltet, deren Heranbildung bereits in der Evolution der Lebewesen begonnen hat. Jeder Stufe in der Evolution der Lebewesen entspricht daher eine Stufe in der ersten Hälfte der äonischen Entwicklung. Der Mensch muss auf jeder der drei unteren Entwicklungsstufen – während einer enorm langen Entwicklungszeit – diese stufenspezifischen Anlagen auf *menschliche* Weise ausleben, weiter entfalten, schließlich – auf den höheren Stufen – verwandeln, das heißt: *humanisieren.*

DIE EINTEILUNG DER ANLAGEN

Die *Anlagen der Seele* sind mannigfaltig. Da die „materiellen Träger" aktualisierter Anlagen die Lebewesen und der Mensch sind, entsteht bei ihrer Aktualisierung jene nahezu unendlich große Vielfalt von *Lebensweisen*, die auf der Erde das bunte Treiben von Lebewesen und Menschen ermöglichen und von welchen manche noch auf ihre Verwirklichung warten. Ihre Aktualisierung führt zur Entstehung von ebenfalls unübersehbar vielen *Lebensräumen*, die für die einzelnen Lebewesen deren eigene Welt darstellen.

Die Einzelseele hat allerdings nicht alle Anlagen zu aktualisieren. Sie muss im Laufe ihrer Entwicklung nur jene Anlagen entfalten, deren Einsatz für das irdische Leben während der ganzen äonischen Entwicklung unentbehrlich ist. Es sind dies *allgemein-seelische Anlagen*, deren Heranbildung bereits auf der *vor*menschlichen Stufe der Gesamtentwicklung beginnt.

Es gibt ferner *allgemein-menschliche Anlagen*, zu deren Aktualisierung nur der Mensch – aber jeder Mensch – verpflichtet ist. – Die Anfänge der Aktualisierung dieser allgemein-menschlichen Anlagen können aber ebenfalls bis in die Zeit der Evolution (z. B. in das Tierreich) zurückreichen.

Außer diesen allgemeinen Anlagen gibt es auch besondere, deren Aktualisierung für die Erfüllung der Aufgabe nur einer Seelengruppe – oder einiger Seelengruppen – wichtig ist. Durch ihre Aktualisierung werden *spezielle Fähigkeiten* herangebildet.

Allgemein-seelische Anlagen müssen alle Seelen (also auch die nichtmenschlichen) entfalten. Zu diesen gehören die *Ureigenschaften* und die von diesen abgeleiteten Fähigkeiten.

Die Ureigenschaften sind jene, die dem Geist bzw. der Seele von Natur aus eigen sind. Es gibt deren *drei.* Die Ureigenschaft des *Geistes* ist die *Aktivität*, diejenige der *Seele* die *Passivität* und die der zur *Geistigkeit* befähigten Seele die *Intelligenz.* Die Ureigenschaften liegen den *Hauptfähigkeiten* der Seele zugrunde und bilden mit diesen gemeinsam die Voraussetzung für die Aktualisierung sämtlicher Anlagen.

Die Hauptfähigkeiten sind (in der Reihenfolge ihrer Entfaltung): als Folge der *Passivität* die *Sensibilität*, als Folge der *Aktivität* die *Spontaneität*, als Folge der *Intelligenz* der *Ordnungssinn.*

Die *Ureigenschaften* und die *Hauptfähigkeiten* entfalten sich mit dem natürlichen Wachstum der Seele. Jede Seele verfügt über sie, sobald sie die entsprechende Entwicklungsstufe erreicht hat.

Die allgemein-menschlichen Anlagen bestehen aus den *Grundanlagen*, ferner aus jenen Fähigkeiten, welche aus diesen hervorgehen.

Es gibt ***drei Grundanlagen.*** Diese sind: das *Wollen*, das *Fühlen* und das *Denken*. Ihre Aktualisierung setzt die Entfaltung der *Hauptfähigkeiten* der Seele voraus.

Die *Grundanlagen* hat jeder Mensch während seiner inneren Entwicklung heranzubilden und vollständig – oder zumindest bis zu einem sehr hohen Grad – zu entfalten. – Die übrigen Anlagen, welche die Heranbildung *spezieller Fähigkeiten* ermöglichen, müssen nicht von jedem Menschen oder nicht von jedem im selben Maße und in gleicher Weise entfaltet werden. Solche Fähigkeiten, die nur von einem Menschen oder einer Gruppe entfaltet werden, sind für seine persönliche Eigenart sowie für die Eigenart seiner Seelenfamilie charakteristisch.

Jede Seelengruppe hat ihr eigenes Profil und jede folgt jener Entwicklungslinie, welche die Entfaltung solcher Fähigkeiten ermöglicht, die ihrer Eigenart entsprechen. So spezialisiert sich jede Seelengruppe – neben der obligaten Entfaltung allgemeiner Fähigkeiten – auf bestimmte Fähigkeiten, welche ihnen ermöglichen, die ihr zugewiesenen besonderen Aufgaben durchzuführen.

DIE GRUNDANLAGEN

Die *Seele* verdankt die Gaben ihrem *Göttlichen Ursprung*. Es sind die *Aspekte Gottes*, an deren Eigenschaften jede Seele teilhat und die in jeder Seele wirksam sind. Sowohl die *Ureigenschaften* mit den – aus ihnen folgenden – *Hauptfähigkeiten* als auch die *Grundanlagen* sind die irdischen Erscheinungsformen der Wirkung der drei Aspekte Gottes.

Die Aspekte Gottes sind: der *Göttliche Geist* (*Vater*-Aspekt), die *Göttliche Seele* (*Christus*-Aspekt) und die *Ordnende Intelligenz* (*Heiliger-Geist*-Aspekt). – Der erste Aspekt: der *Geist* als *Wille* ermöglicht die *Aktivität* und die *Spontaneität* der Seele und versieht sie mit *Willenskraft*. – Der zweite Aspekt: die (Göttliche) *Seele* als *aufnehmendes Organ* begründet die *Passivität* der Seele und befähigt sie zur *Sensibilität*, somit zum *Fühlen*. – Die Teilhabe der Seele am dritten Aspekt: am *Geist* als *Ordnende Intelligenz* ermöglicht ihr die Entfaltung der *Intelligenz* und des *Ordnungssinnes* und befähigt sie zum *Denken*. (Zu den drei Aspekten Gottes vgl. *Das Vaterunser*, 1. Aufl. S. 26–31; Neuaufl. S. 24–29)

Die *drei Grundanlagen*: das *Wollen*, das *Fühlen* und das *Denken* sind voneinander nicht zu trennen. Lediglich der Anteil der einzelnen Anlagen ist unterschiedlich ausgeprägt. Ihre Entfaltung erfolgt die *drei großen Entwicklungslinien* entlang, welchen jede Seele, die ihre Entwicklung in der Erdsphäre vollzieht, folgen muss.

Die drei Entwicklungslinien lassen sich mit einem Haarzopf vergleichen, der aus drei Strähnen geflochten ist. Obwohl jeder Strang gleichwertig ist, tritt im Laufe der Entwicklung einmal die eine, einmal die andere Entwicklungslinie in den Vordergrund, oder es dominieren zwei gleichzeitig.

So ist ein *Willensakt* nur mittels eines zumindest minimalen Denkaktes (indem z. B. die Situation erfasst wird) und erst dann möglich, wenn auch das Fühlen (z. B. in der Form von Wahrnehmung, von Empfindungen oder Affekten) beteiligt ist. – Das *Fühlen* muss ausgewertet (Denken) und in Aktionen umgesetzt werden (Wille), um wirksam zu sein. – Das *Denken* setzt Konzentration (Wille) voraus und braucht Empfindung (z. B. Wahrnehmung) oder Intuition (Fühlen), um der Wirklichkeit angemessen zu sein.

Die *Grundanlagen* sind in der Seele – wie alle Anlagen – von Anfang ihrer irdischen Entwicklung an enthalten, natürlich nur potentiell bzw. virtuell. Sie treten im Laufe der Entwicklung auf jeder vormenschlichen und jeder menschlichen Stufe auf eine besondere – die Stufe kennzeichnende – Weise auf. Ihre Heranbildung beginnt mit der Entfaltung der drei *Hauptfähigkeiten*: der *Sensibilität*, der *Spontaneität* und des *Ordnungssinnes.* Sie bilden die Grundlage für weitere Eigenschaften und Fähigkeiten.

*

Die Grundanlagen werden in diesem Kapitel in gedrängter Form einzeln dargestellt, weiter unten dann – wie die Ureigenschaften und die Hauptfähigkeiten – ausführlich besprochen.

DAS WOLLEN

Das *Wollen* ist jene Fähigkeit der Seele, die durch die Wirkung des *Einen Geistes* ermöglicht wird. Es ist eine Erscheinungsweise von *Gottes Wille* und seiner *Allmacht* auf dem Niveau der irdischen Geschöpfe.

Die verborgene Wirkung der Willenskraft

Der *Geist* als *Willenskraft* meldet sich in der Seele als der urtümliche *Drang zur Entwicklung*.

Die *Willensfähigkeit* ist die Folge der Teilhabe der Seele an dem *Einen Geist* (dem Geist Gottes). Dank dieser Partizipation hat die Seele auch an der Ureigenschaft des Geistes Anteil: Sie kann *aktiv* werden und die Fähigkeit zum *Wollen* erlangen. – Die *Willenskraft* bekundet sich in der Seele von Anfang ihrer Gesamtentwicklung an. Der Wille ist in ihr bereits auf der vormenschlichen Stufe – allerdings nur verborgen – wirksam: als *Antriebskraft*, die sie zur Entwicklung veranlasst und sie einerseits mit *Vitalenergie* versieht, andererseits ihr die Kraft zum *Wollen* und zur *Aktivität* gibt. Die Fähigkeit zum *bewussten Wollen* erlangt die Seele erst auf der menschlichen Stufe.

Die *Vitalenergie* ermöglicht das biologische Wachstum und hält die Funktionen sowohl des physischen als auch des seelischen Organismus in Gang.

Die *Willenskraft* als *Drang zur Entwicklung* wirkt in der Seele auf allen Stufen ihrer Gesamtentwicklung immer auch als *Wille zum Leben* und als Antrieb zur *Aktualisierung der Anlagen*, welche in den Seelenschichten *potentiell* und *virtuell* enthalten sind. Sie dient ferner bis in die Mitte der menschlichen Entwicklung als Antrieb zur *Individualisierung* und tritt in verschiedenen Erscheinungsformen zutage, so zum Beispiel als Streben nach *Selbstverwirklichung*, als Drang zur Erweiterung der *Ichsphäre*, als *Machtstreben*. Von der Mitte der Entwicklung an macht die Willenskraft den Menschen zunehmend *entscheidungsfähig*, erhöht seine *seelische Tragfähigkeit* und versetzt ihn dadurch in die Lage, *Verantwortung* zu übernehmen.

Willenskraft und Aktivität

Die Seele ist zur *Aktivierung* ihrer *Willensfähigkeit* erst dann gerüstet, wenn sie ihre geistige Ureigenschaft: die *Aktivität*, schon selber entfalten kann. Sie beginnt damit auf der Tierstufe.

Die *Aktivität* beruht auf der Fähigkeit zur *Spontaneität*. – Die *Spontaneität* ermöglicht das willkürliche Auslösen und die Steuerung der *Aktivität*. Auf höheren Tierstufen und beim Menschen tritt sie zudem innerseelisch: als *Affektivität* in Erscheinung.

Die Partizipation am Geist verhilft der Seele nicht nur zur Willenskraft, sondern auch zur wachsenden *Geistigkeit*. Ihre wachsende Geistigkeit ermöglicht ihr, an *Bewusstheit* ständig zuzunehmen und die Willenskraft immer bewusster einzusetzen und zu lenken.

Gesteuert wird die *Aktivität* bis auf die höchsten Tierstufen nicht vom Lebwesen selber, also nicht bewusst, sondern durch *Instinkte*. Ausgelöst wird sie beim Tier höherer Art und beim Menschen außerdem durch *Emotionen* und *Affekte*.

Auch der Einsatz der *Willenskraft* wird anfänglich – auf den vormenschlichen und auf den unteren menschlichen Entwicklungsstufen – von *Instinkten* gelenkt und steht im Dienste der *Selbst-* und *Arterhaltung*. Mit steigender Bewusstheit wird der Wille schon vom Tier, sodann vom Menschen – vor allem auf der zweiten und der dritten Entwicklungsstufe – für Zwecke der *Selbstbehauptung* eingesetzt. Sie dient dort vor allem der *Individualisierung*.

Auch beim Menschen erfolgt die Lenkung der Willenskraft erst auf den höheren Entwicklungsstufen *bewusst*, und erst auf den höchsten auch *verantwortungsbewusst*.

Das Ziel der Entfaltung der Willensfähigkeit

Auf den höchsten Entwicklungsstufen wird die Willensfähigkeit weiterhin entfaltet, aber auf eine qualitativ erhöhte Weise, wie auf dieser Entwicklungshöhe jede Fähigkeit. Auch die *Willenskraft* wird „veredelt". Ihre „Veredelung" besteht im Bemühen, den eigenen Willen dem Willen Gottes anzugleichen. – Da der Mensch nun schon weiß, dass Gottes Wille darin besteht, die seelisch-geistige Entwicklung *aller* Kreaturen zu fördern, wird er seine Willenskraft vor allem zur Unterstützung der inneren Entwicklung seiner Mitmenschen und Mitseelen einsetzen.

Das höchste Ziel bei der Entfaltung des persönlichen Willens ist seine radikale und restlose Umformung in den *Höheren Willen*. Sie gilt erst dann als vollendet, wenn der Wille des Menschen mit dem Willen Gottes in allem deckungsgleich geworden ist.

DAS FÜHLEN

Das *Fühlen* ist die zweite Grundanlage der Seele. Es kommt aufgrund ihres vorherrschenden Wesenszuges: ihrer *Ureigenschaft*, und der Teilhabe am zweiten Göttlichen Aspekt: an Gottes Seele zustande. – Ihre Ureigenschaft ist die *Passivität*. *Passivität* bedeutet *Aufnahmefähigkeit*, die Fähigkeit zum *Erleiden*.

Die Seele ist aber nicht nur fähig, etwas passiv aufzunehmen und zu erleiden. Sie kann auch *erfühlen*, was es ist, was sie aufnimmt oder was sie erleidet. Sie kann es mit Hilfe ihrer *Sensibilität*.

Die Sensibilität

Die *Sensibilität* ist die *Hauptfähigkeit* der Seele. Sie befähigt die Seele, all dem, was auf sie einwirkt, nicht bloß passiv ausgesetzt zu sein, es – dumpf – zu „erleiden“, sondern das, wovon sie berührt wird, auch zu „spüren“, zu empfinden, mehr oder weniger *bewusst* zu *erleben*, es sich in einem gewissen Sinne *bewusst* zu machen und damit in einem konkreten Sinne aufzunehmen: zu *erfahren.*

Würde die Seele die Einwirkungen bloß dumpf erleiden, so würde dies zu nichts führen. Sie könnte nichts aufnehmen, nichts erfahren. Die Einwirkungen bleiben deshalb in der Seele erhalten, weil sie sie nicht nur erleidet, sondern sie zugleich *erfühlt*, sie somit erlebt und vom Erlebten *geprägt* wird. Die Seele *weiß* daher stets um das Erlebte, und dies auch dann, wenn das Erfahrene dem Lebewesen oder dem Menschen nicht – noch nicht oder nicht mehr – zugänglich und damit bewusst ist.

Die Fähigkeit zum *Erleben* setzt also die *Sensibilität* voraus. Nur was die Seele konkret *erlebt*, in einem bestimmten Sinne „erleidet“, kann ihr zur eigentlichen Erfahrung werden. – Die Seele ist dank ihrer Grundanlage: des *Fühlens*, und infolge ihrer *Sensibilität* das Medium für das *Erleben*, *Erfühlen* und zur *Bewusstwerdung*.

Die *Sensibilität* hat verschiedene Erscheinungsformen. Ihre Entfaltung führt zur *Empfindungsfähigkeit*, so auch zur Fähigkeit zur *Sinnesempfindung*, ferner zur *Emotionalität* und zur *Sensitivität*. – *Sensitivität* ist die Fähigkeit, innere Informationen zu empfangen. Sie ermöglicht die *Medialität*, das *Hellfühlen* und die *Hellsichtigkeit*. – Die Sensibilität nimmt später höhere Formen an. Ihre höheren Erscheinungsformen sind die *Intuitivität* und die Fähigkeit, *Inspiration* zu empfangen.

Auf den höheren Entwicklungsstufen empfängt der Mensch dank seiner Fähigkeit zum Fühlen die Wirkung des Geistes *unmittelbar*. Die Wirkung des Geistes erweckt in ihm die *genuine Geistigkeit* und macht ihn *gefühlsfähig*.

Das Wissen der Seele

Die Seele ist *wissend*. Sie weiß, aber ihr Wissen ist kein Verstandeswissen. Es beruht auf dem *Fühlen*. Sie *erfühlt* die Wirklichkeit, und zwar erfühlt sie diese *unmittelbar*.

Fühlen heißt, etwas *unmittelbar aufzunehmen*. Die Seele kann es tun, weil sie es zwar passiv, aber auf eine aktive, schöpferische Weise tut. Ihre Passivität ist ja keine bloße – rein passive – Passivität, sondern eine fruchtbringende, schöpferische, das heißt eine *aktive.* So kann sie *empfangen*, befruchtet werden und das Empfangene auch „austragen", das heißt auswerten. Sie *versteht* auf eine Art, was sie *erfühlt* hat.

Die *Wirklichkeit*, welche die Seele erfühlt, ist zweifach: eine *äußere* und eine *innere.* In die äußere ist sie eingebettet, die innere liegt in ihr. Dementsprechend hat ihr Wissen eine zweifache Quelle: die *Erfahrung* und das *unmittelbare Wissen.*

Zur Wirklichkeit, in welche sie eingebettet ist, gehören alle drei Sphären und alle Ebenen der Wirklichkeit: die materielle ebenso wie die seelische und die geistige, die übersinnliche und die Kosmische. Die Quelle, aus welcher das Wissen um diese Wirklichkeit kommt, wird größtenteils durch die *innere* und die *äußere Erfahrung* erschlossen.

Die innere Quelle liegt in der Tiefe der Seele. In dieser Tiefe ist das Wissen um Herkunft und Bestimmung der Seele enthalten. – Dieses Wissen ist nicht durch Erfahrung zugänglich, es ist ein *unmittelbares Wissen.* Die Seele weiß ja, dass sie von Gott ausgegangen ist und zu ihm zurückkehren wird, und sie weiß auch um ihre spezielle Bestimmung: Sie weiß, welches die Aufgabe ist, derentwegen sie überhaupt erschaffen worden ist, welchen „Gedanken" Gottes sie zu verwirklichen hat. – Dieses Wissen ist der *Kern* des *inneren Wissens.*

DAS DENKEN

Das *Denken* wird im Wesentlichen kraft der Wirkung des dritten Göttlichen Aspektes: der *Ordnenden Intelligenz* ermöglicht. Es beruht jedoch teilweise auch auf dem *Fühlen.*

Das Denken setzt – außer der Sensibilität – einerseits den *Ordnungssinn*, andererseits die *Prägbarkeit* und damit die Fähigkeit zum *Abbilden* voraus. – *Abbilden* bedeutet für die Seele die Spiegelung der Kosmischen bzw. der Göttlichen Wirklichkeit, genauer: die Nachzeichnung der dort herrschenden *Ordnung.*

Denken als Ordnen

Das *Denken* hat die Aufgabe zu *ordnen.* Es ordnet im mehrfachen Sinne: Es ermöglicht, das Wahrgenommene und das Erfasste in bereits bestehende, übernommene Ordnungsschemata einzuordnen und Einzelteile zusammenfügen, und es ermöglicht, eine vorgestellte oder ersonnene Ordnung in der materiellen Welt zu verwirklichen.

Das Denken tastet gleichsam die Struktur einer Wirklichkeitssphäre ab. Jeder Wirklichkeitssphäre liegt eine einzige Ordnung: die *Kosmische* zugrunde (*Kosmos* = gr. Ordnung). Die *Kosmische Ordnung* wurde – bzw. wird fortlaufend – vom dritten Aspekt Gottes: von der *Ordnenden Intelligenz* erzeugt. Diese führt Gottes Pläne aus und lässt sie zur konkreten – geistigen, seelischen und materiellen – Wirklichkeit werden.

Das Denken der Kreatur zeichnet die bereits bestehende Ordnung nach. Es versucht, die der Ordnung zugrunde liegenden Prinzipien und die wiederkehrenden Schemata zu erfassen, um die Strukturen ermitteln zu können. Damit sucht es letztlich nach jenen Gesetzen, die der Entfaltung der Schöpfung: der Verwirklichung von Gottes „Ratschluss" zugrunde liegen und den Rhythmus im Strom des Lebens regeln.

Denken als Abbilden

Daraus ergibt sich, was *Denken* im Konkreten bedeutet: Es ist die Fähigkeit, die Wirklichkeit in all ihren Schichten und Sphären zu erfassen und in der *Bewusstseinssphäre* nachzuzeichnen. Dabei wird die jeweilige Wirklichkeit auf eine spezifische Weise nachgestaltet und abgebildet, so dass sie für alle, die den Denkvorgang nachvollziehen können, zugänglich, das heißt *erkennbar* wird.

Nachgezeichnet und abgebildet wird die Wirklichkeit zunächst nicht materiell, sondern in der Seele selber. Das Denken prägt dem „Astralstoff" das Gedachte: den *Denkinhalt* auf.

Für den Vorgang der „Aufprägung" gibt es heute einen Vergleich, der die Denkvorgänge bis ins Einzelne gehend modelliert. Im Computer werden mittels elektronischer Impulse – wie in der Seele durch Denkanstösse – Spannungen und Spannungsänderungen erzeugt und

TABELLE DER ANLAGEN

Die untenstehende Tabelle soll den Zusammenhang zwischen den Anlagen veranschaulichen. Dabei werden auch jene Anlagen berücksichtigt, welche erst in den nachfolgenden Kapiteln vorgestellt werden.

Partizipation an Aspekten Gottes	*Geist*	*Seele*	*Ordnende Intelligenz*
Ureigenschaft	Aktivität	Passivität	Intelligenz
Grundanlage	Wollen	Fühlen	Denken
Hauptfähigkeit	Spontaneität	Sensibilität	Ordnungssinn
Primärreaktion	Vitalität Trieb Lebenswille	Empfindung Emotion Sensitivität Medialität, Hellfühlen, Hellsichtigkeit	Instinkt
Sekundärreaktion	Affektivität	Reaktionsfähigkeit Prägbarkeit	Kombinationsfähigkeit
		elementares Denken	
Höhere Erscheinungsform	Gesteuerte Aktivität Entscheidungs-/ Verantwortungs-fähigkeit	Intuition Inspiration Gefühl	rationales Denken
		intuitives Denken	
Höchste Erscheinungsform		Einsicht Liebe Spiritualität	
Integration der Anlagen	Mittlere Stufe:	Urteilskraft	
	Höhere Stufe:	Weisheit Herzensintelligenz	

gleichzeitig festgehalten: im „Gedächtnis" gespeichert, schließlich miteinander kombiniert. Erst dann, wenn das Gedachte in die Seele eingeprägt ist, kann es auf eine Weise auch *materiell* in „Erscheinung" treten.

„Materiell" wird das Gedachte in erster Linie mit Hilfe der *Sprache* festgelegt, wobei „Sprache" im weitesten Sinne zu verstehen ist. Auch der Computer hat seine eigene „Sprache", wie auch die Malerei oder die Musik, um nur einige zu nennen. Fixierung und Speicherung des Denkinhaltes können also auf recht verschiedene Weise erfolgen. Im Übrigen wird Dichtung nicht nur in einer bestimmten (Landes-)Sprache festgehalten, sondern weist überdies eine eigene Sprache auf.

Formen und Arten des Denkens

Das Denken hat drei Erscheinungs*formen* und kann auf drei *Arten* vollzogen werden.

Die Denkformen sind das *elementare*, das *rationale* und das *intuitive Denken.* Sie werden jeweils in einer der drei großen Etappen der äonischen Entwicklung angewendet. Gewisse Fähigkeiten, die zu ihrem Vollzug nötig sind, werden jedoch bereits auf der vormenschlichen Stufe herangebildet.

Das *elementare Denken* beginnt in einer vorläufigen Form bereits auf der Pflanzenstufe, wird auf der Tierstufe weiter entfaltet und kennzeichnet das Denken des Menschen auf der ersten Entwicklungsstufe.

Das *rationale Denken* wird bereits auf der Tierstufe in einer anfänglichen Form herangebildet. Seine Entfaltung erreicht beim Menschen auf der dritten Stufe der äonischen Entwicklung ihren Höhepunkt.

Das *intuitive Denken,* dessen primäre Erscheinungsform das elementare Denken ist, setzt die Entfaltung der *transzendentalen Intelligenz* voraus und gelangt demzufolge erst in der zweiten Hälfte der äonischen Entwicklung zur vollen Entfaltung.

Die Denkarten charakterisieren die Art, wie eine Denkform konkret vollzogen wird. Das *rationale Denken* kann auf zwei Arten vollzogen werden: *kombinativ* und *analytisch;* das *intuitive Denken* als *Synthese,* die zugleich *schöpferisch* ist.

Dementsprechend gibt es *drei Denkarten*: das *kombinative*, das *analytische* und das *synthetische Denken*.

Kapitel 23

DIE HAUPTFÄHIGKEITEN

Die *Seele* besitzt *drei Hauptfähigkeiten*: die *Sensibilität*, die *Spontaneität* und den *Ordnungssinn*. – Sie werden bei der Heranbildung der drei unteren Seelenschichten entfaltet.

Die *Sensibilität* ist die grundlegende Anlage der ersten Seelenschicht: der *Vitalschicht*, und tritt von der untersten Stufe an als *Empfindungsfähigkeit* und als *Emotionalität* in Erscheinung. – Sie ist die Voraussetzung für die Heranbildung der *zweiten Grundanlage*: des *Fühlens*.

Die *Sensibilität* wird bereits auf der vormenschlichen Stufe, im Pflanzenreich herangebildet. Sie ist die Haupteigenschaft der Pflanzen. – Einer gewissen Sensibilität ist aber vielleicht schon das Mineral fähig.

Aus der Sensibilität gehen zwei weitere, wichtige Fähigkeiten hervor: die *Reaktionsfähigkeit* und die *Prägbarkeit*.

Die *zweite Hauptfähigkeit*: die *Spontaneität*, ist die fundamentale Anlage der zweiten Seelenschicht: der *Animalschicht*.

Die *Spontaneität* ist keine Gabe der Seele, sondern eine Gabe des *Geistes*. Erst wenn die Seele die Wirkung des Geistes empfangen kann, entfaltet sich ihre Fähigkeit zur Spontaneität. – Der Geist schafft durch die Heranbildung der *Spontaneität* die Basis dafür, dass seine eigene Haupteigenschaft: der *Wille*, in der Seele bewusst wirksam werden kann.

Die *Spontaneität* ist die Voraussetzung für die Heranbildung der *ersten Grundanlage*: des *Wollens*. – Sie tritt auf zweifache Weise in Wirkung: nach außen hin als *Aktivität*, innerseelisch als *Affektivität*.

Die *dritte Hauptfähigkeit*: der *Ordnungssinn*, ist die grundlegende Anlage der dritten Seelenschicht: der *Rationalschicht*. Er wird auf der dritten Stufe der vormenschlichen Entwicklung: im Reich der

Niederen Wesenheiten entfaltet, die Anfänge ihrer Heranbildung reichen aber in das Tierreich zurück.

Der *Ordnungssinn* ist die Voraussetzung für die Heranbildung der *dritten Grundanlage*: des *Denkens*.

Die Erscheinungsformen der Haupteigenschaften – den Grundanlagen ähnlich – verändern sich beim Menschen im Laufe seiner inneren Entwicklung. Sie werden der jeweiligen Entwicklungshöhe gemäß weiter entfaltet, wobei neue Erscheinungsformen hinzutreten. Damit verändert sich auch ihre Wirkungsweise Stufe für Stufe, bis sich diese schließlich gänzlich verwandelt.

(Vgl. die Tabelle auf S. 378)

DIE SENSIBILITÄT

Die *Sensibilität* ist die urtümliche Erscheinungsform der zweiten Grundanlage: des *Fühlens*, und ist zugleich seine Voraussetzung.

Die *Sensibilität* äußert sich in der Fähigkeit, Einwirkungen *passiv* zu empfangen. Dank der Sensibilität kann die Seele alles, wovon sie – von außen oder von innen her – „berührt" wird, *empfinden*, davon *erregt* werden, es *erleiden*, auch im Sinne von *erleben* und *erfahren*, das Erlebte aufnehmen und darauf *reagieren*.

Die *Sensibilität* ist die grundlegende Voraussetzung dafür, dass die Seele sich regen, innerlich in Bewegung geraten und somit zu *Reaktionen* fähig werden kann. – Ihre *Reaktionsfähigkeit* setzt die Sensibilität voraus. Sensibilität und Reaktionsfähigkeit bilden die Basis für ihre *Empfängnisfähigkeit*. – Sind die Einwirkungen, welche die Seele aufgrund ihrer Sensibilität empfängt, Informationen, so erscheint sie in einer erweiterten Form als *Sensitivität*.

Die *Sensibilität* führt zu einer weiteren, ebenfalls grundlegenden Fähigkeit: zur *Prägbarkeit*. – Die *Prägbarkeit* ist die Voraussetzung für die *Merkfähigkeit* und somit für das *Gedächtnis*. Sie ist daher eine Bedingung für das *Lernen* und das *Denken*.

Prägbar ist die Seele von Anfang ihrer Gesamtentwicklung an. Auch das Mineral hat ein „Gedächtnis". – Zu *Empfindungen* ist die Pflanze, vermutlich auch schon das Mineral, fähig. – Bereits die Pflanze hat *Emotionen:* Sie kann zum Beispiel vor Freude aufblühen, vor Kummer eingehen. – Das Tier ist *aktionsfähig* und hat, zumindest auf der höheren Artstufe, *Affekte.* – Beim Menschen bildet sich aufgrund der Sensibilität überdies die *Gefühlsfähigkeit* heraus, allerdings erst von der Mitte seiner inneren Entwicklung an.

Das *Gefühl* ist von Empfindungen, Emotionen und Affekten strikt zu unterscheiden. Während letztere Reaktionen der Seele sind, entsteht das Gefühl durch die Wirkung der *genuinen Geistigkeit* im Menschen.

Die *Gefühlsfähigkeit* ist die Grundlage der *Einsichts-* und der *Liebesfähigkeit*, welche ebenfalls von der zweiten Grundanlage: vom *Fühlen* ermöglicht werden.

Die Reaktionsfähigkeit

Die *Reaktionsfähigkeit* ermöglicht der Seele, auf die empfangenen Einwirkungen und Informationen zu reagieren. Die Seele kann jedoch nur reagieren, wenn sie dazu angeregt wird. Angeregt wird sie, indem sie in *Spannung* versetzt wird.

Alles, was die Seele berührt, erzeugt in ihr *Spannung.* Die Spannung veranlasst – oder zwingt sogar – die Seele zu Reaktionen. Diese erfolgen also *unwillkürlich.*

Die Seele ist in ihrer Grundhaltung *passiv.* Infolge ihrer Passivität kann das Lebewesen oder der Mensch die Berührung seiner Seele weder willkürlich herbeiführen oder regulieren noch abwehren. Sowohl der Empfang – die „Zulassung“ – von Einwirkungen als auch die Reaktion darauf erfolgt *zwanghaft.* – Die Seele ist zufolge ihrer Passivität nicht spontan aktiv, sondern *re-*aktiv. Erst wenn in ihr Spannung entsteht, kann sie „agieren“, im Grunde: die Spannung *ab-*reagieren. In ihren Reaktionen entledigt sie sich der – durch Einwirkung entstandenen oder bereits gestauten – Spannung.

Es gibt zwei Arten von Reaktionen: die *Primär-* und die *Sekundärreaktionen.*

In der *Primärreaktion* reagiert die Seele *unmittelbar* auf die Einwirkung, in der *Sekundärreaktion mittelbar:* – Die *Sekundärreaktion* ist eine zweite Reaktion auf ihre – eigene – erste Reaktion. Diese zweite Reaktion setzt die *Spontaneität* voraus.

Es gibt *zwei grundlegende Primärreaktionen*, die infolge der Sensibilität zustande kommen: *Empfindungen* und *Emotionen*. Sie sind für die unterste Seelenschicht charakteristisch. Sie werden meistens voneinander nicht unterschieden, sondern – fälschlicherweise – als synonyme Ausdrücke gebraucht und sogar mit dem Gefühl gleichgesetzt.

Die Empfindung

Empfindungen entstehen, indem die Seele auf Einwirkungen reagiert. *Empfindungen* sind Antworten der Seele auf Einwirkungen.

Es gibt *materielle* Einwirkungen und es gibt *seelische* und *geistige* Einwirkungen. Die *materiellen* Einwirkungen sind *Reize*, die *seelischen* und *geistigen* kommen *unmittelbar* zustande.

Reize kommen von der Außenwelt (z. B. Licht- oder Schallwellen) oder entstehen im Leib und sind organisch oder physiologisch bedingt. Je nach dem, ob sie von außen oder von innen her stammen, sind die auf die Reize erfolgten Reaktionen *Sinnesempfindungen* oder *Leibesempfindungen.* Die Empfindungsfähigkeit ist daher die Voraussetzung sowohl für die *sinnliche Wahrnehmung* und somit für den Kontakt mit der sinnlich zugänglichen Außenwelt als auch für die Kenntnisnahme der Zustandsmeldungen aus dem Organismus.

Der *Reiz* wird durch Schwingung ausgelöst: durch eine spezifische physische Schwingung (Licht- oder Schallwelle, Geruch, Geschmack, Tastqualität) oder infolge Veränderungen im internen Schwingungsbereich (= Organismus). Der Reiz lässt in der Seele – falls er von ihr aufgefangen wird – eine entsprechende Spannung und damit eine *spezifische Empfindung* entstehen, und diese spezifische Empfindung erlebt das Lebewesen oder der Mensch als eine *Sinnes-* oder *Leibeswahrnehmung.*

„Aufgefangen" wird ein Reiz, wenn er von den zuständigen Wesenheiten im *Bewusstseinzentrum*, das in der ersten Seelenschicht liegt, beachtet wird.

Werden Sinnesempfindungen beachtet, so werden sie im Bewusstseinszentrum der Seelenschicht in *Sinnesdaten* verwandelt. Lebewesen oder Mensch empfangen nicht bloß Licht- oder Schallwellen, sondern *sehen* etwas Konkretes, zum Beispiel einen Gegenstand, *hö-*

ren ein bestimmtes Geräusch oder eine Stimme, *ertasten* eine bestimmte Tastqualität (z. B. rau, glatt, samten), wobei meistens auch die Beschaffenheit des betasteten Gegenstandes ermittelt wird (z. B. Holz, Samt, Fell, Metall).

Aus der Gesamtheit gestalteter Sinnesdaten besteht – vereinfacht gesagt – die *Sinnes-* und *Wahrnehmungswelt* der Lebewesen und des Menschen.

Die Zustandsmeldungen des Organismus werden als *Leibesempfindungen* aufgefangen (Hunger, Durst, Müdigkeit u. a.). Die allgemeinste und deutlichste unter ihnen ist der *Schmerz.* – Es ist möglich, dass sämtliche Empfindungen ursprünglich aus der – am Uranfang der Entwicklung noch einzig möglichen – Empfindung: aus dem Schmerz, durch Differenzierung hervorgegangen sind.

(Zur Sinneswahrnehmung vgl. *Grundlagen der Erkenntnis,* 1972)

Die seelischen und geistigen Empfindungen entstehen durch jene Einwirkungen auf die Seele, welche nicht von – äußeren oder inneren – physischen Reizen, sondern *unmittelbar:* von etwas Seelischem oder Geistigem verursacht werden. Ist die Seele für den Empfang einer Einwirkung disponiert, so wird in ihr eine *Empfindung* ausgelöst, welche im Gegensatz zu den Sinnesempfindungen *allgemeiner* Art ist.

Die Einwirkungen können durch Worte, Gesten, Situationen, Ereignisse sowie durch Gedanken, Vorstellungen, Erkenntnisse, Einsichten und durch alles ausgelöst werden, was den Menschen berührt oder betroffen macht, was ihn beglückt, betrübt oder „verletzt", von allem also, was seine Seele in Bewegung setzen kann. Meistens verwechselt er solche Empfindungen mit „Gefühlen". – Auch Tiere höherer Arten sind schon in der Lage, seelische und geistige Empfindungen zu haben, welche Gefühlen ähnlich sind. So können sich Tiere freuen oder traurig sein, sogar trauern (z. B. beim Tode des Partners).

Löst die Empfindung in der Seele eine Erregung aus, so wird sie zur *Emotion.*

Die Emotion

Emotion (lat.) ist *Erregung* der Seele. Sie ist die Folge jener Spannung, aufgrund welcher die Seele eine nicht-spezifische Empfindung erlebt.

Emotionen stellen sich bei jeder Art von allgemeinen Empfindungen beinahe immer spontan ein. Sie sind Begleiterscheinungen der meisten Vorgänge oder Erlebnisse, denen die Seele ausgesetzt ist und dabei von ihnen „angerührt" wird. Daher sind sie unkontrollierbar und gelten mit den Empfindungen, die ihnen zugrunde liegen, als *Primär*reaktionen.

Emotionen steigen auch beim Menschen anlässlich *jeder* Berührung seiner Seele auf, ob es ihm lieb ist oder nicht. Sie entstehen selbst dann, wenn der Mensch sie gar nicht bemerkt, weil seine Aufmerksamkeit auf etwas anderes konzentriert ist oder weil er gewohnt ist, sie nicht zu beachten oder sie unterdrückt oder verdrängt. Er glaubt dann vielleicht, keine Emotionen mehr zu haben.

Emotionen können – als passive Reaktionen – in der Seele verbleiben. Der Mensch spürt, dass er erregt, betroffen, aufgerüttelt ist, aber er lässt sich die Erregung nicht anmerken, er reagiert nicht weiter darauf. Emotionen können aber – und dies ist in der Regel der Fall – auch nach außen in Erscheinung treten – selbst dann, wenn es dem Menschen peinlich ist. Sie können ihn sogar bloßstellen, wenn sie – beispielsweise durch Grimassen, Auflachen, Gestikulieren, Weinen – nach außen hin sichtbar werden. – Sie können sich auch durch Somatisierung bemerkbar machen und im Menschen Erröten, Erblassen, Krämpfe oder Bauchschmerzen, Brechreiz, Schwindel auslösen oder gar „dramatische" oder hysterische Formen annehmen: Schluchzen, Schreien, Toben, Erstarren, Ohnmacht oder Koma.

Die seelische oder geistige Einwirkung muss nicht unbedingt von außen kommen. Man kann sich in Emotionen wie Selbstmitleid oder „Weltschmerz" hineinsteigern und sich durch geeignete Vorstellungen oder Gedanken „zu Tränen rühren".

Da die *Vitalschicht* von ihrer Haupteigenschaft: der *Sensibilität,* und von den beiden grundlegenden Erscheinungsformen der Sensibilität: der *Empfindungsfähigkeit* und der *Emotionalität*, beherrscht wird, gilt sie auch als *Empfindungs-* bzw. *emotionelle Schicht.*

SENSITIVITÄT ALS ERSCHEINUNGSFORM DER SENSIBILITÄT

Die *Sensibilität* ermöglicht nicht nur den Empfang von Einwirkungen, sondern auch den *Empfang von Informationen.* Diese stammen sowohl aus der unteren – der Vitalschicht entsprechenden – Seinsebene als auch aus den höher liegenden Seinsebenen. Diese Informationen – materiell- oder „geistig"-atmosphärischer oder kosmischer Art – bleiben dem Menschen selbst unzugänglich. Es sind sein *Vital-Ich* und die zuständigen Wesenheiten in den *Bewusstseinszentren,* die sie auswerten können. Das Vital-Ich oder die Wesenheiten selektionieren sie, und die wichtigen Informationen, auf die der Mensch mit einer Entscheidung selber reagieren muss, teilen sie ihm mit. Er wird dann, obwohl er die Information nicht bewusst zur Kenntnis nimmt, beispielsweise unruhig, freudig erregt, fröhlich, misstrauisch, verstimmt, missmutig, ängstlich oder traurig.

Die Sensibilität ist die Grundlage für den Empfang auch jener Informationen, welche in die höheren Seelenschichten einfließen. Diese höhere Erscheinungsform der Sensibilität heißt *Sensitivität.*

Das Wesen der Sensitivität

Der Begriff „Sensitivität" hat in der Umgangssprache für manche einen negativen Beigeschmack: Er wird oft als Überempfindlichkeit oder sogar als Überreiztheit verstanden. Sensitivität bedeut zwar „Feinnervigkeit", „Spürigkeit", „erhöhte Empfindungsfähigkeit" und ist eine gesteigerte Form der Sensibilität, aber keine übermäßige Empfindlichkeit (im Sinne von Rührseligkeit oder übertriebener Verletzbarkeit).

Sensitivität ist die Fähigkeit, Informationen in allen Seelenschichten bzw. aus allen Seinsebenen *gezielt* zu empfangen. Damit der Mensch die Informationen empfangen kann, muss er innerlich auf die fraglichen Bereiche ausgerichtet sein. Er kann dies in der ersten Hälfte seiner inneren Entwicklung selbstverständlichen noch nicht willkürlich tun, und es ist ihm auch nicht bewusst, wenn es geschieht. Es ist seine „innere Mannschaft": das Vital-Ich und die Wesenheiten der Bewusstseinszentren, die ihre Sensitivität wie eine Peilantenne auf eine Seinsebene oder Wirklichkeitssphäre richten, aus welchen ankommende Informationen signalisiert werden oder die von der „Mannschaft" absichtlich angepeilt wird, um bestimmte Informationen zu erhalten.

Die Sensibilität kann daher bereits auf den untersten Stufen zur Sensitivität erweitert werden. Ihre Heranbildung geschieht in jenen Phasen der inneren Entwicklung, in denen der Mensch für die *Geistigkeit*: für die Wirkung des Geistes, jeweils – wenn auch nur periodenweise – offen ist. Auch der Empfang der Geistigkeit geschieht schubweise. Es gibt Phasen, in denen sie deutlicher, und andere, in denen sie kaum oder nur schwach spürbar ist.

Die *Sensitivität* weist Erscheinungsformen auf, die in allen Seelenschichten bzw. auf allen Entwicklungsstufen in jener Weise in Erscheinung treten, welche der Höhe der Schicht bzw. der Stufe entspricht. Die Erscheinungsformen werden auf jeder Entwicklungsstufe weiter herangebildet, differenziert und erweitert.

Die Erscheinungsformen der Sensitivität sind: *Medialität*, *Hellfühlen* und *Hellsichtigkeit,* auf den höheren Stufen*: Intuition* und *Inspiration*. Auf der höchsten tritt sie als Sensorium für *Spiritualität* hervor. Bereits auf den unteren Entwicklungsstufen gelten diese Erscheinungsformen als Vorboten der *Geistigkeit*.

Die Medialität

Medialität bedeutete ursprünglich die Fähigkeit zu vermitteln (aus: lat. *medium* = das Mittlere; Mittel, das Vermittelnde).

Als *Medium* galt eine Person, die in der Lage war, zwischen der irdischen Welt und dem Jenseits zu „vermitteln" – zum Beispiel bei spiritistischen oder okkultistischen Sitzungen. („Medien" heißen heute bekanntlich auch technische Einrichtungen und Organisationen, die Nachrichten vermitteln oder die Kommunikation ermöglichen.)

Medialität ist eine allgemeine menschliche Fähigkeit, die sich nicht auf die Vermittlung zwischen auf Erden Lebenden und den Jenseitigen beschränkt. Medialität ermöglicht dem Menschen, zwischen ihm sonst nicht zugänglichen Bereichen und seinem Wachbewusstsein zu „vermitteln", eine Brücke zu schlagen. (Solche Bereiche sind z. B. die Welt der Naturwesen, der Engel oder – wie sich dies bei Rückführungen zeigt – frühere Inkarnationen.)

Die Gabe der Medialität hängt nicht von der Entwicklungshöhe ab. Sie ist also nicht – wie dies manche fälschlicherweise meinen – das Zeichen für innere Reife oder für Geistigkeit. Sie kann Menschen auf jeder Entwicklungsstufe eigen sein.

Ob sie aktiviert und eingesetzt wird oder brach liegen bleibt, hängt in erster Linie von der jeweiligen Entwicklungsphase ab, in welcher sich der Mensch befindet. Ist es beispielsweise seine wichtigste Aufgabe, die Rationalität zu entfalten, so tritt alles Empfindungsmäßige, „Irrationale" in den Hintergrund und der Mensch zeigt kein Interesse für seine Medialität. Ist seine Rationalität stark entwickelt und ist sein Interesse dementsprechend fast ausschließlich auf das Rational-Erfassbare gerichtet, so kann die Medialität – weil die Dominanz der Rationalität nachklingt – auch dann noch eine Weile unentfaltet bleiben, wenn der Mensch bereits das deutliche Bedürfnis verspürt, sich dem Innerseelischen oder dem Übersinnlichen wieder zuzuwenden und seine Medialität zu aktivieren, um sich ihrer zu bedienen.

Die Medialität kann jedoch auch auf der Stufe der Rationalität immer wieder – und zwar phasenweise – stärker hervortreten. Es hängt daher einerseits von der jeweiligen Disposition, andererseits aber auch von der Einstellung des Menschen und somit von seinen Interessen ab, ob er diese Fähigkeit in sich entfaltet oder eine Weile noch – oder wieder – ungenützt liegen lässt.

Ist die Gabe der Medialität selbst *nicht* entwicklungsbedingt, so ist ihre *Qualität* eindeutig vom Entwicklungsniveau des medial begabten Menschen abhängig.

Für ihre Qualität ist die Etappe der äonischen Entwicklung ausschlaggebend, in welcher sich der Mensch befindet. In der ersten Etappe, in welcher der Mensch noch eine gewisse kindliche Naivität an den Tag legt und – vor allem am Anfang – gutgläubig ist, gebraucht er auch seine Medialität seiner Mentalität entsprechend im guten Sinne. Sie ist „rein" und steht ihm meistens noch in hohem Maße zur Verfügung. Vom Ende der ersten Etappe an, wenn der Mensch seine „kindliche Unschuld" verliert, sind für die Qualität der Medialität andere Faktoren, vor allem Zweck und Art ihres Gebrauchs kennzeichnend. Ihr Gebrauch kann – wie der Gebrauch jeder Gabe – eigennützig oder neutral sein oder für gute Zwecke dienen. So kann die Medialität vermarktet oder zur Befriedigung des Geltungsdranges, der Selbstliebe, sogar zur Sicherung einer Machtposition verwendet oder „neutral" (z. B. zur Befriedigung der Neugier) oder zum wahren Nutzen von Mitmenschen und Mitseelen eingesetzt werden.

Die *Medialität* tritt in verschiedenen Formen auf und ist auch eine Voraussetzung für die *aktive Imagination* und somit für den Empfang von *katathymen Bildern* und für *Rückführungen* und spielt für die Bewusstmachung (das „Herüberholen") von Träumen ebenfalls eine – mitunter wichtige – Rolle. Da sie Informationen vermittelt, ist sie eine Voraussetzung für die Entfaltung der *Geistigkeit* und damit der *Gefühlsfähigkeit.*

(Vgl. zur aktiven Imagination und zu katathymen Bildern: *Die Welt der Reinkarnationslehre,* S. 91–93)

Die Hellfühligkeit

Hellfühligkeit ist die Fähigkeit, die dem Menschen ermöglicht, sich in andere – zum Beispiel in ihre innere Situation (auch bei räumlicher Distanz) – einzufühlen oder das sinnlich nicht Wahrnehmbare zu *erfühlen.* Selbst in der Zukunft stattfindende Ereignisse können mit Hilfe dieser Gabe erahnt oder im voraus wahrgenommen, sogar miterlebt werden, vorausgesetzt, dass das Künftige auf der geistigen Ebene bereits festgelegt wurde, was nicht immer der Fall ist.

Die Hellsichtigkeit

Hellsichtigkeit ist die Fähigkeit zur visuellen Wahrnehmung auf der feinstofflichen Ebene und ermöglicht die unmittelbare Wahrnehmung des – für die physischen Sinne – „Unsichtbaren".

Hierzu gehört die Wahrnehmung der *Aura,* ferner die Wahrnehmung von Jenseitigen, Naturgeistern, Geistigen Führern, so auch von Engeln, ebenso von inneren oder äußeren Situationen oder Ereignissen, die zeitlich oder räumlich weit auseinander liegen können, sowie von Zukunftsbildern und von allem, wovon der Mensch im Unsichtbaren umgeben ist.

Die Intuition

Die *Intuition* (aus: lat. *intueri* = anschauen) ist jene „unmittelbare Anschauung", die den Menschen befähigt, etwas Konkretes ohne Sinneswahrnehmung und ohne Denktätigkeit zu erfassen. Sie befähigt ihn also, genaue Informationen direkt aufzunehmen, und ist insofern mit dem *Gefühl* verwandt.

Die Grenze zwischen *Gefühl* und *Intuition* ist naturgemäß fließend. Während das Gefühl eher – aber nicht immer – nur einen allgemeinen Hinweis gibt, weist die Intuition eindeutiger auf etwas hin. So können selbst vage Gefühle oder Unwohlsein den Menschen darauf hinweisen, dass ihm etwas Angenehmes oder Unangenehmes bevorsteht; er empfindet eine Blockade, damit er spürt, dass er auf dem „Holzweg" ist. Die Intuition hingegen zeigt ihm konkreter an, was es ist, das ihn erfreuen wird oder bedroht oder wie er eine Sache richtig anpacken müsse.

Beginnt sich die Fähigkeit zur Intuition zu entfalten, so wird der Mensch allmählich wahrnehmen, dass er Eingebungen hat, und er wird immer mehr auf sie hören. Mit der Zeit lernt er, sich dem Übersinnlichen und den Tiefenschichten seiner Seele – dem „Unbewussten" – immer weiter zu öffnen und den enthaltenen Botschaften zu vertrauen.

Er kann die Intuition verfeinern, indem er seine Aufmerksamkeit – wie eine Peilantenne – ausrichtet und versucht, in sich selber oder in das Übersinnliche „hineinzuhorchen", sich hineinzufühlen. Für die Ausrichtung der Sensitivität auf den unteren Entwicklungsstufen ist hingegen nicht der Mensch zuständig.

Die Intuitivität ist die allgemeine Fähigkeit zum Empfang von konkreten Informationen. Sie setzt das Erwachen der Geistigkeit im Menschen voraus, sie kann sich jedoch bereits melden, bevor die genuine Geistigkeit zu wirken beginnt. Ist ein Mensch medial begabt, so kann er auch intuitiv sein. Denn sämtliche Anlagen, auch jene, die erst auf den höheren Entwicklungsstufen herangebildet werden, sind schon in der ersten Hälfte der äonischen Entwicklung auf eine Weise – meistens allerdings nur zeitweilig – wirksam.

Die Inspiration

Die Inspiration (aus: lat. *inspirare* = blasen, einhauchen, einflössen, begeistern) ist die unmittelbare Eingebung – so auch „Erleuchtung" – oder das Betroffen- oder Ergriffensein von einem Gedanken, einer Einsicht, einer Idee.

Die Inspiration äußert sich am deutlichsten und am häufigsten im *Schöpferischen*. Der Inspirierte erhält Impulse für die Gestaltung eines „Werkes" im weitesten Sinne. Der Mensch braucht nicht nur in Kunst und Wissenschaft die Inspiration, sondern auf allen Gebieten seiner Tätigkeit, sowohl in den häuslichen (z. B. beim Kochen, Aufräumen) als auch in den beruflichen Sparten, sowohl in Wirtschaft und Politik als auch in der Religion.

Wie die Intuition setzt auch die Fähigkeit, *inspiriert* zu werden, die Offenheit des Menschen dem Geistigen gegenüber voraus. Eine gewisse Offenheit kann er phasenweise auch auf den unteren Stufen seiner Entwicklung erlangen und da schon immer wieder Inspirationen haben. Auch ein Egoist kann ja inspiriert werden.

Die Quelle der Inspiration ist, wie bei den medialen Durchgaben, unter den unsichtbaren „Mitarbeitern" des Inspirierten zu suchen.

Jedem Menschen stehen sowohl Verstorbene, die im Jenseits wirken, als auch Geistige Führer, darunter Höhere Lichtgestalten, in allen seinen Tätigkeiten bei. Die Inspiration kann also von jenseitigen Menschen oder von den Geistigen Führern stammen. Jedes einigermaßen wichtige Werk wird in Zusammenarbeit mit einer – der Aufgabe entsprechend – größeren oder kleineren Gruppe unter der Höheren Führung durchgeführt. Alles, was der Mensch auf Erden schafft, entsteht in *„Teamwork"*. – Aber auch jene „medialen Durchgaben", deren Qualität undiskutabel ist, werden dem Medium – meistens von ehemaligen Komplizen, die jetzt im Jenseits sind – „eingehaucht".

Inspiration und Intuition sind – falls sie rein sind – ein Zeugnis Höherer Führung. Durch sie geben die Geistigen Führer oder ihre jenseitigen Mitarbeiter dem Menschen jene Impulse, welche für seine Lebensführung, für die Meisterung einer Situation, für seine Tätigkeit, für die Gestaltung irgendeines Werkes nötig sind.

Das Sensorium für Spiritualität

Die *Sensitivität* ermöglicht dem Menschen, Informationen aus allen Seinsebenen, so auch aus dem *Übersinnlichen* zu empfangen. In dieser Eigenschaft ist sie eine Anlage auch der siebenten: der *spirituellen* Seelenschicht. Sie erscheint auf dieser Entwicklungshöhe als *Sensorium* für den *Empfang von Informationen*, welche von der höchsten: der siebenten Seinsebene in sie einlaufen.

Sowohl auf der Vitalebene als auch auf der spirituellen Ebene besteht ein natürliches Verbindungssystem, das auf der Vitalebene die ganze Erdsphäre, auf der spirituellen den ganzen Kosmos wie ein Netz umspannt und sie mit dem Göttlichen Bereich verbindet.

Während die Sensitivität auf den unteren Stufen den Empfang jener Informationen ermöglicht, welche die *Vitalinteressen* im irdischen Leben betreffen, sind die Informationen auf der höchsten Stufe vollumfänglich auf das *Geistige*, vor allem auf den Empfang von Informationen aus der *Himmlischen Welt,* ausgerichtet.

Auf der letzten: der siebenten Entwicklungsstufe tritt somit die Sensibilität – auf dem Weg über die Sensitivität – in ihrer höchsten Erscheinungsform: als *Spiritualität* hervor. Sie ermöglicht dem Menschen, mit allen Seelen, so auch mit den Höheren und Höchsten Wesenheiten, bewusst in Kontakt zu treten und eine dauerhafte Beziehung zu pflegen.

Die Spiritualität ist auch die Wegbereiterin auf dem Pfad zu Gott.

DIE AKTIVITÄT

An der entscheidenden Stelle der Evolution der Lebewesen erfolgt im Wachstum der Seele eine „Mutation". Diese (sprunghaft scheinende) Veränderung führt dazu, dass in der Seele eine völlig neue Anlage zur Aktualisierung bereitgestellt wird. Dabei wird aus dem zur spontanen Bewegung unfähigen Lebewesen: aus der Pflanze, ein Lebewesen, das zur Aktivität und damit zur Bewegung fähig ist.

Diese neue Anlage, deren Aktualisierung im Laufe der Evolution die Inkarnation der Seele in Tiergestalt ermöglicht und die Pflanzenseele durch einen „Quantensprung" jeweils in eine Tierseele umformt, ist die *Spontaneität.*

Die Spontaneität

Spontaneität ist die Fähigkeit, von sich aus und eigenständig *aktiv* zu sein, *Aktionen spontan:* aus eigenem Antrieb – und nicht bloß als Reaktion auf physische oder physiologische Vorgänge – auszulösen. – *Spontaneität* ist aber die Voraussetzung nicht nur für die nach außen gerichtete, sondern auch für die *innere Aktivität.* Diese ist die *zweite Sekundärreaktion* der Seele, die sich in der *Affektivität* äußert.

Die Seele ist an sich passiv, sie kann nur *re*-agieren. Die Anlagen ihrer ersten Schicht befähigen sie aber nur zu passiven Reaktionen, die nach außen hin nicht unmittelbar sichtbar sind. (Die Pflanze muss ihr Wachstum z. B. nur „zulassen"). – Die *Spontaneität* hingegen ermöglicht der Seele Reaktionen, die sie aus sich heraus führen und nach außen in Erscheinung treten. Diese Reaktionen sind das Zeichen dafür, dass in der Seele für ihr „Leben" eine völlig neue Dimension eröffnet wird und dass der Geist beginnt, in ihr auch auf individuelle Weise zu wirken.

Ein äußeres Zeichen für die Spontaneität bei Tieren ist die Fähigkeit zur willkürlichen Bewegung der Gliedmassen und damit zur Fortbewegung. Während sich die Pflanze nur den materiellen, an ihrem Standort herrschenden Gegebenheiten (Bodenbeschaffenheit, Regen oder Dürre u. a.) entsprechend ernähren, am Leben erhalten und fortpflanzen kann, ist das Tier fähig, selber auf die Suche nach Nahrung, Schutz oder Partner zu gehen. Wird es zu Aktionen gedrängt, so von inneren Bedürfnissen wie Hunger oder von außen her, zum Beispiel durch Auftreten von Gefahr oder durch Drill (Gehorsam), so kann es seine Reaktionen den Umständen entsprechend sofort ausführen oder auch verschieben. Prinzipiell ist es gleichgültig, wie eine Reaktion ausfällt; wichtig ist im Hinblick auf die jeweilige Situation, dass das Tier imstande ist, alle Reize, alle Wahrnehmungen und alle sonstigen Einwirkungen, die in der Situation auftreten, durch *Eigentätigkeit* zu beantworten.

Auch die Spontaneität ist in einem gewissen Sinne *re*-aktiv: Es bedarf gewisser Impulse von innen oder von außen, um sie zu aktivieren. Reize von der Außen- und der Innenwelt (vom Organismus), Triebimpulse und Instinktanstöße, Erwartungen und Befehle, aber auch – vor allem auf der höheren Tierstufe und beim Menschen – Vorstellungen, Wünsche oder Gedanken können Auslöser sowohl von Aktionen als auch von Affekten sein.

Die Aktivität und der Wille

Aktivität ist eine Erscheinungsform der ersten Grundanlage der Seele: der Fähigkeit zum *Wollen*.

Der *Wille* ist eine *geistige* Fähigkeit. Er wird – wie alles Geistige – durch die Teilhabe am Geiste Gottes ermöglicht. Auch im Wollen der Lebewesen und des Menschen wirkt letztlich der Geist Gottes und damit der Göttliche Wille.

Der *Wille* gibt die *Impulse zur Aktivität*. Da die Aktivität im Erdenleben für sämtliche Wesenheiten unerlässlich ist, wirkt der Wille in der Seele von Anfang ihrer Gesamtentwicklung an, jedoch bis auf die Tierstufe hinauf und oft noch beim Menschen *unbewusst*. Unbewusste Willensimpulse treten generell als *Triebe* und *Instinkte* in Erscheinung, so schon in der Pflanzenwelt. – Erst wenn das Tier schon etwas Bewusstheit erlangt hat, wird es einigermaßen fähig, seinen Willen bewusst einzusetzen und ihn bewusst zu steuern. Doch nicht nur der größte Teil der Evolution der Lebewesen, auch die innere Entwicklung des Menschen ist von unbewussten Willensimpulsen durchsetzt, und auch sein Wille wird vielfach gelenkt, ohne dass er sich dessen bewusst ist.

DIE AFFEKTIVITÄT

Eine besondere Art der – inneren – *Aktivität* kennzeichnet das schichtspezifische *Innenleben* der Seele. Die *Aktivität*, die sich auf der materiellen Ebene vollzieht und nach außen in Erscheinung tritt, ist nur der eine Aspekt der Spontaneität. Der andere meldet sich auf der *rein seelischen* Ebene als *Affektivität*.

Affektivität ist die Fähigkeit, *Affekte* zu haben. Bei Tieren höherer Art und bei vielen Menschen tritt sie zwanghaft auf, bei etlichen Menschen besteht – vor allem in der ersten Entwicklungshälfte – eine große Neigung dazu.

Der Affekt

Der Affekt (Neubildung im 16. Jh. aus: lat. *affectus* = Zustand, Verfassung; heute: heftige Gemütsbewegung, -erregung) ist eine Reaktion auf eine Empfindung oder auf eine Emotion. Wird die Seele erregt, so entsteht in ihr zuerst eine Empfindung oder eine Emotion, dann reagiert sie – gleichsam zusätzlich – auf ihre Erregtheit, und diese zweite Reaktion tritt als *Affekt* zutage. – Der Affekt ist daher eine *Sekundärreaktion.*

Das Tier ist – spätestens von der mittleren Artstufe an – nicht nur fähig, auf Einwirkungen mit Primärreaktionen, das heißt mit Emotionen und Empfindungen, zu antworten, sondern zusätzlich auch mit einer Sekundärreaktion. Diese zweite Reaktion kann eine *Aktion* oder eine *affektive* Gemütserregung sein. Je höher die Stufe der Tierart ist, desto differenzierter sind die Reaktionen, desto mehr Möglichkeiten stehen dem Tier sowohl für Aktionen als auch für affektive Entladungen zur Verfügung. Es kommen beispielsweise für Menschen charakteristische Affekte wie Neid, Eifersucht, Wut, Hass, Zärtlichkeitsbedürfnis auch bei Tieren vor, sogar schon auf den mittleren Artstufen, zum Beispiel bei Nagetieren oder Vögeln. – (Es sei hier auf die Publikationen des Tierverhaltensforschers Vitus B. Dröscher hingewiesen, der die enge Verwandtschaft zwischen dem Tierverhalten und den diversen Verhaltensweisen des Menschen überaus deutlich vor Augen führt.)

Einwirkungen lösen in der Seele deshalb Empfindungen oder Emotionen aus, weil sie in ihr Spannung erzeugen. Ist die Spannung und damit die Erregung groß, so mobilisiert die Seele den *Willen,* um sich mit seiner Hilfe von der Spannung zu befreien. Dies kann auch durch den Affekt geschehen.

Der *Affekt* ist – wie Empfindung und Emotion – eine *Spontan*reaktion der Seele. Er wird durch Aktivierung der *Willenskraft,* aber unbewusst ausgelöst. Wird der Wille aktiviert, so geschieht sein Eingreifen, ohne dass sich das Tier oder der Mensch dessen bewusst wird.

Der Wille aber greift immer dann ein, wenn eine Einwirkung oder eine Situation einen *Trieb* aktiviert oder sogar in Alarmbereitschaft versetzt. – Es können der *Selbst-* oder der *Arterhaltungstrieb*, im Menschen außerdem der *Ichtrieb* herausgefordert werden. Der (sich unbewusst wehrende) Wille „bäumt" sich „auf", und das „aufmuckende Selbstgefühl" – beim Menschen: das Ich – löst in der Seele auf die erste Reaktion (= Erregung) eine *zweite* aus, welche als *Affekt* in Erscheinung tritt. Beim Menschen wirken im Affekt also der *Selbsterhaltungs- und der Ichtrieb* mit, die einerseits als *Wille zum Leben*, andererseits als *Streben* nach *Selbstbehauptung*, oft auch nach *Macht* und nach Erweiterung der *Ichsphäre* oder als Wunsch nach *Selbstbestätigung* (so auch z. B. als Verlangen nach Liebe) in Aktion treten.

Affekte werden also provoziert, sobald die *Interessenssphäre* des Tieres (Revier, Partner) oder die *Ichsphäre* des Menschen berührt und damit sein „Selbstgefühl" angetastet wird. Dabei spielt es keine Rolle, ob eine „Berührung" tatsächlich erfolgt oder auf Einbildung beruht. Denn eine „Berührung" der Seele kann nicht nur von außen, sondern auch von innen her erfolgen. Eine „Beleidigung" kann einen Menschen ebenso in Wut versetzen wie der Gedanke, er sei „beleidigt", „übergangen" worden, auch wenn dies nicht zutrifft; eine Schmeichelei kann ihn ebenso zu Tränen rühren wie seine eigene (noch so irrtümliche) Vorstellung, er sei „gütig"; eine Geste seelischer, verbaler oder leiblicher Zärtlichkeit kann in ihm die Sehnsucht nach Geborgenheit, Umarmung oder Sexualität ebenso wachrufen, wie die Erinnerung an glückliche Tage in seiner Kindheit oder an ein „seliges Schäferstündchen".

Die beiden Arten von Affekten

Affekte – wie Emotionen und Empfindungen – ermöglichen, die entstandene, eventuell schon gestaute Spannung in der Seele zu entladen oder zumindest herabzusetzen.

Je nach Intensität der Spannung, je nach Art und Qualität der „Berührung" und je nach jeweiliger Disposition kann die Seele entweder *sanft* oder *heftig* reagieren. Dementsprechend gibt es *sanfte* und *rohe* Affekte. Die *sanften Affekte* zeigen sich bei der Befriedigung von „sanften" Bedürfnissen; die *rohen* sind jene, welche verborgene oder offene Aggressionen entfachen, schüren oder entladen. – Nicht jede Gemütsbewegung muss heftig sein, und man kann auch auf ein sanftes Wort, auf eine Zärtlichkeit heftig – z. B. mit Wutausbruch – reagieren, so etwa, wenn man etwas „in die falsche Kehle bekommt" oder etwas übel nimmt, obwohl es nicht böse gemeint war.

Sanfte Affekte entsprechen dem Wunsch nach Kontakt, nach seelischer oder körperlicher Annäherung oder aber nach Isolation. Erstere werden vom Bedürfnis nach Geborgenheit, Vereinigung, Zärtlichkeit, menschlicher Wärme, „Schmusen", Sexualität, seelischer oder leiblicher Nähe, Zuneigung, Liebe ausgelöst; die zweiten von Scheu, vom Bedürfnis, sich zu verstecken, oder sie sind die Folge von Rührseligkeit, Sentimentalität („Weltschmerz"), Schamhaftigkeit oder Ängstlichkeit.

Hinter den sanften Affekten der zweiten Kategorie, die sich im Wunsch nach Isolation – etwa in Scheu, Ängstlichkeit – bemerkbar machen, steht stets das schlechte Gewissen des Menschen. Sie treten dann auf, wenn der Mensch in seiner inneren Entwicklung in die Phase der Konfrontation mit seiner Vergangenheit und damit mit seinen in früheren Inkarnationen begangenen Verschuldungen gelangt. In dieser Phase beginnt in ihm das schlechte Gewissen – meistens noch unbewusst – zu wirken, und sein Schuldgefühl macht ihn glauben, alle würden ihn durchschauen und jeder kenne seine Verschuldungen. Er hat also Angst, an den Pranger gestellt zu werden, und er versucht sich zu verstecken, um sich – genauer: seine Schuld – zu verbergen. Er flüchtet also in die Isolation: in Scheu und Ängstlichkeit.

Rohe Affekte sind Manifestationen der Selbstbehauptung, der Selbst- oder Artverteidigung oder der Destruktivität (Bedrohung anderer, Wunsch nach Vernichtung, nach Selbstzerstörung u. a.). Ihre häufigsten Erscheinungsformen sind: Neid, Missgunst, Eifersucht, Rachsucht, Zorn, Wut, Hass.

Der *sanfte Affekt* ist eine Erscheinungsform der *weiblichen*, der rohe der *männlichen* Seite der Seele. Dass ein Mann auch „sanftmütig" und eine Frau auch zu groben Affekten fähig sein kann, braucht wohl nicht erwähnt zu werden: Jede Seele ist sowohl *männlich* als auch *weiblich*. – Der *sanfte* Affekt gründet in der Hauptfähigkeit der

Seele, in der ihre Ureigenschaft zum Zuge kommt: in der *Sensibilität* (die Seele ist „weiblich": *passiv*), der *rohe* Affekt in der Ureigenschaft des Geistes: in der *Aktivität* (der Geist ist „männlich": *aktiv*).

Die Neigung zu bestimmten Affekten kann die Seele nachhaltig prägen. Falls der Affektausbruch unterdrückt oder der Affekt verdrängt wird, verbleibt im Menschen eine Reaktionsbereitschaft, die bei „günstiger" Gelegenheit aktiviert wird, so dass der Affekt mit der alten Intensität wieder aufbricht. Affekte können beim Menschen nicht bloß explosionsartig (Affektausbruch) hervortreten, sondern ihn auch zu Maßnahmen veranlassen, die von langer Hand vorbereitet und in einer Reihe von Aktionen verwirklicht werden (z. B. Racheakt, Terroranschlag oder Krieg als „Vergeltung"). – Dies kommt vor allem bei jenen vor, die nicht verzeihen können und nachtragend sind. Manche destruktive Menschen haben Ausdauer und können lange warten. Sie warten ab, bis sie ihre stets sprungbereiten Affekte auf eine indirekte – nicht selten gründlich geplante und organisierte – Weise aus sich herauslassen können. Eifersucht, der Wunsch nach Rache und Vergeltung oder der Hass können sehr lange, sogar während einer Reihe von Inkarnationen – selbst über mehrere Jahrhunderte – im Menschen latent vorhanden sein und ihn immer wieder zu „Vergeltungsschlägen" veranlassen, bis er sie eines Tages bewusst auflösen kann.

Zu den Affekten pflegt man auch Freude und Begeisterung oder Trauer und Depression zu zählen. Diese sind jedoch keine Affekte, sondern seelische Zustände, die zwar von einer „Gemütserregung" begleitet sein können, aber keine Sekundärreaktionen sind. Sie sind zwar geistigen Ursprungs, sie werden aber nicht durch den unbewussten Willensakt wie die Affekte, sondern durch das *Gefühl* hervorgebracht.

Die Auflösung von groben Affekten: Der innere Kampf

Aufgelöst und veredelt wird jeder Affekt erst, der sanfte ebenso wie der rohe, wenn der Mensch dazu reif ist, also auf den höheren Stufen seiner inneren Entwicklung.

Affektivität ist – wie Emotionalität – immer auch eine Frage der ursprünglichen Veranlagung der Seele. Willensstarke Menschen, die zudem impulsiv sind, neigen zur Affektivität, während passive eher emotionell veranlagt sind. Je nach Entwicklungsphase lebt die Emotionalität oder die Affektivität auf oder sie flaut ab. Der Wechsel von „Flut" und „Ebbe" ist einmal durch die Art jener Entwicklungslinien bedingt, auf welchen der Mensch in der fraglichen Phase seine Anlagen entfaltet, zum anderen durch den Sektor, der auf der Drehbühne der Seele im Vordergrund steht.

Die grundlegende Voraussetzung dafür, dass der Mensch seine Affektivität dämpfen, schließlich gänzlich auflösen kann, ist, dass er in die Phase des *inneren Kampfes*: des Kampfes mit sich selbst, getreten ist.

Die ersten Anfänge des inneren Kampfes reichen bis gegen die Mitte der dritten Entwicklungsstufe zurück. Gerade das charakteristische Merkmal auf dieser Stufe zeigt, dass im Menschen das Bedürfnis wächst, sich vor seiner Affektivität zu schützen. So erwacht der Wunsch in ihm, alles unter Kontrolle zu halten, „im Griff" zu haben, sich durch Vorschriften zu bestimmten Lebensweisen zu zwingen, um moralisch und ethisch untadelig zu sein, sich durch Abtötung von den „Versuchungen des Fleisches" und den „weltlichen Gelüsten" zu befreien (wie das für die Haltung in der Phase der Orthodoxie kennzeichnend ist).

Diese Hilfsmaßnahmen reichen allerdings für das produktive Austragen des Kampfes bei weitem nicht aus. Der eigentliche innere Kampf beginnt in der Mitte der vierten Entwicklungsstufe und dauert praktisch bis ans Ende der ganzen äonischen Entwicklung. – Damit der Mensch diesen Kampf aufnehmen kann, muss er die umwälzende Einsicht erlangt haben, wonach er seine „Feinde" nicht außerhalb von sich, auch nicht in seinem „Fleische" (und schon gar nicht beim „Teufel"), sondern *in sich* zu suchen hat. Dort wird er sie auch finden. Denn alles, was ihm bei anderen unsympathisch, störend, hassenswert erscheint, liegt letztlich in ihm selber. Und falls es ihm scheint, das Üble sei bei den anderen vorhanden, so vor allem deshalb, weil er es in sie hineinprojiziert. – Freilich begünstigt die Haltung mancher Personen eine solche Übertragung.

Erwacht im Menschen die Einsicht, dass er den Grund der Probleme in sich zu suchen hat und nicht alles auf andere abschieben kann, so wird er allmählich bereit, die Verantwortung für alles, wofür er zuständig ist, selber zu übernehmen. Oft merkt er erst nach einer Phase der Illusionen, die ihn glauben macht, keine Affekte mehr zu haben, nicht mehr zu hassen, alles verzeihen zu können, wie stark er immer noch der Affektivität ausgesetzt ist, wie hartherzig er immer noch ist. Meistens erfährt er es erst im Laufe eines inneren Kampfes, wenn er beginnt, sich selber gegenüber schonungslos aufrichtig zu sein, wie affektgeladen er noch ist und wieviel Negatives und wieviel Hass in ihm noch vorhanden ist.

Der nächste Schritt besteht im Erkennen, weshalb in ihm immer noch eine gewisse Bereitschaft zu einem bestimmten Affekt besteht. Der Grund dafür ist einfach: Er neigt immer noch dazu, sich genau so zu verhalten, genau dasselbe zu tun wie jene, die den Affekt provozieren. Ist er eifersüchtig, so neigt er selber noch zur Untreue; ist er neidisch, so ist er immer noch vom Ehrgeiz, andere zu übertreffen, besessen; ist er rachsüchtig, so ist er immer noch unfähig, aus vollem Herzen zu verzeihen, und besteht darauf, sich durch Vergeltung „Gerechtigkeit" selber zu verschaffen. Er muss also auch noch den nächstfolgenden Schritt tun und vorbehaltlos zugeben, dass der einzige Mensch, der ihm je Schwierigkeiten beschert hat und dem er verzeihen muss (oder müsste), er selber ist.

Der Hass und seine Auflösung

Diese Einsicht führt zur Konsequenz, die er ebenfalls anerkennen muss, dass sein Hass letzten Endes keinem anderem als *ihm selber* gilt. Hasst er, so hasst er im Grunde nur sich selber. Erst dann, wenn er dies einsieht, kann er daran gehen, seinen Hass aufzulösen. Die Voraussetzung für die Auflösung des Hasses aber ist, dass er erkennt, *warum* er sich hasst.

Kennt er die Zusammenhänge hinter der Kulisse des Lebens, kennt er also das Karma-Gesetz, und kennt er einige Ereignisse aus seiner früheren Vergangenheit (z. B. mit Hilfe von Rückführungen), so wird er den einen Grund seines Selbsthasses erkennen können: Er hasst sich deshalb, weil er sämtliche Schwierigkeiten, die er im gegenwärtigen Erdenleben hat und in allen früheren Inkarnationen hatte, sich selber eingebrockt hat, nämlich durch sein nicht gerade liebenswürdiges Verhalten.

Der Selbsthass kann jedoch noch einen tieferen Grund haben. Viele Menschen, die große Schwierigkeiten mit sich haben, können es nicht ertragen, dass sie nicht so sind, wie sie sein möchten. Sie haben ein hohes Ideal, und da sie merken, dass sie von der Verwirklichung dieses Ideals sehr weit entfernt sind, ja – anscheinend – keinen einzigen Schritt zu seiner Realisierung tun können, sind sie erbittert über jene Person, die sie daran hindert, das Ideal zu verwirklichen. Und da diese Person sie selber sind, richtet sich der Hass gegen sie selbst.

Was sie dabei übersehen, ist die Tatsache, dass jeder Mensch seine hohen Ideale einmal verwirklichen wird, nur muss er dazu reifen. Und der innere Reifeprozess dauert nicht nur einige Tage, nicht einmal nur einige Inkarnationen. – Damit also der Mensch sich selber verstehen kann, muss er erkennen, wie es mit ihm in Wahrheit steht. Seine Lage ist keineswegs außergewöhnlich. Jeder Mensch steht in der gleichen Situation, denn jeder ist der inneren Entwicklung gleicherweise unterzogen und auch die Abschnitte der Entwicklung verlaufen für alle im großen und ganzen ähnlich. Keiner ist immerzu „brav“ gewesen, jede Seele hat nebst ihrem „Lichtgewand“ auch eine ziemlich beschmutzte „Weste“.

Derjenige, der sich mit seinem Selbsthass auseinandersetzt, muss daher *erstens* wissen, dass er mit seinem Problem – und dieses ist seine Schuldhaftigkeit – nicht allein dasteht. Es gibt keinen Menschen, der sich in der ersten Hälfte seiner inneren Entwicklung nicht verschuldet hätte. Im übrigen gibt es keine Art möglicher Verschuldung, die nicht ein jeder auf eine – individuelle – Weise begangen hätte. – *Zweitens*: Alles, was einer in seiner Vergangenheit getan hat, hat er tun *müssen*. Dies gilt auch dann, wenn seine damalige Verhaltensweise vom heutigen Standpunkt aus als „Fehler“ oder als – vermeintlich – vermeidbare „Sünde“ oder sogar als großes Verbrechen erscheint.

Er muss also auch wissen, dass alles, was er früher an Verschuldungen begangen hat, damals – auf den unteren Entwicklungsstufen – für ihn „richtig“ war. Er musste zu allen Zeiten so leben, wie er lebte, weil es ihm nur auf diese Weise möglich war zu existieren, zum einen, damit er die nötigen Erfahrungen machen konnte, zum anderen, weil er zu jener Zeit noch nicht so reif war, dass er anders hätte leben *können*. Er hatte zu seiner damaligen Verhaltensweise keine Alternative.

Kann er sich nicht verzeihen, so muss er sich klar machen, warum er es nicht tun kann. – Der Grund dafür besteht darin, dass seine

Neigung zu verurteilen und zu bestrafen noch sehr stark in ihm wirkt. In früheren Inkarnationen hat er viele – unter ihnen immer auch Unschuldige – verurteilt und hart bestraft, ohne Verständnis für die Lage oder das Motiv der Schuldigen (z. B. Diebstahl aus Hunger) und oft auch ohne Erbarmen mit Reumütigen. Nun wendet sich die Neigung zum Verurteilen und Bestrafen gegen ihn selber, sobald er einsieht, dass er der wahre Schuldige ist. Er verurteilt und bestraft sich also selber.

Bereits dann, wenn sich das schlechte Gewissen im Menschen noch völlig unbewusst regt, kann der Mensch von innen her – und ebenfalls unbewusst – zur Selbstverurteilung und Selbstbestrafung veranlasst werden. Verborgener Selbsthass und der unbewusste Wunsch, seine Schuld durch Selbstzerstörung zu büßen, äußern sich nicht selten auf überaus unangenehme oder sogar destruktive Weise.

Es gibt typische „Selbstbestrafungskrankheiten" wie Magersucht, Epilepsie oder Süchtigkeit (Alkohol, Drogen), die das ganze – gegenwärtige – Leben zerstören können. Der Selbsthass kann Depressionen oder psychotische Zustände verursachen und zum Selbstmord führen.

Möchte sich der Mensch von seinem Selbsthass befreien, so muss er versuchen festzustellen, ob und wie weit in ihm die Neigung zur Selbstverurteilung und Selbstbestrafung noch lebendig ist. Die Neigung wirkt im Menschen vorerst meistens *unbewusst.* Soll sie sich nicht zerstörerisch auswirken, so muss er sie sich bewusst machen.

Letztlich löst sich der Selbsthass und mit ihm die Neigung zur Selbstverurteilung und Selbstbestrafung erst auf, wenn der Mensch sich klar macht, dass er sich mit dieser Haltung im Grunde an Gottes Stelle setzt. Verurteilt und bestraft der Mensch sich oder andere (z. B. durch Racheakte) selbstherrlich, so maßt er sich jenes Recht an, das allein Gott zusteht. Möchte er sich also von der Neigung zum Urteilen befreien, so muss er den „Richterstuhl" dem überlassen, dem er tatsächlich zukommt: Gott. – Um dies tun zu können, muss er imstande sein, sich ganz nach oben zu öffnen. Er muss die Himmlischen um Hilfe bitten und sein ganzes Leben, so neben dem Lichtvollen und Schönen auch das Düstere in seiner Vergangenheit – wie auch seine Zukunft – in die Hände seiner Geistigen Führer und damit in die Hände Gottes legen, ohne über sich zu Gericht zu sitzen. – Der Mensch kann seinen Selbsthass und seine destruktiven Neigungen letzten Endes nicht selber auflösen. Er muss *zulassen*, dass dies geschieht, zulassen, dass ihn seine Geistigen Führer und letztlich Gott von allen negativen Neigungen befreien.

Es scheint, es sei ein Kinderspiel, sich die seelische Last von den Höheren Mächten wegnehmen zu lassen. Wer allerdings dem inneren Kampf schon ausgesetzt war oder es noch ist, wird wissen, dass der allerschwerste Schritt darin besteht, sich nach oben zu öffnen und alles, was Seele und Geist an Gutem und Bösem zu bieten haben, den Himmlischen restlos zu überlassen.

Die Veredelung der Affekte

Sobald der innere Kampf – wenn zunächst auch nur annähernd – sein Ziel erreicht und der Mensch imstande ist, die Verantwortung für sich weitgehend oder sogar voll zu übernehmen, wird er erkennen können, dass alles, was in seiner Vergangenheit von seinem heutigen Standpunkt aus als „falsch" oder „negativ" erscheint, sehr viel Gutes und Positives enthält. So hat auch jeder Affekt, selbst wenn seine Aktivierung früher viel Unheil angerichtet hat, eine durchaus positive, *gute* Seite.

Ist der Mensch sich selber gegenüber frei, so wird er das Positive, das Gute auch in den Affekten erkennen und später in seinem Leben fruchtbar machen können. – Dies soll am Beispiel von *Neid* und *Wut* verdeutlicht werden.

Dem ***Neid*** liegt der Wunsch zugrunde, dasselbe haben zu wollen, was der Beneidete besitzt, so sein zu wollen, wie dieser ist, oder so geliebt zu werden, wie dieser geliebt wird. Auf der zweiten Stufe wirkt sich der Wunsch zerstörerisch aus: Der Mensch versucht dem anderen das Gewünschte wegzunehmen oder ihn zu beseitigen, damit er ihn wegen seiner Vorzüge nicht mehr „beneiden muss".

Aus Neid kann bekanntlich im Handumdrehen *Eifersucht* werden. Schon kleine Kinder können ihr neugeborenes Geschwisterchen um die Liebeszuwendung beneiden, die dessen Pflege erfordert. Und so mancher Säugling wurde vom Bruder oder von der Schwester lieblos behandelt oder heimlich geschlagen, und mancher sogar (wie z. B. Rückführungen zeigen) umgebracht.

Bereits auf den unteren Entwicklungsstufen kann sich der Neid freilich auch milder äußern: als Wunsch, einem Idol nachzueifern. Jeder Mensch braucht ein Idol, und das Vorbild, dem er nacheifern kann, belebt seinen Drang zur Entwicklung. Ist der Mensch noch stark in seine Gruppe eingebunden, so kann sein Idol beispielsweise der Anführer der Gruppe (in der Schule z. B. ein Lehrer oder eine Lehrerin) oder sonst eine auf irgendeine Weise herausragende – männliche oder weibliche – Person sein (heute: ein Sportheld, ein „Sänger" oder eine „Sängerin" oder eine Leinwandgröße).

Der Wunsch, einem Vorbild gleich zu werden, wird mit steigender innerer Reife des Menschen immer größer und löst allmählich die Neigung ab, den Neid als Affekt auszuleben oder gar den Beneideten zu beseitigen. Entwickelt sich der Mensch innerlich, so erhöht sich auch die Qualität des Idols. Im obersten Rang stehen dann keine Helden aus dem Bereich der Unterhaltung oder des Sportes, sondern Menschen, die durch ihre Leistung und Opferbereitschaft andere zu ähnlichem Verhalten anspornen (z. B. Mutter THERESA von Kalkutta).

Auf der Höchsten Ebene stehen als Idole die Geistigen Führer des Menschen und die Himmlischen (z. B. JESUS und MARIA), deren Verhalten den Menschen gegenüber ein jeder erlernen muss, der mit Menschen auf entsprechend hohem Niveau arbeiten möchte.

Der Neid wird also in dem Sinne veredelt, indem der sich negativ auswirkende Affekt zum Impuls zur Nachahmung eines Höheren wird.

Wut entsteht, wenn der Willensimpuls bei seinem Vorstoß auf ein Hindernis stößt, so dass der Mensch seinen Willen nicht durchsetzen kann. Der Willensimpuls kann sowohl aktiv, also auf das Erreichen von etwas gerichtet, als auch passiv sein, wodurch etwas vermieden oder verhindert werden soll. Stößt der Mensch auf ein Hindernis, das die Verwirklichung seiner Absicht – vermeintlich oder tatsächlich – bremst oder blockiert, fühlt er sich angegriffen oder in seinem Ich bzw. in seiner Ichsphäre eingeschränkt, so kann er auf den „Frust" aggressiv reagieren und in Wut geraten. Steht der Mensch in der Phase der Affektivität (in der Regel auf der zweiten Stufe), so ist seine Aggressionsbereitschaft besonders erhöht. Er setzt dann seine Willenskraft mit gesteigerter Intensität ein – oder versucht es zumindest. Falls ihm dabei etwas in die Quere gerät, „entflammt er in Wut“ und geht zum Angriff über. Ist er jedoch nicht in einer aggressiven Phase, so kann er auf Hindernisse „weich“ reagieren: mit Ausweichen, Resignieren oder mit Flucht (z. B. in das tränenreiche Selbstmitleid). Aus lauter Wut kann man bekanntlich nicht nur toben, sondern auch weinen.

Wut ist eine *Energiequelle*. Fühlt sich jemand kraftlos, so kann er seine Kraftreserven mobilisieren, indem er sich in Wut steigert. Dabei muss er kein Geschirr zerschlagen. Er kann vielmehr versuchen, die freiwerdende Energie, die in ihm aufsteigt, in jenes Vorhaben zu investieren, für das er meinte, nicht genügend Kraft zu haben. – In solchen Fällen wird übrigens deutlich, dass Kraftlosigkeit durch innere, unbewusste Hemmungen verursacht werden kann, zu deren Überwindung die Wut mitunter gute Beihilfe leistet.

Je reifer der Mensch innerlich wird, umso leichter und umso häufiger wird er sein Energiepotential mit Hilfe von Vorstellungen oder Gedanken, die der Situation angemessen sind, anzapfen können. Er braucht dann nicht mehr den Umweg über die Wut. Er kann aus seiner emotionellen Schicht, in welcher zu früheren Zeiten die Affekte – unter ihnen die Wut – entstanden sind, die Energie nun auch ohne Mithilfe der Affekte hervorholen.

Aus dieser tiefliegenden Energiequelle kann der Mensch allerdings nur dann schöpfen, wenn in ihm die Aggressivität – und damit die Affektivität – zumindest einigermaßen zur Ruhe gekommen ist. Der „innere Frieden“ ist allerdings auch noch auf der vierten Stufe nur eine jeweils zeitlich begrenzte „Waffenruhe“. – Jeder Versuch, Kraft durch Wut zu gewinnen, trägt aber auch zur Veredelung dieses Affektes bei, bis die Kraft auf der höchsten Entwicklungsstufe ausschließlich in veredelter Gestalt: als Energiequelle für die *geistige Vitalität* zutage tritt.

Wut kann daher als eine erste – vorläufige – Erscheinungsweise der *geistigen Vitalität* betrachtet werden. Diese gelangt bis zu den höheren Entwicklungsstufen unkanalisiert und in Rohform: als *Affekt* zur Wirkung. – Die Quelle jedoch, aus welcher sowohl die niederen als auch die höheren Erscheinungsformen dieser Energie geschöpft werden, ist immer dieselbe: Es ist die *Willenskraft*, die letztlich Göttlichen Ursprungs ist.

DIE PRÄGBARKEIT

Die *Prägbarkeit* ist neben der Sensibilität und der Reaktionsfähigkeit die dritte grundlegende Fähigkeit der Seele. Sie ermöglicht all das festzuhalten, wovon die Seele „berührt" wird. Sie ist jene Fähigkeit, deren Heranbildung die Voraussetzung für Erfahrungen im allgemeinen und für das Aneignen von Können und Wissen, für das Denken, vor allem aber für die Merkfähigkeit: Gedächtnis und Erinnerungsfähigkeit im besonderen bildet. Sie legt damit die Basis für das Lernen sowie für sonstige Veränderungen in der Seele und für ihre Wandlung.

Wesen der Prägbarkeit

Prägbarkeit ist die Fähigkeit der Seele, Inhalte, die durch Einwirkungen von außen oder in ihr selbst entstanden sind, für eine Weile oder für unbestimmte Zeit beizubehalten. Durch die *Prägung* wird in der Seele „etwas" *gespeichert.* Was konkret gespeichert wird: der „Inhalt", ist stets eine bestimmte Spannung oder die Modifikation der Spannung innerhalb eines der in der Seele bestehenden Spannungsfelder.

Die Seele versucht von Natur aus jede Art von Spannung, die in ihr entsteht, auszugleichen, sich von ihr zu befreien, das heißt: sich zu entspannen. Besteht für sie keine Möglichkeit zur Entspannung oder liegt dies nicht in ihrer Intention, so bleibt die Spannung in ihr erhalten.

Die verbleibende Spannung: der „Inhalt", kann im bewussten oder im unbewussten Teil der Seele gespeichert sein. Im ersten Fall ist der Inhalt „abrufbar": Er liegt also im Bereich des verfügbaren Gedächtnisses. Im zweiten Fall muss der Inhalt bewusst gemacht werden, was nicht immer möglich ist. Dennoch können auch unbewusst gespeicherte Inhalte in der Seele eine – mitunter sehr große und langanhaltende – Wirkung haben, wie die nachfolgenden Beispiele zeigen.

Der Vorgang der Prägung

Über den genauen Vorgang der Prägung (wie über alle Vorgänge in der Seele) wissen wir Menschen nicht viel. Etwas allerdings lässt sich mit großer Sicherheit aussagen: dass nämlich die Prägung primär in der Seele und nicht im Gehirn stattfindet. Die Prägung im Gehirn (durch Engramme) erfolgt erst sekundär.

Für die Vorstellung allerdings, die wir uns über den Prägungsvorgang machen können, bietet der Vorgang der Speicherung im Computer eine gute Vergleichsmöglichkeit. Auch im Computer werden elektronische Spannungen, genauer: Schwingungszustände gespeichert, indem diese in Magnetfeldern festgehalten und bei Bedarf durch Anschluss an das gesamte Spannungssystem des Computers „abgerufen" werden.

Die Seele kann ebenfalls als ein umfassendes Spannungsgefüge betrachtet werden, das aus sieben größeren Spannungsfeldern: den Seelenschichten, und aus einer großen Anzahl kleinerer Spannungsbereiche zusammengesetzt ist. – Die einzelnen Spannungsfelder und -bereiche sind dauernd Einwirkungen ausgesetzt, die Einwirkungen werden selektiert und je nach ihrer Art und Bedeutung zugelassen oder abgewehrt. Die zugelassenen Einwirkungen verändern einen Teil eines Spannungsbereiches. Bleibt die spezifische Spannungsveränderung bestehen, so ist der „Inhalt" gespeichert.

Die beiden Arten der Prägung

Einwirkungen können in der Seele *unbeabsichtigt* Spannungen entstehen lassen oder *mit Absicht* bestimmte Spannungen bzw. Spannungsänderungen herbeiführen. Zu den ersten gehören jene, die Empfindungen und Emotionen hervorrufen oder Affekte auslösen; zu den zweiten jene, die durch Drill, Lernen oder Denken zustande kommen.

Jene Spannungen, welche gespeichert werden bzw. gespeichert werden können, können auf beide Arten entstehen. Werden sie gespeichert, so geschieht dies, indem das (persönlich) Erlebte oder der eigentliche Gehalt des Erfahrenen in die Seele *eingeprägt* wird. – Eine Schandtat zum Beispiel kann man mit Genugtuung, sogar mit Freude begehen; in diesem Fall klaffen das subjektive Empfinden (das persönlich Erlebte) und der Tatbestand (der eigentliche Gehalt) auseinander, was bei Rückführungen offensichtlich wird.

Die spontane Prägung

Unwillkürlich wird vor allem jene Spannung gespeichert, die durch unbeabsichtigte Einwirkung entsteht und von welcher sich die Seele nicht sofort oder nicht selbständig befreien kann. – Die Möglichkeit der Befreiung hängt jedoch nicht davon ab, ob das Lebewesen oder der Mensch es will oder ob die Seele auf eine Einwirkung spontan oder erst später reagiert. Sie hängt – und zwar in erster Linie – von der Stärke der Spannung ab, also davon, wie tief die Seele von der Einwirkung „berührt" oder getroffen worden ist, wie tiefgreifend die Veränderungen sind, welche in ihr (im fraglichen Spannungsbereich) hervorgerufen wurden. Dementsprechend ist auch die Dauer der Speicherung bemessen: Je intensiver die Spannung ist und je tiefer der Bereich in der Seele liegt, in den die Einwirkung hinabreicht, umso länger bleibt die Prägung in ihr erhalten. Die Seele muss ja für die Auflösung der Spannung selbst reif werden.

Ist die Seele „zutiefst" betroffen, so kann die Spannung in ihr noch sehr lange (unter Umständen während vieler Inkarnationen, sogar während Zyklen von Inkarnationen) verbleiben und zu einem späteren Zeitpunkt zur Entladung kommen. Dabei ist es gleichgültig, ob irgendwelche spontanen Reaktionen bereits zur Zeit der Einwirkung aufgetreten sind. – Mit Emotionen, die tief in der Seele schwelen (z. B. mit der Empfindung, „verletzt" zu sein), mit Affekten (vor allem mit Hass), aber auch mit dem Gefühl, etwas verschuldet zu haben, kann man Jahrhunderte, wenn nicht Jahrtausende lang leben. Dasselbe gilt für unerfüllte Erwartungen und Hoffnungen oder uneingelöste Versprechungen und nicht eingehaltene Gelübde. In der Spannung einer inneren – meistens unbewussten – Erwartung kann jemand sogar während Inkarnationen verharren. Die Spannung bleibt in solchen Fällen in der Seele bestehen, aber nicht nur in der Seele desjenigen, der die Einlösung eines Versprechens erwartet, sondern auch in der Seele desjenigen, der das Versprechen gegeben hat, und zwar solange, bis die Erwartung auf eine Weise erfüllt, das Versprechen eingelöst wird. Nicht selten werden Menschen in einer Inkarnation nur aus dem Grunde zusammengeführt, damit sie die Gelegenheit erhalten, Erwartungen zu erfüllen oder frühere Versprechen einzulösen. – Wenn Menschen ein Leben lang auf etwas warten, ohne selber zu wissen, auf was und warum, so ist der Grund dafür in vielen Fällen ein Versprechen, das nicht eingelöst, ein Gelübde, das nicht eingehalten wurde. – Kann ihre Einlösung aus bestimmten Gründen nicht erfolgen, so bleibt in der Seele des Menschen die Erwartung gleich einer Wunde bestehen, die erst dann geheilt werden kann, wenn er innerlich reifer geworden ist. Denn er muss auf deren Erfüllung *bewusst* und aus freiem Willen verzichten und nicht etwa aus Resignation. Er wird also den anderen von seinem Versprechen entbinden, aber er wird auch einsehen müssen, dass ihm die Erfüllung des Versprochenen – auf der nun erreichten Entwicklungshöhe – nicht mehr das zuvor Ersehnte bedeuten würde.

Die Voraussetzung für die endgültige Befreiung von der Spannung (z. B. von der Erwartungshaltung) ist jedoch, dass der Mensch den Grund erkennt, warum er dieser Spannung so lange ausgesetzt werden *musste*.

Die neue Braut

Ein Beispiel: Eine Frau, die in einer Küstenstadt wohnte und eine sehr tüchtige Arbeitskraft war, blieb ledig, obwohl sie immer wieder Verehrer hatte. Sie verliebte sich zwar in diesen oder jenen Mann, doch als sie vor der Heirat stand, löste sie die Verbindung.

Sie begriff auch im reiferen Alter nicht, warum. Sie hatte allerdings auch eine Gewohnheit, die sie sich ebenfalls nicht erklären konnte: Sie verbrachte einen großen Teil ihrer Freizeit damit, am Meeresstrand zu sitzen und auf das Wasser zu starren, als erwartete sie etwas. – Es ergab sich dann die Möglichkeit, die Gründe ihrer Ehehemmung und ihres sonderbaren Verhaltens dank Rückführungen zu verstehen: Sie war das Opfer eines nicht eingelösten Versprechens. – Vor anderthalb Jahrhunderten war sie als junge Frau mit einem jungen Kaufmann verlobt. Dieser wurde für einige Monate von seinem Vater übers Meer geschickt, um Geschäfte zu tätigen. Der junge Mann schwor vor seiner Abreise seiner Braut, er würde bald zurückkehren und sie vor den Altar führen. Doch er übernahm in der Fremde die Geschäftsführung der Handelsfirma seines Vaters, schob seine Rückkehr immer wieder hinaus, schließlich gründete er dort eine Familie und wagte nicht, seiner zurückgelassenen Braut die Wahrheit mitzuteilen. – Sie erfuhr zwar die Wahrheit, dennoch wartete sie weiter auf ihn, und wartete auch dann noch, als sie starb und wieder auf die Erde kam. Sie wartete, ohne zu wissen, dass sie wartete, und ohne zu wissen, auf wen und warum. Sie hielt – von innen getrieben – nach rückkehrenden Schiffen Ausschau, und als „treue Braut" schlug sie die Heiratsanträge anderer Männer aus.

Für das – geradezu zwanghafte – Verhalten dieser Frau, die übrigens sehr intelligent war, gab es selbstverständlich Gründe, und diese lagen in früheren Inkarnationen. – In jenen Erdenleben war die Frau eine Person, die vieles zu versprechen pflegte und kaum etwas hielt. Als Mann lebte sie oft (und nicht schlecht) vom Heiratsschwindel; als Frau verhalf sie sich zu ihrem „Glück" mit unwahren Behauptungen, indem sie zum Beispiel eine Schwangerschaft vortäuschte. Viele Menschen waren ihretwegen durch die in ihnen geweckten Erwartungen wie gelähmt und unfähig, ihr Leben frei zu gestalten, – nicht anders als diese Frau in ihrer gegenwärtigen Inkarnation.

Die Einsicht in die Gründe von Verhaltensweisen wirkt stets befreiend. So geschah es auch in diesem Fall. Aber auch für andere beteiligte Personen wirkt sich die Einsicht selbst dann aus, wenn diese vom Verlauf der Aufklärung (z. B. der Rückführungen) und dem dabei Ermittelten nichts erfahren. So löste auch bei dem damaligen Bräutigam die Einsicht der Frau einen inneren Prozess aus, dank dem es möglich wurde, die Gründe für seine eigenen gegenwärtigen Verhaltensmankos und Lebensschwierigkeiten (die natürlich nicht ausblieben) aufzudecken. Es ist selbstverständlich, dass auch derjenige, der anderen durch sein Verhalten etwas Ungutes zufügt, eines Tages die Spannung in seiner Seele ebenfalls auflösen kann. – Eine Möglichkeit der Wiedergutmachung, die befreiend wirkt, ist, auf die eine oder andere Weise das Versprechen doch noch zu erfüllen.

Das Gelübde

Ähnliches gilt für ein Gelübde, also jenes Gott gegenüber abgelegte feierliche Versprechen, etwas zu tun oder zu unterlassen, zum Beispiel ein Leben in Keuschheit und Armut zu führen. Wurde das Ehrenwort in einer Inkarnation nicht gehalten, kann der Mensch es später einmal nachträglich, und zwar freiwillig, einlösen, doch auf eine andere – der erreichten Entwicklungshöhe entsprechende – Weise.

Was für den Menschen auf einer tieferen Entwicklungsstufe (wie z. B. Askese auf der dritten Stufe: der Stufe der Orthodoxie) noch richtig war, kann auf einer höheren Stufe als reine Äußerlichkeit erscheinen, die den Menschen nicht mehr „fromm" macht und in seiner inneren Entwicklung keinen Schritt mehr weiterbringt. Statt sich Opfer und Kasteiung aufzuerlegen, wird er sich für Mitmenschen und Mitseelen einsetzen und auf diese Weise ein „Gott geweihtes" Leben führen wollen, – und es auch tun können.

Mit zunehmender Entwicklungshöhe erweitert sich die Sicht des Menschen. Je reifer er ist, umso genauer wird er sich überlegen, was er versprechen oder geloben soll, ja ob er überhaupt etwas versprechen oder geloben soll. Versucht er, sich in allem von den Geistigen Führern leiten zu lassen und sein gegenwärtiges wie auch sein zukünftiges Leben Gott anheim zu stellen, so wird ihm jedes Gelübde fragwürdig erscheinen. Denn jedes Gelübde ist ein Vorgriff auf sein Schicksal und nimmt die Führung seines Lebens aus Gottes Hand. Während also der Mensch das Gelübde auf den unteren Stufen brauchen kann, um seinem Leben eine bestimmte Richtung zu geben und sich somit zu entlasten, wird er auf den höheren Stufen darauf verzichten, seine Zukunft selber planen zu wollen.

In buddhistischen Kreisen gibt es beispielsweise Menschen, die das Gelübde ablegen, sich solange zu inkarnieren, bis auch der „letzte Mensch erlöst" wird. Gemeint ist wohl der Zeitpunkt, bis alle Menschen der eigenen Seelengruppe soweit entwickelt sind, dass sie sich nicht mehr inkarnieren müssen. Denn der „Strom" der Menschen fließt ununterbrochen weiter, und es kommen immer wieder neue Seelengruppen – neue Menschheiten – auf die Erde. – Das Gelübde zeugt von edler Gesinnung und tiefer Solidarität. Dennoch würde jemand, der mit Gott eng verbunden ist und Mitmenschen und Mitseelen wahrhaftig liebt, ein solches Gelübde nicht ablegen. Wer sich von den Höheren Mächten führen lässt, wird auch die Frage, auf welche Weise er Mitmenschen und Mitseelen und damit Gott dienen kann, dem „Ratschluss" Gottes anheimstellen.

Wenn es für seine jeweilige Aufgabe vorteilhaft ist, so inkarniert er sich selbstverständlich. Wenn er aber von der übersinnlichen Welt aus den inkarnierten Menschen eher helfen kann, so wird er auf die „Fleischwerdung" verzichten. Wer sich also an Gottes Willen orientiert, wird seine Zukunft nicht selbst festlegen wollen, sondern lässt sich auch nach Abschluss seiner äonischen Entwicklung von Gott selber führen. Das tun auch unsere Geistigen Führer, die uns auf unserem Weg zur Spiritualität in allem ein Vorbild sind.

Karma und Disposition

Alles, was das Lebewesen und der Mensch erleben, prägt ihre Seele. Bei jedem Erlebnis wird nicht nur das Erlebte selbst eingeprägt, sondern auch die Qualität des Verhaltens, die vom Lebewesen und vom Menschen bei ihrem jeweiligen Erlebnis bekundet wird.

Das Erlebnis selbst wird im Archiv der Seele gespeichert. Es gehört von da an zum Erfahrungsgut, aus welchem jenes innere Wissen besteht, das in der unteren Triade der Seelenschichten: im Unterbewussten gelagert ist.

Eingeprägt werden sämtliche Inkarnationen in ihrem gesamten Ablauf. Die Prägungen bilden im inneren Wissensgut ein Archiv von Erinnerungen (wie von Videofilmen). Diese Erinnerungen sind – im Gegensatz zu Inhalten des Gedächtnisses – weder bewusst noch willentlich verfügbar. Sie werden erst zugänglich bzw. steigen auf, wenn dazu Anlass besteht. Dieser ergibt sich vor allem dann, wenn der Mensch reif genug ist, um in seiner inneren Entwicklung in die Phase der Konfrontation mit seiner Vergangenheit zu gelangen. Dann beginnen Erinnerungen von selbst – am häufigsten durch Träume – ins Wachbewusstsein zu treten. Die Konfrontationen selbst erscheinen in den Träumen meistens verschlüsselt. Absichtlich können sie durch Rückführungen ins Bewusstsein geholt werden.

Jedes Verhalten, das ein Lebewesen oder ein Mensch in einer Inkarnation an den Tag legt, weist eine bestimmte Qualität auf. Die Qualität des Verhaltens hängt davon ab, mit welcher Einstellung eine Handlung durchgeführt wird. Tötet das Tier, weil es zum Überleben Nahrung braucht, so ist die Qualität „neutral“ und die Tat bleibt ohne Folgen; tötet es überflüssigerweise, zum Beispiel im Blutrausch, so wird das Töten für das Tier Folgen haben. Kümmert sich ein Mensch liebevoll um seine Kinder, so disponiert dies seine Zukunft entsprechend, vernachlässigt er sie, so verheißt dies für seine künftigen Inkarnationen nicht viel Gutes. (Er wird sich z. B. Kinder wünschen und keine bekommen.)

Die innere Einstellung ist für Art und Wesen des entstandenen Karmas ausschlaggebend. Sie *disponiert* Lebewesen und Menschen zu einem bestimmten Schicksal, das den Lebensverlauf in einer dafür ausgewählten Inkarnation festlegt. In der Inkarnation genießen das Lebewesen oder der Mensch die Vorzüge eines guten Karmas, oder sie müssen ein negatives Karma abtragen und werden dabei Schmerz und Leiden ausgesetzt.

Die Disposition ist also eine Folge des Verhaltens. Es ist die *Qualität* des Verhaltens, die für die Folgen ausschlaggebend ist. Die Disposition wird mit dem Erlebten in die Tiefenschichten der Seele eingeprägt. Sie bleibt solange erhalten, bis das Karma erfüllt bzw. das negative Karma abgetragen oder durch entsprechendes Verhalten wiedergutgemacht wird. – Auch Tiere können negatives Karma durch ihr Verhalten wiedergutmachen, zum Beispiel durch Dienstleistungen, im Rettungsdienst oder als Nutztiere.

Es ist die ausgleichende Gerechtigkeit, die das Eingeprägte zu einem geeigneten, dafür vorgesehenen Zeitpunkt aus dem Archiv hervorholt und die entsprechende Disposition zu bestimmten Ereignissen in Wirkung treten lässt. Der Mensch erhält beispielsweise Beistand und Förderung, erlebt „Glücksfälle“ oder aber erleidet Unfälle und Krankheiten, gerät in Katastrophen.

Einprägungen in die Seele werden auch im *Astralleib*, auf höheren Stufen zudem im *kosmischen Leib* sichtbar, und zwar dann, wenn die Wirkung des Karmas aktuell wird. Der Astralleib beginnt bei einsetzender Wirkung des positiven Karmas zum Beispiel besonders zu strahlen, oder es zeigen sich „Wunden“ an ihm, die dann zu „bluten“ beginnen, wenn das negative Karma zu wirken beginnt. Dies sind Zeichen dafür, dass das Lebewesen oder der Mensch die günstigen Folgen des Karmas genießen kann oder negatives Karma abtragen und wieder gutmachen muss.

Wird die Wirkung des Karmas abgekürzt, weil der Mensch seine innere Einstellung völlig – zum Guten – geändert und einen Teil seiner Verschuldungen durch entsprechende Leistungen widergutgemacht hat, so werden die – vom Verhalten des Menschen selbst geschlagenen – „Wunden“ durch eine (Astral-)Operation, die von zuständigen Geistigen Führern durchgeführt wird, aus dem Astralleib entfernt.

(Vgl. zum Karma: *Die Welt der Reinkarnationslehre,* S. 155–159; darin zur „Wunde" u. zur Operation d. Astralleibes: S. 236–243)

Der Hund in der Zirkusarena

Ein Beispiel aus dem Tierreich soll nun zeigen, wie lange die Prägung eines Schuldgefühls bestehen und wie es durch eine stellvertretende Rückführung aufgelöst werden kann.

Ein Mann hatte einen Hund, der fügsam und freundlich war. Eines Tages nahm er jedoch wie aus heiterem Himmel die unangenehme Gewohnheit an, Jugendliche beim Spaziergang oder jene, die ins Haus kamen, anzugreifen. Offensichtlich hatte er sogar Spaß daran, wenn diese aus Angst vor ihm wegrannten. Auch mit dem bereits erwachsenen Sohn des Mannes hatte der Hund ein gutes Verhältnis, – bis zur rätselhaften Wende in seinem Verhalten. Nachher knurrte der Hund seinen ehemaligen Spielgefährten ebenso an wie die anderen Jugendlichen und erlaubte ihm nicht, ihn zu streicheln oder auch nur zu berühren.

Der Besitzer des Hundes, der selber Rückführungen machte, versuchte, sich einer stellvertretenden Rückführung für seinen Hund zu unterziehen, – mit Erfolg. Er sah eine römische Zirkusarena, in deren Mitte eine große Schar Jugendlicher beiderlei Geschlechts stand. Sie waren Christen. Dann gingen Tore bei den Seitenplanken der Arena auf und es erschienen Hunde, die von Männern gehalten wurden. Auf ein Zeichen eines offensichtlich hochrangigen Mannes (vielleicht des Kaisers) wurden die Hunde losgelassen.

Viele Hunde stürzten sich auf die jungen Leute und fielen sie an. Manche von diesen flüchteten schreiend, etliche blieben beieinander und ließen sich wehrlos von den Hunden zerfetzen. – Eine kleine Anzahl der Hunde blieb jedoch am Tor stehen und ließ sich auch durch Anschreien ihres Begleiters und durch Stockschläge nicht auf die Jugendlichen hetzen.

Der Mann, der die Rückführung vornahm, erkannte in einem der Hunde sofort seinen heutigen Hund. Dieser zögerte nicht, die Jugendlichen anzugreifen. Der Begleiter des Hundes war sein heutiger Sohn, sich selber sah er unter den Zuschauern sitzen, fasziniert vom grausamen Geschehen.

Die stellvertretende Rückführung hatte unerwartet rasche Folgen gehabt. Der Sohn kam mit seiner Familie am selben Abend zu Besuch, der Hund ging – wie ein Wunder (so der Ausdruck des Mannes) – schwanzwedelnd und schmusebereit auf ihn zu (was er seit Jahren nicht mehr getan hatte) und konnte von den gegenseitigen Freundschaftsbezeugungen nicht genug bekommen. – Auch auf der Straße war von da an sein Verhalten völlig verändert: Nicht nur, dass er keine Jugendlichen mehr verjagte, sondern er ließ sich von ihnen streicheln und versuchte – aus lauter „Liebe" – an ihnen hochzuspringen und ihr Gesicht zu lecken.

Das Beispiel zeigt, wie tief eine Prägung sein kann, falls sie entscheidend für die Seele ist, und wie lange sie unverändert erhalten bleibt: in diesem Beispiel rund zwei Jahrtausende. Die noch in der Gegenwart (vor der Rückführung) aufgetretene Angriffslust des Hundes zeigt aber auch, wie lange die Neigung zur Aggressivität in der Seele verbleiben kann. Selbstverständlich war die Seele des Hundes inzwischen öfters inkarniert (evtl. in anderen Tiergestalten). – Verbleibendes Schuldgefühl kann die Seele ohnehin daran hindern, dass sie „mutiert", also einen großen Schritt in ihrer Entwicklung macht, zum Beispiel zu einer wesentlich höheren Art oder sogar in ein anderes Reich hinüberwechselt. Auch dieser Hund wurde offenbar während zweitausend Jahren daran gehindert, zu einer Niederen Wesenheit zu werden. Aber seine Seele – sowie die seines damaligen Führers – mussten reifen, damit die Verschuldung in der Arena aufgelöst werden konnte, was dann in der Gegenwart geschah.

Wie die Rückführung zeigte, waren nicht alle Hunde bereit, sich zum Verbrechen zu verleiten. Auch ein Tier kann nur zu jenem Verhalten angeleitet oder verführt werden, zu welchem es – seine Seele – bereit ist. Die Hunde, die sich weigerten zu töten, waren wie Deserteure, die es auf sich nahmen, selber hingerichtet zu werden, anstatt dass sie – unter dem Vorwand des Krieges – Unschuldige ermordeten. Auch diese Hunde wurden arg geschlagen und wahrscheinlich – weil „unbrauchbar" – getötet.

Die Abneigung des Hundes gegen den Sohn seines Besitzers, zu dem er in seinem ersten Lebensjahr eine sehr gute Beziehung hatte, veränderte sich, sobald die Seele des Hundes in der gegenwärtigen Inkarnation für die Erinnerung an die damalige Verschuldung reif wurde. Der Hund wurde auf seinen früheren „Meister" böse, weil er ihn damals zum Töten abrichtete und ihm den Befehl gab, Böses zu tun. Der Hund musste schon damals zumindest eine Ahnung gehabt haben, dass es nicht gut ist, was ihm sein damaliger „Meister" zugemutet hat. Denn in der Tiefe jeder Seele – und zwar schon auf der vormenschlichen Stufe – ist das unfehlbare Wissen um Gut und Böse vorhanden, und dieses Wissen sickert allmählich ins Bewusstsein, wenn die Seele reifer wird. Da in ihm aber die Lust zum Töten, die Lust, Blut fließen zu lassen, noch zu stark war, konnte er (noch) nicht auf sein inneres Wissen hören.

Entsprechend seines Schuldgefühls, das in seiner gegenwärtigen Inkarnation in ihm hochstieg, reagierte der Hund, wie dies jeder Mensch tut, der noch verhältnismäßig unbewusst ist: Er versuchte, die Schuld auf jemand anderen abzuschieben. Dieser „andere" war der Sohn seines heutigen Besitzers, der sich damals ebenfalls verschuldete. Obwohl der Hund den Sohn offensichtlich gerne hatte, änderte sich sein Verhalten ihm gegenüber, sobald die Schuldfrage akut wurde. Die Kenntnisnahme der Gründe für die Verhaltensänderung des Hundes in der Rückführung wirkte – wie dies bei stellvertretenden Rückführungen für Tiere die Regel ist – im Sinne der Auflösung der Schuld. Der Hund wurde von einer großen seelischen Last befreit und konnte seine „wahre" – heute allerdings friedliche – Natur hervorkehren.

Die stellvertretende Rückführung galt natürlich auch dem heutigen Sohn, mit dem der Vater nun offen über die Rückführung sprechen konnte und für den die Konfrontation mit seiner damaligen Verschuldung ebenfalls befreiend wirkte.

Die künstliche Prägung: Denken und Lernen

Die zweite Art: die *absichtliche* Erzeugung von Spannung in der Seele, ist *produktiv*. Sie ermöglicht das *Denken* und das *Lernen*.

Das *Denken* besteht aus *Ordnen*. Es erzeugt ein spezifisches Spannungsfeld, dessen Bereiche „geordnet", das heißt: der erzeugten „Ordnung" gemäss, sind. Dieses Spannungsfeld wird in der Seele festgehalten: „gespeichert". Das entstandene Spannungsgefüge gilt dann als Abbild der entsprechenden Ordnung. Das Einordnen bestehender Inhalte, die bewusste Übernahme neuer Informationen und kleinerer oder umfassender Ordnungsmuster, schließlich die Erstellung von Ordnungsgefügen bedeutet: *Lernen*. – Beim *Lernen* wird Neues oder Neugeordnetes in ein bereits aufgenommenes Ordnungsschema eingefügt. Die Inhalte werden in der Seele – wie im Computer – gespeichert: in einem jeweils spezifischen Spannungszustand festgehalten.

Beim Denken wird je nach Denkinhalt die *Rationalität* oder die *Intuitivität* in Anspruch genommen. – Das *rationale Denken* holt zuerst ein bereits gespeichertes Ordnungsschema aus dem Archiv der Seele hervor, das modifiziert oder – unter Umständen – neu geordnet wird. In dieses Ordnungsschema wird das Erfasste eingegliedert. Das bereits bestehende Ordnungsschema ist Bestandteil des verfügbaren Wissens. – Ordnungsschemata werden in die Seele im Laufe ihrer Gesamtentwicklung *schrittweise* eingeprägt, denn Lebewesen und der Mensch müssen immerzu lernen. Zuerst übernehmen sie vom Gruppengeist – mittels des *Instinktes* – das Ordnungsschema, machen aber – allerdings in einem sehr bescheidenen Rahmen – auch selber *Erfahrungen*, alsdann sind sie dem *Drill* ausgesetzt und schließlich *lernen* sie freiwillig. Dabei speichert die Seele unentwegt Ordnungsmuster, sogar schon während ihrer vormenschlichen Entwicklung. (Deshalb weisen manche Vorstellungen und Denkansätze atavistische Züge auf.) – Beim *intuitiven Denken* erfolgt eine Neuaufnahme oder Selektion sowohl von Inhalten und Informationen als auch von jenen Zusammenhängen (= Ordnungsschemata), in welche sie einzuordnen sind.

Die Bedeutung der Prägbarkeit

Alles, was in die Seele eingeprägt wird, was sie willkürlich aufnimmt, was sie lernt, das formt – mitunter auch verformt – und verändert sie.

Die Prägung der Seele und ihre durch die Prägung bewirkte Veränderung oder Umgestaltung schlagen sich auch *feinstofflich-materiell* nieder: in der ersten Hälfte der äonischen Entwicklung im *Astralleib*, in der zweiten im *kosmischen Leib*.

Es ist die Prägbarkeit der Seele, die Lebewesen und Menschen in die Lage versetzt, sich ein Können und Wissen anzueignen, das ihnen die Meisterung des Lebens auf der Erde möglich macht. Dank ihrer Prägbarkeit ist die Seele imstande, das einmal Angeeignete und Gelernte durch die Reihe der Inkarnationen beizubehalten und – solange es nötig ist – es immer wieder hervorzuholen und zu gebrauchen.

Sind eingeprägte Inhalte überflüssig geworden, so werden sie mit der gespeicherten spezifischen Spannung aufgelöst. Ihre Auflösung geschieht dadurch, dass sie durch ein Besseres, Höheres ersetzt werden. Dabei wird die Schwingung der bis dahin festgehaltenen Spannung in eine qualitativ höhere Schwingung überformt. Das Eingeprägte wird also durch Wandlung und Verwandlung aufgelöst. – Würde man die Inhalte „vernichten" oder „ausmerzen" wollen, damit sie nicht mehr wirken, so würde man sie nur unterdrücken oder verdrängen und sie dadurch erst recht konservieren und es ihnen ermöglichen, dass sie im Unbewussten weiterhin wirksam bleiben.

Kapitel 24

DIE SPEZIELLEN FÄHIGKEITEN

Spezielle Fähigkeiten sind Gaben, die zur Entwicklung und Meisterung des Lebens auf der Erde dienen. Sie verhelfen dem Menschen dazu, sich im irdischen Daseins zurechtzufinden und sein Leben zu erhalten, besondere Aufgaben wahrzunehmen und zu erfüllen, sich den jeweiligen Bedürfnissen gemäss einzurichten und nicht zuletzt: sich wohl zu fühlen und Freude zu haben.

Unter den *speziellen Fähigkeiten* gibt es solche, die für alle Menschen wichtig sind und entlang jener Entwicklungslinien entfaltet werden, welche durch alle Stufen hindurchgehen. Es gibt sodann andere, die nicht jeder Mensch restlos entfalten muss, und etliche, die viele Menschen überhaupt nicht heranbilden müssen.

Die meisten Anlagen, die während längerer Zeit und von vielen Menschen aktualisiert werden, unterliegen im Laufe der Entwicklung Modifikationen und Wandlungen.

DIE AUFGABE

Welches die speziellen Fähigkeiten sind, die von einem Menschen entfaltet werden oder entfaltet werden müssen, hängt in erster Linie von der *Seelengruppe* ab, das heißt von der Seelenfamilie oder der Seelensippe. Jede Seelengruppe hat ihre speziellen Aufgaben.

Die Entwicklung von Seelengruppen geht immer auch mit der Entfaltung spezieller Fähigkeiten einher. Ihre Entfaltung verläuft parallel zu den großen Linien ihrer Gesamtentwicklung und kennzeichnet die *Eigenart* einer Seelengruppe.

Entwicklungslinien, die durch die ganze äonische Entwicklung hindurchgehen, sind mehrgleisig. Die Seelen in einer Seelengruppe entwickeln sich auf verschiedenen Entwicklungsbahnen phasenweise und im großen und ganzen gleichzeitig.

Die größeren Gruppen haben einen umfassenden Aufgabenkreis, die zu ihnen gehörenden kleineren Gruppen haben überdies einen besonderen Auftrag innerhalb der Grundaufgabe. Den Auftrag müssen die Mitglieder der Gruppe gemeinsam mit ihren Gruppenangehörigen im Laufe ihrer Entwicklung erfüllen. – Die Erfüllung des Auftrags ist jeweils eines der Entwicklungsziele der Seelengruppe. Sie kann dieses Ziel nur dann erreichen, wenn sie die dazu erforderlichen speziellen Fähigkeiten entfaltet.

Der Verlauf der Entwicklungslinien wird für die übergeordnete, größere Gruppe immer so angelegt, dass sowohl das gemeinsame Ziel als auch die Möglichkeit der Meisterung der Aufgaben für die einzelnen Teilgruppen berücksichtigt wird. Dadurch wird für die Realisierung der Aufgaben ein breites Feld freigegeben. Innerhalb seiner Grenzen können die kleineren Gruppen eigene, die einzelnen Menschen sogar individuelle Wege einschlagen.

Allgemeine und spezifische Anlagen

Unter den *besonderen Anlagen* gibt es solche eher *allgemeiner* Art, deren Heranbildung und Entfaltung die Aufgabe einer größeren Seelengruppe ist, und es gibt *besondere*, deren Entfaltung nicht für jedes Mitglied der Gruppe verpflichtend ist.

Spezielle Anlagen allgemeiner Art sind jene Fähigkeiten, deren Entfaltung zur Verrichtung der menschlichen Arbeit benötigt wird. Ihre Heranbildung ermöglicht die Bewältigung von Aufgaben in den verschiedenen Sparten des Lebens und in diversen Tätigkeitsbereichen. Sie können eher handwerklich oder geistig orientiert sein und das ganze Können und Wissen aus verschiedenen Fachgebieten umfassen. Sie können im engeren Sinne „speziell" sein und sich in besonderen Begabungen äußern. Hierzu gehören jene Fähigkeiten, die den Umgang mit etwas Besonderem ermöglichen: mit Materie und Stoff in ihren mannigfaltigen Erscheinungsweisen, mit der Natur, mit Form und Gestalt, mit Ordnung, mit Gestaltung, mit menschlichen Satzungen wie Gesetz, Recht, Religion oder mit bestimmten Gruppen von Lebewesen, von Menschen im allgemeinen oder mit einer Altersgruppe.

Besonders wichtig sind jene Fähigkeiten, die dem Menschen ermöglichen, für Mitmenschen und Mitseelen (Tier, Pflanze, Mineral) Sorge zu tragen und ihnen Dienste zu erweisen. Dazu gehören beispielsweise Pflegen, Heilen, Lehren, Planen, Organisieren und andere.

Dementsprechend können Seelenfamilien oder -sippen beispielsweise auf Vermittlung, auf Belehrung oder auf das Heilen spezialisiert sein, andere sind eher materiell, seelisch, rational, religiös, geistig oder spirituell orientiert, wieder andere sind stärker am Formalen oder am Wesen, an der Gestalt oder am Inhalt interessiert. Sie können vorzüglich auf die Beschäftigung mit einem Element (Feuer, Wasser, Erde, Luft), auf einen bestimmten Seelenbereich (Mineral, Pflanze, Tier, Niedere Wesenheiten, Menschen) und unter diesen auf bestimmte Arten oder auf besondere Gruppen (z. B. auf eine Altersgruppe, auf Behinderte, Kranke) ausgerichtet sein. Oder sie sind auf eine besondere Weise begabt (z. B. handwerklich, praktisch, für Landwirtschaft, Wirtschaft, Finanzen, für Räumliches oder Zeitliches oder mathematisch, sprachlich oder musisch). Sie können im allgemeinen der physischen, der seelischen oder der geistigen Wirklichkeitssphäre zugewandt sein.

Spezifische Fähigkeiten ermöglichen die Beschäftigung mit Kunst, darunter mit Musik, ferner mit besonderen Gebieten des Lebens, mit dessen Umfeld oder mit bestimmten Lebensbedingungen. Hierzu gehört der Umgang mit bestimmten Arten des Gesteins (Erz, Kohle, Kristall, Lehm u. a.), mit bestimmten Arten von Tieren und Pflanzen und mit unzähligen Möglichkeiten auf dem schier unendlichen Gebiet des menschlichen und des irdischen Lebens.

So kann beispielsweise eine größere Gruppe die Aufgabe des Heilens als Entwicklungsziel erhalten bzw. wählen. Die kleineren, zu ihr gehörenden Gruppen werden sich dann je ein Heilverfahren und dessen Realisierung zu ihrer besonderen Aufgabe machen. (Man denke beispielsweise an die diversen Möglichkeiten, die die Schul- und die Alternativmedizin, Pharmazie und Naturheilkunde und die zahlreichen Arten von Therapie heute anbieten.) Die Entwicklungslinien werden dabei jeweils für die kleinen Gruppen so angelegt, dass sie die Entfaltung von Fähigkeiten ermöglichen, die zu dieser besonderen Art des Heilens nötig sind. (Einstige Kräuterfrauen – oder „Kräuterhexen" – werden z. B. etliche Jahrhunderte später zu Apothekerinnen oder zu Heiltherapeuten, die mit Pflanzen arbeiten: mit Bachblüten, Homöopathie, Aura Soma etc.)

Entsprechende Formen der Heilkunst gab es selbstverständlich zu allen Zeiten. In manchen Epochen waren sie weniger, in anderen stärker herangebildet und differenziert. Und jede Menschheit, die bereits über die Erde ging, hatte ihre eigene Art im Umgang mit sämtlichen, auch heute aktuellen Aufgaben.

Sowohl die grundlegenden als auch die spezifischen Fähigkeiten verfügen auf allen Entwicklungsstufen über ihre entsprechenden Erscheinungsformen. Bei allen wichtigen *allgemeinen* und bei vielen *speziellen Fähigkeiten* können frühere Erscheinungsformen als *Vorformen* der eigentlich zu entwickelnden Fähigkeit gelten.

Die Entfaltung der meisten speziellen Fähigkeiten dient als Vorstufe zur Heranbildung jener wesentlichen Eigenschaften, welche den Menschen die Erfüllung ihrer späteren höheren Aufgaben ermöglichen. Als Beispiel für den Verlauf der Entfaltung einer speziellen Fähigkeit soll die Musikalität herangezogen werden.

Die Musikalität

Wählt jemand jene spezifische Entwicklungslinie, auf welcher die Musikalität herangebildet wird, und entfaltet er diese während einer längeren Phase seiner inneren Entwicklung, so wächst nicht nur sein Sinn für Musik, sondern er bildet auch Fähigkeiten heran, die mit Musik und Musizieren nur mittelbar in Zusammenhang stehen. Beim Spielen eines Instrumentes und beim Üben wird er auch die Beherrschung einzelner Körperglieder erlernen und sensomotorische Fähigkeiten entfalten und diese weit über das durchschnittliche Niveau hinaus steigern. Dabei wird sich sein Körpergefühl, besonders sein Gefühl für Finger und Hände, aber auch für Haltung und Atmung entwikkeln und differenzieren. – Körpergefühl und Gefühl für Gliedmassen sind übrigens mit Leibesempfindungen nicht identisch. Letztere sind Zustandsmeldungen des biologischen Organismus. – Der Mensch wird zudem, falls er das Musizieren ernst nimmt, Selbstbeherrschung und

Disziplin lernen müssen. Denn er wird regelmäßig und täglich hinreichend lang üben und daher in seiner Lebensführung (z. B. bei der Tageseinteilung) entsprechende Prioritäten setzen und auf viele andere Möglichkeiten, sein Leben zu gestalten, verzichten.

Durch die eingehende Beschäftigung mit Musik wird der Sinn für das Formale und für Formzusammenhänge, so für Rhythmus und Melodieführung (wie auch für das Phrasieren), damit für Gesetze von sinnlich wahrnehmbaren, aber auch von übersinnlichen Schwingungen erhöht. Gleichzeitig lernt der Musizierende, Emotionen und Affekte sowie Gefühle mit Hilfe der Musik kennen und ausdrücken. Dadurch wird bei ihm selbst, aber auch beim Zuhörer die Fähigkeit geweckt, sich zu öffnen, aus den Tiefenschichten der Seele – mittels der Musik – Inhalte hervorzuholen, aber auch nach oben: zur Himmlischen Welt hin, offener zu werden. Mit dem wachsenden Sinn für Form und Harmonie (oder für die strukturelle Disharmonie zeitgenössischer Kompositionen) wird zudem der Sinn des Menschen für die Kosmische Ordnung größer.

Musiziert oder singt jemand mit der nötigen Hingabe, so wird er erfahren, wie befreiend Musizieren und Singen sein können. Dabei lösen sich seelische (und natürlich auch körperliche) Verkrampfungen und auch Gefühle können aus ihrer „Einkerkerung" (= Verdrängung) befreit werden.

Gefühle werden befreit, wenn der Mensch sich ausleben, seine Gefühle beispielsweise aus sich herausmusizieren oder heraussingen kann. Dabei können auch Affekte, sogar Aggressivität (z. B. durch lärmende Popmusik) relativ harmlos ausgelebt werden. Im übrigen wirkt nicht nur das Musizieren befreiend. Befreiend wirken alle mehr oder weniger schöpferischen Tätigkeiten wie Tanzen, Malen oder Töpfern.

DER ENTWICKLUNGSPLAN

Die meisten speziellen Fähigkeiten werden während einer Phase der inneren Entwicklung herangebildet, erreichen eine Kulmination und klingen dann ab. Viele werden entfaltet, um den Menschen die Freude an der Beherrschung seiner Gaben erleben zu lassen, das Leben vielfältig zu gestalten und dank seiner Talente zu bereichern. Die Entfaltung einer speziellen Fähigkeit ist allerdings – wie das Beispiel der Musikalität zeigt – nie nur Selbstzweck. Sie bereitet den Menschen oder Mitglieder der Seelengruppe immer auch auf spätere Aufgaben vor. Sie ermöglicht allen, sich auf den höheren Stufen ihrer Entwicklung auf irgendeine – spezifische – Weise in den Dienst von Mitmenschen und Mitseelen zu stellen.

Der Entwurf

Im Aufbau der Entwicklung jedes Menschen wird dieses Ziel in jeder Etappe und in jeder Phase berücksichtigt. Der Entwicklungsplan wird vorerst in den wichtigsten Zügen entworfen. Alles, was zur Verwirklichung seines persönlichen Auftrages beiträgt, wird so eingeplant, dass der Mensch Schritt für Schritt seinem Ziel näherkommen kann. Die Akzente bei der Entfaltung der Hauptfähigkeiten, die jeder Mensch zu entfalten hat, werden so verteilt, dass der Mensch sich auf seine Aufgabe gründlich und hinreichend vorbereiten kann. Auch die persönlichen Entwicklungslinien mit der Entfaltung der spezifischen Fähigkeiten sind so angelegt, dass sie seiner Schulung dienen. Es werden ihm jeweils jenes Schicksal und jene Erfahrungen zugemutet, die ihn stärken und zur Beherrschung besonderer Eigenschaften ertüchtigen und ihm dadurch ermöglichen, all das zu erarbeiten und zu lernen, was zur Erfüllung seines persönlichen Auftrags nötig ist.

Auch ein Kind wird auf seine Zukunft planvoll vorbereitet, damit es zu einem lebensfähigen oder sogar zu einem lebenstüchtigen Menschen werden kann. Es lernt gehen und sprechen, in den kultivierten Ländern wird es in den Kindergarten, dann auf die Schule geschickt und muss nach und nach die Schulklassen und immer höhere Schulen besuchen. Etliche machen eine Lehre oder eine sonstige Ausbildung. Zeigen sich im Kinde besondere Begabungen, so werden die Eltern, falls sie die Begabung erkennen und das Kind fördern wollen, ihm Gelegenheit geben, diese zur Entfaltung zu bringen. Und auch in den sogenannten „Entwicklungsländern" werden die Kinder dem Niveau entsprechend in die Kunst der Meisterung des (dortigen) Lebens eingeführt.

In ähnlicher Weise wird der Mensch in seiner Entwicklung von sehr langer Hand auf die Verwirklichung seines Auftrages vorbereitet. Damit die Fähigkeiten, die zur Durchführung einer Aufgabe erforderlich sind, sowohl von der Gruppe als auch vom Individuum herangebildet werden können, muss die Ausbildung frühzeitig beginnen. Jede Gruppe und jeder Mensch wird daher von Anbeginn der äonischen Entwicklung auf das Ziel hin vorbereitet.

Die spezielle Vorbereitung

Bereits auf den unteren Stufen seiner inneren Entwicklung wird der Mensch geschult, damit er die Anlagen rechtzeitig entwickeln kann, die ihm zur Entfaltung der nötigen Fähigkeiten – als Vorstufe – dienen können. Selbst wenn diese Fähigkeiten anscheinend keine Ähnlichkeit mit jenen haben, die später als Qualitäten echter Menschlichkeit hervortreten werden, dienen sie dennoch ihrer Vorbereitung: Auch sie sind auf das zu erreichende Ziel ausgerichtet.

Ein Beispiel: Jemand erfährt bei einer Rückführung, dass er einst ein Jongleur in einem Zirkus war. Anfänglich kann er dieser Tätigkeit keinen Sinn abgewinnen. Dann aber, als er erkennt, welche Anforderungen dieses Geschichtlichkeitsspiel an den Artisten stellt, wird ihm klar, dass damals seine Konzentrationsfähigkeit und damit seine Selbstdisziplin in hohem Maße geschult und gefördert wurde. Und in der Tat besitzt dieser Mensch heute eine überdurchschnittliche Fähigkeit, sich zu konzentrieren.

Es ist im übrigen – und aufgrund von Rückführungen – anzunehmen, dass für die einzelnen Seelengruppen bereits auf der Stufe der *vor*menschlichen Entwicklung, so im Pflanzen- und Tierreich, jene Arten (Spezies) zum Durchgang durch die Evolution ausgesucht werden, welche den Seelen ermöglichen, Anlagen zu entfalten und Fähigkeiten heranzubilden, die für die Erfüllung jener Aufgaben hilfreich sein werden, welche ihnen dann auf der menschlichen Stufe gestellt werden.

Die Zukunft als Leitlicht

Letzten Endes ist es stets die Zukunft, genauer: die Bestimmung des Menschen, die nicht nur über die Gegenwart entscheidet, sondern –

wie dies jedem, der die höheren Stufen seiner inneren Entwicklung erreicht, deutlich wird – auch die ganze Vergangenheit bestimmt hat. Die Entwicklung ergibt sich nicht von selbst, zufällig, somit ohne vorbestimmte Richtung, wie dies die klassische Evolutionstheorie lehrt. Sie wird vom *Endziel* her aufgebaut. Jeder Schritt in der Entwicklung ist auf dieses Ziel hin ausgerichtet. Die Bestimmung legt aber die Entwicklung nicht fest, sondern weist wie ein Leuchtturm im Hafen die Richtung, in welcher der Mensch nach zahlreichen individuellen Abstechern und Umwegen sein Ziel sichten und schließlich auch unfehlbar erreichen wird.

Die Heranbildung und die Entfaltung aller Anlagen dienen letztlich dazu, jenen Auftrag zu erfüllen, auf dessen Durchführung die Entwicklung einer Seele oder einer Seelengruppe von Uranfang an angelegt ist. Jede Seele und jede Seelengruppe verwirklicht ja in ihrer Entwicklung einen besonderen „Gedanken" Gottes.

DIE AFFINITÄT

Der Grund dafür, dass für eine Seelengruppe ein bestimmter Aufgabenkreis vorgesehen ist und dass sie sich eine bestimmte Entwicklungslinie entlang entwickelt, liegt in ihrer *Affinität* zur Aufgabe und zu den Mitteln, die zur Erfüllung der Aufgabe gebraucht werden.

Die Entwicklungslinien und die Reduktion der Lebensmöglichkeiten

Jede Seelengruppe und mit ihr jede zu ihr gehörende Einzelseele entwickelt sich von Anfang ihres Erdenlebens an bestimmten Entwicklungslinien entlang. – Das hat verschiedene Auswirkungen. Die wichtigste ist, dass dabei eine Reduktion der speziellen Erfahrungen und damit auch der speziellen Fähigkeiten erfolgt. Eine einzige Seele kann nicht sämtliche, schier unendlichen Möglichkeiten, die das irdische Leben bietet, durchprobieren, geschweige denn vollständig entfalten und dauerhaft nützen. Und dies selbst dann nicht, wenn die äonische Entwicklung äußerst viele Inkarnationen umfasst.

Die Reduktion macht sich bereits beim Durchgang der Seele durch die einzelnen Reiche der Lebewesen bemerkbar. Sie kann im Laufe noch so vieler Inkarnationen nicht jede mögliche Gestalt annehmen, welche jeweils ein Reich und die Vielfalt der damit umfassten Arten dem Lebewesen bietet.

Für jede Seelengruppe gibt es besondere Linien innerhalb des Mineralreiches, die vornehmlich oder ausschließlich durch die Erscheinungsformen eines einzigen Naturelementes (Feuer, Wasser, Erde, Luft) führen oder durch bestimmte chemische Zusammensetzungen oder besondere mineralische Eigenschaften gekennzeichnet sind. Einige Beispiele: kristallbildende oder amorphe; chemische Elemente (Kupfer, Silber, Gold, Schwefel, Arsen u. a.); Silikate (z. B. Granit); Salze (z. B. Steinsalz); Oxyde und Hydroxyde (Sauerstoffsalze, z. B. Quarz, Opal); leicht entflammbare Substanzen (Schwefelverbindungen); organische Verbindungen (z. B. Kohle). – Seelengruppen realisieren jeweils jene Möglichkeiten, die sich auf der Basis der einen oder der anderen Grundeigenschaft des Minerals ergeben. Ausschlaggebend ist nicht die Substanz selbst (im Mineralreich z. B. die chemische Zusammensetzung), sondern die Art ihrer Anwendung: Wie sich die Substanz für das irdische Leben auswirkt und wofür sie zu gebrauchen ist.

Die grundlegende Entwicklungslinie einer Seelengruppe setzt sich im Pflanzen- und im Tierreich fort und trifft in diesen Reichen ebenfalls eine Auswahl. Die Mitglieder der Seelengruppe inkarnieren sich auf der Stufenleiter der Lebewesen in Gestalt jener Arten, deren Eigenschaften ihrem Grundcharakter entsprechen.

Eine Einzelseele durchläuft also nicht sämtliche Gestalten des Minerals, nicht sämtliche Arten von Pflanze und Tier. – Welches die Arten sind, die in Frage kommen, wird durch die *Affinität* zu bestimmten Eigenschaften festgelegt, die für eine Art von Lebewesen charakteristisch sind. Die äußere Gestalt einer Art ist die materielle Ausformung bestimmter Eigenschaften, welche durch die Aktualisierung entsprechender Anlagen der (Gruppen-)Seele geprägt sind.

Der Grundcharakter

Es sind immer mehrere Eigenschaften, welche die Seele selber und ihre inkarnierte Gestalt (= die Art der Lebewesen) charakterisieren.

Die Anzahl dieser Eigenschaften ist aber begrenzt. Demzufolge ist die mögliche Auswahl der Verhaltensweisen ebenfalls begrenzt. Der Grundcharakter bleibt im wesentlichen während der ganzen Entwicklung erhalten und tritt oft dominant hervor. – Die Seele wechselt ihre Grundeigenschaft nicht. Eine aggressive (z. B. auf Jagd eingestellte und auf Gefahr mit Angriff reagierende) Seele inkarniert sich nie als „Fluchttier", das sich beim leisesten Geräusch verkriecht oder davonläuft. Dies gilt natürlich auch umgekehrt.

Es gibt eine in der Seele tief verwurzelte, unverändert bleibende Affinität in der Frage von Selbst- und Arterhaltung sowie zur Lebensweise. Die Affinität bezieht sich auf eine begrenzte Anzahl unter den unzähligen Lebens- und Verhaltensweisen. Diese werden von der Seele bevorzugt, sie charakterisieren ihr Leben auf der Erde in allen Inkarnationen.

Der Grundcharakter kristallisiert sich schon im Mineralreich, deutlich dann im Pflanzenreich heraus und bleibt weiterhin, selbst über die äonische Entwicklung hinaus erhalten. Auch Engel unterscheiden sich nicht nur ihrem Rang und ihrem Aufgabenkreis nach, sondern auch im Charakter (der bei ihnen allerdings überhaupt keine negativen Züge aufweist).

Der in groben Zügen gleichbleibende Grundcharakter legt die Entwicklung einer Seelengruppe auf eine bestimmte, alle Reiche durchlaufende Linie fest. Der Durchgang durch bestimmte Arten von Mineral und Lebewesen bereitet die Seelen durch einschlägige Erfahrungen auf ihre Aufgaben vor und ermöglicht ihnen, dieser gemäß zu leben. (Heiler z. B., die mit Kräutern arbeiten, haben die Erfahrungen in den entsprechenden Sektoren im Mineral- und Pflanzenreich erworben und in den entsprechenden Seelenschichten gespeichert.) – Die Seelengruppen erfüllen ihre Aufgabe – dem erreichten Entwicklungsgrad entsprechend – auf einem immer höheren Niveau.

Die Entwicklungslinie, welcher entlang sich eine Seelengruppe in ihrer seelisch-geistigen Entfaltung fortbewegt, muss jedoch nicht zum Menschsein und somit durch die menschliche Entwicklung führen. Es gibt für die Seele unzählige andere Möglichkeiten, sich zu entwikkeln und auf der Erde Dienst zu leisten, so zum Beispiel im Reich der Naturwesen. Eine Seele kann sich auch dort weiterentwickeln und Aufgaben übernehmen, sobald sie ihre Entwicklung in den Reichen der Lebewesen abgeschlossen hat.

Der Leib Gottes und die Einzelseele

Die Affinität hat noch einen wesentlich tieferen Grund: Sie ist bedingt durch die Zugehörigkeit zu einem Glied oder zu einem Organ in *Gottes Leib*.

Sowohl der grobstoffliche als auch der feinstoffliche Leib der Lebewesen und des Menschen wie auch der Lichtleib der Höheren Wesenheiten (z. B. der Engel) ist ein *Abbild* des Leibes Gottes. Ihr Leib spiegelt auf eine Weise Gottes Leib wider.

Nur ist Gottes Leib selbstverständlich nicht nach Art des physischen Leibes der Lebewesen oder des Menschen zu denken. Gottes Leib ist ja das Universum. – Teile, Glieder, Organe wie auch ihre Funktionsweise und alle Erscheinungs- und Wirkungsformen im menschlichen Leib sind Entsprechungen jener Vorgänge, die im Universum an „bestimmten Stellen" vor sich gehen.

Eine „bestimmte Stelle" im Universum ist keine räumliche Stelle, sondern ein Komplex von Vorgängen, welche – wie die Funktion eines Organs im Leib – auf ein bestimmtes, gemeinsames Ziel ausgerichtet sind. Je nach „Gegend" im Universum, je nach „Stelle" in Gottes Leib sind also auch die „dort" ablaufenden, zusammengehörenden Vorgänge verschieden. Sie entsprechen jeweils jenen Aufgaben, welche ein Teil, Glied, Organ oder Funktionsbereich des menschlichen Leibes zu bewältigen hat (z. B. Energieversorgung, Stoffwechsel, Wahrnehmung, Bewegung der Gliedmassen, Fortbewegung).

Bei der Entstehung einer Welt gehen die dazugehörenden Seelengruppen aus einer „Gegend" oder einem „Teil" des Leibes Gottes hervor. Die Aufgabe, die das Göttliche „Organ" zu erfüllen hat, ist auch für die Seelengruppe die Grundaufgabe. Die Seelengruppen sind in diesem Sinne von ihrer „Geburt" an auf einen Aufgabenkreis hin angelegt und somit spezialisiert. (Ihre „Geburt" findet zu Beginn ihrer Herauslösung aus der umfassenden, größeren Seelengruppe statt.)

Jede Seelengruppe – und so auch jede Einzelseele – hat demzufolge eine innere Affinität zu einer Leibgegend (Kopf, Rumpf, Gliedmassen) oder zu einem Körperteil (Auge, Ohr, Zahn, Hand, Finger, Haut

u. a.) oder zu einem Organ (Magen, Niere, Leber u. a.) oder zu einem ganzen Funktionssystem (Blutkreislauf, Verdauung, Ausscheidung, Reinigung u. a.). Die Affinität kann sich aber auch auf mehrere Körperteile beziehen.

Je nach Entwicklungshöhe wirkt sich die Affinität zu einem Göttlichen Organ qualitativ auf verschiedene Weise aus und tritt phasenweise stärker hervor bzw. in den Hintergrund. – Ein Beispiel: „Ohr"-Seelen haben spätestens im Tierreich (vielleicht schon als Pflanzen) mit Hören und Hörorganen zu tun (bei manchen Tierarten ist das Gehör das bestausgebildete Wahrnehmungsorgan; bei Pflanzen kann sich die Affinität als erhöhte Empfindungsfähigkeit für bestimmte – für Tier und Menschen akustisch wahrnehmbare – Schwingungen bemerkbar machen). Auf der menschlichen Stufe zeigt sich die Affinität in der erhöhten Beschäftigung mit dem Gehör und den entsprechenden Organen, außerdem als Musikalität, auf den höchsten Stufen als die Fähigkeit, in die Kosmische Harmonie „hineinzuhorchen" und die „Sphärenklänge" der „Weltharmonie": das Zusammenspiel aller Seelen auch von innen her, mit dem „Herzen", wahrzunehmen.

Jeder Mensch wird außerdem erfahren, sobald er für *Christus* offen geworden ist, dass seine Seele eine Zelle in JESU *mystischem Leib* ist. Die Stelle, an welche die Zelle in JESU *Lichtleib* gehört, ist mit jener Leibstelle in Gottes „Leib" identisch, mit welcher eine Seele durch ihre innere Affinität verbunden ist: jene, aus der sie am Uranfang hervorgegangen ist.

Diese Stelle entspricht jener, welche die Seele beim Zusammenwirken aller Seelen in der Göttlichen Harmonie nach Vollendung ihrer Entwicklung einnehmen wird: Sie ist ihr vorbestimmter Sitz in „Gottes Orchester".

Erfüllt eine Seele die Aufgabe, welche von Anfang an an sie gestellt war, gelangt sie an jene Stelle, die sie im *mystischen Leib* JESU auszufüllen hat, kann sie im „Orchester Gottes" jenen Sitz einnehmen, der für sie vorausgesehen war, so bedeutet dies, dass sie jenen „Gedanken" Gottes verwirklicht hat, der sie ins Leben rief und der ihre Existenz sowie ihre Entwicklung und Vollendung ermöglichte.

Kapitel 25

DIE PHANTASIE

Die *Dynamik der Seele* bringt – außer ihren Fähigkeiten und Eigenschaften – eine besondere Form von *Aktivität* hervor, die auch von ihrer Geistigkeit beeinflusst wird: die *Phantasie.*

Die *Phantasie* ist keine willkürlich hervorgebrachte oder nach Lust und Laune lenkbare seelisch-geistige Aktivität, sondern die vorstellungs- oder gefühlsmäßige Ausgestaltung der inneren Wirklichkeit des Menschen.

Niemand kann nach Belieben herumphantasieren, selbst wenn er meint, dies zu tun. Die Phantasie befreit sich nach einigen Anläufen von der Steuerung des Verstandes und der Willkür und übernimmt die Führung auf der Reise, die durch ihre eigene Welt geht. Ihre Welt ist die innere Welt des Menschen: *die Welt der Seele.* Die Phantasie spiegelt diese Welt samt ihren Regungen, Vorstellungen, Wünschen und mit allem getreu wider, was in ihr offen oder versteckt vorhanden, was in ihr absichtlich oder unerkannt aufbewahrt ist. (Vgl. auch: *Die Welt der Reinkarnationslehre,* S. 94 – 98)

Nicht alles, was manche für reines „Phantasieprodukt" halten, kommt allerdings durch die Phantasie zustande. Viele glauben ihren Kindern nicht, wenn sie über Erlebnisse berichten, und halten sie für erfunden: „phantasiert". Dabei erzählen viele Kinder nur das, was sie tatsächlich gesehen haben. Beispielsweise haben Kinder die Fähigkeit, unsichtbare Wesenheiten wie Engel, Naturgeister oder Verstorbene und andere reell wahrzunehmen, als sähen sie Gestalten aus Fleisch und Blut. Oder sie berichten über Erlebnisse im Jenseits aus der Zeit kurz vor ihrer Inkarnation. Und manche haben noch Erinnerungen an Erlebnisse aus früheren Inkarnationen.

Die Phantasie hat jedoch andere Quellen.

DIE QUELLE DER PHANTASIE

Die *Phantasie* schöpft aus dem, was in der Seele enthalten ist. Vieles davon kann aber der Mensch willkürlich nicht hervorholen. Unzähliges ist ihm nicht immer oder – zumindest vorderhand – überhaupt nicht zugänglich.

Die *Quelle der Phantasie* liegt in den unbewussten Schichten der Seele, und diese umfassen sowohl die unteren als auch die oberen Seelenschichten. Die unteren gehören zum *Unterbewussten*, die oberen zum *Überbewussten*. In beiden liegt ein inneres Wissen, beide werden von der *Dynamik der Seele* aktiviert.

Das *innere Wissen* bildet den verborgenen Schatz der Seele, aus dem die Phantasie einzelne Stücke, mitunter „Edelsteine" hervorholt. Den Nährboden des inneren Wissens bilden innere und äußere Erfahrungen.

Das *innere Wissen,* das im *Unterbewussten* gelagert ist, stammt aus eigener oder überpersönlicher Erfahrung; letztere geht auf Erfahrungen der Seelengruppe zurück.

Die Erfahrungen können aus dem gegenwärtigen Erdenleben oder aus früheren, zum Teil sehr weit zurückliegenden Inkarnationen, sogar aus der vormenschlichen Stufe stammen. Es können aber auch Erfahrungen sein, die der Mensch in den Intervallen zwischen Inkarnationen im Jenseits oder auf Erden während „Astralreisen" im Schlaf gemacht hat.

Die *Dynamik der Seele* tritt im *Unterbewussten* als Triebkraft des Emotionellen und Affektiven in Erscheinung. Der emotionelle oder affektive Druck kommt durch äußere oder innere Einwirkungen zustande. Sie versetzen die Seele in Spannung, und die – meistens gestauten – Spannungen erzeugen jenen Druck, der die Seele zu Reaktionen nötigt. Die Seele reagiert auf die Spannung, weil sie sich entspannen will.

Der Seele bieten sich mehrere Möglichkeiten, Spannung abzureagieren: durch Emotionen oder Affekte, durch Somatisierungen

(z. B. Erröten, Auflachen, Gestikulieren), ferner durch Verhaltensweisen, Handlungen oder durch Denken. Bei all diesen Reaktionen entspannt sich die Seele mehr oder weniger. Eine weitere Möglichkeit zur Entspannung der Seele ist dadurch gegeben, dass sie sich durch die *Phantasie* auslebt.

Die eine *Quelle der Phantasie* liegt also in der emotionellen und der affektiven Seelenschicht, das heißt in der *Vital-* und der *Animal*schicht. Diese sind Bestandteile des *Unterbewussten.* – Nun kann aber die Phantasie auch aus einem anderen Seelenbereich gespeist werden: aus dem *Überbewussten.* Die Inhalte, welche die Phantasie aus dieser Quelle schöpft, sind selbstverständlich nicht emotionell oder affektiv bedingt, sondern *überpersönlich.*

Es handelt sich dabei um Inhalte jenes inneren Wissens, das unter der Wirkung der *genuinen Geistigkeit* im *Überbewussten*: in den drei oberen Seelenschichten, gesammelt wurde und immerfort gesammelt wird. Die genuine Geistigkeit ermöglicht der Seele, sich nach allen Seiten hin zu öffnen und das Übersinnliche unmittelbar zu erfahren. Dieses Wissen kommt durch *Eingebungen* von oben (z. B. von den Geistigen Führern) oder durch das *unmittelbare Erfassen* der Kosmischen und der Göttlichen Wirklichkeit zustande. Diese Eingebungen sowie spirituelle Erfahrungen und mystische Erlebnisse sind der Inhalt jenes inneres Wissens, das im *Überbewussten* vorhanden ist.

DIE PHANTASIEARMUT

Phantasiearmut kann auf Mangel an Erfahrungen oder – dies kommt häufiger vor – auf fehlende Übung im Umgang mit Erfahrungen beruhen. Mangel an Phantasie kann aber auch die Folge von Mangel an Selbstvertrauen sein. In dem Fall wagt der Mensch nicht, seine Phantasie – und damit eigentlich sich selber – ernst oder wichtig genug zu nehmen, obwohl er an sich hinreichend Phantasie hätte. Er wagt nicht, zu sich zu stehen. Er meint, was er denkt, was er sich vorstellt, tauge ohnehin nichts, und was ihm in den Sinn kommt, was ihm seine – echte – Phantasie vorlegt, sei bloß „Phantasie“: ein

Hirngespinst, ein willkürliches Erzeugnis von ihm selber, und deshalb ohne Wert. Viele entwerten ihre Träume auf ähnliche Weise. „Phantasiearme" Menschen können sogar relativ viel Phantasie haben, sie beachten sie nur nicht. Wenn sie sie aber nicht in Anspruch nehmen und ihre Phantasie brach liegen bleibt, versiegt sie wie der Brunnen, aus welchem niemand mehr schöpft.

Ist der Mensch im Umgang mit Erfahrungen nicht geübt, hat er kein Selbstvertrauen, traut er also seinen eigenen Erfahrungen nicht, so scheint es – zumal ihm –, dass er nicht genügend Phantasie hat. So kommt es vor, dass selbst dann, wenn er imstande wäre, eine Situation zu übersehen und zu bewerten, er sich nicht traut, die Phantasie zu Hilfe zu rufen und mit ihrer Unterstützung die Situation zu bewältigen.

Mangel im Umgang mit Erfahrungen, Mangel an Selbstvertrauen und damit Mangel an Phantasie sind Begleiterscheinungen des inneren Kampfes, sie sind also *entwicklungsbedingt.* Betritt der Mensch in seiner inneren Entwicklung die Phase der Reinigung, beginnt er sich in Frage zu stellen, so wird er innerlich verunsichert und die Quelle seines inneren Wissens und damit die Quelle seiner Phantasie scheinen für ihn zu versiegen. Und erst recht traut er dann seiner Phantasie nicht, wenn er nicht wagt, Verantwortung zu übernehmen. Er entzieht sich der Verantwortung, weil er nichts riskieren will, womit er sich Unannehmlichkeiten aufladen könnte. Er „weiß", da sich das schlechte Gewissen in ihm – wenn auch noch unbewusst – schon regt, dass er mit seiner übermütigen Kühnheit früher viel Böses angerichtet hat. Seine Risikofreudigkeit ist ihm heute völlig vergangen. So nimmt er auch das Wagnis nicht auf sich, auf die Eingebungen seiner Phantasie zu hören: Er misstraut ihr, denn er misstraut sich selber.

Die Angst vor der eigenen Phantasie hat jedoch einen triftigen Grund. Die Phantasie ist schonungslos: Sie zeigt dem Menschen, wie er in Wahrheit ist.

DIE QUALITÄT DER PHANTASIE

Lässt der Mensch seiner Phantasie freien Lauf, so zeigt sie ihm, was alles in seiner Seele vorhanden ist und bislang unerkannt blieb. Erscheinen jemandem in seiner Phantasie aggressive Taten und malt er sich Verwüstungen aus, so kann er kaum annehmen, er sei ein harmloses, frommes Lämmchen, das niemandem etwas antun könnte.

Die Phantasie entlarvt den Menschen, – in erster Linie vor sich selber. Und sie verrät, was in ihm ist, wovon er aber vielleicht nichts weiß. Darunter können ebenso verdrängte Affekte wie Wünsche sein, die derart tief verborgen sind, dass er von ihnen keine Ahnung hat.

Die Phantasie konfrontiert den Menschen mit sich selber, indem sie seine Seele kartographiert.

Kartographie der Seele

Was die Phantasie aus dem Erfahrungsgut der Seele schöpft, ist weder willkürlich noch zufällig, sondern spiegelt die bestehenden Spannungsverhältnisse wider. Sie zeichnet damit eine *Kartographie* der inneren Landschaft der Seele und gibt zugleich Auskunft über die – oft verborgene – *wahre* Gesinnung des Menschen.

Auf der Reise durch die Landschaft der Seele entstehen die sogenannten *katathymen Bilder*, jene Bilder, die durch die Einwirkung von Emotionen, Affekten oder Gefühlen in der Seele hervorgerufen werden. Denn das Produkt, das die Phantasie hervorbringt, wird durch die jeweilige Gemütslage des Menschen moduliert, nicht selten modifiziert, gelegentlich durchgehend gestaltet. (Zu den katathymen Bildern vgl. *Die Welt der Reinkarnationslehre,* S. 91–93).

Die künstlerische Phantasie arbeitet auf ähnliche Weise. Auch sie schöpft aus dem Erfahrungsgut. Auch sie wird durch die emotionelle Lage oder Gefühle des Künstlers gefärbt und durch Inspiration: durch direkte Eingebung von oben bereichert. Jedem schöpferischen Menschen stehen unsichtbare Wesenheiten, darunter auch im Jenseits weilende Menschen zur Seite. Ob Künstler, Wissenschaftler, Erfinder oder Staatsmann: kein schöpferisches Werk kann ohne Hilfe von oben: ohne Eingebung von Helfern und Geistigen Führern, zustande kommen.

Doch die Helfer können aus dem Menschen nur das hervorholen, was in seiner Seele vorhanden ist. Jedes Werk spiegelt in erster Linie den dominierenden Aspekt in der Seele. Malt ein Künstler zum Beispiel „gegenständlich-realistisch", so ist er im Augenblick – in der Inkarnation oder der Inkarnationsphase – der sinnlich-konkreten Erscheinungsweise der Gegenstandswelt zugewandt. Malt er „impressionistisch", so lässt er sich von seinen Empfindungen führen, welche die Schönheit der Natur und der sinnlichen Welt in seiner Seele hervorrufen. Malt er abstrakt, so versucht er, die „Formsprache" in den Regungen seiner Seele wahrzunehmen. Ist er ein „konkreter" Maler, arbeitet er mit streng geometrischen Formen, so ist er – zumindest in seiner Kunst – kopflastig. Ist er ein Vertreter jener Art der „modernen Malerei", in welcher die Spielereien für „Kunst" ausgegeben werden, so ist er – selbst dann, wenn er vielleicht viel Erfolg hat – ein „Bluffer".

Jedes Werk – auch ein nicht künstlerisches – zeigt nicht nur, ob jemand Phantasie hat und über wieviel Phantasie er verfügt, sondern weist auch auf die *Qualität* seiner Phantasie hin.

Bedingungen der Qualität

Die Phantasie hat verschiedene Qualitäten. Sie unterscheiden sich je nach „Region" der Seele und je nach der Tiefe, aus welcher die Phantasie schöpft. Die Phantasie kann ja aus der Seele nur das hervorholen, was in ihr vorhanden ist. Und sie kann nur das aufgreifen, was zum Aufsteigen bereitgestellt ist.

Bereitgestellt wird es von der Seele selbst. Das, womit sich die Seele, also das Unbewusste – und nicht der Verstand – beschäftigt, liegt gleichsam „zuoberst" und befindet sich in Griffnähe. – Die Phantasie nimmt das auf, was das Unbewusste jeweils an die Oberfläche befördert und was die Drehbühne der Seele in den Vordergrund stellt.

Letztlich hängen Art und Qualität der Phantasie vom Entwicklungsniveau des Menschen ab. Die Qualität der Phantasie ist in erster Linie *entwicklungsbedingt*. Denn einerseits kann an Inhalten nur das vorliegen, was der Mensch bereits erlebt hat oder für dessen Aufnahme er schon bereit und reif ist; andererseits ist für die Qualität jedes Inhaltes immer auch der „Helligkeitsgrad": die Qualität der Gesinnung maßgebend.

Je weiter sich ein Mensch innerlich entwickelt hat, umso tiefergreifend hat er seine Schattenseite aufgearbeitet. Je „heller" aber seine Seele ist, umso höher ist auch die Qualität seiner Phantasie.

DIE VENTILFUNKTION DER PHANTASIE

Auf den unteren Entwicklungsstufen bestehen die Impulse, welche die Phantasie entfachen und in bestimmte Richtungen lenken, aus Empfindungen, Emotionen und Affekten sowie aus Wünschen, Trieben und Begierden.

Die Phantasie bietet die beste Möglichkeit, all das, was in der Seele Spannung erzeugt, auf eine (zunächst) unschädliche Weise auszuleben und abzureagieren. Die Phantasie wirkt wie ein *Ventil*, durch das Überdruck abgelassen werden kann.

Fühlt sich ein Mensch durch Neid, Eifersucht, Wut oder Hass aufgewühlt, so kann er sich in seiner Phantasie ausmalen, wie er die Affekte in Handlungen umsetzt: wie er dies oder jenes (oder alles) in Stücke schlägt, „endlich auspackt" und seinem Kontrahenten (dem Bürochef, dem Ehepartner, den Eltern) „alle Schande" sagt oder wie er seinen Rivalen umbringt.

Da sich dies aber nur in seiner Vorstellungswelt abspielt, schadet er niemandem. Er braucht überdies nicht zu befürchten, dass die „negative Energie", die er dabei ausstrahlt, jenen Personen, die das Objekt seiner Affekte sind, irgendwelchen Schaden – oder auch nur etwas Unangenehmes (z. B. Unwohlsein) – zufügen könnte. Denn das Ausleben der Affekte in der Phantasie bedeutet – schlicht gesagt – das Erbrechen der Seele. Hat der Mensch etwas Unbekömmliches oder Giftiges gegessen, so rebelliert sein Magen und der Mensch übergibt sich. Das Erbrechen der Seele ist aber ebenso wenig schädlich wie physisches Übergeben. Im Gegenteil: es sorgt für die seelische Hygiene.

Ausschließlich die gezielte Aussendung negativer Energie kann – gleich einem giftigen Pfeil, der mit der einzigen Absicht: zu schaden, auf jemanden abgeschossen wird – Unheil anrichten, in erster Linie allerdings bei demjenigen, der sie aussendet.

Einer anvisierten Person kann – absichtlich oder ungewollt – nur dann Schaden zugefügt werden, wenn sie dafür konkret oder allgemein disponiert ist. Eine konkrete Disposition zu einer bestimmten – physischen oder seelischen – Verletzung entsteht aus karmatischen Gründen. Eine allgemeine Disposition liegt dann vor, wenn die Person die Tore ihrer eigenen Seele für den Empfang des Negativen weit offen hält. Dies ist dann der Fall, wenn sie unbewusst, überdies voller negativer Energie ist, und dazu noch ihre Schattenseite tapfer verdrängt.

Malt die Phantasie beim Abreagieren von Affekten eine bestimmte Situation aus, in welcher beispielsweise Rache geschworen oder ein Vergeltungsakt durchgeführt wird, so schöpft sie aus dem *Erinnerungsgut.* Sie *re*-konstruiert (meistens in groben Zügen und mittels Requisiten, die aus der Gegenwart geholt werden) einen Handlungsablauf aus einer früheren Inkarnation, in welcher der Betreffende schon einmal auf diese Weise Rache genommen hat. Die gegenwärtige Person muss mit jener in der damaligen Inkarnation aber nicht identisch sein.

DER WUNSCH UND DIE PHANTASIE

Die *Phantasie* kann auch *Wünsche* an den Tag fördern. Die Wünsche können dem Menschen gut bekannt, ihm aber auch nur halbbewusst oder völlig unbewusst sein. In diesen Fällen ermöglicht die Phantasie dem Menschen, seine geheimen Wünsche und mit diesen auch sich selber besser kennenzulernen.

Wünsche haben immer ihre Gründe. Und diese können verschieden sein.

Wunschphantasie als Ersatz

Wünsche können nicht nur eine Ventil-, sondern auch eine Ersatzfunktion haben. Was der Mensch in der Realität nicht ausleben kann, kann er in seiner Phantasie ausleben. Auch dann setzt sich das Phantasiegebilde aus Erinnerungsfragmenten zusammen, die aneinander gefügt werden, wobei die Lücken mit Vorstellungen ausgefüllt werden.

Phantasiebegabte Kinder leben in einer solchen Vorstellungswelt – und das trägt zur Harmonisierung ihrer Seele und damit zu ihrer seelischen Gesundheit bei. Doch nicht nur Kinder, auch Erwachsene können über eine – im guten Sinne – „kindliche" Phantasie verfügen. Sie wird durch den Wunsch angeregt, so oder so zu sein, dies oder jenes vollbringen zu können, dies oder jenes zu besitzen. Wer sich „frustriert“ fühlt, wer glaubt, nicht so leben zu können, wie er es möchte, und meint, in seinem – gegenwärtigen – Leben nichts ändern zu können, dem bietet die Phantasie Gelegenheit, den Wunsch dennoch zu verwirklichen und das Gewünschte zu erleben. Die Gelegenheit wird von vielen ergriffen, und so erfahren sie das Gewünschte, wenn auch nur für eine Weile, allerdings nicht in der äußeren Realität, sondern in der inneren: in der Wirklichkeit ihrer Seele.

Der inneren Wirklichkeit kann ebenfalls durch Anleihen aus der äußeren (Fremd-) Realität zu „Glanz“ verholfen werden (so z. B. durch „authentische“ Berichte der „Regenbogen-Presse“ oder durch Fernsehsendungen über das Leben in Königshäusern oder von Prominenten). Leser oder Zuschauer leben ihre Sehnsucht nach dieser noblen Welt durch Identifikation mit eben diesen Personen aus. Dabei erklären sich ihre nostalgischen Sehnsüchte zumeist dadurch, dass sie selbst einmal Vorzüge einer solchen „glanzvollen“ Welt genossen haben.

Zahlreiche Menschen begnügen sich nicht mit Illustrierten oder dem Fernseher, sondern greifen nach Alkohol oder anderen Betäubungsmitteln (z. B. nach Drogen), um in einer „schöneren Welt“ leben zu können. – Der tiefere Grund dafür ist jedoch stets, dass sie, von der Stimme ihres schlechten Gewissens wegen früherer Verschuldungen verfolgt, in die Selbstbetäubung flüchten.

Die Wunschphantasie kann auch die Realität korrigieren. Sie kann nachträglich kleinere oder größere Veränderungen am Erlebten vornehmen, um dadurch aufgewühlte Emotionen zu beschwichtigen. Ein Beispiel: Ein Junge wird auf dem Weg zur Schule von einem Hund plötzlich angebellt. Der Junge erschrickt und läuft davon. Es geschah ihm nichts, lediglich sein „männlicher Stolz“ ist ramponiert. Er rekonstruiert nun in der Phantasie die Szene: Er erlebt sie wahrheitsgetreu, allerdings nur bis zum Hundegebell, von da an korrigiert seine Phantasie das Ereignis. Der Junge malt sich aus, dass er keineswegs erschrocken war, sondern den Hund mit einem kräftigen Fußtritt kühn davongejagt hat. So kann er seinen Weg beschwingt fortsetzen: Sein angeschlagenes Selbstwertgefühl ist repariert.

Auch bei solchen „Korrekturen“ der Realität schöpft die Phantasie aus der Erinnerung an vielleicht längst vergangene Situationen. Dabei spielt es keine Rolle, ob die Person einer ähnlichen Situation ausgesetzt war oder sie nur beobachtet hat. Der Grund dafür, dass ein Mensch Geschehnisse, woran er nicht beteiligt ist oder war, dennoch in sich aufnimmt (so z. B. auch Film- oder Hörspielszenen), liegt stets darin, dass er etwas Ähnliches schon einmal selber – und zwar als Beteiligter – erlebt hat. Die wahrgenommene Szene oder Situation holt aus seinem Erinnerungsgut, das in seinem Unbewussten vorliegt, die Erinnerung an die „Oberfläche": in sein Wachbewusstsein.

Ebenfalls bei Verschönerungen oder Verharmlosungen von Tatsachen sowie bei Prahlereien schöpft die Phantasie immer auch aus dem Erinnerungsgut und verbindet solche Erinnerungsstücke mit Beständen, die in der täglichen Auseinandersetzung mit der Realität jeweils übrig bleiben. Die Art der gewählten Korrekturmaßnahmen ist für die gegenwärtige seelische Lage der Person charakteristisch. Die Phantasie kann auch da Unbewusstes, zum Beispiel Verborgenes oder Verdrängtes, zutage fördern.

Die Tätigkeit der *Wunschphantasie* verläuft ebenfalls unbewusst. Daher ist es wichtig, ihr Produkt von Lügen klar zu unterscheiden. Für viele Kinder und für Menschen, die an den Anfängen ihrer äonischen Entwicklung stehen, hat die innere: die seelische Wirklichkeit dieselbe Bedeutung wie die äußere Realität. Die Grenzen zwischen der äußeren, objektiven Realität und der inneren, subjektiven Wirklichkeit sind für sie – wie für viele Psychotiker – durchlässig oder völlig verschwommen. Sie sind überzeugt, dass all das, was sie innerlich – also nur seelisch – erleben, die Realität schlechthin ist. Sie können daher nicht begreifen, weshalb sie des Lügens bezichtigt werden, denn sie teilen nur das mit, was sie tatsächlich erlebt haben. Es muss also nicht ihr Eigensinn der Grund sein, wenn sie daran festhalten, dass ihre Erzählungen absolut „wahr" seien.

Auch Erwachsene können so intensive innere Erlebnisse haben, dass sie an ihrer „Wahrheit" selbst dann noch festhalten, wenn nachzuweisen ist, dass diese „Wahrheit" ein Gebilde ihrer Phantasie ist. So manche „Gotteserlebnisse", die für „echt" gehalten werden, gehören in die Kategorie von Phantasieerzeugnissen (es sei denn, sie kommen durch Durchgaben von Leuten aus dem Jenseits zustande und sind von vornherein nicht ernst zu nehmen). – Hält ein Kind an der Wunschphantasie auch dann noch fest, wenn es schon reif genug wäre, um zu merken, dass seine Behauptungen mit der Realität nicht übereinstimmen, so verstrickt es sich in Lügen. Die Versuchung, aufzufallen, interessant zu sein, im Mittelpunkt der Aufmerksamkeit zu stehen, verleitet nicht bloß Kinder, sondern auch Erwachsene „kindlichen Gemüts" zu Retouchen der Realität.

Schöpferische Menschen (z. B. Schriftsteller, Filmemacher) müssen phantasiebegabt sein, denn ihre Aufgabe ist es, die Realität so zu präsentieren, dass sie beachtenswert, ja interessant und spannend wirkt. Und damit sie dies erreichen, verknüpfen sie Ausschnitte aus der ihnen bekannten Realität mit Phantasievorstellungen. Nur sind sich die wenigsten bewusst, dass diese Phantasien (vor allem, wenn sie weit ausholend sind) als Erinnerungsfragmente aus ihrer eigenen Vergangenheit stammen.

Der Wunsch, originell und unterhaltend zu sein, sowie der Anspruch, ein plastisches Bild von der Realität einer vergangenen, der gegenwärtigen oder der inneren Welt zu schildern, beflügeln die Phantasie vieler Menschen. Und falls sie aus ihren unbewussten Erinnerungen schöpfen, womit der Hintergrund ihres Erzählens tatsächlich in der Realität wurzelt, wirken die Erzählungen realitätsnah und überzeugend. (Vgl. dazu: *Die Welt der Reinkarnationslehre,* S. 89)

Der Wunsch und die Vergangenheit

Wünsche greifen oft eigene Erfahrungen auf. Der Mensch – wie übrigens auch das Lebewesen – muss auf eine Weise von dem, was er sich wünschen kann, schon etwas erfahren haben, damit es ihm seine Phantasie in der Gestalt einer „Wunschvorstellung" präsentieren – und auch ausschmücken – kann.

Vieles von dem, was der Mensch erlebt und erfahren hat, verschwindet für eine Weile aus seinem Bewusstsein. Er kann sich über lange Strecken seiner inneren Entwicklung hinweg an vieles nicht mehr erinnern, weil das Erfahrene abseits der Wegstrecke liegt, die er in der gegenwärtigen Phase zurückzulegen hat, so dass er es nicht gebrauchen kann. Er wird also davon entlastet. – Auch die Drehbühne der Seele dreht sich immer wieder weiter, stellt etwas anderes in den Vordergrund, und das Zurückgebliebene verblasst. War jedoch das Erlebnis in einer vergangenen Inkarnation intensiv, so kann es sich gelegentlich bemerkbar machen, ohne dass sich der Mensch konkret an das Erlebnis erinnert. Es steigt in ihm nur die Nostalgie nach jenem Leben oder nach dem damaligen Hochgefühl auf, ohne dass er weiß, woher es kommt. Es ist die Sehnsucht nach dem Vergangenen, die dann seine Phantasie belebt und in ihm entsprechende Wunschvorstellungen aufsteigen lässt. Dabei muss der Gegenstand der Nostalgie nicht unbedingt etwas „Wünschenswertes" sein: Schönes, Angenehmes, Edles oder Wertvolles. Ausschlaggebend ist immer, dass der Mensch damals das Erlebnis als etwas für ihn Wichtiges, subjektiv gesehen „Gutes" empfunden hat. Lebt es in seiner Phantasie wieder auf, so ist dies darauf zurückzuführen, dass die Neigung zu jener (damals ausgelebten) Verhaltensweise in ihm immer noch vorhanden ist und sich nun – in einer gemäßigten Form – wieder meldet, bis sie einmal endgültig *ab*gelebt wird.

Ebenso wie seine Affekte kann der Mensch auch seine Wünsche durch die Phantasie ausleben und sich dabei von seelischer Spannung befreien. *Wunschphantasien*, die von der Vergangenheit her genährt sind, erfüllen ebenfalls diese Ventilfunktion. Viele Kinder, in welchen manche Ereignisse aus vergangenen Inkarnationen noch lebendig sind, können diese durch Phantasieren noch einmal erleben und sie dabei vielleicht auch *ab*leben. In dem Fall befreien sie sich von der Nachwirkung oder dem Druck solcher Ereignisse.

Solche Ereignisse müssen keineswegs schlimm gewesen sein, zum Beispiel traumatische Erfahrungen mit sich gebracht haben oder zerstörerisch gewesen sein. Auch angenehme Erinnerungen aus früheren Inkarnationen können in der Gegenwart störend wirken. Das Kind sehnt sich beispielsweise nach der Familie, zu welcher es in der vorangehenden Inkarnation gehörte, es sehnt sich nach dem Leben, das es dort führte (und das es aus der zeitlichen Distanz vielleicht gehörig idealisiert), so dass ihm das Gute und Angenehme in seiner gegenwärtigen Inkarnation minderwertig erscheint.

Aber auch zerstörerische Wünsche können durch die Phantasie auf harmlose Weise abreagiert und dadurch „entschärft" werden. Viele Kinder leben die Nachwirkungen ihrer Erlebnisse, denen sie beispielsweise im Zweiten Weltkrieg ausgesetzt waren, wie auch ihr damaliges Verhalten, heute in ihrer Phantasie (häufig vor dem Fernseher) aus.

In ähnlicher Weise kann die Kampflust, die in ihnen als Wunsch auflebt, wieder mit Waffen zu kämpfen, Krieg zu führen, schon in jungen Jahren in der Phantasie befriedigt und sogar bei vielen gänzlich aufgelöst werden. In der Pubertät und in den nachfolgenden Jahren leben viele Jugendliche ihre – früher vielleicht übersteigerte – Sexualität in der Phantasie aus. Heutzutage pflegen die elektronischen Medien die Ventilrolle zu übernehmen, was bedauerlich ist, weil ohne aktive Beteiligung die innere Spannung nicht wirklich aufgelöst werden kann. Ein Zuviel an Fernsehen lässt sogar die Dynamik der Seele erlahmen, und das Nicht-Ausgelebte wird in ihr angestaut, was zum Beispiel Verhaltensstörungen verursachen kann.

Wünsche und die Zukunft

Wunschvorstellungen können jedoch auch einen anderen Grund haben: Der Mensch hat solche Wünsche, weil sie ihm aufzeigen, welche Aufgaben ihn in der Zukunft erwarten.

Die Seele ist *wissend*. Sie weiß auch um künftige Aufgaben. Ihr Wissen um die Zukunft ist ein unbewusstes Wissen, das im Archiv der Seele, und zwar im *Überbewussten*, lagert und vom inneren Menschen verwaltet wird. Einiges kann jedoch aus diesem inneren Wissen schon lange vorher – eventuell einige Inkarnationen früher – aufsteigen, also noch bevor die Zeit für die Realisierung der Aufgaben gekommen ist.

Die Phantasie holt dieses Wissen in Form von Wunschvorstellungen aus dem Archiv und bereitet damit den äußeren Menschen vor, sich allmählich auf seine Zukunft einzustimmen und – zunächst gefühlsmäßig – auf das Kommende vorzubereiten. Daher können auch ganz ausgefallene Wünsche – falls sie sinnvoll sind – irgendwann einmal in Erfüllung gehen.

Früher wollten manche Knaben zum Beispiel Lokomotivführer werden, später Flieger, heutzutage Astronauten, die zum Mars reisen. Kaum einer dieser Wünsche ging in Erfüllung, was aber die meisten nicht enttäuschte. Denn inzwischen hatten sich ihre Wünsche geändert. Sie wurden an die reellen Gegebenheiten besser angepasst und bei vielen auch auf ein höheres Niveau gehoben.

Im Kern kann aber auch der im Kindesalter gehegte Wunsch etwas enthalten, was später befriedigt werden kann, dies meistens in einer späteren Inkarnation. Denn was steht hinter dem Wunsch, Lokomotivführer, Flieger oder Astronaut zu werden? Der Wunsch, etwas „Besonderes", „Wichtiges" zu leisten, eine „Elitenrolle" zu übernehmen. Ist der Mensch reifer, so wird dieser Wunsch in die Bereitschaft abgewandelt, andere auf irgendeinem Gebiet des Leben zu führen und die Verantwortung für sie zu übernehmen.

Mit jedem Schritt in der inneren Entwicklung erhöht sich die Qualität der Wünsche. Von der mittleren Stufe an wird auch die Phantasie „veredelt". Erwacht die Gefühlsfähigkeit im Menschen, so werden die bisherigen Auslöser der Phantasietätigkeit, nämlich Empfindungen, Emotionen und Affekte, von *Gefühl*, *Intuition* und *Inspiration* abgelöst. Je weitergehend sich der Mensch auf dieser Entwicklungshöhe von seinen Eingebungen leiten lässt, die letzten Endes insgesamt von oben: von der Höheren Führung kommen, umso kreativer wird auch seine Phantasie. Und er wird immer weniger dazu neigen, mit Hilfe der Phantasie noch verbliebene Emotionen und Affekte abzureagieren und seine Wunschvorstellungen auszuleben.

Ist die Phantasie „gereinigt", ist der Mensch von seiner Ichbezogenheit befreit, so können Wunschvorstellungen zur Vorbereitung des Künftigen dienen. Entwicklungsschritte, welche fällig geworden sind, werden beispielsweise in Phantasien, die von der Geistigen Führung eingegeben werden, vorbereitet und in der Vorstellung „durchgeprobt".

Sind allerdings die Wunschvorstellungen noch ichbezogen, ist demnach die Qualität der Phantasie niedrig, so kann sie Blüten hervorbringen, die sie in Verruf bringen, so zum Beispiel bei der Wahrsagerei.

Der Wunsch und die Wahrsagerei

Nicht nur der Mensch, der seine Phantasieprodukte für die Wirklichkeit hält oder dafür ausgibt, kann in Verruf geraten, sondern auch die Phantasie. Sie gerät dann in Verruf, wenn ihre Erzeugnisse für Zeugnisse der „Wahrheit" ausgegeben werden, während sie nur das kindliche Gemüt oder dessen Wunschwelt widerspiegeln.

Ist dies bei Kindern oder bei manchen Erwachsenen leicht durchschaubar, so rüttelt es nicht am guten Ruf der Phantasie. Wird das Phantasieprodukt jedoch „offiziell“ für die Wahrheit ausgegeben, so ist der – meistens unerkannte – Schaden bereits eingetreten. Dies geschieht nicht selten bei den sogenannten „medialen Durchgaben“.

Auch medial Begabte können ihre Gabe missbrauchen, sogar ohne, dass sie es merken. Gesetzt den Fall, ein Medium verfüge tatsächlich über entsprechende Fähigkeiten, zum Beispiel Hellsichtigkeit oder Hellfühligkeit, und es sei guten Glaubens. Nehmen wir weiter an, das Medium sei fähig, beispielsweise durch das Legen von Karten oder mit Hilfe von Durchgaben aus der „Übersinnlichen“ oder der „Geistigen Welt“ Vergangenes und Künftiges im Leben des Klienten oder Eigenschaften und Gewohnheiten anderer Personen anzugeben. Mag sein, dass Menschen aus dem Jenseits die Durchgaben bewirken, es kann aber auch sein, dass sich das Medium in das Unbewusste (meistens in das Unterbewusste) seines Klienten hineinfühlen und dort geheime Wünsche und Vorstellungen erkennen kann. Es sagt ihm dann vielleicht deren Erfüllung sogar voraus. Im Grunde „phantasiert“ das Medium, nur liegt die Quelle der Phantasie in solchen Fällen nicht in ihm selber, sondern im Unbewussten des Klienten, zu dem das Medium aufgrund seiner „Hellfühligkeit“ Zugang hat.

Tritt nun das Vorausgesagte nicht ein, so kann nicht nur das Medium, sondern auch die Phantasie in Verruf einer „Lügnerin“ geraten, obwohl sie beide ihrer Aufgabe aufs Beste nachgekommen sind. Sie „lügen“ nicht, nur liegt die Wahrheit, die sie ermittelten, nicht auf der Ebene der äußeren, objektiven Realität, sondern der inneren, ausschließlich subjektiv geltenden Wirklichkeit: im Unterbewussten des Menschen.

Wunsch und Phantasie können auch bei Gotteserlebnissen Pate stehen.

DAS GOTTESERLEBNIS UND DIE PHANTASIE

Gotteserlebnisse sind auf allen Stufen der äonischen Entwicklung möglich. Menschen, die besonders religiös veranlagt sind, können schon auf den unteren Entwicklungsstufen spirituelle Höhepunkte erreichen. Ist ihr Realitätssinn jedoch noch nicht oder nicht hinreichend entfaltet, ihr Gemüt noch kindlich und in ihnen der Wunsch übermächtig, geliebt – besonders von Gott geliebt – zu werden, so können sie sich den Verlauf ihres Erlebnisses mit Hilfe ihrer Phantasie ausmalen. Nicht jeder tut dies absichtlich. Viele tun es – so paradox es klingen mag – „unbewusst–absichtlich". Manche wissen nichts davon, dass sie selber Urheber der schönen Bilder, der wunderbaren Erlebnisse oder der schmeichelhaften Worte sind, die ihnen angeblich Gott zuflüstert. Dennoch lenken sie die „Gotteserlebnisse" selber nach ihrem eigenen – unbewussten – Willen.

Nun gibt es ein unfehlbares Kriterium für die Echtheit von Gotteserlebnissen. Jeder Mensch, der echten Gotteserlebnissen ausgesetzt ist, verändert sich und verändert sein Verhalten. Die Liebe, die er von Gott empfängt, kann er nicht für sich behalten – und er will es auch nicht. Sie strömt aus ihm und durch ihn hinaus, auf alle, die mit ihm in Berührung kommen, und verwandelt so auch seine Umgebung zusehends. Das Zeichen dafür ist, dass er es nicht einfach bei den „schönen Empfindungen" belässt. Dabei muss er nicht – und soll auch nicht – über seine Erlebnisse sprechen, sondern soll sich vielmehr in seinem Leben immer mehr von Gott führen lassen. Sind die „Gotteserlebnisse" hingegen unecht, so geschieht weder bei diesem Menschen noch in seiner Umgebung etwas, was als Hinweis auf steigende Liebesbereitschaft gelten könnte. Höchstens steigt sein Hochmut und er wird realitätsfremd, was sich auch nach außen hin immer deutlicher bemerkbar macht.

SPIRITUALITÄT UND PHANTASIE

Auf den höheren Entwicklungsstufen wird die Tätigkeit der Phantasie im Menschen von der wachsenden Wirkung der *genuinen Geistigkeit* allmählich abgelöst.

Der Mensch kann immer mehr Informationen aus der Kosmischen Wirklichkeit empfangen und kommt in die Lage, selber Einblicke in die wahren Zusammenhänge zu gewinnen.

Dadurch kann er die Sinnhaftigkeit allen Seins und allen Geschehens immer besser begreifen und immer mehr von Gottes „Ratschluss" verstehen.

Sein Verständnis für Gott, für Gottes wahres Wesen wächst, und mit seiner wachsenden Erkenntnis Gottes verblasst jenes Bild, das er sich – jeweils in seiner Phantasie mit Hilfe von Projektionen – von Gott gemacht hat.

Er kann sich immer besser von oben führen lassen. Seine Seele muss nicht mehr in dem Sinne aktiv sein, dass sie durch die Phantasie das Fehlende, noch nicht Erkannte ausfüllt. So greift er nicht mehr auf die Phantasie zurück, um Gott zu verstehen, um sein religiöses Leben zu gestalten.

Denn die Phantasie, die aus den Tiefenschichten der Seele nur das herausholt, was dort jeweils griffbereit ist, um es in die Welt oder in Gott zu projizieren, findet auf dieser Entwicklungshöhe alle Inhalte – mehr oder weniger – „veredelt" vor. Überdies wird auch die Qualität der Phantasie „veredelt". „Veredelt" ist die Phantasie, wenn sie dem Menschen nicht mehr für seine Selbstbestätigung oder Selbstbehauptung dient. Lässt er sich tatsächlich von Gott führen, so wird die Tätigkeit der Phantasie im Glauben wie auch in anderen Bereichen überflüssig. – Anstelle der religiösen Phantasie tritt in der zweiten Hälfte der äonischen Entwicklung die passive, *unmittelbare Erfahrung des Göttlichen.* Der Mensch öffnet sich auf dieser Entwicklungshöhe nach allen Seiten hin, und seine Offenheit ermöglicht ihm, nicht nur Einsicht in alle Belange der irdischen und der Kosmischen Wirklichkeit zu gewinnen, sondern sich auch mit der Himmlischen Wirklichkeit einzulassen und das Wesen und die Gegenwart Gottes immer deutlicher zu erfahren. Er schlägt somit den Weg der *Spiritualität* ein, der ihn in die Nähe Gottes führt.

Wirkt seine Phantasie jedoch noch bei (evtl. vermeintlichen) Gotteserlebnissen mit, so ist dies ein Zeichen dafür, dass diese zumindest stellenweise nicht (ganz) echt sind. Garant für die Echtheit ist stets die „kindliche Hingabe", die allerdings nicht mit der Hingabe an Illusionen verwechselt werden darf (wie bei jenen, welche ihr kindisches Gemüt die Echtheit ihrer phantasiebedingten Gotteserlebnisse glauben macht). Die „kindliche Unschuld" reicht bis in die Tiefe der Seele und hat in der makellosen *Lauterkeit des Herzens* ihren Bestand.

Echte Spiritualität übersteigt die Phantasie. Sie übersteigt sie auch in dem Sinne, dass dem Menschen Erkenntnisse zuteil werden, die er sich vorher überhaupt nicht vorstellen konnte, selbst dann nicht, wenn er über eine rege und vielschichtige Phantasie verfügte.

Kapitel 26

DAS DENKEN

Das *Denken* ist die *dritte Grundanlage* der Seele. Seine Aktualisierung beginnt mit der Heranbildung des *Bewusstseins*, in Ansätzen schon von der Pflanzenstufe an, ihre volle Entfaltung erfolgt durch die wachsende *Geistigkeit.* Diese ist bereits im Prozess der Bewusstwerdung und Bewusstmachung wirksam. Jene Phase in der Gesamtentwicklung, in welcher die Anfänge der Heranbildung des Bewusstseins liegen, kann daher als *Vorphase* in der Entfaltung der *Denkfähigkeit* betrachtet werden.

DAS DENKEN UND DAS GEHIRN

Mit der Heranbildung der Denkfähigkeit wird auch das Nervensystem und mit diesem das Gehirn der Lebewesen erweitert und differenziert. Die Schritte bei der Entfaltung des Gehirns sind objektiv feststellbar (messbar), diejenigen bei der Entfaltung der Denktätigkeit nur unmittelbar, und auch das nicht immer.

Dies ist mit ein Grund, dass das Denken als ein Produkt der Gehirnfunktion betrachtet wird, das durch „Hirnströme" zustande kommt. – Besteht diese Annahme zu Recht?

Das *Denken* wird vom Geist angeregt und gelenkt und von der Seele vollzogen. Es besteht aus Modulationen der Spannung in bestimmten *Seelen*bereichen. Ist die Seele inkarniert, so lösen die seelischen Denkvorgänge – infolge der Wechselwirkung zwischen dem feinstofflichen und dem physischen Leib – entsprechende Vorgänge auch im *Gehirn* aus.

Nach der allgemeinen, sehr verbreiteten Meinung ist die rationale Intelligenz eine Frage der Gehirnbeschaffenheit. Die Ansicht stützt sich auf die materialistische Auffassungsweise, wonach das Denken als eine Funktion des Gehirns betrachtet wird. Diese Annahme ist insofern richtig, als das Denken während der Inkarnation weitgehend (aber nicht vollständig und nicht vorbehaltlos) mit der Gehirntätigkeit zusammenhängt.

Das Denken ist primär keine Gehirntätigkeit, sondern eine *geistige* Tätigkeit, die von der *Seele* und *nicht* vom Gehirn vollzogen wird. Das Geschehen, das beim Denken im Gehirn abläuft, ist sekundär, es ist eine Begleitfunktion des primären Vorgangs, der sich in der Seele abspielt. Die Gehirntätigkeit *spiegelt* im Grobstofflichen lediglich *wider*, was sich beim Denken im Feinstofflichen: in der Seele ereignet.

Die physische Gehirntätigkeit ist als materieller Prozess auf der Erde jedoch unumgänglich. Alles, was sich in der Seele ereignet, hat während der Inkarnation eine Entsprechung im physischen Leib. Da zwischen dem Feinstofflichen und dem Grobstofflichen eine Wechselwirkung besteht, werden sowohl der Denkvollzug als auch die Einprägung des Gedachten in die Seele im physischen Leib festgehalten.

Die Denkvorgänge der Seele erscheinen im physischen Leib als kanalisierte Gehirnströme, die Einprägungen als *Engramme* (gr. Prägung): als bleibende Spuren geistiger Eindrücke in die Großhirnrinde im Gehirn.

Der Zustand des physischen Leibes kann zwar den Denkvorgang beeinflussen, aber nur auf der materiellen Ebene. Ermüdung, Krankheit, Schlaganfall oder eine Gehirnverletzung können die Gehirntätigkeit und dadurch die Denkfähigkeit vermindern oder sogar ganz ausfallen lassen. Dennoch kann die Denktätigkeit des Menschen intakt bleiben.

Viele Hirngeschädigte können (z. B. nach einer Hirnblutung oder Kopfverletzung) scheinbar nicht denken, oder – falls sie denkfähig sind – sich nicht mitteilen. Dies kann an der Beschädigung des Sprachzentrums liegen, aber auch andere, vor allem seelische Gründe haben. Das wahre Gehirn: das feinstoffliche, bleibt jedoch auch bei Hirngeschädigten unversehrt. Dies kann man konkret erfahren, wenn man mit dem *inneren* Menschen des Gehirngeschädigten spricht, wobei es sich zeigt, dass dieser genau so klar und logisch denken kann, wie vor der Schädigung (freilich auch nicht besser als vorher).

Eine Hirnschädigung ist ohnehin nicht der Grund für den Ausfall der Denkfunktion, sondern nur seine materielle Ursache. (Eine *Ursache* betrifft das Grobstofflich-Materielle, der *Grund* liegt auf der seelisch-geistigen Ebene.) Der wahre Grund für einen Denkausfall liegt stets in der seelischen Disposition, welche die Seele – in der Regel aus karmatischen Gründen – zum Denken unfähig macht.

Das Denken setzt also die Gehirntätigkeit des physischen Leibes *nicht* voraus. Auch ohne das physische Gehirn und ohne Nervensystem kann der Mensch denken. Er tut es auch, wenn er beispielsweise im Schlaf seinen physischen Leib verlässt und sich ins Jenseits begibt, wo er sich mit anderen unterhält, sich weiterbildet (indem er z. B. an Kursen teilnimmt) oder Jenseitigen etwas mitteilt (z. B. seine Erfahrungen auf der Erde jenen, die sich auf ihre kommende Inkarnation vorbereiten).

Er behält seine Denkfähigkeit in vollem Umfang auch dann, wenn er gestorben ist und sich im Jenseits befindet, wo er *kein* grobstofflich-materielles Hirn besitzt. Er denkt mit seinem feinstofflichen Gehirn: dem „Astralhirn", welches das eigentliche, das *seelische Organ* des Denkens sowohl im Jenseits als auch während der Inkarnation ist.

Heute häufen sich die Berichte über Fälle, in welchen der klinische Tod eines Menschen (z. B. nach einem Herzinfarkt) von den Ärzten festgestellt wird, der Patient jedoch reanimiert werden kann. Obwohl die Betroffenen während ihrer Absenz keine Hirnaktivität zeigen, erinnern sie sich genau an ihre Erlebnisse, die sie als klinisch Tote hatten.

Im Jenseits vervielfältigen sich überdies die Wahrnehmungsmöglichkeiten, da das feinstoffliche „Sinnesorgan" in mehreren Dimensionen gleichzeitig wahrnehmen kann, was im irdischen Leben nicht möglich ist.

DIE DENKFORMEN

Das *Denken* hat die Aufgabe zu *ordnen,* die Wirklichkeit in ihren diversen Erscheinungsformen abzubilden und ihre äußere und innere Struktur nachzuzeichnen, das heißt im *Bewusstsein* nachzubilden.

Die Wirklichkeit, auf welche sich das Denken bezieht, wird vielfach mit der irdisch-materiellen Wirklichkeitssphäre gleichgesetzt. Dieses Denken, das sich an der irdisch-materiellen Wirklichkeitssphäre orientiert, ist das Denken, das dem Menschen am ehesten geläufig ist. Es ist das *rationale Denken.* – Nach einer sehr verbreiteten Ansicht ist das *rationale Denken* die eigentliche und die einzige *geistige* Tätigkeit des Menschen. Diesem Irrtum erliegt allerdings nur derjenige, der das rationale Denken mit „Denken" schlechthin gleichsetzt.

Das *rationale Denken* ist nämlich nur *eine* der Denkformen. Es vermittelt nur einen überaus beschränkten Ausschnitt aus der Gesamtwirklichkeit. Daher gibt es sowohl *vor* als auch *nach* der Heranbildung der Rationalität Anlagen, die den Menschen zum Erfassen der Wirklichkeit befähigen. Das rationale Denken ist das charakteristische Denken für die *zweite Etappe* der äonischen Entwicklung. Vorher: auf den untersten Stufen seiner inneren Entwicklung, ist der Mensch des rationalen Denkens im vollem Umfang *noch nicht* fähig; in der zweiten Hälfte der äonischen Entwicklung hingegen reicht ihm sein rationales Denkvermögen für eine seelische und geistige Orientierung in der Wirklichkeit *nicht mehr* aus.

Es gibt andere Anlagen, die das Denken in der ersten und der dritten Etappe ermöglichen. Sie führen zur Entfaltung von weiteren *Denkformen,* die sich vom rationalen Denken unterscheiden. – Diese Denkformen sind das *elementare* und das *intuitive* Denken. Das *elementare* Denken herrscht in der *ersten Etappe* vor, das *intuitive* in der *dritten.*

Die Etappen, in welchen diese beiden Denkformen herangebildet werden, überlappen sich mit der Phase, in welcher die Entfaltung des *rationalen* Denkens vollzogen wird. In der ersten Etappe beginnt neben der Heranbildung des *elementaren* Denkens bereits auch die des *rationalen*. Dieses wird noch in der dritten Etappe parallel zur Entwicklung des *intuitiven* Denkens auf entsprechend höherem Niveau weiter entfaltet.

Die Denkformen lösen sich also nicht einfach ab, sondern sie ergänzen und entfalten sich interaktiv auf einer qualitativ immer höher stehenden Ebene. So kehrt das *elementare* Denken in der dritten Etappe in einer höheren Erscheinungsform als *intuitives* Denken wieder.

Die Voraussetzung für das *elementare Denken* ist das *Fühlen*, in diesem dominiert die Empfindungsfähigkeit. – Das *rationale* Denken basiert auf dem *Ordnungssinn*. – Das *intuitive* Denken stützt sich wieder auf das *Fühlen*, das die Voraussetzung für die *Intuition* ist.

Das *rationale* Denken kann auf *zwei Arten* vollzogen werden: als *kombinatives* oder als *analytisches* Denken. Die *dritte Art* des Denkens: das *synthetische*, wird durch das *intuitive* Denken ermöglicht.

DAS ELEMENTARE DENKEN

Das *elementare Denken* beruht vorwiegend auf dem *Erfühlen* jener Ausschnitte aus der Gesamtwirklichkeit, die dem Menschen auf der entsprechenden Entwicklungshöhe: in der *ersten Etappe* der äonischen Entwicklung, zugänglich sind. – Das elementare Denken entfaltet sich hauptsächlich die zweite Entwicklungslinie entlang, welche die Entwicklungslinie des *Fühlens* ist. Die Entwicklungslinie des Fühlens wird von der zweiten Entwicklungsstufe an mit der dritten Entwicklungslinie: mit der der *Rationalität*, allmählich verwoben.

Diese „Doppelspurigkeit" des Denkens auf den unteren Entwicklungsstufen ist dadurch bedingt, dass das wichtigste Organ des rationalen Denkens: der *Ordnungssinn*, auch schon im elementaren Denken, sogar bereits auf den höheren Tierstufen wirksam ist. Dank der frühzeitigen Wirkung des Ordnungssinnes erscheint die Welt dem Lebewesen und dem Menschen von den ersten Anfängen der äonischen Entwicklung an *geordnet*.

Die *Welt des Lebewesens* ist der jeweilige *Lebensraum* der Art, welcher es angehört. Sie umfasst die ihm zugänglichen Ausschnitte sowohl aus der irdisch-materiellen Wirklichkeitssphäre als auch aus dem Übersinnlichen, zu welchem das Lebewesen durch entsprechende Wahrnehmungen und durch Erfühlen Zugang hat. Was außerhalb seines Lebensraumes liegt, nimmt das Lebewesen *überhaupt nicht wahr*. Was also nicht zu seiner Welt gehört, existiert für das Lebewesen nicht. – Die Welt des Lebewesens ist eine logisch strukturierte, somit eine *geordnete* Welt, die für das Lebewesen in allen Zügen und Bestandteilen belangvoll und von Bedeutung ist. Ebenso ist die Welt, die mittels des elementaren Denkens in der Seele des Menschen *abgebildet* wird, vollauf *sinnvoll*.

Das ganzheitliche Denken

Das *elementare Denken* ist ein *ganzheitliches* Denken. Ganzheitlich ist es, weil es das Erfasste und Abgebildete: das „Denkmodell", nicht aus Einzelstücken aufbaut, sondern von vornherein als ein Ganzes aufnimmt.

Es ist das gesamte und einheitliche Empfindungsfeld, das im elementaren Denken – wie in der Wahrnehmung das Sinnesfeld (= das Wahrgenommene) – primär *nicht* aus Einzeldaten zusammengesetzt, sondern als Ganzes erfasst und abgebildet wird. Darin besteht der grundlegende Unterschied zum rationalen Denken. Während das rationale Denken die aufgenommenen oder übernommenen Einzeldaten zusammenfügt, meistens miteinander kombiniert, und erst auf diese Weise ein ganzheitliches Denkbild erstellt, erfasst das elementare Denken zuerst das Ganze, um daraus – je nach Bedarf oder Notwendigkeit – Einzeldaten herauszulösen.

Lebewesen und Mensch erleben die Wirklichkeit im *Erfühlen*, das sämtliche Empfindungen umfasst, deren die Seele auf der entsprechenden Entwicklungshöhe fähig ist. Alle Empfindungen sind jeweils gleichzeitig in der Seele lebendig. Je nach inneren oder äußeren Signalen lösen sie dann die Einwirkungen aus dem erfühlten Gesamtfeld: aus dem *Empfindungsfeld*, die angezeigten Einzeldaten – mehr oder weniger genau – heraus.

Das *Empfindungsfeld* ist all das, was dem Lebewesen oder dem Menschen im Zusammenspiel von Lebensweise und Lebensraum bewusst werden kann, was sich der Mensch – vom Ende der ersten

Entwicklungsstufe an – selber bewusst machen kann. Das Empfindungsfeld ist jedoch keineswegs chaotisch, sondern dank den Instinkten, später aufgrund des unbewusst mitwirkenden Ordnungssinnes logisch strukturiert. Nur deckt es sich nicht – bzw. nicht in allem – mit jenem „objektiven" Bild der Wirklichkeit, das sich der Mensch mit Hilfe seiner herangebildeten Rationalität von der Mitte der zweiten Stufe an entwirft.

Das elementare Denken braucht aber gar nicht genau an die „objektive" Realität angepasst zu sein, weil das irdische Leben des Lebewesens und auch des Menschen in der ersten Etappe seiner äonischen Entwicklung noch weitgehend durch Instinkte gelenkt wird. Die Welt ist da noch offen und auch gegenüber dem Übersinnlichen transparent. Sie ist von Empfindungen und Emotionen durchsetzt und als Ganzes durch das – stufenspezifische – *Lebensgefühl* zusammengehalten.

Das elementare Denken spiegelt eigentlich das jeweilige *Lebensgefühl* und zeichnet diesem entsprechend ein – für die Stufe charakteristisches – ganzheitliches Bild von der Realität.

Das Irrationale

Die Seele ist an den Anfängen ihrer Entwicklung gegenüber dem *Übersinnlichen* offen. So kann das Lebewesen und der Mensch auf den untersten Stufen seiner inneren Entwicklung etliches auch aus der *übersinnlichen Wirklichkeit* aufnehmen. Überdies dringt vieles, was emotionell oder affektiv bedingt ist, sowohl beim Lebewesen als auch noch beim Menschen aus der eigenen Seele in das Wachbewusstsein. Viele Menschen erleben ihre Empfindungen oder all das, was sie aus dem Übersinnlichen erfahren, so konkret, dass sie es für die wahre Wirklichkeit halten.

Das *elementare Denken* ist zwar logisch, doch was die Objektivität anbelangt, noch unkontrolliert. Die Heranbildung des „Kontrollorgans": der *Urteilskraft,* beginnt erst von der Mitte der dritten Entwicklungsstufe an, und das – echte – Gefühl, das aus der Wirklichkeit unmittelbar schöpft, wird erst in der zweiten Hälfte der inneren Entwicklung entfaltet. Auf den unteren Entwicklungsstufen besteht das Lebensgefühl des Menschen noch aus Empfindungen und Emotionen, Stimmungen und Affekten. So gelangen auch emotionell oder affektiv bedingte Empfindungselemente als Bausteine – und damit das „Irrationale" – in das elementare Denken.

Dies besagt jedoch nicht, dass das elementare Denken vorwiegend auf Täuschung beruht. Der größte Teil der Empfindungselemente, die der Mensch im elementaren Denken erfasst, geht einerseits auf Informationen, andererseits auf Wahrnehmungen sowohl aus der sinnlichen als auch aus der übersinnlichen Wirklichkeit zurück und gehört zu den konkreten Bestandteilen der jeweiligen Welt der Lebewesen oder des Menschen.

Reaktionen auf Empfindungen, vor allem Emotionen und Affekte, hingegen sind jene Elemente, welche Erleben und Wahrnehmung dieser Welt rein subjektiv gestalten oder sogar *ver*formen können. Sie haben daher nur eine subjektive, ausschließlich für das Individuum gültige Bedeutung.

Das „magische" Denken

Das Emotionale, das „Eingebildete" kann die Welt eines Lebewesens oder eines Menschen gerade aus dem Grunde verfärben, weil die Regungen der Seele auf der Stufe der Unbewusstheit Macht über sie (Lebewesen und Menschen) ausüben.

Die Macht des Emotionellen ist somit der Grund auch dafür, dass das elementare Denken als „magisches Denken" bezeichnet wird (so vielfach auch in der Psychologie). Dem Terminus liegt die Vorstellung zugrunde, dass man durch konzentriertes Denken Macht über Menschen und die Welt ausüben kann.

In der Psychologie nennt man das anfängliche Denken des Kindes ebenfalls „magisch". Es ist deshalb „magisch", weil das Kind das, was es sich vorstellt, was es sich einbildet, das heißt: was es mit Hilfe seiner Phantasie „denkt", für absolut real halten kann. Es „formt" – laut dieser Auffassung – durch sein Denken die Realität, in welcher es lebt, gleichsam „aus", als hätte es die „magische" Fähigkeit, die Wirklichkeit nach Gutdünken zu gestalten. – Das tut aber keineswegs jedes Kind. Es hängt davon ab, auf welcher Entwicklungsstufe der Mensch (= das Kind) steht. Ein Mensch, der die dritte Entwicklungsstufe erreicht hat und dabei ist, seine Rationalität konzentriert heranzubilden, wird sich schon von klein auf der irdischen Realität zuwenden und – vielleicht auf Kosten seiner Gefühle und seiner Phantasie – „vernünftig", das heißt: *rational* denken. – Die mittlere Phase auf der dritten Entwicklungsstufe ist die Phase der „Kopflastigkeit".

Doch auch die großen Phasen der Entwicklung verlaufen nicht monoton, sie weisen „Wellen" auf. Das charakteristische Merkmal (z. B. Gefühlsbetontheit, Kopflastigkeit) tritt einmal stärker, dann wieder schwächer hervor, denn der Charakter der Phase hängt davon ab, welcher Sektor der Drehbühne der Seele, die den „Wellengang" regelt, im Vordergrund steht.

Nicht alles aber, was Kinder erzählen, muss durch das „magische Denken" entstanden sein, es kann auf seinen konkreten Wahrnehmungen des Übersinnlichen (z. B. von Engeln, Naturgeistern) beruhen.

Offen ist die Welt des Menschen auch auf den höheren Stufen seiner äonischen Entwicklung, allerdings auf eine andere Weise. Ihre Offenheit beruht auf seiner Fähigkeit zum *intuitiven Denken.*

Das elementare und das intuitive Denken

Das *intuitive* Denken weist mit dem *elementaren* Denken in vielem Ähnlichkeit auf und gilt daher als dessen *Überhöhung*. – Der Unterschied zwischen ihnen ergibt sich aus der Differenz ihrer Qualität. – Im *elementaren Denken* vermischen sich konkrete Wahrnehmungsdaten aus der irdischen und der übersinnlichen Wirklichkeit mit seelischen Elementen und Vorstellungen, auf unteren Tierstufen größtenteils mit Empfindungen. – Im *intuitiven Denken* hingegen wirkt die *Urteilskraft* bereits mit. Diese schärft den *Realitätssinn*, der dem Menschen ermöglicht, die Wirklichkeitssphären voneinander zu unterscheiden wie auch die äußere und die innere Realität auseinander zu halten, ferner die Subjektivität seiner seelischen Regungen und Reaktionen klar zu erkennen.

„Innen" und „Außen" bilden zwar für die Seele – kraft des elementaren wie auch des intuitiven Denkens – ein Ganzes, doch kann das elementare Denken die einzelnen Teile noch nicht deutlich genug auseinanderhalten. Es muss es auch nicht: Es ist ein *ganzheitliches* Denken, dessen Bausteine allerdings nur aus jenen Elementen bestehen, welche mit Hilfe der unteren Seelenschichten und rein empfindungsmässig erfassbar sind. – Die Bausteine des *intuitiven Denkens* hingegen stammen aus der oberen Triade der Seelenschichten. Diese werden intuitiv erfasst. Sie sind dementsprechend anderer Art und haben eine wesentlich höhere Qualität.

Damit eine Überhöhung des elementaren Denkens durch das intuitive überhaupt möglich wird, muss der Mensch einem äußerst langen inneren Reifeprozess unterzogen werden.

Dieser Reifungsprozess findet während der *zweiten Etappe* der äonischen Entwicklung statt. Diese Etappe hat für die Entfaltung des Denkens dementsprechend grundlegende Bedeutung: In ihr wird die *Rationalität* herangebildet und schließlich voll entfaltet. Erst nach hinreichender Entfaltung des rationalen Denkens kann das intuitive Denken herangebildet werden, so dass es später die führende Rolle im Denken übernehmen kann.

DAS RATIONALE DENKEN

Denken bedeutet: *Ordnung zu erfassen* und zu *ordnen*. – Das *rationale Denken* ordnet in einem zweifachen Sinne: Es ordnet das Erfasste in eine bereits bestehende Ordnung ein und es erstellt neue Ordnungsgefüge.

Es kann das Erfasste *ein*ordnen, weil in der Seele bestimmte Ordnungsmodelle bereits *eingeprägt* sind. Das Denken ordnet aber nicht bloß, es bildet die Ordnung in der *Bewusstseinssphäre* auf eine Weise ab. Die Seele ist auch in diesem Sinne *prägbar:* Die neuen Ordnungsgefüge prägen sich in ihr ein.

Das Abgebildete (= der Denkinhalt) spiegelt die Ordnung wider, welche in einer bestimmten Wirklichkeitssphäre vorhanden ist. Dies kann eine materiell-irdische, eine seelische oder eine geistige Wirklichkeit sein. Das Abbild der ersten: der materiell-irdischen, kann die irdische Realität – annähernd – wiedergeben; das Abbild der zweiten: der seelischen, kann sachlich begründet, unter Umständen aber auch rein subjektiv sein und – als Phantasieerzeugnis oder als Produkt des Wunschdenkens – nur für den „Denkenden" Gültigkeit haben; das Abbild der dritten: der geistigen, kann Ausschnitte aus der übersinnlichen Wirklichkeit spiegeln.

Die *Bewusstseinssphäre*, in welcher sich das Denken abspielt und in der die Ordnung (= die Wirklichkeit) abgebildet wird, ist ein Bereich der Seele. In diesem dominiert das *Wachbewusstsein*, das Denkfunktionen von da aus steuert. In diesem Bereich ist jener Teil des inneren Wissens gelagert, zu welchem das Tier oder der Mensch mit seinem Wachbewusstsein unmittelbar Zugang hat. Dieser Teil ist das verfügbare Archiv des Erfahrungsgutes: das *Gedächtnis*. – Der andere Teil des inneren Wissens liegt im *Unterbewussten*. Es ist jenes Erfahrungsgut, das dem Tier und dem Menschen nur indirekt: durch die *Erinnerung* zugänglich ist.

DAS VERHÄLTNIS DES RATIONALEN ZUM INTUITIVEN DENKEN

Das *rationale Denken* entfaltet sich die dritte grundlegende Entwicklungslinie entlang, welche für die Entfaltung der *Intelligenz* im allgemeinen angelegt ist.

Es orientiert sich in erster Linie an der sinnlich-materiellen Wirklichkeitssphäre und an der logischen Ordnung der *irdischen* Welt. Es bemüht sich aber nicht nur um die Abbildung der irdischen Wirklichkeit, sondern auch um das Nachzeichnen der „inneren Logik“ der seelischen und der übersinnlichen Welt. Es ist in jedem Bereich auf das Erfassen und Ersinnen der *rationalen*, also *rein formalen* Ordnung ausgerichtet.

Das *intuitive Denken* entfaltet sich im Wesentlichen auf der zweiten Hauptlinie und wird dementsprechend vom *Gefühl* und dessen Erscheinungsformen, so vor allem von der *Intuition*, getragen. Es stellt sowohl eine *Überhöhung* des *elementaren* als auch des *rationalen* Denkens dar, das es aber voraussetzt.

Das Zusammenwirken des rationalen und des intuitiven Denkens

Während das *intuitive Denken* das elementare vollständig ablöst, ersetzt es das rationale Denken nicht. So ersetzt auch die Intuition die Rationalität nicht, sondern erschließt ihr neue Bereiche.

Je weiter nämlich jenes Ordnungsgefüge, das im Denken abgebildet werden soll, von der irdischen Wirklichkeit entfernt liegt, umso intensiver muss für den Denkprozess auch die *Intuition* mobilisiert werden, damit man Informationen über jene Wirklichkeit erhält. Die *Intuition* ist eine Erscheinungsform der zweiten Hauptfähigkeit der Seele: der *Sensibilität,* die durch die zweite Grundanlage: durch das *Fühlen* ermöglicht wird. Daher muss in das Denken auch das Fühlen einbezogen werden, sobald es das Ordnungsgefüge nicht bloß formal erfassen, sondern auch seinen Wesensgehalt ermitteln soll.

Das rationale Denken kann die zu erfassende Ordnung mit ihrem Wesensgehalt nur dann wirklichkeitsgetreu wiedergeben, wenn es von der *Intuition* geführt wird. Erst die *Intuition,* das Hineinfühlen in eine Wirklichkeitssphäre, so auch in die seelische und in die geistige Welt, erst das *intuitive* Erfassen ihrer ebenfalls logisch strukturierten Ordnung ermöglicht das Eindringen in diese Welten. Nur dadurch gelangt das rationale Denken überhaupt zur getreuen *Erkenntnis der Wirklichkeit.*

Die *Rationalität* muss also der *Intuitivität* dienen und nicht ihre Herrin sein wollen. Spielt sich das rationale Denken als Herrscher auf, so kann es nur die Oberfläche der Wirklichkeit oder nur Bruchstücke, wenn nicht sogar ein völlig entstelltes Bild von der Wirklichkeit wiedergeben.

Das Erfassen der Wirklichkeit

Je nach dem also, ob der Mensch an die Wirklichkeit von außen her und mit seinem dafür geeigneten Organ: mit dem *Verstand,* oder aber von innen her, mit Hilfe seiner *Intuition* und somit *unmittelbar* herantritt, erfasst er die *formale* Ordnung der Wirklichkeit, – oder aber deren *innere* Zusammenhänge, die „innere Logik“ und damit ihren *Sinn.* Im ersten Fall denkt er *rational* und er gelangt zur *Erkenntnis,* im zweiten denkt er *intuitiv* und er gelangt zur *Einsicht.*

Das Denken hat zur Aufgabe, nicht nur das Irdische, sondern auch das Höhere abzubilden. Das Erfassen jeder formalen Ordnung erstellt ein Bild, in welchem ein Kosmisches Ordnungsgefüge gespiegelt wird. – Jedes Kosmische Ordnungsgefüge ist nach einem höheren Ordnungsprinzip gestaltet. Auch ein durch das rationale

Denken aufgestelltes Ordnungssystem, so jede wissenschaftliche oder sonstige Theorie, jede Idee oder Weltsicht, die sich Menschen vorstellen oder denken, bildet – falls sie einigermaßen „richtig", das heißt wirklichkeitsnah ist – ein Kosmisches Ordnungsgefüge nach. Auch die Kosmische Wirklichkeit weist Gestalt und Struktur auf und ist „logisch" aufgebaut. Das *rationale* Denken ist auf das Erfassen dieser Gestalt und Struktur gerichtet. Für das Erfassen der Ordnungsprinzipien, damit des Wesensgehalts und des Sinnes eines Ordnungsgefüges, so auch für das Erfassen der inneren Logik der Welt, ist hingegen das *intuitive* Denken zuständig.

Die Übergänge zwischen dem rationalen und intuitiven Denken sind im praktischen Denkvollzug selbstverständlich fließend. Je höher der Mensch innerlich entwickelt ist, umso mehr Bedeutung wird er in seinem Denken der Intuition einräumen. Dennoch benötigt er nach wie vor auch das rationale Denken, um mit dessen Hilfe das intuitiv Erfasste in die von ihm bereits erkannte Weltordnung bzw. in sein inneres Wissen einzuordnen.

DIE DREI ARTEN DES DENKENS

Das *Denken* hat das *Ordnen* zur Aufgabe. Das *Ordnen* kann auf dreifache Weise geschehen: Es kann eine Ordnung erfassen, das Erfasste in Zusammenhänge stellen oder ein neues Ordnungsgefüge erstellen.

Je nach dem, worauf das Denken gerichtet ist, ergeben sich *drei Arten des Denkens*: das *analytische*, das *kombinative* und das *synthetische*.

Für die Durchführung des *analytischen* und des *kombinativen* Denkens ist die *rationale Intelligenz* zuständig, das *synthetische* Denken ist das Werk der *transzendentalen Intelligenz*.

Die ersten beiden Denkarten sind also Erscheinungsformen des *rationalen*, die dritte ist eine Erscheinungsform des *intuitiven Denkens*.

Im *elementaren* Denken wirkt sowohl Kombinationsfähigkeit als auch Intuition mit. Es geschieht in erster Linie mittels Empfindungen und nur in geringem Maße rational. So ist auch die jeweilige Ordnung, die es ermittelt, für das Lebewesen und den Menschen in der ersten Denketappe im wesentlichen *empfindungsmässig* vorhanden. Sie ist eine *gelebte* – und keine theoretisch erfasste, abstrakte – Ordnung, die dennoch klar strukturiert ist. Dies nicht zuletzt dank den Instinkten, die im elementaren Denken – auf den Tierstufen sogar weitgehend – mitwirken.

Das kombinative Denken

Die erste Denkart, die im Entwicklungsverlauf herangebildet wird, ist nicht das analytische, sondern das *kombinative Denken*. Es bildet die erste Stufe des *rationalen Denkens* und gilt bis auf die zweite Stufe der äonischen Entwicklung als das „Denken" schlechthin. Seine Heranbildung beginnt schon auf den mittleren Tierstufen.

Das *kombinative Denken* setzt das *Gedächtnis* voraus. Das Gedächtnis enthält jene Erfahrungen, welche im Lebewesen noch lebendig sind. Lebendig sind in ihm nicht nur jene Erfahrungen, die im gegenwärtigen Erdenleben gemacht worden sind, sondern auch jene, die aus früheren Inkarnationen stammen und eindrücklich genug waren, um im inneren Wissen, in welches das Gedächtnis hineinreicht, gespeichert zu werden.

Die Daten, die kombiniert werden, sind Reize, Signale aus der Außenwelt, Situationen oder Erlebnisse und ihre schon erfahrenen oder möglichen Folgen sowie auf sie erfolgte eigene Reaktionen. – Trugschlüsse sind bei solchen Kombinationen natürlich nicht ausgeschlossen.

Das *kombinative Denken* richtet sich auf die Ermittlung der Zusammenhänge, auf höheren Stufen auf die Ermittlung der Gesetze der Kausalität: der Verknüpfung von Ursache und Wirkung sowie von Grund und Folge. Sie zielen im allgemeinen auf die Ermittlung der *logischen Struktur* der Wirklichkeitssphären.

Die Kenntnis der Zusammenhänge, das Wissen um die Abfolge von Ereignissen, die Kenntnis der Konsequenzen, die bestimmte Reaktionen, dieses oder jenes Verhalten nach sich ziehen, ist für das Tier und den Menschen bei der Meisterung des irdischen Lebens unerlässlich.

Tier und Mensch müssen immer wieder kombinieren. Nur stehen ihnen nicht immer alle Fakten zur Verfügung, die eine wirklichkeitsgetreue Ordnung der Einzeldaten ermöglichen würden. Es fehlen Glieder in der Kette sowie die nötige Übersicht. So laufen Kombinationen nur allzu oft auf Fehlschlüsse hinaus, die zwar objektiv falsch sind, subjektiv jedoch „richtig" sein können, weil sie brauchbar sind und jene Lebensweise ermöglichen und jenen Lebensraum zu beherrschen gestatten, die dem Tier oder dem Menschen zur Verfügung stehen.

Dabei spielt die Gewohnheit eine erhebliche Rolle. Das wiederholt Erfahrene prägt sich in die Seele ein, und zwar umso tiefer, je größer seine Bedeutung für das Tier oder den Menschen ist. Dabei kann viel Gewohntes oder Überflüssiges lange im Verhaltensmuster verbleiben. – Korrekturen oder größere Veränderungen sind an Lebensgewohnheiten bekanntlich schwer anzubringen.

Das Überflüssige kann sich besonders bei jenen Kombinationen einschleichen, welche die Errichtung *neuer* Ordnungsgefüge bezwekken. Denn dabei können auch miteinander nicht zusammenhängende Dinge oder Ereignisse verknüpft oder unpassende Strukturteile in das Ganze eingefügt werden.

Auf diese Weise werden Zwischenglieder eingeschoben, die im Grunde nicht zum Ganzen gehören und mit den anderen Gliedern nicht in Zusammenhang stehen. Verhaltensmuster enthalten sehr oft Zwischenhandlungen, die für das Erreichen des Zieles völlig überflüssig sind. Das Tier oder der Mensch macht einen „Umweg", in manchen Fällen sogar im buchstäblichen Sinne. Sie tun es auch dann, wenn sie wissen, dass eine andere Route kürzer wäre. Jemand geht zum Beispiel beständig durch bestimmte Gassen zum Arbeitsplatz, weil er einmal aus irgendeinem Grund (z. B. um jemandem auszuweichen oder weil dort gerade ein Baum in Blüte stand, den er bewundern wollte) diesen Umweg gewählt hat. Der einmal eingeschlagene Weg wird immer wieder eingeschlagen, und dies wird zu einem täglichen Ritual.

Ebenso kann man bei Tieren beobachten, dass ein einmal vollzogener Handlungsablauf, falls das Tier dabei emotional berührt wurde, regelmäßig eingehalten wird, und zwar auch dann, wenn seine Durchführung inzwischen schwieriger geworden ist oder auf Hindernisse stößt.

Durch Kombinationen kann auch eine Sinndeutung zustande kommen. Das Tier kann beispielsweise darauf gedrillt werden, dass es beim Aufleuchten einer Lampe zum Futtertrog rennt (wo es tatsächlich Futter vorfindet). So erhält das Aufleuchten der Lampe für das Tier einen bestimmten Sinn. Es rennt dann beim aufleuchtenden Signal eine Weile auch dann noch zum Trog, wenn dieser leer ist und die Handlung somit sinnlos geworden ist.

In diesem Beispiel geht die Sinndeutung auf eine Erfahrung zurück. In vielen anderen Fällen wird eine Sinndeutung weitergereicht, und damit ist es nicht mehr ersichtlich, worauf sie gründet. (So ist für abergläubische Menschen das Auftauchen eines Kaminfegers, einer schwarzen Katze oder einer „Spinne am Morgen" ein „bedeutungsvolles" Zeichen.)

Gewohnheit, Drill und das Lernen legen in gewissen Gemeinschaften die Kombinationen fest und führen einerseits zu wichtigen Erkenntnissen, andererseits aber auch zu festgefahrenen Meinungen, die sogar die Wirklichkeit verhüllen können. So stand beispielsweise der von der Kirche bis in die Neuzeit festgehaltene Glaube an die Unbeweglichkeit der Erde im krassen Widerspruch zu den Tatsachen; ebenso geht heute noch das traditionelle Christentum, indem es die Tatsache der Reinkarnation nicht zur Kenntnis nimmt, an der Wirklichkeit vorbei.

Das analytische Denken

Das *analytische Denken* tritt in Funktion, wenn der Forschergeist erwacht und wissen will: Was ist das? Woraus besteht es? Was ist da drin? – Das sind lauter Fragen, die sich das neugierig gewordene Tier, das geistig erwachte Kind und der wissbegierige Erwachsene stellen. Und Antworten erhalten sie mit Hilfe des *analytischen Denkens.*

Das *analytische Denken* richtet sich auf das Erfassen der Wirklichkeit, zerlegt Dinge, Wahrnehmungen, auf der menschlichen Stufe auch Vorstellungen, Begriffe und Denkinhalte. Es ermöglicht die Gegenüberstellung und das Vergleichen von Einzelheiten und Teilen und führt – vor allem auf der zweiten Entwicklungsstufe – zur *Polarisierung.*

Polarisierung bedeutet die Zerlegung von Dingen, Vorstellungen und Begriffen wie auch von Ausschnitten aus der Wirklichkeit oder der ganzen Welt in *Gegensätze*, die dann als *unversöhnlich* gelten wie zum Beispiel: Mann–Frau, Herr–Knecht, wertvoll–minderwertig, gut–böse, Licht–Schatten, Gott–Teufel.

Mit Hilfe des analytischen Denkens dringt das Tier (höherer Stufe) und der Mensch (auf den beiden untersten Stufen seiner inneren Entwicklung) in das Verständnis des Wahrgenommenen und Erfahrenen ein. Es befähigt sie, ihre Welt von verschiedenen Seiten her zu betrachten und immer mehr Ausschnitte zu begreifen.

Von der Mitte der dritten Entwicklungsstufe an, wenn der Mensch beginnt, die Welt gedanklich zu erforschen, in das Wesen und in die Strukturen einzudringen, die unter der Oberfläche der materiellen Welt liegen und die innere – eigentliche – Gestalt der Welt begründen, wird die *analytische Denkart* das tragende Element des *rationalen Denkens.*

Auf höheren Stufen verarbeitet das *analytische Denken* das Erfahrene, das es aus den Hintergründen des irdischen Lebens und aus der Kosmischen Ordnung mit Hilfe der *Intuition* gewonnen hat. Es ist daher eine wichtige Vorstufe des *intuitiven Denkens.*

In der zweiten Hälfte der äonischen Entwicklung wird die Polarisierung allmählich von jenem Vorgang abgelöst, der ihr entgegengesetzt ist: von der *Integration.*

Integration (aus: lat. *integer* = unversehrt, ein Ganzes ausmachend; daraus: *integrare* = wiederherstellen, ergänzen, ganz machen) bedeutet: Wiederherstellung, Ergänzung, Erneuerung, Vereinheitlichung. Die Integration ermöglicht, alles, was auf den unteren Stufen gegensätzlich zu sein scheint, als Ergänzungen zu erkennen, die sich zu einem übergeordneten Ganzen zusammenfügen lassen. Im Gesamtbild erscheinen auch polarisierte – „unüberwindbare" – Gegensätze als zusammengehörig und sich ergänzend, und es wird ersichtlich, dass sie mit dem Ganzen in Einklang stehen. Widersprüche lösen sich auf, indem von dem höheren Gesichtspunkt aus die *Relativität* des Gegensätzlichen erkannt wird.

Die *Integration* ist jedoch nicht die Aufgabe des kombinativen, sondern des *synthetischen* Denkens.

Das synthetische Denken

Das *synthetische Denken* ist *schöpferisch.* Es ist einerseits auf das Erfassen von umfassenden Ordnungsgesetzen, andererseits auf die Erstellung von Ordnung gerichtet.

Das *schöpferische Denken* ist ein Nachvollzug der Tätigkeit des dritten Aspektes Gottes: der *Ordnenden Intelligenz*, welche die konkrete – dem Menschen zugängliche – Wirklichkeit gestaltet.

Das *synthetische Denken* wird von der *Intuition* getragen, es stützt sich aber oft auch auf die *Inspiration*. Es dringt in die „übersinnlichen" Schichten bzw. Sphären der Wirklichkeit ein, die mit sinnlich-materiellen Mitteln – so auch „wissenschaftlich" – nicht zugänglich sind, und befähigt den Menschen, falls er dafür hinreichend reif ist, Ausschnitte aus der Kosmischen und der Göttlichen Wirklichkeit zu erfassen.

Das *synthetische Denken* vereinigt in sich das *kombinative* und das *analytische Denken* und stellt sie, durch das *Schöpferische* bereichert, auf ein wesentlich höheres Niveau. Die drei Denkarten machen gemeinsam jene Zusammenhänge der Welt zugänglich, die hinter der Fassade des irdischen Lebens sowie hinter den Einzel- und den Gruppenschicksalen liegen.

Das *synthetische Denken* zeichnet ferner das Wesen jener Erlebnisse nach, die dem Menschen in seiner inneren (evtl. mystischen) Schau zuteil werden, und es macht ihm das Erlebte verständlich. Es ist die vorherrschende Denkart in der *Spiritualität*.

Während das *kombinative* und das *analytische* Denken vornehmlich durch die *rationale Intelligenz* ermöglicht werden, ist das *synthetische* Denken eine Angelegenheit der *transzendentalen Intelligenz*.

DAS INSTRUMENTARIUM DES DENKENS

Das *Instrumentarium des Denkens* setzt sich aus zwei grundlegenden Gaben zusammen: aus der Fähigkeit zur *Erkenntnis* und der Fähigkeit zur *Einsicht*.

Für die Bezeichnung dieser Fähigkeiten sind verschiedene Ausdrücke im Gebrauch. Um sowohl sachlich als auch terminologisch Klarheit zu schaffen, sollen sie unter Angabe der traditionellen Definition einzeln angeführt und den in der vorliegenden Arbeit verwendeten Begriffen gegenübergestellt werden.

Intelligenz kann dem ursprünglichen Sinne nach als Fähigkeit zur Einsicht und zum Verständnis gedeutet werden. (Neubildung im 18. Jh. aus: lat. *intellegere* <urspr. *inter-legere*> = dazwischen wählen, durch kritische Auswahl charakteristische Merkmale einer Sache erkennen, mit Sinn und Verstand wahrnehmen; daraus: *intellectus* = Verstand; *intellegentia* = Einsicht, Verständnis, Kennerschaft.) Sie äußert sich als *rationale* oder als *transzendentale Intelligenz.*

Der „Sitz" der rationalen Intelligenz ist die *Ratio*, das Organ der transzendentalen Intelligenz ist das *Herz.*

Ratio wird im Deutschen mit den Ausdrücken *Verstand* und *Vernunft* wiedergeben. Die Ausdrücke werden meistens unterschiedslos gebraucht. Es ist jedoch sinnvoll, „Ratio" nur mit „Verstand" gleichzusetzen. Die beiden Ausdrücke werden in dieser Arbeit synonym gebraucht. (*Ratio* lat. aus: *reri* = <im Geiste> ordnen, schätzen, meinen; *ratus* = berechnet, bestimmt; Rechnung, Rechenschaft, Vorteil, Überlegung, Erwägung, Verstand.)

Verstand ist die Fähigkeit zum Verstehen. *Verstehen* heißt: ordnen, einordnen, in Zusammenhang stellen (aus: ahd. *firstan*, mhd. *versten* od. *verstan* = verstehen; ahd. *firstand*, mhd. *verstant* = Verständigung, Verständnis; Auffassungsgabe, Denkfähigkeit, rechnerische Klugheit). – Der Begriff *Verstand* entspricht im wesentlichen dem der *rationalen Intelligenz.*

Vernunft (lat. *ratio*, ahd. *firnumft*) ist – nach der üblichen (nur zur Hälfte zutreffenden) Definition – „die Fähigkeit zur Erkenntnis und zur Einsicht". Die Erkenntnis ist jedoch nicht die Aufgabe der Vernunft, sondern eine Fähigkeit des Verstandes. Es ist der *Verstand*, der ermöglicht, die Wirklichkeit zu erfassen, wie sie sich zeigt. Es ist also der Verstand, der zur *Erkenntnis* führt.

Die Fähigkeit zur *Einsicht* hingegen ist jene Eigenschaft, die nur der Vernunft zuzuordnen ist. Die *Vernunft* ermöglicht die *Einsicht* in die logischen Zusammenhänge und damit das Erfassen des *Sinnes.* Ein Mensch gilt als „vernünftig", wenn er einsichtsfähig ist.

Werden „Verstand" und „Vernunft" in diesem Sinne gedeutet, so entsprechen sie den beiden Arten von *Intelligenz*, der *rationalen* und der *transzendentalen.* Diesen liegen die beiden elementaren Erscheinungsformen der *Geistigkeit* zugrunde: die *rationale* und die *genuine Geistigkeit.* Ihr *Unterschied* zeigt sich einerseits in der Geschichte ihrer Heranbildung, andererseits in ihrer Aufgabe.

Die *rationale Geistigkeit* tritt als *Rationalität:* als Fähigkeit zum *rationalen Denken,* in Erscheinung. Sie macht sich schon im Tierreich bemerkbar – und zwar gegen Mitte der Evolution der Tierarten (oder vielleicht schon etwas früher) – und wird auf den höchsten Tierstufen und auf der Stufe der Niederen Wesenheiten – vor allem in der Form von Drill – weiter herangebildet. Sie löst den Instinkt allmählich ab, endgültig allerdings erst auf der menschlichen Stufe. – Zu ihrem vollen und bewussten Einsatz ist aber auch der Mensch nicht von Anfang der äonischen Entwicklung an fähig. Ihre volle Entfaltung fängt am Ende der zweiten Stufe an und erreicht gegen die Mitte der dritten Stufe ihren Höhepunkt.

Die *genuine Geistigkeit* fängt zwar schon auf den unteren Stufen der menschlichen Entwicklung an zu wirken und hinterlässt auch dort bereits unverkennbare Spuren. Doch ihre eigentliche Heranbildung beginnt erst gegen Ende der dritten Stufe, ihre volle Entfaltung von der vierten Stufe an. Ihre Weiterbildung setzt sich bis zum Ende der äonischen Entwicklung fort.

Das Zeichen dafür, dass die genuine Geistigkeit im Menschen zu wirken beginnt, ist seine steigende – echte – *Gefühlsfähigkeit* und das Erwachen seines *echten Gewissens.* Erst dann, wenn im Menschen die Gefühlsfähigkeit Früchte zeigt und das echte Gewissen erwacht ist, beginnt er im wahren Sinne *menschlich* zu werden.

Kapitel 27

DIE RATIONALE INTELLIGENZ

Die *rationale Intelligenz* ist auf das Erfassen des Äußeren, der Form, der Gestalt, der Struktur, der materiellen Zusammenhänge, kurz: auf das *formale* Erfassen der Wirklichkeit gerichtet. Sie befasst sich mit „Ordnung" im allgemeinen, versucht Ordnungsprinzipien zu ermitteln oder aufzustellen, Ordnungsgefüge zu strukturieren und ist generell auf die Ermittlung und Erstellung von *Ordnung* bedacht, welche die *Wirklichkeit* gestaltet.

Damit sie ihre Aufgabe erfüllen kann, muss die dritte Hauptfähigkeit der Seele, die ihr zugrunde liegt, herangebildet sein: der *Ordnungssinn.*

DER ORDNUNGSSINN UND DER DRILL

Denken heißt: *Ordnen.* – *Ordnen* bedeutet, die „Dinge" zu bestimmen, an ihren „richtigen" Platz zu setzen. – Unter „Ding" ist nicht bloß ein materieller Gegenstand, sondern alles, womit Tier und Mensch zu tun haben, so auch Vorstellungen und Ideen zu verstehen. Wo der „richtige" Platz eines Dinges ist, muss das Lebewesen und der Mensch erst herausfinden, das heißt sie müssen lernen, was „Ordnung" ist und wie sie beschaffen ist. Daher wird, bevor die *rationale Intelligenz* herangebildet wird, ihr Vorläufer: der *Ordnungssinn* entfaltet.

Auf den tieferen Artstufen ist es der *Instinkt,* der die Funktion des Ordnungssinnes erfüllt. Er bestimmt die jeweilige „Ordnung", deren Verwirklichung in der Lebensweise und in der Gestaltung des Lebensraumes in Erscheinung tritt.

Der Instinkt wirkt bei Lebewesen und gelegentlich noch beim Menschen (auf den unteren Entwicklungsstufen) *zwanghaft*. Von der Mitte der Tierartstufen an lockert sich der Instinktzwang. Statt dessen werden Tier und Mensch von der Gemeinschaft zum Erlernen und Einhalten von Ordnung gezwungen, später *erzogen*. Die Erziehung zur Ordnung beginnt mit dem *Drill*.

Der Sinn des Drills

Die Bedeutung von *Drill* muss weit gefasst werden. Zum Drill gehört jede Art von Erziehung und Unterricht sowohl auf der Tier- als auch auf der menschlichen Stufe. Gedrillt werden nicht nur Soldaten, sondern auch Tiere und Menschen. (Drill bekam erst im 19. Jh. bei der Militärausbildung den heutigen üblen Beigeschmack; vgl. FB).

Drill ist die erste Stufe von *Erziehung*. Erziehung zielt darauf ab, dem Tier oder dem Menschen zu ermöglichen, jene Anlagen zu aktualisieren und jene Verhaltensweisen zu aktivieren, welche in ihnen ohnehin – aber noch potentiell – vorliegen.

Nicht nur Hunde und Pferde, Elefanten und Delphine, nicht nur Kinder, Schüler und Soldaten werden „gedrillt", sondern jeder Mensch bis zur Mitte der dritten Entwicklungsstufe und in manchem noch darüber hinaus. Im Alltag drillen nicht nur Eltern ihre Kinder oder Lehrer ihre Schüler, sondern auch umgekehrt: auch Kinder ihre Eltern und Schüler ihre Lehrer. Der Drill der Eltern fängt gleich nach der Geburt an, indem zum Beispiel die Mutter die Zeiten des Stillens einhalten muss; dabei lernt sie, sich diszipliniert zu verhalten.

Drill ist eine Vorstufe zur Entfaltung der *rationalen Denkfähigkeit*. Er erweckt jene Anlagen, die Lebewesen und Menschen ermöglichen, die Triebe bewusst und in geregelter Form auszuleben und die Lebensbedürfnisse „zivilisiert" zu befriedigen. Drill ergänzt die Lenkung durch die Instinkte und ersetzt nach und nach den Zwang: sowohl den Instinktzwang als auch den von außen – vor allem von der Gemeinschaft – auferlegten Ordnungszwang. Die Ergänzung der Instinkte wird im Laufe der Entwicklung immer dringender nötig, weil sie ihre Zwanghaftigkeit von den höheren Tierstufen an immer mehr einbüßen. Später – mit wachsendem Selbstgefühl – lockern sich auch die Fesseln der Ordnungszwänge.

Drill ist zwar auch eine Art Zwang, doch er will dem Tier oder dem Menschen immer etwas „beibringen“: sie zum *Lernen* veranlassen. Der grundlegende Unterschied zwischen Zwang und Drill besteht darin, dass *Zwang* dem Lebewesen und dem Menschen auch etwas Fremdes abverlangen und ihm ein Verhalten aufzwingen kann, was seiner Natur nicht oder nicht unbedingt entspricht, während *Drill* aus ihm nur das herausholen will, was in ihm naturgemäß angelegt ist.

Dies ist auch das Ziel der *Tierdressur* (aus: franz. *dresser* = auf-, in die Höhe richten, strecken; abrichten, einüben). Sie ist eine Anwendungsform des Drills. Durch Dressur werden zum Beispiel Pferde zugeritten, Jagd-, Polizei-, Blindenhunde abgerichtet, Wildtiere gezähmt. Die hohe Kunst der Dressur erweist sich gerade darin, das Tier zu Verhaltensweisen („Kunststücken“) zu veranlassen, die ohnehin in seiner Natur liegen. Die Dressur holt aus dem Tier jenes Können heraus, welches es noch nicht oder nicht ganz entfalten konnte, weil es zu seiner Entfaltung der Hilfe bedarf. – Die Dressur ermöglicht dem Tier, das zu tun – und zwar kunstgerecht –, was es gerne tut, und das zu zeigen, was es kann. Erledigt es seine Aufgaben gut, so steigt auch sein *Selbstgefühl.* Sich-Zeigen-Können und Applaus sind ja dem Tier ebenso wichtig wie für jeden Schauspieler. Auch Pflanzen gedeihen besser, wenn sie bewundert werden.

Lernen durch Drill

Der *Drill* richtet sich in erster Linie auf die Erweckung, sodann auf die weitere Entfaltung des *Ordnungssinns.* Was das Tier oder der Mensch durch Drill erlernt, ist immer eine „Ordnung“, meistens im Sinne einer „geordneten“, das heißt zweckmäßigen Verhaltensweise. Drill tritt besonders deutlich bei Nutztieren als Erziehungsmaßnahme zutage. Diese lernen nicht nur jene Verhaltensweisen, welche sie für den Menschen „nützlich“ machen, sondern sie lernen unter anderem auch, dass sie für ihre Pflege eine Gegenleistung erbringen müssen.

Drill in diesem weiteren Sinne macht die Tierseele mit festgelegten Ordnungen bekannt und lässt sie den Umgang mit Ordnung und dadurch mit der Welt des Menschen einüben. Drill regt auf diese Weise die Heranbildung des Ordnungssinnes an und bereitet die Entfaltung der rationalen Denkfähigkeit vor.

Erreicht das Tier die höchsten Artstufen und wird es zu einem Tier, das in der Nähe des Menschen oder aber fernab vom Menschen in einer „geordneten“ Gemeinschaft (z. B. in einem Rudel oder einer Herde) lebt, so beginnt das Tier auch sich selbst zu drillen, indem es Verhaltensweisen von älteren Tieren, von Leittieren oder von Menschen nachahmt und das Erlernte für den Gebrauch in der Wirklichkeit erprobt.

Drill richtet sich also nicht bloß auf die Erweckung des Ordnungssinnes, Tier und Mensch werden nicht nur gedrillt, um die vorgelegte Ordnung zu erkennen und sich anzueignen. Der Drill ermuntert sie zugleich, sonstige potentiell vorliegende Anlagen zu aktualisieren.

So sind auch die höheren Formen von Drill eine Unterstützung für den Menschen. Sie helfen ihm, das, was in ihm angelegt ist, aus sich herauszuholen. Erziehung und Unterricht leisten, falls sie richtig gehandhabt werden, „Hebammendienste“, indem sie Kindern und Erwachsenen dazu verhelfen, potentiell vorhandene Anlagen zu aktualisieren.

Der Drill zum Töten

Der Drill aktiviert auch jene Anlagen, deren Entfaltung im allgemeinen als nicht erfreulich angesehen wird, so zum Beispiel die Anlage zum Töten. Das Gesetz: „Töte nicht!“ gilt im praktischen Leben nur in einem beschränkten Sinne (dann aber unbedingt). Wird nämlich ein Tier oder ein Mensch zum Töten gedrillt, so wird auch da nur eine fundamentale Anlage der Seele aktiviert. Denn jedes Tier und jeder Mensch muss im Edenleben töten oder töten lassen, um sich ernähren zu können. – Dies gilt auch für Vegetarier: Wird der Same, der Halm oder die Frucht verzehrt, so wird jeweils eine – potentielle – Pflanze vernichtet. In einem gewissen Sinne „tötet“ übrigens auch die Pflanze, indem sie dem Mineral Nährstoffe entzieht.

Was Tier und Mensch hingegen lernen müssen – und wozu sie ebenfalls „gedrillt“ werden müssten – ist, dass sie *nicht unnötig* töten *dürfen*.

So sinnlos in der Sicht eines innerlich reifen Menschen eine Militär-"Ausbildung" erscheinen mag, auch der soldatische Drill aktualisiert nur Fähigkeiten, die im Menschen angelegt sind. Hier ermöglicht ihm der Drill – noch bis in die dritte Entwicklungsstufe hinauf – eine seiner Anlagen und damit sich selber auszuleben. Auf den unteren Stufen entspricht also das Einüben und Ausüben des Kriegshandwerks einem natürlichen Bedürfnis. Der militärische Drill erweckt im Menschen zudem das Empfinden, an der Macht der Machthaber zu partizipieren und die Macht der Gemeinschaft durch seine Bejahung ihres Machstrebens noch zu erhöhen. – Erst wenn der Mensch innerlich reifer wird und über die Machtstufe hinauswächst, beginnt er – gegen Ende der dritten Entwicklungsstufe – nicht nur den militärischen Drill, sondern jede Art von Drill als einengend, mit der Zeit als unerträglich zu empfinden. Er beginnt dann auch darüber nachzudenken, welche Wesen es sind, die er, wie das Tier, für seine Ernährung – und natürlich ausschließlich für seine Ernährung – überhaupt töten darf.

Das Überwinden der Drillstufe

Wird der Mensch innerlich reifer, so wird er sich von fragwürdigen Machenschaften distanzieren, weil sein wachsendes *menschliches* Empfinden sie nicht mehr duldet. Sein Misstrauen jeder formalen Ordnung gegenüber erwacht und er beginnt, jedem Ordnungsgefüge gegenüber eine kritische Haltung einzunehmen. Er wird also die Regeln der Gemeinschaft, die er übernommen hat oder die ihm angedrillt worden sind und von deren Richtigkeit er lange Zeit – über Zyklen von Inkarnationen – überzeugt war, unter die Lupe nehmen und auf ihre Gültigkeit hin prüfen. – Ähnlich kann es auch Halbwüchsigen ergehen, die blindlings alles mitmachen, was die Kollegen tun, und erst später erkennen, dass sie das, wovon sie anfänglich begeistert waren, eigentlich gar nicht tun wollten.

Der Mensch wird mit der Zeit alles prüfen und überprüfen müssen, was zur formalen Ordnung gehört. Zur *formalen Ordnung* einer Gemeinschaft gehören beispielsweise Gepflogenheiten, Sitte, Moral, Ethik, Rechtswesen, Verkehrsregeln und alle anderen Normen und Gesetze. Sie wurden bzw. werden von Menschen aufgestellt und sind in der Regel juristisch legitimiert. Viele von ihnen sind in der Tradition verankert und werden in manchen Gemeinschaften sogar als gottgegeben angesehen, dennoch können sie unmenschlich sein. Etliche darunter sind lediglich Erzeugnisse der rationalen Intelligenz und dienen in erster Linie dazu, eine – für die Gemeinschaft genehme – „Ordnung" zu schaffen und diese aufrecht zu halten. Als „Ordnung" gilt für Gemeinschaften, die auf den unteren Entwicklungsstufen stehen, alles, was für die Selbsterhaltung der Gemeinschaft – häufig einer kleineren Gruppe – und für die Legitimierung ihrer Machtposition, nicht selten auch ihrer Machenschaften, dienlich sein kann.

Wird das aufgestellte Ordnungssystem auf das praktische Leben der Gemeinschaft zugeschnitten und nach pragmatischen Kriterien aufgebaut (wie dies vor allem auf der dritten Entwicklungsstufe üblich ist), so kommt bei der Gesetzgebung die Rücksicht auf die *Menschlichkeit* nur zu oft zu kurz. Für eine Gemeinschaftsordnung kann dann zum Beispiel das Profitdenken ausschlaggebend sein, wobei die Natur- und Menschenfeindlichkeit einzelner Vorhaben (mit schlauen Argumenten) verhüllt wird. So werden heute oft umweltzerstörende Projekte mit der Begründung in Kauf genommen, bei ihrer Verwirklichung könnten „Arbeitsplätze gerettet" werden. Damit Projekte erstellt werden, die sowohl naturfreundlich sind als auch Menschen Arbeit geben, müsste natürlich in manchen Bereichen ein – radikales – Umdenken stattfinden.

Letzten Endes ist jenes Wesen, das leidet, wenn auf Natur und Erde keine Rücksicht genommen wird, der Mensch selber. Denn was *natur*feindlich ist, ist im Endeffekt immer auch *menschen*feindlich.

Beginnt der Mensch den Satzungen der Gemeinschaft gegenüber kritisch zu werden, so ist dies ein Zeichen dafür, dass seine *Ratio* über die Drillstufe hinausgewachsen ist. Völlig und endgültig befreit sich der Mensch vom Drillzwang allerdings erst, wenn er beginnt, seine heranwachsende *genuine Geistigkeit* nicht nur zu entfalten, sondern sie in seinem Leben auch wirksam werden lässt.

Dies kann er aber nur tun, wenn seine rationale Intelligenz hinreichend frei geworden ist, um zu allen Schichten und allen Sphären der Wirklichkeit Zugang zu finden.

DIE RATIO UND DIE WIRKLICHKEIT

Das *rationale Denken* ist auf die *Wirklichkeit* bezogen. Es ist die Struktur der Wirklichkeit, deren Ordnungsschemata das Denken zu erfassen und in ein Ordnungsgefüge einzuordnen versucht. – Die vom rationalen Denken erfasste oder gestaltete Wirklichkeit gilt dann für den Menschen als *Realität* (aus: lat. *res* = Sache; *real* = sachlich, wirklich, tatsächlich existierend).

Der Zugang zur Wirklichkeit

Was ein Mensch oder eine Gemeinschaft unter „Realität" versteht, darüber entscheidet allerdings nicht das rationale Denken, sondern die *Vorstellung* des Menschen über die Wirklichkeit. Und diese Vorstellung hängt nicht oder nicht nur von der wahren Beschaffenheit der Wirklichkeit, sondern sowohl vom Entwicklungsniveau als auch von der Mentalität des Menschen ab und spiegelt die Einstellung seiner Gemeinschaft zur Wirklichkeit.

Verwunderlich ist dies nicht. Denn die „Wirklichkeit an sich": die alles umfassende *universale Wirklichkeit*, ist in ihrem vollen Umfang dem Menschen überhaupt nicht zugänglich. Der Mensch erfasst nur kleine – oder winzige – Ausschnitte aus ihr und diese auch nur bruchstückweise.

Es gibt überdies diverse Schichten und Sphären der Wirklichkeit, über welche er ebenfalls einiges erfahren kann, allerdings nur unter zwei Bedingungen: *Erstens* müssen sie für die Erdsphäre überhaupt relevant und dem Menschen zugänglich sein; *zweitens* muss der Mensch selber für diese Dimensionen schon offen sein.

Nicht jede Wirklichkeitssphäre ist ihm nämlich von vornherein und auf dieselbe Weise wie die irdisch-materielle Wirklichkeit zugänglich. Und auch diese bleibt ihm in vieler Hinsicht lange verhüllt.

In der *ersten Etappe* erfasst der Mensch zwar mit dem *elementaren Denken* – wenn auch nicht in aller Schärfe – einzelne Ausschnitte aus der übersinnlichen Wirklichkeit, doch werden seine Erkenntnisse beim Erstarken seiner rationalen Intelligenz verschüttet. Was er über das Übersinnliche erfahren hat, wird zwar in seinem inneren Wissen aufbewahrt, aber es wird ihm erst beim Erwachen seiner genuinen Geistigkeit wieder zugänglich. So bleibt ihm die seelische und die geistige, die Kosmische und die Göttliche Wirklichkeit solange verborgen, bis er innerlich reif genug ist, um sich für sie zu öffnen. Bis dahin gewähren ihm seine geistigen Fähigkeiten selbst dann, wenn er für das rationale Denken genial begabt ist, keine – oder nur unzureichende – Einblicke in diese Dimensionen. Und auch dann, wenn er sich für sie öffnen kann, erfasst er zunächst nur einzelne Ausschnitte, und zwar nicht durch seinen Verstand, sondern *gefühlsmäßig*: dank seiner *Intuition*. Doch selbst seiner Intuition bleibt vieles verborgen. Denn im Menschen wächst die Fähigkeit zur Erfahrung jener Sphären erst dann heran, wenn er die höchsten Stufen seiner äonischen Entwicklung erreicht hat.

Wirklichkeit und Entwicklung

Die *Wirklichkeit* ist mehrschichtig. Es hängt vom Entwicklungsstand, aber auch von der jeweiligen Disposition des Menschen ab, in welche Schichten, in welche Wirklichkeitssphäre er eindringen kann, um die dort herrschende Ordnung, Zusammenhänge und Ordnungsprinzipien zu erfassen.

Er kann, sobald er aus dem elementaren Denken herausgewachsen ist und seine Rationalität entfaltet hat, etappenweise und seiner jeweiligen Disposition entsprechend auf die sinnlich-wahrnehmbare materielle, dann auf die übersinnliche Wirklichkeit ausgerichtet sein. Er kann in beiden Fällen eher *intellektuell* oder eher *intuitiv* eingestellt sein. Ist er *intellektuell* eingestellt, so wird er alles, was ihm zugänglich ist, mit seiner rationalen Intelligenz begreifen wollen. Herrscht seine *Intuitivität* vor, so wird er versuchen, alles *gefühlsmäßig* zu erfassen, und sich dabei der übersinnlichen Wirklichkeit zuwenden.

In beiden Fällen ist die Art, *wie* er die Wirklichkeit erfassen kann, von der Höhe seines Entwicklungsniveaus abhängig. Steht er noch in der ersten Hälfte seiner inneren Entwicklung, so wird er alles einseitig intellektuell oder einseitig nach „Gefühl" – und das heißt hier: nach Empfinden – bestimmen wollen (und sich dabei von der Erde immer wieder – und oft voreilig – „abheben"). Die Wirklichkeit wird sich für ihn in Perioden der Rationalität auf ausschließlich rational erfassbare Daten und Fakten reduzieren; in Perioden der Empfindungsdominanz wird sie möglicherweise wie ein aus Wünschen und vagen Vorstellungen zusammengesetztes Nebelmeer sein, in welchem alles verschwommen ist und chaotisch ineinander fließt.

Auf den unteren Entwicklungsstufen ist das Fassungsvermögen des Menschen noch weitgehend begrenzt. Weil dadurch auch seine Urteilskraft und sein Sinn für Realität begrenzt sind, erkennt er seine eigenen Grenzen nicht, so dass er jenen Ausschnitt aus der Gesamtwirklichkeit, welchen er erfahren kann – oder glaubt, erfahren zu können – für die ganze Wirklichkeit hält.

Der Rationalismus

Beschränkt sich eine Erfahrungsweise auf eine einzige Wirklichkeitssphäre und wird dieser Ausschnitt aus der Gesamtwirklichkeit für die ganze Wirklichkeit: für die einzig gültige *Realität* ausgegeben, so bedeutet dies die Reduktion der Wirklichkeit auf einen Teilbereich. Wird überdies behauptet, es gebe außer dieser: der rationalen Erfahrungs- und Denkweise, keine andere Möglichkeit, die Wirklichkeit zu erfahren, so wird jedes andere Verfahren, darunter das intuitive Denken, im Grunde für null und nichtig erklärt und die Möglichkeit, auf andere Weise Zugang zu den nicht-materiellen Wirklichkeitssphären zu finden, in das Reich bloßer Illusionen verwiesen.

Dies geschah im aufkommenden *Rationalismus.* Der Rationalismus steuerte die einseitige Entwicklung der Naturwissenschaften im letzten halben Jahrtausend und beherrscht das Leben auf der Erde in vielen Sparten – zum Teil sogar diktatorisch – heute noch. Die rationale Erfahrungs- und Denkweise wurde in dieser Zeit voll entfaltet und auf die irdische, grobstofflich-materielle Wirklichkeitssphäre angewandt. Dabei ließ der Rationalismus keine andere Wirklichkeitssphäre als die sinnlich-wahrnehmbare materielle als Realität gelten und reduzierte damit die Gesamtwirklichkeit auf eine einzige Erscheinungsweise.

Der Schritt zum Rationalismus in der Geistesgeschichte des westlichen Kulturkreises brachte jedoch auch nachhaltig wirkende Korrekturen an eingefahrenen Denkmethoden. So befreite er von teils hohlen Spekulationen, die für die philosophische und theologische Begründung beigezogen (bzw. missbraucht) wurden, um Naturphänomene zu erklären. Beispielsweise wollte die Kirche – auf philosophische und theologische Argumente gestützt – entscheiden, ob sich die Erde bewege.

Nicht das rationale Denken an sich, nicht die hochgradige Entfaltung der rationalen Intelligenz und die damit einhergehende Erforschung der Natur und der irdischen Wirklichkeit verursachten jenes Unbehagen, das heute bei der sachlichen Auseinandersetzung mit Thesen der Naturwissenschaft immer deutlicher spürbar wird. Das Problem ist vielmehr, dass jene Wirklichkeitssphäre, in welcher die Ratio bevorzugt Anwendung findet, nämlich die grobstofflich-materielle, für die *gesamte* und damit für die *einzig gültige Wirklichkeit:* für die *Realität* schlechthin, ausgegeben wurde – und noch ausgegeben wird.

Nicht die Rationalität also, sondern die Gleichsetzung eines relativ sehr kleinen Ausschnittes aus der Gesamtwirklichkeit mit der Realität führt zu jener einseitigen Sicht der Welt, deren Korrektur sich nun als dringende Aufgabe in der Gegenwart stellt. Denn erst nach dieser Korrektur kann der nächste Schritt in der geistigen Entwicklung der Menschheit vollzogen werden.

Die Einseitigkeit und die Folgen

Viele Menschen haben eine hochentwickelte rationale Intelligenz und sind bis zu einem gewissen Grade in manchen Bereichen schon einsichtsfähig, doch die Wirklichkeit, welche für sie als die einzig wahre Realität gilt, ist nach wie vor die grobstofflich-materielle Welt. Sie haben (noch) keinen Zugang zur Seele und zur übersinnlichen Welt.

Die neuzeitliche Wissenschaft bezieht sich fast restlos auf eine Wirklichkeit, die auf das rein Materielle und Sinnlich-Wahrnehmbare eingeschränkt ist. Die naturwissenschaftliche Forschung und in ihrer Folge die vorwiegend naturwissenschaftlich orientierte Medizin (die heute nur einen Teil der Medizin darstellt) zielen ausschließlich auf die Aufdeckung rein materieller Ursachen ab. Erklärungen gelten erst dann als „wissenschaftlich" oder als „medizinisch relevant", wenn sie „nachweisbar" sind. „Nachweisbar" sind sie dann, wenn sie auf Vorgänge innerhalb der physisch-materiellen Welt zurückgeführt werden können. So wird das Leben in der Materie und das biologische Leben, die Entwicklung der Lebewesen – von manchen Naturwissenschaftlern sogar das seelische und das geistige Leben – auf materielle Prozesse reduziert, wobei dem Zufall ein beträchtlicher Wirkungsraum zugestanden wird bzw. werden muss.

In der Anwendung der Naturwissenschaft: in der *Technik,* kommt die herrschende Mentalität gelegentlich uneingeschränkt zur Geltung. Unter Fachleuten gibt es selten jemanden, der über die Beseeltheit von Pflanze und Tier – noch weniger über die des Minerals – informiert und bereit wäre, diese grundlegende Tatsache zur Kenntnis zu nehmen und aus ihr Konsequenzen zu ziehen. (Im Schweizer Parlament wurden noch Ende 1999 z. B. Pflanze und Tier wiederholt nicht als *Lebe*wesen, sondern als „Sache" eingeschätzt.)

Wird die irdische, grobstofflich-materielle Wirklichkeit – gleichsam in einer *Vor*entscheidung – mit der Realität schlechthin gleichgesetzt, wird das Tätigkeitsfeld des Denkens: der rationalen Intelligenz auf diesen Ausschnitt aus der Gesamtwirklichkeit beschränkt und im selben Atemzug behauptet, nur das existiere, was zu dieser Realität gehöre, so wird die Rationalität – und mit ihr der Verstand – in Verruf gebracht.

Denn nicht der Verstand ist schuld daran, dass die Sicht jener, die ihn gebrauchen, dermaßen beengt ist. Der Verstand ist ebenso eine göttliche Gabe wie die Vernunft oder die Herzensintelligenz. Es ist die Einstellung des Menschen zur Wirklichkeit, die den Erkenntnisprozess durch ihre Einseitigkeit in die Sackgasse führt, indem sie die Gesamtwirklichkeit auf eine einzige Wirklichkeitssphäre reduziert.

Diese Haltung ist allerdings entwicklungsbedingt. Selbst wenn sie zum Missbrauch der Natur und der Lebewesen oder des Menschen veranlasst, ist sie nicht zu vermeiden. Es ist die dritte Entwicklungsstufe, auf welcher der Mensch sein Können und Wissen – mit „Erfolg" (was immer er darunter versteht) – in die Tat umsetzt und seine Ansichten zum allgemeingültigen Maßstab aller Dinge macht, als habe er schon den höchstmöglichen Wissensstand erreicht. Er meint, über sein Können und Wissen hinaus gebe es nichts mehr, und er könne mit seiner rationalen Intelligenz *alles* erfassen. Er überprüft alles, was er als Tatsache gelten lässt, zweifelsohne ausschließlich mit seinem auf das Sinnlich-Materielle eingeengten Verstand.

Erhöht sich das allgemeine Entwicklungsniveau in der gegenwärtigen Menschheit, öffnen sich die Herzen Mitmenschen und Mitseelen gegenüber, so wird auch der Missbrauch der rationalen Intelligenz abnehmen. Sie wird dann vorbehaltlos jene Aufgabe übernehmen, die für sie bestimmt ist. Und diese ist: der *Intuition dienen.*

Die Ratio in Misskredit

Im Gegenzug zum Rationalismus kann sogar der Geist abgewertet werden. Dies geschah beispielsweise am Anfang des zwanzigsten Jahrhunderts in der sogenannten Lebensphilosophie. Dabei wurde „Geist“ mit der „Ratio“ gleichgesetzt und der Seele gegenübergestellt, wie dies zum Beispiel der programmatische Titel des Buches von LUDWIG KLAGES verrät: *Der Geist als Widersacher der Seele* (erschienen 1929–1932).

In dieser Art von Lebensphilosophie wird die Ratio ebenso einseitig gesehen wie im Rationalismus: im Rationalismus wurde sie *über*bewertet, in der Lebensphilosophie wurde sie *ab*gewertet. Abgewertet wurde aber auch der Geist, indem er mit dem Verstand unbesehen gleichgesetzt wurde. In der Lebensphilosophie wurde die Tatsache erkannt, dass die Ratio zwar die materielle Struktur der Wirklichkeit aufweisen kann, doch die rein rational orientierte Sicht der Welt keineswegs ausreicht, um die Gesamtwirklichkeit zu erfassen. Es bedarf dazu auch seelischer Fähigkeiten, genauer: es bedarf der *Intuition.* Daraus müsste folgen, dass sich Ratio und Intuition *ergänzen,* aber nicht, dass sie sich gegenseitig ausschließen. Denn dies ist ein verhängnisvoller Irrtum. Hält man nämlich „Geist“ und „Seele“ bzw. Ratio und Intuition für unversöhnliche Gegensätze, spielt man also die „Seele“ gegen den „Geist“ als ihren „Widersacher“ aus, so geht man an der Wirklichkeit ebenso ahnungslos vorbei wie die Vertreter des Rationalismus in ihrer einsseitigen Bewertung und Überschätzung des Verstandes.

Zum einen ist die Ratio nur eine der Wirkungsweisen des Geistes, so dass sie mit dem Geist nicht einfach gleichgesetzt werden kann. – Zum anderen hat es keinen Sinn, Geist gegen Seele oder

Ratio gegen Intuition auszuspielen. Sie sind nicht konträr, sondern *komplementär*. Es sind keine Gegensätze, sie *ergänzen* sich. Der Geist wirkt in der Seele und durch sie, und die Ratio ordnet, was die Intuition vermittelt.

Verteidigt jemand also das Seelische oder die Intuition gegen die einseitige Hochschätzung der Ratio, so leistet er der Wahrheit gute Dienste. Tut er es aber auf Kosten des Verstandes, so zeigt er, dass er dem anderen Extrem verfallen ist und bringt zudem den Verstand – aber auch den Geist selber – in Misskredit, wie manche Verfechter des Rationalismus, nur mit umgekehrten Vorzeichen. Wer als Reaktion auf die Überbewertung der Ratio deren wichtige Rolle unterschätzt, der verkennt die Bedeutung des Verstandes und schüttet gleichsam das Kind mit dem Bade aus.

DIE RATIO UND DIE INTUITION

Die Überwindung der Enge des Rationalismus darf also keineswegs zur Geringschätzung der Bedeutung des Verstandes führen. Der Verstand arbeitet und erfüllt seine Aufgabe auch dann, wenn es um die Erfahrung der übersinnlichen Welt, um Erkenntnis über die Seele oder um Spirituelles geht. Alles, was der Mensch gefühlsmäßig, intuitiv oder aufgrund seiner Spiritualität erlebt und erfährt, kann er nur mit Hilfe seiner rationalen Intelligenz formulieren, festhalten und vermitteln.

Die logische Struktur der Welt

Rationalität ist die Fähigkeit, sich auf das Erfassen von Ordnung und damit auf das Erfassen der *logischen Struktur* der Welt zu richten. Die Ratio versucht, die Logik, die der Wirklichkeit zugrunde liegt, zu erkennen und ihre Sinnhaftigkeit aufzuweisen.

Nun hat jede Wirklichkeitssphäre ihre logische Struktur, so auch die seelische und die geistige, die Kosmische und die Göttliche. Auch ihre Struktur wird mit Hilfe des rationalen Denkens vermittelt. Nur ist bei dieser Leistung – und dies ist entscheidend – der Anteil des Verstandes *begrenzt*.

Eine übersinnliche Schicht der Wirklichkeit wird nicht durch den Verstand selber, sondern *intuitiv* erfasst. Was indes die *Intuition* vermittelt, muss ungeachtet dessen, aus welcher Wirklichkeitssphäre es stammt, auch „verstanden", das heißt in eine bereits zugängliche, rational erfasste Ordnung eingeordnet und für andere zugänglich gemacht werden. Und die Einordnung und die Mitteilung besorgt die *Ratio*.

Die Ratio dringt also nicht selber in die Wirklichkeit ein, auch in die grobstofflich-materielle nicht. Es ist die Intuition, die ermöglicht, in der wissenschaftlichen Forschung Neuland zu betreten. Es ist die Ratio, die das Ermittelte festhält und es in Zusammenhänge stellt. *Erkenntnis* geschieht zwar durch Erfahrung, und für diese ist immer auch die *Ratio* zuständig. *Einsicht* hingegen ist eine Angelegenheit des Gefühls und somit der *transzendentalen Intelligenz.*

Der Verstand ist für den Menschen ebenso unerlässlich wie die Intuition, nur kann sein Verstand im Alleingang, ohne Intuition, nicht in die Tiefe der Wirklichkeit dringen. Wird er jedoch der Intuition unterstellt, so leistet er überall seine guten Dienste, selbst wenn es darum geht, das „Unaussprechliche" mitzuteilen.

Die Logik des Irrationalen und die Ratio

Die Ratio kann nämlich, falls sie der Intuition – als treue Magd – dient, in allen Bereichen ihre Aufwartung machen. Sie kann auch die „Logik des Irrationalen" begreiflich machen und selbst in jenen Sphären, in welchen das „Unaussprechliche" herrscht: in der *Mystik,* jenem, der dafür aufgeschlossen ist, das Erlebte zugänglich machen. Denn um das „Unaussprechbare" zu erfassen, ist die Mitwirkung des Verstandes nötig. Es ist der Verstand, der erst ermöglicht, das Erfahrene – mitunter sogar jenes Erlebnis, das den Menschen sonst zum „Verstummen" bringt – in verständliche Worte zu kleiden.

Auch das, was der Mensch in der mystischen Schau erlebt, weist – wie alles Irrationale – eine „Ordnung" auf und hat eine eigene, immanente „Logik". – So wird das rein Gefühlsmäßige erst dank der Mitwirkung des Verstandes zugänglich. Ein Gedicht zum Beispiel kann das rational nicht direkt Fassbare (eine Stimmung, Gefühle, sogar Einsichten u. a.) Menschen, falls sie dafür empfänglich sind, nahebringen. – Der Leser eines Gedichtes kann versuchen, das, was er beim Lesen des Gedichtes empfindet oder fühlt, wiederzugeben, anderen mitzuteilen. Vielleicht interpretiert er das Gedicht. In diesem Fall holt er bei der Ratio Hilfe. Er kann vielleicht seine eigenen Empfindungen derart mitteilen oder seine Interpretation auf eine solche Weise in Worte fassen, dass die rationale Umschreibung von Inhalt und Sinn des Gedichtes andere in eine ähnliche Stimmung versetzt, in ihnen ähnliche Empfindungen oder Gefühle wachruft, so dass sie mit dem „Unaussprechlichen", das im Gedicht heraufbeschworen wird, „mitschwingen".

Wird der Verstand „richtig" gehandhabt, so blockiert er die Verständnisfähigkeit des Menschen nicht, und die Meinung so mancher wird hinfällig: „Bis dahin ist es rein rational verständlich, von da an geht es den Verstand nichts mehr an". Und dies aus dem Grunde, weil – wie angenommen wird – hinter dem Kulturland des Verstandes der Urwald des Chaotischen, das heißt der Herrschaftsbereich von Empfindungen und Gefühlen beginne.

Ist der Verstand geschmeidig und nicht mehr herrschsüchtig, so erleichtert das rationale Denken sogar die *Einsicht*, indem es das Einzusehende dem Menschen klar vor Augen führt.

DIE ANLEIHE

Es hat einen wichtigen Grund, weshalb der Verstand der Intuition „gehorchen" muss: Die Bausteine, aus welchen die Ratio ihre jeweilige Ordnung aufbaut, stammen nicht von ihr selbst. Sie *leiht* sie *aus*. Der Verstand übernimmt nur bereits Bestehendes, und falls er es neu ordnet, so steuert er der Neuordnung nur das Formale: das Theoretische und das Prinzipielle bei (das er ebenfalls übernimmt), nicht aber das Wesentliche, das das Ganze zusammenfügt und zu einer sinnvollen Ordnung macht. Denn das Wesentliche ist stets der *Sinn*.

Dem Verstand muss der Sinn – gleichsam als Plan (wie einem Computer das System) – vorliegen, damit er überhaupt etwas zuwege bringen, produzieren, zusammensetzen oder aufbauen kann. Er ist der Bauführer, nicht der Architekt.

Der Verstand ist nicht schöpferisch. Und scheint er schöpferisch zu sein, so deswegen, weil dann das Neue, das als sein Eigenprodukt erscheint, einer Anleihe entstammt, die er bei der *transzendentalen Intelligenz* macht. Er zieht dabei deren Erscheinungsformen: die Intuition und die Inspiration, zu Rate, die er gelegentlich auch plündert oder plagiiert.

Es ist die *transzendentale Intelligenz*, die dem Menschen den *Sinn* vermittelt. Sie ist schöpferisch, der Verstand ist *nach*schöpferisch. Die trockenste, rationale Arbeit wird kreativ, sobald der Mensch beginnt, auf seine „Eingebung“: auf seine Intuition zu hören. Und nur in dem Fall wird sie schöpferisch.

Der Mensch, der nur auf seinen Verstand hört, gilt als „kopflastig“. Er hört eigentlich nicht auf sich, er hört in Wahrheit auf die „anderen“. Die „anderen“ können Menschen oder Gemeinschaften sein, deren Meinung er übernimmt. Er übernimmt Urteile und Vorurteile, Ansichten und Meinungen, er eignet sich Lebensstil und Gepflogenheiten an, hält sich an deren Gebote und Verbote, an Sitten und Gesetze und meint – allerdings unbewusst – er täte es aus eigener Überzeugung, er habe ihre Richtigkeit und Nützlichkeit mit seinem Verstand erfasst.

Dem Verstand geht es ja ausschließlich darum, etwas zu *begreifen*. Und „etwas begreifen“ heißt: eine Ordnung wahrzunehmen. Ist etwas „in Ordnung“, so ist der Verstand zufrieden. Und falls er sich irrt, so ist es das Gefühl, das dem Menschen anzeigt, dass diese „Ordnung“ doch nicht so „in Ordnung“ ist.

Die Anleihe wird bei Diskussionen augenfällig. Es gibt wenig Menschen, die ihre eigene Meinung vertreten. Die allermeisten borgen sich ihre Argumente bei irgendeinem bereits bestehenden „System“. Oft beruft sich der Verstand zur Bekräftigung seiner „eigenen Ansichten“ auf die „verbriefte“ Meinung anderer oder er zitiert diese sogar ausdrücklich als „Autoritäten“ oder „Kapazitäten“.

Doch auch aus sich selber kann der Mensch die Bausteine holen, die das Bild der lückenhaft erfassten Wirklichkeit vervollständigen. Auf der Entwicklungsstufe, auf welcher Diskussionen so beliebt sind, auf der dritten nämlich, erlaubt der noch zu enge Erfahrungshorizont dem Menschen nicht, die wahren Zusammenhänge hinter der Fassade der materiellen Welt in vollem Umfang wahrzunehmen. Seine bereits gemachten Erkenntnisse ermitteln die Wirklichkeit daher nur bruchstückhaft. Deshalb neigt der Mensch – vor allem auf dieser Stufe: auf der Stufe der Rationalität – dazu, die Lücken zu schließen und das Fehlende zu ergänzen, um dennoch „Ordnung" zu haben und die Geschlossenheit des Übernommenen oder erdachten Ordnungssystems sicherzustellen. Mit Hilfe seiner Ratio schließt er somit die Lücken und ergänzt das Fehlende mit seinen „eigenen" Vorstellungen und Ideen, mit seinen Wünschen und Illusionen, die er in das Ordnungsgefüge hineinverlegt. So entspricht seine „Ordnung" der Wirklichkeit nur teilweise, dafür lässt diese Ordnung seine eigene Welt mit seinen Meinungen und seinen Vorstellungen sowie seine Einstellung zu allem, was in seiner Welt vorhanden ist, umso deutlicher erkennen. Seine „eigene" Weltordnung stammt allerdings in ihren wesentlichen Zügen aus der Vorstellungswelt der Gemeinschaft, welcher er angehört. Und diese ist auf der dritten Entwicklungsstufe längst nicht mehr bloß seine eigene Seelenfamilie, für die meisten ist es die ganze Volks- oder die religiöse Gemeinschaft.

Die emotionelle Gebundenheit an eine solche Gemeinschaft veranlasst viele, bei jeder Gelegenheit für ihre „eigene" Anschauung „leidenschaftlich" oder „engagiert" einzutreten und statt eine sachliche Auseinandersetzung zu führen, nach „kräftigeren Mitteln" zu greifen, zum Beispiel die Gegner persönlich anzugreifen, womöglich zu diffamieren. Die Emotionalität macht sie blind für die Lükken in ihrer Weltsicht, so dass sie lange Zeit – oft während Inkarnationen – mit ihren Wertvorstellungen (und mit sich selber) durchaus zufrieden sind und allzeit bereit, sich aggressiv zu „verteidigen".

Damit sich der Mensch aus seiner sowohl emotionellen als auch geistigen Gebundenheit an eine Gemeinschaft und von ihren Vorstellungen befreien und die Bausteine für sein rationales Denken *direkt* aus der Wirklichkeit entnehmen kann, muss er das geeignete Instrument dafür besitzen und einen höheren Grad der *inneren Freiheit* erlangt haben. Seine *Urteilskraft* muss also entwickelt und sein Ordnungssinn durch den *Realitätssinn* abgelöst sein.

RATIO UND GESINNUNG

Die Heranbildung der rationalen Intelligenz kann beim Menschen einen ersten Höhepunkt bereits zu Beginn der dritten Entwicklungsstufe erreichen, wenn im Menschen die Menschlichkeit noch überhaupt nicht erwacht ist oder sich höchstens zu regen anfängt. Daher wird die rationale Intelligenz gar nicht selten für das Ersinnen und die Durchführung von kriminellen Machenschaften, darunter auch von Verbrechen gegen die Menschlichkeit, eingesetzt, die sowohl Menschen als auch Lebewesen betreffen können (so z. B. bei Pflanzen- und Tierversuchen).

Die Unabhängigkeit der Ratio von der menschlichen Gesinnung eines Menschen ist der Grund dafür, dass eine noch so hoch entwickelte rationale Intelligenz einer Person kein Garant ist für ihr moralisches und ethisches Verhalten. Ein mit rationaler Intelligenz genial begabter Mensch kann innerlich noch ein Kind, menschlich sogar ein Schuft – eine „Intelligenzbestie" im wahren Sinne des Wortes – sein.

Das technische Rüstzeug, vor allem das Kriegsmaterial, wurde und wird – auch für totalitäre Systeme, für Diktatoren jeder Art – von rational hochbegabten Menschen ersonnen und hergestellt. An der Vorbereitung eines der größten Verbrechen der letzten Jahrhunderte, an der Herstellung der Atombombe, arbeiteten ausschließlich Menschen mit weit überdurchschnittlicher rationaler Intelligenz und etliche von ihnen unterschrieben – als Folgerung aus ihrer „wissenschaftlichen" Tätigkeit – die Forderung, die Atombombe einzusetzen (der bekanntlich Folge geleistet wurde). Ebenso bedarf es für die – die Seele missachtenden (teils sogar kriminellen) – Genmanipulationen einer überdurchschnittlichen rationalen Intelligenz.

Die rationale Intelligenz sagt dem Menschen nur, *wie* er etwas zu machen hat, nicht aber, *was* er dabei eigentlich tut.

Auch diesbezüglich haben die Worte JESU eine tiefe Bedeutung, als er Gott bittet, jenen zu verzeihen, die ihn gekreuzigt haben, „denn sie wussten nicht, was sie taten" (Lk 23,34).

Erst dann, wenn die *transzendentale Intelligenz* des Menschen und damit die *Urteilskraft* hinreichend herangebildet sind und er beginnt, *gefühlsfähig* zu werden, wird er auch darüber nachdenken können, *was* er eigentlich tut, wenn er etwas tut.

Die rationale Intelligenz wird freilich auch auf den höheren Entwicklungsstufen benötigt und angewendet. Schließlich ist auch der Verstand – um es noch einmal zu unterstreichen – eine Gottesgabe.

Was sich im Laufe der Entwicklung ändert – und sich auch ändern muss –, ist die Gesinnung des Menschen, der die rationale Intelligenz nicht bloß zu gebrauchen, sondern für die Art und Weise ihres Einsatzes auch die *Verantwortung* zu übernehmen hat.

Wandelt sich die Gesinnung, so wechselt auch der Anwendungsbereich der Ratio. Je menschlicher ein Mensch wird, umso klarer wird es ihm, dass er seine rationale Geistigkeit nur in den Dienst der Menschlichkeit stellen darf.

Und er wird es auch tun. Er gehorcht ja von der Mitte seiner inneren Entwicklung an immer mehr der Stimme seiner erwachenden *genuinen Geistigkeit.*

IV. Teil

Die Vollendung der Seele

Kapitel 28

DIE TRANSZENDENTALE INTELLIGENZ

Die *transzendentale Intelligenz* ist kein Gegensatz zur Verstandesintelligenz, sondern deren Überhöhung und Vollendung. Die Überhöhung der Ratio erfolgt durch die Heranbildung der *Urteilskraft*. Erlangt die transzendentale Intelligenz ihre Vollendung, so wird sie zur *Herzensintelligenz*.

Vollendung ist auf der menschlichen Stufe allerdings nur in einem beschränkten Sinne möglich. Denn die eigentliche Vollendung der Seele erfolgt erst nach dem Abschluss ihrer äonischen Entwicklung, also erst dann, wenn die Seele keine menschliche Seele mehr, sondern zu einer Höheren Wesenheit geworden ist.

Diese letzte Etappe der Entwicklung der Seele liegt im dritten, abschließenden Stadium des gesamten Schöpfungsprozesses: in der zweiten kosmischen Periode ihrer Gesamtentwicklung. Diese Phase ist ihre *Lichtphase*, in welcher sie ihre Entwicklung vollendet, indem sie jenen „Gedanken“ Gottes, aus dem sie hervorgegangen ist, restlos zur Entfaltung bringt und ihn vollständig verwirklicht. Dadurch erlangt sie ihre höchstmögliche *Vollkommenheit*.

Die Vollkommenheit jeder Kreatur ist im Hinblick auf Gottes *Vollkommenheit* natürlich ebenfalls nur relativ.

DIE URTEILSKRAFT

Die *Urteilskraft* tritt erst gegen Mitte der äonischen Entwicklung deutlich in Erscheinung, wenn im Menschen die *genuine Geistigkeit* erwacht ist. Als Fähigkeit wird sie jedoch in einer langwährenden Schulung sorgfältig vorbereitet. Ihre Heranbildung beginnt – wie die Erziehung der Seele im allgemeinen – bereits auf den höheren Tierstufen und setzt sich auf der darauffolgenden Stufe der Niederen Wesenheiten und auch auf der menschlichen Stufe noch lange fort, um auf den höheren Entwicklungsstufen als *Fähigkeit zum Urteilen* hervorzutreten und zur vollen Entfaltung zu gelangen.

Die *Urteilskraft* ist – wie die Rationalität – auf das Erfassen und die Verwirklichung von Ordnung gerichtet. Sie ist jedoch keine Variante der rationalen Denkfähigkeit und macht das rationale Denken keineswegs überflüssig. Die Urteilskraft *ergänzt* vielmehr das rationale Denken und hebt es auf eine höhere Ebene. Das Denken richtet sich dann nicht mehr nur auf die Erkenntnis der sinnlich zugänglichen, materiell erfassbaren irdischen Realität, sondern auch auf das Erfassen des Übersinnlichen.

Die übersinnliche Wirklichkeit umfasst sowohl die Tiefenschichten der Seele als auch die Kosmische Wirklichkeit.

Die *Urteilskraft* setzt also die *Verstandesintelligenz* voraus und schlägt die Brücke zwischen den beiden grundlegenden Erscheinungsformen des Denkens: des *rationalen* und des *transzendentalen*. Sie befreit das logische Denken aus der Beschränktheit der Rationalität und hebt es aus jener Enge heraus, in welche es durch Vorurteile und den Tatsachen widersprechende Vorstellungen sowie durch die Reduktion der Wirklichkeit auf das Irdisch-Materielle geraten ist.

Entfaltet sich im Menschen die Urteilskraft, so wird er nicht nur die Wirklichkeit in all ihren Dimensionen erkennen, sondern auch zur Einsicht kommen, dass seinem Denken das Wesentliche fehlte, nämlich die Hinwendung zur wahren *Menschlichkeit*.

Diese Einsicht wird ihm durch das „Organ" seiner Seele: durch das *Herz* ermöglicht. Hört der Mensch auf die Stimme seines Herzens, so entfaltet sich sein Denken zum *Herzensdenken*. Orientiert er sein Denken an der Menschlichkeit, so erweist sich seine transzendentale Intelligenz immer deutlicher als *Herzensintelligenz.*

Die Aufgabe der Urteilskraft

Die *Aufgabe der Urteilskraft* ist es, eine äußere oder innere Situation möglichst richtig einzuschätzen. Richtig ist die Einschätzung, wenn die Beurteilung der Lage der Realität entspricht und die Reaktion auf die Situation angemessen, somit dem Lebewesen oder dem Menschen sowohl praktisch als auch innerlich von Nutzen ist.

Die praktische Bedeutung. *Praktisch* nützt dem Lebewesen und dem Menschen das, was ihnen hilft, ihre Lebenssituation zu bewältigen. Sobald sie über etwas Bewusstheit verfügen – so höhere Tierarten und der Mensch –, entscheidet die *persönliche Erfahrung* über „nützlich“ oder „nutzlos“ oder „schädlich“.

In diversen Lebenssituationen müssen Lebewesen und der Mensch die Lage nicht nur einschätzen, sondern auch über die Reaktion entscheiden, somit *wählen* können. Die Möglichkeit der *Wahl* wächst mit steigender Bewusstheit. Um überhaupt wählen zu können, müssen sie unterscheiden und vergleichen können.

Damit Unterschiede wahrgenommen und Vergleiche aufgestellt werden können, muss *erstens* die *Kombinationsfähigkeit* bis zu einem gewissen Grad bereits entfaltet sein. – Die Fähigkeit zum Kombinieren ist in entsprechender Form bereits im Tierreich zu beobachten (z. B. bei Nagetieren, Hunden, Elefanten, Delphinen oder manchen Vogelarten).

Zweitens können Lebewesen und Menschen nur dann unterscheiden und Vergleiche aufstellen, wenn sie nicht bloß *Erfahrungen* gemacht haben, sondern sie in dem ihnen gebotenen Rahmen auch selber *auswerten* können. Sie können die Erfahrungen aber nur dann auswerten, wenn sie schon merken können, auf welche Weise sie auf bestimmte Situationen reagieren und welche Folgen ihre Reaktionen jeweils haben. Tier und Mensch müssen also immer auch „sich selber“ erfahren, aber auch die Wirkung ihres Verhaltens kennenlernen. Diese zweifache Erfahrung dient als Basis zur Auswertung des Erfahrenen. – Bereits Tiere höherer Arten können ihre Erfahrungen mehr oder weniger genau auswerten und sich somit nützlich machen. Das Erfahrene geht in ihr – meistens hervorragend funktionierendes – Gedächtnis ein.

Der innere Vorteil. Erst aufgrund solcher Erfahrungen kann das Lebewesen oder der Mensch beurteilen, was ihm *innerlich* – für seine Seele – tatsächlich *nützlich* und ihm im wahren Sinne *vorteilhaft* ist und was nicht, was ihm sogar inneren Schaden zufügt. – Was allerdings dem Tier oder der Niederen Wesenheit oder dem Menschen innerlich nützt, deckt sich nicht immer mit dem, was sie selber als „nützlich" erachten. Nur das, was ihre innere Entwicklung fördert, bedeutet letztlich einen wahren Vorteil. Und dies muss mit ihren eigenen Vorstellungen über Nützlichkeit oder „Glück" keineswegs im Einklang stehen. – Je höher der Entwicklungsstand einer Wesenheit ist, desto größer wird die Wahrscheinlichkeit, dass ihre eigene Einschätzung mit dem tatsächlichen Wert der Sache und deren effektivem – innerem und praktischem – Gewinn übereinstimmt.

Ähnlich steht es mit den Wünschen und Vorstellungen des Menschen. Auch er muss erst erfahren, ob seine Wünsche wirklich „wünschenswert" sind, ob die Realisierung seiner Vorstellungen ihn nicht in eine Sackgasse oder gar in Gefahr, wenn nicht sogar in eine Katastrophe führt. Eine solche Erfahrung, die dann zur Einsicht führt, kommt mitunter erst nach mehreren – erlebnisreichen – Inkarnationen zustande.

Die Erfahrungen werden im Archiv der Seele: im inneren Wissen von Lebewesen und Menschen aufbewahrt. Bis zur Mitte der inneren Entwicklung wirken sich die Erfahrungen auch beim Menschen häufig noch *unbewusst* aus, erst von da an lernt er, sie bewusst – und zwar mit Hilfe seiner *Urteilkraft* – auszuwerten. Dabei ist es vor allem die *Phantasie*, die der Urteilkraft zur Seite steht und dem Menschen den Umgang mit den Erfahrungen erleichtert, zum Teil überhaupt erst ermöglicht.

Die Rolle der Phantasie für die Urteilskraft

Die *Rolle der Phantasie* besteht bei der Betätigung der *Urteilskraft* – so merkwürdig es auch erscheint – in der Ermittlung der *Realität*. Sie lässt Erinnerungen an frühere Erfahrungen aufleben, welche vielleicht in weit zurückliegenden Inkarnationen oder sogar im Jenseits gemacht worden sind. Diese Erfahrungen zeigen dem Menschen, *wie* die Realität tatsächlich beschaffen ist oder wie sie war, als er sie erlebte. Nur das konkret Erlebte gilt für den Menschen als die „wahre“: als seine *eigene Realität.*

Der Mensch kennt sich dann in einer Situation – vielleicht sogar gut – aus und weiß, wie er reagieren soll, weil er mit einer solchen oder ähnlichen Situation schon seine Erfahrungen gemacht hat. Es ist letztlich die Phantasie, die ihm ermöglicht, Vergleiche anzustellen und eine Lage zu beurteilen, indem sie aus ihm die Erinnerung an bereits erlebte und verwertete Lebenslagen oder Ereignisse hervorholt.

Kennt jemand eine Gefahr nicht oder unterschätzt er die Gefährlichkeit einer Situation, so kann er sich den Luxus leisten, in der bedrohlichsten Lage furchtlos zu bleiben. Dabei braucht er keineswegs mutig zu sein. Er erkennt bloß nicht, wie gefahrvoll seine Lage ist, weil er eine solche Situation noch nie erlebt hat und daher seine Phantasie nicht ausreicht, um die Lage realistisch zu beurteilen. – So kann ein Kind ohne Furcht auf den Fenstersims klettern und vom vierten Stock aus den entsetzten Passanten unten fröhlich zuwinken – es kennt ja die Gefahr nicht, während ein anderes – „gebranntes“ – Kind sich weigert, im oberen Stockwerk auch nur in die Nähe eines offenen Fensters zu treten, weil in ihm die Erinnerung an Abstürze wach ist. (Nebenbei bemerkt: im letzten Fall hat der Mensch – das heutige Kind – früher selber andere in die Tiefe gestoßen.)

Das Tier, die Niedere Wesenheit und der Mensch müssen bestimmte Situationen immer wieder durchleben und dabei nicht nur erfahren, was diese für sie bedeuten und was sie von ihnen fordern, sondern auch erfahren, wie ihre eigene – größtenteils unbewusste – Reaktion auf die Situation jeweils ausgefallen ist und welche Folgen ihre Reaktion hatte. Erst dann, wenn sie aufgrund solcher Erfahrungen um die Bedeutung des Erlebten wissen, können sie eine Situation objektiv einschätzen und Fehlreaktionen vermeiden. Dann erst ist ihre Urteilskraft in der Lage, Prioritäten (z. B. unter möglichen Verhaltensweisen) so zu setzen, dass sie die Situation meistern können. Dann wissen sie auch, welche Wahl sie treffen können.

Die Wahl kann auch der Mensch erst dann bewusst und unbeeinflusst – das heißt selbständig – treffen, wenn er dafür *innerlich frei* geworden ist. Frei ist er erst dann, wenn er sich von seiner Triebhaftigkeit und Ichsucht befreit hat, gefühlsfähig geworden und imstande ist, zu seinen Gefühlen zu stehen.

Die innere Freiheit und die Urteilskraft

Die *innere Freiheit* ist die Voraussetzung dafür, dass eine Wesenheit ihre *Urteilskraft*, falls diese bis zu einem gewissen Grad bereits herangebildet wurde, wegweisend einsetzen kann. Die Urteilskraft kann nicht wirksam werden, wenn das Lebewesen oder der Mensch unter der Herrschaft von Trieben und Begierden, von Affekten und Leidenschaften, von Ichsucht oder Zwängen steht. Der Wirkungseffekt der Urteilskraft wächst proportional zur inneren Freiheit. Je größer die innere Freiheit, desto wirksamer kann sich die Urteilskraft entfalten. Selbst wenn das Tier oder der Mensch schon wissen, wie sie sich zu verhalten haben, können sie ihrer Urteilskraft nicht folgen, wenn sie für die Umsetzung ihrer Erkenntnis innerlich nicht frei sind.

Ein Beispiel aus dem Tierreich soll dies verdeutlichen. Spannt man einen etwa 25 Meter langen, nicht zu niedrigen Zaun auf, stellt auf der einen Seite in die Mitte Hundenahrung und lässt man auf der anderen Seite einen Hund auf diese zugehen, so hängt es vom Triebdruck ab, ob der Hund in der Lage ist, herauszufinden, wie er zum Fresstopf gelangen kann. Ist er nicht sehr hungrig, so wird er so lange am Zaun entlang hin und her laufen, bis er merkt, dass dieser ihn nicht einschließt und dass er an dessen Ende auf die andere Seite und somit zum Fressnapf gelangen kann. Ist er jedoch sehr hungrig, so wird er ebenfalls am Zaun auf und ab laufen, sich aber nicht sehr weit vom Napf entfernen. Eher noch wird er versuchen, sich durch diesen hindurchzuzwängen oder ein Loch unter dem Zaun zu graben. Auf alle Fälle wird er das Ende des Zaunes kaum entdecken, denn der Triebdruck (= der Hunger) „nagelt" ihn in der Nähe der Nahrung fest.

Die Urteilskraft ermöglicht vielleicht dem Hund, die Prioritäten richtig zu setzen, dies nützt ihm aber nichts, weil seine Willenskraft vom Triebdruck – vom Hunger – gefesselt ist. Selbst wenn er sich nicht das erste Mal in dieser Lage befindet und sich erinnern kann, er könne den Zaun umgehen, wie er es früher schon getan hat, hilft ihm die Erinnerung nicht, weil ihn der Hunger blockiert und seine Willenskraft noch nicht stark genug ist, um seine Erfahrung und sein

Wissen in die Tat umzusetzen. Ein Hund hingegen, der – vielleicht in früheren Inkarnationen (z. B. als Rudeltier oder als Einzelgänger wie Fuchs oder Dachs) – auf der Nahrungssuche entsprechende Erfahrungen gemacht und Ausdauer erlernt hat (z. B. beim Untergraben von Hühnerställen), wird so lange suchen, bis er den Futternapf erreicht.

Das Beispiel lässt einen weiteren Aspekt der Urteilskraft erkennen: Der Hund gerät erst dann in einen eigentlichen Konflikt, wenn er die Lage klar überschauen kann, wenn er also merkt, dass es eine Möglichkeit geben würde, sich das Futter zu holen. Ist seine Kombinationsfähigkeit beschränkt, so wird er nicht viel überlegen, sondern vielleicht nur hilflos winseln. (Ähnliche Konfliktsituationen kann man übrigens u. a. bei Hühnern, Ratten und anderen Tieren beobachten.)

Konflikte treten erst dann auf, wenn die Urteilskraft bereits erwacht ist und das Tier oder der Mensch die Wahl zwischen zwei oder mehreren Reaktionsfähigkeiten hat.

DIE RANGORDNUNG VON PRIORITÄTEN

Bereits das Tier höherer Art ist in der Lage, eine Auswahl aus möglichen Handlungs- oder Reaktionsweisen zu treffen. Auch für das Tier besteht eine *Rangordnung* sowohl lebenswichtiger als auch eher individuell bedingter Verhaltensweisen. Die ersten werden größtenteils durch Instinkte bestimmt. Ihre Rangordnung kommt also unbewusst zustande, und auch die individuellen Verhaltensweisen werden noch weitgehend unbewusst festgelegt. – Auswahl und Art der Möglichkeiten, die zur Wahl stehen, hängen stets von der Entwicklungshöhe ab.

Die *Rangordnung der Prioritäten* wird auch beim Menschen in erster Linie nach Kriterien zusammengestellt, die emotionell und affektiv bedingt, daher weitgehend oder ganz unbewusst sind.

Die Ausrichtung der Prioritäten

Auf den unteren Stufen der inneren Entwicklung werden *Prioritäten* entweder nach übernommenen Regeln der Gemeinschaft oder nach rein subjektiven, vor allem nach ichbezogenen Kriterien gesetzt.

Die *Rangordnung der Prioritäten* spiegelt in diesem Fall den Stellenwert wider, den Wünsche und Vorstellungen im Leben des Menschen einnehmen. Dies gilt vielfach auch für jene, deren Willenskraft und Verstandesintelligenz (z. B. die Kombinationsfähigkeit) schon weitgehend ausgeprägt ist. Denn die Verstandestätigkeit eines Menschen kann von seiner Emotionalität und Ichbezogenheit gefärbt sein und seine hohe, rationale Intelligenz kann unter anderem dazu dienen, die Rangordnung seiner Prioritäten als gerechtfertigt hinzustellen.

Noch auf den höheren Entwicklungsstufen orientiert sich der Mensch in erster Linie weniger mit Hilfe seines rationalen Denkens als aufgrund seiner inneren Einstellung. Diese spiegelt die Qualität der emotionellen Schicht der Seele. Emotionen können sogar noch in der zweiten Hälfte seiner inneren Entwicklung darüber entscheiden, was für ihn wichtig und unwichtig ist. Erst dann, wenn sie – auf höheren Entwicklungsstufen – von Gefühlen abgelöst werden und diese dann für die Aufstellung der Prioritäten ausschlaggebend werden, stimmt die Rangordnung mit den wahren Interessen des Menschen überein. – Die Rangordnung der Prioritäten ist für die innere Reife – bzw. Unreife – eines Menschen kennzeichnend. In einer Gesellschaft von – dem inneren Alter nach noch – Kindern und Halbwüchsigen steht heute beispielsweise das Sportspektakel an oberster Stelle.

Die Revision

Erst wenn der Mensch etwas innere Freiheit und somit die Fähigkeit erlangt, Distanz zu sich selber zu gewinnen, kann er sein Leben nicht nur nach subjektiven Kriterien, sondern auch nach objektiven, *überpersönlichen* Gesichtspunkten ausrichten. Er wird auch fähig, immer deutlicher zu erkennen, welche seiner bisherigen Vorstellungen und Überzeugungen überholt sind, weil sie mit der Wirklichkeit nicht konform gehen. Er sieht ein, dass ein großer Teil von ihnen seine eigenen Projektionen spiegeln oder dass er sie von einer Gemeinschaft übernommen hat. – So erscheint, sobald die Urteilskraft in ihm heranwächst (vor allem von der fünften Stufe an), alles, was auf der dritten Stufe als „unverrückbar" und „endgültig" galt, fragwürdig und revisionsbedürftig. Und vieles, was damals als „die volle Wahrheit“ oder als „Göttliche Offenbarung“ angesehen wurde, zeigt sich ihm nun in seiner wahren Gestalt als bloßes *Menschenwerk*.

Auf diese Weise vollzieht sich eine gründliche Umgestaltung des *Ordnungssinnes*. Und dies hat Folgen für alle Lebensbereiche. – Die alten Ordnungsschemata, darunter „Glaubenssätze“ aus dem religiösen und profanen Bereich, werden überprüft und – falls als unzutreffend erkannt – korrigiert oder aufgegeben. Jene Thesen, welche der Überprüfung standhalten und sich aufgrund eigener innerer Erfahrungen als wahr erweisen, werden aufrecht erhalten und – von den zugefügten, allzu menschlichen Vorstellungen befreit – neu belebt.

Dank dem revidierten Ordnungssinn kommt der Mensch in die Lage, die Werte richtig zu setzen. Er erkennt, dass die einzige ausschlaggebende Eigenschaft, die der Mensch in sich entfalten muss und auch entfalten wird, damit er sich den Göttlichen Gesetzen gemäß verhalten kann, die wahre *Menschlichkeit* und damit die echte *Liebe* ist.

Stellt er die Rangordnung der Prioritäten nach so gewonnenen überpersönlichen Kriterien auf, so gilt sie als „richtig“. Sie gilt als „richtig“, aber nicht nur aus dem Grunde, weil dies irgendwelche Gesetze, etwa moralische oder religiöse – wie zur Zeit seiner Abhängigkeit von der Gemeinschaft – ihm vorschreiben, sondern weil die nun erkannte Rangordnung der Kosmischen Ordnung – wenn auch nur annährend – entspricht. Nur so ist sie dem Menschen im wahren Sinne nützlich und hilfreich, nur so ermöglicht sie ihm, bewusst vollzogene Fortschritte in seiner Entwicklung anzustreben und diese dann auch zu vollziehen.

DER REALITÄTSSINN

Die Voraussetzung dafür, dass die *Urteilskraft* in Aktion treten und Prioritäten setzen kann, ist die *Kenntnis der Wirklichkeit*. Selbstverständlich kann jedes Lebewesen und jeder Mensch nach Belieben Prioritäten setzen. Nur hilft es einem im praktischen Leben herzlich wenig, wenn die Rangordnung der Prioritäten lediglich die Rangliste persönlicher Wünsche spiegelt, welche nur schwerlich oder überhaupt nicht realisierbar sind. Und erst recht ist sie für Fortschritte im inneren Leben wertlos.

Die Urteilskraft kann erst dann zu richtigen, das heißt zu wirklichkeitsgerechten Entscheidungen führen, wenn der Mensch zur konkreten Wahrnehmung der Wirklichkeit und zum Erkennen der realisierbaren Möglichkeiten fähig ist. – Dazu befähigt ihn der *Realitätssinn.*

Dieses „Organ" der transzendentalen Intelligenz heißt deshalb *Realitäts*sinn – und nicht „Wirklichkeitssinn" –, weil all das, was der Mensch mit seiner Hilfe erfasst, von der Gesamtwirklichkeit gleichsam „abgehoben" und für ihn zur – konkret erlebbaren – *Realität* wird. Dabei deckt sich seine „eigene Realität" – mit steigender „Schärfe" seines Realitätssinnes – immer weitergehend mit der *einzigen,* allem zugrundeliegenden *Wirklichkeit.*

Der *Realitätssinn* entsteht durch die Erweiterung und Überhöhung des *Ordnungssinnes.* Beide haben die Aufgabe, die Wirklichkeit zu erfassen. Nur ist die Wirklichkeit, zu der sie Zugang haben, verschieden. Der Ordnungssinn – als Basis des rationalen Denkens – erschließt die rational erfassbare Ordnung, der Realitätssinn hingegen erschließt sämtliche Sphären der Wirklichkeit.

Die Entfaltung des *Realitätssinnes* schärft den Blick des Menschen für die Dimensionen der Wirklichkeit. So gelangt er mit Hilfe seines Realitätssinnes allmählich auch in die innere Dimension der irdischen Welt und kann die materiell-sinnliche Wirklichkeitssphäre mit immer tiefer dringender Einsicht ausloten. Der Realitätssinn gewährt dem Menschen immer mehr Einblicke auch in die inneren Zusammenhänge der Welt und in die Hintergründe des Weltgeschehens. Der Mensch, dessen Realitätssinn erwacht, beginnt die Wirklichkeit so wahrzunehmen und so zu erfahren, wie sie in „Wirklichkeit" ist.

Zur Wirklichkeit gehört sowohl die alles umfassende äußere, die *Kosmische,* als auch die *innere Wirklichkeit* des Menschen. Die von der *genuinen Geistigkeit* getragene *Urteilskraft* und der *Realitätssinn* ermöglichen ihm, die *Kosmischen Gesetze* – wenn auch zunächst nur in Umrissen – zu begreifen und Einblicke zu gewinnen: hinter die Kulissen des Schicksals, in das *Karma-Gesetz* und in die Spielregeln des Lebens, in die Hintergründe der Natur und der zwischenmenschlichen Beziehungen sowie in die großen Zusammenhänge im Gesamtleben des Menschen. – Zur inneren Wirklichkeit des Menschen gehört auch seine Vergangenheit, mit welcher ihn sein *echtes Gewissen* konfrontiert.

Realitätssinn und *Urteilskraft* ermöglichen ihm nun, auch den Sinn, der hinter den Konfrontationen steht, zu begreifen. Eine erste Ahnung, dass auch im Bösen etwas Positives liegen kann, steigt in ihm auf, und er erkennt im Ansatz die guten Seiten jeder Erfahrung, so auch des Negativen in seinem Leben.

Damit der Mensch die Wirklichkeit in all ihren Zügen und Dimensionen erkennen, das Erkannte und Erfahrene aber auch *er*tragen und *aus*tragen kann, benötigt er eine erhöhte seelische Tragkraft. – Und wie für jede Aufgabe, die dem Menschen gestellt ist, erhält er auch hierfür die nötige Energie: durch Erhöhung seiner *geistigen Vitalität*.

DIE GEISTIGE VITALITÄT

Die *geistige Vitalität* ist eine der wichtigsten Erscheinungsformen jener *Geistigkeit*, welche vom ersten Aspekt Gottes: der *Schöpferkraft* gespeist wird.

Wie die *Vitalkraft* von der untersten Seelenschicht her den Menschen ununterbrochen mit *Lebenskraft* versorgt, versieht ihn die Energiequelle in der siebenten Seelenschicht: die *Geisteskraft*, mit der höchsten, der *Göttlichen Energie*. Diese dringt von dieser Schicht weiter in die darunter liegenden Seelenschichten ein, so dass der Mensch seine Geisteskraft vom Ende der vierten Entwicklungsstufe an in steigendem Maße bewusst wahrnehmen und einsetzen kann.

Es ist die *Göttliche Energie*, die in ihrer Erscheinungsform als *Geisteskraft* die *seelische Tragfähigkeit* des Menschen auf den höheren Stufen wachsen lässt, um sie auf der höchsten Stufe vollends zu festigen.

Die *seelische Tragfähigkeit* ist die Voraussetzung dafür, dass der Mensch die Wirklichkeit unverhüllt erkennen und die Wahrheit ertragen kann. Sie gestattet ihm, sowohl sich selber als auch anderen gegenüber völlig offen zu sein. – Er ist auf dieser Entwicklungshöhe nicht mehr, wie auf den unteren Stufen, „verletzlich", er fürchtet sich nicht mehr, andere zu „verletzen", so dass er aus lauter Angst, „verletzt" zu werden oder andere zu „verletzen", sich verschließen und verkrampfen oder alles Unangenehme vor den anderen verhüllen und die Wahrheit verfälschen „müsste". Er kann sich leisten, sich der *Wahrheit* zu stellen und sie in allen Belangen vorbehaltlos zur Kenntnis zu nehmen und sich ihr entsprechend zu verhalten. – Es geht also nicht bloß darum, die Wirklichkeit nicht mehr zu verbergen oder die Wahrheit nicht mehr zu verdrängen, nicht mehr zu lügen, sondern es geht darum, offen zur Wahrheit zu stehen und ihr – je nach Gegebenheit – Geltung zu verschaffen.

Zur Wahrheit gehört natürlich auch die eigene Wahrheit, die sich in der Lebensgeschichte des Menschen kundtut und in welcher alles Gute und Böse, das er im Laufe seiner äonischen Entwicklung erlebt und bewirkt hat, aufgezeichnet ist. Zu seiner Wahrheit gehört also alles, womit er in der Phase seiner seelischen Reinigung, die bis zum Abschluss der äonischen Entwicklung dauert, konfrontiert wird. Und diese – seine – Wahrheit muss der Mensch ertragen können.

Ist nun der Mensch allem und jedem gegenüber völlig offen, ist er fähig, alles unmittelbar zu erfassen, so kann er sein *inneres Wissen* vervollständigen und es sich restlos bewusst machen. Er lernt dabei sein gesamtes Leben mit allen Inkarnationen – selbst auf der vormenschlichen Stufe – nicht bloß kennen, sondern – was wichtiger ist – auch verstehen. Er wird fähig, den Sinn nicht nur jeder Etappe, sondern auch jeder Inkarnation und sogar jedes einzelnen Ereignisses in seiner äonischen Entwicklung zu erfassen.

Die genaue Erkenntnis bringt eine zusätzliche Belastung mit sich. Die Grenzen werden für den Menschen auf den höheren Entwicklungsstufen nach allen Seiten, nach oben und in die Tiefe, immer durchlässiger und verschwinden gegen Ende der siebenten Stufe beinahe gänzlich. So kann er mit der Zeit die wahre Struktur der Wirklichkeit bis ins kleinste erfassen und mit allen Seelen Kontakt aufnehmen. Dazu gehören Menschen und Lebewesen, aber auch jene Seelen, die alles Existierende: die Materie, den physischen Leib, die Natur und alle Regionen der übersinnlichen, feinstofflichen Welt beleben.

Die Ausweitung seiner Kenntnisse und seines Wissens fordert den Menschen jedoch heraus. Er ist auf jeder Stufe seiner inneren Entwicklung nicht bloß Zuschauer, sondern immer auch Mitbeteiligter und Akteur. Er muss also all das, was er über sich erfährt, ertragen und in sich auch austragen können.

Erreicht er die höheren Stufen seiner inneren Entwicklung, so werden ihm überdies die Schicksale auch von Mitmenschen und Mitseelen sowie ihre Entwicklungsmöglichkeiten mit steigender Entwicklungshöhe nicht nur immer weniger gleichgültig, sondern sie werden bald zu seiner „Herzensangelegenheit". Auf der höchsten Stufe bezieht er jene Seelen, mit denen er zu tun hat, in seine eigene Seele mit ein und steht im Dauerkontakt mit ihnen, um ihnen beizustehen und nötigenfalls in ihr Leben hilfreich einzugreifen. – Dies alles kann er aber nur dann tun, wenn er seelisch stark genug und somit belastbar ist.

Ist der Mensch dank seiner genuinen Geistigkeit befähigt, in alle Schichten der Wirklichkeit Einsicht zu nehmen, alles, was er erfährt, zu akzeptieren, und jede Seele, welcher er begegnet, in Liebe anzunehmen, so ist das ein Zeichen dafür, dass er seelisch vollends gefestigt und innerlich wahrhaftig *frei* geworden ist.

Frei ist er im wahren Sinne dann, wenn er *menschlich* geworden ist, wenn er seine Gesinnung und sein Verhalten nach Kriterien der *echten Liebe* richtet und sich von seiner *Herzensintelligenz* führen lässt.

DIE HERZENSINTELLIGENZ

Die *Herzensintelligenz* ist jene – höchste – Erscheinungsform der Intelligenz, welche von *Menschlichkeit* vollkommen durchdrungen ist. Ihre Heranbildung braucht natürlich Zeit. Sie erstreckt sich über die ganze zweite Hälfte der äonischen Entwicklung.

Die Herzensintelligenz wird dem Menschen nicht geschenkt. Er muss dafür arbeiten und kämpfen. Aber er muss dafür auch reif geworden sein. Ist er dafür reif geworden, so zeigt sich dies darin, dass er sich innerlich nach allen Seiten und nach oben *öffnen* kann.

Offenheit ist eine grundlegende Haltung, zu welcher der Mensch vollbewusst erst in der zweiten Hälfte seiner äonischen Entwicklung fähig wird. Er erlangt sie im inneren Wachstumsprozess. Die Offenheit ermöglicht dem Menschen, seine Grenzen zu übersteigen.

Die Transzendenz

Grenzen überschreiten heißt *transzendieren*. Es ist die sechste Seelenschicht: die *Transzendentalschicht*, in welcher die Fähigkeit voll entfaltet wird, sich zu öffnen und die eigenen Grenzen sowie die Grenzen jener Vorstellungen und Ideen zu überschreiten, die bisher als gültig und „endgültig" angesehen worden sind.

Mit der Auswertung von Erfahrungen beginnt der Mensch, das erarbeitete Wissen für sein alltägliches Leben zu nutzen. Seine Erfahrungen beziehen sich, sobald sein Entwicklungsstand steigt, nicht bloß auf die irdische, sondern auch auf die übersinnliche Wirklichkeit.

Da er Einblicke in die *Kosmischen Zusammenhänge* gewinnt, werden ihm die Kosmischen Gesetze immer wichtiger. Er muss nun das Erfasste in sein Leben einordnen lernen. Und dies ist nicht selbstverständlich. In Ländern zum Beispiel, in denen das Wissen um die Tatsache der Reinkarnation Allgemeingut ist, weiß – mit dem Verstand – ein jeder um das Karma und die Wirkung des Karma-Gesetzes. Dennoch ziehen die Allerwenigsten aus diesem Wissen für ihre irdische Existenz die Konsequenzen, da sie dafür innerlich noch nicht reif sind. (Vgl. das Beispiel in: *Die Welt der Reinkarnationslehre,* S. 189–191).

Erst wenn der Mensch einen gewissen Entwicklungsstand erreicht, kann er hinter die Kenntnisse der irdischen Welt blicken und die Wirklichkeit sowohl verstandesmäßig erkennen als auch immer mehr Aspekte davon innerlich erfassen und sein Leben danach einrichten.

Es gilt aber auch die eigenen Grenzen zu übersteigen. Die eigenen Grenzen sind die Grenzen der *Ich-Sphäre*. Öffnet sich der Mensch, so kommt er in die Lage, Impulse von oben zu empfangen und sich nach diesen Impulsen zu richten. Dadurch kann er sich von seiner ich-haften, durch seine Individualisierung bedingten Isolation befreien. Nimmt die Ichbezogenheit im Menschen ab, so zeigt sich dies darin, dass er sich immer weniger als „Ich", dafür aber immer deutlicher als *Wir* – oder genauer: als Teil eines *Wir* – empfindet.

Die Grenzen von Vorstellungen und Ideen sind die Grenzen der Realität, in welcher er bislang lebte: die Grenzen seines Weltbildes.

Um die Grenzen in seiner Weltvorstellung zu überschreiten, braucht er auch das logische Denken. Nur wird sein Denken nicht auf das rationale Denken beschränkt sein und sich ausschließlich auf das Erfassen der irdisch-materiellen Wirklichkeitssphäre richten.

Der Mensch hat ja, sobald er auf dieser Entwicklungshöhe angelangt ist, hinreichend erfahren, dass die irdisch-materielle Realität nicht die einzige und nicht die grundlegende Wirklichkeit, sondern nur eine der drei Wirklichkeitssphären ist. – Und er hat auch einsehen können, dass die irdisch-materielle Wirklichkeitssphäre nicht die primäre ist, sondern durch die seelische und die geistige Wirklichkeitssphäre bedingt und in jeder Hinsicht von diesen abhängig ist.

Lässt er sich von seiner Herzensintelligenz führen, so orientiert er sich an seinen *Gefühlen*, kontrolliert das Erfühlte mit Hilfe seiner *Urteilskraft*, überwacht die Qualität seines Fühlens, Denkens und Tuns aufgrund seines *echten Gewissens* und versucht, sich in allem nach der *Menschlichkeit* zu richten.

Die Selbstverwirklichung

Die *Selbstverwirklichung* des Menschen tritt damit in eine neue Phase. Er wird nicht mehr „sich selber", sein Ich und seine Wünsche, verwirklichen wollen. Was er fühlt, zu dem steht er, er kann auch immer besser seine Gefühle annehmen. Was er als „richtig" erkennt, versucht er zu realisieren. Und „richtig" ist – das weiß er jetzt –, was im echten Interesse aller steht, was auf die Förderung der inneren Entwicklung von Mitmenschen und Mitseelen ausgerichtet ist.

Öffnet sich nämlich der Mensch, so beginnt sich seine *Gesinnung* zu ändern. Damit verändert sich auch seine geistige Haltung: seine *Mentalität.* Es ist die *Menschlichkeit*, die immer deutlicher zum Leitlicht seines Lebens wird, und er beginnt, zu einem wahrhaft *menschlichen Menschen* zu werden.

Das „Selbst", das verwirklicht werden soll, ist dann nicht mehr das winzige persönliche Selbst des Menschen: sein „Ego", sondern sein *Höheres Selbst.* – Die „Selbstverwirklichung" vollzieht sich auf dieser Stufe als Entfaltung des *Höheren Selbst.* Das *Höhere Selbst* kann aber nur dann zum Aktionszentrum des Menschen werden, wenn sein Wille *geläutert* ist.

Der geläuterte Wille

Geläutert ist der *Wille,* wenn er von allen Schlacken der Ichbezogenheit befreit ist. Der ausgeprägte Egoismus kann mit seiner Kompromisslosigkeit während sehr langer Strecken der inneren Entwicklung den echten Willen mit einer dicken Kruste umhüllen und nachhaltig mundtot machen, ihn sogar ins Gegenteil verdrehen, so dass er pervertiert und als reine Willkür in Erscheinung tritt.

Ist der Wille rein, so ist er auch stark genug, um all das durchzusetzen, was der Mensch eingesehen hat und was ihm die echte Liebe empfiehlt oder gebietet. Ist der Wille stark genug, so kann sich der Mensch Sanftmut und Milde leisten, er kann sogar von Herzen *demütig* sein.

Denn ist der Wille geläutert, so steht er nicht mehr im Dienste des Ich und der eigenen Person. Das Interesse des Menschen an seinem Ich und an seiner Person ist auf dieser Entwicklungshöhe beinahe ganz oder vielleicht sogar vollständig zusammengeschmolzen. Dafür entsteht im Menschen für die Entfaltung der *Persönlichkeit* immer mehr Raum. – Der Wille aber fügt sich immer mehr in den Höheren Willen ein, bis er kein eigener Wille mehr ist, sondern ausschließlich im Dienste des Höheren Willens steht. Er muss sich diesem nicht etwa unterordnen, sondern er wächst in ihn allmählich hinein.

Es ist die *Herzensintelligenz,* die dem Menschen ermöglicht, Gott gegenüber völlig offen zu sein. Ist er Gott gegenüber offen, so wird er sein Verhalten und somit seinen Willen immer mehr am *Göttlichen Willen* – und das besagt: an der *Kosmischen Ordnung* – orientieren. Er wird sich also – auf den höchsten Entwicklungsstufen sogar in jeder Hinsicht und restlos – der Höheren Führung unterstellen.

Der Mensch muss freilich auch wissen, was der Göttliche Wille von ihm erwartet. Und dazu verhilft ihm die *Einsicht.*

Die Einsicht

Einsicht beruht auf der Fähigkeit, die *Wirklichkeit* so wahrzunehmen und so zu akzeptieren, wie sie tatsächlich ist. *Einsichtsfähig* wird der Mensch daher erst, wenn er alles Beengende, Unwahre, Angelernte, alles, was nicht zu seinem wahren Wesen gehört, ablegen kann. Erst dann wird er für die Einsicht *frei*. Und erst dann wird er auch für die Erkenntnis der *Wirklichkeit* frei.

Die Einsicht konfrontiert den Menschen sowohl mit seiner inneren Wirklichkeit als auch mit jener Wirklichkeit, welche sich hinter der Kulisse des irdischen Lebens verbirgt. Sie konfrontiert ihn mit der *Wahrheit*.

Wird der Mensch für die Einsicht frei, so ist er auch für die *Wahrheit* frei.

Der Mensch muss aber für die Wahrheit nicht nur innerlich frei, sondern er muss auch seelisch *tragfähig* sein. Die Wahrheit fordert den Menschen heraus, er muss innerlich hinreichend stark sein, um sie zu ertragen.

Die Einsicht deckt nicht nur die Wahrheit auf, sie ermöglicht zudem, den *Sinn* zu erfassen.

Ist der Mensch fähig, den Sinn in allem einzusehen, also in allen Belangen und Situationen und in allem, was ihm zugemutet wird, was er durchleben und durch"machen" muss, so wird er von der Wahrheit nicht belastet, sondern im Gegenteil: er wird durch sie *entlastet*.

Alles, was er erlebt, wird für ihn – infolge der Kenntnis der Hintergründe – erträglicher, vielleicht sogar wesentlich leichter. Weiß er, dass alles, was er erleben muss, einen *Sinn* hat, so kann er alles, dem er ausgesetzt wird, aus ganzem Herzen annehmen und bejahen. Er wird über das Erfahrene vielleicht sogar froh sein, selbst wenn es objektiv gesehen sehr unangenehm ist. Denn wenn er den Sinn eingesehen hat, so weiß er, dass alles, was ihm widerfährt und was er erfahren muss, letztlich nur seine innere Entwicklung fördert und ihn damit *näher zu Gott* bringt.

Auf diese Weise *stärkt* die Einsicht den Menschen. Hat er die Gründe der Ereignisse und ihren Sinn eingesehen, so wird er die Wahrheit – auch die Wahrheit über sich – ertragen und sie für sich fruchtbar machen, und das heißt immer: er wird sie für Fortschritte in seiner inneren Entwicklung nutzen können.

Die Einsicht setzt nicht bloß innere Freiheit voraus, sondern sie verschafft dem Menschen auch mehr Freiheitsraum und macht ihn damit offener. Sie befreit ihn von allem, was ihn einengt. So befreit sie ihn zumal von naiven Vorstellungen, wonach in der Welt alles zufällig, das Schicksal „der Laune der Götter“ überlassen ist, und sie befreit ihn dadurch von seinen Ängsten.

Die Frage, für manche (z. B. für EINSTEIN) die wichtigste Frage des Menschen, nämlich: „Ob das Universum dem Menschen wohlgesinnt oder übelgesinnt ist“, stellt sich ihm überhaupt nicht. Er kennt ja die Antwort von vornherein. Er weiß, wie das „Universum“ – das heißt Gott – dem Menschen „gesinnt“ ist. Er weiß es aus guten Gründen.

Denn je tiefer die Einsichten sind, die er in die wahren Zusammenhänge des Lebens und des Schicksals tun kann, umso deutlicher wird er spüren, wie gütig und fürsorglich der Mensch (und jede Wesenheit) geführt wird. Er fühlt sich bald schon restlos *geborgen*. Er wird nämlich erkannt haben, dass in jedem Schicksal alles letztlich nur auf ein einziges Ziel angelegt ist. Und dieses Ziel ist: dem Menschen zu helfen, damit er mit allem, was er tut, auf jenem Weg einen Schritt vorwärts kommt, der ihn zu Gott führt.

Erfährt er die unverrückbare Liebe, die ihm entgegengebracht und mit der er geleitet wird, so steigt in ihm auch die *Liebesfähigkeit* mit jedem Schritt, den er – auf diese Einsicht gestützt – vollzieht.

Die Liebe

Liebesfähigkeit bedeutet, dass sich der Mensch jeder Wesenheit gegenüber öffnen kann. Wenn er liebt, öffnet er sich, und wenn er sich innerlich öffnet, öffnet er sein *Herz*.

Der Mensch wird aufgrund seiner Einsichtsfähigkeit nicht mehr wie bisher lieben und nicht nur jene lieben, die er früher auch schon lieben konnte. Die wachsende Fähigkeit zur Einsicht verändert die Art der Liebesfähigkeit und erweitert ihren Wirkungskreis.

Die Art seiner Liebe ändert sich, weil er zu ahnen beginnt, worin „echte Liebe“ besteht. Er erreicht damit die Vorstufe zur echten Liebe. Und die Vorstufe zur echten Liebe ist die *Solidarität*.

Die *Solidarität* ist der Kern des Arterhaltungstriebes. Ist der Arterhaltungstrieb von Triebhaftigkeit und Egoismus befreit, so gelangt das Wesen der Solidarität immer intensiver zur Wirkung. Damit beginnt sich im Menschen die *echte Liebe* zu entfalten.

Während sich der Mensch auf den unteren Entwicklungsstufen vorwiegend oder ausschließlich mit sich selber beschäftigt und sich nur mit seiner Seelenfamilie und -sippe oder einer begrenzten Gruppe (Stamm, Volk, Nation, Partei, religiöse Gemeinschaft u. a.) solidarisch fühlt, erweitert sich der Kreis seiner Solidarität auf der sechsten Stufe ansehnlich. Er kann immer mehr Menschen lieben. – Und nicht nur Menschen. Da er längst weiß, dass auch Pflanzen und Tiere, die Natur und sogar das Mineral eine Seele haben, wird er den Mitmenschen und Mitseelen – Mineral, Pflanze, Tier und anderen Wesenheiten – gegenüber innerlich gleichermaßen aufgeschlossen sein und ein *Gefühl* für sie haben. Er wird sie also so verstehen und so annehmen können, wie sie sind. Und er wird seiner erweiterten Solidarität gemäss möglichst *alle* in seinen Liebeskreis einbeziehen und mit wachsender Liebesfähigkeit immer „klüger" lieben. Der Wirkungskreis seiner Liebe beginnt, sich ins „Unendliche" zu erweitern.

Der wahrlich gefühls- und liebesfähige Mensch wird daher die Natur als eine große Lebensgemeinschaft von Pflanze, Tier und Naturwesen erleben und sich einsetzen, damit sie von immer mehr Menschen, schließlich von allen wie echte Liebes„objekte": wie Seelen, die ausnahmslos und gleichermaßen der Liebe würdig sind, betrachtet und auch dementsprechend behandelt werden.

Denn er erkennt, dass die Liebe, soll sie wirklich Liebe sein, auf das wahre Wohl der Seelen ausgerichtet sein muss. Und er weiß jetzt auch, dass das „wahre Wohl" eines jeden dann angestrebt wird, wenn seine innere Entwicklung gefördert wird.

Denn Liebe ist auch dann, wenn sie echt empfunden wird, kein bloßes Gefühl. Liebe ist im Wesentlichen ein *Tun*. Liebe muss der Mensch nicht bloß fühlen, sondern auch verwirklichen.

Wie er „Liebe tun": wie er die Liebe verwirklichen kann, sagt ihm seine *Herzensintelligenz*. Hört er auf sie, so entfaltet sich seine wahre *Menschlichkeit*.

Der Weg zur echten Liebe: zur Fähigkeit, nach dem ungeschriebenen Gesetz der wahren Menschlichkeit zu leben, ist lang. Nicht jedes Empfinden, das für „Liebe" gehalten wird, ist tatsächlich schon Liebe. Die Liebe geht manchmal krumme Wege. Damit sie echt sein kann, muss der Mensch nicht nur gefühlsfähig geworden sein, sondern auch zur Einsicht fähig sein. *Herzensintelligenz* äußert sich ja in der Doppelfähigkeit: als *Einsichts- und* als *Liebesfähigkeit.*

Einsicht und *Liebe* ergänzen sich: Einsicht macht die Liebe „klug", und Liebe ermöglicht dem Menschen, seiner Einsicht gemäss zu handeln und die höchste Erscheinungsform der genuinen Geistigkeit: die *Spiritualität,* zu entfalten und dadurch *Weisheit* zu erlangen.

Die Weisheit

Beherrscht der Mensch die Kunst der klugen Liebe, ist er im wahren Sinne menschlich und gütig, ist er überdies fähig, sein inneres Wissen, das er aufgrund seiner inneren Erfahrungen und Einsichten gewonnen hat, so einzusetzen, dass er stets von seiner – klugen – Liebe geleitet wird, so besitzt er auch jene Fähigkeit, auf deren Entfaltung die äonische Entwicklung eines jeden Menschen angelegt ist: die *Weisheit.*

Weisheit ist die geläuterte Erscheinungsform des *intuitiven Denkens.* Damit ein Mensch *weise* sein kann, muss er seine *Urteilskraft* und seinen *Realitätssinn* – und zwar für jede Art von Wirklichkeit – voll entfaltet haben und innerlich ganz *frei sein.* Weise kann nur derjenige sein, der die Wirklichkeit in all ihren – dem Menschen zugänglichen – Erscheinungsformen erfasst hat, der sie: die *ganze Wirklichkeit,* vorbehaltlos akzeptiert und der sich von nichts mehr daran hindern lässt, sich seinen Einsichten entsprechend zu verhalten.

Der Mensch wird aber erst dann im vollen Sinne *weise,* wenn er imstande ist, sich restlos nach oben zu öffnen, wenn er also im tiefsten Sinne *spirituell* geworden, das heißt von *Gottes Geist erfüllt* ist.

Sind im Menschen alle drei Grundanlagen: der *Wille,* das *Fühlen* und das *Denken* geläutert, so wird er zu einem geeigneten Werkzeug: zu einem wahrhaftigen Diener, ja sogar zu einem „Mitarbeiter" Gottes.

Dank seinem starken und intelligenten Herzen wird der Mensch auf dieser Entwicklungshöhe zum Vermittler zwischen Gott und den Menschen sowie zwischen den Menschen und den anderen Wesenheiten. Er wird zu einem immer besser wirkenden Instrument des Göttlichen. Sein alleiniger Lebenswunsch ist es dann, all das, was er durch seine Einsicht in die *Weisheit Gottes* erfahren durfte, und alles, was er durch die *Göttliche Liebe* empfangen darf, den anderen weiterzugeben.

Erreicht der Mensch jenen hohen Grad an Herzensintelligenz, der ihn befähigt, als Instrument der Göttlichen Liebe und des Göttlichen Willens im Dienste Gottes zu stehen, so bedeutet dies, dass er ein wahrhaftiger *Weiser* geworden ist. Er ist am Ende seiner äonischen Entwicklung angelangt und kann – jenseits der irdischen Entwicklung – seine weitere Schulung und Vorbereitung auf den *„Meistergrad"* der *Weisheit* antreten, um seine höchstmögliche *Vollkommenheit* zu erreichen.

Kapitel 29

DAS GEFÜHL

Gefühl im wahren Sinne kann nur der Mensch haben, und auch er erst von der Mitte seiner inneren Entwicklung an. Es ist die *genuine Geistigkeit*, die dem Menschen überhaupt ermöglicht, gefühlsfähig zu werden.

Pflanze und Tier haben Empfindungen und Emotionen, das Tier auf höheren Stufen hat zudem Affekte, aber keine echten Gefühle. Zur Liebe sind zwar auch Tiere höherer Artstufe fähig , doch ist ihre Liebe „identifikativ", sie beruht noch nicht auf echtem Gefühl.

Bevor die genuine Geistigkeit im Menschen erwacht, hat auch er nur Empfindungen, Emotionen und Affekte. Diese entstehen, wenn die Seele eine in ihr gestaute Spannung erlebt und auslebt. Mit Empfindung und Emotion reagiert die Seele auf eine Einwirkung, mit Affekt reagiert sie auf ihre eigene erste Reaktion, also auf Empfindung oder Emotion. Die Reaktionen ermöglichen ihr, die – rein *seelische* – Spannung auszuleben und sich somit zu entspannen. – Das *Gefühl* hingegen besteht aus einer *geistigen* Spannung. Es wird meistens von einer Information ausgelöst.

Das *Gefühl* ist eine höhere Erscheinungsform der *Sensibilität*. – *Sensibilität* ist die Voraussetzung auch für die *Intuition* und die *Inspiration*. Diese sind mit dem Gefühl verwandt und können als dessen Erscheinungsformen gelten. Während jedoch das Gefühl eher allgemein ist, sind Intuition und Inspiration differenzierter und stets konkret und zielgerichtet.

Hat der Mensch ein *bestimmtes Gefühl*, so bedeutet dies, dass ihm etwas „gefühlsmäßig" zugänglich wurde. Er fühlt dann – manchmal allmählich, mitunter plötzlich, dass etwas so und nicht anders ist.

Das *Gefühl* – wie auch die Intuition oder die Inspiration – teilt dem Menschen etwas *unmittelbar* mit und ermöglicht ihm, etwas *unmittelbar* zu erfassen.

DAS ECHTE UND DAS „UNECHTE" GEFÜHL

Obwohl Gefühle von Empfindungen, Emotionen und Affekten zu unterscheiden sind, werden die Ausdrücke überaus häufig (selbst in der Psychologie) synonym verwendet. Dass sie nicht auseinandergehalten werden, ist zwar unsachgemäß, jedoch – nicht zuletzt aus sprachlichen Gründen – durchaus verständlich.

Denn der allgemeine Sprachgebrauch widersetzt sich – zumindest in den meisten europäischen Sprachen – einer Unterscheidung. So spricht man oft von „Gefühlen" und meint eigentlich Emotionen oder Affekte. Emotionen und die meisten Affekte wie Lust oder Unlust, Laune, Wut, Neid, Eifersucht, Hass werden sogar in der Regel – freilich irrtümlich – für „Gefühle" gehalten.

Beispiele dafür gibt es in jeder Lebenslage. Wir „fühlen" uns ja durch den Lärm auch dann noch gestört, wenn wir wissen, dass der Lärm in uns lediglich unangenehme Empfindungen und Emotionen wachruft; wir „fühlen" in uns Neid und Eifersucht aufsteigen; wir hegen Rache„gefühle"; wir „fühlen" uns angegriffen, vernachlässigt, gedemütigt, gekränkt, nicht geliebt, verlassen – und reagieren darauf mit Unlust- oder mit Hass„gefühlen".

Wir können uns aber auch verantwortlich „fühlen" oder merken, wie das „Gefühl" der Freude in uns aufsteigt. Oder dann meldet sich das Gefühl als Schuldgefühl, und wir versinken angesichts der Konfrontation mit einstigen Verschuldungen angstvoll im dunklen Loch einer Depression.

Sind das tatsächlich alles Gefühle? Oder gibt es „echte" und „unechte" Gefühle?

„Unechte" Gefühle gibt es nicht. Denn alles, was kein echtes Gefühl ist, ist überhaupt kein Gefühl. Meinen wir also, „Lust-" oder „Hass-" oder ähnliche „Gefühle" zu haben, so sind das spontane Reaktionen der Seele, aber keine Gefühle.

Ist ein „Mensch" gerührt, weil er gelobt wird oder sich „gütig" findet, so meint er, er habe ein echtes Gefühl, in Wahrheit ist er nur rührselig. Er reagiert lediglich auf eine – angenehme – Berührung seiner Ichsphäre (z. B auf eine Schmeichelei). Er kann auch auf ein trauriges Ereignis mit „Rührung" reagieren und wegen des Todes einer geliebten Person „traurig“ sein, dabei im Grunde nur sich selbst bemitleiden.

Die Neigung, auf äußere oder innere Situationen mit Rührseligkeit zu reagieren, heißt bekanntlich *Sentimentalität.* Sentimentalität veranlasst viele Menschen, „Güte“ mit Schwäche zu verwechseln. Meistens ist Sentimentalität allerdings nichts anderes als die Kehrseite von Hartherzigkeit.

Meint jemand, gefühlvoll zu sein, ist er jedoch nur von seiner Sentimentalität und Rührseligkeit berauscht, so ist er lediglich „gefühls“-duselig.

Verwechselt werden Gefühle auch mit ihren Begleiterscheinungen. Solche Begleiterscheinungen sind in erster Linie die Stimmungen, in welche den Menschen unter Umständen auch ein echtes Gefühl versetzen kann. Je nach Gehalt des aufsteigenden Gefühls verspürt der Mensch zum Beispiel Freude und Heiterkeit oder aber Traurigkeit oder Angst, die er – dies ist anfänglich unvermeidlich – ebenfalls für ein „Gefühl“ hält. – Diverse Stimmungen können freilich auch durch Empfindungen, Emotionen oder Affekte hervorgerufen werden.

Freude und Heiterkeit zeigen offenkundig etwas Angenehmes an, oft auch, dass der Mensch auf irgendeine Weise (vielleicht ohne dass er es weiß) innerlich befreit wurde; Angst und Traurigkeit sind Zeichen dafür, dass der Mensch – bewusst oder unbewusst – etwas Unangenehmes erfahren wird oder erfahren hat, was ihn persönlich betrifft oder – wie er meint – ihn vielleicht sogar bedroht.

Nun ist aber nicht jede „Freude“ tatsächlich Freude, nicht jede „Traurigkeit“ tatsächlich Trauer.

Die Freude

Schaden„freude“ zum Beispiel ist keine Freude im echten Sinne. In der Schadenfreude lebt der Mensch einen Affekt auf eine relativ unaggressive (wenn auch unschöne) Weise aus. Freut sich ein Mensch über das Missgeschick eines Mitmenschen oder einer Mitseele, so reagiert er seine Lust nach Rache oder – was häufig vorkommt – seinen Neid, seine Missgunst, seine Lust zum Rivalisieren wie natürlich auch seine Destruktivität ungehindert ab, ohne dass sich für ihn (wie er – fälschlicherweise – meint) Folgen daraus ergeben würden. Überdies sieht er darin vielleicht einen heimlichen Wunsch nach Bestrafung oder nach Zerstörung erfüllt.

Echte Freude entsteht, wenn der Mensch etwas im wahren Sinne Gutes, Positives erfährt. Was dies ist, hängt von seiner inneren Reife ab: Je nach Entwicklungsstufe wird ihm jeweils etwas anderes Freude bereiten. Solange er noch egoistisch oder auch nur ichbezogen ist, wird er sich nur darüber freuen, wenn das eintritt, was er als etwas (für ihn selber) „Gutes" erachtet. Beginnt er im echten Sinne gefühlsfähig zu werden, hat er also auch schon für die Mitmenschen und Mitseelen ein Herz, so wird seine Freude eher dann groß, wenn diesen etwas im wahren Sinne Erfreuliches widerfährt oder zuteil wird.

Das Gute, das dem Menschen widerfahren kann, ist letzten Endes immer das, was seine innere Entwicklung fördert. In diesem Sinne „ist bei den Engeln Gottes Freude" auch nur „über einen Sünder, der Busse tut" (Lk 15,10; vgl. auch 15,7).

Die Trauer

„Trauer" ist in sehr vielen Fällen nichts anderes als Selbstmitleid. Es gibt Menschen, die noch als „Erwachsene" darüber traurig sind, dass sie einst als ältestes Kind bei der Geburt eines jüngeren Geschwisters in der Elternliebe „entthront" worden sind. Sie trauern, weil sie den (in Wahrheit nie eingetretenen) „Verlust" der Liebe der Eltern nicht überwinden können. Sie trauern, weil sie nur biologisch erwachsen sind. Sind sie dann auch innerlich erwachsen, so werden sie wohl eher wegen ihrer einstigen Lieblosigkeit traurig sein, die verhindert hat, die ihnen damals entgegengebrachte Liebe der Eltern wahrzunehmen.

Auch am Grab beweinen Unzählige sich selber und machen womöglich dem Verstorbenen bittere Vorwürfe, dass er es wagte, sie allein zu lassen. Sie trauern wegen des „Liebesentzugs", nicht aber wegen der – ohnehin nur zeitweiligen – Trennung vom Verschiedenen.

Selbst dann allerdings, wenn jemand weiß, dass ein Verstorbener nur für eine – relativ sehr kurze – Zeit aus seinem Gesichtskreis entschwindet, kann er bei einer Trennung von einem geliebten Menschen im echten Sinne traurig sein. Auch die Fähigkeit zur Trauer gehört zu den wesentlichen menschlichen Eigenschaften, und der Mensch hat alle Möglichkeiten zu Reaktionen, die seiner Seele zur Verfügung stehen, voll zu durchleben. Wer nicht im wahren Sinne trauern kann, wenn dazu wahrhaftig Anlass besteht, dem fehlt es (noch) an echter Gefühlsfähigkeit.

Echte Trauer hat jedoch eine wesentlich tiefere Dimension. Ist der Mensch innerlich reifer, so wird er nicht wegen eines Verlustes gleich welcher Art, sondern in erster Linie über sich traurig. Er wird traurig, weil er erkennen muss, wie er sich einst verschuldet hat und wie unmenschlich er früher gewesen ist. Er kann aber auch dann traurig werden, wenn er erfährt, dass Menschen, die ihm nahe stehen, lieblos waren oder etwas Böses angestellt haben. So können auch gottgläubige Menschen (wie dies gelegentlich „Heilige" taten) traurig werden, wenn Gott „beleidigt" wird.

Echte Trauer befreit den Menschen. Setzt er sich der schmerzhaften Erkenntnis über sich oder über jemand aus, erfährt er also „traurige" Wahrheiten über sich oder über andere und kann er sie annehmen, so wird er innerlich *frei*. Denn das Annehmen der Wahrheit *befreit* den Menschen. Und da sich alles, was der Mensch wahrhaftig empfindet, auch auf andere auswirkt, ebnet er mit seiner echten Trauer den Weg zur Einsicht und zur echten Trauer auch für jene, für welche dieselbe Wahrheit gilt.

Die Trauer über sich selber ist jene Frucht des echten Gefühls, die anzeigt, dass der Mensch „am echten Ort" leidet. Je tiefer die Trauer ist, umso kräftiger vermag sie die innere Wandlung im Menschen voranzutreiben, die zu seiner *Wiedergeburt im Geiste* führt. Trauert er in diesem Sinne, so wird er – wie JESUS beim Aufzählen der Seligkeiten versichert (Mt 5,4) – „getröstet". Getröstet wird aber der Mensch, wenn er den wahren *Sinn seiner Trauer* einsieht. Tut er es, so ist er auf dem Weg zur Seligkeit.

Angst und Schuldgefühl

Gefühle können auch Angst auslösen. Man spricht sogar vom Angst-„gefühl". Angst ist aber kein Gefühl, sondern ein Zustand der Seele. Sie entsteht als Reaktion auf ein Gefühl, und zwar auf das *Schuldgefühl*.

Das *Schuldgefühl* kann echt oder unecht sein. Das *Schuldgefühl* ist dann *echt*, wenn es ein Produkt des *echten* – und nicht des künstlich erzeugten – *Gewissens* ist. – Das Schuldgefühl kann aber auch dann echt sein, wenn – scheinbar – weit und breit keine Schuld vorliegt, die das schlechte Gewissen rechtfertigen könnte, denn es kann auch in dem Fall eine tatsächlich stattgefundene Verschuldung anzeigen. Wurde die Schuld nicht in der gegenwärtigen, so ganz bestimmt – und dies ist der häufigste Fall – in einer vergangenen Inkarnation begangen. Das Schuldgefühl konfrontiert den Menschen mit Verschuldungen, gleichgültig, wann sie stattgefunden haben, und diese Konfrontation löst im Menschen Angst aus.

Die Angst kann aber – wenn auch auf Umwegen – zur inneren Befreiung des Menschen beitragen. Sie zeigt an, dass eine Information im Begriff ist, aus den Tiefenschichten der Seele hochzusteigen. Eine Information aber, deren Auftauchen durch Angst signalisiert wird, beinhaltet stets einen Hinweis auf eine frühere Verschuldung und erzeugt ein – echtes – Schuldgefühl.

Steht der Mensch zu seinen Gefühlen, so steht er auch zu seinem Schuldgefühl. Tut er das, so bedeutet dies immer auch, dass er zu seinen früheren Taten steht, was er früher getan hat. Hat er sich verschuldet und steht er dazu, dann übernimmt er damit die Verantwortung. So löst Angst den Prozess der inneren Reinigung aus, der seine Seele von einer alten Last befreien kann.

GEFÜHL ALS SPANNUNG IN DER SEELE

Der *Geist* hält die Seele andauernd unter Spannung. Die Modulation des Spannungsfeldes hingegen hängt von zusätzlichen Einwirkungen ab.

Vergleichbar ist dieser Vorgang mit der Funktion elektronischer Apparate (z. B. Rundfunk- oder Fernsehgerät, Computer). Diese müssen vorerst unter elektrisch erzeugter Spannung (also unter Strom) stehen, bevor gezielte Impulse (z. B. Sendewellen) empfangen werden können, damit die gewünschte Leistung zustande kommt.

Das vom Geist entfachte Spannungsfeld in der Seele ist die Grundlage, auf welcher Gefühle entstehen können. Es laufen Einwirkungen bzw. Impulse in das Spannungsfeld ein und modulieren die Seele. Die Modulationen *erfühlt* die Seele *unmittelbar,* und der Mensch nimmt dies entweder als Empfindung bzw. Emotion oder als *Gefühl* wahr.

Die Impulse, welche die Spannung erhöhen bzw. verändern, kommen von außen: durch Einwirkungen (z. B. durch Reize) oder von innen her: aus den Tiefenschichten der Seele, so auch aus dem Archiv des inneren Wissens, oder aber von oben: von der Geistigen Führung.

Der Mensch erlebt die in seiner Seele erzeugte *geistige* Spannung bzw. ihre Veränderungen: die Modulationen, auf eine andere Weise als die bloße Erregung seiner Seele, anders also als seine Empfindungen, Emotionen und Affekte. Die Besonderheit zeigt sich darin, dass er den Gehalt der Mitteilung aufnehmen kann. In ähnlicher Weise empfindet der Mensch bei der Funktion seiner Sinnesorgane nicht den Reiz, das heißt die Erregung seiner Sinne und seines Nervensystems, sondern er verarbeitet das Mitgeteilte. Er sieht oder hört oder schmeckt also etwas bestimmtes. Auch das Gefühl teilt dem Menschen etwas Bestimmtes: eine – oft klare – Information mit, wobei die Botschaft für seine innere oder äußere Situation stets wichtig und aktuell ist.

Ist die Botschaft für den Menschen klar erfassbar, so gilt das Gefühl als *Intuition.*

GEFÜHL ALS INTUITION

Das Gefühl als *Intuition* sagt dem Menschen zum Beispiel, dass er jemanden, dem er (im gegenwärtigen irdischen Leben) das erste Mal begegnet, irgendwie schon kennt, dass er ihm trauen oder nicht trauen kann. Es sagt ihm, dass ihm etwas Angenehmes oder Unangenehmes bevorsteht oder dass die Lösung eines Lebens- oder sonstigen (so auch wissenschaftlichen oder mathematischen) Problems in dieser oder jener Richtung liegt. Es sagt ihm ferner, auf welche Weise er in seinen Angelegenheiten – privat, beruflich oder wie immer – verfahren, wo er sich voranwagen kann, wo er sich zurückhalten soll und wo er mit Gefahren zu rechnen hat. Und die Intuition führt ihn im allgemeinen in allem, was ihn persönlich und die vielfältigen Bereiche seines Lebens betrifft, auf die richtige Spur.

Der Mensch wird also von seiner Intuition und im allgemeinen von seinen Gefühlen geführt, bestätigt, gefördert, gemahnt und kann sich auf sie bedenkenlos verlassen. Allein: er muss sich ihnen öffnen.

Beginnt der Mensch, den Umgang mit seinen Gefühlen einerseits, mit seinen Stimmungen, Emotionen und Affekten andererseits zu erlernen, so muss er immer deutlicher erkennen, dass es häufig die letzteren sind, die ihn zu Vorstellungen, Gedanken und (oft zu seinem Leidwesen) zu Verhaltensweisen und Taten motivieren oder sogar verführen, während sein echtes Gefühl ihn – mitunter verzweifelt – warnt, auf jene zu hören. Hört er nicht auf die Stimme seines wahren Gefühls, lebt er seine Affekte trotz Warnung aus, zerschlägt er dabei hinreichend viel Geschirr, so gibt ihm das Gefühl hinterher zu verstehen, dass es doch nicht so gut und edel war, was er da eben angerichtet hat.

Das Misstrauen als Falle

Oft glaubt der Mensch allerdings seinem Gefühl nicht, und oft reut es ihn im nachhinein bitterlich, dass er nicht auf sein – meistens erstes – Gefühl gehört und seinen Rat in den Wind geschlagen hat. Er misstraut zum Beispiel seinem Gefühl, weil ihm die Argumente seines Verstandes absolut „vernünftig" scheinen: „Es kann doch nicht sein, dass dieser Mensch dazu fähig wäre ...; dass diese Sache so aussichtsreich sei ...; dass das bevorstehende Ereignis jene Wendung nehmen könnte ...; dass ich fähig wäre, diese Aufgabe zu übernehmen ...", – und schon ist er in die Falle seines eigenen „gesunden Menschenverstandes" geraten, von dessen „vernünftiger Logik" er sich verführen ließ. Dafür ist er womöglich vertrauensselig, wenn sein Gefühl ihn zur Vorsicht und Zurückhaltung mahnt, aber er ist misstrauisch, wenn es ihn zum Handeln, zum Wagnis anspornt, oder besser gesagt: wenn sein Gefühl sich verzweifelt bemüht, ihn zu etwas zu veranlassen, das ihm gut bekäme.

Der Verstand ist freilich eine Göttliche Gabe und ohne ihn würde der Mensch (bzw. seine Seele) vielleicht immer noch das Pflanzenreich bewohnen (und entsprechend glücklich sein). Der Verstand ist jedoch nicht schöpferisch. Er übernimmt sein Wissen anderswoher und ordnet lediglich das Erfasste in bereits bestehende – von ihm ebenfalls nur übernommene – Ordnungsschemata ein. So leistet er dem Menschen unbezahlbar große Dienste, doch er darf nicht regieren, sondern muss (oder müsste) sich dem Gefühl bzw. der Intuition unterstellen. Denn nicht der Verstand erfasst neue Ideen, sondern die Intuition.

Erst dann, wenn der Mensch durch seine Intuition etwas erfasst hat, wenn er schon weiß, wie er sich ausrichten soll, kann die Arbeit des Verstandes beginnen, das Erfasste rational aufzuarbeiten, um es auf der Ebene der irdischen Realität zu verwirklichen und es der Gemeinschaft (die auch die ganze Menschheit sein kann) weiterzureichen.

Gefühle legen vieles offen. Es kommt jedoch oft vor, dass das Gefühl lange Umwege machen muss, bis es dem Menschen begreiflich machen kann: es möchte ihm nur – im wahren Sinne – helfen. Der Verstand erstellt mit Vorliebe ein wahres Labyrinth voller Gebots- und (vor allem) Verbotstafeln, die das Gefühl seiner Ansicht nach beachten sollte. Es ist, als müsste das Gefühl, das den Menschen erreichen möchte, sich durch eine Stadt mühsam vorwärts bewegen, in welcher unzählige Straßen aufgerissen sind und wo überall die Tafeln stehen: „Umleitung".

Ob rasch oder langsam, letztlich ist es immer das echte Gefühl, das etwas aus der Tiefe der Seele an die Oberfläche holt. Und dieses „etwas" kann auch die Neigung zur Emotionalität oder die Neigung zu bestimmten Affekten wie Missgunst, Neid, Eifersucht, Hass, wenn nicht gerade die Neigung zu Absonderlichkeiten sein. Es kann aber auch verborgene Ängste anzeigen oder eine Selbsttäuschung aufdekken, eine Unwahrheit, mit der ein Mensch – vielleicht ohne es zu merken – ein Leben lang lebt.

Die Lebenslüge

Baut ein Mensch sein Leben auf einer Unwahrheit auf, so lebt er in einer *Lebenslüge*. Der Mensch kann sein ganzes Leben in einer Lebenslüge verbringen, ohne es zu wagen, sein Leben genauer anzuschauen und darin die Unwahrheit aufzudecken. – Ist er innerlich noch nicht reif genug, hat er noch keine (echten) Gefühle, so bringt ein solches Leben für ihn höchstens eine Erfahrung, deren Bedeutung er allerdings erst später ermessen kann. Ist er aber bereits gefühlsfähig, so wird sich in ihm früher oder später ein Gefühl melden und ihm mitteilen, er lebe nicht *das*, was er leben sollte, oder er lebe nicht *so*, wie er leben müsste. Hört er auf die Stimme seines Gefühls, ist er zudem bereit, das Erforderliche zu unternehmen, so wird er sich aus den Fängen seiner Lebenslüge befreien können. Sonst nicht.

Güte. Eine Lebenslüge kann beispielsweise darin bestehen, dass jemand beharrlich Güte mit Schwäche verwechselt. Er redet sich ein, „gütig" zu sein, dabei ist er nur schwach und überdies feige, so dass er es nie wagt, sich durchzusetzen. Er getraut sich nicht, zur Wahrheit zu stehen, sein Recht zu verteidigen und sachlich begründete Interessen – seine eigenen und vielleicht auch die anderer – zu vertreten. Er erträgt „heroisch" die böse Natur eines Menschen, mit dem er zum Beispiel in Partnerschaft oder Ehe verbunden ist, und hat nie den Mut, ihm die Stirn zu bieten, selbst wenn er sieht, dass dieser in sein eigenes Verderben rennt. Aus lauter „Güte" hilft er ihm nicht, lässt ihn sich immer wieder versündigen und versäumt dabei vielleicht eine seiner wichtigsten Lebensaufgaben: Stärke zeigen, um dadurch den anderen vor den Folgen seines Verhaltens zu bewahren. So sind manche Eltern schwach und kurzsichtig, wenn sie aus „Liebe" zu ihren Kindern diese bis tief in die Nacht vor dem Fernseher sitzen lassen, mit der Begründung: „Sonst würden sie unglücklich sein". Dass aber das Kind am nächsten Tag in der Schule müde und leistungsunfähig ist, daran denken sie aus lauter „Kinderliebe" nicht. – Am Ende des Lebens prahlt jener, der seiner Aufgabe ausgewichen ist, vielleicht sogar, er sei mit jedermann immer „bestens ausgekommen". Dabei gab er nur überall nach und wagte nicht zu widersprechen, obwohl dadurch Unheil hätte vermieden und ihm anvertraute Menschen vom Unheil hätten verschont werden können.

Einmal muss jeder auch darüber Rechenschaft ablegen, was er im Laufe seines Lebens aus Schwäche versäumt hat.

Treue. Ein anderes, überaus häufig vorkommendes Beispiel für Lebenslüge bietet die Frage nach Gründen der Treue. So betrügt jemand seinen Ehe- oder Liebespartner nicht, aber nur aus dem Grunde, weil er Angst hat, sich damit ein böses Karma aufzuladen. Oder er befürchtet, andere würden von seinem Seitensprung erfahren, vielleicht sogar sein Partner, und er geriete in Verruf, oder er müsste – was noch schlimmer wäre – sein bequemes Leben aufgeben. Nicht Treue, nicht die Liebe zum Partner, nicht einmal moralische Bedenken, sondern „Image-Pflege" („was denken die Leute von mir!") oder Bequemlichkeit und Feigheit oder die Sorge um die Zukunft („Ich möchte mir ein *gutes* Karma schaffen") sind seine wahren Motive.

Meint er jedoch, er sei treu, so belügt er sich bloß. Ein solcher Mensch muss noch viele Erfahrungen und in künftigen Inkarnationen so manche „Seitensprünge" machen, bis er lernt, wirklich treu zu sein. – Treu kann der Mensch aber nur in seinem Herzen sein und erst dann, wenn er bereits im wahren Sinne liebesfähig geworden ist und seinen Partner nicht einmal in Gedanken betrügen möchte, aus dem einzigen Grunde, weil er ihn liebt.

Rollenspiel. Zu einer Lebenslüge kann es kommen, wenn jemand in einem Bereich, sei es im Beruf, sei es im Leben (z. B. in der Gesellschaft) oder anderswo, erfolgreich ist und in dieser Rolle Anerkennung findet. Und damit er auch weiterhin angesehen ist, hält er an der Rolle fest. Er setzt seine alte Lebensweise auch dann noch fort oder übt seine Tätigkeit auch dann noch auf dieselbe Weise aus, wenn ihm schon längst klar geworden ist, dass er seine Rolle abgeben und seine Haltung ändern müsste, weil er innerlich längst darüber hinausgewachsen ist. Er belügt sich aber, indem er sich einredet, das Leben, das er führt, sei sein „wahres" Leben, seine Tätigkeit sei seine „eigentliche", die „wahre" Aufgabe. – Ein Künstler zum Beispiel kann an einem speziellen Stil oder einer Manier festhalten, weil er damit (auch finanziell) Erfolg hat. Und er „überwindet" sich, wenn er in „Versuchung" gerät, seine Begabung auf andere Weise einzusetzen.

Im allgemeinen führt stures Festhalten an überholten Vorstellungen, so auch an einer „Tradition", oder die Weigerung, Tatsachen zur Kenntnis zu nehmen, zur Lebenslüge. Belogen werden kann von irgendwelchen „Führern" oder von sonstigen (auch konfessionellen)

Instanzen freilich auch ein ganzes Volk, eine ganze Interessengruppe oder eine religiöse Gemeinschaft.

Steht hingegen der Mensch zu seinen Gefühlen, so wird er all das, was er durch sie erfährt, ernst nehmen und sich entsprechend verhalten. Tut er dies nicht, so handelt er gegen sich und er handelt sich damit lediglich Schwierigkeiten ein.

Die Somatisierung

Steht der Mensch nicht zu seinem Gefühl, lässt er alles beim alten, so besteht die Gefahr, dass ihm die „Sache" entgleitet und sein Problem schließlich von seinem physischen Leib gelöst werden muss. Der physische Leib pflegt die ihm anvertrauten Probleme jedoch dadurch zu lösen, dass er erkrankt.

Es gibt Erkrankungen, die dadurch entstehen, dass der Mensch seine Probleme nicht selber löst, sondern sie seinem physischen Leib weitergibt, sie *somatisiert* (aus: gr. *soma* = Leib).

Klaffen bei einem Menschen Lebensaufgabe und Lebensführung auseinander, ist der Mensch uneinig mit sich selber, hört er nicht auf sein Gefühl, das ihm anzeigt, wie er sein Leben ändern müsste, so kann er sich damit für bestimmte Krankheiten disponieren.

Das Gefühl kann auch die negative Haltung des Menschen sich selber gegenüber aufdecken. Diese Haltung kann sich in der Neigung zur Selbstbestrafung manifestieren. Diese Neigung ist bei vielen Menschen, sobald sie in die Phase der Konfrontation mit ihren Verschuldungen in früheren Inkarnationen getreten sind, sogar recht groß. – Die Neigung zur Selbstbestrafung kann sich harmlos zeigen, zum Beispiel darin, dass sich der Mensch so manches, was er sich wünscht, nicht gönnt. Sie kann sich aber auch weniger harmlos äußern und die Gesundheit, ja das Leben des Menschen mit einer selbstzerstörerischen Krankheit bedrohen. Als typische „Selbstbestrafungs-Krankheit" gelten zum Beispiel Magersucht, Bulimie oder Epilepsie. Zu vielen anderen Krankheiten kann aber die Tendenz zur Selbstbestrafung ebenfalls beitragen.

Wünsche und Sehnsüchte

Das Gefühl deckt auch Wünsche auf, oft geheime, die dem Menschen bis dahin unbekannt oder von ihm verdrängt oder gar nie zugelassen waren. Und das Gefühl kann auch eine – vielleicht ebenfalls geheim gehaltene – Sehnsucht ins Bewusstsein bringen.

Steht der Mensch zu seinem Gefühl und somit zu seinen Wünschen oder zu seiner Sehnsucht, so wird er erfahren können, welche Motivation hinter seinen Wünschen, hinter seiner Sehnsucht steckt. Und er wird auch erfahren, dass Wünsche und Sehnsüchte, liegen sie in Richtung seiner inneren Entwicklung, früher oder später erfüllt werden. Sie werden dann erfüllt, wenn die Zeit dafür gekommen ist.

Der Mensch weiß ja – zwar nicht in seinem Wachbewusstsein, aber innerlich – um seinen Schicksalsplan, der den Verlauf seiner Inkarnation bestimmt. Erahnt oder erfasst er sogar in seinem Wachbewusstsein einiges davon, so hat er das seinem Gefühl zu verdanken. – Zu Dank fühlt er sich seinem Gefühl gegenüber allerdings nicht immer verpflichtet, vor allem dann nicht, wenn es etwas Unangenehmes zutage fördert, so dass er vielleicht innigst hofft, sein Gefühl hätte ihn getäuscht.

Es ist das Gefühl, das um die Geheimnisse der Seele weiß. Es holt auch aus dem inneren Wissen des Menschen – oft mit Hilfe der Phantasie – einiges an den Tag. Und ein Teil dieses Wissens kann auf die Zukunft bezogen sein.

Wünsche oder Sehnsüchte programmieren gleichsam die Seele für das Kommende und animieren sie schon frühzeitig, gelegentlich sogar einige Inkarnationen im voraus, sich auf jene Lebenshaltung einzustimmen, welche ihr dann ermöglicht, dass ihre – vielleicht auch vor sich geheim gehaltenen – Wünsche und Sehnsüchte in Erfüllung gehen können.

DIE UNFEHLBARKEIT DES GEFÜHLS

Je reifer ein Mensch innerlich wird, desto deutlicher erfährt er, dass das Gefühl *unfehlbar* ist.

Das Gefühl irrt sich nie. Umso häufiger irrt sich der Mensch. Er kann Wünsche, Vorstellungen, Vorurteile, Illusionen, Launen ebenso für die Stimme seines Gefühls halten wie Emotionen und Affekte. Er tut es, weil er unbewusste Widerstände gegen bestimmte Ratschläge seines Gefühls hat, oder weil Empfindungen, Emotionen und Affekte sein Gefühl nur zu oft übertönen, es verdrehen, so dass er es falsch versteht. Lässt sich der Mensch von seinen Empfindungen, Emotionen und Affekten verleiten, so gibt er, sobald die unangenehmen Folgen eingetreten sind, die Schuld meistens seinem Gefühl und wird ihm gegenüber misstrauisch.

Die Missachtung des Gefühls als Köder

Nun hat aber auch ein solches „Missgeschick" immer einen Grund. Der Mensch würde vieles nicht tun und somit wichtige Erfahrungen im Leben auslassen, wenn er sich nicht immer wieder von seinen Emotionen und Affekten verleiten ließe.

Wie ohne Verführungskünste des Arterhaltungstriebes – der Sexualität – zahllose Kinder nicht geboren und unzählige Ehen nicht geschlossen würden, so würden manche Tätigkeiten nicht ergriffen, Gewagtes würde nicht in Angriff genommen, wenn Menschen in ihrer Verliebtheit oder „Besessenheit" nicht von ihren Emotionen oder Ideen geblendet wären. Und es kommt gar nicht so selten vor, dass jemand vor seiner Eheschließung, vor dem Antreten einer Stelle im Beruf oder in einer entscheidenden Situation *nicht* auf die warnende Stimme seines Gefühls hört, das ihm ankündigt, welche Schwierigkeiten er sich einhandeln wird, falls er sich auf das Abenteuer einlasse.

Später zeigt es sich, dass das Gefühl recht hatte: die Ehe, die berufliche Tätigkeit, die Lebenssituation wird schwierig. Allein, gerade diese Schwierigkeiten sind nötig, damit der Mensch die fälligen Entwicklungsschritte vollziehen kann. Gerät also eine Ehe (tatsächlich oder scheinbar) schlecht, häufen sich im Beruf die Unannehmlichkeiten, treten bei der Bewältigung einer Situation unüberbrückbar scheinende Hindernisse auf, so kann dies für den Menschen dennoch „gut", sogar lebenswichtig sein. Denn „lebenswichtig" ist immer das, was ihn in seiner inneren Entwicklung weiterbringt. Lebensgemeinschaften oder Stätten, wo Menschen aufeinander angewiesen sind, eignen sich bekanntlich bestens für die Schulung in Sachen Menschlichkeit. Und in ähnlichen Fällen, in denen die „Sache" – wie das Gefühl vorausgesagt hat – „schief" geht, wird der

Mensch von der Höheren Führung lediglich – überaus liebevoll – dazu verleitet, das für ihn Wichtige und im Grunde einzig Richtige zu tun. Er muss sich mit den anderen: mit seinem Partner, mit seinen Berufskollegen, gründlich auseinandersetzen. Und da diese „anderen" ihm meistens nur einen Spiegel vorhalten, muss er sich letzten Endes mit sich selber auseinandersetzen.

Das Gefühl als Tor zur Wirklichkeit

Das *Gefühl* irrt nicht, weil es das Bindeglied zwischen zwei Erscheinungsformen des Geistigen ist. Die eine ist die wahre Realität: die *Kosmische*, die *Göttliche Wirklichkeit*, die sich in der – vom *Einen Geist* hervorgerufenen – inneren Struktur der Welt manifestiert. Diese – und nur diese – ist die Basis jeder Art von Wirklichkeit. Die andere Wirklichkeit ist das *Geistige*, das in der Seele das Göttliche widerspiegelt: die *innere Wirklichkeit* des Menschen.

Für den Menschen ist nur das tatsächlich wirklich, nur das die wahre Realität, was er in seiner inneren Wirklichkeit – als Spiegelbild des Göttlichen – erfassen kann. (Vgl. dazu auch: *Die Welt der Reinkarnationslehre, S.* 96-98)

Das Gefühl entsteht im Spannungsfeld dieser beiden Arten von Wirklichkeiten: der Kosmischen und der individuell-seelischen.

Lässt der Mensch dem Spannungsgefälle entsprechend das Geistige und mit diesem dessen Gehalt: die Information, die Belehrung, in sich hineinströmen bzw. in seiner Seele aufsteigen, so empfängt er das Gefühl unverstellt, und dieses ist dann untrüglich. – Diesen Vorgang erlebt ein Mensch, der Gott gegenüber offen ist, als „Gespräch" mit Gott. – Mischt er in das Gefühl jedoch etwas Unreines wie Zweifel, Misstrauen, Besserwissen, Nicht-wahrhaben-Wollen oder Ichbezogenes wie Wünsche, Vorstellungen, Eigenliebe, so wird die spannungserzeugende Schwingung des Geistigen getrübt und das „Gefühl" (das keines ist) beginnt zu „lügen".

Das echte Gefühl hingegen entlarvt die Lügen, die durch den Verstand, durch die Phantasie oder durch eingefahrene Vorstellungen einer bestimmten Lebenshaltung in die Welt gesetzt wurden.

Enthüllen Gefühle dem Menschen seine Lügen, so auch deshalb, damit er lernt, auf seine Gefühle zu hören und zu ihnen zu stehen.

ZU DEN GEFÜHLEN STEHEN

Der Mensch kann zu seinen Gefühlen nur dann stehen, wenn er bereit ist, alles, was aus ihm: aus der Tiefe seiner Seele – gleich auf welche Weise – hochsteigt, zu beachten, anzunehmen und dazu auch Stellung zu beziehen.

Etwas annehmen bedeutet freilich keineswegs, es auch zu bejahen, zu rechtfertigen oder für richtig zu halten. Etwas annehmen, was in der eigenen Seele ist oder von ihr stammt, bedeutet zunächst, seine Existenz überhaupt wahrzunehmen und es zunächst zur Kenntnis zu nehmen. Der Mensch muss sich vorerst, ob es ihm angenehm ist oder nicht, klar machen, dass dieses „etwas" in ihm vorhanden ist, um dann auch selber die Verantwortung dafür zu übernehmen (und sie nicht auf andere abzuschieben).

Hat der Mensch gelernt, zu seinen Gefühlen zu stehen, wird er auch lernen müssen, zu seinen Trieben, Emotionen und Affekten zu stehen. Er muss lernen, zu allem zu stehen, was aus seiner Seele heraustritt oder aus ihr hervorbricht. Damit er zu ihnen stehen kann, muss er zuvor fähig sein, innere Widerstände abzubauen und Hemmungen aufzulösen.

Kann der Mensch zu seinen Trieben, Emotionen und Affekten stehen, so ist dies das Zeichen dafür, dass sich in ihm bereits echte Gefühle regen. Denn es ist das Gefühl, das ihm die Qualität dessen anzeigt, was aus seiner Seele ans Tageslicht gelangt. Aufgrund dieses Gefühls kann er es überhaupt erst anschauen und erkennen, was es eigentlich ist, das sich in ihm regt. Mit Hilfe des Gefühls lernt er zudem, dass er seine Regungen nicht bloß aus sich herauslassen, sondern zu ihnen auch Stellung beziehen muss. Er kann sich dann – falls nötig – von ihnen innerlich distanzieren – oder es zumindest versuchen. Erst dann, wenn der Mensch bereits Gefühle hat, wird er merken, dass vieles von dem, was aus ihm hervorbricht, nicht das Allerbeste ist. Die Qualität seelischer Inhalte zeigt ihm sein Gefühl an. Es *be*-urteilt sie, es *ver*-urteilt sie jedoch nie.

Gelingt es dem Menschen, zu seinen Gefühlen – wie auch zu seinen Trieben, Emotionen und Affekten – zu stehen, so wird er sich *befreit* fühlen. Wendet er sich seinen Gefühlen zu, so *fühlt* er, wie das Unechte nach und nach von ihm abbröckelt und wie er der Wahrheit – der inneren Wahrheit – Schritt um Schritt näher kommt.

Zu den Gefühlen stehen bedeutet, zur *Wahrheit* zu stehen.

Das Gefühl verurteilt nicht, es zeigt bloß nüchtern an, wie viel Negatives die Seele enthält. Es ist das Gefühl, das den Menschen auf die schlechte Qualität seiner unerfreulichen Emotionen und seiner groben oder sogar destruktiven Affekte aufmerksam macht. Erkennt der Mensch ihre Existenz an, so erleichtert dies seine Seele und leitet den Prozess der Befreiung von den negativen Elementen ein.

Nun ist es unvermeidlich, dass dabei ein jeder auch „Rückfälle" zu verzeichnen haben wird. Doch ein solcher „Rückfall" soll nicht entmutigen. Schließlich kann sich kein Mensch von seinen alten, eingefleischten Verhaltensmustern mit einem Schlag befreien. Wichtig ist zunächst, dass er die Emotion, die Affekte, und alles, was aus ihm – aus seiner Seele – hervorbricht, als sein Eigenes anerkennt und sich bemüht – so peinlich es für ihn auch sein mag – dazu zu stehen. Gelingt es ihm, das Negative zu akzeptieren, so hat er bereits den ersten, den wichtigsten Schritt zur Befreiung seiner Seele von allen Belastungen getan, und die weiteren Schritte können leichter erfolgen.

Denn nur dann, wenn der Mensch klar sehen und eindeutig akzeptieren kann, was alles in ihm ist, wenn er also bereit ist, zur Wahrheit – zu seiner eigenen, inneren Wahrheit – zu stehen, kann er die Hoffnung, ja die Zuversicht haben, er werde auch die übrigen nötigen Schritte in seiner inneren Wandlung – mit Höherer Hilfe – vollziehen können, um schließlich zu einem wahrhaften: zu einem durch und durch *menschlichen* Menschen zu werden.

Der Mensch wird aber erst dann zu einem wahrhaften Menschen, wenn er *gefühlsfähig* geworden ist.

DIE GEFÜHLSFÄHIGKEIT

Gefühlsfähigkeit ist ein Zeichen dafür, dass der Mensch fähig geworden ist, sich innerlich zu öffnen. Dazu muss er aber reif geworden sein. Reif dafür wird er erst in der zweiten Hälfte seiner inneren

Entwicklung, wenn er die *genuine Geistigkeit* schon empfangen kann. Beginnt der Mensch im wahren Sinne *gefühlsfähig* zu werden, so hat er dies der Wirkung der *genuinen Geistigkeit* zu verdanken. – Es ist die grundlegende Anlage der untersten Seelenschicht: die *Sensibilität*, die unter der Wirkung der genuinen Geistigkeit auf eine neue, qualitativ höhere Weise als *Gefühlsfähigkeit* erscheint.

Der Mensch muss einen langen Entwicklungsweg hinter sich bringen, bis er im wahren Sinne gefühlsfähig wird. Und auch dann noch, wenn er gefühlsfähig geworden ist, muss er durch verschiedene Stadien der Gefühlsfähigkeit gehen, damit sie jene Qualität erreicht, die als Fundament der wahren Menschlichkeit gelten kann.

Die wahre Gefühlsfähigkeit äußert sich beim Menschen nicht bloß darin, dass er Informationen unmittelbar übernehmen und ein Gefühl für etwas haben kann, sondern – und sogar im wesentlichen – darin, dass er die Informationen beachtet und auch beherzigt. Der Mensch ist also erst dann im wahren Sinne gefühlsfähig, wenn er auf sein Gefühl hört und das tut, wozu ihn sein Gefühl anregt.

Die *Qualität der Gefühlsfähigkeit* eines Menschen hängt davon ab, wie rein seine Gefühle sind und wie weit er sie beachtet, das heißt ihren Rat befolgt. Die Qualität der Gefühlsfähigkeit ist daher an seinem *Verhalten* ablesbar.

Verfeinert sich seine Gefühlsfähigkeit, weist sie eine immer höhere Qualität auf, so hat der Mensch nicht bloß für sich selber: für seine innere Wahrheit, ein Gefühl, sondern zunehmend auch für die Mitmenschen und Mitseelen.

Gefühlsfähigkeit bedeutet daher im wahren Sinne, sich in die Lage und in die Seele von Mitmenschen und Mitseelen hinein*fühlen* zu können. Fühlt sich der Mensch in andere hinein, so nimmt er auch wahr, was an seinem eigenen Verhalten für sie gut ist und was Leiden verursacht. So schult ihn die Gefühlsfähigkeit auch in der *Einsichtsfähigkeit* und bietet Orientierung für sein *echtes Gewissen*. Der Mensch muss lernen zu erkennen, was in Wahrheit „gut" und was „böse" ist.

Die Gefühlsfähigkeit veranlasst, ja nötigt den Menschen, auf Mitmenschen und Mitseelen Rücksicht zu nehmen. Zudem regt sie ihn zur Fürsorge an und veranlasst ihn – wo nötig und möglich – Vorkehrungen zum Schutze oder zur Sicherung des Wohlergehens der ihm Anvertrauten zu treffen – nicht selten unter Opfer. Echte

Sozialfürsorge, echter Umwelt- und Naturschutz haben in dieser Anlage ihre Wurzel.

Ist der Mensch im wahren Sinne gefühlsfähig geworden, so hat er sein *Herz* „auf dem rechten Fleck".

DAS HERZ AUF DEM RECHTEN FLECK

Ein *echtes Gefühl* für andere haben bedeutet, dass der Mensch fähig ist zu merken, was andere empfinden oder fühlen.

Sein *Herz* ist dann „auf dem rechten Fleck", wenn er beginnt, ein „Herz" für andere zu haben. Er kommt in die Lage, zu erfühlen und auch zu erkennen, wie es einem anderen Menschen oder Lebewesen in einer bestimmten Situation zumute ist, wie es in seiner Seele aussieht. Und er wird imstande sein, die Gefühlslage anderer immer genauer mitzuerleben.

Wenn Herzenstore noch verriegelt sind

Meint jemand, „Gefühle" zu haben, ohne sein Herz für andere offen zu halten, so lässt er sich lediglich von seinen Empfindungen und Emotionen oder Stimmungen (wenn nicht gar von seinen Launen) verleiten. Er ist dann höchstens gefühlsduselig und sentimental, nicht aber mitfühlend und im wahren Sinne gefühlvoll. Er lässt sich bei Gelegenheit vielleicht von seinem „Mit-Leid" verführen, womöglich genießt er seinen „Weltschmerz" und lebt dabei sein Selbstbedauern: sein Mitleid mit sich selber aus.

Ein echtes Gefühl für andere wird er auch dann noch kaum haben, wenn er schon imstande ist, die – mutmaßliche – innere Lage der Mitmenschen mit Hilfe seines Verstandes (und vielleicht mit Hilfe der Psychologie) zur Kenntnis zu nehmen, aber noch nicht imstande (vielleicht auch nicht gewillt) ist, die Menschen von innen her – als „Menschen" – zu erleben.

Beginnt der Mensch ein Herz für andere zu haben, so dauert es noch eine Weile (meistens einige Inkarnationen) bis er fähig und auch bereit wird, all das, was er in der Seele der anderen nun schon

– einigermaßen genau – wahrnimmt oder gefühlsmäßig erfasst, in seinem Herzen zu bewegen und schließlich auch zu begreifen. Dann dauert es eine Weile, bis er sich anschickt, die anderen wahrhaftig zu beachten, sich ihnen gegenüber entsprechend zu verhalten und damit aufgrund seiner Einsicht zu handeln.

Solange jemand Mitmenschen gegenüber nicht aufgeschlossen ist, nimmt er sie nicht einmal richtig wahr. Diese Blindheit zeigt sich auf eine überaus deutliche Weise bei der Rückführung. Ein untrügliches Zeichen dafür, dass der Mensch in einer – früheren – Inkarnation noch keinen Sinn für die Mitmenschen – und also noch keine echte Gefühlsfähigkeit – besaß, kann sich bei einer Rückführung gleich am Anfang zeigen. Der Rückblickende meint, die Straße, der Saal oder sonst ein Ort, wo er sich damals aufhielt – und wo er sich nun in der Rückerinnerung wieder befindet –, sei menschenleer: Er nimmt ja keinen einzigen Menschen wahr. Dass die Stätte nicht menschenleer war, erfährt er bald schon von selbst oder mit Hilfe des Rückführungsleiters. Dieser muss ihm, falls nötig, die Anweisung geben, er solle seine – inneren – Augen nun weit öffnen und sich umschauen, ob er nicht doch Menschen wahrnehmen kann. Folgt er der Anweisung, beginnt er, seine Aufmerksamkeit auf die Menschen zu lenken, so wird er in der Regel tatsächlich Menschen sehen, und es kommt nicht selten vor, dass der bis dahin öde Marktplatz, die leere Halle, die große Höhle – mitunter mit einem Schlag – voller Menschen ist, und mancherorts herrscht sogar Gedränge.

Wie kam bei der Rückerinnerung die offensichtlich trügerische Menschenleere zustande? Dadurch, dass der Mensch in jener früheren Inkarnation die Mitmenschen überhaupt nicht beachtete, sie nicht einmal wahrnahm. Er hatte nicht nur kein Herz, sondern auch kein Auge für sie. Er sah freilich auch damals Menschen, doch er sah sie nicht als „Menschen", sondern als bloße Gestalten oder Randfiguren (wenn nicht gerade als Gebrauchsgegenstände) an, die lediglich da waren, um ihm Dienste zu erweisen, sonst für ihn aber gar nicht existierten. – Diese Haltung herrscht auf den unteren Entwicklungsstufen vor und ist für das entsprechende Entwicklungsniveau charakteristisch.

Beginnt der Mensch gefühlsfähig zu werden, so wird er allmählich auch die Menschen als „Menschen" wahrnehmen können. Er erkennt sie als Wesen, die nicht nur da sind, um für seine eigenen, egoistischen Zwecke eingesetzt zu werden, sondern die – nicht anders als er – *Menschen* sind und die ebenso wie er empfinden und fühlen. – Er wird früher oder später merken, dass auch Pflanzen und Tiere eine genauso empfindsame Seele haben wie er, und dass er mit Pflanze und Tier ebenso behutsam umgehen muss (oder müsste), wie er erwartet, dass andere mit ihm – mit seiner höchst empfindlichen Seele – umgehen.

Es ist allerdings ein langer Weg, den der Mensch bis dahin zurücklegen muss. Und dieser Weg führt durch innere Kämpfe.

Der innere Kampf

Ist der Mensch von seiner Ichsucht noch abgeschirmt, so nimmt er innerlich zwar vieles wahr und kann schon echte Gefühle haben, doch meistens lässt er die erhaltenen Informationen selbst dann noch nicht in sich wirken, wenn er ihren Sinn: was sie ihm sagen wollen, klar erkennt. Er geht besonders dann mit Vorliebe über seine Gefühle hinweg, wenn ihre „Ratschläge" ihm „gegen den Strich gehen". In dem Fall bezeugt er selber, dass er noch nicht im wahren Sinne gefühlsfähig geworden ist. Er ist sich selbst da noch wichtiger, als die Rücksicht auf andere.

Ist der Mensch innerlich – etwas – reifer, so wird er zwar die Informationen beherzigen *wollen*, doch vielleicht noch nicht beherzigen *können*. Denn es zeigt sich erst dann, wenn er danach handelt, dass er die Anweisungen seiner Gefühle tatsächlich angenommen hat. In langen Phasen seiner inneren Entwicklung ist der Mensch jedoch noch unfähig, das zu verwirklichen, was – wie er eingesehen hat – für ihn Gutes, ja vielleicht sogar etwas Lebenswichtiges bedeutet. – Der Weg, der von der Einsicht zur Tat führt, gehört bekanntlich zu den längsten Wegstrecken im Leben des Menschen. Und so mancher verzweifelt über sich selber, wenn er versucht, seine Einsicht in Tat umzusetzen. Denn erst dann merkt er, wie ohnmächtig er sich selber gegenübersteht.

Was der Mensch auf diesem Weg entdeckt, ist, dass die Hindernisse, die er überwinden muss, um zu erreichen, was für ihn wichtig ist, nicht in der Außenwelt, sondern in ihm selber liegen. Will er sie aus dem Weg räumen, so muss er den Kampf mit ihnen aufnehmen, und dieser Kampf ist der Kampf mit sich selbst. Damit betritt er die Phase des *inneren Kampfes.*

Am Anfang dieser Phase macht der Mensch recht unerfreuliche Erfahrungen mit sich selbst. Er wird daher immer mehr beunruhigt, mit der Zeit regelrecht gequält. Er ist sogar verzweifelt, weil er *so* ist, wie er ist, und weil er nicht anders – nicht besser, nicht „braver", – sein kann: sich *noch* nicht ändern kann.

Und dass er auch früher nicht viel „besser" war, erfährt er durch die Konfrontationen mit Verschuldungen aus einstigen Inkarnationen. Er wird also wegen des vielen Leids, das er anderen zugefügt hat, erst recht betrübt und über sich unglücklich, schließlich traurig sein.

Seine Traurigkeit über sich ist allerdings ein gutes Zeichen. Er ist traurig, weil er schon ein *echtes* Mitgefühl für den leidenden Mitmenschen empfinden kann, mit der Zeit auch für jede leidende Seele (Pflanze oder Tier), und erst recht für jene, deren Leiden er selber verursacht hat. Sein echtes Mitgefühl lässt ihn nun schon im wahren Sinne *mit*-leiden, einmal, weil andere Leiden ausgesetzt waren, zum anderen, weil er der Urheber dieses Leidens war.

Damit beginnt er, „am richtigen Ort" zu leiden.

„Am richtigen Ort" leiden

Gewinnt der Mensch ein echtes Gefühl für sich, so wird er allmählich fähig, zu merken, was er eigentlich tut oder getan hat, wenn er etwas tut oder tat.

Sieht er ein, dass sein Verhalten für andere leidbringend (= böse) war und ist er darüber bestürzt, so ist es das Zeichen dafür, dass er tatsächlich gefühlsfähig geworden ist und angefangen hat, „am richtigen Ort" zu leiden.

„Am richtigen Ort" leiden bedeutet, daran zu leiden, was des Leidens tatsächlich wert ist, was dem Leiden zutiefst Sinn macht.

Leidet der Mensch, weil er verletzt, gekränkt, übergangen, kurz: in seiner Ichsphäre unliebsam angetastet wurde, oder weil ihm etwas, das er als seinen „Besitz" (Güter, Personen, Ehre u. a.) betrachtet, weggenommen wird, so leidet er „am falschen Ort".

Damit er die Art seines Leidens korrigieren und dessen Qualität erhöhen kann, muss er eine grundlegende Einsicht haben: Er muss einsehen, dass sein Leiden nur deswegen entstehen konnte, weil er früher anderen selber ein ähnliches Leid zugefügt hat. Er leidet also, weil er negatives Karma abzutragen hat.

Ist er über sich verärgert und leidet er, weil er damals ein schlechtes Karma auf sich geladen hat (dessen Last er vielleicht noch heute zu tragen hat), so leidet er immer noch „am falschen Ort".

Fängt er jedoch an, in erster Linie oder ausschließlich deshalb zu leiden, weil er sich schämt, dass er sich einst so unliebsam, rücksichtslos und gefühllos, ja böse verhalten hat, ist er sogar zerknirscht, so „rückt" sein Leiden allmählich an den „richtigen Platz" und er leidet von da an „am richtigen Ort". Damit aber wird sein Leiden für ihn *produktiv*.

Das Leiden wird *produktiv*, weil es ihn nicht nur darauf aufmerksam macht, was andere seinetwegen erlitten haben (was ebenfalls wichtig ist). Art und Schwere des von ihm verursachten Leidens anderer erfährt er zunächst, wenn er das dadurch entstandene Karma abzutragen hat und also dasselbe erleidet, was jene zu erleiden hatten. Ein zweites Mal erfährt er das Leiden auf eine andere Weise: wenn er sich nämlich in das Leiden anderer (z. B. bei Konfrontationen oder Rückführungen) einfühlt. – *Produktiv* im eigentlichen Sinne wird sein Leiden aber erst, wenn es „am richtigen Ort" stattfindet, so dass es in ihm die Absicht weckt, niemandem mehr Leid zuzufügen. Er wird sich vor jeglicher Verhaltensweise, die Leiden verursachen könnte, hüten, weil er jetzt genau weiß, was „leiden" heißt. Und da er bereits ein echtes Gefühl für andere hat, möchte er jeden vom Leiden verschonen.

Die Heranbildung der wahren *Gefühlsfähigkeit* vollzieht sich demnach in zwei großen Etappen: In der *ersten* stellt sich der Mensch in Frage, da sein warnendes Gefühl ihn nötigt, seine bisherige Lebensführung und seine Gesinnung zu überprüfen. Tut er es, so sieht er sich gezwungen, den Kampf „mit dem Bösen": mit sich selber aufzunehmen, und er beginnt, „am richtigen Ort" zu leiden. – In der *zweiten Etappe* dreht sich seine Einstellung zu allem um 180° und seine Gesinnung ändert sich völlig. Er wird sich also zu sich selbst und zu allem anders als vorher verhalten und wird mit der Zeit ein echtes Gefühl für sich selbst wie auch für andere, schließlich für alles haben, wofür der Mensch überhaupt ein Gefühl haben kann.

Leiden und leiden lassen

Der Mensch muss nicht nur lernen, „am richtigen Ort" zu leiden, er muss auch lernen, „am richtigen Ort" leiden zu lassen.

Es kann dabei selbstverständlich keine Rede davon sein, jemanden – Menschen oder Lebewesen – unnötig Leiden auszusetzen. Leiden ist jedoch für alle Bewohner der Erde unvermeidlich. Es gehört nicht bloß zum alltäglichen Leben, Leiden ist das einzige Mittel, das in der Seele eine tiefgreifende Wandlung zu bewirken vermag. Jeder, der leiden muss und innerlich reif genug ist, wird im nachhinein auch die positive, ihn fördernde und heilbringende Wirkung des Leidens erkennen können.

Dies ist der Grund, warum die Himmlischen: Gott und die Geistigen Führer, Lebewesen und Menschen Leid zumuten und warum es gelegentlich unvermeidlich ist, dass auch der Mensch, gerade in seiner guten Absicht, anderen zu helfen, jemandem Leid zufügen muss.

Bei einem medizinischen Eingriff muss ein Kranker mitunter Schmerzen erdulden, und dafür haben die meisten Verständnis. Ein Chirurg, eine Krankenschwester, ein Zahnarzt muss wehtun und wehtun können, um zu heilen.

Ähnlich ist es bei einer Behandlung im seelischen Bereich oder bei der Erziehung. Es ist auch da unvermeidlich, dass dem Menschen Leiden zugemutet werden.

Immer dann, wenn es um das seelische Wohl und vor allem um die innere Entwicklung geht, ist Leiden nicht nur zulässig, sondern sogar erforderlich.

Auch das Leiden hat verschiedene Qualitäten. Kinder und jene, die nur biologisch erwachsen sind, leiden meistens darunter, dass ihre Wünsche nicht erfüllt werden. Erfüllen Eltern ihrem Kind jeden Wunsch (lassen es z. B. nach deren Belieben Süßigkeiten naschen oder bis in die Nacht hinein vor dem Fernseher sitzen), so versagen sie ihm nicht nur die Erziehung, sondern schaden ihm sogar.

Jeder, der Menschen seelisch und geistig – so auch therapeutisch – im echten Sinne helfen will, wird sie dem Leiden aussetzen müssen. Er kann jemandem nur dann helfen, wenn er ihm behilflich ist, Klarheit über sich zu verschaffen. Er wird ihn also weder absichtlich noch unabsichtlich dem Leiden aussetzen, aber er wird ihn mit der Wahrheit konfrontieren müssen. Und die Konfrontation mit der Wahrheit kann für einen Menschen im ersten Augenblick leidvoll sein. Wird der Mensch mit seiner Schattenseite und mit seinen Verschuldungen aus früheren Inkarnationen konfrontiert, so kann es für ihn äußerst hart sein, die Wahrheit: die Wahrheit über sich zu ertragen.

Es dürfte für jeden, der innerlich den Kinderschuhen entwachsen ist, selbstverständlich sein, dass er kein Leiden absichtlich verursacht. Aber er muss es ertragen können, wenn infolge seiner Hilfeleistung unbeabsichtigt Leiden entsteht. Er muss sich klar machen, dass in einem solchen Fall das Leiden das einzige Mittel ist, das dem Menschen im tiefsten Sinne helfen kann. Der Leidensweg ist nicht nur der Weg der Reinigung, sondern auch der Weg, der zur inneren Wandlung, schließlich zur *Läuterung* führt. Das Leiden bahnt den Weg zu einem – im tiefsten Sinne – besseren Leben, denn es bringt den Menschen dem Licht näher. Und es bewirkt, dass sein – begrenztes, oft nur vermeintliches – „Glück" und sein „Glücklichsein", an dem er vielleicht festhält, das aber nur einige Augenblicke dauert, in eine nie versiegende *Seligkeit* überführt wird.

Wir Menschen müssen alles unternehmen, damit wir Leiden – wo immer möglich – lindern können. Doch wir stoßen mit unseren guten Absichten immer wieder an Grenzen, und es wird verhindert, dass eine von oben nicht vorgesehene Hilfe wirksam wird. Muss ein Mensch, müssen ganze Gemeinschaften Karma abtragen, so wird es von der Geistigen Führung, letztlich von Gott selber verhindert, dass Abhilfe geschaffen und somit das Leiden eingedämmt und der Leidensweg abgekürzt werden kann. – Es ist immer wieder zu beobachten, dass trotz großer Anstrengungen die bereitgestellte Hilfeleistung in Krisengebiete (wo z. B. Krieg und Hungersnot herrscht) – auch im buchstäblichen Sinne – nicht vordringen können, als ob das Gebiet von der Außenwelt mit einer Schutzglocke hermetisch abgeschlossen wäre.

Ist jemand zu Mitgefühl im echten Sinne fähig, so wird er, falls er einsehen muss, dass keine Linderung des Leidens möglich ist, mit den Leidenden innerlich mitgehen, sie seelisch zu tragen versuchen und selbstverständlich für sie um Licht bitten.

Das Licht erleuchtet den Leidenden, indem es ihm ermöglicht, die Gründe seines Leidens zu erkennen und somit das Leiden selbst leichter zu akzeptieren. Es regt ihn zur Änderung seiner Haltung an und leitet seine innere Wandlung ein: die *Wiedergeburt im Geiste.*

Das offene Herz

Der Mensch hat das *Herz* dann „auf dem rechten Fleck", wenn er sich in den Lebensstrom einfühlen und wahrnehmen kann, was ihm selbst und was jenen Seelen: Menschen und Lebewesen, mit denen er zu tun hat, auf jener Entwicklungshöhe, auf welcher sie stehen, gut tut, ja, was für sie das Beste ist.

Das Herz muss daher flexibel sein. Was einem Kind wohl tut, kann bei einem anderen Magenverstimmung verursachen. Was dem einen Leiden bringt, kann dem anderen Freude, ja Seligkeit bedeuten. Je reifer ein Mensch innerlich ist, umso klarer kann er erkennen, was ihm wahrhaftig gut tut, und er wird sich umso mehr freuen, wenn er merkt, dass er durch das Leiden gereinigt und befreit wird. Er wird auch von seinen Ängsten befreit, namentlich von der Angst, die ihn hindert, sein Herz für alle ganz weit zu öffnen und sich jenen „Risiken" auszusetzen, die das Öffnen des Herzens mit sich bringt.

Denn ist ein *Herz* wahrhaftig und weit genug offen, so wird er hinter allem, was ihm widerfährt, und hinter jedem, dem er begegnet, die alle Seelen tragende *tiefe Liebe Gottes* erfühlen.

Kapitel 30

DAS GEWISSEN

Der Mensch muss sich auf jeder Stufe seiner inneren Entwicklung darüber im klaren sein, was richtig oder falsch, was gut oder böse ist. Nur so kann er sein Verhalten bewusst ausrichten oder – selbst dann, wenn er das Falsche oder das Böse tut – ermessen, welche Qualität seine Verhaltensweise aufweist.

Er selbst ist allerdings zur Beurteilung seiner Verhaltensweise bis hinauf zur dritten Entwicklungsstufe noch nicht fähig. Es muss ihm gesagt oder vorgeschrieben – am besten vorgelebt – werden, was „gut" oder „schlecht" oder „böse" ist. – Er erhält in der Tat schon auf den unteren Entwicklungsstufen Richtlinien dafür, und zwar von der Gemeinschaft, zu welcher er gehört (Familie, Sippe, Volk, Nation, Staat u. a.). Diese legt die Satzungen dafür fest, welches Verhalten als „richtig" – und toleriert – und welches als „falsch" – und nicht toleriert – zu gelten hat und sie sorgt dafür, dass die Vorschriften von allen eingehalten werden.

Damit die Mitglieder der Gemeinschaft die Vorschriften akzeptieren, müssen sie von ihrer Richtigkeit überzeugt sein und sie müssen wissen, wie sie sie ins praktische Leben umsetzen können. Dafür sorgt die Gemeinschaft mit Hilfe von *Drill* und *Erziehung.*

Mit Drill und Erziehung wird schon auf der Tierstufe begonnen. Sie wecken im Tier und Menschen einerseits den *Ordnungssinn*, andererseits das *Gewissen.*

„Geweckt" wird das Gewissen im Tier und auch noch im Menschen auf den unteren Stufen seiner inneren Entwicklung in dem Sinne, dass es *künstlich erzeugt* wird. – Ein eigenes *echtes Gewissen* hat nur der Mensch, und auch er erlangt es erst, wenn er die höheren Entwicklungsstufen erreicht.

DAS KÜNSTLICHE GEWISSEN

Das Tier wird bis auf die höheren Artstufen hinauf von Instinkten geleitet. Von da an braucht es eine zusätzliche Orientierung, da die Instinkte, die sein Verhalten festgelegt und ihm dadurch Sicherheit geboten haben, ihre Zwanghaftigkeit allmählich einbüßen. Ebenso braucht der Mensch, solange seine Rationalität nicht hinreichend entfaltet ist, eine klar umrissene Orientierung. – Sie wird sowohl dem Tier als auch dem Menschen von entsprechenden Instanzen geboten. Denn auch der Mensch könnte auf den unteren Entwicklungsstufen ohne führende Instanzen nicht einmal existieren, geschweige denn sinnvoll leben.

Die Instanz und die Normen

Die *Instanz* ist für freilebende Tiere, die in Gruppen leben, die Gemeinschaft selbst; für jene Tiere, die in der Nähe des Menschen (z. B. als Nutztiere) leben, ist es der Mensch. Für den Menschen im allgemeinen ist die Instanz die Seelengruppe, im besonderen die irdische Gemeinschaft, in welche er eingebunden ist.

Die *Instanz* stellt ein meistens ungeschriebenes, vielfach nicht einmal genau festgelegtes Ordnungsschema auf. Danach haben sich Tier oder Mensch zu richten. Das Ordnungsschema steckt den Rahmen für ihre Verhaltensweise ab, kanalisiert ihre Lebensführung und regelt damit ihr praktisches Leben.

Ordnung als Orientierungsbasis für das Verhalten benötigt auch der Mensch in sämtlichen Lebensbereichen noch auf der dritten Entwicklungsstufe. Der festgelegten Ordnung hat er es zu verdanken, dass sowohl sein inneres als auch sein äußeres Leben nach *Normen* verlaufen kann. – Die *Normen* können sowohl Moral und Ethik, Sitte und Religion als auch allgemeine Vorstellungen und Ideen sowie Traditionen und Konventionen, eine Weltanschauung, eine Ideologie und anderes umfassen.

Damit nun Tier oder Mensch die Normen zur Kenntnis nehmen, sie akzeptieren und auch einhalten, werden sie ihnen von klein auf mit *Drill* und durch *Erziehung* eingetrichtert. Dabei wird auch zu Zwangsmaßnahmen wie Strafandrohung und Bestrafung gegriffen.

Mit Drill und Erziehung wird im Tier und Menschen zugleich das *künstliche Gewissen* erzeugt.

Der innere Zwang

Das *künstliche Gewissen* kann im Tier und im Menschen allerdings nur darum erzeugt werden, weil sie von *inneren Zwängen* beherrscht sind. Der *innere Zwang* ist naturgegeben, er ist eine Erscheinungsweise der Wirkung des *Ordnungssinnes.* Er nötigt Lebewesen und Menschen, das zu akzeptieren, was ihnen die für sie gültige Instanz eingibt oder vorschreibt: zuerst der Instinkt, später auch die Gemeinschaft; für das Nutztier der Mensch; für Menschen und Tiere immer auch die Höhere Führung.

Sie akzeptieren es, weil jede Seele, die sich auf der Erde inkarniert, genau weiß, dass das Einhalten von „Ordnung" – gleich welcher Art – für sie lebenswichtig ist. Dieses Wissen ist ein Bestandteil des inneren Wissens, das auch beim Menschen bis zur mittleren Entwicklungshöhe unbewusst wirkt, jedoch schon im Tier als *Ordnungssinn* wirksam ist. Das Wissen der Seele um die Notwendigkeit, im Leben „Ordnung" zu halten, ist die Grundlage des *inneren Zwanges.*

Der äußere und der innere Zwang, sodann der Drill sind jedoch nicht nur für das Tier, sondern auf den unteren Entwicklungsstufen auch für den Menschen unerlässlich, da sie eine enorm große Entlastung bedeuten. Der Mensch ist auf dieser Entwicklungshöhe noch nicht reif genug, um sich seelisch und geistig selber zurecht zu finden und sein Leben so auszurichten, dass er im Einklang sowohl mit sich selber als auch mit der Gemeinschaft leben könne. Daher braucht er Drill und Zwang, welche ihm jene Rahmenbedingungen vermitteln, an welchen er sich innerlich wie äußerlich orientieren kann: in seinem Privat- und Gemeinschaftsleben, im Verhalten und Handeln, im Beruf sowie in der Freizeitgestaltung, kurz: überall. – Sie erzeugen in ihm das *künstliche Gewissen* und pfropfen damit seiner Seele ein Kontrollorgan auf, das ihn zum Einhalten der aufgestellten Lebensregeln zwingt und ihn dadurch *entlastet.*

Das Gewissen, das ihm die Richtlinien seines Verhaltens und seiner Handlungen vorgibt, ist zwar künstlich erzeugt und an die Mentalität der Gemeinschaft angepasst, doch gerade diese Tatsache bietet dem Menschen eine große innere wie äußere Sicherheit und das Gefühl der Geborgenheit.

Das künstliche Gewissen teilt dem Menschen mit, was „gut" und „böse" ist, und drängt ihn, die Vorschriften einzuhalten. Handelt er nach seinem – künstlich erzeugten – Gewissen, so kann er wissen, dass er „richtig" handelt und dass er von der Gemeinschaft – zumindest „offiziell" – angenommen wird. – Verstößt er gegen die Stimme seines Gewissens, übertritt oder missachtet er die Vorschriften, so kann er genau wissen, warum er in seinem Leben Schwierigkeiten hat oder haben wird. Sein Gewissen meldet sich als *schlechtes* Gewissen und mahnt ihn eindringlich an seine Verfehlung, es macht ihn unglücklich oder sogar depressiv. – Dabei spielt es keine Rolle, ob das, was das künstlich erzeugte Gewissen für „gut" ausgibt, wirklich gut ist, was es als „böse" anzeigt, tatsächlich böse ist. Denn der Mensch wird erst fähig, die Richtigkeit der Normen zu überprüfen, zu entscheiden, ob das Vorgeschriebene mit den Gesetzen der Menschlichkeit und dementsprechend mit den Göttlichen Gesetzen übereinstimmt, wenn er über die *Drillstufe* innerlich hinausgewachsen ist.

Die Einprägung der Normen

Die *Normen*, die von einzelnen Menschen oder kleinen Gruppen aufgestellt werden, erhalten eine besondere Bedeutung, wenn die Gemeinschaft in ihrer inneren Entwicklung die dritte Stufe erreicht hat. Die Strukturierung des Lebens durch Festlegung von Verhaltensregeln ist auf dieser Entwicklungshöhe ein besonders großes Bedürfnis.

Beim Erreichen der dritten Entwicklungsstufe beginnt der Mensch aus der Phase zügelloser Aktivitäten hinauszuwachsen. Er bekommt die Sinnlosigkeit seiner Destruktivitäten (die zweite Entwicklungsstufe ist die Stufe der *Krieger*) immer mehr zu spüren und fängt an, auch innerlich „sesshaft" zu werden. Er versucht, das Erreichte zu *konsolidieren* und sein Leben nicht mehr mit „Waffen", sondern dadurch zu schützen, dass er Verhaltensregeln aufstellt und Maßnahmen trifft, dass diese auch eingehalten werden. Diese geben ihm nicht nur Sicherheit gegenüber der Außenwelt, sie schützen ihn auch vor sich selber: vor seinen noch ungezügelten Trieben und Affekten.

Da die Normen Schutzfunktion haben und den Menschen auch von Zweifeln und inneren Unsicherheiten bewahren sollen, müssen sie erst recht „gefestigt" werden. „Gefestigt" werden sie nicht nur durch ihre Formulierung und Verbriefung, sondern in erster Linie dadurch, dass sie sowohl in das Bewusstsein des Menschen als auch in sein „Gemüt" tief eingeprägt werden. Obwohl die Normen stets das Formale, die Regeln für die „richtigen" Verhaltensweisen, betreffen, können sie dennoch in die Seele tief eingeprägt werden, weil sie dem natürlichen Bedürfnis der Seele nach Ordnung entgegen kommen und dem inneren Zwang entsprechen.

Daher ist das künstlich erzeugte Gewissen keine bloße Angelegenheit des Wachbewusstseins, sondern es wurzelt tief in der Seele des Menschen und natürlich auch des Tieres. Weil es nicht nur sein – rationales – Denken, sondern auch – und zwar vor allem – seine *Gesinnung* ausrichtet oder sogar festlegt, fällt es dem Menschen schwer, das künstliche Gewissen aufzulösen, wenn das echte Gewissen in ihm zu erwachen beginnt, das mit der Zeit das künstliche erzeugte Gewissen ablösen wird.

Bei der Erzeugung des künstlichen Gewissens wird nämlich dem Menschen zugleich der Glaube an die Richtigkeit der Normen eingeimpft. Die Normen soll jeder für „unverrückbar" halten, selbst dann, wenn ihre Richtigkeit anfechtbar und ihre Legitimationen fadenscheinig ist. (Man behauptet z. B., es gebe dafür „wissenschaftliche Beweise", oder man beruft sich darauf, die Vorschriften seien „Göttlicher Herkunft".)

Denn der Maßstab dafür, was „gut" und „böse" ist, richtet sich – vor allem am Anfang dieser Stufe – in der Regel nicht nach Kosmischen und Göttlichen Gesetzen, sondern nach den Vorstellungen der weltlichen lokalen Gesetzgeber. Diese können fordern, was ihnen selber nützlich ist, und verbieten, was ihnen nicht genehm ist. (Sie untersagen z. B. jegliche Kritik.) Die Vorschriften spiegeln die *Mentalität* ihrer Urheber. Sind diese innerlich reif, so wirkt sich die Gesetzgebung für die Gemeinschaft natürlich nicht nachteilig aus, sondern im Gegenteil: sie dient dem Wohl aller. Dies ist in den meisten Kulturländern der Fall (wenn auch in manchen nicht ohne Einschränkungen).

Die Starrgläubigkeit

Angedrillte Glaubenssätze beherrschen den Menschen in beinahe allen Lebensbereichen bis zum letzten Drittel der dritten Entwicklungsstufe. Die Glaubenssätze haben absolute Gültigkeit. Der Glaube bekundet sich daher als Streng- oder sogar als Starrgläubigkeit, und zwar sowohl in religiösen als auch in profanen Fragen. (Man kann auch an die Behauptungen eines Wissenschaftszweiges stur glauben.)

Starrgläubigkeit kennzeichnet die herrschende Mentalität dieser Stufe: Die dritte Entwicklungsstufe ist die Stufe der *Orthodoxie.*

Was der Mensch auf dieser Stufe in sich aufnimmt, ist nicht der Inhalt des jeweiligen Glaubens, sondern das Gerüst des Glaubens, das rigide System selbst. Während der Inhalt auswechselbar ist, bleibt die Art, *wie* jemand glaubt: die Sturheit, erhalten. Fragen des Rituals (z. B. mit oder ohne Kopfbedeckung am Ritual teilnehmen, dabei stehen, knien oder sich bis zum Boden verneigen) sind unverhältnismäßig wichtiger, als Fragen nach der menschlichen Qualität der Glaubenssätze; diese werden zu diesem Zeitpunkt ohnehin nicht gestellt. Derjenige, der heute das Glaubensgut einer Religion (z. B. des Islam) für unverrückbar hält, wird in einer nächsten Inkarnation, in welcher er in einen anderen Kulturbereich hineingeboren wird, an die dort herrschende Religion (z. B. Hinduismus) mit der gleichen Sturheit glauben und an deren Glaubenssätzen ebenso „unerschütterlich" festhalten wie an allen früheren. Dasselbe gilt für die Weltanschauung, für Vorstellungen und Ideen und für alles, woran der Mensch glauben kann. – Auf dieser Stufe ist nicht der Inhalt, sondern in erster Linie die *Form* – in der Religion: das Dogma, das Ritual – für den „Glauben" entscheidend. Auf diesem Entwicklungsniveau kann der Mensch den wahren Gehalt einer Religion noch gar nicht richtig begreifen. Und weil er nur das Formale erfasst, nimmt er jeweils von Inkarnation zu Inkarnation nur seine vorherrschende Haltung: das Haften an Äußerlichkeiten, am Formalen und nicht den Inhalt seines Glaubens mit.

Diese Haltung, die für den Menschen auf der dritten Entwicklungsstufe charakteristisch ist, ist die Voraussetzung dafür, dass das künstliche Gewissen in ihm nachhaltig wirken kann. Die Aufgabe des künstlichen Gewissens ist, zum Einhalten der äußeren: der *formalen Ordnung* zu erziehen.

Die Ablösung

Auf der dritten Entwicklungsstufe erreicht die Entfaltung der dritten Seelenschicht: die *Rationalität,* ihren Höhepunkt. Der Mensch wird fähig, über die Bedingungen seines Lebens nachzudenken und Formen und Gesetze, die den Rahmen seines Lebens bestimmen, darauf zu untersuchen, ob sie haltbar sind. – Er prüft sie zunächst nicht mit objektiven Maßstäben, sondern mit jenen, die ihm sein inzwischen herangebildetes und erstarktes *Ich* anbietet. Gerade sein erstarktes Ich gewährt ihm die Möglichkeit, sich aus der Abhängigkeit der Gemeinschaft herauszulösen, sich seelisch zu befreien und seine Vorstellungen von jenen der Gemeinschaft zu trennen.

Wächst er über die dritte Entwicklungsstufe hinaus, so wird er sich einerseits von seinem Ich, andererseits von allem, was er von der Gemeinschaft bisher unbesehen übernommen hat: von ihrem Gedankengut wie auch von ihren Vorschriften und Verhaltensregeln, immer mehr distanzieren. Er legt strenge Maßstäbe an, und je schärfer sein kritischer Blick wird, umso deutlicher erkennt er den Unterschied zwischen „künstlich“ und „echt“. Er kann immer mehr zwischen den – größtenteils aus pragmatischen Gründen aufgestellten – Satzungen und jenen Gesetzen unterscheiden, die – weil Göttlichen Ursprungs – in das Herz des Menschen geschrieben sind.

Seine wachsende Urteilsfähigkeit ist das Zeichen dafür, dass in ihm die *genuine Geistigkeit* zu erwachen beginnt. Damit regt sich in ihm das *echte Gewissen.*

DAS ECHTE GEWISSEN

Erwacht im Menschen das *echte Gewissen*, so ist dies ein Zeichen dafür, dass er begonnen hat, sich dem *Göttlichen* zu öffnen. Das echte Gewissen wird vom inneren Menschen verwaltet, und dieser weiß um die *Göttlichen Gesetze*. Diese sind in das Herz jedes Menschen eingraviert und damit in seinem tieferen inneren Wissen gegenwärtig. Daher zeigt das echte Gewissen genau an, was in Wahrheit *gut* und was *böse* ist.

Die Quelle des echten Gewissens: das innere Wissen.

Das tiefere innere Wissen: das *Wissensgut des Herzens,* lagert im *Überbewussten.* Dieses umfasst die drei oberen Seelenschichten. Der Mensch muss bereits Zugang zu diesen Seelenschichten haben, damit das echte Gewissen seine Wirkung entfalten kann.

Am Anfang der äonischen Entwicklung, wenn der Mensch noch wie ein Kind in einem paradiesischen Zustand – in „kindlicher Unschuld" – lebt und von den Geistigen Führern geführt wird, kann er noch gar nicht anders als in Einklang mit den Göttlichen Gesetzen leben.

Die innere Entwicklung führt dann den Menschen aus seinem Paradies und damit aus der „kindlichen Unschuld" hinaus, und sein inneres Wissen wird infolge seines Strebens nach Selbstbehauptung und Individualisierung und erst recht mit wachsender Ichsucht allmählich verschüttet.

Es beginnt ein langer Weg der Entwicklung, auf dem der Mensch unentwegt Erfahrungen macht und immer wieder auch an sich selber (z. B. durch Verursachen und Abtragen von Karma) erfahren muss, was gut und was böse ist. Doch er kann diese Erfahrungen erst dann auswerten, wenn er innerlich reif genug ist und sein echtes Gewissen erwacht ist. Erst von der Mitte seiner inneren Entwicklung an wird er innerlich reif genug, um Gut und Böse nicht bloß passiv: im Tun und Erleiden zu erfahren, sondern die entsprechenden Erfahrungen auch zu *verstehen.*

Die volle Entfaltung des echten Gewissens beginnt von der vierten Entwicklungsstufe an. Auf dieser Stufe wird der Mensch nach und nach fähig, seine Erfahrungen auszuwerten, die er im Laufe seiner bisherigen Entwicklung – größtenteils unbewusst – gemacht und in seinem *Unterbewussten*: in den drei unteren Seelenschichten, gespeichert hat.

Den Maßstab, mit dessen Hilfe er sie auswerten und auch bewerten kann, braucht er nun nicht mehr von der Gemeinschaft – durch Vermittlung seines künstlichen Gewissens – und von seinem (oft „gewissenlosen") Ich zu übernehmen. Dank seinem erwachten echten Gewissen verfügt er bereits über einen eigenen Maßstab. Dass dieser richtig geeicht ist, verbürgt ihm sein Wissen um die Göttlichen Gesetze. Dieses Wissen ist in seinem inneren Wissen eingeschlossen und wird vom inneren Menschen gehandhabt, der es zu gegebener Zeit dem äußeren Menschen ins Bewusstsein treten lässt.

Der Mensch kann dann mit Hilfe seines inneren Wissens die Grundlagen jener Ordnung überprüfen, welche seinem inneren Leben und dem Leben in der Gemeinschaft den Rahmen gibt. Er wird sie im Hinblick auf die *Menschlichkeit* prüfen. Er befreit sich dabei Schritt für Schritt vom Zwang seines künstlich erzeugten Gewissens und wird die Satzungen der jeweiligen Gemeinschaft, ihre moralischen und ethischen Regeln und Gesetze, aber auch die Wünsche seines Ich nicht mehr unbesehen übernehmen. Er befreit sich damit von seinem – bislang blinden – Glauben an Autorität und Tradition und allmählich von allen Resten des inneren Zwanges, den ihm gegen Ende der vorangehenden Phase größtenteils sein Ich auferlegt hat. Der Zwang wird von einer Haltung abgelöst, die durch *Freiwilligkeit* gekennzeichnet ist.

Dabei vollzieht sich die *Umgestaltung* des *Ordnungssinnes,* der nun zum *Realitätssinn* wird.

Die Konfrontation mit der Vergangenheit

Das Erwachen des echten Gewissens wird im weiteren dadurch signalisiert, dass der Mensch immer häufiger Depressionen und Ängsten ausgesetzt wird. Zunächst weiß er nicht, woher sie kommen. Sie sind das Zeichen dafür, dass er in seiner inneren Entwicklung in die Phase der *seelischen Reinigung* getreten ist.

Das erwachende echte Gewissen weckt nämlich im Menschen *Schuldgefühle,* indem es ihn mit seiner Vergangenheit konfrontiert und ihn an seine Verschuldungen in früheren Inkarnationen erinnert. All das, was der Mensch früher – teils mit Hilfe seines künstlich erzeugten Gewissens – legitimieren oder rechtfertigen konnte, erscheint in seinem Unbewussten nun in seinem wahren Licht. Jene Verhaltensweisen und Taten, die er früher für „gut“ befunden oder für „gut“ ausgegeben hat, die in Wahrheit jedoch falsch oder böse waren, machen ihm jetzt mehr und mehr zu schaffen. Es ist sein *echtes Gewissen,* dessen Stimme er nun immer deutlicher hört und das ihn immer häufiger in Bedrängnis treibt. Damit wird – von der vierten Entwicklungsstufe an – jene wichtige Phase der inneren Entwicklung eingeleitet, welche den *Konfrontationen mit der Vergangenheit*, namentlich mit Verschuldungen gewidmet ist und den wichtigsten Beitrag zur *Reinigung seiner Seele* leistet.

Der Mensch sieht im Spiegel seiner Vergangenheit und aufgrund seiner von seinem echten Gewissen geleiteten Reaktionen auf die Konfrontationen mit seinen früheren schuldbeladenen Inkarnationen gleichsam von innen her, was tatsächlich *gut* und was *böse* ist.

Schuld und Sühne

Die in ihm immer deutlicher wirkende *genuine Geistigkeit* ermöglicht ihm aber auch, mit *Schuld* und *Sühne* richtig umzugehen und die erkannten, früher begangenen Verschuldungen durch *aktive Wiedergutmachung* aufzulösen.

Er muss dazu erkennen, inwiefern er noch andere und auch sich selbst verurteilt und bestrafen will. Nur dann, wenn er die noch verbleibende Neigung dazu in sich entdeckt, kann er daran gehen, sie aufzulösen. Auflösen kann er die Neigung zum Verurteilen und Bestrafen nur dann, wenn er lernt, *Barmherzigkeit* zu üben, und das heißt: zu *verzeihen*.

Nun geht es aber nicht mehr darum, anderen zu verzeihen. Wer innerlich reif genug ist, um einzusehen, dass sein schlechtes Gewissen ihm seine *eigenen* Verfehlungen anzeigt, der wird auch wissen, dass der einzige Mensch, dem er zu verzeihen hat, *er selber ist.*

Er muss allerdings erst lernen, sich selbst zu verzeihen. Aus eigener Kraft kann er es nicht, denn dies erweist sich als noch viel schwieriger, als anderen zu verzeihen. Daher wird er die Himmlischen um Hilfe bitten müssen.

Er muss zunächst lernen, dass er das Urteil und die Strafe in jeder Hinsicht Gott überlassen muss. Dann muss er einsehen, dass Gott keinen – selbst den größten „Sünder" nicht – verurteilt und niemanden bestraft. – Denn alles, was in den Augen der Menschen als „Strafe": als Abtragen von Karma gilt, ist letztlich nur eine *Lektion*, aus welcher der Mensch lernen soll. Und da Gott niemandem „böse" ist, wenn er „sündigt", braucht er auch nicht zu verzeihen. Er nimmt jeden „Sünder" mit ebenso großer – unendlicher – Liebe an wie jenen, der (freilich nur im Augenblick) nicht „sündigt“. – Es gibt ja keinen einzigen Menschen, der nicht eine sehr lange „sünden“beladene Vergangenheit hinter sich hätte oder – falls er noch an den Anfängen seiner inneren Entwicklung steht – eine „sünden“trächtige Zukunft vor sich hat.

Auf den höchsten Entwicklungsstufen angelangt, wird der Mensch erkennen, dass er selber es war, genauer: der innere Mensch in ihm, der ihm – nach dem Prinzip der ausgleichenden Gerechtigkeit – die „Strafe“ wie Schmerz, Unglück und Leid auferlegte. Und er wird auch einsehen, dass – falls die Strafe größer war, als es tatsächlich im Hinblick auf Sühne nötig gewesen wäre – das Übermaß an Leiden nur darum entstanden ist, weil er – der äußere Mensch – den Weisungen des inneren Menschen kein Gehör, seinen Ratschlägen und Forderungen nicht Folge geleistet hat. – Er wird aber auch erkennen, dass selbst das scheinbar „Überflüssige“ nötig war, nämlich im Hinblick auf Erfahrungen, die er im Leiden machen musste.

Ist der Mensch innerlich reif, so wird er merken, dass er überall, wo er tätig ist, im Beruf oder im Privatleben, immer wieder auch Wiedergutmachung leistet und häufig genug die Gelegenheit erhält, verbliebene Schuld auf diese – aktive – Weise aufzulösen.

Die Gelegenheit dazu bietet ihm der innere Mensch, der unter der Leitung der Geistigen Führer den Verlauf seiner Inkarnationen so einrichtet, dass er immer mehr Menschen und Lebewesen sowohl in ihrem äußeren Leben als auch in ihrer inneren Entwicklung beistehen kann.

Beginnt der äußere Mensch dem inneren immer mehr Wirkungsraum zu gewähren, so wird er sich auch nach oben immer mehr öffnen und sich an der Göttlichen Ordnung selber orientieren können. Das echte Gewissen des Menschen wird feinspüriger, feinfühliger und damit differenzierter. Der Mensch erkennt auch die feineren Abstufungen von Gut und Böse. Vieles von dem, was für ihn früher noch – vielleicht erst einige Jahre vorher – als „gut“ oder „günstig“, als „neutral“ oder „tolerabel“ gegolten hat, erscheint ihm heute – mit Recht – als „schlecht“ oder sogar als „böse“. Er wird immer mehr darauf achten, dass er nicht nur „im Großen“, sondern auch im Allerkleinsten korrekt und in allem – ohne Unterschied – zuverlässig ist. So wird er sich beispielsweise nicht einmal „harmlose“

Notlügen leisten. Denn er weiß: „Wer im Kleinen untreu ist, wird auch im Großen untreu sein" (Lk 16,10; vgl. auch Mt 25,21, Lk 19, 17).

Durch das echte Gewissen fordert der innere Mensch den äußeren heraus. Auch dieser muss ja lernen, was gut und böse ist. Er muss dann erkennen, wieviel Schuld er im Laufe seiner inneren Entwicklung auf sich geladen hat, und lernen, die Verantwortung für alles, was er je getan hat, und somit für sein gesamtes Leben zu übernehmen.

Denn nur so kann der innere Mensch den äußeren voll durchwirken und ihn mit sich vereinigen, damit der in sich zentrierte und „abgerundete": der innerlich restlos *freie, vollendete Mensch* in Erscheinung treten kann.

Kapitel 31

DIE FREIHEIT

Die Annahme, dass der Mensch von Anfang (z. B. von Geburt) an frei sei und dass jeder gleichermaßen frei und entscheidungsfähig sei, beruht auf einer bemerkenswert gründlichen Unkenntnis des Menschen. Er ist ebenso wenig frei wie ein Lebewesen und trifft die Entscheidungen an den Anfängen seiner inneren Entwicklung keineswegs aufgrund seines freien Willens.

Der Mensch ist allerdings nicht deshalb unfrei, weil er in seiner Freiheit beraubt würde oder gar von außen her – etwa gewaltsam – eingeschränkt wäre.

Die wahre Freiheit kennt keine äußere, materielle Bedingung. Die wahre Freiheit ist die *innere Freiheit*, und diese kann der Mensch in der ersten Hälfte seiner inneren Entwicklung gar nicht brauchen.

Wäre der Mensch tatsächlich so frei, wie dies manche behaupten, so wäre dies für ihn sogar katastrophal. Er hätte die Freiheit eines Kindes, das allein auf die Strasse geht und den Weg nach Hause nicht mehr findet. Es erginge ihm wie manchem entflogenen Kanarienvogel oder Wellensittich: Er würde in der „freien" Natur zugrunde gehen.

Aber auch ein Vogel, der nicht in einem Käfig, sondern in der „freien" Natur lebt, ist keineswegs frei. Weder das Lebewesen noch der Mensch kann, solange er innerlich nicht reif genug ist, in uneingeschränkter Freiheit leben. Er braucht zunächst einen „Käfig", der ihn schützt, sodann ein „Laufgitter", an dem er sich halten, sich aufrichten und in dessen Schutz er gehen lernen kann. Auch später braucht er noch Überwachung, damit er die ersten Schritte in die

Freiheit hinaus vollziehen und sich einen immer größeren Freiheitsraum erobern kann. Und auch dann muss er erst lernen, mit der Freiheit umzugehen, er muss lernen, auf welche Weise und wozu er seine Freiheit benutzen kann.

Der Mensch ist nicht frei, er *wird* erst *frei*. – Um wirklich frei zu sein, muss er den größten Teil seiner inneren Entwicklung hinter sich gebracht haben.

Frei wird er im wahren Sinne erst, wenn er zur *echten Liebe* fähig geworden ist. Daher muss er zuerst lernen zu lieben. Und er muss lernen, seinen Willen „richtig" – das heißt: in Übereinstimmung mit Gottes Willen – zu gebrauchen.

DAS EMPFINDEN VON FREIHEIT UND UNFREIHEIT

Was ein Mensch unter „Freiheit" versteht, hängt in erster Linie von seinem inneren Entwicklungsstand ab. Im allgemeinen gilt, dass sich der Mensch frei fühlt, wenn er seinen Willen durchsetzen kann, und sich als unfrei empfindet, wenn er seine Absichten nicht oder nicht ganz in die Tat umsetzen kann. Kann er seine Absichten verwirklichen und sich dabei hemmungslos ausleben, so fühlt er sich in seinem „Element" und somit frei. Treten Widerstände und Hindernisse auf, so fühlt er sich unfrei.

Das Empfinden von Freiheit oder Unfreiheit ist *entwicklungsbedingt*. Man kann frei wie ein „Vogel" sein und sich dennoch unfrei fühlen, und man kann nach außen hin unfrei, sogar gefangen gehalten oder eingekerkert sein und sich dennoch *frei* fühlen. – Das subjektive Empfinden ist keineswegs ausschlaggebend dafür, ob der Mensch tatsächlich frei ist oder nicht. Denn er ist nur dann tatsächlich frei, wenn er *innerlich frei* ist.

Um *innerlich frei* zu sein, braucht es innere Reife. Ist ein Mensch innerlich noch unreif, so kann er die größte innere Unfreiheit als „absolute Freiheit" empfinden. Denn er weiß da noch nicht, worin die wahre Freiheit besteht. Darum kann er sich auch auf den unteren Entwicklungsstufen, während er innerlich noch völlig unfrei ist, frei fühlen.

Das Freiheitsempfinden des Menschen hängt immer auch von seinem Verhältnis zu den jeweiligen Instanzen ab, die seinem Leben die Richtung geben. Identifiziert er sich mit ihnen, meistens ohne es zu merken, fallen somit seine Intentionen mit dem Willen der jeweiligen Instanz zusammen, so fühlt er sich frei. Löst er sich von ihnen und entsteht ein Konflikt zwischen seinem Willen und dem der Instanz, so fühlt er sich unfrei oder in seiner Freiheit zumindest beengt.

Die Instanzen wechseln in den *drei Etappen der äonischen Entwicklung*, gelegentlich sogar von Stufe zu Stufe. In der *ersten Etappe* sind die Instinkte und die Gemeinschaft, in die der Mensch eingebunden ist, die Instanzen, die ihm die Richtlinien zum Gebrauch seiner Freiheit geben. – Am Anfang der *zweiten Etappe* wird die Gemeinschaft noch als Autorität empfunden, dann aber wird sie vom *Ich* abgelöst, das zur vorherrschenden Instanz wird. – In der *dritten Etappe* wird schließlich *Gott* zur absoluten Instanz.

ERSTE ETAPPE:

DIE FREIHEIT DES KINDES

Am Anfang der äonischen Entwicklung fühlt sich der Mensch mit seinem physischen Leib völlig identisch, er ist dem Instinktzwang unterworfen und ganz in seine Gemeinschaft *eingebunden*. Das Gefühl des Einsseins mit den anderen gewährt ihm sowohl materiell als auch seelisch und geistig Schutz, gibt Geborgenheit und erzeugt die Empfindung von Freiheit.

Er fühlt sich frei, weil die Gründe der Identifikation von Natur aus gegeben sind. „Leben" bedeutet für ihn das Leben im physischen Leib. Da sein Leib autonom funktioniert, kann ihn der Mensch frei benützen, soweit er ihn beherrschen kann und solange in seiner Funktion keine Störung eintritt. Freiheit bedeutet hier: das tun zu können, was der physische Leib dem Menschen gestattet. – Was er ihm gestattet, das zeigen ihm die *Instinkte* an. Kann er sie ausleben, so hat er das Empfinden, frei zu leben. Denn was die Instinkte ihm „sagen", ist ja

„sein" Wille: Er fühlt sich mit ihnen vollauf identisch, wobei ihm das Empfinden dieser Identität noch völlig unbewusst ist.

Identisch fühlt er sich auch mit seiner Gruppe. Und diese Identität kann ihm schon etwas bewusster sein. Die Bedürfnisse sind für alle Mitglieder der Gemeinschaft im großen und ganzen dieselben, ihre Befriedigung wird auf dieselbe Weise angestrebt. Das Individuum folgt der Gemeinschaft – namentlich deren Anführern – blind, nicht zuletzt deshalb, weil sich seine Intentionen mit denen der Gemeinschaft meistens vorbehaltlos decken. Auf dieser Stufe muss es dem Menschen noch vorgeschrieben und vorgelebt werden, wie er leben soll. Es ist außerdem die Gemeinschaft, die ihm ermöglicht, sich – und das heißt: seine Triebe und seinen Drang zur Aktivität – in „Freiheit" auszuleben. Es ist nicht verwunderlich, dass sich der Mensch, der die Geborgenheit in der Gemeinschaft genießt, sorglos und frei fühlt, wie ein Kleinkind im „Schosse der Familie".

ZWEITE ETAPPE:

WANDLUNGEN DES FREIHEITSEMPFINDENS

Im Laufe der *zweiten Etappe* ändert sich für den Menschen die *Instanz*, die sein Verhalten regelt, von Stufe zu Stufe.

Auf der *zweiten Entwicklungsstufe* bilden Triebe und Instinkte die Instanzen. Der Mensch kann sie frei ausleben, weil er dazu von der Gruppe legalisiert ist. – Am Anfang der *dritten Entwicklungsstufe* übernimmt die Gemeinschaft mit ihren Vorschriften und Gesetzen die Rolle der Instanzen. – Von der Mitte der Stufe an beginnt die Individualisierung deutliche Zeichen zu setzen, der Mensch löst sich sowohl aus der Herrschaft der Triebe und Instinkte als auch aus der Abhängigkeit von der Gemeinschaft allmählich heraus. Sein Ich erstarkt und wird zur alleinherrschenden Instanz, was ihm zwar Freiheit vorgaukelt, ihn jedoch in Wahrheit erst recht unfrei macht. – Auf der *vierten Entwicklungsstufe* beginnt der Mensch seine innere Unfreiheit immer deutlicher zu spüren, und er nimmt den Kampf für seine Freiheit und damit den Kampf mit sich selbst auf.

Die zweite Entwicklungsstufe: die Freiheit zur Aktivität

Die *zweite Entwicklungsstufe* ist die Stufe der *Aktivität*. – *Aktivität* bedeutet auf dieser Stufe, die Triebe auszuleben und die leiblichen sowie die seelischen Bedürfnisse möglichst hemmungslos zu befriedigen. – „Aktiv" wird in diesem Sinne nicht nur das Individuum, sondern die ganze Gemeinschaft. Auch auf dieser Stufe fallen – wie auf der ersten – die Interessen des Einzelnen mit denen der Gruppe beinahe vollständig zusammen. Was der eine will, wollen die anderen auch, und was die Gemeinschaft will, ist auch der Wille des Einzelnen.

Die Mitglieder der Gruppe leben ihren Drang zur Aktivität gemeinsam aus. Und da auf dieser Stufe die Aktivität vorwiegend in Form von Aggressivität und Destruktivität in Erscheinung tritt, führt sie zu Kriegen und Eroberungsfeldzügen, nicht selten sogar zu blanken Destruktionen: zur Zerstörung um der Zerstörung willen. – Die zweite Entwicklungsstufe ist ja die Stufe der „Krieger".

Da alles, was die Gruppe unternimmt, auch die Bedürfnisse der einzelnen Mitglieder befriedigt, leistet ein jeder seiner Gruppe – genauer: ihren Anführern – bedenkenlos Gefolgschaft und fühlt sich dabei vollkommen frei. Die Anhänger irgendwelcher „Führer" fühlen sich nicht versklavt, sondern meinen, in völliger „Freiheit" zu leben. – Sind aber die Aktivitäten, welche die Gruppe unternimmt, hemmungslos, sogar erheblich zerstörerisch, so sieht sich der Einzelne als „Krieger" erst recht bestätigt. Die Gruppenleitung sorgt ohnehin dafür, dass jedes noch so destruktive Vorgehen gerechtfertigt wird, zum Beispiel als Erweiterung des Lebensraumes, Kampf für soziale Gerechtigkeit, Befreiung von Unterdrückung, Vergeltungsakt, „heiliger" Krieg.

Der Mensch denkt aber auf dieser zweiten Stufe nicht einmal daran, die noch so fadenscheinigen Rechtfertigungen der Machenschaften der Gruppe zu hinterfragen. Denn identifiziert er sich mit seiner Gemeinschaft, so identifiziert er sich auch mit ihrer *Gesinnung*.

Die Identifikation mit der Gruppe einerseits, der Umstand andererseits, dass die Befriedigung individueller Bedürfnisse mit der Befriedigung der Bedürfnisse der Gruppe zusammenfällt, verschleiern für den Einzelnen, dass er von der Gemeinschaft abhängig ist. Das Individuum fühlt sich gerade deswegen „frei", weil es in die Gemeinschaft eingebunden ist. Denn „Freiheit" bedeutet für den Menschen da noch, im Einklang mit seiner Gruppe zu leben, ihre Mentalität als seine eigene zu empfinden und vorbehaltlos das tun zu können, was alle tun: sich ohne Einschränkung – und das bedeutet für ihn: „frei" – auszuleben.

Dritte Entwicklungsstufe: der festgelegte Freiheitsraum

Die *dritte Entwicklungsstufe* ist die Stufe der *Konsolidierung*. Der Mensch entfaltet auf dieser Stufe nicht nur seine Individualität weitgehend, sondern auch seine *Rationalität*. Seine Instanz ist im ersten Drittel der Stufe immer noch die Gemeinschaft, doch muss alles, was sie dem Menschen vorschreibt, festgehalten und (zumindest dem Schein nach) rational begründet sein.

Die *Mentalität* der Gemeinschaft wird „verbrieft": in Vorschriften und Gesetzen, in Geboten und Verboten wird sie festgelegt und unter Berufung auf eine Autorität („Heilige Schrift", Weltanschauung, Ideologie, „soziale Gerechtigkeit" u. a.) legitimiert.

Die Gemeinschaft steckt aber nur den Rahmen ab, innerhalb dessen sich der Einzelne „frei" bewegen kann. Die Voraussetzung für seine „Freiheit" ist die Einhaltung der Vorschriften.

Je höher die Gemeinschaft entwickelt ist, umso größer ist auch der Rahmen, innerhalb dessen sich der Einzelne frei bewegen kann. Während sich die Vorschriften auf den beiden unteren Entwicklungsstufen auch auf das Privatleben des Menschen beziehen (z. B. Bekleidung, Nahrung, Verhältnis der Geschlechter), beschränken sie sich mit steigender Entwicklungshöhe immer mehr auf jene Regeln, die für das Zusammenleben in der Gemeinschaft tatsächlich wichtig oder sogar unentbehrlich sind.

Außerdem sorgt die Gemeinschaft für die Einhaltung der Vorschriften nicht durch Zwangsmaßnahmen (z. B. Strafandrohung), sondern sie versucht, ihre Mitglieder dazu zu erziehen: zunächst durch Drill, sodann durch Schulung. Dabei wird die Gemeinschaft – falls sie das erforderliche Entwicklungsniveau erreicht hat – darauf achten, dass die Mitglieder die Vorschriften nicht bloß annehmen, sondern ihre Notwendigkeit auch einsehen.

Geschieht die Erziehung durch Drill und Schulung, so wird im Menschen immer auch das *künstliche Gewissen* erzeugt.

Die Vorschriften stellen auf den höheren Teilstufen nur ein Angebot dar, und es liegt am Menschen, innerhalb des – durch Gebote und Verbote abgesteckten – Raumes von seiner „Freiheit" Gebrauch zu machen oder sie – durch Übertretungen – zu gefährden.

Die „Freiheit", die ihm auf dieser Stufe angeboten wird, ist die *äußere* Freiheit, und es ist die äußere Freiheit, die er bei Verstößen gegen die Regeln der Gesellschaft aufs Spiel setzt. Da er schon hinreichend individualisiert ist und sich also aus der Abhängigkeit der Gemeinschaft mehr oder weniger gelöst hat, da er ferner in seinem Denken – dank der entfalteten Rationalität – bis zu einem bestimmten Grad selbständig und damit kritisch geworden ist, gewinnt er zu seiner Gemeinschaft immer mehr Distanz. Er kommt mit der Zeit in die Lage, sowohl den Vorschriften als auch der Gesinnung der Gemeinschaft gegenüber Stellung zu beziehen und zu prüfen, ob sie für ihn noch Gültigkeit haben können.

Für die kritische Stellungnahme braucht er allerdings ebenfalls eine Instanz, an der er sich orientieren kann. Denn zu einer wirklich sachlichen Kritik ist er auch da noch nicht fähig. – Seine Instanz ist von der Mitte der dritten Entwicklungsstufe an jene, die im Laufe der Individualisierung herangewachsen und nun hinreichend erstarkt ist: sein *Ich*.

Das Aufbegehren gegen die Autorität

Die Wende, die eine Verschiebung der Instanzen von außen nach innen herbeiführt, wird nicht durch äußere Ursachen bewirkt, sondern ist das Ergebnis von inneren Vorgängen, letztlich des natürlichen Wachstums der Seele. Im Menschen flaut die naturgegebene Neigung zur Identifikation immer mehr ab, die Instinkte büßen ihre Zwanghaftigkeit ein, und er empfindet es nicht mehr als Schutz, in der Gemeinschaft eingebunden zu sein. Im Gegenteil: da sich der Mensch mit seiner Gemeinschaft innerlich nicht mehr identifiziert, empfindet er ihre Autorität, welche für ihn vorher aufgrund seiner Identifikation mit ihr immer auch als eine *innere Autorität* galt, nun als eine rein äußere. Sie gilt für ihn bald schon bloß als jene Instanz, die ihm nichts als Zwänge auferlegt und seine Freiheit einschränkt. Er ist auf der Entwicklungsstufe, auf welcher das innere Alter des

Menschen der *Pubertät* entspricht, und Pubertierende haben oft die Neigung, alles abzulehnen, was die Eltern verlangen oder auch nur erwarten.

Da der Mensch glaubt, immer selbständiger zu sein, in seiner Eigenständigkeit jedoch noch lange nicht gefestigt und somit unsicher ist, fühlt er sich in seiner Autonomie von außen her immer wieder bedroht. – Seine Unabhängigkeit ist tatsächlich gefährdet, allerdings nicht von außen, sondern von innen her. Er hat sich von der Gemeinschaft seelisch noch nicht abgelöst, er ist innerlich immer noch weitgehend abhängig von ihr, nur will er es nicht wahrhaben. Er meint, er fühle sich nicht frei, weil die Gemeinschaft „seine Freiheit" einschränke. Und da er sich von seiner „Unfreiheit" befreien möchte, nimmt er den Kampf mit ihr: mit der „Gesellschaft" auf und beginnt um „seine Freiheit" zu kämpfen.

DER FREIHEITSKAMPF

Wenn der Mensch auf dieser Entwicklungshöhe seinen Kampf um die Freiheit aufnimmt, so meint er noch, seine „Freiheit" bestehe in der äußeren Unabhängigkeit. Kämpft er aber für seine äußere Unabhängigkeit, so kämpft er im Grunde nur um seine innere Befreiung: um die Loslösung von der – früher naturgegebenen – Bindung an seine Gruppe.

Er ist von innen: wegen seiner Identifikation – und nicht von außen – an die Gruppe gebunden. Will er sich befreien, so kämpft er im Grunde *gegen sich selbst.* – Nur ist er sich dessen noch nicht bewusst.

Ist nun der Mensch auf dieser Entwicklungshöhe (Mitte bis Ende der dritten Stufe) im guten Glauben, „für" etwas zu kämpfen, so kämpft er in Wahrheit stets *gegen* etwas. Kämpft er für seine Freiheit, so wendet er sich gegen eine Gruppe, von der er sich – zu Recht oder zu Unrecht – unterdrückt fühlt, oder gegen eine ganze Gemeinschaft (Staat, *die* „Gesellschaft" u. a.). – Der Umstand allerdings, dass er gegen sie kämpft, zeigt, dass die Gemeinschaft ihre Rolle als Autorität für ihn noch nicht eingebüßt hat. Aber sie bietet ihm nicht mehr jene Geborgenheit, in welcher er sich wohl und frei fühlen könnte. Ihre Schutzfunktion ist für den Einzelnen, der „Freiheitskämpfer" geworden ist, verloren gegangen. – Empfand nämlich der Mensch noch auf der zweiten Entwicklungsstufe seine Eingebundenheit in die Gemeinschaft, sogar den Zwang als Entlastung, so fühlt er sich jetzt von ihr, besonders von ihren – tatsächlichen oder vermeintlichen – Ansprüchen und Forderungen, zunehmend eingeengt. Was früher für ihn als „Schutz" gegolten hat, empfindet er spätestens von der Mitte der dritten Entwicklungsstufe an immer mehr als Einschränkung, ja als „Einkerkerung" seines nach „Freiheit" dürstenden Wesens.

Was den Menschen letztlich zum „Freiheitskämpfer" macht, ist der radikale Umbruch, der in ihm vor sich geht. Der Umbruch vollzieht sich zunächst als Wechsel der Instanzen. Während die frühere innere Autorität: die Gemeinschaft, zu einer rein äußeren Instanz wird, erwacht im Menschen die *neue* Instanz. Und diese stößt die frühere – wie das junge Blättchen des Eichenbaumes im Frühling das letztjährige trockene Blatt – allmählich ab. Es ist sein *Ich*, das die Rolle der Autorität übernimmt und über den Menschen in dieser Phase seiner inneren Entwicklung immer mehr Macht erlangt.

Unter dem Joch des Ich

In dieser Phase der inneren Entwicklung gilt für den Menschen nur das als „richtig", was ihm seine innere Instanz: sein *Ich,* vorlegt oder bewilligt. Er fühlt sich nur dann frei, wenn er dieser Autorität Folge leistet, und er prüft alles, was von außen auf ihn zukommt, mit Hilfe dieser inneren Instanz.

Er fühlt sich dann frei, wenn er seinem Ich und seinen Vorstellungen freien Lauf lassen und seine Wünsche restlos befriedigen kann. – Frei ist er seinem Empfinden nach, wenn er seine Ichsphäre – womöglich rücksichtslos – ausdehnen kann, wenn er alles, was sich seinen Absichten entgegenstellt, „aus dem Weg räumen", und alle, die ihre Verwirklichung verhindern wollen, „besiegen" oder beseitigen kann.

Was er auf dieser Entwicklungshöhe noch nicht erkennt, ist, dass er – objektiv betrachtet – überhaupt nicht frei ist. Er ist der Sklave seiner Bedürfnisse und Begierden, der Sklave seines eigenen Egoismus. Es ist sein *Egoismus*, der ihn zu Aktivitäten veranlasst, in ihm Wünsche und Vorstellungen wachruft und ihn drängt, diese unter allen Umständen zu verwirklichen.

Das Ich ist allerdings auf der dritten Entwicklungsstufe noch kein guter Ratgeber. Es strebt nach Macht, und der Mensch – seinem Ich blind ergeben – folgt dessen Wünschen. Und gerade auf dem Höhepunkt, wenn er über – wie er meint – „uneingeschränkte" Macht verfügt und sich vollkommen frei fühlt, erreicht er den Gipfel seiner *Unfreiheit*.

Jeder, der sich hemmungslos verwirklichen will, handelt in *Unfreiheit*. Und gerade wegen seiner inneren Unfreiheit ist der Mensch leicht manipulierbar. Man muss in ihm nur bestimmte Vorstellungen und Wünsche erwecken, sein Selbstgefühl anstacheln, und er wird zum Handlanger unsichtbarer Mächte. Darum eigenen sich Machtmenschen (z. B. Despoten und Tyrannen) vorzüglich dafür, die Rolle von Marionetten zu spielen, und sie werden in der Tat von der Höheren Führung häufig dazu gebraucht, ganzen Gruppen die Gelegenheit zu geben, negatives Karma abzutragen.

Wie groß die Abhängigkeit des Menschen von seiner Gemeinschaft bei diesem Entwicklungsstand noch ist, zeigt seine – oft an den Tag gelegte – Neigung, gerade das Gegenteil dessen zu tun, was von ihm verlangt wird. Etliche lehnen unbesehen vieles oder alles ab, was von den „Eltern" (auch im Sinne von Älteren) oder der „Gesellschaft" kommt. Sie geben sich nicht die geringste Mühe, zu prüfen, was von ihnen eigentlich verlangt wird und ob es ihnen, falls sie es akzeptieren, etwas Gutes bringen und in ihrer Situation helfen würde. Sie benehmen sich nicht anders als kleine Kinder im „Trotzalter".

Die blinde Opposition gegen die „Obrigkeit" bezeugt allerdings, wie wenig unabhängig sie von ihr sind. Denn: womit der Mensch ringt, das hält er erst recht fest. Im Grunde aber kämpft der Mensch nicht gegen eine äußere Autorität, sondern gegen seine *innere Instanz*, die ihm die Zwänge auferlegt: gegen sein *Ich*.

Der Kampf gegen das Ich

Der Mensch führt in dieser Phase den Kampf an zwei Fronten: Bewusst kämpft er gegen außen, unbewusst gegen sich selbst und damit gegen jene Instanz, die ihn von innen her beherrscht, also gegen sein Ich. Da er diese Instanz noch nicht identifizieren kann, projiziert er alles, wodurch er sich beengt fühlt, nach außen und trägt die erste Phase seines „Freiheitskampfes" mit jenen „Gegnern" aus, in welche er seine eigenen inneren Hemmungen und Schranken hinausverlegt hat.

Erst dann, wenn er innerlich reifer wird und erkennen kann, dass die „Feinde", die seine Freiheit beschränken, in ihm sind, wird er das Feld des Freiheitskampfes in seine Seele verlegen. Und manche, die in ihrer Jugend rebellisch waren oder sogar Aufstände gegen die „Gesellschaft" inszenierten, schütteln, wenn sie älter werden, über sich den Kopf und verstehen nicht mehr, was sie damals eigentlich wollten.

Wird der Mensch etwas reifer, so wird er kaum noch wegen äußerer Einschränkungen, sondern immer mehr unter seinen inneren Schranken: wegen seines egozentrischen Wesens und seiner ichsüchtigen Verhaltensweise leiden. Und er wird versuchen, das Joch seines Ich abzuschütteln.

Wendet er sich aber im Kampf um die Freiheit gegen sich, so bekommt er das Gewicht seiner Unfreiheit, mit der ihn sein Ich gefangen hält, so richtig zu spüren. Und je energischer er versucht, sich der Macht seines Ich zu erwehren, desto belastender empfindet er seine Ichgebundenheit. Wohin er blickt, grinst ihm die Fratze seines Ich entgegen, und erst jetzt entdeckt er, dass er sich im Netzwerk seines Ich vollständig verstrickt hat und immer noch gefangen ist.

Sein Gegner – und der ist jetzt sein früher mit so viel „Liebe" verhätscheltes Ich – erweist sich allerdings als hartnäckiger Kämpfer. Es gibt seine Herrschaft über den Menschen, die es über ihn während unzähliger Inkarnationen, ja Zyklen von Inkarnationen mühelos ausgeübt hat, nicht so leicht auf. Das Ich schmuggelt sich pausenlos in alle Gedanken und Vorstellungen, Vorhaben und Handlungen hinein und vergiftet bei jeder Gelegenheit das sich langsam läuternde Selbstgefühl des Menschen.

So stolpert der Mensch immer wieder über sein Ich. Obschon er sich vornimmt, selbstlos und uneigennützig zu sein, legt sich sein Ich, wo es nur kann, quer, und die besten Vorsätze nützen nichts.

Überdies fühlt sich sein Ich in der jeweiligen Inkarnation mit seiner Person nach wie vor eins, daher verfängt er sich unentwegt auch in der Identifikation mit seiner Person. Er muss entdecken, dass er immer noch – und beinahe überall und vor jedem – in eine bestimmte (und immer wieder andere) Rolle schlüpft und damit sowohl sich selber als auch den anderen immer etwas vormacht. Schließlich beginnt er darunter zu leiden, dass er nicht er selbst: nicht jenes Wesen ist, das er sein möchte.

Der Kampf scheint aussichtslos, denn auch beim Ringen mit dem Ich kreist alles nur um das Ich. Der Mensch will nicht mehr so sein, wie er ist; dabei beschäftigt er sich nur mit sich. Indem er betrübt ist, dass er so ist, wie er ist, denkt er nur an sich. Er will ja nicht mehr egoistisch sein. Er wendet sich „gegen“ sich, damit wendet er sich aber erst recht sich selbst zu. Er gönnt sich beispielsweise nichts, woran er früher Freude hatte, er hat dauernd die Empfindung, er sei nicht würdig, Liebesdienste von Menschen oder Gaben Gottes anzunehmen, und weist sie beharrlich (und schnöde) zurück. Dabei kann er sogar meinen, er sei wegen der Ablehnung der Liebeserweise „demütig“.

Nun, mit „Demut“ hat diese Haltung herzlich wenig zu tun. Denn die Tatsache, dass er selber bestimmt, was er akzeptieren und was er abschlagen muss, zeigt, dass er im Grunde nur sich selbst: seinen eigenen Willen und seine Macht, durchsetzen will. Er erliegt dabei dem herrischen Anspruch seines Ich, da er es immer noch als alleinige Autorität betrachtet, die allein zu entscheiden hat, was ihm zusteht und was er zurückzuweisen hat.

Der Kampf mit dem Ich um die innere Freiheit zieht sich über die ganze zweite Hälfte der äonischen Entwicklung hin. Er wird einmal stärker, flammt heftig auf, dann flaut er wieder ab, um der falsch verstandenen inneren Freiheit Platz zu machen. – Im Laufe dieses Kampfes muss der Mensch nämlich überhaupt erst entdecken, in welchen Bereichen er unfrei war und wo er es noch ist. Und weil er auf den unteren Entwicklungsstufen noch vieles für Freiheit gehalten hat, was in Wahrheit Unfreiheit ist, muss er sich vorerst durch das Labyrinth der vermeintlichen Freiheiten hindurchtasten und dabei die Paradoxie der Unfreiheit entdecken. Und diese zeigt sich überall, so auch bei der „freien“ Entscheidung.

DIE PARADOXIE DER UNFREIHEIT

Die *Paradoxie der Unfreiheit* zeigt sich stets auf dieselbe Weise: Der Mensch, der innerlich noch unfrei ist, jedoch glaubt, frei zu sein, pflegt seine Freiheit gerade mit jenem Verhalten zu „beweisen", das seine Unfreiheit offensichtlich macht. Er kann sich nicht entscheiden, er kann nicht zu einer Sache stehen, weil er innerlich unfrei ist. Er versucht jedoch seine Unfähigkeit zur Entscheidung oder zur klaren Stellungnahme gerade dadurch zu rechtfertigen, dass er sich auf seine „Freiheit" beruft.

Die freie Entscheidung

Ist der Mensch innerlich frei, so kann er sich entscheiden. Ist er aber innerlich noch unfrei, so zeigt sich dies in seiner Entscheidungsunfähigkeit.

Viele sehen dies allerdings anders. Sind sie unfähig, Entscheidungen zu fällen, so nehmen sie ihre Freiheit zum Vorwand. Steht eine Entscheidung bevor, so geben sie vor, sie könnten sich darum nicht entscheiden, weil sie sich dann festlegen und ihre Freiheit aufgeben müssten und somit unfrei würden. – Es trifft zu: Fällt jemand eine Entscheidung, so entschließt er sich, aus der Palette an Möglichkeiten eine einzige auszuwählen. Auf alle anderen hingegen muss er verzichten. Denn es ist sonnenklar: Bei jeder Entscheidung scheiden sämtliche anderen Möglichkeiten aus, wodurch die Freiheit stark eingeschränkt wird. – So lautet zum Beispiel das Argument vieler Menschen, die Jahre oder Jahrzehnte lang in einer Partnerschaft leben, ohne sich zum Heiraten entschließen zu können. Denn heiratet jemand, so wird seine Freiheit arg beschnitten: Er muss ja (oder müsste) auf alle anderen potentiellen Partner verzichten (zumindest in Ländern, wo nur Monogamie geduldet wird). – Das Argument trifft zu, allerdings ausschließlich auf der Ebene der reinen Theorie.

Freisein ist jedoch keine Angelegenheit der reinen Theorie oder des abstrakten Denkens. Damit ein Mensch innerlich wahrhaft frei sein kann, muss ihm die Freiheit nicht nur theoretisch gegeben sein, er muss sie im realen Leben auch verwirklichen können. Wahre Freiheit liegt erst dann vor, wenn sich der Mensch nach den irdischen Bedingungen richtet und die Grenzen seines Freiheitsraumes akzeptiert.

Eine Entscheidung muss realisierbar sein, damit sie zu einer Entscheidung im echten Sinne wird. Sie ist aber erst dann realisierbar, wenn der Mensch auf die naturgegebenen Beschränkungen seines Freiheitsraumes Rücksicht nimmt.

Die Freiheit zum Verzicht

Zur *echten Freiheit* gehört nämlich auch der *freiwillige Verzicht.* Erst dann, wenn der Mensch sich zu bescheiden weiß und sich durch freiwillige, sachgerechte Beschränkung seines Lebens auf die gegebenen Möglichkeiten in die Realität einordnet, erlangt er die *innere Freiheit.* – Leben, ohne sich auf die realen Bedingungen und Möglichkeiten einzuschränken, ist unmöglich. Ist der Mensch frei, so ist er auch dafür frei, dass er die Realität, in die er gestellt wird, nicht nur erduldet, sondern in jeder Situation auch berücksichtigt und somit akzeptiert, wie sie in Wahrheit ist. Sonst lebt er in der Illusion und ist Sklave unrealistischer Vorstellungen.

Ist der Mensch innerlich reif und somit seelisch tragfähig genug, um seine Realität – die innere wie die äußere – so wahrzunehmen und so anzunehmen, wie sie tatsächlich ist, so wird er auch sein Leben dieser Realität entsprechend einrichten und die *Verantwortung* dafür übernehmen.

Und dies ist der springende Punkt und der entscheidende Grund dafür, warum jemand keine Entscheidungen treffen will, unter dem Vorwand, dadurch seine Freiheit aufgeben zu müssen. Bei jeder Entscheidung muss der Mensch die Verantwortung für seine Wahl übernehmen. Entscheidet er sich zu heiraten, so bezeugt er, dass er bereit ist, *Verantwortung* sowohl für den Partner als auch für das gemeinsame Leben zu übernehmen. Meint jemand jedoch, durch eine Entscheidung – zum Beispiel zur Eheschließung – seine Freiheit zu beschränken und weigert er sich, seinen Partner (mit dem er vielleicht schon lange zusammenlebt) zu heiraten, so bezeugt er gerade das Gegenteil von innerer Freiheit: Er bezeugt, dass er für die Übernahme von Verantwortung innerlich noch nicht frei und also für die wahre Freiheit innerlich noch nicht reif ist.

FREIHEIT UND DIE REALITÄT

Ist der Mensch etwas reifer, ist sein Realitätssinn schon bis zu einem bestimmten Grade entfaltet, so wird er erkennen können, in welchem Maße die irdischen Bedingungen den Freiheitsbereich des Menschen – auf natürliche Weise – einschränken.

Die irdischen Bedingungen und die vermeintliche Unfreiheit

Die bloße – und alltägliche – Tatsache, Raum und Zeit ausgeliefert zu sein, für den Lebensunterhalt sorgen zu müssen und andere beinahe zahllose Bedingungen, die der Mensch erfüllen muss, um am Leben zu bleiben, beschneiden die Freiheit des Menschen von außen her weitgehend. Und für viele Menschen ist das Erdulden dieser Einschränkung leidvoll.

Der Mensch kann aber, falls er innerlich reifer geworden ist, unter der Beschränktheit seiner seelischen und geistigen Möglichkeiten noch mehr leiden. Er fühlt sich zum Beispiel in seiner Freiheit beschnitten, weil die Zeitspanne, die ihm in einer Inkarnation zur Verfügung steht, nicht ausreicht, um all seine Talente, Wünsche und Vorstellungen zu verwirklichen.

Die Zeitspanne eines Erdenlebens ist tatsächlich sehr kurz bemessen (selbst dann, wenn jemand das Greisenalter erreicht). Dennoch wird nur derjenige die Einengung seiner seelischen und geistigen Entfaltung schmerzlich empfinden, der *erstens* um die kontinuierliche Weiterführung des Lebens, also um die Tatsache der Reinkarnation nicht weiß (oder nicht bereit ist, sie zur Kenntnis zu nehmen); *zweitens* derjenige, der sich mit seiner Rolle, die er in einer Inkarnation als Person zu spielen hat, vollauf identifiziert und meint, außerhalb dieser Rolle keine anderen Möglichkeiten mehr haben zu wollen.

Die Identifikation mit der Person

Weiß jemand noch nicht, dass eine Inkarnation nur ein kleiner Ausschnitt aus seinem Gesamtleben ist und dass die Rolle, die er darin spielt, nur eine unter unzähligen ist, die er bereits gespielt hat und die er noch spielen wird, so kann ihn diese – vermeintliche – Einschränkung traurig stimmen. Er wird traurig, wenn er entdeckt, dass er noch viele andere Möglichkeiten und Fähigkeiten, Talente oder Wünsche hätte, die er in seinem gegenwärtigen Erdenleben nicht realisieren, nicht befriedigen kann.

Der Mensch entdeckt dabei im Grunde nur seine Unfreiheit seinen eigenen Möglichkeiten gegenüber. Er fühlt sich auf das gegenwärtig Vorhandene beschränkt, er glaubt, er müsse seine Anlagen hier und jetzt entfalten, sonst seien sie für immer verloren. Er will dann vielleicht zuviel auf einmal erreichen und gerade deswegen kann er nur wenig realisieren. („Wer zuviel greifen will, behält nur wenig in der Hand.“)

Die Identifikation mit der Person und also mit der Rolle ist bis zur Mitte der inneren Entwicklung naturgegeben, daher unvermeidlich und äußerst wichtig. Der Mensch kann sich noch gar nicht vorstellen, dass er wesentlich mehr ist und wesentlich mehr kann und weiß, als was er in seiner gegenwärtigen Inkarnation zu verwirklichen vermag. Erst auf den höheren Stufen kann er erkennen, dass die Person nur einen Teil von ihm selbst, von seinem Wesen, und nur einen Teil von seinem Ich repräsentiert.

Versteht sich der Mensch als das, was er in Wahrheit ist: ein Wesen, das unentwegt im Wachstum begriffen ist und dessen jeweilige Zustände *relativ* und nur Übergangsphasen sind, so wird er den anderen und tieferen Dimensionen seines Wesens ebenso wie seiner Zukunft gegenüber frei sein. Die Offenheit sich selbst und seiner Entwicklung gegenüber befreit ihn vom Gedanken, dass er Chancen verpassen, Unwiederbringliches versäumen oder Böses nie wieder gutmachen kann.

Die Relativierung seiner Gegenwart entlastet ihn vom Druck der Verpflichtung, alles heute schon aufs beste zu machen und möglichst vollkommen zu sein. Wenn er einsieht, dass alles, was er in einer Inkarnation tut, nur „Stückwerk“ ist und es gar nicht mehr sein kann als „Stückwerk“, so wird er innerlich frei. Er kann sich dann seinen gegenwärtigen Aufgaben widmen, ohne Angst zu haben, dass er andere Möglichkeiten fortlaufend versäumt. Er weiß dann, dass er alles, was er heute nicht verwirklichen kann, morgen: in einer der folgenden Inkarnationen, wird durchführen können.

DAS SCHLECHTE GEWISSEN

Hat ein Mensch aus ersichtlichen oder unersichtlichen Gründen ein *schlechtes Gewissen*, so wird er *unfrei*.

Das *schlechte Gewissen* macht den Menschen abhängig und versetzt ihn in Angst, es löst Depressionen und Phobien aus, es veranlasst ihn zu Verhaltensweisen, die sonderbar, sogar krankhaft erscheinen können (Psychose, Neurose), unterdrückt in ihm Empfindungen und Gefühle, engt ihn in seinem Denken und Handeln ein und versperrt ihm den Weg zu Gott.

Oft merkt der Mensch gar nicht, dass es sein schlechtes Gewissen ist, das ihm die Freiheit raubt. Er merkt vielleicht nicht einmal, dass er unfrei und von jemandem oder von etwas abhängig ist. Und wenn er es merkt, so wird er vielleicht seine Unfreiheit mit Hilfe rationaler Argumente hinwegerklären oder mit Emotionen zudecken und damit verdrängen.

Hat ein Mensch ein schlechtes Gewissen, so versucht er meistens, es sobald wie möglich zu beschwichtigen. Wie er das tut, hängt von seiner inneren Reife ab. Das Einfachste wäre natürlich, sich zu fragen, warum er ein schlechtes Gewissen hat. Auch die Antwort ist sehr einfach: Weil er sich (wie jeder von uns) verschuldet hat. – Ist der Mensch innerlich noch unreif, so wird er dies nicht wahrhaben wollen oder nicht erkennen können, vor allem dann nicht, wenn seine Schuld nicht offensichtlich ist. Dies ist immer dann der Fall, wenn die Verschuldung nicht im gegenwärtigen Erdenleben, sondern in früheren Inkarnationen stattgefunden hat.

Lässt er sich von seinem schlechten Gewissen leiten, so wird es ihn zunächst *ver*-leiten. Das schlechte Gewissen ist bekanntlich ein schlechter Ratgeber. Der Mensch, der nicht einmal erkennt, dass er vom schlechten Gewissen gedrängt handelt, und mit ihm noch nicht umgehen kann, macht im Bemühen, sein schlechtes Gewissen zum Schweigen zu bringen, die „Sache“ noch schlimmer, und er kann sich noch mehr verschulden.

Er wird zum Beispiel versuchen, die Schuld von sich zu weisen oder auf andere abzuwälzen. Er kann dann gleich bei der Wurzel, bei der Verschuldung, ansetzen und versuchen zu zeigen, dass er gar keine Schuld trägt. Er wird also versuchen, sich zu rechtfertigen und anderen, vor allem aber sich selber beweisen wollen, dass er mit seinen Behauptungen oder seinem Verhalten doch recht hat.

Ist sein Gewissen immer noch nicht beruhigt, so wird er aus der Defensive in die Offensive gehen (Angriff gilt bekanntlich als die beste Art der Verteidigung). Er beginnt also mit Schuldzuweisungen. Er beschuldigt den Menschen, dem gegenüber er sich verschuldet hat, sein Verhalten verschuldigt zu haben und damit der eigentliche Urheber der Schuld zu sein.

Der Ehemann zum Beispiel, der eine Geliebte hat, beschuldigt seine Frau, die von seinem Verhältnis nichts weiß, alles falsch zu machen und nörgelt die ganze Zeit an ihr herum. Er tut so, als ob dies der Grund sei, warum er sie betrügt oder gar betrügen „müsse", so dass er sich sogar „gezwungen" sieht, ihr gegenüber sexuelle Enthaltsamkeit zu üben (sich dafür aber mit einer Freundin zu vergnügen). Die Schuldzuweisung kann allerdings – nicht selten mit Hilfe der Populärpsychologie – auch bei den ahnungslosen Eltern landen: Sie sind doch schuld, dass „man" so und so ist und sogar zu einem Verbrecher werden konnte.

Das Ergebnis ist, dass der Mensch sich allen Personen gegenüber, denen er Schuld zuweist, immer unfreier fühlt. Und er wird entsprechend handeln.

Borgt sich jemand etwas aus, das er zurückzugeben vergisst (es muss sich nicht um eine große Geldsumme handeln, es kann auch ein Buch oder ein Gebrauchsgegenstand sein), und begegnet er dem Besitzer, so regt sich in ihm das schlechte Gewissen selbst dann, wenn dieser nicht einmal eine Anspielung auf das Geborgte macht.

Damit er aber nicht mehr an sein Versäumnis gemahnt wird, versucht er, die Person zu meiden oder sie „schlecht" zu machen. Er kann eine weitere Begegnung mit ihr vielleicht verhindern, doch er wird nicht vermeiden können, dass er an sie denkt. Dazu veranlasst ihn die Stimme seines Gewissen immer wieder. Und es kann sein, dass jedes Mal, wenn er an den „Urheber seiner Qualen" denken muss, immer wütender auf ihn wird. Er erleichtert dann sein Herz vielleicht dadurch, dass er jedem, der es hören oder auch nicht hören will, die bestehenden oder angedichteten Untugenden jener Person mitteilt.

Seine Versuche, den Lästigen (genauer: sein schlechtes Gewissen) loszuwerden, können auch härtere Formen annehmen. Wird er von seinem Gewissen allzu sehr geplagt und herrschen in seinem Herzen noch raue Sitten, so kann er sogar versucht sein, sein Gewissen dadurch zu beruhigen, dass er versucht, die Person, die ihn vielleicht durch ihre bloße Existenz an seine Verschuldung erinnert, nicht nur aus den Augen, sondern auch „aus der Welt zu schaffen".

Phobie

Versucht der Mensch der Konfrontation mit der eigenen Schuld auszuweichen, so erzeugt sein schlechtes Gewissen in ihm *Angst.*

Im Kern jeder Angst steckt die Befürchtung, Verschuldungen zur Kenntnis nehmen zu müssen. Der Mensch hat dann aber nicht nur Angst, erkennen zu müssen, wie lieblos, ja, wie böse er war, sondern er hat auch Angst, dass er das, was er anderen zugefügt hat, selber erleiden werde. Ist er in einer bestimmten Situation schuldig geworden, so erinnert ihn in seinem Alltag etwas Bestimmtes – wie ein „Mahnmal" – unbewusst an seine Schuld. Und die Begegnung mit dem „Mahnmal" löst in ihm jedes Mal Angst aus. Er aber glaubt, vor bestimmten Lebewesen, Gestalten, Gegenständen, Situationen oder Handlungen Angst zuhaben. In Wahrheit hat er Angst *vor der Konfrontation mit seiner Schuld.*

Er ist dem „Mahnmal" gegenüber unfrei. Und das „Mahnmal" ist für ihn dasjenige, was ihn an seine Verschuldung erinnert. Erzeugt sein schlechtes Gewissen beim Auftauchen des „Mahnmals" in ihm regelmäßig Angst, so kann die Angst zur *Phobie* ausarten. – Eine *Phobie* (gr. Angst, Furcht) verweist direkt oder indirekt (z. B. symbolisch) auf jenes Verhalten, durch welches der Mensch sich verschuldet hat.

Hat jemand Angst, wenn er sich in einer Menschenmenge befindet oder hat er Angst, vor vielen Zuhörern zu reden, so hat er einst Menschen – zum Beispiel die „Volksmenge" – aufgewiegelt und zum Bösen verführt. Fürchtet er sich, ein Verkehrsmittel zu benützen, so hat er viele eingesperrt und abtransportieren lassen. Hat er panische Angst vor dem Abgrund, so hat er andere in den Abgrund gestoßen. Und die Liste kann beliebig fortgesetzt werden.

Angst vor Tieren kann die direkte Misshandlung von Tieren anzeigen oder eine symbolische Bedeutung haben. Angst vor Schlangen verweist auf Missbrauch von Sexualität oder auf Intrigen, Lügen, Verschlagenheit. Angst vor Spinnen lässt auf die Umgarnung und das „Aussaugen" von Menschen oder ganzer Gruppen, auf Denunziationen, Bespitzelung, Organisieren eines „Geheimdienstes" schließen. – Man muss nur genau beobachten, was jenes Tier tut, vor dem jemand Angst hat, um zu erfahren, was der Grund seiner Angst ist. Und der Grund ist stets jenes Verhalten, welches das natürliche Verhalten des fraglichen Tieres ist und das auch der Mensch, der vor dem Tier Angst hat, auf der seelischen oder geistigen Ebene in derselben Weise an den Tag gelegt hat. – Weitere Beispiele: Mäuse dringen überall ein, knabbern alles an: Der Mensch, der vor Mäusen Angst hat, war (oder ist noch) indiskret, rücksichtslos, aufdringlich und störte oder zerstörte dadurch die Existenz anderer; Fliegen setzen sich auf Schmutz und Kot, tragen überall Bazillen herum: Der Mensch, der sich vor Fliegen fürchtet, vergiftete das Leben anderer durch üble Nachrede, Anschuldigungen, zettelte „Schmutzschlachten" an, verbreitete Indiskretionen und Unwahrheiten, machte sich des Rufmordes schuldig.

Angst oder Phobie beschneiden die Lebensmöglichkeiten des Menschen mitunter arg und machen ihn dadurch unfrei. Die besondere – und häufige – Erscheinungsweise der Angst: die *Depression,* macht ihn, falls sie überhand nimmt, lebensuntüchtig, freudlos, arbeitsunfähig und beraubt ihn schließlich jeglicher – inneren wie äußeren – Freiheit.

Der Mensch kann sich von der Angst, von der Phobie oder von Depressionen nur dann befreien, wenn er bereit ist, ihren Grund aufzudecken. Der Grund ist stets eine Verschuldung, meistens in früheren Inkarnationen.

Ist er jedoch noch nicht reif, kann er seine Verschuldungen noch nicht aufarbeiten, ist er noch nicht bereit, sich als Täter statt nur als Opfer zu sehen, so wird er versuchen, sein schlechtes Gewissen irgendwie zu beschwichtigen. Und selbst dann, wenn er noch nicht weiß, dass sein schlechtes Gewissen ihn zu bestimmten Verhaltensweisen nötigt, kann er schon versuchen, seine – noch unerkannte – Schuld durch Wiedergutmachung abzutragen.

DER DRANG ZUR WIEDERGUTMACHUNG UND DIE UNFREIHEIT

Hat jemand einer Person gegenüber ein schlechtes Gewissen und ist er doch schon so reif, dass er sein Gewissen weder durch billige Rechtfertigungen noch durch Schuldzuweisung beschwichtigt, so kann er dieser Person gegenüber in Abhängigkeit geraten.

Die Abhängigkeit

Das *Schuldgefühl*, das er dieser Person wegen hat, macht ihn ihr gegenüber *unfrei*. Er wird von der Person abhängig. Seine Abhängigkeit kann sich in einer ständigen Bereitschaft bekunden, sich der Person in allem zur Verfügung zu stellen und selbst wider besseres Wissen und „Gewissen“ das zu tun, was diese verlangt. Eine derartige Abhängigkeit kann zur vollständigen Hörigkeit ausarten. Ebenso bindet ehemalige Komplizenschaft einen Menschen an frühere Komplizen und macht ihn diesen gegenüber unfrei.

Wissen muss er allerdings nicht, dass er sich einer Person gegenüber irgendeinmal verschuldet hat, er muss nicht einmal – in seinem Wachbewusstsein – feststellen können, dass er ein schlechtes Gewissen hat. Es kann in ihm völlig unbewusst wirken und ihn zur Wiedergutmachung jener – noch unbewussten – Verschuldung veranlassen, die ihn an die Person bindet.

Merkt jemand, dass er einer Person gegenüber in Abhängigkeit geraten ist, so wird er vielleicht versuchen, seine Bindung an die Person mit rationalen Argumenten zu erklären, zum Beispiel: „Man kann doch die Eltern nicht im Stich lassen“ – obwohl sie noch rüstig und gut versorgt sind. – Das Gefühl, jemandem zutiefst verpflichtet zu sein, kann weittragende Folgen haben. Die Unfreiheit kann so weit gehen, dass man auf ein eigenes Leben verzichtet. Manche Söhne und Töchter heiraten zum Beispiel nicht oder lösen ihre Ehe auf, um ihren Eltern bis ins hohe Alter beizustehen. – Die „Wiedergutmachung“, die auf Kosten der eigenen Lebensführung und oft auch auf Kosten der inneren Entwicklung geleistet wird, kann mehr schaden als nützen. Denn auch die Eltern, die eine zu weitgehende Abhängigkeit zulassen oder ihr Kind mit allen Mitteln an sich binden, verschuldigen sich ihm gegenüber von neuem.

Die Kompensation

Auch Eltern können ihren Kindern gegenüber ein schlechtes Gewissen haben, meistens aus dem nämlichen Grunde: weil sie sich jener Person gegenüber verschuldigt haben, die heute ihr Kind ist. Das schlechte Gewissen kann sich bei den Eltern oder einem Elternteil bereits bei der Geburt des Kindes melden (z. B. als „Geburtsschock" der Mutter, der dann beispielsweise medizinisch „erklärt" wird). Häufig allerdings sind sich die Eltern nicht bewusst, dass sie dem Kind gegenüber ein schlechtes Gewissen haben, manche glauben bloß, sie könnten ihm nicht genug Liebe bieten.

Sind sie effektiv liebesunfähig, wenn auch nur in dem Sinne, dass sie nicht wissen, was die wahre: die *kluge* Liebe von ihnen verlangt, so können sie dazu neigen, ihr Manko überzukompensieren. Sie verwöhnen das Kind, anstatt es – wie es sein müsste – nach Kriterien der echten Liebe zu erziehen. Auch für die sinnvolle Erziehung von Kindern und Jugendlichen müssen die Erzieher innerlich frei sein.

Eine Überkompensation an „Liebe" ist oft das Los auch jener Kinder, die von ihren Eltern fortlaufend vernachlässigt werden, weil zum Beispiel beide Eltern dem Broterwerb nachgehen, – selbst dann, wenn dies nicht unbedingt nötig wäre. (Die Frau will z. B. wegen der Kinder ihre berufliche Aktivität nicht aufgeben oder das Ehepaar will das Geld für ein Eigenheim zusammenbringen). – Es kann auch sein, dass sie sich mit ihren Kindern zu wenig beschäftigen, weil ihre Interessen anderswo (z. B. im Gesellschaftsleben) liegen. Es ist allgemein bekannt, dass viele Kinder, um die sich die Eltern nicht genügend oder gar nicht kümmern, alles tun dürfen, was ihnen in den Sinn kommt. Viele Eltern – und zwar nicht nur begüterte – versuchen ihr schlechtes Gewissen dadurch zu beschwichtigen, dass sie den vernachlässigten Kindern unverhältnismäßig hohes Taschengeld geben. – Mit solchen Maßnahmen wollen sie zugleich – natürlich völlig unbewusst – die in der Vergangenheit begangene Schuld wiedergutmachen.

Das schlechte Gewissen schränkt die Freiheit im Verhalten und im Handeln, aber auch im klaren Denken ein und unterdrückt den

Realitätssinn. Jemand, der ein schlechtes Gewissen hat, kann sich nicht mehr so verhalten und das tun, was er tun sollte, selbst dann nicht, wenn er weiß, wie er sich verhalten müsste. Und er ist nicht fähig, eine Situation klar zu erfassen. Das schlechte Gewissen verstellt die Optik des Menschen.

Lässt sich jemand von seinem schlechten Gewissen beraten, so wird sein Bemühen um Wiedergutmachung kaum das erreichen, was er beabsichtigt. Sein blinder Eifer kann ihm und anderen sogar schaden und ihn selber in neue Abhängigkeiten bringen. Viele merken dann nicht, dass sie den anderen sich versündigen lassen, wenn sie dessen Übergriffe erdulden oder gegen sein Verhalten, das offensichtlich zur Verschuldung führt, nicht auftreten. Sie schaden damit dem anderen, aber auch sich selber, indem sie eine „Unterlassungssünde" begehen und im übrigen diesem gegenüber in noch stärkere Abhängigkeit geraten.

Die Selbstbestrafung

Wirkt im Menschen das Schuldgefühl noch unbewusst, ist in ihm überdies die Neigung noch lebendig, zu verurteilen und zu bestrafen, so kann er auf sein Schuldgefühl damit reagieren, dass er nun sich selber *bestraft*. Er tut es ebenso unbewusst, wie in ihm das schlechte Gewissen wirkt.

Je nach dem, welche Art von Schuld er sich einst aufgeladen hat, fällt seine unbewusste Selbstbestrafung aus. Er gönnt sich zum Beispiel keine Freude an Lebensgenüssen, keine Freude an der Sexualität, wird vielleicht sogar impotent bzw. frigid oder verbietet sich, jenen Beruf auszuüben, jene Tätigkeiten zu ergreifen, die er am liebsten ausüben würde. Oder er zwingt sich, an einer Arbeitsstelle (vielleicht während Jahrzehnten) auszuharren, derer er längst überdrüssig geworden ist und die er längst hätte wechseln können. – Durch die unbewusste Selbstbestrafung kann er sogar sein ganzes Leben ruinieren und indirekt oder direkt Selbstmord begehen. So zerstören Alkoholiker oder Drogensüchtige ihr ganzes Leben, wie auch jene, die von der Stimme ihres schlechten Gewissens in die Psychose flüchten oder sich in depressivem Zustand umbringen.

Der Mensch fesselt sich und kerkert sich ein, um zu leiden, und hofft insgeheim, sich durch das Leiden von seinen Schuldgefühlen befreien zu können. Durch die Selbstbestrafung löst er aber nur eine Art von Unfreiheit durch eine andere ab. Er macht sich unfrei, indem er sich selbst daran hindert, sein Leben so zu leben, wie er es in Freiheit tun könnte, um sich von den Fesseln, die sein schlechtes Gewissen ihm angelegt hat, zu befreien.

Der Weg zur Befreiung

Der Weg der effektiven Befreiung vom schlechten Gewissen verläuft selbstverständlich in eine andere Richtung. Die Voraussetzung ist stets, dass dem Menschen die wahren Gründe seines Schuldgefühls bewusst werden. Die Gründe bleiben solange im Dunklen, bis er innerlich reif genug ist, um in die Phase der inneren Reinigung und somit in die Phase der Konfrontationen mit seiner Vergangenheit und dabei mit seinen früheren Verschuldungen zu treten. Erst dann kann er die wahren Gründe seines – oft permanent wirkenden – schlechten Gewissens (z. B. mit Hilfe von Träumen und Rückführungen) aufdecken. – Der erste Schritt auf dem Weg der Befreiung besteht darin, dass er zur Kenntnis nimmt, womit er sich verschuldet hat, sodann – mit dem zweiten Schritt – versucht, das verursachte Leiden nachzufühlen und die Verschuldungen zu bereuen. Im nächsten Schritt muss er die Frage des Urteils und der Bestrafung den Himmlischen Mächten, letztlich Gott überlassen.

Gott allerdings straft nie. Im Gegenteil: er hilft dem Menschen, seine Schuld auf jene Weise wieder gutzumachen, die sowohl für Mitmenschen und Mitseelen als auch für ihn selber im wahren Sinne vorteilhaft ist. – Ist der Mensch innerlich reif genug, so wird er auch erkennen können, dass alle seine Verschuldungen geschehen *mussten*. Er wird einsehen, dass „Fehler" machen, das Böse tun, sich verschulden in der äonischen Entwicklung aus dem Grunde unvermeidlich sind, weil sie grundlegende Erfahrungen mit sich bringen und somit den Lernprozess der menschlichen Seele überhaupt erst ermöglichen. Und er wird auch wissen, dass ohne Gottes Willen nichts auf der Erde geschehen kann, auch das Böse nicht.

Die seelische Reinigung und die damit verbundene Auseinandersetzung mit der Vergangenheit dienen dazu, den Menschen völlig *frei* zu machen. Jeder Schritt in der Erkenntnis der Verschuldungen ist zugleich ein Schritt zur *Befreiung der Seele.* Jeder, der sich dem Prozess der Reinigung aussetzt, fühlt sich innerlich zunehmend befreit und erfährt, was es im wahren Sinne heißt: *frei* zu sein.

DRITTE ETAPPE:

DIE WAHRE FREIHEIT

Frei ist der Mensch ausschließlich dann, wenn er *innerlich frei* ist. – Physisch gefesselt, im Kerker eingesperrt, im Lager hinter elektrisch geladenem Stacheldraht gefangen gehalten, kann er dennoch frei sein, wenn er innerlich frei ist. Und dass dies möglich ist, wird in Zeugnissen und Aufzeichnungen von Gefangenen bezeugt (von JOHANNES VOM KREUZ, BENVENUTO CELLINI, DIETRICH BONHOEFFER u. a.).

Unfrei ist der Mensch hingegen, wenn er sich innerlich verschließt oder noch verschlossen ist. Erst dann, wenn er beginnt, sich zu öffnen, kann er auch im wahren Sinne frei werden.

Frei ist der Mensch dann, wenn er *offen* ist. *Frei sein* bedeutet nicht nur, frei *von* etwas, sondern – und in erster Linie – frei *für* etwas zu sein. Der Mensch, der offen ist und daher für die Mitmenschen und Mitseelen frei sein kann, frei vor allem für Gott, der ist frei von allem, was den Menschen unfrei machen kann. – *Frei sein* bedeutet: offen für die Wahrheit und damit offen für die innere und die äußere Realität zu sein.

Frei wird der Mensch erst dann, wenn er fähig wird, vorbehaltlos zu sich zu stehen, sich selbst so zu akzeptieren, wie er ist, und damit seine Stellung und seine Aufgabe, die ihm Gott von Anfang an zugewiesen hat, anzunehmen.

Die *vollständige Freiheit* erlangt der Mensch, wenn er für die innere Freiheit bedingungslos *offen* geworden ist.

Das Wesen der wahren Freiheit

Frei ist der Mensch nicht dann, wenn er von jedem und von allem unabhängig ist. Er ist dann frei, wenn er auf seine äußere Freiheit verzichtet, um seiner *inneren Freiheit* Raum zu geben.

Der Mensch beginnt dann im wahren Sinne frei zu werden, wenn seine äußere Freiheit allmählich in die innere überführt wird.

Jede Entscheidung bringt eine Einschränkung der äußeren Freiheit mit sich. Doch gerade durch die Einschränkung der äußeren Freiheit vollzieht der Mensch einen Schritt, der ihn an die höhere: an die *innere* Freiheit näher bringt. Mit jeder Entscheidung, bei der er zugunsten eines Höheren auf seine äußere Freiheit verzichtet, vollzieht er einen Schritt in der Annäherung in Richtung der wahren Freiheit. Und er wird wieder etwas freier, das zu tun, was für ihn jeweils richtig ist.

Ob nun die Angelegenheit, in der er die Entscheidung fällt, bedeutsam oder geringfügig ist, ist ohne Belang. Denn jede freie – vom Ich ungetrübte – Entscheidung führt letztlich zur Verwirklichung der Absichten Gottes. Mit der Entscheidung gibt sich der Mensch die Möglichkeit, einen für ihn fällig gewordenen Entwicklungsschritt zu vollziehen. Er zeigt damit, dass er in seiner inneren Entwicklung für die Realisierung eines Höheren frei geworden ist.

Frei ist er, wenn er die – innere wie äußere – Realität erkennen und sich nach seinen dadurch gewonnenen Einsichten richten kann.

Sowohl die innere als auch die äußere Realität wurzelt in der Kosmischen Ordnung. Und diese ist ein Werk Gottes.

Richtet sich der Mensch nach der Kosmischen Ordnung, so richtet er sich letztlich nach dem *Willen Gottes.* Damit er dies tun kann, muss er innerlich frei werden. Denn solange er innerlich noch unfrei ist, richtet er sich nicht oder nur zeitweise nach dem Göttlichen. – Der äußere Mensch richtet sich in erster Linie danach, was seine innere Freiheit im Grunde beschneidet: nach seinen Vorstellungen und Ideen, nach der Gemeinschaft und vor allem nach seinem Ich.

Aber auch der innere Mensch muss frei werden. Er muss lernen, dass die Kosmische Ordnung nicht allein in der ausgleichenden Gerechtigkeit besteht. Er muss frei sein vom Gedanken, dass das Karma-Gesetz aus einem mechanisch wirkenden Zwang besteht, und er muss lernen, die Göttlichen Gesetze sinnvoll anzuwenden.

Auch der innere Mensch muss wissen, was „Freiheit" vor Gott überhaupt bedeutet. Und das kann er erst dann wissen, wenn er erfahren hat, wie Gott mit seinen eigenen Gesetzen umgeht.

Gottes und des Menschen Wille

Je mehr Raum der innere Mensch der Wirkung des Göttlichen, dessen Hüter und Verwalter er ist, in sich geben und je mehr Raum er dafür im äußeren Menschen verschaffen kann, umso freier wird er für das Göttliche und umso weitergehend kann er seinen Willen dem Göttlichen Willen angleichen.

In dem Maße, wie der innere Mensch seinen Willen dem Göttlichen Willen angleicht, wird der äußere Mensch von der Herrschaft des Ich befreit. Je freier der äußere Mensch von der Herrschaft seines Ich wird, umso enger kann sich der innere Mensch mit ihm vereinigen. Aus dem Ich wird allmählich ein *Wir*, und zwar sowohl in dem Sinne, dass der Mensch die *Solidarität mit allen Seelen* immer deutlicher erlebt, als auch darin, dass der äußere und der innere Mensch eins werden, indem sie ein eng zusammengehörendes *Wir* bilden.

Der Mensch wird dadurch zu einem *integralen*, das heißt ganzheitlichen Menschen, dessen Lenkung nun in die Hände des inneren Menschen zu liegen kommt. Dieser übernimmt die Rolle der Höheren Führung und wird selber zum *Höheren Selbst.*

Je weitergehend der Mensch sich selbst: sein Ich aufgibt, um sich von dem inneren Menschen: seinem Höheren Selbst, leiten zu lassen, desto freier wird er Gott gegenüber. Er kann Gottes Willen immer deutlicher erkennen und immer konkreter verwirklichen. Schließlich wird sein Wille nur aus der einzigen Quelle allen Wollens: aus Gottes Wille schöpfen, und die Quelle des eigenen Willens, die im Ich liegt, versiegt allmählich.

Erreicht der Mensch die höchste Entwicklungsstufe und ist er innerlich so reif, dass er sich dem Willen Gottes vollkommen unterordnen kann, so hat seine innere Freiheit ihren – in der äonischen Entwicklung möglichen – Höchststand erreicht. Alles, was er aufgrund seiner inneren Freiheit unternimmt, steht dann im Einklang mit Gottes Freiheit, die ja absolut ist.

Darin besteht der tiefere Sinn in der *Paradoxie der Freiheit*: Gerade dann, wenn der Mensch seinen eigenen Willen restlos aufgibt, indem er ihn Gottes Willen angleicht und diesen sich zu eigen macht, wird er im tiefsten Sinne *frei.*

Als JESUS seine vollständige Selbstentäußerung am Kreuz zur Vollendung brachte und sich ganz aufgab, hat er sich mit Gott vollständig vereinigen können: Er erlangte die absolute: die *Göttliche Freiheit.*

Wird der Mensch im wahren Sinne frei, so wird er auch fähig, den tiefsten Wesenszug Gottes zu erkennen. Er wird erkennen, dass Gott nicht Herrscher, sondern *Diener* der Menschen und *Diener* aller Seelen ist. Aus *Liebe* zu den Menschen und aus *Liebe* zu allen Seelen setzt er seinen *freien Willen* vorbehaltlos ein, um ihnen zu *dienen.* – Tut der Mensch dasselbe, setzt auch er seinen *freien Willen* vorbehaltlos ein, um Gott zu dienen, so ermöglicht er Gott, seinen Geschöpfen durch ihn zu dienen. – Ist der Mensch ein vollkommen willfähriges Werkzeug Gottes geworden, dient er Mitmenschen und Mitseelen, damit Gott seinen Willen durch ihn verwirklichen kann, so hat er die *vollkommene Freiheit* erlangt.

Und wie Gott seinen *absolut freien Willen* ausschließlich aus *Liebe* einsetzt, wird auch für ihn das einzige Motiv, aus welchem er seinen freien Willen einsetzen wird, die *Liebe* sein.

(Zur Freiheit vgl. auch: *Das Vaterunser,* 1. Aufl. S. 94–107, Neuaufl. S. 95–108; *Die Welt der Reinkarnationslehre,* S. 140–143 u. 257–260)

Kapitel 32

DIE LIEBE

Liebe ist das Band, das alle Wesenheiten miteinander und mit Gott verbindet. Sie ist das alles tragende Element im Universum: die grundlegende Erscheinungsform der *Urschwingung*. – Kann sich eine Seele der Urschwingung öffnen und sie erleben, so erlebt sie diese immer auch als *Liebe*.

Liebe ist im strengen Sinne kein bloßes Gefühl, obwohl sie meistens dafür gehalten und als Gefühl erlebt wird. – *Liebe* ist dann wahrhaftig Liebe, wenn sie nicht Gefühl bleibt, sondern zur Tat führt und zur tätigen Liebe wird.

Die Wurzeln der Liebe reichen tief in die Seele hinab. In jeder Seele liegt das Wissen um die *Zusammengehörigkeit aller Seelen*. Die Seelen wissen aber nicht nur um ihre Zusammengehörigkeit, sondern sie fühlen sich – zumindest in dieser Seelentiefe – miteinander auch *solidarisch*.

Da diese Tiefenschicht: die siebente Seelenschicht, dem Menschen lange nicht zugänglich ist, die *Solidarität* hingegen als unbewusste Triebkraft schon auf der vormenschlichen Stufe wirkt, ist Liebe auch da schon vorhanden, nur ist sie als solche nicht immer erkennbar.

Das Wesen der *Liebe* ist jedoch in all ihren Erscheinungsformen dasselbe. Sie ist eine Äußerungsform der *Anziehung unter Seelen*, letztlich die Manifestation des *Göttlichen* in der Seele, das sich schon auf der *vor*menschlichen Stufe bemerkbar macht.

Das *Göttliche* bildet den Kern *jeder* Seele. So ist auch die Liebe in jeder Seele enthalten. Jede Wesenheit wird von Liebe, und zwar von der einzigen Liebe, die es gibt: von der *Liebe Gottes* getragen.

Damit allerdings eine Wesenheit diese tragende Kraft als „Liebe" empfinden und erleben kann, muss sie selber *liebesfähig* geworden sein.

Von sich aus wird keine Seele liebesfähig. Zur Liebe muss sie angehalten und erzogen werden, und sie muss sich in die Liebe einüben. Daher muss sie in ihrer inneren Entwicklung durch sämtliche Erscheinungsformen der Liebe gehen.

VORFORMEN DER LIEBE

Liebe existiert zwar aus dem Grunde, damit sie alle Seelen miteinander und mit Gott verbindet. Aber es gibt sie auch aus einem anderen Grunde: Sie soll die Wesenheiten antreiben, damit sie sich einander zuwenden, einander beistehen und helfen. Denn – wie gesagt – Liebe soll nicht nur empfunden werden, Liebe soll auch tätig gelebt werden. Liebe ist immer auch ein *Tun.*

Damit das „Tun", das die Liebe fordert, auch getan wird, muss sie in der Seele wirken können. Dies geschieht in der Tat, sie wirkt in allen Seelen, so auch in den Lebewesen, allerdings in versteckter Form.

Sie wirkt schon in den *Trieben.* Und damit die Triebe so eingesetzt werden, wie dies die Liebe verlangt, wird ihr Einsatz von *Instinkten* geleitet.

Es sind dies jene Instinkte, welche die „zwischenseelische" Beziehung unter Lebewesen und unter Menschen regeln. Sie veranlassen Lebewesen und Mensch zur selben Haltung, zu welcher der Mensch auf höheren Stufen von der echten Liebe motiviert wird.

Die *Vorformen der Liebe* werden vom Tier höherer Art und dem Menschen, der sich in der ersten Hälfte seiner inneren Entwicklung befindet, auf *ähnliche* Weise gelebt. – Der Mensch muss auf den drei unteren Entwicklungsstufen die drei unteren Seelenschichten, welche bereits im Laufe der Evolution der Lebewesen herangebildet wurden, erarbeiten und dann aufarbeiten. Dabei treten die verschiedenen Vorformen der Liebe abwechselnd in den Vordergrund, so dass auch der Mensch zeitweise noch vom Instinkt gelenkt wird, selbst dann, wenn er zwischendurch eine Weile schon nach den Gesetzen der Solidarität, ja sogar der echten Liebe lebte. Es besteht also eine augenfällige Ähnlichkeit im „Liebestun" von Tier und Menschen – auch im Wandel seiner Erscheinungsformen. Denn auch der Mensch „rutscht" immer wieder in Vorformen der Liebe zurück, selbst wenn er schon glaubt, „richtig" zu lieben. Solche „Rückfälle" werden natürlich von der ständigen Fortbewegung der Drehbühne der Seele verursacht, und sie müssen geschehen, damit die nötigen Erfahrungen gemacht werden.

Nun gewinnt in der Seele bei Tier und Mensch im Laufe ihrer sehr langen Entwicklung immer wieder die Liebe die Oberhand, wenn auch in einer vorläufigen Form. Sie kann das Verhalten von Lebewesen und Menschen in bestimmten Situationen, aber auch während ganzer Inkarnationen leiten.

Daher kann sich schon im Tier Liebe auf eine „echte" Weise regen. Und dies hängt nicht nur von der Arthöhe des betreffendes Tieres ab, sondern ist auch individuell bedingt: Manche Seelen sind für Liebe empfänglicher als andere.

Die Liebe tritt zunächst als Empfinden der *Zusammengehörigkeit* mit Mitgliedern der Seelenfamilie, später als Gefühl der *Solidarität* in Erscheinung, besonders bei jenen Lebewesen, die in Gruppen leben.

Liebe können natürlich auch Tiere zeigen, die „Einzelgänger" sind, also nicht in Gruppen leben. Beispielsweise sind bei Vögeln und Säugetieren deutliche Gesten der Liebe zu beobachten, auch außerhalb von Paarungszeit und Brutpflege.

Die Grundlage dieser Vorformen der Liebe ist die *Identifikation* mit den anderen, etwas später die *Besitznahme*. – Die Liebe bleibt noch lange *ausschließend*, bis der Mensch in der zweiten Hälfte seiner inneren Entwicklung ein höheres Liebesniveau erreicht und zur *echten Liebe* fähig wird.

DIE SOLIDARITÄT

Jede Wesenheit auf der Erde ist ein Gemeinschaftswesen, jede kann nur in der Gemeinschaft existieren. Und die gemeinsame Existenz setzt unter den Mitgliedern *Solidarität* voraus.

Das Empfinden der Zusammengehörigkeit und die Solidarität

Das Empfinden der *Zusammengehörigkeit* gründet in der Tatsache, dass die Seelen einer Gruppe zu Urzeiten, genauer: im ersten Stadium der Schöpfung, eine einzige einheitliche Seele gebildet haben und alle aus derselben Gruppenseele hervorgegangen sind. Nun wurde die Gruppenseele damals schon, als die Seelen noch nicht als Einzelseelen existierten, durch jene Liebe zusammengehalten, welche – als „Urschwingung“ – ihre Entstehung aus Gott ermöglichte. In der Gruppenseele lebt diese Liebeskraft auch dann noch weiter, wenn sich aus ihr die Einzelseelen herausindividualisiert haben, und bewirkt in den Einzelnen, dass sie sich untereinander und mit der ganzen Gruppe *solidarisch* fühlen.

Solidarität ist mehr als das bloße Empfinden der *Zusammengehörigkeit.* Sie setzt zwar das Empfinden der Zusammengehörigkeit voraus, verbindet jedoch die Seelen in einer tieferen Schicht miteinander.

Das Empfinden der *Zusammengehörigkeit* wirkt auf der praktischen: auf der irdischen Ebene. Es gründet auf dem Eingebundensein in eine Seelengruppe, letztlich in die eigene Seelenfamilie, von welcher her auf den unteren Entwicklungsstufen das Gefühlsleben und das Bewusstsein der Zugehörigen gesteuert wird. Die Grundlage des Empfindens der Zusammengehörigkeit ist also die *Abhängigkeit* von der Seelengruppe.

Die Wurzel der *Solidarität* reicht hingegen tiefer. Das Lebewesen quittiert die Tatsache, dass es in seine Seelenfamilie eingebunden ist, ohne die es nicht existieren könnte, dadurch, dass es sich mit den Seelenverwandten *solidarisch* fühlt und seine Solidarität auch unter Beweis stellt. Solidarität zeigt sich also dann schon als eine Erscheinungsform des Gefühls, wenn die Seele: das Lebewesen oder der Mensch auf den unteren Entwicklungsstufen, noch überhaupt nicht gefühlsfähig ist.

Die Solidarität wirkt auf der vormenschlichen Stufe und beim Menschen auf den unteren Entwicklungsstufen – natürlich – noch *unbewusst.* Sie hält die Beziehung der Mitglieder einer irdischen Familie sowie der Seelenfamilie und der Seelensippe aufrecht und veranlasst sie, dafür zu sorgen, dass der *Arterhaltungstrieb* sein Ziel erreicht. – Das Ziel des Arterhaltungstriebes ist es, möglichst vielen Seelen – vorwiegend aus der eigenen Seelenfamilie – Gelegenheit zu bieten, sich auf der Erde zu inkarnieren, damit sie ihre Entwicklung fortsetzen können.

Die Liebe treibt in ihren anfänglichen Erscheinungsformen Lebewesen und Menschen somit immer auch dazu, für Nachkommen zu sorgen, sodann – durch Brut- bzw. Kinderpflege – für die Nachkommen zu sorgen.

Instinkt und Solidarität

Nun ist aber die Seele zur echten Liebe erst auf der menschlichen Stufe ihrer Entwicklung – und auch da erst in der zweiten Hälfte der äonischen Entwicklung – im wahren Sinne fähig. Die Solidarität unter Mitgliedern der Seelenfamilie wie den Nachkommen gegenüber muss aber wirken können, sonst ist die irdische Existenz der Seelegruppe gefährdet.

Damit jenes „Tun", das der Mensch auf den höheren Stufen seiner inneren Entwicklung aus Liebe vollbringt, auch vorher schon, also bereits auf der *vor*menschlichen Stufe, gewährleistet werden kann, übernimmt der *Instinkt* die Rolle der Liebe.

Der Instinkt ersetzt jedoch die *Solidarität* nicht. Die Solidarität ist eine „Urhaltung" der Seele, die – wie oben ausgeführt – darin gründet, dass sich jede Seele aus einer bestimmten Gruppe herausindividualisiert, zu welcher sie immer schon in einer engen Beziehung gestanden ist und welche sie daher zutiefst – für immer – verbindet.

Deshalb regt sich im Lebewesen oder im Menschen von Zeit zu Zeit nicht bloß der Instinkt, sondern auch das *Gefühl der Solidarität.* Erstarkt in ihnen das Gefühl der Solidarität, so werden sie in solchen Phasen zum „Liebestun" von der Solidarität motiviert. – Der (noch verborgene) Kern der Solidarität ist aber die Liebe. So löst die Liebe im Bereich „zwischenseelischer" Beziehungen in ihrer Form als Solidarität den Instinkt allmählich ab.

Droht die Solidarität in einer Seele zu erlahmen, so greift der Instinkt ein, um Schaden zu verhüten (z. B. Hemmung, den besiegten Rivalen zu töten). Der Instinkt kann auch den Arterhaltungstrieb aktivieren und nicht nur Tiere, sondern auch Menschen zur Zeugung und Pflege von Nachkommen selbst dann veranlassen, wenn sie „keine Lust" haben, Kinder zu bekommen. – Die Solidarität erlahmt meistens dann, wenn das Lebwesen oder der Mensch zu stark mit der Individualisierung, dabei mit seiner Selbstbehauptung und Abgrenzung anderen, speziell Familienmitgliedern gegenüber, beschäftigt ist.

Nimmt unter Triebdruck der Drang zur Selbstbehauptung zu, büßt gleichzeitig der Instinktzwang an Wirkungskraft ein, so handelt das Lebewesen, aber auch der Mensch, falls er noch zu keiner echten Liebe fähig ist, gegen die Gesetze der Solidarität. Das Tier durchbricht zum Beispiel die Hemmungsschranke und tötet seinen Rivalen, obwohl dieser Demutshaltung eingenommen und damit angezeigt hat, dass er sich ergibt; der Mensch lässt beispielsweise das gezeugte Kind abtreiben.

Überlagerung der Solidarität

Erlahmt auch jeweils die Solidarität, so „stirbt" sie doch nie. Auch die Liebe bleibt in der Seele stets erhalten, nur tritt sie nicht immer als „Liebe" in Erscheinung. Sie bleibt während langer Strecken der inneren Entwicklung verhüllt.

Ein wichtiger Grund dafür, dass sich die Liebe nicht als solche zeigt, ist der Umstand, dass die Beziehung unter jenen Seelen, die sich lieben, vielen Belastungen ausgesetzt ist. Mitunter verschwindet ihre Liebe zueinander sogar vollständig. Dennoch erlischt sie im Menschen nie ganz. Schließlich kann auch das böse Verhalten, bei dem man sich gegenseitig leidvollen Erfahrungen aussetzt, zum „Liebesdienst" gehören. Solche Erfahrungen ermöglichen es dem Menschen, innerlich zu wachsen und Fortschritte in seiner inneren Entwicklung zu machen.

Jeder hat im Laufe seiner inneren Entwicklung meistens mit jenen zu tun, die zu ihm, also zu seiner Seelenfamilie oder -sippe, gehören. Sie sind es, mit denen er sich in allen Belangen und allen Bereichen des irdischen Lebens übt und balgt, um sich zu verwirklichen und zu entfalten. Und sie sind es, mit denen er rivalisiert, gegen die er seine Streiche ausführt, um im Kampf stärker zu werden, sich zu behaupten und dadurch sich zu individualisieren. – Die größten

„Feinde“ auf dem langen Weg der inneren Entwicklung sind meistens Brüder oder Schwestern, die in der Tiefe ihrer Seele miteinander in echter Liebe verbunden sind.

Freilich, wer Schuld auf sich lädt, indem er einem anderen Böses antut, ist so oder so an ihn gebunden. Doch auch dann ist der wahre Grund der Verbundenheit von Seelenverwandten die echte Liebe. – Nur wissen die, die sich bekämpfen, nicht immer, dass sie zueinander gehören. Und da ihre „Liebe“, die sie in friedlichen Zeiten füreinander empfinden, noch nicht echt ist, kann sie, falls sie wieder einmal die Klingen kreuzen, auch in Hass umschlagen. Dennoch können sie – bei allem gegenseitigen Hass – einander zugleich auch lieben, nur ist ihre Liebe in ihrer Seele so arg verschüttet, dass sie nichts davon merken.

Früher oder später wird dem Menschen dann doch klar: Er liebte schon immer, auch dann schon, als er noch – falls er liebte – alles andere, nur nicht die wahre Liebe im Sinne hatte.

Solidarität und die echte Liebe

Auf den höheren Entwicklungsstufen hat auch die *Solidarität* eine andere Dimension. – Der Mensch fühlt sich mit seiner Seelenfamilie auch dann noch solidarisch, doch ist er von ihr nicht mehr abhängig. Im Gegenteil: Er ist von ihr immer weitergehend, schließlich vollständig frei, doch bleibt er mit ihr verbunden. Das Verbindende ist dann nicht mehr die der Abhängigkeit, sondern die *echte Liebe*.

Die Solidarität erfährt aber noch in anderer Hinsicht eine Veränderung. Während auf den unteren Entwicklungsstufen Solidarität ausschließlich Mitgliedern der eigenen Seelengruppe gilt, weitet sich in der zweiten Hälfte der äonischen Entwicklung der Kreis jener Seelen, mit denen sich der Mensch solidarisch fühlt, ins Unermessliche. Denn zu ihnen gehören gegen Abschluss der äonischen Entwicklung alle Seelen: Menschen, Lebewesen und alle Höheren und Niederen Wesenheiten. Es gibt also keine Seele, die außerhalb des Liebeskreises eines Menschen stünde, wenn dieser die höchsten Stufen seiner inneren Entwicklung erreicht.

Der Mensch ist demnach sowohl gegen Abschluss seiner äonischen Entwicklung als auch zu deren Beginn mit seiner Seelenfamilie engstens verbunden. In der Art seiner Verbundenheit besteht jedoch ein quantitativer sowie ein qualitativer Unterschied: Auf den *unteren Stufen* fühlt er sich ausschließlich mit seiner – relativ winzigen – Seelengruppe verbunden, mit der er sich restlos identifiziert. Sein Eingebundensein ist noch völlig unbewusst. – Auf der *höchsten Stufe* hingegen fühlt er sich mit allen Menschen und allen Seelen verbunden, und der Grund seiner Verbundenheit ist seine echte Liebe zu allen.

DIE IDENTIFIKATIVE LIEBE

Für das Tier, aber auch für den Menschen beruht „Liebe" während der unteren Entwicklungsstufen auf *Identifikation.* Auch der Mensch kann da nur jene lieben, mit denen er sich *identifizieren* kann. Auch Solidarität mit den anderen empfindet er dadurch, dass er sich mit ihnen *eins* fühlt. – Er identifiziert sich in der Tat mit seiner Gemeinschaft und mit ihren Mitgliedern, und zwar vorbehaltlos.

Es ist nicht nur das Empfinden der Zusammengehörigkeit oder das Gefühl der Solidarität, das hier wirkt. Es ist mehr. Es ist – falls man es so sagen kann – „unmittelbarer". Der Mensch fühlt sich mit jenen, die er liebt, *identisch.* Er betrachtet jene, als wären sie „er selber", als wären sie Teile von ihm: Teile von seinem Leib, Teile von seiner Seele.

Die Grundlage der Identifikation

Die Liebe tritt in ihrer ersten unmittelbaren Erscheinungsform als *identifikative Liebe* auf. Diese Art von Liebe steht am Anfang aller Liebe, denn sie bildet die Grundlage für das Wahrnehmen und Empfinden der Zusammengehörigkeit der Mitglieder einer Seelenfamilie und Seelensippe, aus welcher sich die Kleinfamilien, schließlich einzelne Paare und die Einzelwesenheiten herausindividualisieren. Sie ist es, die dafür sorgt, dass die Seelen das Gefühl ihrer Verbundenheit mit der Gemeinschaft zu keiner Zeit einbüßen. – Die identifikative Liebe ist die auch heute am häufigsten auftretende und am weitesten verbreitete Form der Liebe.

Die Rollenverteilung in den Kleinstgruppen, so auch in der irdischen Familie, sowie bei Paaren, kann von Inkarnation zu Inkarnation variieren, aber auch während vieler Inkarnationen unverändert bleiben. Das Band jedoch, das sie bei jeder Konstellation zusammenhält, bleibt immer dasselbe: Es ist die *identifikative* Liebe. – Sich nahe stehende Seelen können abwechselnd zum Beispiel in einer Eltern-Kind-Beziehung, in einer Partnerschaft oder Freundschaft, als Verwandte, als Berufskollegen oder Parteigenossen und anderswie zueinander stehen, ihre Liebe verliert ihre Kraft nicht und wechselt nicht einmal in ihrer Eigenart. Zum Beispiel entstehen Inzestbeziehungen in den meisten Fällen deswegen, weil zwischen den Beteiligten eine sehr enge Liebesbeziehung besteht, die sie in zahlreichen Inkarnationen auch als Liebespartner ausleben konnten. – Es kommt ja für die Liebe nicht darauf an, in welcher Konstellation sie erlebt wird, es ist nur wichtig, dass die sich „liebenden" Personen miteinander auf eine Weise in Beziehung treten können. (Allerdings ist das kein Freipass für Väter oder Mütter, mit ihren Kindern sexuellen Kontakt aufzunehmen; als Vater oder Mutter hat der Mensch eine ganz andere Rolle wahrzunehmen denn als Ehegatte.)

Instinkt und *identifikative Liebe* fallen bei Tieren und oft auch bei Menschen auf den unteren Stufen weitgehend oder sogar ganz zusammen. Sobald sich jedoch beim Tier der Instinktzwang lockert, geht der Instinkt in diese Vorform der Liebe über: in die identifikative Liebe. – Auch das Tier ist auf diesen Stufen an das andere Wesen, von dem es abstammt, mit dem es sich paart oder das sein Abkömmling ist, nicht nur – durch den Instinkt – gebunden, sondern es ist mit ihm auch *emotionell ver*bunden. Es reagiert die Triebe nicht bloß nach „Vorschrift": aufgrund von Instinkten „mechanisch" ab, sondern lässt sich von seiner Liebe führen. Es empfindet eine seelische Zuneigung zum „Objekt" seiner Liebe.

Dies gilt auch dann, wenn eine solche Liebe von der echten noch weit entfernt ist. Liebt eine Tiermutter ihren Sprössling, liebt ein Mensch einen anderen, so lieben sie im anderen, mit dem sie sich gleichsetzen, letztlich nur sich selber. Sie sind ja mit den anderen – kraft ihrer Identifikation – ein und dasselbe. – Doch auch diese Art von „Liebe" ist eine Vorform der echten Liebe. Auch in dieser herrscht die innige Verbundenheit zweier Seelen vor.

Geschieht dem einen etwas, so ist es, als ob es dem anderen geschehen wäre, und umgekehrt. Denn da ihre Liebe auf Identifikation beruht, empfinden und fühlen sie gemeinsam: „Was meinem Partner, was meinem Kind angetan wird, wird *mir* angetan." – Ihre Liebe äußert sich aber auch darin, dass sie dem anderen genau dasselbe wünschen, was sie selber haben möchten. Sie versuchen vom Partner oder von der Brut alles fernzuhalten, was sie selber als Störung oder als Gefahr empfinden, und sie lassen alles, was sie für „gut" halten, dem geliebten Wesen ebenfalls zukommen – nach dem Motto: „Das Beste kann für dich nur das sein, was auch für mich das Beste ist". Auch Tiere, die sich lieben, können sich (und nicht nur in der Brunstzeit) Leckerbissen zustecken.

Es kann freilich gerade das, was für den einen als das „Beste" zu sein scheint, für den anderen: den „Geliebten", in Wahrheit weniger gut, ja sogar schlecht oder das Schlimmste sein. Dies kann bei der übertriebenen, blinden Liebe: bei der sogenannten *Affenliebe* vorkommen. Und sie kann fatale Folgen haben.

Die Affenliebe

In Zoologischen Gärten geschieht es gelegentlich, dass ein Affenkindchen krank wird und die Mutter das Kind zur Behandlung nicht freigeben will. Manche Affenmütter lassen nicht zu, dass ihr Säugling eine lebensrettende Spritze bekommt, denn sie sehen darin – wie auch vielleicht schon bei der Verabreichung eines Medikamentes – eine tödliche Bedrohung für ihr Kind. Der Tierarzt muss in manchen Fällen zuerst der Mutter eine Beruhigungsspritze geben oder sie sogar betäuben, um an ihr Kind heranzukommen.

Nun können aber auch Menscheneltern dieselbe Mentalität, dieselbe Art von Liebe: die „Affenliebe", in sich haben und vor lauter „Liebe" ihr Kind nicht hergeben wollen. Solche Eltern können sich beispielsweise weigern, zur Kenntnis zu nehmen, dass ihr Kind – mit zwanzig, dreißig, vierzig, ja mit sechzig Jahren – doch schon ein bisschen erwachsen sein dürfte und das Elternhaus verlassen und eigene Wege gehen müsste. Auch sie können verhindern wollen, dass die „lebensrettende Spritze" dem „Kind" verabreicht wird. – „Lebensrettend" ist für die Seele des „Kindes" jene „Spritze", die ihm ermöglicht, eigenständig und also unabhängig von den Eltern zu werden. Und falls das „Kind" sich doch von den Eltern ablöst und eigenständig wird, so klagen sie über dessen „Lieblosigkeit".

Denn „Liebe" ist für Menschen auf dieser unteren Entwicklungsstufe nur jene Liebe, die bereit ist, all ihre Wünsche zu erfüllen. Dies ist allerdings die sicherste Methode, um ein „Kind" zu entmündigen. Eltern erfüllen ihrem Kind jeden Wunsch, um sich unentbehrlich zu machen und das Kind dadurch an sich zu binden. Sie beginnen mit der Entmündigung meistens frühzeitig und nehmen dem Kind alles ab, was es zur Selbständigkeit führen könnte. Sie verhindern zudem (z. B. unter dem Vorwand, es zu „schützen"), dass es selber Erfahrungen macht, dadurch das wahre Leben kennenlernt und sich so auf das eigene Leben vorbereitet. Sie möchten aus ihrem Sprössling ein Wesen machen, das sowohl innerlich als auch dem Leben gegenüber unsicher und dermaßen unselbständig ist, dass es selbst in späteren Jahren (als Scheinerwachsener) noch auf die Hilfe der Eltern angewiesen ist. – Ähnlich verlaufende Entmündigungen kommen natürlich auch in Partnerschaften, Freundschaften und anderen Beziehungen vor.

In der ersten Etappe der äonischen Entwicklung identifiziert sich der Mensch bloß mit den anderen. – In der zweiten – von der Mitte der zweiten Stufe an – beginnt er sie immer fester in seinen Besitz zu nehmen. Seine identifikative Liebe gleitet in die *besitzergreifende* Liebe über.

DIE BESITZERGREIFENDE LIEBE

Der Übergang von der *identifikativen* zur *besitzergreifenden Liebe* ist ein natürlicher Prozess, der in der Entwicklung vorgezeichnet ist. Der Übergang zeichnet sich schon bei Tieren höherer Art ab. Dominiert im Tier die Selbstbehauptung, so wird es alles, womit es sich identifiziert, als seinen Besitz betrachten. Es beginnt, sich aus dem Band der Solidarität herauszulösen, es beginnt zu rivalisieren und auch Mitglieder der eigenen Familie, selbst die eigenen Kinder (wie Raubkatzen, wenn ihre Jungen erwachsen sind) wegzujagen, damit es seinen Besitz (das Revier, das Eigentum, das Königreich) ausschließlich für sich beanspruchen kann.

Der Antrieb zur Identifikation wird (im Vorfeld der echten Liebe) allmählich mit Streben nach Besitznahme und Wahrung des Besitzes bereichert, ergänzt, gelegentlich ganz abgelöst. Auch dies ist ein natürlicher Vorgang, der sowohl beim Tier höherer Art als auch beim Menschen immer wieder abläuft.

Das Hauptgewicht der Entwicklung des Menschen liegt auf der zweiten Entwicklungsstufe im Streben nach *Individualisierung*. Er versucht, sich immer mehr aus seiner Gruppe herauszulösen, und er arbeitet immer intensiver an seiner *Selbstverwirklichung*. – Die *Selbstverwirklichung* besteht auf dieser Entwicklungshöhe vornehmlich darin, dass der Mensch seine *Ichsphäre* erweitert und nach immer mehr Geltung und damit nach immer mehr Macht strebt. Er will sich behaupten, er will herrschen und nimmt wenn möglich alles, was er ergreifen kann, in seinen Besitz.

Auch seine „Liebe" äußert sich dementsprechend. Seine Neigung zur Identifizierung mit der geliebten Person oder dem geliebten Gegenstand, die bisher noch naturgegeben und im Empfinden der Solidarität zu seiner irdischen bzw. seelischen Familie und Sippe sowie im Empfinden seiner Verwurzelung in der „Heimatscholle" begründet war, verblasst allmählich. Dafür wird in ihm der Wunsch immer stärker, über den Gegenstand seiner Liebe zu verfügen und ihn als sein Eigentum zu betrachten, dabei die anderen auszuschließen oder von seinem „Besitz" fernzuhalten.

Die – freilich unbewusst vor sich gehende – Überführung der Identifikation in die Besitznahme bekundet sich darin, dass sich der Mensch in diejenigen Personen, mit denen er sich identifiziert, immer weniger hineinfühlt. Es ist ihm immer weniger wichtig, wie es diesen geht, wie sie sich fühlen. Wichtig ist nur, dass sie „ihm gehören" und fest in seinem „Besitz" verbleiben. Glücklich können sie – so seine Meinung – ohnehin nur dann sein, wenn sie sich ihm in allem fügen.

Die Einverleibung

Damit geht der erste Vorfahre der echten Liebe: die identifikative Liebe, endgültig in die zweite Variante: in die *besitzergreifende Liebe* über. Dies geschieht wie von selbst und unbewusst, da Identifikation und Besitznahme engstens zusammengehören. Der Mensch bekundet schon in der identifikativen Liebe seine „Liebe" dadurch, dass er die Person, die er liebt, in seine eigene Ichsphäre einbezieht und sich mit ihr somit identifiziert. Die Einverleibung – man könnte auch sagen: die Einver*ich*ung – ist ja ebenfalls eine Form der Besitznahme. Liebt der Mensch auf diesem Entwicklungsniveau, so hat er immer auch den Wunsch, den Gegenstand seiner Liebe: Mensch, Lebewesen oder Sache, in Besitz zu nehmen, für sich zu haben, und zwar – selbstverständlich – *ausschließlich* für sich.

Die Grenzen zwischen seiner Liebe und seinem Wunsch, Besitz zu ergreifen und über den Besitz zu herrschen, verwischen sich allmählich, je weiter er seine Ichsphäre ausbaut und seinen Egoismus perfektioniert. Getrieben wird er von seiner steigenden Machtgier. Dabei merkt er nicht, dass es im Grunde sein Streben nach Macht ist, das von ihm umso mehr Besitz ergreift, je mehr er in Besitz nehmen will. – „Liebe" ist dann für ihn gleichbedeutend mit Besitznahme, Erobern, Rivalisieren, Wegnehmen, Für-sich-Behalten. Diese Verhaltensweisen kennzeichnen seine Grundhaltung und fließen auf eine so natürliche Weise ineinander, dass er es selber gar nicht merkt. Spricht er von „Liebe", so denkt er nur an seinen „Besitz". Meint er, einen „Liebesdienst" zu erweisen, so spekuliert er im Grunde nur daran herum, wie er damit seinen Besitz erweitern oder fester an sich binden kann.

Nun, zur Liebe gehören immer zwei, zur zwischenmenschlichen Liebe zwei Personen. Auf der Bühne des Lebens genügt freilich schon die Anwesenheit von zwei Menschen, um aus dem Theaterstück ein Drama zu inszenieren. Der Mensch, der in seiner äonischen Entwicklung die Phase der besitzergreifenden Liebe – gegen Mitte der zweiten Entwicklungsstufe – betritt, gelangt in die „romantische" Periode seines (Gesamt-)Lebens. Diese Etappe ist die Epoche der Leidenschaften, der (nicht nur Liebes-) Abenteuer, der Eroberungen von „Geliebten" und „Ländereien" (auch im übertragenen Sinne); sie ist voller List und Gewalt, Kabale und „Liebe", voller Schwüre, Neid, Eifersucht, Rache, Wut und Hass und immer wieder Hass. Es ist die Epoche, in welcher das Leben in Bewegung – und bald in Aufruhr – gerät, in welcher der Mensch alles, was in seiner Seele lebt, auf „romantische“ Weise auslebt und das Gefühl hat, „’mal so richtig zu leben“. Später, nach etlichen Inkarnationen, wenn sich in ihm die Wellen seines „Liebeslebens“ mit all den Leidenschaften allmählich glätten und die Kalamitäten, die er erlebt hat, längst zum Inhalt von Romanen, Opernlibrettos oder Filmdrehbüchern geworden sind, ergötzt er sich vielleicht daran. Wenn er allerdings in die Phase der Reinigung gelangt und (z. B. in Rückführungen) zur Kenntnis nehmen muss, dass er selber der einstige Held vieler solcher – oft blutiger – Abenteuer war, so weicht nicht selten das Vergnügen dem puren Entsetzen.

Liebe und Hass

Diese „Liebe“ ist jene berühmt-berüchtigte Liebe, welche – wird sie nicht erwidert – im Nu in Hass umschlagen kann. Widersteht eine Person, die der Held unserer Liebesabenteuer in Besitz nehmen will, seinen Annäherungsversuchen, Anträgen, Begierden oder Ansätzen zur Besitzergreifung, erwidert sie also seine Liebe nicht, oder – falls sie sich seiner Liebe einmal hingab (und sich in Besitz nehmen ließ) –, versucht sie nun, sich ihm zu entziehen, betrügt sie ihn, bricht sie mit ihm, trennt sie sich von ihm, lässt sie sich von ihm scheiden, so braust der „Besitzer„ – offensichtlich oder versteckt, aber in jedem Fall affektgeladen – auf und greift zu Gegenmaßnahmen, um nicht auf seinen „Besitz“: auf die Person verzichten zu müssen. Gelingt es ihm jedoch nicht, sie – in Frieden oder mit Gewalt, unter Tränen oder mit Erpressungen (z. B. mit Selbstmorddrohungen) – zurückzugewinnen, so steigt im „Liebenden“ Hass hoch, der Gegenschlag erfolgt, der Rache wird freien Lauf gelassen, und die „geliebte“ Person kann froh sein, wenn ihr nicht das Schicksal von Othellos Desdemona widerfährt und sie mit dem Leben davon kommt.

Natürlich versucht unser Held dem „Unglück“ vorzubeugen und die – mutmaßlichen – Rivalen rechtzeitig „auszuschalten“. Falls dies missglückt, so „schaltet“ er sie nach Möglichkeit hinterher „aus“, indem er mit seinem „verlorenen Paradies“ (= mit dem untreuen „Geliebten“) nach dem Motto verfährt: „Was mir nicht gehören kann, soll auch dir nicht gehören!“ Und nach diesem Wahlspruch wurde in Duellen getötet („die Ehre wieder hergestellt“), die „Geliebte“

oder der „Angebetete" umgebracht. – Der nämliche Impuls leitet übrigens auch jene, die nach verlorener „Schlacht" „verbrannte Erde" hinter sich lassen.

Jenen, die dabei machtlos zuschauen (oder zuschauen müssen), wird bald klar, dass ein solcher Mensch, der ja „nur sein Recht verteidigt", wenn er dem „Geliebten" oder den Mitbeteiligten Unheil bringt, noch sehr weit davon entfernt ist, auch nur eine Ahnung davon zu haben, was Liebe ist.

Hass auf sich ziehen kann freilich nicht nur ein Liebhaber bzw. eine Geliebte, sondern auch ein „Kind", wenn es zum Beispiel als Erwachsener wagt, sich dem Einfluss seiner „ihn über alles liebenden" Eltern zu entziehen. Falls sie ihr Kind als Eigentum betrachten, so kann es vorkommen, dass sie von ihm nichts mehr wissen wollen, wenn es auf „Abwege" gerät. Und als „Abweg" gilt für solche Eltern jeder Weg, den das „Kind" aus ihrem seelischen – vielleicht sogar materiellen (z. B. finanziellen) – Bereich hinausführt.

Es ist überaus einfach nachzuprüfen, ob eine Liebe echt oder nur besitzergreifend ist. Dies zeigt sich, sobald die irdische Beziehung zur „geliebten" Person belastet wird oder zu Ende geht. Der Mensch, der den anderen wirklich liebt, lässt diesen gehen, wenn er weggehen will, denn er respektiert dessen Freiheit. Überdies will er für ihn nur das Beste. Und da er ihn wirklich liebt, weiß er auch, was für ihn jeweils das Beste ist. Und das Beste kann gegebenenfalls die Trennung von ihm sein.

Die Verwahrlosung der Liebe

Weiß ein Mensch hingegen (noch) nicht, was Liebe ist, so weiß er auch ein weiteres nicht: Er weiß dann nicht, was er tun soll, wenn seine „Liebe erlischt". Er weiß nur eins, das aber mit absoluter Gewissheit: Er wird kein Stückchen von seinem „Besitz" freiwillig hergeben oder ihn loslassen. Er ist ja ein passionierter „Gefängniswärter", der seine Leute wenn möglich lebenslang gefangen hält und Freiheit selbstverständlich nur für sich in Anspruch nimmt. Er würde keinen einzigen Gefangenen aus dem Kerker (von dem er ohnehin meint, dies sei ein Paradies) aus freien Stücken entlassen. Schließlich will auch er nur „das Beste" für die Person, die er „liebt". Und es dürfte selbstverständlich sein, dass „das Beste" für diese Person nur sein kann, stets in seiner Nähe – sprich: in seinem Besitz – zu bleiben.

Ist seine „Liebe" jedoch „erloschen", so weiß er – und dies ist reichlich merkwürdig – einfach nicht, was er mit dem „Geliebten" (Person oder Gegenstand) anfangen soll. Wenn nämlich ein Mensch, der in seiner „Liebe" ausschließlich danach strebt, den Gegenstand seiner „Liebe" in Besitz zu nehmen, sein Ziel erreicht hat, so ist in vielen Fällen (und in zahllosen Ehen) auch die „Liebesgeschichte" schon zu Ende.

Ist der „Besitz" erobert, so verliert er für so manchen seinen Reiz und wird im Handumdrehen uninteressant. Dass der Eroberer mit der Eroberung auch eine Verantwortung übernimmt und für seinen „Besitz" Sorge tragen müsste, ist für viele ein noch nicht nachvollziehbarer Gedanke. Die einzige „Sorge", die sich dann der „Besitzer" um seinen „Besitz" macht, ist, diesen so unter Verschluss zu halten, dass niemand an ihn herankommt und ihn ihm wegnehmen kann.

Kämpfen zum Beispiel bei einer Scheidung beide Elternteile um die Zuteilung der Kinder, wobei vor dem Gericht natürlich beide versprechen, für die Kinder bestens zu sorgen, so kommt es gar nicht selten vor, falls nur um den „Besitz" gekämpft wird, dass jener Elternteil, dem die Kinder zugeteilt werden, sich hinterher um sie nicht genügend oder gar nicht kümmert und sie abzuschieben versucht. Er arrangiert es dann freilich mit der nötigen Vorsicht, so dass er dem Exgatten bzw. der Exgemahlin keine rechtliche Handhabe bietet, ihm die Kinder „wegzunehmen". (Er gibt sie z. B. seinen Eltern, anderen Mitgliedern seiner Großfamilie oder in ein Kinderheim). Und es dürfte nicht überraschen, dass es viele Kinder gibt, die dann zwischen „Stuhl und Bank" fallen und verwahrlosen. Ihr trauriger Zustand spiegelt zugleich wider, wie sehr die „Liebe", die ihnen entgegengebracht wird, selber verwahrlost ist. Oder genauer: Sie zeigt sich so, wie sie in Wahrheit (noch) ist: armselig.

Auch in anderen Beziehungen ist ein Mensch, der „Liebe" noch mit „Besitz" verwechselt, stets auf der Hut. Er hält „Wache", damit seine „Liebe keinen Schaden" leidet, und das heißt für ihn praktisch: damit ihm sein „Besitz" nicht entgleitet. – Der Ehemann versucht beispielsweise seine Frau daran zu hindern, dass sie, sobald die Kinder „flügge" geworden sind, eine berufliche oder andere Tätigkeit (evtl. wieder) aufnimmt, sich weiterbildet, sich für eine – anspruchsvollere oder zeitaufwendige – Aufgabe zur Verfügung stellt, andere Interessen als er zeigt. Die Ehefrau ist beispielsweise auf die Arbeit ihres Mannes eifersüchtig, versucht, ihn von Unternehmen, selbst von seiner regulären Arbeit abzuhalten, damit er sich ihr vermehrt widmet und sie ihren „Besitz" nicht mit anderen teilen muss. – Die meisten von ihnen überlegen nicht einen Augenblick, ob sie dem Partner tatsächlich das bieten, was die Zweisamkeit für ihn reizvoll machen könnte. Und es wird nie die Frage gestellt, ob sich der andere vielleicht nur deshalb ein neues Leben aufbauen möchte, weil er sich in einer solchen „Liebe" – in einer solchen Partnerschaft – längst verwahrlost fühlt.

DAS NIEMANDSLAND ZWISCHEN INSTINKT UND LIEBE

Befreit sich der Mensch vom Zwang der Instinkte, befreit er sich allmählich auch vom Zwang der identifikativen Liebe, so dass seine „Liebe" sich nur noch im Besitzergreifen äußert, kümmert sich aber um seinen Besitz nicht mehr, so kann dies unter Umständen fatale Folgen haben.

Individualisiert sich der Mensch, indem er die Fesseln seiner Gebundenheit an die Gemeinschaft abwirft und sich – wie er meint – zugleich von allen Verpflichtungen befreit, betrachtet er im Zuge seiner Individualisierung sein Ich als den höchsten Wert und ist dabei, den Gipfel des perfekten Egoismus zu erklimmen, so wird seine Ichsucht zu jenem grandiosen Impuls, der alles in ihm beherrscht. Die Ichsucht kann so übermächtig werden, dass sie alle anderen Stimmen in seiner Seele: den Instinkt, die Liebe – auch die besitzergreifende – und alle ethischen und moralischen Bedenken verdrängt, so dass der Mensch alles, was seinen Egoismus in Schranken weist, überhört und schließlich völlig verstummen lässt.

Der Mensch ist nun „frei", frei auch von allen Instinkten, den Mutterinstinkt inbegriffen. Und da der Mutterinstinkt der allgemeine Instinkt für die Brutpflege ist, haben mit ihm Menschen beiderlei Geschlechts zu tun, so dass auch der „Vaterinstinkt" hinzuzuzählen wäre.

Ist im Männlein oder Weiblein die wahre Liebe noch nicht erwacht, dafür aber der Elterninstinkt abgestorben, so gibt es nichts, was sie zur Brutpflege veranlassen könnte.

Funktioniert der Mutterinstinkt nicht mehr und meldet sich die echte Liebe noch nicht, so steht der Mensch im Niemandsland der Verhaltensweisen und glaubt, alles tun zu können, wozu er fähig ist. Und da er ausschließlich zu dem fähig ist, wozu ihn seine bis zur Blindheit ichsüchtigen Ansprüche ansporen, vernachlässigt er, ob Vater oder Mutter, das Kind. Oder es wird – „falls nötig" – umgebracht. Einfachheitshalber schon im Mutterleib. Dies kann umso leichter geschehen, da in vielen Ländern eine solche Kindstötung ohnehin legalisiert ist. Und falls dafür ein Vorwand nötig ist, kann der eigene „Überlebenstrieb" ins Spiel gebracht werden. Schließlich meinen so manche Frauen (deren Augen für die Realität noch nicht aufgegangen sind), von ebenso geblendeten Männern unterstützt: „*Ihr* Leib gehöre ihnen". Sie merken nicht, dass der Embryo ein zweiter Leib in ihrem Leib ist, der einem anderen Menschen gehört und den zu töten *Mord* bedeutet.

So treten – sobald der Elterninstinkt wirkungslos wird – die verhängnisvollen Folgen ein, zuerst für das Kind, das dann abgetrieben oder – falls doch in die Welt gesetzt – einfach weggegeben oder vernachlässigt, wenn nicht gerade, wie dies in der Vergangenheit so überaus häufig geschah (und heute noch gelegentlich vorkommt), bald schon nach der Geburt kurzerhand umgebracht wird. – Ob nun ein Kind ausgesetzt, vernachlässigt, umgebracht oder „nur" als lästig empfunden wird: Die Folgen sind auch für die beteiligten Eltern verhängnisvoll. Sie laden ja Schuld und damit negatives Karma auf sich, das sie einmal abtragen müssen.

Freilich, sie tun nur das, was jeder getan hat und auch tun musste. Denn auch der Durchgang durch das öde Niemandsland der Seele, ohne die Unterstützung des Instinkts, ohne das Licht der Liebe, das in die Finsternis dieser Durststrecke hineinleuchten könnte, gehört zu den unumgänglichen Erfahrungen auf dem Entwicklungsweg des Menschen.

Ähnliches lässt sich übrigens zu anderen Bereichen sagen, in welchen sich der Mensch in blinder Ichsucht über alle moralischen und ethischen Bedenken hinwegsetzt. Die Ichsucht kann sich beispielsweise als „unersättliche Neugier" äußern und unter dem Deckmantel der „wissenschaftlichen Forschung", ohne die geringste Rücksichtsnahme auf die Menschlichkeit ausgelebt werden (so z. B. in der Genforschung). Forscher, die über Leichen gehen, indem sie Menschen oder Tiere behandeln, als wären diese Leichen, sind jene, die durch das Niemandsland der Liebe schreiten und keine Ahnung haben, was sie eigentlich tun.

Eines Tages beginnt freilich das wahre Licht in der Seele jedes Menschen zu glimmen, und gegen Ende der dritten Entwicklungsstufe macht sich in ihm die Fähigkeit zur echten Liebe bemerkbar. Die Liebe aber schlüpft – wie der Schmetterling aus dem Kokon – aus dem Gefängnis der Selbstsucht heraus und findet ihre Erfüllung darin, dass sie dem Geliebten wirklich nur das bietet, was diesem – nun nicht bloß durch die Brille der identifikativen Liebe, sondern in Wahrheit – das Beste ist.

Allerdings beschränkt sich auch die wahre Liebe zuerst nur auf eine Person oder auf wenige nahestehende Menschen. Denn sie bleibt selbst dann noch, wenn sie schon echt ist, für eine gute Weile – bis auf die vierte Entwicklungsstufe hinauf – *ausschließend.*

DIE AUSSCHLIESSENDE LIEBE

Auf der dritten Stufe seiner inneren Entwicklung hat der Mensch eigenartige Vorstellungen, über die er, wenn er innerlich reifer wird, nur den Kopf schütteln kann. Die dritte Stufe ist die Stufe des Formalen, des Äußerlichen, so auch der forcierten Selbstüberwindung und Abtötung, der Strenge und der Intoleranz, kurz: die Stufe der *Orthodoxie.*

Die „Entweder-oder-Liebe"

Der Mensch denkt da noch in der Kategorie des Entweder-Oder und meint, wenn er eine Person oder einige wenige liebt, so könne er keine andere mehr lieben, zumindest nicht auf dieselbe Weise und nicht mit derselben Intensität. Ja, er dürfe auch niemanden mehr so lieben, wie jenen, dem er sein „Herz verschenkt“, höchstens noch seine Kinder und (einige) Angehörige.

Diese sehr verbreitete Art von Liebe ist die *ausschließende* Liebe. Ausschließlichkeit kennzeichnet auch die identifikative Liebe. Auch diese beschränkt sich auf Personen, mit denen sich der Mensch identifizieren kann, so dass die Grenzen seiner Liebe mit den Grenzen der Gemeinschaft, welcher er angehört, zusammenfallen. – Außenstehende müssen – oder sollen sogar – nicht geliebt werden. Dazu wäre der Mensch auf den unteren Entwicklungsstufen ohnehin nicht fähig. Und es kommt nicht selten vor, dass Menschen dieses Schlages allen, die nicht zur ihrer Gemeinschaft gehören, mit Misstrauen, wenn nicht mit Hass begegnen. Zum Beispiel beschimpfen Kinder in manchen Landstrichen „Fremde“ (zu denen sie auch Bewohner der Nachbardörfer zählen), nur weil sie nicht aus demselben Dorf sind. Manche bewerfen diese sogar mit Steinen, nach dem Grundsatz: „Wer nicht zu unserer Gemeinschaft gehört, ist ein Feind“, – ungeachtet dessen, wie er ist oder was er tut. Die „Liebe“ zu den Eigenen fordert den Ausschluss aller Außenstehenden, – womit auch schon der Boden für Verachtung oder Hass von Angehörigen anderer ethnischer Gruppen oder Rassen gelegt ist.

Der Unterschied der rein ausschließenden Liebe zur identifikativen Liebe besteht im folgenden: Der Mensch, der nur zur identifikativen Liebe fähig ist, liebt in jedem, den er „liebt“, letztlich nur sich selber. Derjenige hingegen, der nicht mehr identifikativ und auch nicht mehr besitzergreifend liebt, kann schon fähig sein, im wahren Sinne zu lieben. Er kann jedoch vorläufig nur wenige lieben. Seine Liebe ist noch ausschließend. Und weil er noch nicht fähig ist, sich auch anderen gegenüber in echter Liebe zu öffnen, macht er aus seiner Unfähigkeit (wie dies für die dritte Entwicklungsstufe charakteristisch ist) ein Gesetz und behauptet, man dürfe nicht auf dieselbe Weise und mit derselben Intensität mehrere Personen lieben.

Ist jemand religiös, so wird die Frage zu einem Dilemma: Wen soll er „mehr lieben“, Gott oder (einen) Menschen? Er meint, wenn er Gott lieben wolle, müsse er auf die Liebe zu den Mitmenschen und zu anderen Geschöpfen verzichten, ja er darf sie gar nicht lieben. (Diese Ansicht ist mit ein Grund für das Zölibatgebot der katholischen Kirche, wenn auch nicht der einzige.) Und sich selber darf er erst recht nicht lieben, hat er doch hinreichend erfahren, dass er mit seinen schlechten Neigungen – wie er meint – der Liebe zu Gott im Wege steht.

Die Begründung hinkt, weil sie auf einer völlig falschen Vorstellung von Liebe beruht. In dieser Vorstellung wird Liebe mit dem kostbaren Inhalt einer Flasche gleichgesetzt. Schenkt man den Inhalt der Flasche – die mit der Etikette „Liebe" versehen ist – in den Becher einer einzigen Person ein, so bleibt kein Tropfen mehr den anderen übrig. Die Flasche wurde doch geleert. – Verschenkt der Mensch seine Liebe an jemanden, so ist seine Liebe vergeben, sie reicht nicht mehr für andere. Er kann also niemanden sonst mehr lieben.

Das alltägliche Familienleben straft diese Ansicht freilich Lügen. Ein Mensch kann durchaus in der Lage sein, seinen Ehepartner, seine Kinder, seine Eltern, seine Geschwister und außerdem noch mehrere oder viele Menschen gleichzeitig zu lieben, vorausgesetzt allerdings, dass er überhaupt liebesfähig ist. Ist er nicht liebesfähig, so wird er irgendeinen Ersatz (z. B. die identifikative oder besitznehmende Liebe) für echte Liebe halten, aber auch diese „Ersatzliebe" zumindest mehreren Personen zukommen lassen. Er muss sich also nicht entscheiden, welchem Mitglied seiner Familie er seine Liebe schenken soll, und nicht befürchten, falls er den einen liebt, könne er niemanden mehr auf dieselbe Weise lieben.

Erst recht gibt es kein Entweder-Oder in Sachen der Gottes- und der Menschenliebe.

Der Grund dafür ist überaus einfach. Der Mensch kann Gott auf keine andere Weise als durch die Liebe zum Menschen: durch die *Nächstenliebe* lieben. Wer glaubt, Gott zu lieben, die Menschen jedoch nicht liebt, der gibt sich lediglich einer Illusion hin: Er liebt Gott gar nicht.

Und wenn jemand meint, er liebe *die* Menschen, nämlich die ganze Menschheit, und nur mit der Liebe zu den Einzelnen habe er Schwierigkeiten, so lebt er ebenfalls eine Illusion. Er liebt höchstens eine abstrakte Idee, aber nicht den Menschen, nicht den „Nächsten".

Den Zugang zu Gott eröffnet die Nächstenliebe. Der Weg, der zu Gott führt, geht über die Liebe, die der Mensch seinen Mitmenschen und Mitseelen entgegenbringt.

Und dieser Weg führt auch aus der Enge der ausschließenden Liebe heraus. Beginnt der Mensch im wahren Sinne liebesfähig zu werden, so wird ihm der Gedanke ohnehin fremd, man könne – oder dürfe sogar – nur den einen oder den anderen lieben. Kann er wahrhaftig lieben, so wird er einsehen, dass die Liebe kein „Inhalt einer Flasche“ ist, der sich jemals erschöpfen kann.

Mit der Liebe ist es ähnlich wie mit dem Stillen. Gibt die Mutter dem Säugling die Milchflasche, so wird sie bald leer und muss nachgefüllt werden. Gibt sie ihm die Brust, so fließt aus ihr umso mehr Milch, je mehr sie ihr Kind stillt (es sei denn, es liegt eine karmatisch bedingte Hemmung oder Komplikation bei der Mutter bezüglich des Stillens vor). – Mit der Liebe ist es wie mit der Quelle, die einen Brunnen speist: Das Wasser fließt umso reichlicher, je mehr man aus dem Brunnen schöpft. Wird der Brunnen lange Zeit nicht benützt, versiegt die Quelle. – So wird auch der Mensch, der liebesfähig ist, die tiefe Wahrheit erfahren: Je mehr Liebe er verschenkt, umso reichlicher fließt in ihm der Strom der Liebe. Er ist dann an den Liebesstrom, der von Gott ausgeht, mit einem sich nach oben immer mehr ausweitenden Trichter angeschlossen.

DIE WAHRE LIEBE

Liebe erblüht, wenn sich der Mensch öffnen kann. Sie ist eine Angelegenheit des *Herzens*. – Öffnet sich das Herz des Menschen, so wird er auch fähig wahrzunehmen, wie die anderen in Wahrheit sind und was sie tatsächlich brauchen. Wer wirklich liebt, der denkt in erster Linie nicht an sich, sondern an jene, denen seine Liebe gilt.

Öffnet die Liebe die Augen des Herzens, so lässt sie erfühlen, was der andere möchte. Je echter sie wird, umso deutlicher lässt sie auch das erfühlen, was dem anderen wirklich gut tut, was für ihn das Beste ist. – Das Beste für jeden Menschen ist letzten Endes nur das, was seine innere Entwicklung fördert.

Wer liebt, ist auch fähig, Liebe zu empfangen. Und das beginnt gleich damit, dass er fähig ist zu erkennen, wann ihm Liebe entgegengebracht wird: ein Blick, eine Geste, ein verhaltenes Lächeln, irgendein noch so kleines Geschenk, wie die unbeholfene Zeichnung oder einige zerdrückte Wiesenblumen aus einer Kinderhand. Wer liebt, merkt, wenn hinter einem Angebot die Liebe steht: wenn jemand auf irgendeine Weise helfen, etwas Nettes, Erfreuliches sagen, für ihn etwas tun, an seiner Stelle etwas erledigen möchte. Ein jeder, der Liebe in sich hat, weiß, dass die Liste möglicher Liebeserweise beliebig fortsetzbar ist.

Wer liebesfähig ist, nimmt nicht nur die ihm angebotene Liebe in den geringsten Dingen wahr, sondern ist auch fähig, diese Liebe entgegenzunehmen. Er sagt also nicht bei jedem Mitbringsel: „Das wäre doch nicht nötig!" oder: „Du hast dich aber in Unkosten gestürzt!" Und er muss nicht darüber nachgrübeln, wie er sich erkenntlich zeigen könnte, nur um beim anderen nicht in Schuld zu stehen. Ein „Vergelt's Gott!" aus dem Herzen ist ja die fruchtbarste „Gegenleistung".

Wer liebt, kann es sich also leisten, „in Schulden zu bleiben", er braucht seine buchhalterische Korrektheit nicht sogleich unter Beweis zu stellen. Vielleicht kann er gerade dadurch, dass er einen Liebeserweis ohne Gegengabe annimmt, jemandem die größte Freude bereiten.

Wer liebt, kümmert sich nicht um die Meinung anderer, kümmert sich nicht um vorgefasste Vorstellungen und er kümmert sich nicht einmal um seine Liebe. Es genügt, dass er der Liebe gestattet, in ihm wach zu werden. Die Liebe findet, falls sie echt ist, ihren Weg von selbst.

Liebe ist nicht nur Gefühl, Liebe ist immer auch ein *Tun*. Und was die Liebe zu tun hat, das weiß sie selbst am besten. Sie kann bekanntlich auch heilen und „deckt eine Menge von Sünden zu" (1. Pet 4,8).

Der Mensch muss die Liebe nur zulassen, sie in sich wirken lassen. Ist seine Liebe echt, so ist es oft überraschend, was alles durch Liebe bewirkt werden kann, sogar Wunder. Wer wahrhaftig liebt, wird es gewiss erfahren haben.

Das Herz, das sich der Liebe öffnet, öffnet sich nie nur einem Wesen gegenüber. Es öffnet sich allen gegenüber: allen Seelen, ob sie die „kleinsten" oder die „größten" sind, ob sie auf der Erde oder im Himmel beheimatet, Lebewesen oder Menschen, Engel, Hohe Lichtgestalten oder Gott sind. Und der „Geringste" ist ihm ebenso wertvoll wie der „Höchste".

Wer *nur* seinen Partner liebt, *nur* seine eigenen Kinder, *nur* seine Heimat (oder Heimatdorf), *nur* sein Volk, *nur* seine Rassenangehörigen, *nur* Gott, aber andere Menschen, andere Kinder oder Völker oder Andersrassige nicht, dessen Liebe ist noch identifikativ oder besitzergreifend, jedenfalls ausschließend, echt jedoch nicht. Der Mensch hingegen, der liebesfähig geworden ist, liebt nicht nur diesen oder nur jenen, nicht nur Gott (und die Menschen nicht) oder diese oder jene Person (und die anderen nicht) oder einen oder einige Menschen (und dann Gott nicht). – Wachsende Liebesfähigkeit bedeutet, dass der Radius der echten Liebe immerzu wächst und ihr Horizont fortlaufend erweitert wird. Wächst im Menschen die Liebesfähigkeit, so wird er immer mehr Menschen und Seelen in seine Liebe einbeziehen können.

Das Herz, das sich öffnet, öffnet sich allem gegenüber. Der Mensch, in welchem die Liebesfähigkeit erstarkt, merkt, wie er auch Tiere und Pflanzen lieben kann (und nicht nur seinen „Liebling“: die Katze oder den Hund im Haus). Und er wendet sich ihnen in Liebe zu, indem er sie pflegt und schützt, und falls sich ihm Gelegenheit bietet, versucht er sie auch vor barbarischen Zerstörungen zu bewahren. Da dies allerdings – sogar im Kleinsten – (heute noch) nicht immer möglich ist, wird er wegen seiner Liebe zu den Mitseelen und zur Natur (vorläufig) immer wieder leiden.

Die Gottesliebe

Das *Herz* aber öffnet sich nie nur wie ein Tor nach vorne, es öffnet sich immer auch nach oben: wie ein *Trichter*. Und je mehr Liebe dieser Trichter auffangen kann, je mehr Liebe durch ihn fließt, umso leuchtender wird er, bis er zu einem durch und durch goldenen Trichter wird, der sich weit, weit in den Himmel erstreckt.

Der Mensch, der wahrlich liebt, ist nicht nur fähig, irdische, sondern auch Himmlische Wesenheiten zu lieben.

Jede Liebe mündet in die Gottesliebe. Und dies hat einen tiefen Grund: Die Liebe, die in einem Menschen erwacht, spiegelt die Liebe zu Gott und Gottes Liebe zu seinen Geschöpfen.

Wer also Gott wirklich liebt, wird auch die Mitmenschen und Mitseelen lieben können. Und dies hat einen weiteren Grund: Wenn er tatsächlich fähig ist, Gottes Liebe zu spüren, so wird er von einer so großen – beinahe übermäßigen – Freude erfasst, dass er die Freude und ihre Ursache: die Liebe, weitergeben muss. Denn er ist so erfüllt von Gottes Liebe, dass er gar nicht anders kann, als sie weiterzuleiten, damit daran alle Seelen teilhaben und sich freuen können.

Es gilt freilich auch umgekehrt: Liebt jemand Menschen und Lebewesen bereits im echten Sinne, glaubt er jedoch, keine Gottesliebe zu haben, so ist ihm lediglich dieser Aspekt der Liebe noch nicht bewusst geworden. Er wird selbstverständlich einmal erkennen, dass er – wie jeder Mensch, der Gottes Geschöpfe liebt – in diesen und durch diese immer auch Gott geliebt hat.

Ist er vollends liebesfähig geworden, so wird er auch erkennen, dass er nicht nur Gott und die Menschen gleichzeitig, sondern dass er Gott *allein durch* die Menschen lieben kann.

Es gibt nur eine einzige Quelle für die Liebe, und die Quelle aller Liebe ist die Liebe Gottes: die *Liebe Gottes zu seinen Geschöpfen.*

Wenn der Mensch liebt, wirkt Gottes Liebe durch ihn. Darum braucht der Mensch nur zuzulassen, dass die Liebe in ihm und durch ihn wirksam wird.

Der Mensch hat – wie jede Kreatur – keine eigene Liebe in sich. Wenn er liebt, lässt er die Liebe Gottes in sich wirken. Er lässt Gottes Liebe durch sich hindurchfließen und gibt Gottes Liebe weiter.

Wer aber Gottes Liebe weitergeben kann, weiß auch, dass Gott keine Ausnahme macht: Von Gottes Liebe wird *ein jeder* erfasst.

Und diese Einsicht gibt seinem Herzen Frieden. Da er alle Seelen liebt, ist es ihm nicht gleichgültig, ob auch die anderen an Gottes Liebe teilhaben. Und da er fühlt, dass alle Seelen in Gottes Liebe geborgen sind, begreift er, was wahre *Geborgenheit* bedeutet: gemeinsam mit *sämtlichen Seelen* in *Gottes Liebe eingebettet* zu sein.

Kapitel 33
DIE SPIRITUALITÄT

Die *Geistigkeit* öffnet die Seele des Menschen. Und der Mensch öffnet seine Seele allem gegenüber, was Seele ist, und allem gegenüber, was Geist hat. Er wird offen gegenüber der Tiefe seiner eigenen Seele und den Mitseelen, dem Übersinnlichen und Gott.

Es ist der *Eine Geist,* der die Geistigkeit in der Seele entfacht. Der Geist: dies ist der *Geist Gottes,* der *Spiritus* (lat.), und dieser macht den Menschen *„spirituell"*: für die Aufnahme von Gottes Geist empfänglich.

Es ist ein langer Weg: der Weg, auf dem sich die Spiritualisierung des Menschen vollzieht. Sie dauert nicht nur einige Dutzende von Inkarnationen, sondern erstreckt sich über die ganze zweite Hälfte der äonischen Entwicklung. Sie geht ja mit dem Wachstum der Seele einher. Die Seele ist es, die im Laufe ihrer Entwicklung zuerst in die genuine Geistigkeit, sodann in die Spiritualität hineinwächst und somit fähig wird, den Einen Geist zu empfangen.

Die Spiritualisierung ist nicht nur ein langer Prozess, sie geht wellenförmig vor sich und wird von langer Hand vorbereitet. Sie tritt – wie alles, was sich in der Seele ereignet – bereits in der ersten Entwicklungshälfte in vorläufiger Gestalt in Erscheinung: als *Religion.* Aber auch in ihrer eigentlichen Gestalt: als reine Spiritualität, kann sie sich früh schon melden. Denn alles, was die Seele tun muss, tut sie auf verschlungenen Wegen, mit vielen neuen Ansätzen und Anläufen. Sie muss ja ihre Erfahrungen machen, damit sie sich weiterentwickeln und öffnen kann.

In manchen Phasen macht sich die Spiritualität bemerkbar, dann verschwindet sie für längere Zeit, als wäre der Mensch nicht einmal zum Glauben fähig. Aber auch schon in der ersten Hälfte der äonischen Entwicklung erreicht sie gelegentlich Höhepunkte. Auf einem solchen Höhepunkt rückt im Menschen das konkrete Wissen um Gott, das in der Tiefe der Seele einbeschlossen ist, in das Bewusstsein, und in der Seele leuchtet der echte Glaube auf.

„Echt" ist der Glaube, wenn er vom inneren *Wissen um Gott* getragen wird.

RELIGION UND SPIRITUALITÄT

Der edelste Wunsch des Menschen wird von der *Sehnsucht nach Gott* erweckt, in manchen Phasen seiner inneren Entwicklung sogar lange wach gehalten. Es ist der Wunsch, zu Gott zu gelangen und „bis in alle Ewigkeit" bei ihm zu bleiben.

Nun muss aber der Mensch einsehen, dass er nicht sofort zu Gott gelangen kann. Er wird sich daher überlegen müssen, wie er sein Leben gestalten muss, damit er – nach seinem Tode oder in einer ferneren Zukunft – von Gott empfangen werden kann.

Die *Sehnsucht nach Gott* ist keineswegs die Folge einer illusionären Wunschvorstellung, sondern beruht auf dem inneren Wissen des Menschen. Seine Seele *weiß*, dass sie von Gott ausgegangen ist, und sie weiß, dass sie einmal zu ihm zurückkehren wird. Dieses Wissen ist die Grundlage des *Glaubens an Gott.*

Die Geburt der Religionen

Auf welche Weise sich dieser Glaube jeweils äußert, hängt von der Entwicklungshöhe des Menschen ab. Auf jeder Entwicklungsstufe – auf den unteren sogar auf jeder Teilstufe – hat der Mensch eine andere Vorstellung von Gott und er hat eine andere Vorstellung auch davon, wie er seinen Glauben an ihn bekunden und wie er sein Leben gestalten soll, damit es gottgefällig ist. Und da er in der ersten Hälfte seiner inneren Entwicklung weder die irdische noch die übersinnliche Wirklichkeit wahrheitsgetreu zu erfassen vermag, muss er sich bei der Ausgestaltung seiner religiösen Vorstellungen auf seine

Phantasie verlassen. – In der ersten Etappe der äonischen Entwicklung, in welcher der Mensch dem Übersinnlichen gegenüber noch weit offen ist, sind es in erster Linie Empfindungen, welche – neben Sinnesreizen – Wahrnehmungen beider Welten ermöglichen und die Phantasie beleben.

Die Phantasie des Menschen kann nur das zu Tage fördern, was in seiner Seele bereits enthalten ist. Der „Seeleninhalt" wird mit Hilfe der Phantasie projiziert, und zwar sowohl in Gott als auch in die Welt. So „erschafft" sich der Mensch Gott und seine Welt „nach seinem Bilde".

Er ahmt damit den Schöpfungsvorgang nach, der in der Bibel geschildert wird, nur vertauscht er die Rollen. In der Bibel steht (Gen 1,26): „Und Gott sprach: Lasset uns Menschen machen nach unserem Bilde, uns ähnlich". – Der Mensch sagt es zwar nicht, verfährt aber nach dem Motto: „Lasset uns ein Bild von Gott machen nach unserer Vorstellung, uns ähnlich." Er schafft sich, ohne sich dessen bewusst zu sein, ein Bild von Gott nach *seinem* Maß. Er tut es, jedoch nicht, weil er Gott trotzen will, sondern im Gegenteil: weil er Gott begreifen möchte. Und da er sich Gott und sein Werk nicht anders vorstellen kann als nach dem Muster, das auf seiner Entwicklungsstufe in seiner Seele vorliegt und ihm auch zugänglich ist, meint er, Gott sei genau so, wie er selber ist, und Gott tue nur das und finde nur das richtig, was er selber tut und für richtig hält. – Sein Gottesbild spiegelt also sein *eigenes* – für die jeweilige Entwicklungshöhe gültiges – Wesen.

Wenn der Mensch noch voller Destruktivität oder gar Sadismus ist, so meint er, Gott fordere Menschenopfer zur Versöhnung, da auch er, falls er „beleidigt" wird, nicht ruht, bis das ihm zugefügte „Unrecht" gebührend gesühnt ist, was unter Umständen auch „Menschenopfer" nicht ausschließt oder sogar fordert. – Ist sein Gott ein „eifersüchtiger Gott", der „nicht ungestraft lässt, sondern die Schuld der Väter heimsucht an Kindern und Kindeskindern, bis ins dritte und vierte Geschlecht" (Ex 34,7; vgl. auch 20,5), so spiegelt dieses Gottesbild nicht Gott, sondern den Menschen in seiner Unversöhnlichkeit und Rachgier. Er schreckt selbst vor der blasphemischen Behauptung nicht zurück, Gott habe den Kreuzestod seines „eingeborenen Sohnes" als „Genugtuung für seine Beleidigung" gefordert, die ihm ADAMS Sünde zugefügt hatte, wie dies die traditionelle Erlösungsdoktrin des Christentums heute noch lehrt (vgl. dazu ausführlich: *Die Welt der Reinkarnationslehre, S.* 301-309).

Wenn nun eine Gemeinschaft ihre durch Projektionen entstandenen Vorstellungen über Gott festlegt, so entsteht daraus eine Glaubenslehre und eine neue *Religion* wird geboren.

Religion heißt wörtlich: Zurückgebundensein (aus: lat. *re-ligo* = zurückbinden, umwinden, an- oder festbinden; daraus: *religio* = Bedenken, Zweifel; Frömmigkeit, Verbindlichkeit). – Die Seele, die von Gott ausgegangen ist und sich von ihm – in einem gewissen Sinne – entfernt hat, vollzieht, sobald sie zu einer menschlichen Seele geworden ist, durch die Religion eine Kehrtwendung. Sie „bindet" sich wieder an Gott „zurück", zunächst allerdings nur vorübergehend. Denn der Mensch verstrickt sich fortlaufend im Irdischen und wendet sich von Gott immer wieder ab.

Wendet er sich in der ersten Hälfte der äonischen Entwicklung Gott zu, so vollzieht er die „Zurückbindung" in dem Sinne, dass er versucht, Gott an sich zu binden. Er schließt mit Gott einen „Bund", indem er behauptet, Gott habe ihm das Versprechen gegeben, ihm in allem – so auch in seiner Destruktivität (z. B. im Krieg) – beizustehen.

Der „Bund" mit Gott: die Religion, ist auch für den Menschen „verbindlich". Auch er muss ja Gott als Gegenleistung ein Angebot machen. Der Mensch verpflichtet sich daher im „Bund mit Gott" für Opfergaben, – „Opfer" im weitesten Sinne. Dazu gehören beispielsweise „Erstlingsgaben" ebenso wie Tier- oder Menschenopfer, Abtötung und Enthaltsamkeit wie die Einhaltung von Vorschriften und Verhaltensregeln, die – angeblich – von Gott gefordert werden.

Damit jedem, der zur religiösen Gemeinschaft gehört, die Vorgaben, die der „Bund mit Gott" fordert, zugänglich sind, werden diese zu Grundlagen der Religion erklärt und in der Regel schriftlich festgehalten. Diese Satzungen einer Religion gelten für die jeweilige Gemeinschaft als „gottgegeben". Denn der Mensch kann zwischen seinen eigenen Projektionen und der „Stimme Gottes" in der ersten Hälfte der äonischen Entwicklung noch nicht unterscheiden. Deshalb werden die Satzungen der Religion – von vielen sogar in gutem Glauben – für die „Offenbarung Gottes" oder für die Botschaft einer Höheren Wesenheit (im Koran z. B. eines Engels) gehalten. – Die Anregungen zu einzelnen Aussagen können dabei tatsächlich „echt", also durch höhere Inspiration entstanden sein. Doch selbst dann, wenn die Inspiration echt ist (d.h. tatsächlich eine Inspiration ist und demnach von Gott kommt), kann der inspirierte Mensch die Durchgabe ausschließlich seinem Entwicklungsniveau entsprechend übernehmen und verstehen, schließlich formal (z. B. in Glaubenssätzen) festlegen.

Daher vermitteln die „Heiligen Schriften" in erster Linie die Mentalität und die Vorstellungswelt einer Gemeinschaft zu einer bestimmten Zeit; sie sind nur bedingt eine wahrhaft „Göttliche Offenbarung". Denn der Gehalt, der tatsächlich „Gottes ist", hat in den „Offenbarungen" nur soviel Raum, wie der jeweilige Religionsstifter oder die religiösen Anführer der Gemeinschaft dem Göttlichen tatsächlich beimessen können. Und bringt eine Hohe Gestalt (wie z. B. JESUS) den Menschen durch sein Leben und seine Lehre Gott näher, so hängt die Qualität des Gottesverständnisses unter den Nachfolgern nicht vom Niveau dieser Lehre, sondern vom Niveau der Nachfolger und vom Niveau jener Menschen ab, die aus seiner Lehre eine „Religion": eine Glaubenslehre machen und von jenen, die diese Tradition zu bewahren suchen.

Deshalb ist es unerlässlich, auf jeder Entwicklungsstufe, von der Mitte der dritten Stufe an sogar auf jeder Teilstufe, die Aussagen einer religiösen „Offenbarung" dem erhöhten Entwicklungsniveau gemäß neu auszulegen. Dabei können die bisher für „fest" gehaltenen Grundlagen der Religion erschüttert werden. Ja, sie *müssen* sogar erschüttert werden, sonst findet keine Erhöhung im Verständnisniveau und keine Erweiterung des Verständnishorizontes statt.

Weil aber jede Infragestellung der Grundlagen als Zerstörung des wahren Glaubens erachtet wird und daher jede Korrektur Angst auslöst, wird jeder mögliche Entwicklungsgedanke im Keim erstickt. Viele Mitglieder der Gemeinschaft werden demzufolge daran gehindert, den bereits fällig gewordenen Entwicklungsschritt zu vollziehen. Der wahre Grund für das Festhalten an überholten religiösen Vorstellungen ist freilich der, dass die „Hüter der Tradition" das höhere Entwicklungsniveau noch nicht erreicht haben. Darum sind die Vertreter einer etablierten Religion in der Regel entwicklungs*feindlich.*

Die Orthodoxie

Die Erschaffung eines Gottesbildes nach dem Bild des Menschen ist allerdings ein natürlicher Vorgang, welcher auf den unteren Entwicklungsstufen nicht nur unvermeidlich, sondern sogar notwendig ist. Sie bietet auf dieser Entwicklungshöhe die einzige Möglichkeit, zwischen Gott und dem Menschen eine für alle begehbare Brücke zu schlagen.

Die Brücke wird dann begehbar, wenn sie „festgefügt" ist. Festgefügt wird sie durch das Festlegen und Strukturieren dessen, was aus der Seele projiziert wird. So wird auch das Religiöse durch entsprechende Formen: durch Vorschriften und Gesetze, Gebote und Verbote festgelegt.

Die Einhaltung der Gebote gehört zum religiösen – und das heißt: zum „gottgefälligen" – Leben. Werden Gebote übertreten oder missachtet, so verscherzt der Mensch sein Seelenheil. Und da auf dieser unteren Entwicklungsstufe jeder nur das akzeptiert, was ihm seine Gemeinschaft als „Wahrheit" vorlegt, ist es nur selbstverständlich, dass die Religion dieser Gemeinschaft als die einzig richtige und einzig „seligmachende" erachtet wird, die allein die Wahrheit besitzt und daher allgemeingültig ist. So betrachtet sich die katholische Kirche heute noch als alleinige Trägerin des wahren Glaubens. (Vgl. z. B. das Rundschreiben des Papstes JOHANNES PAUL II. *Dominus JESUS* vom September 2000, das auch in katholischen Kreisen von jenen, die bisher an die Aufrichtigkeit der Bemühungen der katholischen Kirche um die Ökumene glaubten, als Rückfall empfunden wird.)

Es ist die dritte Entwicklungsstufe, auf welcher Teilerkenntnisse aus der irdischen und der Göttlichen Wirklichkeit mit Projektionen aus der menschlichen Seele vermengt, sodann festgefügt – „dogmatisiert" – und somit zu einem starren System ausgestaltet werden.

So entsteht in dieser Entwicklungsphase die *Orthodoxie* (gr. aus: *orthós-* = gerade-, recht-, streng-; *dóxa* = Glaube; Recht-, Streng-, Starrgläubigkeit). Es gibt nicht nur im Bereich der Religion „Starrgläubigkeit"; Orthodoxie gibt es auch in zahllosen profanen Bereichen, zum Beispiel in diversen wissenschaftlichen Disziplinen.

Der Gläubige, der seine Religion für die ewig und einzig wahre hält, inkarniert sich früher oder später in einem anderen Kulturkreis, in welchem eine andere Religion herrscht. Verharrt er noch in seiner orthodoxen Gesinnung, so wird er die neue Religion, die er in früheren Inkarnationen vielleicht sogar bekämpft hat, nun für die einzig mögliche und wahre halten und sich jetzt für diese vorbehaltlos einsetzen.

Wird der Mensch innerlich etwas reifer und beginnt er allmählich an der Richtigkeit mancher Glaubenssätze und Vorschriften zu zweifeln, so wird er an Autorität und Tradition wie auch an den Dogmen seiner – jeweiligen – Religion erst recht festhalten, um vor sich selber seine Unsicherheit zu verdecken und seine – ins Wanken geratene – Stabilität und die Geborgenheit, die ihm seine Religion bietet, vor seiner Skepsis zu schützen und zu bewahren.

Erst in der zweiten Hälfte seiner äonischen Entwicklung beginnt der Mensch zu erkennen, dass ihn die Einhaltung der äußeren Formen auf dem Glaubensweg nicht weiterführt. Er erkennt allmählich, dass seine Religiosität und die Auseinandersetzung mit „seiner" (jeweiligen) Religion – meistens zwar nur in geringem Maße, aber dennoch – dazu beigetragen hat, seine persönliche Beziehung zu Gott zu fördern.

Was er vorher als „seine persönliche Beziehung zu Gott" betrachtet hat, erweist sich größtenteils als ein Herumtasten im Labyrinth der Seele, wobei auf langen Strecken seine Phantasie die einzige Laterne bot. Die Phantasie jedoch holt aus der Seele nur das heraus, was in ihr vorhanden ist. Daher erweist sich vieles, was zur Zeit der Orthodoxie für „Glaube" gehalten und durch eine religiöse Institution als „wahr" verbürgt wurde, später als ein „Produkt der Phantasie", die – allerdings mit Hilfe der Projektionen – auch im religiösen Bereich lediglich eine „Kartographie der Seele" erstellt.

Je höher das Entwicklungsniveau einer Gemeinschaft ist, desto höher wird auch die Qualität ihrer Religion sein. Dabei muss die Gemeinschaft oder der „Gläubige" die Religion nicht wechseln. In den sogenannten „Weltreligionen" erhöht sich die Qualität dadurch, dass der „Glaubensinhalt" auf eine andere, differenziertere Weise verstanden und ausgelegt wird, während jene Glaubensvorstellungen, welche für den innerlich gereifteren Menschen unhaltbar geworden sind, beiseite gelassen werden.

Nun gibt es auf den unteren Entwicklungsstufen überaus viele Gemeinschaften, in welchen über Gott und die Welt nachgedacht wird. Sie repräsentieren ein Teilchen der alles umfassenden Seele der Menschheit, und jede vertritt ein anderes Teilchen.

Die Seele umfasst ein äußerst weites Feld an Verhaltenweisen und Geisteshaltungen. Demzufolge ist auch der Bereich, auf welchem Religionen entstehen, äußerst groß. Hinzu kommt, dass sich die Gruppenseelen entwickeln, von Kulturbereich zu Kulturbereich „wandern", wobei sich die Drehbühne ihrer (Gemeinschafts-)Seele ebenfalls bewegt. Bei jeder Drehung, bei jedem Entwicklungsschritt wird auch die Vorstellungswelt des Menschen modifiziert und es werden andere, teils neue – potentielle – Anlagen zur Aktualisierung bereitgestellt. Die Art dieser Anlagen sowie ihre Qualität lenken aber auch die religiösen Projektionen, die eine fast unübersehbare Vielfalt an Glaubensauffassungen hervorbringen.

Je höher sich die einzelnen Gruppen entwickeln, je mehr Unechtes aus ihren religiösen Vorstellungen ausgeschieden wird und je offener die einzelnen Gläubigen Gott gegenüber werden, umso mehr gleichen sich die einzelnen Auffassungen in ihren wesentlichen Aussagen an, denn alles Äußerliche, Formale, alles Festgelegte und Dogmatisierte fällt von ihnen ab.

Religionen sind Pfade auf dem Weg zur Bergspitze, wo Gott „thront". Der Thron Gottes befindet sich aber im Herzen eines jeden einzelnen. Auf diesen Pfaden steigen die Menschen von verschiedenen Seiten den Berg hinauf, und das heißt: in die tiefste Tiefe ihres Herzens. Je höher hinauf bzw. je tiefer sie gelangen, umso näher kommen sie sich und umso mehr gleichen sich ihre Glaubensvorstellungen an. Denn alles, was nicht „Gottes" ist, bleibt weit unten zurück: Es hat keinen Zugang zum zutiefst liegenden „Kämmerlein" des Herzens (vgl. Mt 6,6).

HÖHENFLÜGE DER SPIRITUALITÄT

Hat sich einmal eine Blumenknospe geöffnet und ist sie zur Blüte geworden, so mag sie sich im Regen oder in der Dämmerung schließen, doch sie wird nie wieder zur Knospe.

Nicht so in der spirituellen Entwicklung des Menschen. Steht nämlich der Mensch noch auf den unteren Stufen seiner inneren

Entwicklung, öffnet sich seine Seele und wird sie fähig, die wahre Geistigkeit zu empfangen, wird sie sogar spirituell, so geschieht nach einiger Zeit etwas Merkwürdiges: Seine Seele verschließt sich wieder, als wäre sie nie offen, nie spirituell gewesen, und aus der Blüte wird wieder eine Knospe, ja vielleicht nur der winzige Ansatz zu einer Knospe.

Das pulsierende Leben

Nun ist aber das innere Wachstum unumkehrbar, ein einmal erreichter seelischer Zustand müsste daher Bestand haben.

Er hat auch Bestand. Es ist die Drehbühne der Seele, der das – scheinbare – Verschwinden spiritueller Fähigkeiten zu verdanken ist. Dreht sie sich, so rückt jener Sektor der Seele, der dem Menschen ermöglicht, sich zu öffnen und Spiritualität zu erlangen, immer mehr in den Hintergrund, und andere, weniger helle Sektoren treten ins Blickfeld.

Der Mensch verhält sich in jeder Phase seiner inneren Entwicklung anders. Die Palette seines Verhaltens auf den unteren bis mittleren Entwicklungsstufen ist so breit angelegt, dass sie von der tiefsten Tiefe: von der Destruktivität und dem Tun des Bösen, bis hinauf zu spirituellen Höhenflügen reicht.

Die Drehbühne der Seele dreht sich langsam, aber unaufhörlich. Es gelangen immer neue Sektoren in den Vordergrund, und der Mensch lebt in jeder Phase, nach jeder Drehung etwas anderes aus. Er muss neue Erfahrungen machen, er muss andere Aufgaben in Angriff nehmen, sein Leben ändert sich phasen- oder zyklenweise und fordert immer wieder andere Verhaltensweisen von ihm. Das Leben pulsiert: Es wird heller, dann taucht es wieder ins Dunkle, und es verläuft durch zahllose Inkarnationen – besonders auf den unteren Entwicklungsstufen – wellenförmig. Eine Welle umfasst meistens eine ganze Reihe von Inkarnationen. Es gibt in diesem, dann in einem anderen Bereich Höhepunkte. Es wird die eine Fähigkeit, dann eine andere vorgezogen und herangebildet; einmal wird eine seelische, dann eine geistige Gabe besonders intensiv entfaltet; es gelangt eine gute Eigenschaft zur Geltung, dann ebbt der Eifer und mit ihm die Fähigkeit, die Gabe zu gebrauchen – scheinbar – völlig ab, und manchem scheint es, als hätte er nie auch nur eine einzige gute Absicht gehabt, als habe er nie über eine schöne Gabe verfügt.

Es gibt Menschen, die von Anfang an – das heißt: anlagemäßig – eine besondere Neigung zur Religiosität haben. Die Veranlagung des Einzelnen hängt stets von der Hauptaufgabe seiner Seelenfamilie oder -sippe ab. Diese religiös begabten Menschen – gelegentlich auch Andersveranlagte – können schon in der ersten Hälfte ihrer inneren Entwicklung etwas von der echten Spiritualität erfahren, manche in homöopathischen Dosen, manche in kräftigen Portionen.

Hinterher legt sich die Neigung zur Spiritualität, und im spirituellen Leben tritt eine Pause ein, die Zyklen von Inkarnationen umfassen kann. In dieser Zwischenphase scheint die Spiritualität im Menschen zu schlafen oder noch gar nicht erwacht zu sein. Die meisten Menschen wissen nichts mehr davon, dass sie einmal eine Inkarnation hatten, in welcher sie einen Höhenflug an Spiritualität erlebten und vom Geist: vom *Heiligen Geist* erfasst worden waren.

Das Werk des Heiligen Geistes

Der Spiritus, der Vollender der Wirkung der genuinen Geistigkeit, tritt kaum noch so spektakulär auf, wie es beim berühmten Pfingstereignis geschah: mit großem Getöse und in Feuerzünglein sichtbar, so dass die Anwesenden sogleich in Fremdsprachen reden und „Gottes Großtaten allen Fremdsprachigen verkünden konnten“ (Apg 2,2-11). Der *Heilige Geist* wirkt im Menschen vorerst fast unbemerkt, und der Mensch merkt – vielleicht plötzlich, vielleicht erst mit der Zeit –, dass in ihm eine Veränderung vor sich gegangen ist. Die *Sehnsucht nach Gott* ist in ihm erwacht und lenkt seinen Weg in eine andere Richtung.

Diese Sehnsucht ist die Triebkraft der Spiritualität. Sie kann den Menschen schon auf den unteren Entwicklungsstufen für den echten Glauben empfänglich machen. Und „echt“ ist der Glaube, wenn in ihm das Wissen um Gott aufleuchtet. Die Spiritualität kann aber auch in verhüllter Form die Triebkraft für den Menschen sein, vor allem natürlich in seinen religiösen Phasen.

In der ersten Hälfte der inneren Entwicklung, besonders auf der dritten Entwicklungsstufe, lebt der Mensch seine Religiosität in der

Regel innerhalb des – von Satzungen und Glaubens"wahrheiten" festgefügten – Rahmens einer religiösen Gemeinschaft oder einer Konfession aus, oft unter Anwendung strenger Askese. Diese Zeit ist die Phase, in welcher der innere Kampf, der Kampf zwischen den Trieben und der Sehnsucht nach Gott, der Sehnsucht, rein zu sein, ausbricht.

In dieser Konfliktsituation flüchtet der Mensch vor dem inneren Triebdruck immer wieder in die „Religiosität", zum Beispiel ins Kloster. Denn er versteht unter „Religiosität" auf dieser Stufe eine streng enthaltsame und entsagende Lebensweise und meint, dank seinem Gebet, dank seinem Gelübde und durch Kasteiungen sei er gegen alle Anfechtungen des „Teufels" (= seiner eigenen Natur) gefeit. In manchen Inkarnationen gelingt es ihm, sich von Versuchungen fernzuhalten, in manchen nicht. Wendet er sich in diesem Kampf an Gott, so wird er dessen Hilfe zwar unfehlbar erhalten, nur nicht immer auf die von ihm erhoffte Weise. Er muss ja vorerst – und immer wieder – erfahren, dass der Triebdruck – entgegen seiner Meinung – stärker sein kann als sein Wille. Und er kann dies nur erfahren, wenn er im Kampf gegen seine Triebe scheitert. – Kann er sich jedoch Gott öffnen, wird er in diesem echten Sinne religiös. Dies ist auch schon auf den unteren Entwicklungsstufen – allerdings nur für beschränkte Zeit – möglich. Auch da kann er sich schon Gott öffnen, und es können in ihm Funken echter Spiritualität aufleuchten. Dabei wird er lernen, dass er den Trieb durch Unterdrükkung nicht aus der Welt schaffen kann, er muss ihn *verwandeln.* Dann erst wird er vom Triebdruck befreit.

Gerade in seinem inneren Kampf, vor allem, wenn er scheitert, sowie in Konfrontationen mit früheren Verschuldungen, wenn er über sich verzweifelt, wegen seines Verhaltens zerknirscht ist und das Gefühl hat, vernichtet zu sein, kann er Gott begegnen.

Die Spiritualität hängt nie von der äußeren Form ab, selbst auf der Stufe der Orthodoxie: auf der dritten Entwicklungsstufe nicht, auf welcher noch das streng Formale herrscht. Daher ist es für das spirituelle Erlebnis unerheblich, zu welcher religiösen Gemeinschaft oder Konfession jemand gehört, ob er die Natur, irgendeinen Gott oder Götter, Naturwesen oder Geister, Jehova, BUDDHA, Allah oder JESUS verehrt oder anbetet, welche Glaubens- und Lebensform er praktiziert, ob er mit beiden Beinen im täglichen Leben steht oder zurückgezogen lebt, ob er Eremit oder Mönch bzw. Nonne ist oder einen Beruf ausübt und sich um die Familie zu kümmern hat. Der Mensch, der von Spiritualität erfüllt ist, wird sich überall und jederzeit ganz öffnen können, wenn er *von Gott ergriffen* wird.

Welche Folgen dann seine Ergriffenheit hat, ob er sich ausschließlich „seinem" Gott widmet oder auch seinen Mitmenschen und den Mitseelen (Tieren und Pflanzen) zuwendet, ist im Hinblick auf seine Gotteserfahrung – zunächst – ebenfalls unwichtig. Derjenige, der von Gott erfüllt ist, tut ohnehin nur das, was Gott von ihm verlangt bzw. wovon er annimmt, dass Gott ihn dazu veranlasst. Nur die jeweilige Höhe seines Entwicklungsstandes und die Beschränkung seiner eigenen Fähigkeiten setzen seinem Verständnis für den Willen Gottes und seinen Wirkungsmöglichkeiten Grenzen. – Viele Heilige der katholischen Kirche und anderer Religionsgemeinschaften stammen aus der Schar solcher zeitweilig von Gott erfassten Menschen.

Der Mensch erlebt einen Höhepunkt seiner Spiritualität, weil er – wenn auch nur vorübergehend – fähig wird, sich Gottes Geist zu öffnen. Jeder Mensch (und nicht nur der religiös begabte) kann eine Phase solcher Höhepunkte spiritueller Religiosität erleben.

Es ist für jeden Menschen überaus wichtig, immer wieder auch das zu erleben, was in ihm an Positivem und Gutem vorhanden ist, und zu erfahren, dass sich in seiner Seele auch Liebevolles und Gott Zugewandtes verbirgt.

Der Abstieg

Es ist der *Heilige Geist*, der in die Seele dringt und sie ein klein wenig öffnet. Dies reicht jedoch schon aus, damit der Mensch etwas vom Geist empfangen und die Spiritualität auf eine Weise leben kann.

Aber nur für eine Weile. Denn es sind bloß erste Vorstöße der Geistigkeit, die sich in ihm melden, es sind erste Gehversuche in der Spiritualität. Vorderhand ist die Seele nur einen winzigen Spalt breit geöffnet, weiter kann sie sich noch nicht öffnen. Ein großer Teil seiner Seele ist noch im „Rohzustand", und auf viele Bereiche ist noch überhaupt kein Lichtstrahl gefallen. Vieles in seiner Seele ist noch nicht ausgelebt, schon gar nicht abgelebt und aufgearbeitet. Das Helle in seiner Seele – so intensiv es auch im Augenblick beleuchtet sein mag – ist nur (auf das Ganze gesehen) ein kleiner Lichtfleck. Das meiste liegt noch im Dunkeln.

Die Seele des Menschen hat zwar eine – gelegentlich strahlende – Lichtseite, und wenn diese bei der Drehung der Drehbühne in den Vordergrund rückt, ist es ihm möglich, für eine Weile echt spirituell zu sein. Aber sie hat auch (noch) eine – in der Regel wesentlich größere – Schattenseite, und diese drängt sich nach einem Höhenflug, nach dem lichtvollen Zwischenspiel, wieder nach vorne, und es scheint, es habe auf dieser Bühne nie Licht gegeben.

Der Mensch muss also nach der seligen Zeit eines spirituellen Höhenfluges – wie nach den Ferien, die ja ebenfalls überaus anstrengend und gleichzeitig beglückend sein können – mit neuer Kraft erfüllt, wieder „an die Arbeit" gehen: an die Arbeit an seiner eigenen Seele, insbesondere an deren Schattenseite. Und zu dieser recht mühsamen Arbeit gehört, dass er alles, was in seiner Seele anlagemäßig vorhanden ist, zunächst einmal aus sich herausholt, es auslebt, um zu erfahren, woran er überhaupt zu arbeiten hat. Denn diese Arbeit soll dazu führen, dass er alles, was aus ihm an Negativem, an Bösem zum Vorschein kommt, auflöst und sich davon reinigt.

Gerade aus dem Grunde, damit er seine Seele entfalten, ihre Anlagen verwirklichen und diese später einmal auch veredeln und erhellen kann, muss er – so traurig dies auch sein mag – von den Höhen, in die ihn sein spiritueller Höhenflug versetzt, wieder hinabsteigen, sich wieder auf das Alltägliche einlassen und sich in die irdische Realität einfügen.

Doch es bleibt nicht dabei: Sein Abstieg von der Bergspitze führt ihn noch tiefer hinunter. Am Fuße eines solchen Berges befindet sich immer eine Schlucht. Und in diese muss er hinabsteigen, hinab in die pechschwarzen Tiefen seiner Seele.

Er wird auch hinabsteigen, ob ihm das genehm ist oder nicht. Und falls er sich weigert, wird er dazu genötigt. Konkret bedeutet das: er wird in den Alltag zurückgeführt. Denn es ist für seine innere Entwicklung wichtig, dass er lernt, wie man das tägliche Leben meistert, selbst wenn ihm dieses Leben anfänglich noch so „ungeistig" erscheint. Er befindet sich also bald wieder auf dem „Boden“ der Realität, die hohe Spiritualität verschwindet, der „Heilige“ nimmt unheilige Züge an, der „Weise“, der „Gütige“ wird unklug und ichsüchtig, vielleicht sogar verschlagen und bösartig. Denn der Mensch erscheint ohne viel Abstriche wieder nur so, wie er im Grunde immer schon war: als ein unvollkommenes Geschöpf, das an seiner Vervollkommnung noch zu arbeiten hat.

In den Tiefenschichten der Seele bleibt aber das Erlebnis der echten Spiritualität bewahrt. Und wenn im Menschen die Geistigkeit wieder auflebt, so ist der Boden dafür schon etwas vorbereitet, und er kann in seiner Spiritualität einen weiteren Schritt gehen.

Jeder dieser Schritte bekundet sich darin, dass der Mensch seine Seele ein Stückchen weiter öffnen kann. Und schließt sich die Seele auch wieder, so wird sie sich beim nächsten Mal, wenn der *Heilige Geist* sie berührt, leichter und weiter öffnen können.

Der Mensch aber wird in seinem Herzen begreifen, was es heißt, dass die Seele nur so hoch steigen kann, wie sie in die Tiefe hinabgestiegen ist. Er wird immer klarer verstehen, warum Gott den Menschen zuerst und immer wieder in die „Tiefe“: in die Abgründe des Bösen schickt, damit er in die „Höhe“: zu Gott gelangen und bei ihm nicht nur vorübergehend verweilen kann. Denn jeder Abstieg in die Tiefe ermöglicht hinterher die Auflösung des Bösen und eine weitere Erhellung der Schattenseite der Seele. (Vgl. dazu: *Die Welt der Reinkarnationslehre,* S. 314–316)

Die Kehrseite der Medaille

Nun gibt es viele, die meinen, wenn jemand besonders religiös, sogar zu echten spirituellen Erlebnissen fähig ist, gehöre er schon zu den „Heiligen“, – oder zu den „Erleuchteten“. Und etliche sind der Ansicht, wer Zeugnis über eine gewisse Weisheit, über Menschen- und Wirklichkeitskenntnis ablege, der sei den Weg der Vollendung zu Ende gegangen und habe vielleicht sogar das „Kosmische-“ oder das „*Christus*-Bewusstsein“ und somit Vollkommenheit erlangt. Er stehe also auf der letzten, abschließenden Stufe seiner äonischen Entwicklung, bedürfe keiner inneren Entwicklung mehr und brauche sich auf Erden nicht mehr zu inkarnieren.

Schön wäre es. Nur gehört es leider zu den grundlegenden Irrtümern zu meinen, ein Mensch, der echte Kenntnisse hat, Kluges, ja Weises von sich gibt, dem sogar echte spirituelle Erlebnisse zuteil werden, sei allein wegen solcher Fähigkeiten ein besonderes Wesen oder auch nur ein menschlich weit entwickelter Mensch.

Ein Mensch kann durch Intuition und Inspiration, also durch echte Göttliche Führung selbstverständlich zu bedeutsamen Erkenntnissen gelangen und Einsichten in verschiedene Zusammenhänge haben, die bislang unbekannt waren und vielleicht vielen noch unzugänglich bleiben. Allein: dies sagt über seine menschlichen Qualitäten nichts aus. Erst an den „Früchten" ist zu erkennen, was im Menschen ist (vgl. Mt 7,16-18; Lk 6,44). – Hat aber ein Mensch „Einsichten", so zeigt es sich erst dann, dass es sich tatsächlich um Einsichten handelt, wenn sie in seiner Gesinnung und in seinem Leben Veränderungen bewirken.

Selbstverständlich wird sich ein spirituell begnadeter Mensch nicht mehr auf jenen Entwicklungsstufen bewegen, auf welchen Aggressivität und Zerstörungssucht die Lieblingsbeschäftigung sind. Er wird vermutlich auch schon echt menschlich sein können oder zumindest ehrlich nach Menschlichkeit streben. – Wie weit er jedoch auf dem Weg der Vervollkommnung vorangeschritten ist, ist an seinem Verhalten ablesbar, nicht aber an seiner Lehre und nicht an seinen inneren Erlebnissen, selbst wenn seine Lehre viel Weisheit enthält und seine Spiritualität echt ist. Letztlich wissen nur Gott und die Geistigen Führer, wo ein Mensch steht und wie weit er in seiner inneren Entwicklung vorangeschritten ist.

Mit „Weisheit" ist – auch dies ist selbstverständlich – nicht irgendein Verstandeswissen gemeint. Echte Weisheit, die dem Menschen den Weg zum Licht, den Weg zu Gott tatsächlich weist oder ihn zumindest zu dessen Suche anregt, wie auch Einsichten, die anderen ermöglichen, die Wirklichkeit näher kennenzulernen, kann auch jener Mensch schon haben, der selber im gewissen Sinne zwar schon weise, aber noch lange nicht vollendet ist.

Es ist eine allgemein menschliche Neigung, jene Gestalten, die andere in irgendeiner Weise überragen, unbesehen als besondere Menschen hinzustellen, sie sogar zu „Göttern" hochzujubeln und ihr Haus als „Tempel" zu betrachten. (Auch in der Unterhaltungsbranche, ob auf dem Sportplatz, ob im Tempel des lärmigen „Musizierens", wimmelt es nur so von angebeteten „Halbgöttern".) – Auch die katholische Kirche griff (und greift noch) allzu behende in den Schrank, in dem die Heiligenscheine aufgestapelt liegen, um den besonderen Status eines Menschen zu bescheinigen und ihn wegen irgendwelcher Verdienste – meistens der Kirche gegenüber – mit einem „Heiligen-Schein" zu dekorieren.

Selbst die echte Gotteserkenntnis, selbst tiefste Gotteserlebnisse sind noch keineswegs „untrügliche" Zeichen dafür, dass ein Mensch die höchste Stufe der Vollkommenheit erreicht hat. – Die Großartigkeit Gottes bekundet sich gerade darin, dass er seine Gaben nicht nach – ohnehin nur vermeintlichen – Verdiensten verteilt (wie dies beim Durchschnittsmenschen üblich ist: „Bist du brav, so wirst du belohnt!"). Gott holt aus dem Menschen das Gute, das Lichtvolle auch dann schon hervor und lässt ihn auch dann schon segensreiche Früchte tragen, wenn das „Lichtvolle" nur aus einem winzigen Lichtlein besteht, das unter dem „Scheffel": unter der Schattenseite der Seele, gelegentlich noch vollständig verschwindet.

Wie sehr auch jene Menschen noch, die durch ihre Anstrengungen, abtötende Askese, erhöhte geistig-seelische Disziplin sowie durch ihr intensives Gebetsleben zwar Großes geleistet haben und – vielleicht sogar mit Recht – im Rufe der Heiligkeit standen und noch stehen, bedauernswerte menschliche Schwächen zeigen (und diese dann in ihrer Unbewusstheit womöglich als „Tugend" ausgeben), zeigt das Beispiel des Johannes vom Kreuz, dessen spirituelle Größe nicht in Frage gestellt werden kann.

Johannes führte bekanntlich eine rege Korrespondenz mit Theresa von Avila. Seine Briefe an sie sind voller tiefer Erkenntnisse, sie sind eine Fundgrube der Spiritualität. Dies wäre gewiss auch von den Briefen Theresas an Johannes zu sagen, falls die Nachwelt sie noch besitzen würde. Leider meinte Johannes, als er bei sich (in seiner Seele) „aufräumte", er habe noch einen einzigen „Besitz", an dem sein Herz hänge, und dieser „Besitz" waren die an ihn gerichteten Briefe Theresas.

Um nun auch diesem „Besitz" zu entsagen, verbrannte er die Briefe. Er merkte nicht, dass die Briefe gar nicht ihm, sondern dem Inspirator der Briefe gehören, und dieser war Gott selber. Und Gott pflegt seine Botschaften nicht nur an einen, sondern an alle Menschen zu richten. Gerade dadurch aber, dass JOHANNES die Briefe verbrannte, nahm er sie für immer in seinen Besitz. Denn somit hatte niemand mehr Zugang zu ihnen. – Und wir – die Nachwelt – sind um viel spirituell Wertvolles ärmer geworden.

An diesem Beispiel zeigt sich ein Zweifaches. *Erstens*: Es wird deutlich, dass die Askese, die JOHANNES von sich forderte und die er auch von seinen Mitbrüdern verlangte (wobei er sie damit gelegentlich überforderte), bloß die Kehrseite der Besitznahme ist und einen – vielleicht versteckten – Machtanspruch befriedigt. Denn auch in der Askese nimmt der Mensch sich selbst in „Besitz" und will sich nach seinen eigenen und nicht nach Gottes Vorstellungen formen. – *Zweitens*: Es wird vor Augen geführt, dass auch Gestalten, die die Spiritualität in einem so hohen Maße in sich verwirklicht haben und sie – auf ihre Art – auch leben wie JOHANNES, nach wie vor mit inneren Schwierigkeiten, darunter mit Besitzergreifen zu kämpfen haben und von solchen innern Machtansprüchen keineswegs gefeit sind.

Die Neigung zu Macht- und Besitzergreifen ist vor allem auf der dritten Stufe besonders lebhaft. Sie ebbt wie von selbst ab, wenn der Mensch seine Ichhaftigkeit überwindet. Nur erreicht er dies nicht durch Abtötung, er muss aus ihr seelisch hinauswachsen. Und dazu: zur Förderung des inneren Wachstums, trägt auch die bittere Erfahrung bei, einmal – oder des öfteren – das Verkehrte getan zu haben. Wächst der Mensch aus der Phase des – noch so versteckten – Machtanspruchs heraus, so zeigt sich dies darin, dass er weiß, ihm gehöre nichts, was ja auch JOHANNES sich selbst – aber gewaltsam – „beweisen" wollte. Der Mensch weiß dann, dass ihm alles nur zur Verfügung gestellt wird, damit er es für seinen „Lehnherrn" (= Gott) verwalte und – was JOHANNES übersah – für seine Mitmenschen fruchtbar mache.

Sieht der Mensch dies ein, so wird er weder seinen Leib unnötig „abtöten" – genauer: martern – wollen (denn der Leib kann nichts dafür, dass er so ist, wie er – von Gott erschaffen – ist), noch irgend etwas, was er von Gott als Gabe oder Geschenk erhält, in Besitz nehmen und somit (unter „Ausschluss der Öffentlichkeit") nur für sich behalten wollen. (Dass er seine inneren spirituellen Erlebnisse nicht einem jeden auf die Nase binden wird, versteht sich von selbst.)

Der Mensch bekommt ja alles, was er erhält, nicht nur für sich und besitzt nie alles für sich allein, sondern immer auch für viele andere. Alles ist ihm anvertraut, damit er es seinen Mitmenschen und Mitseelen weitergebe. Große „Geschenke" sogar an alle. Denn früher oder später wird selbst für die höchsten Gaben ein jeder empfänglich.

Er wird für sie empfänglich, sobald er zu seiner inneren Wahrheit stehen kann. Zu seiner Wahrheit gehören nämlich alle Gaben. Der Mensch, der nach seiner inneren Wahrheit leben will, braucht sich keine Vorschriften zu machen, Verhaltensregeln aufzustellen, sich „Abtötungen" und Askese zu unterziehen, Verzichte vorzunehmen, um – wie er meint – den Willen Gottes zu erfüllen. Denn in diesem Fall lebt er nicht nach Gottes Willen, sondern nach den Vorstellungen, die er sich über Gottes Willen macht, und die er meistens von seiner Seelengruppe unbesehen übernimmt.

Ist er fähig, Gottes Willen zu tun, so wird er die Gaben, die Gott ihm reicht, nicht aus seiner Hand schlagen. Er wird all das Schöne, das Herzerfrischende, was das Leben angenehm und auch in irdischer Sicht fröhlich macht, nicht in der Meinung zurückweisen, der Mensch, der auf dem Weg zu Gott ist, müsse diesen Weg in Sack gekleidet und mit Asche bestreut durchschreiten. Wer Gottes Gaben zurückweist, die das irdische Leben heiter machen, der unterdrückt in sich auch jene Wünsche, die in ihm lebendig sind und verleugnet seine innere Wahrheit.

Viele müssen sich innerlich überwinden, aber nicht, um auf das Schöne und Gute zu verzichten. Sie müssen sich überwinden, um auf ihre eigenen Vorstellungen zu verzichten, aufgrund derer sie Gott vorschreiben wollen, was es ist, das als das Schöne und Gute zu gelten hat.

Wer sich Gott geöffnet hat, wird in Dankbarkeit alles annehmen, was ihm Gott anbietet. Tut er es, ist er bereit, von Gott alles – das Schöne und Gute wie auch das Leidvolle – anzunehmen, so wird er den Willen Gottes in allem verwirklichen und dabei jederzeit Freude spüren können.

AUF DEM WEG ZUR MYSTISCHEN ERFAHRUNG

Es gibt zwei Helferinnen auf dem Weg, der zur dauerhaften Spiritualität führt: die *Liebe* und die *Demut*. – Die Liebe bringt schon auf den unteren Entwicklungsstufen immer wieder Wärme und Licht. Und selbst dann, wenn sie noch nicht in ihrer eigenen Gestalt erscheint, kann sie in ihrem Kern schon echt sein.

Der Mensch ist also auch dann schon fähig, sich den anderen zu öffnen und gelegentlich sogar echte Liebe zu erleben und zu geben, wenn er innerlich dazu noch nicht reif ist, aber die Drehbühne die helle Seite seiner Seele in den Vordergrund gerückt hat.

Die Liebe

Der Mensch, der sich anderen gegenüber öffnet, ist imstande, mit seiner Seele die anderen gleichsam zu „berühren". Dies geschieht in der Liebe, sogar schon auf Vorstufen der echten Liebe. Die „Verschmelzung zweier Seelen" ist keine idyllische oder gar illusorische Vorstellung romantischer Poesie, schon gar nicht die banale Weisheit kitschiger Schlagertexte, sondern eine Realität, die Menschen bereits in der ersten Hälfte ihrer inneren Entwicklung – zumindest zeitweise, gleichsam als „Höhenflug" – erleben können.

Die Vereinigung zweier Seelen – sei sie von einem sexuellen Erlebnis begleitet oder nicht – ist ein *spirituelles* Erlebnis.

Das Einswerden der Seelen – im Sinne einer Harmonie zwischen ihnen, im Sinne einer Verschmelzung ohne Einbusse ihrer Individualität – ist das Ziel der inneren Entwicklung der Menschen. Und eine solche totale Vereinigung wird mit jedem Schritt auch in der Annäherung an Gott vorbereitet und in der jeweiligen Vereinigung mit ihm vorweggenommen.

Schlägt eine Seele jenen Weg ein, der direkt zu Gott führt, so führt sie dieser Weg nicht nur in die Nähe Gottes und ermöglicht ihr schließlich nicht nur die Vereinigung mit Gott, sondern bringt sie immer auch jeder anderen Seele näher.

Wer mit Gott wahrhaftig eins werden kann, wird keinen je „ausschließen". Er wird also auch nicht „ausschließend lieben", das heißt jemanden von seiner Liebe abtrennen und behaupten, Gottesliebe und Geschöpfesliebe würden sich gegenseitig vereiteln. Er wird offen und mit Liebe erfüllt sein, – jeder Seele gegenüber.

Es ist – so dünkt es zumindest anfänglich viele – nicht gleichgültig, welchem Wesen, welcher Seele gegenüber jemand sich öffnet oder offen sein kann und mit wem er sich vereinigt. Es besteht zweifellos ein Unterschied in der Qualität des Erlebnisses. Das Erlebnis ist ja verschieden je nach dem, ob sich jemand mit dem Menschen, der ihm nahe oder am nächsten steht, beispielsweise mit seiner Zwillingsseele, oder sonst mit einem Menschen, mit einem Geschöpf Gottes oder mit Gott selbst vereinen kann.

Es ist für den Menschen solange nicht gleichgültig, bis er begriffen hat, was das Wesentliche bei seiner Sehnsucht nach Vereinigung ist. Das Wesentliche ist nicht die Person, nicht das Gegenüber: das Wesentliche ist die Frage, wie weit er fähig ist, sich einer Seele zu nähern, ob er sie mit seiner Seele berühren oder sie sogar ganz umfangen kann.

Der Mensch kann der Natur gegenüber – auch im guten Sinne – auf verschiedene Weise eingestellt sein. Er kann sie zum Beispiel nur von außen her betrachten und an ihrer Schönheit Freude haben, ohne an ihre Seele heranzutreten. Aber er kann sie auch von innen her erfahren. Wer sein Herz für die Natur öffnet, wird die Seele von Pflanze und Tier, vielleicht auch des Minerals, allenfalls auch der Naturwesen erleben können. Und er wird von diesem Erlebnis beseligt sein – und vielleicht unter der brutalen und unnötigen Zerstörung der Natur, die er ja immer wieder erfahren muss, umso mehr leiden.

Die Grundhaltung des Menschen sollte jedoch allen Seelen gegenüber dieselbe sein. Er muss sich öffnen und hingeben, seine Seele den anderen regelrecht ausliefern, und zwar bedingungslos.

Erreicht der Mensch eine höhere Stufe der Spiritualität, so wird er ohnehin merken, dass er, wenn er die Seele eines Geschöpfes berührt, in dieser Seele immer auch Gott vorfindet.

Ist ein Mensch jedoch erst dabei, die ersten Flügelschläge auf dem Feld der Spiritualität zu üben, so scheint ihm die Wahl seines seelischen Liebespartners von größter Bedeutung.

Und das ist verständlich. Er sollte sich dieser anderen Seele – wie gesagt – ausliefern.

Wer dies nicht – noch nicht – kann, wer – wie er meint: aus guten Gründen – ungemein wählerisch ist, überdies dem anderen gegenüber Hemmungen hat, weil er dem anderen nicht voll traut, weil er befürchtet, sich zu verlieren, oder weil er meint, er sei nicht würdig, sich mit Gott zu vereinigen, der ist in allen Fällen aus dem einzigen Grunde gehemmt: weil er sich nicht ganz und bedingungslos überlassen kann. Er hält noch zu sehr an seinen eigenen Vorstellungen und Befürchtungen, im Grunde an sich: an seiner Person fest.

Er ist dann noch nicht reif für die mystische Erfahrung.

Die Demut

Es ist freilich nur folgerichtig, wenn jemand meint, er verdiene es nicht, mit Gott vereint zu sein. Vor Gott verdient der Mensch ohnehin nichts, denn alles, was er hat, alles, was er erlebt, wird ihm von Gott geschenkt. Der Mensch hat lediglich die Aufgabe, das Empfangene entgegenzunehmen und es zu verwalten, und er kann sich höchstens das Verdienst erwerben, das Aufgetragene sachgerecht und gewissenhaft – also des Auftraggebers würdig – verwaltet zu haben.

Reif wird er für die mystische Erfahrung erst dann, wenn er dies genau weiß, wenn er sich also klarmacht, dass er absolut unwürdig ist, und dennoch bereit ist, von Gott alles als Gnadengeschenk zu empfangen, ob es Leiden, ob es die höchste Seligkeit ist, und alles Empfangene in Demut anzunehmen.

Weder Stolz und Hochmut noch die falsche „Demut" (wegen seiner Unwürdigkeit) werden ihm dann hinderlich sein.

Wer meint, „demütig" zu sein, indem er seine Unwürdigkeit andauernd betont, der schiebt im Grunde stets sich selbst in den Vordergrund und ist ich-bezogen, aber nicht im echten Sinne demütig. Auch Gott braucht von niemandem unentwegt daran erinnert zu werden, dass ein Mensch der erwiesenen Gnaden oder der ihm gestellten „edlen" Aufgabe nicht würdig ist. Es ist ja in der Tat so. Und wer soll es besser wissen, wenn nicht Gott?

Der Demütige nimmt sich so an, wie er ist, ohne viel über „Würdigsein" und „Unwürdigsein", über seine „Fähigkeit" und „Unfähigkeit" nachzudenken oder gar sein eigenes „Nichtkönnen" bei jeder Gelegenheit lautstark kundzutun.

Echte Demut beruht auf dem vollständig entfalteten Sinn für die Realität. Demut entsteht aufgrund der Einsicht in die wahren Verhältnisse: in die wahre Rang- und Wertordnung der Welt. Sie erweist sich dann als „echt", wenn der Mensch die Realität vorbehaltlos annehmen und die Wahrheit restlos anerkennen kann.

Zur Realität gehört auch die innere Wirklichkeit des Menschen. Wer seine eigene innere Wirklichkeit tatsächlich kennt und sie akzeptieren kann, wird keine Mühe mit der Demut haben. Er wird sich selber an jener Stelle sehen, an der er in Wahrheit steht.

Ein Blick in den Spiegel, den die Seele dem Menschen entgegenhält, dürfte genügen, um vom Hochmut endgültig Abschied zu nehmen und die Pilgerfahrt, die zur Demut führt, anzutreten. Nimmt der Mensch ohne Widerrede sich selber so an, wie er ist, akzeptiert er sich sowohl mit seinen Schwächen und seiner „Sündhaftigkeit" als auch mit seinen tatsächlich vorhandenen Gaben und Fähigkeiten, so wird er sich den „Luxus" echter Demut leisten können.

Und auch das ist für den Menschen wichtig: zu dem zu stehen, was er ist und hat, was er tatsächlich kann und weiß. Denn er muss lernen, zur Wahrheit – auch zu seiner eigenen inneren Wahrheit – zu stehen. Er wird dann nicht – wie eine selbstgefällige Diva nach dem Auftritt – allen mitteilen, er sei „schlecht" gewesen (wenn er gut war), er habe diese oder jene Fähigkeiten nicht (die er in Wahrheit hat), womöglich – wie die besagte Diva – nur aus dem Grunde, damit ihm das Gegenteil gesagt und er mit Komplimenten überhäuft wird. – Wenn er zur Wahrheit steht, so wird er auch wissen, dass er all das, was er kann und weiß, nur deshalb kann und weiß, weil ihm alles von oben gegeben worden ist.

Steht der Mensch zur Wahrheit, so wird ihm – in einem bestimmten Sinne – alles, was ihn persönlich betrifft, gleichgültig. Er wird nur darauf bedacht sein, das zu tun, was Gott von ihm verlangt. – Fragen, die seine Person betreffen, werden ihn dann herzlich wenig kümmern (und schon gar nicht bekümmern), wie zum Beispiel: Wo er in seiner inneren Entwicklung steht; ob er „Fehler" macht oder gemacht hat; ob er zu diesem oder jenem – wie viele andere – (schon) fähig ist. Denn er wird sein inneres Wachstum in jeder Hinsicht seinen Geistigen Führern überlassen und sein Leben vorbehaltlos in Gottes Hand legen.

Er wird dann alles, was ihm Gott bietet: Schönes und weniger Schönes, unbedenklich annehmen können, weiß er doch genau, dass Gott immer besser weiß, was einem Menschen zusteht und was für ihn gut, ja was für ihn das Beste ist.

Und er wird seine Person – wie einen Regenschirm, den man irgendwo in einer Garderobe stehen ließ – in einer Ecke stehen lassen und völlig vergessen.

DIE MYSTISCHE ERFAHRUNG

Im allgemeinen Sprachgebrauch wird die mystische Erfahrung auf das Gotteserlebnis beschränkt. Ein solches ist die höchste Stufe des – für den Menschen möglichen – spirituellen Erlebnisses: das Erlebnis der Vereinigung mit Gott. – Auf ähnliche Weise, wenn auch in einer anderen, wesentlich bescheideneren Dimension, ereignet sich die Verschmelzung zweier – oder auch mehrerer – Seelen. Es kann sich um menschliche Seelen handeln, die Seele des Menschen kann sich aber auch mit Pflanzen- und Tierseelen, mit Seelen der Naturwesen oder mit übermenschlichen Seelen vereinigen, so mit den Seelen seiner Engel und Geistigen Führer, im allgemeinen mit Höheren Wesenheiten und den Himmlischen. Und auch eine solche Erfahrung kann etwas „Mystisches“ an sich haben.

Die Verschwiegenheit

Das Gotteserlebnis, die Berührung mit Gott, macht den Menschen dermaßen glücklich, dass so mancher diese Liebe, die er von Gott erhält, möglichst umgehend weitergeben muss, sonst – so meint er – würde er „zerspringen“, seine Seele würde „bersten“. – Die Seligkeit, Gott erlebt zu haben, wirkt nämlich dermaßen stark im Menschen, dass es nicht verwunderlich ist, wenn jemand nur den einen Wunsch hat, diese Liebe und Freude, diesen seligen Zustand, anderen weiterzugeben oder zumindest mitzuteilen, in der Hoffnung, seine Seligkeit mit ihnen teilen zu können.

Kinder müssen alles sofort „loswerden", was sie erlebt haben, erst recht alles, was sie bedrückt. Auch (biologisch) Erwachsene neigen dazu, sobald sich eine Gelegenheit bietet, anderen zu erzählen, was sie bewegt, um sich vom seelischen Druck zu befreien. – Doch gerade deswegen, weil sie diesen Druck mindern, wirkt in ihnen das Erlebte nicht mehr mit derselben Intensität nach oder büßt seine Wirkung ein.

Ist der Mensch innerlich noch unreif, erlebt er nur einen „spirituellen Höhenflug", so ist für ihn die Versuchung, Gotteserlebnisse auszuplaudern, besonders groß. Steht er noch nicht mit beiden Beinen auf dem Boden der Realität, so überlegt er vielleicht nicht einmal, ob die anderen seine Mitteilung auch aufnehmen und verstehen können, ja ob sie sie überhaupt anhören möchten oder ihm glauben würden.– Viele, die versuchen, ihr Gotteserlebnis anderen mitzuteilen, erleben eine bittere Enttäuschung. Sie müssen erfahren, dass sie lediglich „Perlen vor die Säue werfen" (Mt 7,6). Nur die Wenigsten nehmen ein solches Erlebnis ernst, und noch weniger sind es, die es verstehen können. Die meisten halten einen derart begnadeten Menschen nur für überschwenglich, wenn nicht für hysterisch oder gar für psychisch krank. Sie erleben dann im Grunde das, was ihnen JESUS voraussagte: Sie würden „die Perlen mit ihren Füssen zertreten und sich umwenden und euch zerreißen" (Mt 7,6), was vielfach tatsächlich geschehen ist. So wurden auch besonders begnadete Heilige wie THERESA VON AVILA von „Fachleuten" (z. B. von einigen Psychiatern), die von ihren Visionen Kenntnis bekamen, als „Hysterikerinnen" abgestempelt.

Der innerlich reife Mensch verwahrt seine Gotteserlebnisse wohlweislich in sich. Es geht ohnehin keinen Außenstehenden an, was sich zwischen einem Menschen und Gott abspielt. Ein gotterfüllter Mensch kann darum, selbst wenn ihn sein Erlebnis bedrängt, nichts besseres tun als schweigen.

Und das mit einem guten Grund.

Das Mysterium

Im Einssein mit Gott – aber auch in der Vereinigung mit einer anderen Seele – hört die Sinnenwelt auf zu existieren, werden „Augen und Lippen geschlossen", – und gerade auf diesen Tatbestand weist die Wurzel des griechischen Wortes *Mystik* hin.

Mystik (aus: gr. *mystiká* = geheim, zur Geheimlehre gehörend) ist auf *Mysterium* (lat. aus: gr. *mystérion* = Geheimnis; im weiteren Sinne: Geheimkult) zurückzuführen und enthält als Wurzel das Wort *myein* (gr.), das bedeutet: „sich – bzw. Augen und Lippen – schließen".

Diese „geheimnisvolle" Erfahrung ist die höchste Erlebnisweise, welche dem Menschen seine Gefühlsfähigkeit zu bieten hat. Nur im Gefühl, und zwar in diesem höchsten Gefühl, kann der Mensch eine andere Seele, kann er Gott erleben. Und das Erlebnis ist und bleibt ein Mysterium: ein Geheimnis.

Es ist nicht vermittelbar, es ist nicht mitteilbar. Nicht nur das Auge schließt sich und die Lippen verstummen, auch der Verstand bleibt sprachlos. Denn begreifen kann der Mensch das mystische Erlebnis nicht, allein unmittelbar erleben.

Noch in einem anderen Sinne „schließen sich die Lippen" desjenigen, dem das mystische Erlebnis zuteil geworden ist: Er schweigt darüber.

Er schweigt nicht deswegen, weil sehr viele Menschen für solche Erlebnisse überhaupt kein Verständnis haben und die „Gescheiten dieser Welt" das mystische Erlebnis für eine Ausgeburt „überreizter Nerven", wenn nicht gerade einer „krankhaften Phantasie" halten. Doch was kümmert einen Menschen, der in die Nähe Gottes treten kann, die Meinung der Menschen, geschweige denn jener, die geistig noch unmündig sind!

Er schweigt, wie ein jeder, der für das Intime schon ein Gefühl hat, über das Innigste, über die Vereinigung, schweigen würde. Nur leichtlebige Damen oder sich brüstende Männer plaudern ihre Bett„geheimnisse" aus, eine zartfühlende Braut hingegen gibt ihre Intimitäten, die Innigkeit der Begegnung mit ihrem Bräutigam nie preis, höchstens lässt sie jenen etwas ahnen, der dasselbe Erlebnis auch gehabt hat.

Daher ist es nicht erstaunlich, dass keiner unter jenen, die der mystischen Erfahrung teilhaftig werden, sich selber „Mystiker" nennt. Und unter jenen, die ihre – angeblich – „mystischen Erlebnisse" an die große Glocke hängen und sich selber „Mystiker" titulieren lassen, gibt es keinen einzigen echten Mystiker.

Dies wird einem jeden mühelos einleuchten, den auch nur der leiseste Hauch des Mystischen je berührt hat.

Das Erlebnis Gottes

Der Mensch, der der mystischen Erfahrung fähig geworden ist, erfährt nicht nur dieses Erlebnis selbst, sondern zugleich – gleichsam zusätzlich – auch „Sachliches".

Im mystischen Erlebnis, in der Vereinigung mit einer Seele, mit Gott, erfährt der Mensch auch eine „geheimnisvolle" Wirklichkeit: die Tiefe der menschlichen – wie auch der nicht-menschlichen und der übermenschlichen – Seele und die Göttliche Wirklichkeit. Er weiß dann mit absoluter Gewissheit nicht nur, dass Gott tatsächlich existiert, er erfährt auch einiges über sein Wesen und seine Weisheit. Viele Mystiker berichten, falls sie über ihre Gotteserlebnisse überhaupt etwas verraten, dass ihnen alles, was in der Welt vorgeht, mit einem Schlag klar wurde, als fielen Schuppen von ihren Augen.

Gottes Weisheit erfahren bedeutet, seine „Pläne", seine „Ratschlüsse" erkennen. Die großen Zusammenhänge in der Göttlichen Ordnung, welche die Grundlage der Kosmischen Ordnung ist, der Sinn der Welt, der Sinn allen Geschehens, der Sinn des Lebens, erst recht des menschlichen Lebens werden immer deutlicher fassbar, – fassbar für das Herz und später, sobald der Mensch gelernt hat, aus seinem „Herzen" zu schöpfen, auch für seinen Verstand.

Er wird in diesem *Innenraum des Weltalls* (der ja in seinem Herzen ist) mit Gott auch sprechen können: sprechen wie mit einer Person, die zwar allwissend und allmächtig ist, sich ihm gegenüber jedoch so verständnis- und liebevoll gibt, dass ihre wahre Göttlichkeit gar nicht zum Vorschein kommt. – Und damit erlebt er das wahre Wesen Gottes, das nach außen hin paradox anmutet.

Die Paradoxie Gottes

Denn Gott zeigt sich in diesem tiefen Gotteserlebnis nicht als „Gott", sondern als eine Person, als eine Seele, die zwar unendlich größer als der Mensch ist, die sich mit ihm aber völlig gleichstellt.

Der Mensch, der Gott erlebt, der entrückt und entzückt und ganz in der Ekstase ist, vergisst nicht nur sich und alles Menschliche, alles Irdische, sondern selbst das, dass es Gott ist, mit dem er sich vereinigt.

Er denkt nicht an Gott, er *erlebt* ihn, und im Erlebnis wird Gott ihm gleich. – Erst hinterher, erst dann, wenn der Mensch über Gott (mit seinem Verstand) nachdenkt, beginnt sich ihm Gottes Größe aufzutun. Und wenn er ganz aufrichtig und Gott gegenüber ganz offen ist, so wird er beim Gedanken an Gottes Größe von Schwindel erfasst. Sobald er auch nur die leiseste Ahnung bekommt, wer oder was Gott in Wahrheit ist, erscheint ihm seine Größe atemberaubend.

Im Gotteserlebnis erlebt der Mensch die „Paradoxie Gottes“: Gott steht unendlich weit über allem, über seinen Geschöpfen, und dennoch steht er gleichzeitig auf derselben Ebene mit dem Menschen, als wäre er Mensch und der Mensch Gott geworden.

Das Gefühl ist *unmittelbar*. Es beflügelt den Menschen so sehr, dass er sich – seine Seele – wie eine „Braut“ Gott hingeben und in der *Unio mystica* (lat.): in der mystischen Vereinigung, die alles überragende Größe seines Bräutigams nicht mehr spürt, da seine Seele mit ihm ganz verschmolzen ist.

Es ist die *Liebe Gottes* zum Menschen, die die unendliche Distanz zwischen Gott und dem Menschen aufhebt und sich der Seele des Menschen so bemächtigt, dass auch der Mensch überzeugt ist, Gott (zumindest für eine Weile) mit derselben Intensität lieben zu können, wie Gott ihn liebt.

Die „Vergottung“ des Menschen

Erlebt der Mensch die Vereinigung mit Gott, als wäre er Gott „gleichgestellt“, so bedeutet dies keineswegs, dass er selber zu „Gott“ geworden ist.

Die unendliche Distanz zwischen dem Menschen und Gott wird nicht nur nach Abklingen des mystischen Erlebnisses spürbar, sie besteht auch in den Augenblicken der Vereinigung.

Der Mensch erlebt ja nicht, dass er zu „Gott“ geworden ist, sondern eine Vereinigung mit ihm. Er erlebt, dass sich Gott auf dieselbe Ebene stellt, auf der er steht, genauer: auf welche er von Gott gestellt wird. Damit aber öffnet sich ihm jene Dimension seiner Seele, welche ihre Göttliche Dimension ist. – Diese ist aber nur eine – wenn auch die tiefste und wichtigste – Dimension der Seele, die auch noch viele andere Dimensionen in sich fasst.

Was der Mensch in Wahrheit erlebt, ist, dass er ein „Teilchen" Gottes ist, nicht aber, dass er selber „Gott" ist. – Selbst wenn er die Tatsache erkennt, dass Gott überall und in jedem ist, berechtigt es ihn keineswegs zur Annahme, er sei – da Gott in ihm ist – auch selber „Gott".

Gewiss, der Mensch soll „vollkommen sein, wie sein himmlischer Vater vollkommen ist" (Mt 5,48). Nur wird jeder, der sich in der inneren Realität des Menschen auskennt, wissen, welch abgrundtiefer Unterschied zwischen seiner „Vollkommenheit" und der Vollkommenheit Gottes besteht. Er wird sich daher kaum überflüssigen Träumereien hingeben und danach streben, selber „Gott" zu werden.

Es ist ja nicht die Bestimmung des Menschen, zu Gott zu werden. Seine Bestimmung ist es, jenen Platz in der Gesamtheit aller Seelen einzunehmen, der für ihn von Anfang an bestimmt ist.

Es ist Gott, der jede Seele „ausgedacht" hat: Jede Seele ist ein „Gedanke" Gottes. Versucht der Mensch sich selber als „Gott" zu denken, so erfährt er nur das, was alle, die sich für „Gott" hielten, früher oder später erfahren mussten: die ernüchternde Tatsache, dass sie nach wie vor nur hinfällige Menschen sind.

Es muss nicht einmal Überheblichkeit sein, die manche dazu verleitet, sich mit Gott gleichzusetzen, oder glauben lässt, sie können zu „Gott" werden. Es kann auch kindliche Naivität sein, die zeigt, dass ihre Augen für die Wahrnehmung der wahren Beschaffenheit der Realität noch nicht aufgegangen sind. – Wer sich auch nur einigermaßen kennt, wird der Illusion kaum erliegen, dass er sich als Anwärter auf die Gotteswürde betrachten oder auch nur in einem oberflächlichen Sinne „vergottet" werden könnte.

Auch der Mensch würde nur belustigt lächeln, wenn ihm seine Hand, sein Fuß oder sonst ein Glied seines Leibes mitteilen würde: „Da wir zusammengehören, bin ich ganz ‚du': der ‚ganze Mensch'". Und vielleicht führt der Körperteil, der von seiner Wichtigkeit restlos überzeugt ist, im Schilde, den Menschen aus „seinem" Leben ganz auszuschalten. – Da aber der Mensch die kindliche Einfalt seines Körpergliedes durchschaut, sagt er zu ihm dasselbe, was Gott zum Menschen, der so naiv anmaßend ist, liebevoll sagt: „Wenn du deine kindlichen Spiele beendet hast, so komm, damit wir mein Reich gemeinsam aufbauen!"

DAS REICH GOTTES

Schweigt der Mensch, dem Gotteserlebnisse zuteil werden, über das Erfahrene, so offenbart sich seine innige Beziehung zu Gott auf andere Weise: Sie spornt ihn zu Aktivitäten an. Alle, die von Gott „berührt" werden, ändern sich. Sie erhalten eine ganz neue Einstellung zu allem und können ihr Leben ganz umgestalten, sogar Großes leisten. (Vgl. dazu Beispiele in: K.O. SCHMIDT: *In dir ist das Licht,* 1. Auflage 1959)

Auch das Gotteserlebnis ist ein *Liebesakt*, und auch diese Liebe manifestiert sich im *Tun*. Es ist sogar ein grundlegendes Kriterium für die Echtheit solcher Erlebnisse, dass sie im Leben des Menschen – selbst in seinem Alltag – Folgen zeigen.

Der Mensch, der immer mehr mit Gott verbunden ist, verändert sich innerlich. Einerseits geht eine „Großreinigung" seiner Seele vor sich, andererseits gibt er sein Gotteserlebnis anderen weiter, nicht mit Worten, sondern in dem Sinne, dass er die empfangene Liebe auf sie weiterstrahlt. Das Liebeserlebnis im mystischen Akt bekundet sich in einer stetig steigenden Liebeszuwendung zu allen Geschöpfen.

Der Mensch aber, dem Gotteserlebnisse zuteil werden, merkt – nicht selten erst im Nachhinein, nicht selten mit Staunen –, dass er sich nicht mehr so verhalten kann wie zuvor. Hatte er zum Beispiel bei jeder „passenden" (und nicht passenden) Gelegenheit eine Notlüge bereit, so kann er heute nicht mehr lügen (und nimmt gegebenenfalls unangenehme Konsequenzen seiner Wahrheitstreue in Kauf). Und immer wieder schämt er sich, wenn er sich dabei ertappt, dass er sich eine kleine „Freiheit", zum Beispiel einige Seitenblicke auf das schöne Leben der moralischen oder ethischen Sorglosigkeit, erlauben möchte, wie es früher seine Gewohnheit war. Aber er staunt auch über Menschen, die vorgeben, Gotteserlebnisse zu haben, wo doch bei ihnen hinterher alles beim alten bleibt und sie ihr Leben im Fahrwasser der Lieblosigkeit fortführen.

Echte Spiritualität hingegen fordert den Einsatz aller Kräfte, damit das *Reich Gottes* verwirklicht werden kann.

Wo sich das Reich Gottes befindet

Das *Reich Gottes* ist kein „Himmlisches" Reich, es liegt nicht etwa im Jenseits. Es muss auf der Erde, im irdischen Leben, verwirklicht werden. Allerdings nicht als irdisches Reich, das – von „Idealisten" aufgebaut – das Wohl der Bürger mit Moral und Religion unter einen Hut bringen will, oder gar als „Gottesstaat": von religiösen Fanatikern als Terrorsystem errichtet. – „Das Reich Gottes kommt nicht so, dass man es beobachten könnte. Man wird auch nicht sagen: Siehe, hier! oder: dort! Denn siehe, das Reich Gottes ist in eurer Mitte" (gr. *entòs hymon estin*: „mitten unter euch"; LUTHER: „inwendig in euch"; Lk 17,20-21).

„Mitten unter euch", „inwendig in euch": das ist im Menschen, in seinem Herzen. Der Mensch muss die Erde nicht verlassen, um ins Reich des Himmels zu gelangen, er muss in sich hinabsteigen, um in seinem Herzen das Tor zum Himmel zu öffnen. Nur dort kann er Gott begegnen. „Gottes ist das Himmelsreich", doch seine Herrschaft beschränkt sich nicht nur auf den „Himmel", in seinen Herrschaftsbereich ist auch die Erde mit allem Irdischen einbezogen. – Daher ist es die Aufgabe des Menschen, wenn er seine Spiritualität entfaltet, die Erde und die Erdsphäre zum „Herrschaftsbereich" Gottes zu machen.

„Spiritualität" bedeutet ja nicht, sich von allem Irdischen abzuwenden und nur an Gott zu denken. Sie bedeutet den Einsatz aller Kräfte *auf der Erde*, damit hier das *Reich Gottes* verwirklicht werden kann.

Der Mensch, der wahrhaft „spirituell" geworden ist und von der tiefen Sehnsucht nach Gott geleitet wird, strebt nicht mehr danach – wie er es auf der dritten Stufe noch tat –, aus der irdischen Welt herauszutreten, um in die Himmlische zu gelangen. – Verlässt jemand die Erde mit dieser Einstellung, glaubt er, nur so zu Gott gelangen zu können, so versperrt er sich gerade damit den Weg zu Gott. Die Welt soll nicht im Stich gelassen werden, sondern im Gegenteil: der „Himmel" soll auf die Erde herabgeholt werden, damit Gottes Herrschaft auch im Irdischen sichtbar zur Wirklichkeit wird.

Gottes „Herrschaftsbereich“ ist selbstverständlich kein Staatssystem und schon gar keine – durch strenge Gesetze und Strafandrohung regierte – (Schreckens-)Herrschaft. Es ist das *Reich der Liebe.*

Es ist die *Liebe zu Gott*, die den Menschen veranlasst, das *Reich Gottes* dort, wo er steht, zu verwirklichen. Der Mensch kommt immer wieder auch aus dem Grunde auf die Erde und wird in eine bestimmte Umgebung aus dem Grunde gestellt, damit er dort, wo er steht, an der Verwirklichung des Gottesreiches arbeiten kann.

Im „Himmel“ – in den höheren Regionen des Kosmos – ist das *Reich Gottes* schon Wirklichkeit. Alles, was im Himmel, das heißt auf der rein geistigen Ebene, *aktuell* vorhanden ist, liegt auch auf der Erde vor, allerdings erst *virtuell.* – Das Himmlische muss auf der Erde erst – Schritt für Schritt – realisiert werden.

Die Diaphanie Gottes

Regt sich das *Göttliche* im Menschen, so gibt es dafür ein untrügliches Zeichen: Seine Augen öffnen sich immer weiter für das Göttliche in der Welt und der Mensch beginnt, in allem, was ihm begegnet, Gott zu erblicken.

Die *Anwesenheit Gottes* in allem zu erkennen bedeutet aber, dass für den Menschen das *Reich Gottes* auf Erden zur Wirklichkeit wird. Gott „erscheint“ für ihn in all seinen Geschöpfen: er *scheint* durch sie hindurch. – „Durchscheinen“ heißt griechisch: *diaphanein*; das Wort bedeutet ferner: hervorleuchten, sichtbar werden, anbrechen.

Das *Reich Gottes* ist jenes „Reich“, in welchem die *Diaphanie Gottes* stattfindet, in welchem Gott in seinen Geschöpfen sichtbar wird, in ihnen *erscheint.* Demjenigen, der am *Reich Gottes* arbeitet, *scheint*, und das heißt: *leuchtet* Gott in allem auf und *leuchtet* durch alles hindurch. Der Mensch merkt, ja er *erlebt* in allem – ganz konkret – die *Anwesenheit Gottes.*

Das *Reich:* die Welt, das Universum, ist *Gottes*, weil Gott überall anwesend ist. Und noch mehr: Es ist *sein* Reich, weil alles, was es gibt, aus Gott hervorgegangen ist, alles ist – letztlich – eine „Ausformung“ Gottes.

Der Grundzug des *Gottesreiches* ist: *Gott ist in allem und alles ist in Gott.* – Damit dies offen zutage tritt, muss das Reich auch auf der

Erde verwirklicht werden. Dies ist die Aufgabe des Menschen. Und er gehorcht dem Auftrag, sobald er weiß, dass *Gott* in ihm, *im Menschen,* und der *Mensch in Gott* ist. Und er weiß, dass es Gott ist, der durch ihn wirkt und sich damit auch durch ihn offenbart.

Gott scheint nicht nur in der irdischen Welt auf, sondern leuchtet auch im Menschen. Derjenige, der sich Gott ganz überlassen kann und nur die Absicht hat, Gottes Willen auf Erden zu verwirklichen, gilt als *erleuchtet:* in ihm scheint Gott immer häufiger und immer deutlicher auf. Er wird somit selber zu einem „Wahrzeichen" der *Diaphanie Gottes.* – Die Tatsache, dass seine Seele an Gott teilhat, erfährt er nicht nur – wie bisher – gelegentlich: Das Erleben der Gegenwart Gottes wird zu einem Dauerzustand seiner Seele.

Der innere Mensch und die Verwirklichung des Gottesreiches

Das *Wissen um Gott* und das *Wissen um sein Reich* ist im *inneren Wissen* des Menschen enthalten. Und was in seinem inneren Wissen enthalten ist, weiß der Mensch nicht mit seinem Verstand, sondern mit seinem *Herzen.* Es ist ein *Herzenswissen,* das durch das *innere Erleben* zustande kommt und sich durch *innere Erfahrungen* ansammelt.

Das *innere Wissen* wird vom *inneren Menschen* verwaltet. Er schöpft aus diesem Wissen jedoch nicht bloß, um es – vor allem in bestimmten Situationen oder Lebensabschnitten – dem äußeren Menschen weiterzureichen. Seine wichtigste Aufgabe ist, den äußeren Menschen dazu zu bewegen, sein irdisches und sein seelisch-geistiges Leben aufgrund dieses Wissens einzurichten.

Der äußere Mensch kann dies nur tun, indem er sich fortschreitend verändert. Die ganze äonische Entwicklung ist ja ein Wandlungsprozess des äußeren Menschen. – Aber auch der innere Mensch macht einen Reifeprozess durch. Er muss immer tiefer in das innere Wissen eindringen, und er muss lernen, dem äußeren Menschen beizubringen, auf welche Weise er das Erfasste verwirklichen kann.

Dringt er tiefer in das innere Wissen, so muss er den Umgang mit diesem Wissen erst noch lernen. – Das Wichtigste, das er dabei lernen muss, ist, über das bloß formale Verständnis der Göttlichen Gesetze hinauszugelangen. Er muss einsehen, dass die Göttliche Gerechtigkeit keine mechanisch ablaufende ausgleichende Gerechtigkeit ist, sondern stets von der *Barmherzigkeit* getragen wird.

Erst dann, wenn sein Verständnis des Göttlichen diese Dimension erreicht, gelangt er in jene Tiefe der Seele, in welcher er Gott zu jeder Zeit begegnen und ihn auch um Rat und Hilfe bitten kann.

Der äußere Mensch aber wird in die Begegnung mit Gott immer häufiger einbezogen. Indem sich nämlich der innere Mensch mit dem äußeren – auf den höheren Entwicklungsstufen – immer inniger vereinigt, so dass der Unterschied zwischen „innen" und „außen" allmählich verschwindet, erlebt auch der äußere Mensch Gottes Gegenwart immer intensiver.

Arbeitet der Mensch an der Verwirklichung des Gottesreiches, so geschieht es unter dem Einfluss des inneren Menschen. Er durchdringt den äußeren, und dieser verändert sich schließlich so weitgehend, dass er auch in der irdischen Welt Veränderungen hervorrufen und auf der Erde das Göttliche da und dort aufscheinen lassen kann.

Sind der innere und der äußere Mensch im Menschen miteinander verschmolzen, so wird der innere zum *Höheren Selbst* und damit zur höchsten Instanz des äußeren Menschen. Er wird zur höchsten Instanz, weil er jene Instanz im Menschen repräsentiert, welche für sämtliche Wesenheiten die *Höchste Instanz* ist: *Gott.*

Das Reich Gottes verwirklicht sich zuerst immer im Menschen, vorab im inneren, sodann im äußeren, um durch diesen auch in der irdischen Welt zur Wirklichkeit zu werden. – Die Vereinigung des äußeren Mensch mit dem inneren verläuft parallel zur zeitweiligen oder – gegen Ende der äonischen Entwicklung – dauerhaften Vereinigung des ganzen: *voll in Gott integrierten* Menschen.

Das Reich und die Geschöpfe

Das *Reich Gottes* kann auf Erden nur dann verwirklicht werden, wenn jeder, der von Gott erfasst ist, sich Mitmenschen und Mitseelen zuwendet. Die Arbeit am Gottesreich ist die *Arbeit an den Seelen.* Und Arbeit an den Seelen bedeutet die Förderung ihrer Entwicklung. Das Reich Gottes wird zuerst in den Seelen und erst durch sie im irdischen Leben verwirklicht.

Damit auf der Erde Veränderungen, die zum Guten führen, zustande kommen, muss zuerst die Gesinnung der Menschen geändert, und zwar *veredelt* werden. Wer am *Reich Gottes* arbeitet, arbeitet an der *Veredelung der Gesinnung* des Menschen.

Eine solche Arbeit verlangt eine überdurchschnittliche geistige Kraft. Und diese Kraft bekommt der Mensch nicht nur von oben her. Verschmilzt der innere und der äußere Mensch, so werden enorme Kräfte frei. Es ist wie in jeder Situation, in welcher zwei Seelen nicht mehr gegeneinander kämpfen, sondern sich zusammentun, um sich für eine gute Sache gemeinsam einzusetzen: Sie werden frei für das gemeinsame Unternehmen und vergeuden ihre Kräfte nicht mehr im Kampf gegeneinander. – Die freigewordenen Kräfte stehen dem Menschen, der sich ganz in den Dienst Gottes stellt und vor entsprechend anspruchsvollen Aufgaben steht, voll zur Verfügung. Er braucht einen solchen Energiezuwachs, denn er muss den Kontakt mit den Seelen nicht nur ertragen, sondern auch austragen können. Er muss den Seelen in ihrer Not und Verzweiflung beistehen und ihnen helfen, die Last des Bösen, unter dem sie leiden, mitzutragen.

Betritt der Mensch die höchsten Stufen seiner inneren Entwicklung, so existiert er nicht mehr nur für sich, sondern in erster Linie – letzten Endes ausschließlich – für die anderen. Er versteht sich als Werkzeug des Göttlichen Willens und gibt die Kraft und die Liebe Gottes den Geschöpfen unverändert weiter.

Und das kann er nur tun, wenn keine nennenswerte Spannung zwischen dem inneren und dem äußeren Menschen besteht, weil sie Eins geworden sind.

Aber auch dann reichen für die Arbeit die eigenen Kräfte nicht aus. Der Mensch kann sich erst dann für die Verwirklichung des *Reiches Gottes* voll einsetzen, wenn er mit seiner Seele sowohl in Gott als auch in JESUS so weitgehend hineingewachsen ist, dass zum Zentrum seiner Geistigkeit das *Christus-Bewusstsein* geworden ist.

(Zum Reich Gottes vgl. auch: *Das Vaterunser*, 1. Auflage S. 65–91, Neuauflage S. 65–92)

Kapitel 34

DAS CHRISTUS-BEWUSSTSEIN

Das *Christus-Bewusstsein* ist kein erhobener Seelenzustand, der etwa durch Meditation oder inbrünstiges Beten jedem zuteil werden könnte, während andere, die sich nicht um ihre innere Entwicklung oder ihr „Seelenheil" kümmern, davon vielleicht nichts wissen. Es ist auch kein Symbol, das das Göttliche im Menschen versinnbildlichen würde.

Das *Christus-Bewusstsein* ist eine *Energiequelle*, darum auch *Christus-Energie* genannt, die in jedem Menschen ständig fließt, ob er von *Christus* weiß oder nicht, ob er an ihn glaubt oder nicht.

Das *Christus-Bewusstsein* kann aus dem Grunde eine Energiequelle sein, weil es Göttlichen Ursprungs ist: Es ist die Energie, die aus dem *zweiten Aspekt Gottes* herausströmt. – Der zweite Aspekt Gottes ist der *Christus-Aspekt.*

Der Mensch kann weder über das *Christus-Bewusstsein* noch über den zweiten Aspekt Gottes nach Gutdünken verfügen. „Verfügen" kann er darüber ohnehin nicht. Er kann sich das Christus-Bewusstsein in einem gewissen Sinne aneignen, und zwar dann, wenn er dazu reif geworden ist. Er wird dazu reif, wenn er in *Christus* hineinwächst.

Der innere Mensch allerdings ist und war immer schon eins mit Gott, da das Göttliche im Kern jeder Seele von Anfang an gegenwärtig ist. Doch gerade dadurch, dass der Mensch – und zwar der innere Mensch – in das *Christus-Bewusstsein* hineinwächst, wird er zunehmend fähig, das Göttliche aus der Tiefe der Seele sprechen zu lassen und dessen Willen auch durch den äußeren Menschen zu verwirklichen.

Betritt der Mensch den Weg der Spiritualität, so beginnt er, in Gott hineinzuwachsen. Wächst er in Gott hinein, so wächst er in

Christus hinein. – In dem Maße aber, wie er in *Christus* hineinwächst, kann er aus der *Christus-Energie* schöpfen.

Nun ist aber keine Energie und keine Energiequelle eine abstrakte Größe. Jede wird von Wesenheiten verwaltet und eingesetzt. Die *Christus-Energie* wird von *Hohen Wesenheiten* betreut. – In jeder Kosmischen Sphäre sind eigens dazu berufene Hohe Wesenheiten zuständig. Auch in der Erdsphäre – und zwar für jede Menschheit – ist jeweils eine Hohe Wesenheit dazu ausersehen, die *Christus-Energie* auf der Erde wirksam werden zu lassen. Damit sie das tun kann, muss diese Wesenheit zu *Christus* werden.

Jene *Höchste Wesenheit*, die auf der Erde zu *Christus* und damit zum Verwalter der *Christus-Energie* wurde und seitdem unsere Menschheit anführt, ist JESUS. – Für uns Menschen ist das *Christus-Bewusstsein* in JESUS verkörpert.

Es ist nicht der Mensch, es ist JESUS, der die *Göttliche Energie* von Gott unmittelbar empfängt und zu den Menschen weiterleitet. Der Mensch kann diese Energie gar nicht anders als durch den empfangen, dessen Namen sie trägt: durch *Christus*, und durch den, der zur irdischen Verkörperung des *Christus* wurde: durch JESUS.

JESUS UND DAS CHRISTUS-BEWUSSTSEIN

Viele Menschen merken, dass in unseren Tagen die *Christus-Energie* immer stärker auf die Erde fließt. Ihre Wirkung zeigt sich vor allem darin, dass sich immer mehr Menschen nach Gott sehnen.

Wer sich nach Gott sehnt, ist schon dabei, sich ihm zu öffnen. Öffnet er sich Gott, so wird er dem *Weg*, den JESUS für die Menschen bereitet hat, folgen und mit seiner Hilfe in Ihn: in *Christus* und damit in das *Christus-Bewusstsein* hineinwachsen.

Das *Christus-Bewusstsein* ist das Bewusstsein, in ständiger Gegenwart JESU zu leben. Und wer in der Gegenwart JESU lebt, lebt auch in der Gegenwart Gottes.

Empfängt der Mensch die *Christus-Energie*, so zeigt sich dies in ihrer Wirkung. Er wird sich immer mehr *Christus* überlassen und tritt somit JESU „Nachfolge“ an. Folgt er ihm nach, so versucht er dasselbe zu tun, was JESUS tat und nach wie vor tut: Er versucht, den zweiten Göttlichen Aspekt: den *Christus-Aspekt*, auf der Erde zu verkörpern und damit das *Christus-Bewusstsein* in der Menschheit auszubreiten.

Der *Christus-Aspekt Gottes* ist die Quelle echter *Gefühlsfähigkeit*, somit die Quelle von *Einsicht* und *Liebe*. – Wie nun Liebe nicht nur ein Gefühl, sondern stets auch ein *Tun* ist, ist auch das *Christus-Bewusstsein* kein „Wissen", auch kein Gefühlszustand, sondern ein *Wirken*. Es fordert vom Menschen, JESUS nachzuahmen: zu versuchen, Gottes Liebe auf der Erde wirksam werden zu lassen. – Es ist ein Wirken, bei dem der Mensch seine Person – und mit ihr sein Ich – völlig zurückstellen muss, damit er nur mit dem *Herzen* JESU fühlt, *seine* Gedanken denkt und *seinen* Willen verwirklicht.

Beginnt der Mensch JESUS in diesem Sinne nachzuahmen, so fließt die *Christus-Energie* immer stärker durch ihn. Seine Fähigkeit zur Einsicht und zur Liebe steigt und er wird die *Christus-Energie* auch für andere wirksam machen können. – Wer aber fähig ist, Einsicht und Liebe in den Menschen zu erwecken, arbeitet mit JESUS gemeinsam an der Verwirklichung des *Reiches Gottes* auf der Erde.

Lässt der Mensch JESUS in sich und durch sich wirken, so wird er bald ahnen, welch übernatürliche Leistung JESUS in seinem Erlösungswerk vollzogen hat. Es wird ihm allmählich klar, dass sein Erlösungswerk nur in einer langen Reihe von Inkarnationen geschehen, also vorbereitet, durchgeführt und vollendet werden konnte. Er erlebt sich – mit der Zeit immer deutlicher, bald schon immerzu – als ein Glied in *Christi mystischem Leib*, den JESUS in seinem *Lichtleib* verkörpert. Der Mensch erkennt in ihm seinen höchsten *Meister* und weiß nun, dass JESUS der *Meister aller Meister* ist. Und er fühlt sich besonders angespornt, sich ihm zu überlassen und mit ihm zusammen daran zu arbeiten, dass die *Erlösung* allen Menschen zuteil wird.

Es ist für den Menschen wichtig, sich klarzumachen, dass alles, was er als *Liebeswerk* vollbringt, nicht sein eigenes Werk ist, sondern lediglich durch ihn geschieht. Das Höchste, was ein Mensch auf der Erde erreichen kann, ist, dass er zu einem vollkommenen *Werkzeug des Göttlichen* wird.

Und da Gott jedes Liebeswerk, das er auf der Erde durchführt, durch Einsatz seines zweiten Aspektes verwirklicht, und da dieser: der *Christus-Aspekt*, für unsere Menschheit von JESUS verwaltet wird,

wird der Mensch, der Gott dient, zu einem *Jünger*, schließlich sogar zu einem *Freund* JESU (Jo 15,8 u. 14–15).

JESUS DER CHRISTUS

Christus (gr. mit lat. Endung aus: gr. *chrisma* = Salbe) bedeutet: „der Gesalbte". – Gott „salbt" eine Seele, um sie als „Boten" auszusenden. Sie wird zu jenen Seelen gesandt, die der Göttlichen Führung bedürfen. Zu diesen gehören alle Seelen, die aus Gottes Seele hervorgegangen sind, um den großen Kreislauf der Entwicklung einzuschlagen und voll entfaltet zu Gott zurückzukehren.

Diese Seelen gehören zu einer jener großen Seelengruppen, aus welchen jeweils eine Menschheit hervorgeht. Die großen Gruppenseelen verzweigen sich in kleinere und in immer kleinere. Die kleinsten (die immer noch sehr groß sind), werden jeweils zu einer Menschheit, aus welchen sich schließlich die Einzelseelen herausindividualisieren. – Dieser Schöpfungsvorgang vollzieht sich unter der Führung von *Hohen Wesenheiten*.

Von der großen Wende an, wenn das Ausströmen aus Gott in die Rückkehr der Seelen zu Gott übergeht, brauchen die Einzelseelen eine besondere – individuelle – Führung.

Der Weg zurück zu Gott bedeutet die vollständige Umwandlung der Seele: ihre Entlastung von allem Irdischen. – Dieser Weg ist der Weg der *Erlösung*.

Die Erlösung

Christus: der „Gesalbte", gilt als der *Erlöser*, allerdings nur für Christen. Denn nach orthodox-jüdischer Lehre ist der Erlöser der immer noch erwartete *Messias* (aramäisch, aus: hebr. *maschiach* = der Gesalbte), der einst kommen soll, um die Juden aus der „Gefangenschaft" zu befreien und das Reich Gottes auf Erden – als „Gottesstaat" – zu errichten.

Nach traditionell-christlicher Auffassung hingegen ist der *Messias* schon gekommen: in der Person JESU. Sein Erlösungswerk besteht in der Wiederherstellung des einst getrübten Verhältnisses zwischen der Menschheit und Gott, der sich wegen des „Sündenfalls" des ersten Menschen: ADAMS, „gekränkt" fühlte. JESUS „erlöste" die Menschheit, indem er sie durch seinen Kreuzestod von der Last der „Erbsünde" befreite und Gott durch seine Selbstaufopferung mit der Menschheit versöhnte.

Es sei dahingestellt, ob sich jemand, der an JESUS CHRISTUS glaubt, mit dieser Deutung der Erlösung zufrieden geben kann. Wer sich um seine Spiritualität ernstlich bemüht und JESUS von innen her erlebt, wird der „Erlösung" einen tieferen Sinn abgewinnen können.

Erlösung bedeutet *Befreiung*. Sie ist selbstverständlich keine politische Angelegenheit und auch keine Entlastung von einer einst begangenen Sünde oder gar ein „Versöhnungsakt" mit Gott. – Gott ist groß genug, um den Menschen so anzunehmen, wie er ist, er braucht nicht nach jedem „Sündenfall" eigens „versöhnt zu werden", und sei die „Sünde" des Menschen noch so schwerwiegend.

Befreiung heißt: die *innere Freiheit* zu erlangen. Der Mensch muss von sich selber „erlöst" werden, er muss namentlich von allem Unguten, Unheilvollen und Bösen, das in seiner Seele ist, gereinigt werden. – Er kann von seiner „bösen Natur" natürlich nicht auf einen Schlag, nicht mit einem einzigen „Erlösungsakt" befreit werden. Wie alles, was für den Menschen bedeutsam ist, tritt auch die Erlösung nicht durch ein einziges, zeitlich stark begrenztes Ereignis – gleichsam „von oben" – an ihn heran. Die Erlösung ist ein äußerst langer Prozess. Er besteht in der schrittweise erfolgten Aufhellung der Schattenseite der Seele und erstreckt sich auf die ganze zweite Hälfte der äonischen Entwicklung.

Es ist ein Prozess, der – wie alles, was auf der Erde geschieht – nicht mechanisch vor sich geht. Auch der Mensch muss zu seiner Erlösung seinen Teil beitragen.

Aus eigener Kraft kann er seine Erlösung selbstverständlich nicht durchführen. Er braucht dazu Hilfe, und zwar jene Hilfe, welche die vollständige Umwandlung seiner Seele tatsächlich bewirken kann. Und eine solche Hilfe kann nur die Göttliche Hilfe sein.

Es ist Gott, der den Menschen diese Hilfe gewährleistet. Und da Gott alles, was er tut, durch seine Diener bewerkstelligt, sandte er als Helfer zur Befreiung der Menschen seinen „Gesalbten": *Christus*.

Jede Menschheit, die durch die Erdsphäre geht, um das zu verwirklichen, was Gott ihr aufgetragen hat, wird vom *zweiten Aspekt Gottes* geführt. Jeder Menschheit steht ein „Gesalbter": ein *Christus* vor, unter dessen Führung die jeweilige Menschheit (im zweiten Stadium des Schöpfungsprozesses) jene große Wende vollzieht, bei welcher die „Ausströmung" aus Gott in die Rückkehr zu ihm vollzogen wird. Die Menschheit schlägt von da an jenen Weg ein, der ihr ermöglicht, direkt zu Gott zu gelangen. – Sie betritt damit den Weg der *Erlösung*.

(Zur Erlösung vgl. auch: *Das Vaterunser*, 1. Auflage S. 331–366, Neuauflage S. 336–372; *Die Welt der Reinkarnationslehre,* S. 162–167 u. 301–313)

Der Erlöser

Für die heutige Menschheit ist *Christus* in JESUS verkörpert. Es ist JESUS, der unsere Menschheit zu Gott führt und dafür sorgt, dass ein jeder – ohne Ausnahme – der „Erlösung" teilhaftig wird, und das heißt: unfehlbar zu Gott gelangen kann.

Wer aber ist JESUS?

JESUS sagt: „Ich bin der Weg, die Wahrheit und das Leben." Und er fügt hinzu: „Niemand kommt zum Vater außer durch mich" (Jo 14,6). – Meint jemand, dies seien Worte eines Prahlers, der in seinem Eigendünkel jegliches Maß verliert, so ist es seine Sache. – Wer hingegen von JESU Größe erfasst ist, wird von seinen Worten betroffen sein. Denn sie öffnen eine neue Dimension für die menschliche Seele in ihrer Beziehung zu Gott.

JESUS ist der *Weg*: Er ist derjenige, der den Weg, der zu Gott führt, für den Menschen überhaupt begehbar gemacht hat. Jeder, der den Weg zu Gott sucht, muss seine *Nachfolge* antreten.

Er ist die *Wahrheit*: Er ist derjenige, der in den Zustand der Wahrheit trat, indem er sich Gott vollständig geöffnet hat und sich dadurch mit Gott vollkommen vereinigen konnte.

Er ist das *Leben*: Er hat alle Seelen der Menschheit in seine Seele einbezogen und ermöglichte dadurch – und ermöglicht auch in Zukunft – allen Menschen, jenes „Leben" zu leben, das zur Erfüllung ihrer Bestimmung führt. – Es ist das „ewige Leben", von dem

JESUS so oft spricht (z. B. Mt 19,16-17 u. 29; Mk 10,17 u. 29; Lk 18,18 u. 30).

DER WEG JESU

JESUS ist ein *Gesandter* Gottes. Er wurde zu unserer Menschheit gesandt. Alle Seelen, die unsere Menschheit bilden, gehörten schon – noch bevor sie sich individualisierten – zu ihm. – In diesem „embryonalen“ Zustand waren jedoch weder die Seelen der künftigen Menschen noch die Seele JESU Einzelseelen. Dazu mussten sie erst werden, und sie mussten auch zu menschlichen Seelen werden. Eine Seele ist aber erst dann eine menschliche Seele, wenn sie über alle menschlichen Anlagen und Fähigkeiten verfügt und sich alles Können und Wissen erarbeitet hat, das zum Menschsein gehört. – Doch auch das reicht nicht aus. Denn im tiefsten Sinne ist sie erst dann eine menschliche Seele, wenn sie die *Menschlichkeit* in sich entfaltet hat.

Die Sendung

Auch JESUS musste das Menschsein in vollem Umfang auf sich nehmen, und er tat es aus freiem Willen. Denn nur so konnte er erfahren, was „Menschsein“ überhaupt bedeutet, und nur aufgrund dieser Erfahrung konnte und kann er jedem Menschen – in allen Phasen seiner inneren Entwicklung – beistehen und ihn führen.

JESUS war jedoch nicht ein Mensch unter zahllosen anderen, der – etwa dank seiner „Tüchtigkeit“ – allen überlegen war. Zu einem „Gesalbten“ Gottes werden ist keine Angelegenheit eines Wettlaufes, dessen Sieger dann als „Bote Gottes“ auftreten könnte. – Obwohl alle Menschen „Kinder Gottes“ sind, war der „Sohn Gottes“ von Anfang an für eine besondere „Gotteskindschaft“ ausersehen.

Jeder Mensch, jede Seele ist ein „Gedanke“ Gottes, und jeder „Gedanke“ Gottes ist verschieden. Auch JESUS war ein „Gedanke“ Gottes, auch er wurde für seine Aufgabe von Anfang der Erschaffung seiner Seelengruppe an bestimmt und „gesalbt“, das heißt, auf seine Sendung „vor Beginn der Zeiten“ sorgfältig vorbereitet.

Seine Sendung war – und ist es –, jene Seelengruppe, die in unserer heutigen Menschheit verkörpert ist, zu Gott zu führen. Damit er seine Sendung erfüllen konnte, musste er sowohl „im Himmel" als auch auf der Erde „heimisch" sein. Er musste alle Voraussetzungen, die im Kosmos für die Erdsphäre von Belang sind, erfüllen und das dazugehörige Wissen erworben haben.

Über diesen – ersten – Abschnitt in seinem Werdegang wissen wir allerdings nichts. Es dürfte klar sein, dass unser menschliches Fassungsvermögen nicht ausreicht, um jene Erfahrungen und Erkenntnisse, die JESUS in der kosmischen Phase seiner Entwicklung zuteil wurden, auch nur zu erahnen, geschweige denn nachzuzeichnen.

Der irdische Weg

Die kosmische Erfahrung war jedoch nur die eine Seite seiner Vorbereitung. Er musste auch das Erdenleben in allen wesentlichen Zügen erfahren und das Menschsein in sämtlichen Schattierungen – so auch in der dunkelsten Tiefe – durchleben, damit er für die Menschen bedingungslos Verständnis haben und sich mit jeder Seele identisch fühlen konnte. – Er musste außerdem seine kosmische Erfahrung in die irdisch-menschliche Entwicklung einbringen, um es den Menschen zu ermöglichen, im Erdenleben auch das Kosmische und somit das Göttliche kennenzulernen und es später zu verwirklichen.

Die kosmische Phase seiner Entwicklung vollzog JESUS während der Zeit, in welcher seine Seelengruppe (= die heutige Menschheit) durch die Evolution der Lebewesen und durch die erste Hälfte der äonischen Entwicklung hindurchging. – Der größere Teil der Menschheit befindet sich allerdings heute noch auf den unteren Entwicklungsstufen.

JESUS brauchte daher – im Unterschied zu den Seelen, die sich in der Erdsphäre entwickeln und zu Menschen werden – die äonische Entwicklung nicht von der untersten Stufe an anzutreten. Er kam erst in der Mitte der menschlichen Entwicklung auf die Erde, und zwar auf jener Entwicklungshöhe (am Anfang der vierten Entwicklungsstufe), auf welcher im Menschen die Geistigkeit erwacht und er beginnt, bewusst zu leben. Dies ist die Zeit, zu welcher die menschliche Seele anfängt, im wahren Sinne „menschlich" zu werden.

JESUS hat also nur die zweite Hälfte der äonischen Entwicklung vollziehen müssen, jene Hälfte, die der Mensch mit steigender Bewusstheit erlebt und schon um Gut und Böse in etwa weiß, weil er begonnen hat, sich nach oben zu öffnen und mit Gott unmittelbar in Kontakt zu treten. – In der zweiten Hälfte der äonischen Entwicklung durchlebt der Mensch wieder alles Wesentliche, was er in der ersten Hälfte erfahren hat, aber zum einen mit steigender *Bewusstheit*, zum anderen auf die Weise, dass er alles „vermenschlicht", das heißt *menschenwürdig* macht.

Das Kosmische Ereignis

JESU erstes Erscheinen auf der Erde war nicht nur ein persönliches, nur für ihn gültiges, sondern auch ein Kosmisches Ereignis.

Jedes Kosmische Ereignis, das für die ganze Menschheit von Bedeutung ist, geschieht im Zusammentreffen des rein Geistigen mit dem Irdischen. Das Göttliche dringt in die irdische Wirklichkeit ein, und zwar nicht nur in das Materielle, sondern auch in die Seele aller Bewohner der Erdsphäre. Denn zum „Irdischen" gehört auch die Seele jedes „Inkarnationspflichtigen".

Die Annäherung des Geistigen an das Irdische begann bei der Entstehung der Erdsphäre, als die grobstofflich-irdische Materie entstand. Die Erde musste durch die Seele noch „bearbeitet" werden und die Seelen mussten hinreichend Bewusstheit erlangt haben, damit die Vereinigung von „Oben" und „Unten" auch in der irdischen Realität „sichtbar" vollzogen werden konnte.

Das „Oben" und das „Unten" ergänzen sich und werden dadurch ein „vollkommenes" Ganzes. – Zu einem Ganzen soll auch die heutige Menschheit werden. Der Prozess freilich, der zur Vervollständigung ihrer Seele und zur Verwirklichung ihrer „Ganzheit" führt, ist noch lange nicht beendet. – „Vollkommen" wird das Ganze erst, wenn es restlos verwirklicht ist.

Das erste entscheidende Ereignis, bei welchem die Vereinigung von „Oben" und „Unten" in der Erdsphäre „sichtbar" wurde, war die Ankunft der Seele JESU auf der Erde. Dieses Ereignis war der erste Schritt bei der Vereinigung des Göttlichen mit der heutigen Menschheit. Bei diesem Schritt begann sich die Wende abzuzeichnen, die den Weg „weg von Gott" in die Rückkehr überführt.

Das Zusammentreffen von „Oben" und „Unten" bedeutete auch in einem anderen Sinne eine Ergänzung. JESU Seele war von Anfang an mit der Seele der heutigen Menschheit verbunden, also auch zu jener Zeit, als ihre Entwicklungswege noch getrennt verliefen. Bereits in dieser Phase bildeten seine Seele und die Seele der Menschheit eine Einheit, wenn auch nur virtuell. Sie waren von Anfang an die beiden Hälften jenes Ganzen, zu dem sie einst werden sollen. Ihre Einheit musste aber auch noch auf der irdischen Ebene verwirklicht werden.

JESUS vollzog den ersten Schritt zur Verwirklichung dieser Einheit, als er – in der Gestalt ADAMS – erstmalig auf die Erde kam. Seine Seele begann von da an, die andere Hälfte der Gruppenseele zu ergänzen, welche ihre Entwicklung von unten, von der irdischen Materie, her antrat.

Damit begannen im Schöpfungsprozess Geist und Materie unter Vermittlung der Seele „sichtbar" ineinanderzugreifen, und die Zusammengehörigkeit des Geistigen und der Materie – von „Himmel" und „Erde" – wurde auf der Erde allmählich spürbar. Sie wurde für jene Menschen spürbar, in welchen die *Geistigkeit* erwachte. – Zur Erweckung der Geistigkeit gab JESUS – bei seinem Einstieg in die Seele der Menschheit – den entscheidenden Impuls.

Geistigkeit heißt: Fähigkeit zur Offenheit, namentlich zur Offenheit Gott gegenüber. – JESU Ankunft auf der Erde markierte jene Stelle in der Gesamtentwicklung der Menschheit, an welcher sie fähig wurde, das Göttliche *unmittelbar* zu empfangen. Damit wurde der erste Schritt zur „Ganzwerdung" der Seele der Menschheit: zu ihrer *Vervollkommnung* eingeleitet, die ihr ermöglichen wird, am Ende ihres Entwicklungsweges zu einem vollendeten Ganzen zu werden.

JESUS: der „erste Mensch"

Auch die Menschheit musste für den ersten Schritt der „Ganzwerdung" reif werden. – Nun sind aber die Gruppen in ihrer irdischen Entwicklung – wie große Pilgerzüge – sehr weit auseinandergezogen, so dass zu diesem Zeitpunkt der allergrößte Teil der Seelengruppen für den Empfang der Geistigkeit noch nicht reif war und auch nicht reif sein konnte. Nur die „Spitze": die „Voraustruppe" der heutigen Menschheit war in ihrer inneren Entwicklung an jener Stelle angelangt, an welcher im Menschen die Geistigkeit zu wirken beginnt und damit die große Wende in der Gesamtentwicklung eingeleitet wird.

Zu dieser Zeit inkarnierte sich JESUS das erste Mal auf der Erde. Er war ADAM, der als der „erste Mensch" gilt. – ADAM (hebr. Mensch) ist jener „erste Mensch", der nicht mehr bloß der äußeren Gestalt und seiner – dem Tier überlegenen – rationalen Denkfähigkeit nach ein „Mensch" ist, sondern in welchem sich die *wahre Menschlichkeit* zu regen beginnt. Er wird gefühlsfähig, und das echte Gewissen erwacht in ihm.

Der „erste Mensch" ist der erste *menschliche* Mensch. In ihm beginnt sich die wahre Menschlichkeit zu regen, weil die *Geistigkeit* in ihm anfängt, wirksam zu werden, so dass er sich dem *Göttlichen* öffnen kann. – Für die Beziehung des Menschen zu Gott bedeutete dieses Ereignis praktisch, dass er Gott nicht bloß anbeten, anflehen und ihm Opfer bringen, sondern mit ihm auch in Dialog treten konnte.

Dabei tut es nichts zur Sache, dass der „Dialog" nicht immer nach Wunsch verläuft und die ersten Versuche immer wieder fehlschlagen und Konflikte mit Gott verursachen. Gerade die Spannung mit Gott weckt im Menschen das Bedürfnis nach Entspannung und damit die Sehnsucht nach Gott. Was in den Augen des Menschen als „Fehler" oder gar als „Sünde" erscheint, kann ausgerechnet jenen Impuls auslösen, der ihn veranlasst, in seiner Entwicklung wichtige Schritte zu tun und zügig voranzukommen.

So war auch ADAMS „Sündenfall" jenes entscheidende Ereignis, das im Seelenleben jedes Menschen – und zwar nicht nur einmal – vorkommt, um ihn aus dem „Paradies der Kindheit" hinauszuführen und ihn auf den Weg zu bringen, auf dem er das *bewusste Leben* antreten kann. – Das „bewusste Leben" ist das „ewige Leben", dem in den Reden JESU eine so große Bedeutung beigemessen wird.

Es wäre naiv zu glauben, ADAM – als Vertreter der Menschheit – habe die Wahl gehabt, „unschuldig" zu bleiben oder sich zu „versündigen". Kein Mensch hat die Wahl, im Paradies zu bleiben oder es zu verlassen. – Jeder baut sich zwar in der ersten Hälfte seiner inneren Entwicklung immer wieder ein „Paradies" auf und meint, darin ewig verbleiben zu können. Es gehört jedoch zu Gottes „Ratschluss", dass er es verlassen muss. Und wenn er es nicht freiwillig tut, so wird er aus ihm vertrieben. Er muss aus seinem „Paradies": aus seiner „Kindheit" (= aus seiner Unbewusstheit) heraustreten, sonst kann er seine Entwicklung, die ihn zur Bewusstheit führt, nicht fortsetzen.

Der „erste ADAM" führte die Menschheit aus dem „Paradies der Kindheit" heraus. JESUS, der „zweite ADAM" (Röm 5,14; 1. Kor 15, 45), führt sie wieder in ein „Paradies", dessen Niveau unvergleichlich höher ist: in das echte, von Gott erfüllte „Paradies", das *Reich Gottes* heißt.

JESU Seelenfamilie

Obwohl JESUS erst in der Mitte der äonischen Entwicklung auf die Erde trat, nahm er das Menschsein in allen Zügen und in all seinen Bedingungen vorbehaltlos auf sich. – Zum Menschsein gehört das Eingebettetsein in eine Gemeinschaft. Auch JESU Seele gehört zu einer Seelenfamilie und auch sie hat eine *Zwillingsseele*, mit der zusammen JESUS die Entwicklung seines Menschseins vollzogen hat.

Seine *Zwillingsseele* inkarnierte sich zur Zeit, als JESUS das erste Mal – als ADAM – auf die Erde kam, als EVA, in seiner letzten Inkarnation, als er JESUS war, als seine damalige Mutter MARIA. – MARIA und JESUS waren für ihre Sendung gemeinsam vorbereitet worden. Auch sie vertritt heute den zweiten Aspekt Gottes in der Erdsphäre, indem sie zwischen Gott und den Menschen vermittelt und die Liebe Gottes unvermindert auf die Erde weiterleitet.

Je größer JESU Seele im Laufe ihrer irdischen Entwicklung wurde, desto weiter wurde auch der Kreis jener Seelen, welche zu ihm, zu seiner *Seelenfamilie* gehörten. Denn JESUS setzte sich allen Höhen und Tiefen der menschlichen Entwicklung nicht nur aus dem Grunde aus, damit er das Menschsein in allen positiven und negativen Zügen durch und durch erfuhr. Er wurde in seiner Entwicklung nicht nur zum Menschen, er konnte sich auch mit allen Seelen der heutigen Menschheit vereinigen. Die Voraussetzung dafür war, dass er ihnen in allem – ohne Vorbehalt – gleich wurde.

Indem er im Laufe seiner irdischen Entwicklung immer mehr zum „Menschen" wurde und seine Seele innerlich wuchs, um schließlich eine (für uns) überdimensionale Größe zu erreichen, bezog er fortlaufend alle Seelen, die zur heutigen Menschheit gehören, in seine eigene Seele ein und machte sie damit zu Mitgliedern seiner Seelenfamilie. – Jeder Mensch, der zur heutigen Menschheit gehört, ist daher ein Glied der *Seelenfamilie* JESU: Er hat jeden ohne Ausnahme in seine Seele einbezogen, ob sich der Mensch dessen heute schon bewusst ist oder nicht.

Denn auch dieser Vorgang, in welchem JESUS alle Seelen in seine eigene aufnahm, ging – und geht – auf dieselbe Weise vor sich wie jedes Ereignis, das zuerst auf der geistigen und dann auf der irdischen Ebene vollzogen wird: Jener Zustand, der bereits besteht, aber nur *virtuell*, wird auf der Erde allmählich *aktualisiert.*

JESUS war von Anfang an für unsere Menschheit als *Christus* bestimmt. So war er auch während seiner kosmischen Entwicklungsphase mit allen Seelen dieser Seelengruppe verbunden. Doch erst in seiner irdischen Entwicklung begann sich seine Rolle als Anführer und Erlöser der Menschheit auch in der irdischen Welt abzuzeichnen. – Im Laufe seiner irdischen Entwicklung wurde auch die engste Zusammengehörigkeit seiner Seele mit allen Seelen in unserer Menschheit, die auf der geistigen Ebene immer schon bestand, auch auf der Erde – auf der seelischen Ebene – Wirklichkeit. Als er schließlich zu *Christus* wurde, nämlich am Kreuz, da wurde er nicht nur mit Gott eins, sondern seine Seele vereinigte sich vollumfänglich auch mit der Seele der Menschheit.

In der Entwicklungsphase, in welcher sich unsere Menschheit heute befindet, erfahren immer mehr Menschen ihre innigste Zusammengehörigkeit mit JESUS. Und dies ist das Zeichen dafür, dass sie sich auf dem Weg der Erlösung befinden und im Begriff sind, in das *Christus-Bewusstsein* hineinzuwachsen.

JESUS UND DER WEG DES MENSCHEN

Der Weg des Menschen führt zu Gott. Ist der Mensch in seiner inneren Entwicklung so weit, dass er den Weg der Spiritualität betreten kann, so beginnt er in Gott hineinzuwachsen und sein Bewusstsein wird zum *Christus-Bewusstsein.*

Damit er diesen Weg tatsächlich betreten und ihn zu Ende gehen kann, genügt es nicht, dass der Weg vorgezeichnet und – wie ein Wanderweg – markiert wird. Jemand muss ihn auch begehbar gemacht haben. Es muss außerdem sichergestellt sein, dass der Mensch ihn durchschreiten kann: mit den Kräften und Fähigkeiten, die ihm – dem „Wanderer" – zur Verfügung stehen.

Die Erleuchtung des Weges

Bis zu jener Wende, an welcher der Weg beginnt, zu Gott zurückzuführen, haben jene Pioniere den Weg der Menschheit gebahnt, die den Weg für die Evolution der Lebewesen und die äonische Entwicklung des Menschen vorbereitet haben. Von dieser Wende an war es die Sendung Jesu, die letzte – immer noch sehr lange – Wegstrecke für den Menschen begehbar zu machen. Er erfüllte seine Sendung, indem er die irdische Entwicklung und damit die Menschwerdung auf sich nahm. – Aber er blieb nicht an der Oberfläche des Menschseins. Er musste auch erfahren, was das „Menschsein" in all seinen Schattierungen bedeutete. Er musste also auch in die dunkelsten Abgründe des irdischen Daseins hinabsteigen.

Doch er war nicht nur ein Mensch, er war auch ein „Bote Gottes". Er trug das Göttliche Licht wie eine Fackel auf seinem ganzen Entwicklungsweg in seinen Händen und leuchtete alle Höhen und alle Tiefen aus, durch welche in ihrer inneren Entwicklung sämtliche Menschen gehen müssen.

Er „markierte" den Weg gleichsam mit dem Göttlichen Licht und machte damit den Weg zu Gott für die Menschheit überhaupt erst begehbar. So kann jeder Mensch in seinem Herzen (in seinem inneren Wissen) wissen, dass er sich selbst dann, wenn er auf Abwege gerät oder in der größten Finsternis: in der „Hölle" versinkt, immer noch auf dem Weg befindet, der ihn zu Gott führt. Denn alle Abwege, Umwege und Rückläufe sind nur Abschnitte auf dem Weg zu Gott, und nichts kann den Menschen auf diesem Weg endgültig zurückhalten oder von dem Weg für immer wegführen.

Jesus hat also als „Bote Gottes" nicht bloß die „Höhenflüge der Spiritualität" durchlebt, er ist auch in den tiefsten Abgrund des menschlichen Daseins hinuntergestiegen. Er hat das Böse nicht nur passiv: im

Erleiden, sondern auch aktiv: im Tun erlebt. Gerade aus diesem Grunde konnte – und kann – er aus allen Winkeln der menschlichen Seele das Negative: sämtliche Erscheinungsformen der „bösen Natur“ herausholen, reinigen und ins Positive – das Dunkle ins Licht – verwandeln.

Der Abstieg JESU in den Abgrund des menschlichen Daseins: in das Böse und – in dessen Folge – in die „Hölle“, lässt etwas Grundlegendes erkennen und wirft auch auf den Entwicklungsweg des Menschen ein besonderes Licht. Der Mensch kann von da her begreifen, was er tut, wenn er sämtliche – auch die negativen – Möglichkeiten des menschlichen Daseins auslotet: Er handelt auch da noch nach dem Willen Gottes.

Gott und das Böse

Gott hat seinen „Boten“ ausgesandt, damit er den Menschen diese „Botschaft“ verkündet. – Darum ging JESUS als der „Bote Gottes“ durch alles Irdische, so auch durch das Böse. Und er brachte überallhin, auch in das Dunkle: in das Böse, wenigstens einen Schimmer vom Göttlichen Licht.

Wenn aber das Böse gerade das Gegenteil vom Guten, vom Göttlichen ist, was sucht dann das Göttliche Licht im Bösen? – Es „sucht“ auch da die Wahrheit. Und die Wahrheit besagt gerade das Gegenteil von dem, was im allgemeinen angenommen wird: dass nämlich das Böse dem Göttlichen entgegengesetzt sei.

JESUS konnte in alle Varianten des irdischen Lebens das Göttliche nur deshalb hineinleuchten lassen, weil sich das Irdische von Anfang an dazu eignete, das Göttliche aufzunehmen. Es eignete sich dazu, weil es in einem bestimmten Sinne schon „göttlich“ war. Und „göttlich“ war es, weil es von Gott erschaffen wurde. – Gott erschuf aber die Welt nicht auf „gut Glück“, ohne zu überlegen, welche Konsequenzen daraus entstehen könnten, was aus der Welt werden könnte. Er ist nicht der untaugliche Baumeister, der ein Gerüst erstellt, ohne im voraus zu berechnen, wie weit es belastbar ist, so dass es nur zu leicht überbelastet wird und Teile von ihm abbröckeln oder das ganze Gerüst zusammenbricht.

Nicht nur jede Seele, auch die Welt hat er „erdacht“. Er hat sie mit allen Konsequenzen zu Ende „gedacht“. Er hat sie so „gedacht“, wie sie ist – und wie sie schon immer war. Es gab und es gibt nichts, was nicht in seinem „Ratschluss“ vorgesehen wäre. Und in seinem „Ratschluss“ war auch das Böse einbeschlossen.

Der Mensch, der begreift, dass Gott die ganze Schöpfung mit allen Folgen „zu Ende dachte“, wird auch einsehen können, dass der ganze Entwicklungsweg des Menschen, so auch jeder Abschnitt, der im Geiste des Bösen durchschritten wird, von Gott keineswegs „übersehen“, sondern in die Entwicklung eingeplant wurde.

Der Weg, der durch das Böse führt, ist kein Irrweg, auf dem sich der Mensch verirrt und der ihn in den Abgrund führt, wenn er den Willen Gottes nicht tut, während derjenige, der sich stets um ein „Gott wohlgefälliges“ Leben bemüht, das Böse nie kennenlernt. Er ist kein Abweg, den nur jener betritt, der sich vom „Teufel“ verführen lässt. Er ist kein Schmugglerpfad, der hinter dem „Rücken“ Gottes von seinem Widersacher angelegt wäre, der die Seelen dem ahnungslosen Gott weglockt, um sie dann in die „Hölle“ zu „schmuggeln“.

Gott hat keinen „Rücken“. Es gibt nichts, was ohne sein Wissen oder gar gegen seine Absicht entstanden wäre, es gibt nichts, was seiner Aufmerksamkeit entgehen könnte.

Auch der Weg des Bösen ist von Gott geplant. Wer sich auf den Weg der Entwicklung begibt, gelangt unfehlbar auf das Gebiet des Bösen. – Doch auch dann, wenn er das Böse tut, folgt er den Spuren JESU.

Es gibt auf dem ganzen Entwicklungsweg keine einzige – noch so dunkle – Stelle, die JESUS nicht selber durchschritten und mit dem Göttlichen Licht erhellt hätte. Er konnte das Göttliche Licht in die Dunkelheit aber nur aus dem Grunde hineinleuchten lassen, weil auch sie schon immer: von Anfang der Welt an, zu Gottes „Regionen“ gehörte, da auch sie aus Gottes „Ratschluss“ hervorgegangen ist und einen Bestandteil seiner Schöpfung bildet. – JESUS aber machte, indem er jede Wegstrecke mit Licht versah, deutlich, dass auch das Dunkelste – das „böseste“ Böse – auf jenem Weg liegt, der zu Gott führt.

Das Licht im Dunkeln

Es ist aber nicht nur das Irdische, das dunkel sein kann. Auch mit dem Licht hat es eine besondere Bewandtnis. – Steigt Licht auf die Erde herab, so ist es weiß und strahlend. Es verfängt sich aber im

Irdischen, und all das, was es enthält, kommt zum Vorschein. So wird auch das helle Licht der Sonne, das sich in den einzelnen Regentropfen reflektiert oder von einem Prisma aufgefangen wird, in die verschiedenen Farben des Regenbogens aufgefächert, und auch die dunklen Farbtöne werden sichtbar.

Ähnlich ist es mit Vorgängen auf der Erde. Alles, was ins Irdische dringt, wird „auseinandergerollt“, und die Einzelteile, die sich entfalten, werden sichtbar. – Ursprünglich sind auch in der Schöpfung das Gute und das Böse – wie im Licht die hellen und die dunklen Farben – vereint und als solche nicht erkennbar. Sie bilden ein Ganzes, in dem das Einzelne noch nicht in Erscheinung tritt. Beginnt das Licht auf der Erde zu leuchten, so wird es in Farben zerlegt und die einzelnen Teile ändern das Bild des Ganzen und werden unterscheidbar: Das Licht der Schöpfung zerfällt in Gut und Böse.

Doch es bleibt nicht dabei. Sobald die Schöpfung in jene Phase tritt, in welcher sie nicht mehr „auseinandergerollt“, sondern wieder „eingerollt“: zu Gott „zurückgeführt“ wird, klären sich die Farben und vereinigen sich: Das Gute, das Positive, das immer schon im Bösen enthalten war, tritt hervor, und alles wird vom hellen Licht erleuchtet: Das Böse wandelt sich ins Gute.

Ähnlich ist es mit dem Menschen, wenn er seine irdische Entwicklung antritt: Seine Seele „zerfällt“ allmählich in eine helle und in eine dunkle Seite. – Er kann gar nicht anders zu Gott gelangen, als dass er vorher sämtliche Anlagen seiner Seele vollkommen entfaltet. Entfalten heißt: sie restlos ausleben. Lebt er aber seine Anlagen aus, so verursacht er auf den unteren Entwicklungsstufen, wo die Anlagen noch „Rohstoff“ sind, viel Not und Leid. Er tut da also Böses.

Der Weg, der zu Gott führt, führt durch sämtliche Erfahrungen. Er führt ebenso durch die Erfahrung des Guten wie durch die Erfahrung des Bösen. – Dieser Weg wurde von Gott mit Bedacht festgelegt. Es ist Gottes Weg, und das ist der Grund, warum der Mensch den Weg seiner Entwicklung nie verlassen kann.

Scheint dem Menschen der Weg noch so unwegsam zu sein, gerät er auf Abwege, so dass er meint, er hätte den Weg Gottes verlassen, so wandert er dennoch und immer noch auf jenem Weg, der ihn zu Gott führt. Und oft ist er gerade dann, wenn er auf krummen Wegen geht, erst recht auf dem Weg zu ihm. Er macht besonders auf Abwegen jene wichtigen Erfahrungen, die in ihm hinterher die Sehnsucht nach Gott erwecken und ihm ermöglichen, Gott näher zu kommen.

Der Mensch kann tun, was er will, er tut immer nur das, was – letzten Endes – Gott gewollt hat. Ohne Gottes Hilfe kann er nichts tun, nicht einmal das Böse.

Wenn er aber einmal begriffen hat, dass er auch dann, wenn er das Böse tat, zu Gott unterwegs war, wird er mit absoluter Gewissheit wissen, dass er Gott einst unfehlbar erreichen wird. – Und dafür, dass er dessen gewiss sein kann, besteht ein weiterer Grund.

Die Sinnhaftigkeit des Lebens

Es gab zweifellos viele Menschen auch vor JESU Auftritt, die an Gott innig glaubten und bemüht waren, ihm „wohlgefällig" zu sein und seinen Willen zu tun. So floss die *Christus-Energie* durch Unzählige immer wieder auf die Erde. – Das Entscheidende für den Glauben jedoch war, dass JESUS das Bild Gottes radikal änderte. Und das bedeutete keine rein äußere Retouche, sondern veränderte das Verständnis Gottes und dadurch die Beziehung des Menschen zu Gott vollständig.

Erst durch JESUS: durch seine Lehre, vor allem aber durch sein Leben und durch sein Erlösungswerk, wurde offensichtlich, dass Gott nicht jener „Allmächtige" ist, der zwar für den Menschen sorgt (falls er über ihn nicht gerade verärgert ist), dem aber nur mit „Furcht und Zittern" zu begegnen ist. Er ist vielmehr der „Vater", der seine „Kinder": seine Geschöpfe, im tiefsten Sinne liebt und stets von seiner Liebe geführt handelt. – Daher steht „am Anfang der Weisheit" nicht die „Gottesfurcht" (Spr. 1,7), nicht einmal die Ehrfurcht vor Gott, sondern die *Liebe zu Gott.* Erst die Liebe zu Gott macht die „Weisheit" zur wahrhaftigsten Weisheit, die besagt: Der Mensch soll Gott nicht fürchten, er soll ihn *lieben.* Und wer Gott liebt, wird ihm in Ehrfurcht begegnen.

Der Mensch soll nicht dauernd überlegen, ob das, was er tut, richtig oder falsch, gut oder böse ist. Er soll nicht Regeln aufstellen und vorschreiben wollen, was der Mensch tun muss, damit er Gott „wohlgefällig" sein kann. Er soll Gott *nachahmen.* Er soll das tun, was Gott tut. – Denn was Gott tut, verlangt er auch vom Menschen. Und das ist: „Barmherzigkeit und nicht Opfer" (Mt 9,13; 12,7).

Versucht der Mensch, sich in Gott „hineinzuleben“, Gottes Wesen auf sich wirken zu lassen, so wird er fühlen, dass Gott tatsächlich ein *liebender Vater* ist. Und ein liebender Vater liebt seine Kinder nicht bloß, indem er für sie sorgt, sondern auch, indem er ihnen nichts verheimlicht. Er wird sie über das belehren, was für seine Kinder das Allerwichtigste ist. – Das Allerwichtigste aber ist für sie zu wissen, wozu sie überhaupt leben.

Das ist der wesentliche Kern der „Botschaft“ JESU, deren tieferer Sinn heute für immer mehr Menschen fassbar wird. Die „Botschaft“ besagt, dass das Leben nicht aus zufällig zusammengewürfelten Episoden besteht, sondern dass es durch und durch *sinnvoll* ist.

Der Mensch, der sich JESU Botschaft vorbehaltlos aussetzt, wird erkennen: Die Rede von der *Sinnhaftigkeit des Lebens* enthält nicht bloß wohlmeinende Worte, dem frommen Wunsch entsprungen, das Leben – trotz seiner Widerlichkeiten – erträglich zu machen. Es sind keine leeren Behauptungen einer Theologie, die notgedrungen die Sinnhaftigkeit des Seins voraussetzt. Es ist eine grundlegende Erfahrung, die vielen zuteil wird, so dass sie den *Sinn des Lebens* mit aller Deutlichkeit wahrnehmen können. – Das Leben ist *sinnvoll*, weil es aus *Entwicklung* besteht. Und die Entwicklung – die Gesamtentwicklung der Seele – ist *sinnvoll*, weil sie planmäßig aufgebaut und auf ein Ziel hin ausgerichtet ist: auf Gott.

Doch der tiefste Grund, warum im Leben alles sinnvoll ist, liegt auf einer anderen – höheren – Ebene. Es ist sinnvoll, weil es von Liebe durchwirkt und von Liebe getragen wird. – Es ist die *Liebe des Vaters*, die *alle* anzieht. Und seine Liebe erreicht *einen jeden*. Jeder kann daher die Gewissheit haben, er werde einst zu ihm gelangen. Und keiner braucht zu befürchten, es „gehe“ ihm auf dem langen Weg „der Atem aus“. Es gehört ja ebenfalls zum Liebeserweis Gottes, dass einem jeden hinreichend Zeit – in unzähligen Inkarnationen – eingeräumt wird, so dass er sein Ziel: Gott, tatsächlich erreichen kann.

Die Geborgenheit

Der Mensch, der fühlen kann, dass hinter allem Gott steht und in allem seine Liebe wirksam ist, wird ihm einen „Blanko-Scheck“ ausstellen. Er wird wissen, dass es im Leben nichts gibt, was zufällig wäre. Er wird wissen, dass alles, was in der Welt geschieht, auch dann sinnvoll ist, wenn er den Sinn (noch nicht) begreift. Denn er wird erkannt haben, wie eingeschränkt seine eigene – menschliche – Perspektive ist, aus welcher er das Leben betrachtet. Und er wird gewiss sein, dass Gott immer genau weiß, warum etwas geschieht, und gewiss sein, dass alles, was geschieht, von seiner Liebe gelenkt wird. – Er wird dann – mit Recht – überzeugt sein, dass es keine Mächte im „Himmel" oder auf Erden gibt, die ihm etwas aus Willkür antun können, keinen „Zufall", dem er hilflos ausgeliefert wäre. Er wird einsehen, dass selbst das Unangenehme, Schmerzhafte oder Leidvolle, das ihm widerfährt, sinnvoll ist, weil ihn jedes Ungemach, jedes „Unglück" Gott näher bringt.

Dann hat er aber die entscheidende Wahrheit erkannt: dass Gott unendlich viel besser weiß als er selber, was dem Menschen effektiv gut tut, was für ihn jeweils das Beste ist.

Hat er dies erkannt, so wird er die Bitte des *Vaterunser:* „Dein Wille geschehe" mit Erleichterung und Freude beten können. – Wenn er nämlich nicht mehr besorgt ist, ob er dies oder jenes auch „richtig" macht, wenn er nicht mehr aus eigener Kraft „vollkommen" werden möchte und schon gar nicht mehr danach trachtet, seinen eigenen Willen überall durchzusetzen, sondern bemüht ist, seinen Willen dem Willen Gottes anzugleichen, so wird er sein Leben – mit allem Streben und allen Ängsten, Mühen und „Lasten" – erleichtert und befreit in Gottes Hand legen können.

Die Gewissheit aber, dass Gott unendlich viel besser weiß, was für einen Menschen das Beste ist, auch dann, wenn er selber es noch nicht erkennen kann, und die Gewissheit, dass alles, was im Leben geschieht, *sinnvoll* ist, und dass er hinreichend Zeit hat, um seine Entwicklung zu Ende zu führen, geben ihm das Gefühl der *Geborgenheit.* Er fühlt sich in Gott selbst dann vollständig aufgehoben und geborgen, wenn das, was Gott ihm zumutet, mit Leid und Schmerz behaftet ist.

Denn für den Menschen ist stets das das Beste, was ihn Gott näher bringt. Und alles, was ihn Gott näher bringt, führt durch die *Wahrheit.*

DIE WAHRHEIT

Was ist Wahrheit? – Diese berühmt gewordene Frage des PILATUS (Jo 18,38) stellen nicht bloß Skeptiker, sondern alle redlich Suchenden. Und alle, die nach der Wahrheit „hungern und dürsten", werden sich mit der rationalen – nach ARISTOTELES von den Scholastikern aufgestellten – Begriffsbestimmung kaum begnügen, wonach „Wahrheit die Übereinstimmung der Erkenntnis mit der Sache" ist.

Das Wesen der Wahrheit

Wahrheit ist mehr. Der Verstand kann nur in das Vorfeld der Wahrheit gelangen. Die Wahrheit muss der Mensch *erleben*. Und er muss die Wahrheit *leben*.

Wahrheit ist ein Zustand: ein Zustand der Seele. Ein Zustand aber, der die Seele voll erfasst, ist ein „existentieller" Zustand. Und wie der Mensch in die innere Freiheit hineinwachsen muss, um wirklich frei zu sein, muss er auch in die Wahrheit hineinwachsen, um das sein zu können, was er „in Wahrheit" ist.

In die Wahrheit hineinwachsen bedeutet, sich der Realität zu öffnen und sich ihr zu stellen. Je weiter der Mensch der Realität gegenüber offen wird und sich ihr stellen kann, umso mehr lebt er in der Wahrheit. All das, was er ist, und alles, was er hat, wird dann der Realität und damit seiner eigenen Wahrheit immer mehr entsprechen.

Jeder Art von Realität liegt die einzige – „wahre" – Wirklichkeit zugrunde, die das Sein alles Existierenden trägt: die Göttliche. – Die innere Realität ist dann wahr, wenn sie der Göttlichen Wirklichkeit entspricht.

Wahrheit ist die Übereinstimmung der Seele mit der Göttlichen Wirklichkeit. – *In der Wahrheit leben* heißt, sich der Göttlichen Wirklichkeit vorbehaltlos zu öffnen, um in Gott zu leben. – *Die Wahrheit leben* bedeutet, sich ausschließlich nach dem Göttlichen zu richten.

Die Wahrheit des Menschen

Ob sich der Mensch nun tatsächlich nach dem Göttlichen richten kann, hängt von seiner inneren Reife ab. – Er neigt – besonders auf der dritten Entwicklungsstufe – dazu, nach seinen eigenen Vorstellungen zu bestimmen, wie die Verwirklichung des Göttlichen geschehen soll. Und seine Vorstellungen entsprechen nicht immer seiner inneren Wahrheit.

Möchte der Mensch in seiner Wahrheit stehen, so muss er zu allem stehen, was in seiner Seele wirksam wird: zu allen Trieben und Affekten, zu allen Emotionen und Gefühlen (falls er schon gefühlsfähig geworden ist). Er muss sowohl seine Lichtseite als auch seine Schattenseite akzeptieren. Er muss in seinem Leben jeweils das verwirklichen, was seine innere Wahrheit ist. Und diese hängt von seiner inneren Entwicklungshöhe ab.

Versucht aber der Mensch, in der Wahrheit zu leben, so muss er versuchen, das zu verwirklichen, was JESUS bereits verwirklicht hat und im Begriff ist, durch jeden Menschen zu verwirklichen. Er muss versuchen, in allem die *Wahrheit* – und das ist das Göttliche – zum Vorschein kommen zu lassen.

Sich vollständig öffnen, sich ausschließlich nach der Göttlichen Wirklichkeit richten, ist keine theoretische Angelegenheit. Der Wahrheit nähert sich der Mensch nur dann, wenn er zulässt, dass er vom Göttlichen ergriffen wird und seine Seele in den Besitz Gottes übergeht.

Der Wahrheit, die jede Art von Wirklichkeit, so auch die menschliche Realität fundiert, liegt die Tatsache zugrunde, dass alles, was es gibt, aus Gott existiert und alles Gott gehört.

Der Mensch, der in die Wahrheit tritt, muss diese nicht bloß erkennen und anerkennen, sondern sie auch verwirklichen. Die Wahrheit – in diesem Sinne – verwirklichen bedeutet: Das, was er ist, und alles, was er hat, Gott zu übergeben, genauer: Gott zurückzugeben. Denn alles, was er ist, und alles, was er hat, wurde ihm von Gott nur anvertraut. Dem Menschen gehört nichts.

Die Aufforderung, Gott alles zu übergeben, ihm alles zu überlassen und zurückzugeben, hört sich vielleicht verlockend an. Sobald jemand die Aufforderung ernst nimmt und mit ihrer Erfüllung ernst macht, merkt er jedoch, dass er dazu nicht (noch nicht) und aus eigener Kraft dazu schon gar nicht fähig ist. Es kann ihm dann wie dem reichen Jüngling ergehen, der zwar „das ewige Leben ererben" wollte und bereits ein tadelloses Dasein führte, doch auf seine Güter nicht verzichten konnte. Er ging „betrübt hinweg", anstatt – von allem Irdischen befreit – JESU Nachfolge anzutreten. (Mt 19,16-22; Mk 10,17-22; Lk 18,18-23)

Auf alles verzichten und JESU Nachfolge antreten kann nur jener, der schon fähig ist, sich ihm restlos zu überlassen. Erst dann wird er die Wahrheit – in diesem tieferen Sinne – erfassen und sie in sich auch verwirklichen, das heißt: sich Gott vorbehaltlos übergeben können.

Solange er es noch nicht kann, aber den Wunsch hat, JESUS nachzufolgen, muss er sich in die Verwirklichung der Wahrheit einüben. Der erste Schritt besteht darin, dass er sich zu dem, was er ist, und zu allem, was er hat, entsprechend einstellt. Er nimmt – auch gedanklich oder gefühlsmäßig – nichts in Besitz und löst sich von allem, wovon er sich trennen muss. Er weint den Sachen nicht nach, die ihm nicht nachweinen. Er betrachtet seine leiblichen, seelischen und geistigen Fähigkeiten als Gaben, die ihm nur zeitweilig zur Verfügung gestellt werden und ihm jederzeit weggenommen werden können. Und er wird nichts als selbstverständlich hinnehmen und annehmen, außerdem wird er wissen, dass er überhaupt kein „Recht" hat, irgendetwas von Gott zu fordern.

Er wird vielmehr darauf bedacht sein, aus allem, was ihm anvertraut wurde, überall und jedem zu geben, und zwar ein „gerütteltes Maß" (Lk 6,38). Er gibt ja stets nur das weiter, was er selber bekommen hat. – Er wird daher nie befürchten, dass die Schatztruhe, aus der er schöpft, je leer werden könnte. Denn die Liebe, die von oben kommt und die der Mensch nur weitergibt, ist unerschöpflich.

Versucht er danach zu leben, so hat er die *Nachfolge* angetreten und ist dabei, JESU Wahrheit näher zu kommen.

Die Wahrheit JESU

JESUS *ist* die *Wahrheit*, weil er mit der Göttlichen Wirklichkeit, mit Gott, vollständig eins wurde. – Als er sagte: „Ich bin die Wahrheit" (Jo 14,6), wusste er, dass er die für die Wahrheit nötige Bedingung erfüllen werde: Er würde sich dessen, was er war und was er hatte, entäußern. – Er tat es am Kreuz, wo er sogar seiner innigen Verbundenheit mit Gott entsagte, so dass er die vollständige Gottverlassenheit erlebte (Mt 27,46; Mk 15,34). Und da er sich total „entleerte" und es nichts mehr gab, was er für sich behalten hätte, gab es auch nichts mehr, was ihn von Gott noch hätte trennen können. Er konnte mit Gott für immer eins werden und damit seine Sendung erfüllen: den zweiten Aspekt Gottes, den *Christus-Aspekt,* auf der Erde vertreten und verwirklichen.

Der Mensch aber, der zu Gott strebt, muss sich ebenfalls an die *Höchste Wirklichkeit* gleichsam „anschmiegen" und sich Gott vollständig überlassen. Er kann das nur dann tun, wenn er sich JESUS, der in der Wahrheit lebt und somit für die Menschheit die Wahrheit *ist,* überlässt.

Er kann gar nicht anders, als sich ihm – früher oder später – zu überlassen. Denn sobald er beginnt, bewusst und in der Wahrheit zu leben, wird sein Leben von JESUS getragen.

DAS LEBEN

Leben bedeutet, die Anlagen der Seele zu aktualisieren, sich zu entwikkeln und dabei jenen Gedanken Gottes zu verwirklichen, dessen Ausformung jeden einzelnen Menschen von Anfang an bestimmt war. – *Leben* heißt: Gott in sich und in seinen Geschöpfen *leben lassen.*

Die Realisierung des Lebens

Beginnt der Mensch im wahren Sinne zu leben, so bedeutet es, dass er beginnt, *bewusst* zu leben. Bewusst leben heißt, das Leben nach der Realität auszurichten und die Wirklichkeit in ihren diversen Wirkungsformen in das eigene Leben einzubeziehen. – Wenn aber der Mensch bewusst lebt, so tut er dasselbe, was JESUS getan hat: Er nimmt in seine Seele alles auf, womit er im Laufe seiner inneren Entwicklung in Berührung kommt. Er formt dabei seine eigene – innere – Wirklichkeit um und bewirkt dadurch Veränderungen in der äußeren Realität, indem er durch sie das Göttliche durchscheinen lässt.

Er kann aber das Göttliche nur auf jene Weise erscheinen lassen, wie ihm dies seine Gaben ermöglichen, und nur in jenem Bereich, für welchen sie ihn zuständig machen. – Seine Gaben sind ja nach jenen „Gedanken" Gottes ausgerichtet, den er verwirklichen soll, und da er nur *ein* „Gedanke" Gottes unter unzähligen ist, sind auch seine Gaben beschränkt.

Er ist nur ein Teil des Ganzen, ein Teil jenes „Menschen", der die ganze Menschheit in sich fasst. Und dieser alle in sich fassende „große Mensch" ist der „Gesalbte" Gottes: *Christus*, der in unserer Menschheit in JESUS verkörpert ist. – Jeder Mensch, der zur heutigen Menschheit gehört, ist ein Glied in JESU Seelenfamilie, ein Teil von ihm. Und diese Tatsache hat eine Vorgeschichte und hat wichtige Folgen.

Der mystische Leib Christi

JESUS wurde am Kreuz, als er sich mit Gott vollständig und für immer vereinigte, zu *Christus*. Dadurch wurde in ihm *Christus*: der zweite Aspekt Gottes, zur *irdischen Wirklichkeit*, und sein Leib, der zu dieser Zeit wahrhaftig sein Leib war, sein *Lichtleib*, wurde zum „Leib" des zweiten Aspektes Gottes: zum *mystischen Leib Christi*.

Als inkarnierter Mensch starb zwar JESUS am Kreuz, doch verblieb er auch danach auf der Erde, nun nicht mehr in seinem physischen, sondern in seinem „Auferstehungsleib", der die Ausformung seines *Lichtleibes* war. In seinem *Lichtleib* ist er unter uns Menschen auch heute ununterbrochen gegenwärtig.

Während seiner irdischen Entwicklung bezog JESUS alle Seelen der heutigen Menschheit in seine eigene ein. Dadurch ist jede Seele ein Teilchen, eine „Zelle", in *Christi* alles umfassendem *mystischen Leib* – und das heißt: in JESU *Lichtleib* – geworden.

Wie nun jede Zelle Leben in sich hat, weil sie ein Teilchen des Leibes ist und ihre Lebenskraft aus derselben Quelle bezieht wie der Leib: von der Seele, die den Leib beseelt, so hat auch jede menschliche Seele *Leben* im tieferen Sinne: das „ewige Leben", in sich, weil sie ihr Leben vom *mystischen Leib Christi* und somit von JESU *Lichtleib* erhält. – Und dieses Leben ist „ewig", weil es vom Göttlichen getragen, von ihm *belebt* wird.

Indem jede Seele der heutigen Menschheit eine „Zelle" in JESU *Lichtleib* wurde, wurde die Einheit der allumfassenden Seele der Menschheit zur Wirklichkeit. Ihre Einheit bestand zwar von Anfang an als Göttlicher „Gedanke“, sie war jedoch – wie alles, was im Göttlichen schon Wirklichkeit ist – für uns Menschen zunächst nur virtuell vorhanden und wurde erst in JESUS, als er zu *Christus* wurde, zur irdischen Realität.

Damit trat das Kosmische Ereignis für die Erdsphäre in eine entscheidende Phase: Die Einheit von „Oben“ und „Unten“: die Einheit des Göttlichen mit dem Irdischen, begann auch auf der Erde zur Wirklichkeit zu werden.

Die Vereinigung der Seelen mit Gott

Als JESUS seine letzte Inkarnation antrat, hatte er schon alle Seelen in seine eigene Seele einbezogen. Alle Menschen waren – unabhängig davon, auf welcher Entwicklungshöhe sie damals standen – bereits Teile von JESU *Lichtleib*.

Dadurch nun, dass JESUS die Seelen der Menschen in seine eigene Seele vollständig aufgenommen hat, ist die große Gruppenseele, die Seele der Menschheit, – als sich JESUS mit Gott vereinigte – ebenfalls bei Gott angelangt. Und da die Seele der Menschheit die Seelen sämtlicher Menschen umfasst, ist jeder Mensch in einem gewissen Sinne bereits bei Gott.

„In einem gewissen Sinne“: Denn jeder muss den Weg der Spiritualität, der zu Gott führt, selber zu Ende gehen. Aber der Weg wurde für alle frei. Deshalb kann jeder Mensch die Gewissheit haben, dass er sich mit Gott einmal vollständig vereinigen wird. Und dies gilt für alle, ohne Ausnahme. – „In einem gewissen Sinne“ ist aber jeder Mensch – infolge seiner Teilhabe an JESUS – mit Gott bereits eins geworden. Denn in JESUS und mit ihm ist die „Spitze“ der Menschheit bereits bei Gott angelangt.

Bevor JESUS seine letzte Inkarnation antrat, waren selbstverständlich schon viele Menschen für Gott offen. Ihre Verschmelzung mit Gott fand jedoch erst statt, als sich der „erste Mensch“: JESUS, mit Gott restlos vereinigte. – Es ist freilich denkbar, dass zur Zeit, als unsere Menschheit auf die Erde strömte, noch Seelen auf der Erde lebten, die zur vorangehenden Menschheit gehörten und – sofern sie entsprechend entwickelt waren – den Weg zu Gott unter der Führung ihres eigenen *Christus* fanden. Auch diese Menschen trugen zur allgemeinen Spiritualisierung der gegenwärtigen Menschheit wahrscheinlich einiges bei.

JESU Seele erreichte bei seinem Kreuzestod jene – übermenschliche – Dimension, die ihm das uneingeschränkte Einswerden mit Gott ermöglichte. Seine Seele wurde so groß, dass sie die Seele der ganzen Menschheit in sich aufnahm und sich an den zweiten Aspekt Gottes: an *Gottes Seele* – wenn auch nur annähernd – anglich. – Annähernd, denn JESUS sagte selber, Gott sei größer als er (Jo 14,28).

Indem die Seele der Menschheit in JESU Seele einbezogen wurde, begann ihre *Spiritualisierung*: ihre Vorbereitung darauf, dass sie vom Göttlichen erfasst wird. Je weitergehend die Menschheit vom Göttlichen durchtränkt wird, umso deutlicher tritt sie als Einheit hervor, die alle Seelen der heutigen Menschheit in sich fasst. – Mit diesem Geschehen am Kreuz, mit dem die Einswerdung der Seelen eingeleitet wurde, nahm für die Menschheit die Vorbereitung auf den letzten Akt der Schöpfung ihren Anfang. Von da an wird die Schöpfung in Gott zurückgeführt und die Seelen werden fähig, in Gottes allumfassendem „Leib" jenen Platz einzunehmen, der für sie am „Beginn der Zeiten" vorgesehen war.

Die Menschheit wird in dieser letzten Phase ihrer Entwicklung allmählich in *Christi mystischen Leib* einbezogen und dadurch verwandelt. Sie wird zum *Abbild Gottes* in der Erdsphäre.

(Zu JESUS vgl. auch: *Das Vaterunser,* 1. Auflage S. 347–366; Neuauflage S. 352–372; *Die Welt der Reinkarnationslehre,* S. 309–319)

DAS ABBILD GOTTES

Alles, was aus Gott hervorgeht, bildet auf eine bestimmte Weise Gott ab. Es spiegelt ihn unter einem bestimmten Gesichtswinkel wider.

Die Menschheit als Abbild Gottes

Auch die heutige Menschheit ist ein *Abbild Gottes.* In ihr spiegelt sich Gott, aber nur auf eine beschränkte Weise. Denn auch eine Menschheit ist nur ein Teil eines Ganzen. – Gott ist unendlich groß.

Jede Gemeinschaftsseele, und sei sie noch so groß, ist im Verhältnis zu Gott – „unendlich" – klein. Sie kann Gott nicht in seiner vollen Größe, sondern nur in dem Verhältnis spiegeln, wie es ihr ihre eigene Größe und ihre Bestimmung erlauben. Sie ist ja „nur" ein einziger „Gedanke" Gottes – einer unter unzähligen.

Jede Menschheit hat eine andere Aufgabe, und sämtliche Seelengruppen, die ihre Entwicklung in der Erdsphäre als Menschheiten absolvieren, haben ebenfalls ihre eigene – umfassende – Aufgabe. In der Gesamtheit aller Menschheiten ergänzen sich die verschiedenen Aufgaben. Es gibt auch da „Arbeitsteilung", und innerhalb des Arbeitsfeldes hat jede Menschheit ihren eigenen Arbeitskreis.

Im Universum gibt es außer den Menschheiten der Erdsphäre unzählige Seelengruppen mit diversen Lebensbestimmungen, von welchen wir Menschen nichts wissen. Nicht nur unsere Sicht ist auf unseren Aufgabenkreis beschränkt, auch unser Fassungsvermögen ist in äußerst engen Grenzen gehalten.

Unsere Aufgabe ist es, das Irdische zu vergeistigen und damit dazu beizutragen, dass jene Schöpfung, die auf die Erschaffung und Vervollkommnung der Erdsphäre ausgerichtet ist, zu Gott „zurückgeführt" wird.

Daher bildet die heutige Menschheit – wie sämtliche Menschheiten – Gott nur auf eine bestimmte Weise ab. Sie bildet den „Leib" Gottes auf jene Weise ab, wie dieser für Bewohner der Erdsphäre in Erscheinung treten kann. – Auf der Erde tritt er im *mystischen Leib Christi* und somit in JESU *Lichtleib* in Erscheinung.

Der Mensch als Abbild Gottes

Obwohl die Entwicklung der Seelen, die zur gegenwärtigen Menschheit gehören, noch lange nicht abgeschlossen ist, stellen sie sowohl in ihrer Gemeinschaft als auch einzeln bereits heute ein Abbild Gottes dar.

Jede menschliche Seele ist ein Teilchen des *mystischen Leibes Christi*, eine „Zelle" in JESU *Lichtleib*. Jede Zelle hat dasselbe Leben in sich, wie der ganze Leib. Jede Zelle enthält daher auch das Ganze in sich: im Keim. Jede Zelle im *mystischen Leib Christi* spiegelt im Kleinen dasselbe, was JESU *Lichtleib* spiegelt: Gott. – Ist JESU alles umfassende Seele ein Abbild Gottes, so ist jedes Teilchen von ihr ebenfalls ein Abbild Gottes, natürlich nur unter jenem Gesichtswinkel, der für eine „Zelle“: für eine Seele, offen steht.

Auch die Seele eines jeden Menschen spiegelt Gott. Sie spiegelt Gott unter jenem Gesichtswinkel, der durch ihre Herkunft aus einer bestimmten „Gegend“ im Universum gegeben ist. Sie hat zu ihr eine besondere Beziehung.

Die Beziehung zu einer „Gegend“ hängt aber nicht von der Einzelseele, sondern von ihrer Seelenfamilie ab. Jede Seelenfamilie hat ihre spezifische Aufgabe, deren Art durch jene „Gegend“ in Gottes „Leib“ bestimmt ist, aus welcher sie hervorgegangen ist. Sie hat zu einem „Glied“ oder „Organ“ oder „Körperteil“ im „Leib“ Gottes eine besonders innige Beziehung und weist zu ihr eine innere *Affinität* (= Verwandtschaft) auf. – Infolgedessen, dass jede Seelenfamilie zu einer anderen „Gegend“ Affinität aufweist, können sich die Seelen ergänzen.

Die Seelenfamilien, die zu einer Menschheit gehören, bilden also ein jeweils anderes „Organ“ im *mystischen Leib Christi* und sie bilden jeweils ein anderes „Teilstück“ aus dem alles umfassenden „Leib“ Gottes ab. – Erst die Gesamtheit aller Seelenfamilien ergibt ein ganzheitliches Bild Gottes, und auch dies nur auf eine bestimmte Weise. Denn auch ihre Gesamtheit: die ganze Menschheit, hat – wie ausgeführt – ihre eigene, besondere, daher eingeschränkte Optik. Gottes „Leib“ kann aber nur in der Spiegelung sämtlicher Seelen, die in seinem „Leib“ existieren, vollumfänglich erscheinen. Und die Zahl der Seelen im Universum dürfte – aus unserer Sicht – „unendlich“ groß sein.

Doch jede Seelengemeinschaft, jede Menschheit spiegelt Gott schon von Anfang ihrer Entwicklung an, zuerst unvollkommen, später – je weiter sie sich entwickelt – immer deutlicher. Je größer – das heißt: je reifer – in ihr die Einzelseelen werden, umso klarer erscheinen auch sie als Abbild Gottes.

Die Seele beginnt Gott dann klar zu spiegeln, wenn sie fähig ist, in der Seelengemeinschaft: in der *Seelenhierarchie,* jenen Platz einzunehmen, der für sie von Anfang der Zeiten an, als Gott sie „dachte“, vorgesehen wurde. Dann wird sie Gottes „Gedanken“ so vollkommen verwirklichen können, wie ihr dies möglich: wie ihr dies gegeben ist.

DIE SEELENHIERARCHIE

Die Gemeinschaft aller Wesenheiten, die zu einem Leib gehören, bildet eine *Hierarchie.*

Hierarchie (gr. aus: *hierós* = heilig, *arché* = Herrschaft; urspr. „heilige Herrschaft") bedeutet eine stufenmässig aufgebaute Ordnung: eine *Rangordnung,* die einer zentralen Leitung unterstellt ist. – Die Seelen, aus welchen die Hierarchie besteht, gehören verschiedenen „Rängen" an und unterscheiden sich untereinander. Sie unterscheiden sich nach ihrer Bestimmung.

Jede Gemeinschaft im Kosmos und auf der Erde ist hierarchisch aufgebaut. Jede Seelenfamilie, jede größere Seelengruppe, so auch jede Menschheit, bildet eine hierarchisch strukturierte Gemeinschaft. Jede Seele hat ihren Platz in der Gemeinschaft, deren Ränge je nach Größe einer Seele und je nach ihrer Leistungs- und Liebesfähigkeit eingestuft sind.

Auch im physischen Leib des Menschen gibt es eine Hierarchie der Seelen. Auf ähnliche Weise ist der „physische Leib" der Menschheit: die Seelengemeinschaft im *Lichtleib* JESU, strukturiert: Sie bildet ebenfalls eine *Seelenhierarchie.* – Das versteht sich von selbst, denn ein „irdischer" Leib – ob physisch, ob Lichtleib – muss genauso aufgebaut sein, wie Gottes „Leib", den er abbildet. Und Gottes „Leib": das Universum, ist hierarchisch strukturiert.

Das Leben in der Seelenhierarchie

Der physische Leib ist kein Apparat, auch keine Maschine. Er ist beseelt, und er ist nicht nur von der Seele des Menschen beseelt. In ihm leben unzählige Wesenheiten, die für die Instandhaltung und Funktion der Organe sowie des ganzen Organismus sorgen.

Es gibt Wesenheiten, welche die Zellen beleben. Es gibt Wesenheiten, die auf die Betreuung von Gliedmassen oder besonderer Organteile spezialisiert sind, andere stehen ganzen Funktionseinheiten (z. B. Blutkreislauf, Atmung) vor. Ihre Rangordnung bildet eine Pyramide, zuoberst steht das Vital-Ich und über ihm die Seele des Menschen, der der „Chef" der Organisation ist.

Leben bedeutet für die Seelenhierarchie *bewusstes* Leben. Und das bewusste Leben besteht im Austausch zwischen den Seelen sowohl untereinander als auch mit den über und unter ihnen stehenden Seelen. So gibt es auch im *mystischen Leib Christi* zwischen der „Hauptseele" des Leibes: JESUS, und den Einzelseelen oder Seelengruppen in den „Zellen", „Organen" und „Gliedmassen" einen regen Kontakt.

Vergleichbar ist dieser Austausch der Seelen untereinander mit der Beziehung des Menschen zu seinem physischen Leib. – Auf den tieferen Entwicklungsstufen arbeitet die Seelenhierarchie im physischen Leib autonom. Die Einzelseelen verrichten ihre Aufgabe ohne Wissen und ohne bewusstes Zutun des Menschen. Er ist ja für die Kontaktaufnahme mit diesen Seelen noch nicht reif und kann ihre Bedürfnisse oder Wünsche nur durch äußere Zeichen erfahren. Treten solche Bedürfnisse auf, so meldet eine Seelengruppe oder das Vital-Ich sie an: durch Unregelmäßigkeiten, Mängel, Störungen der Leibesfunktionen oder durch Schmerz und sonstige Signale (z. B. durch Leibesempfindungen wie Hunger, Durst, Müdigkeit).

Ist der Mensch hingegen gegen Ende seiner irdischen Entwicklung – besonders auf der letzten Stufe – soweit offen, dass er sich auch den Seelen in seinem physischen Leib bewusst zuwenden kann, so braucht er zur Fühlungnahme mit seinem physischen Leib keine äußere oder innere Vermittlung mehr. Er kann dann mit der Seelenhierarchie seines physischen Leibes unmittelbar in Kontakt treten, mit jeder einzelnen Seele der Hierarchie selber „sprechen". Er kann ihre Meldungen direkt empfangen, Bedürfnisse und Wünsche zur Kenntnis nehmen und sie sowohl durch Mitteilungen als auch durch Verhaltensmaßnahmen beantworten. Er ist in der Lage, alles direkt und bewusst zur Kenntnis zu nehmen, was in seinem physischen Leib vor sich geht, und sogleich zu erkennen, wenn beispielsweise ein Organ nicht mehr ordnungsgemäß funktioniert. Er kann Störungen aufgrund von unmittelbaren Informationen der Seelen und im Austausch mit ihnen (z. B. Lagebesprechung) beheben, so auch in Fällen, wenn ein operativer Eingriff oder ein Heilmittel nötig ist.

In ähnlicher Weise spielt sich das Leben im *mystischen Leib Christi* ab. Dessen „Hauptseele": JESUS, steht ständig im direkten Kontakt zu sämtlichen Seelen in seinem *Lichtleib* und ist über ihren Zustand und alle Vorgänge laufend informiert. Und auch er greift überall dort helfend ein, wo seine Hilfe nötig ist.

Wie die Einzelseelen im physischen Leib, haben die Seelen im *Lichtleib* JESU auch untereinander regen Austausch. Da aber zu dieser enorm großen Seelenhierarchie alle Seelen der Menschheit gehören, ereignet sich ihre Kommunikation über weite Strecken größtenteils noch unterschwellig, das heißt: unbewusst, und findet in den Seelenschichten und auf den Seinsebenen statt. – Der bewusst vorgenommene Austausch beschränkt sich zunächst – wie im alltäglichen Leben – auf kleinere oder sogar auf sehr kleine Kreise, meistens auf die unmittelbare „Nachbarschaft". Erst wenn die Seelen reifer sind, können sie von sich aus sowohl mit JESUS als auch untereinander – und mit immer größeren Kreisen von Seelen – *bewusst* in Kontakt treten.

Doch jeder Mensch, der sich an JESUS wendet (z. B. im Gebet), steigert seine Kontaktfähigkeit. Der echte Glaube, der zeitweise auch auf den unteren Entwicklungsstufen aufleuchtet, schafft mit den Himmlischen einen Kontakt, der auch dann bestehen bleibt, wenn der Glaube – nach einem Höhenflug – wieder abflaut.

Ist aber der Glaube eines Menschen während Inkarnationen nicht auf JESUS ausgerichtet, oder meint jemand, keinen Glauben zu haben, so ist seine Seele dennoch in JESU Seele aufgenommen. In seinem inneren Wissen weiß ja jeder Mensch um seine Zugehörigkeit zu ihm. – Die Zahl jener allerdings, die an JESUS glauben und sich ihm zur Verfügung stellen, bereit, die nötige Mühe auf sich zu nehmen, damit sie an seinem Werk: an der Erlösung aller Seelen, mitarbeiten können, ist heute – erfreulicherweise – merklich gestiegen.

Die Verschiedenheit der Seelen

Alle Seelen sind in ihrem Wesen gleich, weil sie das Göttliche enthalten. Und vor Gott sind alle Seelen ohnehin gleichwertig. – In diesem Sinne sind auch jene Seelen gleich, die zur selben Menschheit gehören. Sie nehmen indes in der Seelenhierarchie verschiedene Plätze ein. Welchen Platz sie einnehmen, hängt einerseits von ihrer Aufgabe ab, welche zu erfüllen das Ziel ihrer Entwicklung ist, andererseits aber auch von der – während ihrer Entwicklung – erbrachten Leistung.

Die Seelenfamilien, die die Menschheit bilden, haben eine gemeinsame Aufgabe: die *Vergeistigung der Erdsphäre.*

Auf welche Weise eine Seelenfamilie diese Aufgabe wahrnimmt und erfüllt, hängt von ihrem besonderen Aufgabenkreis ab. Als Zugehörige zu einer Seelenfamilie haben alle Seelen im großen und ganzen dieselbe Aufgabe. Innerhalb des ganzen Aufgabenkreises gibt es aber verschiedene Verrichtungen, und – was entscheidend ist – auch bei einer gemeinsam durchgeführten Arbeit kann nicht jede Seele dieselbe Leistung erbringen.

Gott „denkt" jede Seele individuell, und jede unterscheidet sich von den anderen nicht nur in ihrer Eigenart, sondern auch in ihrem Potential und in ihrer Kapazität. Und das Format einer Seele wird offensichtlich, wenn sie in der zweiten Hälfte ihrer äonischen – und nachher in ihrer kosmischen – Entwicklung zu ihrer wahren Größe herangewachsen ist.

Es gibt Seelen, die im Laufe ihrer Entwicklung mehr erfahren als andere, weil sie mehr erleben und sich dabei mehr Schwierigkeiten, mehr Leiden aussetzen. Und es gibt Seelen, die nicht in jene Tiefen hinabsteigen, in welche manche hinuntergehen oder hinabstürzen, so dass sie auch nicht die – der Tiefe entsprechende – Höhe erreichen können. – Die Seelen mit der größeren Erlebnis-Amplitude (höhere Höhen – tiefere Tiefen) werden stärker, größer und dadurch leistungsfähiger als die anderen. (Vgl. dazu: *Die Welt der Reinkarnationslehre,* S. 314–315)

Nicht alle sind daher gleich stark und nicht alle gleich tüchtig. Wer in seinem Gesamtleben mehr durchgemacht hat, lernt mehr, kann mehr und weiß mehr. Dementsprechend sind auch seine Fähigkeiten. Je erfahrener jemand ist, je größer die Liebe in ihm ist, umso größer ist auch seine Leistungsfähigkeit, umso stärker ist seine Persönlichkeit und seine Tatkraft, und umso größer wird auch die Gruppe sein, die seiner Führung anvertraut wird.

Der Mensch aber, dem Seelen anvertraut werden, wird ihnen nicht nur – wie ein Leittier – voranschreiten, sondern sich ihrer bedingungslos annehmen und sie – wie JESUS –nach und nach in seine eigene Seele einbeziehen.

Der Aufbau der Seelenhierarchie

Nicht nur die Seele JESU wuchs im Laufe seiner inneren Entwicklung zu einer enormen Größe heran. Auch die Seele jedes Menschen wächst, während er seine äonische Entwicklung vollzieht, allerdings in einem wesentlich bescheideneren Maße. – *Wachstum* bedeutet nicht nur die zunehmende Fähigkeit, sich ein immer größeres Können und Wissen anzueignen, sondern auch die – ebenfalls zunehmende – Fähigkeit, anderen Seelen zu helfen, sie „auf die Reise" mitzunehmen, sich mit ihnen zu vereinigen.

Vereinigung bedeutet jedoch nicht Identifikation. Auf dieser Entwicklungshöhe kann der Mensch Distanz halten, er muss die anderen nicht „einverleiben", nicht in „Besitz" nehmen. – *Vereinigung* heißt, sich in die anderen einzufühlen, sich mit ihnen eins zu fühlen und mit ihnen in echter Liebe verbunden zu sein.

Der Mensch, der seelisch und geistig für andere sorgt, nimmt diese „in seine Obhut". Und „Obhut": die liebevolle Fürsorge, ist nicht bloß ein äußeres Geschehen, das sich auf eine einzige Inkarnation beschränkt und nur für deren Dauer Gültigkeit hat. – Eine innige Verbundenheit besteht unter Angehörigen einer Seelenfamilie schon von Anfang an und immerfort, wenn auch oft unerkannt. „In Obhut nehmen" bedeutet, diese innere Verbundenheit nun auch praktisch: im irdischen Leben, zu verwirklichen, und das heißt: danach zu leben und das eigene – innere – Leben mit den anderen zu teilen.

Das Leben mit anderen teilen bedeutet auf der seelischen Ebene mehr als bloß zusammenzuleben und miteinander Austausch zu haben. Es bedeutet, dass eine Seele mit den anderen auch innerlich mitgeht, in den anderen Seelen auf eine Weise „aufgeht", wobei die eine Seele: die größere, die anderen: die kleineren, in sich aufnimmt.

Die menschlichen Seelen bilden unter sich kleine Seelenhierarchien, und diese sind ihrer Geistigen Führung unterstellt. Auch die Geistigen Führer bilden unter sich und mit den – ihnen anvertrauten – menschlichen Seelen eine Seelenhierarchie und stehen in einer größeren, umfassenderen Rangordnung. So bildet jede kleinere Seelenhierarchie ein Teilstück einer größeren, und diese wiederum ein Teilstück einer noch größeren.

Die alle in sich begreifende Seelenhierarchie, die unsere Menschheit darstellt, ist in JESU *Lichtleib* enthalten. Sein *Lichtleib* umfasst alle Seelen der heutigen Menschheit. Und diese Seelenhierarchie ist ebenfalls auf dieselbe Weise strukturiert: Viele Seelen in ihm umfassen viele andere Seelen, diese wiederum andere. Seele liegt in Seele, in etlichen viele, in anderen weniger. Viele Seelen umfassen Seelengruppen, und wie Seele in Seele liegt, so liegen auch die Seelengruppen ineinander. – Doch jede Seele greift in die andere, und sie haben nicht bloß „Tuchfühlung" miteinander, sondern sind ineinander verflochten. Es ist wie ein Gewebe, in welchem die einzelnen – verschiedenfarbigen – Fäden so ineinander verwoben sind, dass nur das Muster, nicht aber die einzelnen Fäden erkennbar sind.

Denn je weiter sich die Seelen entwickeln, umso weitergehend lockern sich die Grenzen – die „Umrisse" – ihrer Individualität, um sich schließlich ganz aufzulösen. – Es sind jedoch nur die Grenzen ihrer Individualität, die sich auflösen, die Eigenart der Seelen geht dabei nicht verloren. Sie versinken und verschwinden nicht – wie Regentropfen im Meer – im Ganzen, so dass sie ihre Individualität und damit ihre Eigenart einbüßen würden. Sie behalten alles, was sie auf dieser – teils mühsamen und leidvollen, größtenteils aber beglückenden – „Seelenreise" erworben und sich erarbeitet haben: sämtliche Fähigkeiten und damit ihr ganzes Können und Wissen. – Nur behalten sie es nicht für sich. Sie stellen alles, was sie haben, und stellen sich selber: ihre vollendete Seele, Gott restlos zur Verfügung. Und damit stellen sie sich allen Seelen zur Verfügung.

Sie ahmen dabei Gott nach. Denn auch Gott stellt alles, was er „hat", und er stellt sich selber allen zur Verfügung. Er lässt alles, was sein ist, allen Seelen zuteil werden. Und er dient allen.

Er ist der *Diener aller Seelen*.

So ist schließlich jede Seele für jede andere und für alle da. Und jeder unterstellt sich dem, der alles erschaffen hat und alles in Ordnung hält: Gott.

Die Vollkommenheit

Das vollständige Bild Gottes gibt selbstverständlich nicht eine einzige Seelenhierarchie, nicht eine einzige Menschheit, sondern geben alle Menschheiten zusammen wieder, allerdings erst dann, wenn sie ihre höchstmögliche Vollkommenheit erlangt haben. Und auch dann bilden sie nur „eine Seite“ Gottes ab. Denn im Universum gibt es unzählige Seelen und Seelengruppen, und alle spiegeln Gott. – Die Bestimmung der Seelen ist es aber, Gott am Ende ihres Entwicklungsvorganges so rein zu spiegeln, wie dies der Grad ihrer Vollkommenheit gestattet.

Vollkommen ist die Seele des Menschen dann, wenn sie jenen Platz in der Hierarchie aller Seelen einnehmen und ihn auch ausfüllen kann, der für sie schon vor ihrer Erschaffung bestimmt wurde. Und dazu braucht sie „unendlich“ viel Zeit. – Doch der Mensch, dessen Bewusstsein mit dem *Christus-Bewusstsein* verschmolzen ist und dessen Wille von der *Christus-Energie* gespeist wird, ragt mit seiner Seele: mit Bewusstsein und Wille, heute schon in das Göttliche hinein und spiegelt Gott – so unvollkommen es auch sein mag – auf eine Weise heute schon.

Der Geist, der in der Gemeinschaft aller Seelen: in der *Göttlichen Hierarchie* wirkt, ist das *Christus-Bewusstsein*; die Seele, die sie belebt, ist Gottes Seele, die alles lebendig macht: die *Christus-Energie*; der Leib, der die Gemeinschaft aller verkörpert, ist der *mystische Leib Christi.*

Und da JESUS es ist, der in unserer Menschheit zu *Christus* geworden ist, ist der *mystische Leib Christi* der *Lichtleib* JESU.

„Durch ihn und mit ihm und in ihm“ (Röm 11,36) bildet auch die ganze Menschheit – ungeachtet ihrer Unvollkommenheit – Gott bereits heute ab.

DIE WELTHARMONIE

Wie im physischen Leib des Menschen Leben ist, das von unzähligen Seelen gelebt wird, so ist auch in jenem alle Seelen umfassenden „Leib“, der Gottes Abbild ist, Leben, das von unzähligen Seelen gelebt wird.

In Gott ist *Leben*, und das bedeutet: Alles in seinem „Leib“ (= im Universum) ist in *Wandlung* begriffen. – Gott selbst jedoch wandelt sich nicht. Er ist vollkommen. – In ihm: in seinem „Leib“ hingegen wandelt sich unentwegt alles. Denn alles strebt nach *Vollkommenheit.*

Da es aber nur ein Streben ist, da alles erst im Begriff ist, vollkommen zu werden, ist die Vollkommenheit vielerorts – so auch in der Erdsphäre – noch nicht zur Wirklichkeit geworden. – Das ist der Grund, warum wir heute von der Vollkommenheit der Schöpfung: von ihrer Harmonie, nicht immer und nicht besonders viel verspüren, dafür umso mehr von den Unvollkommenheiten, die unsere Welt erfüllen.

Im „Leib" Gottes geht es – wie in einem Bienenstock oder in einem Ameisenhaufen – emsig zu: Die meisten arbeiten daran, für alles zu sorgen, alles in Ordnung zu halten oder in Ordnung zu bringen. Und obwohl sich alles nach der höchsten Harmonie: der Weltharmonie, richtet, verläuft auch im „Leib" Gottes nicht alles „gradlinig". – Denn es gibt in Gottes „Leib" hinreichend Raum nicht nur für jene Wege, auf welchen die Seelen schon bewusst und mit vollem Einsatz nach Vollkommenheit streben, sondern auch für alle Umwege und Ruheplätze und Rückfälle, die ja ebenfalls zum Entwicklungsweg jeder Seele gehören.

Hier drängt sich der Vergleich mit dem Orchester wieder auf. Jeder Musiker spielt auf seinem Instrument seinen eigenen Part, aber sein Spiel fügt sich in das Spiel des ganzen Orchesters ein.

In diesem Symbolbild sind die Seelen aber nicht nur mit den Musikern, sondern vielmehr mit dem Ton und Klang ihres Instrumentes vergleichbar. – Ton und Klang sind bei jedem Instrument verschieden, sie tönen und klingen beim Musizieren aber, sobald die Musiker ihr Instrument beherrschen, so harmonisch zusammen, dass Ton und Klang der verschiedenen Instrumente nicht mehr einzeln auseinander zu halten sind: nur die gemeinsam hervorgebrachte Musik ist wahrnehmbar.

Die Einzelseelen sind Ton und Klang im Musikstück, das von Gott komponiert und vom ganzen Orchester – unter der Führung des „Dirigenten": JESUS – gespielt wird. Und die jeweils von einem Orchester: von einer Menschheit, gespielte Musik fügt sich in die gesamte Weltharmonie ein, wie wenn mehrere Orchester gemeinsam eine Komposition spielen.

In der Gegenwart klingt es in unserem „Konzertsaal": in der Erdsphäre, allerdings noch nicht so harmonisch. Die meisten Musiker sind noch dabei, sich auf das Spiel vorzubereiten: sie lernen erst, ihr

Instrument zu beherrschen und studieren das Musikstück erst ein. Aber alle streben nach Vollkommenheit, damit sie sich mit dem, was sie zu bieten haben: mit Ton und Klang, in die Weltharmonie einfügen und mit ihrer Musik Gottes Komposition vollendet wiedergeben können.

Da es aber sehr viele sind, die nach Vollkommenheit streben, und sehr wenige, die schon vollkommen sind, tönt es unentwegt nach Dissonanzen. Viele kratzen noch auf der Geige oder klimpern auf dem Klavier oder der Gitarre, einmal aber werden sie mit ihrem Instrument im Weltorchester als Solisten auftreten können. – So scheint es heute, dass es in der Vorbereitung des großen Orchesterspiels mehr Disharmonie oder gar Kakophonie (= Missklänge) als Harmonie gibt, und es schleichen sich bei den Orchesterproben nur zu oft Nebengeräusche ein, die eher „Katzenmusik" oder Teppichklopfen oder Fluglärm gleichen, als dass aus ihnen die Göttliche Harmonie herauszuhören wäre. Dennoch entfaltet sich trotz Misstönen und trotz Hintergeräuschen das Spiel des Orchesters harmonisch und „Ohren, die schon hören" (Mt 11,15; 13,9; Mk 4,9; Lk 8,8), nehmen darin heute schon die Göttliche Harmonie wahr.

In Gott ist ja alles schon vollendet, was auf der Erde erst am Entstehen ist – und vielleicht noch Missklang erzeugt.

Doch jeder, der aufhorcht, wenn in ihm Gott lebendig wird, wird heute schon erkennen, wie *vollkommen* die *Schöpfung* ist.

Der „große Mensch": die heutige Menschheit, geht ja – von *Christus* beseelt, in JESUS verkörpert – unbeirrt seiner *Vollendung* entgegen.

DIE VOLLENDUNG

Erreicht die Seele jenen Grad an Vollkommenheit, der für sie bestimmt ist, so ist sie *vollendet*.

Ist die Seele vollendet, so bedeutet dies, dass sie vollkommen *verwandelt* ist. Die Seele am Anfang der „Seelenreise" und die Seele am Ende der „Seelenreise" ist nicht dieselbe. Sie gleicht sich nicht, dennoch ist sie identisch mit sich, genauso wie der Embryo dem ausgewachsenen Menschen nicht gleicht und dennoch mit ihm identisch ist. – Denn während die „erste“: die ursprüngliche Seele ihren Reichtum – wie der Same – nur im Keim in sich trägt, hat die „zweite“: die vollendete Seele ihren Reichtum: all ihre Gaben, voll entfaltet.

Sie hat im Laufe ihres Lebens: in ihrer unheimlich groß angelegten Entwicklung, unzählige Erfahrungen gemacht. Sie ist durch alle Höhen und Tiefen des irdischen Lebens hindurchgegangen. Sie hat sich dabei in alle Varianten des Lebens eingeübt und alles erlebt, durchgelitten und gelernt, was ihr das irdische, das seelische und das geistige Leben zu bieten hatte. Sie hat sich dadurch ein immens großes Können und Wissen sowie die – für sie höchstmögliche – Einsichts- und Liebesfähigkeit angeeignet, um schließlich – von der zweiten Hälfte der äonischen Entwicklung an, sodann in ihrer anschließenden kosmischen Entwicklung – zu einer enorm großen Seele heranzuwachsen.

Sie kehrt also nicht mit leeren Händen zu Gott zurück. Sie kehrt zurück, um nicht nur ihren eigenen – erworbenen und voll entfalteten – Reichtum, sondern viele, ja unzählige Seelen, die sie auf ihrer „Reise“ in sich aufgenommen hat, vor Gottes Thron zu bringen.

Sie gibt – wie JESUS am Kreuz – alle Gaben, alle Talente dem zurück, dem alles gehört, aber mit Zinseszinsen: mit all dem Können und Wissen, das sie sich inzwischen erarbeitet hat (Mt 25,14-23; Lk 19,11-19). Und wie der „treue Knecht“ im Gleichnis, wird auch die Seele reichlich belohnt: sie wird zur echten *Freude* fähig. Und ihre Freude wird vollkommen sein (Jo 15,11). – Ihre Freude ist vollkommen, weil sie nun genau weiß, welches ihre Bestimmung ist, und weil sie ihre Bestimmung vollauf erfüllen kann.

Die Bestimmung jeder Seele ist es aber, zu einem *Mitarbeiter Gottes* zu werden. Als Mitarbeiter Gottes ist sie berufen, an der *Vollendung der Schöpfung* mitzuwirken.

Die Seele hat bereits im Laufe ihrer menschlichen Entwicklung gelernt, welche Freude es bedeutet, mit Gott zusammenarbeiten zu dürfen, schöpferisch tätig zu sein, an Gottes „Kreativität“ teilzuhaben, dabei auch aus dem Eigenen zu schöpfen und es weiterzugeben, immer wieder Neues zu entdecken und Neues zu erschaffen. Und erst recht groß ist ihre Freude, wenn sie gegen Ende ihrer äonischen Entwicklung merkt, wie sich alles, was sie erschaffen hat, in das Gesamtwerk der ganzen Seelengemeinschaft: der Menschheit und aller anderen Seelengruppen, fugenlos einfügt.

Auch das Leiden, dem jede Seele auf den langen Strecken ihrer Entwicklung immer wieder ausgesetzt war, ordnet sich in das Gesamtbild des Lebens sinnvoll ein. – Der Sinn des Leidens zeigt sich darin, dass die Seele nur durch Leiden erhellt und verwandelt werden kann. Dank dem Leiden ist sie zu dem geworden, was sie in ihrer Vollendung ist: eine restlos entfaltete und erhellte, völlig verwandelte und überaus bereicherte Seele, die mit allen hohen Gaben ausgestattet ist, – eine Seele, die Gott überall dort vertreten kann, wohin er sie sendet.

Gerade durch Schmerz und Leid hat sie aber auch gelernt, sich nicht nur von allem Dunklen und Bösen zu befreien, sondern sich auch der hellen Seite des Lebens voll zuzuwenden. Sie ist fähig geworden, tiefe Freude zu empfinden und die Schönheit und das Wunder überall und in allem wahrzunehmen. Sie hat gelernt, nichts als selbstverständlich hinzunehmen und für alles *dankbar* zu sein.

So kehrt sie in tiefster Dankbarkeit zu Gott zurück. Sie ist dankbar, weil sie zutiefst begriffen hat, was *Leben* bedeutet: sich zu entwickeln und nach Vollkommenheit zu streben, um zu einem Mitarbeiter Gottes zu werden. Und erst recht ist sie dankbar, wenn sie bei der Vollendung der Schöpfung mit Hand anlegen darf und dank ihrer voll entfalteten Gaben jede Aufgabe aufs beste durchführen kann.

Mitarbeiter Gottes zu sein, an der Vollendung der Schöpfung zu arbeiten und mit allen Seelen und Gott in tiefster Liebe verbunden zu sein, ist aber ein Zustand, in dem die Seele in höchste *Seligkeit* versetzt wird.

Doch auch der Mensch, der erst noch danach strebt,
alles, was er ist, und alles, was er hat, Gott vollkommen zu überlassen,
seine Freiheit Gottes Willen zu unterordnen
und seine Liebe von JESU vollkommener Liebe tragen zu lassen,
wird heute schon eine Kostprobe davon erhalten, was „Seligkeit" heißt:
Es ist der Zustand,
in Gott vollständig aufgehoben und geborgen zu sein.

Anhang

FREMDBEGRIFFE

Affinität	(aus: lat. *affinis* = verwandt, sich anziehend) innere Verwandtschaft, Anziehung
Amplitude	(aus: lat. *amplitudo* = Weite) Differenz zwischen d. höchsten u. d. niedrigsten Stand; Schwingungsweite
Anästhesie	(gr. *ánáisthesaia* = Unempfindlichkeit) Schmerzbetäubung
Anatomie	(aus: gr. *ana-* <Vorsilbe> = auf-, durch-, zer-; *en tomé* = schneiden) Auf-, Zerschneidung; Kunst der Zergliederung
Äon	(gr. *aíon*) Leben, Lebenszeit; Zeitalter, Weltalter; in der Gnosis: höhere geistige Kräfte, die von Gott ausgeströmt sind; Wesenheiten; bei Paulus: Beherrscher dieser Welt (= Teufel, Eph 2,2)
assimilieren	(lat. *assimilare*) angleichen, ähnlich machen
Astralleib	(aus: gr. *astron* = Gestirn, sternartig) feinstofflicher Leib. Das Wort „Astral" stammt aus dem Mittelalter, es wurde von Neuplatonikern u. in der Sufi-Literatur verwendet, von Theosophen u. Anthroposophen übernommen. – Das „Astrale" hat mit Sternen insofern zu tun, als nach Angaben von medial begabten Menschen im „Astralleib" Lichtpünktchen aufleuchten sollen, die Sternen ähnlich sind.
Atavismus	(Neubild. aus: lat. *atavus* = Ahnherr, Urvater) Wiederauftreten von Eigenschaften d. Ahnentypus; insbes. d. Auftreten stammesgeschichtlicher älterer Einzelmerkmale
Ätherleib	(aus: gr. *aitho* = anzünden, brennen, leuchten; *aither* = Himmelsluft) Äther: Himmelsraum über d. Erdat-

	mosphäre; bei Aristoteles: neben Erde, Wasser, Luft u. Feuer d. fünfte Element; in der Physik (bis Ende d. 19. Jhs.): feinster Stoff, der den ganzen Weltraum erfüllt u. Träger d. elektromagnetischen Feldes ist. – Ätherleib: bei Neuplatonikern u. Gnostikern: d. aus dem Stoff des obersten Himmels (= Äthers) bestehende Leib der zu den Sternen aufsteigenden Seele; in d. Theosophie u. Anthroposophie: neben d. physischen u. d. Astralleib d. dritte Leib d. Menschen; die dem physischen Leib am nächsten stehende feinstoffliche Leibart, die – im Gegensatz zu den anderen feinstofflichen Leibarten – nach dem Tode aufgelöst wird
Aura	(gr. *aura* = Luft, Hauch) Lichtschimmer, die den physischen Leib umgibt u. von Hellsichtigen wahrgenommen werden kann; Ausstrahlung d. Astralleibes
Brachialgewalt	(aus: lat. *brachium* = Arm) rohe Gewalt
Bulimie	(aus: gr. *bous* = Rind; *limos* = Hunger) Heisshunger, Gefrässigkeit; in der krankhaften Form folgt auf Essattacken Erbrechen
Chakra	(sans. Rad) urspr. Bann od. d. Scheibe bzw. Schild d. Vishnu; Rad d. Tierkreises/d. Zeit; feinstoffliches Verbindungsorgan zwischen d. Leibarten u. d. Kosmos (Vishnu ist d. 2. Person d. dreifaltigen Gottes im Hinduismus; 1. Person: Brahma, 3. pers. Shiva)
Derivat	(aus: lat. *derivare* = ableiten) d. Abgeleitete, Abkömmling
Desdemona	weibliche Hauptgestalt in Shakespeares Drama „Othello"; zu Unrecht d. Ehebruchs bezichtigt, wird sie von ihrem eifersüchtigen Gatten Othello umgebracht
Determination	(lat.) Abgrenzung, Begrenzung, Bestimmung; Festlegung d. Verlaufs/d. Entwicklung

Devas	(aus: sans. *div* = scheinen, im Sinne von aufleuchten, strahlen) feinstoffliche Naturwesen, die d. Natur (Mineral, Pflanzen, Tiere) betreuen
Drude	(auch: Drute, Trude) im alten deutschen Volksglauben: böser weiblicher Geist; vampirähnliches Wesen, das in magischen Bann geschlagen wurde, um Befehle d. Magier auszuführen
Engramm	(aus: gr. *en-* <Vorsilbe> in-, innen-; *grámma* = Buchstabe) d. bleibende Spur geistiger Eindrücke
Epilepsie	(aus: gr. *epilepsis* = Anfall) Fallsucht; sie äussert sich im plötzlichen Einsetzen eines Krampfes d. gesamten Muskulatur, verbunden mit schweren Bewusstseinsstörungen, eingeleitet von Sinnestäuschungen bzw. Visionen (man spricht in diesem Zusammenhang von „Aura")
Geomantie	(aus: gr. *gé* = Erde, *manteía* = Wahrsagerei) urspr. Voraussage d. Zukunft aus Steinen u. ihrer Lage; Bestimmung d. geeigneten Ortes u. d. geeigneten Lage für einen geplanten Bau
Gnosis	(gr. Erkenntnis; seit d. 18. Jh. auch *Gnostik* genannt) urspr. religiöse Erkenntnis (im Unterschied zum Autoritätsglauben); Gesamtheit religiös-philosophischer Systeme in den ersten Jahrhunderten, in denen d. christl. Lehre mit Elementen aus d. gr. Philosophie u. orientalischen Mysterienreligionen verschmolzen wurde
Imagination	(aus: lat. *imago* = Bild, Vorstellung; *imaginari* = sich einbilden) bildhafte Vorstellung; aktive I.: absichtliches Hervorrufen bildhafter Vorstellungen
Kabbala	(hebr. Überlieferung) vom 9. Jh. an aufgezeichnete Schriftensammlung jüdischer Mystik
Kakophonie	(aus: gr. *kakós* = schlecht, übel; *phoné* = Stimme, Laut) musikalischer Missklang, als hässlich empfundene Lautfolge
Kapitol	(lat. *Capitolium*) Burg im alten Rom auf dem Kapitol'inischen Hügel

katathym	(aus: gr. *katá* <Vorsilbe> = herab-, herunter-; *thymós* = Seele) auf die Seele wirkend; k. Bilder: bildhafte Vorstellungen, die d. Seele beeindrucken od. erregen
Katatonie	(gr. aus: *katátonas* = gespannt) „Spannungsirresein", krankhafte Bewegungsstörung, Bewusstseinsstarre
Kausalnexus	(aus: lat. *causa* = Ursache, *nexus* = Verbindung) Verbindung von Ursache u. Wirkung
Logos	(gr.) Wort, Rede; Gedanke, Begriff; Vernunft, Sinn; Gottes Schöpferkraft/schöpferisches Wort (vgl. Jo 1,1)
Mimikry	(engl. aus: gr. *mímesis* = Nachahmung) Verhaltensweise genießbarer u. wehrloser Tiere, die sich schützen, indem sie d. Schutztracht od. d. Verhalten ungenießbarer od. wehrhafter Tiere nachahmen, z. B. durch Veränderung d. Körperfarbe od. Sich-Totstellen
Monogamie	(aus: gr. *mónos* <Vorsilbe> = allein-, ein-; *gamein* = heiraten) Einehe
Mutation	(lat. Veränderung) von H. de Vries (1901) eingeführter Begriff für die sprunghaft eintretende Erbänderung in der Entwicklungsgeschichte, die zum Entstehen eines abgeänderten Artmerkmals führt u. die Bildung neuer Arten u. Rassen ermöglicht
Narkose	(gr. *narkosía* = Betäubung) allgemeine Betäubung, die zur Ausschaltung d. Tätigkeit d. Wachbewusstseins führt.
natura non facit saltus	(lat.) die Natur macht keine Sprünge: d. Wachstum geht kontinuierlich: ohne „Sprünge" vor sich; zuerst von Linné (1751) formuliert, dem Sinne nach bereits bei Fournier (1613) u. Leibniz (1704)
Neurose	(aus: gr. *neuron* = Nerv) seelisch verursachte regelwidrige Funktion d. Nervensystems
Okkultismus	(aus: lat. *occultus* = verborgen, geheim) Glaube an geheime, übersinnliche Kräfte u. Fähigkeiten, die außersinnliche Wahrnehmungen (Hellsehen,

	Telepathie), Fernbewegungen (Psychokinese), Materialisationen u. a. parapsychologische Phänomene ermöglichen. – Vom O. ist der Spiritismus zu unterscheiden.
Päderastie	(aus: gr. *país* = Kind, Knabe; *erastès* = *Liebhaber)* geschlechtliche Beziehung eines Erwachsenen zu Knaben
Pädophilie	(aus: gr. *país* = Kind; *philos* = lieb, freundlich) auf Kinder gerichteter Sexualtrieb Erwachsener
Paradoxie	(gr. aus: *pará-* <Vorsilbe> = wider-, entgegen-; *dóxa* = Meinung) das d. allg. Meinung, d. Geglaubten oder d. Vernunft Zuwiderlaufende, d. (scheinbar) Widersinnige; in d. Logik: Aussage, die (scheinbar) zugleich „wahr" u. „falsch" ist
Parapsychologie	(Neubild. aus: gr. *pará-* <Vorsilbe> = bei-, neben-, entgegen-; *psyché* = Seele; *logía* = Wissenschaft, Lehre) Wissenschaft von d. außersinnlichen bzw. okkulten Erscheinungen (Telepathie, Hellsicht, Psychokinese u.a.)
Phänomen	(gr.) d. Erscheinende; Erscheinung als unmittelbare (seelische) od. sinnliche Gegebenheit
phrasieren	(aus: gr. *phrásis* = Redensart) in d. Musik: d. melodische Tonfolge sinngemäß gliedern, in rhythmisch-melodisch sinnvolle Einheiten unterteilen
Primate	(aus: lat. *primus* = d. Erste) Herrentiere: leiblich höchstentwickelte Säugetiere, Menschenaffen (Gorilla, Schimpanse, Orang-Utan)
profan	(lat.) urspr. vor dem geweihten (heiligen) Bezirk liegend; ungeweiht, weltlich
Psychokinese	(aus: gr. *psyché* = Seele; *kínema* = Bewegung) seelische od. geistige Bewirkung eines physischen Vorganges, z.B. das Bewegen von Gegenständen ohne Berührung; die physikalisch nicht erklärbare direkte Einwirkung des Menschen auf Gegenstände

Psychose	(gr. *psychósis* = Beseelung) seelische Störung/Krankheit (= „Geisteskrankheit“)
Quantentheorie	(Neubild. aus: lat. *quantum* <als Frage od. Ausruf> = wie groß) vom Physiker M. Plank (1900) aufgestellte Theorie, wonach d. Strahlungsenergie (Licht, Wärme, Elektrizität) nicht kontinuierlich, sondern nur sprungweise: in kleinsten Elementarquanten absorbiert (= aufgenommen) bzw. ausgestrahlt werden kann
Sadismus	(nach d. franz. Schriftsteller Marquis de Sade, † 1814) Lustbefriedigung durch Quälen d. Partners, von Mitmenschen od. Tieren
Schizophrenie	(aus: gr. *skizein* = spalten; *phrèn* = Zwerchfell, Seele) „Spaltungsirresein“, „gespaltenes Seelenleben“; Spaltung d. Person
Scholastik	(lat. aus: *schola* = Schule; *scholasticus* = d. schulgerecht Gebildete) urspr. zur Schule gehörend, Schullehre; die an Kloster- u. Domschulen u. Universitäten gelehrte Philosophie und Wissenschaft im Mittelalter. – Die Frage der Scholastiker, ob sich mehrere Engel gleichzeitig am selben Ort befinden können, verneint Thomas von Aquino, indem er sich auf die aristotelische Lehre von der Ursache beruft: Da Engel im gewissen Sinne „vollständige Ursachen“ sind und zwei Ursachen nicht gleichzeitig auf denselben Ort einwirken können, „kann an einem Ort nur ein einziger Engel sein.“ (Summa theologica 52. Frage, Art. 3.)
Solarplexus	(aus: lat. *sol* = Sonne; *plexus* = Geflecht) Sonnen- od. Bauchhöhlengeflecht: mit d. zahlreichen Ganglien (= Nervenknoten) d. mächtigste Geflecht d. vegetativen Nervensystems
somatisch	(aus: gr. *soma* = Körper, Leib) körperlich, leiblich
Somatisierung	(aus: gr. *somatikos* = den Leib betreffend, leiblich) durch einen Seelenzustand erfolgte Auslösung od. Bewirkung einer Reaktion od. Krankheit d. physischen Leibes

Spezies	(lat. *species*) Art: Gruppe von Lebewesen, die sich durch gemeinsame Eigenschaften von anderen Lebewesen unterscheiden. – Nächstverwandte Arten werden zu *Gattungen* zusammengefasst; eine Art verzweigt sich in *Rassen* (aus: arab. *ra's* = Ursprung, Haupt; franz. *race*, eingedeutscht im 18. Jh. mit der Bedeutung „Sorte", als biologischer Begriff zuerst bei Kant)
Spiritismus	(Neubild. am Anfang d. 19. Jhs. aus: lat. *spiritus* = Lufthauch, Atemzug, Geist) Verkehr mit Jenseitigen mittels Medien
sublimieren	(aus: lat. *sublimis* = erhaben, geistig anspruchsvoll) verwandeln in etwas Höheres, veredeln, verklären
Synchronizität	(aus: gr. *syn-* <Vorsilbe> = mit-, zusammen-; *chrónos* = Zeit) zeitliche Übereinstimmung/gleichzeitiger Ablauf zweier od. mehrerer Ereignisse
Telepathie	(aus: gr. *téle* = in d. Ferne, <als Vorsilbe> fern-, weit-; *pàthos* = Leiden, Empfänglichkeit) Fernempfindung, Ferneinwirkung, Gedankenübertragung
Terminus	(aus: lat *terminus* = Grenzstein, Endpunkt) Bezeichnung, insbes. d. begrifflich genau festgelegte Fachausdruck
Transzendenz	(aus: lat. *transcendere* = überschreiten: neulat. *transcendentia*) Überschreitung d. Grenze zwischen zwei Gebieten
Trauma	(gr.) Wunde; seelische Erschütterung durch Verletzung od. Schock
Zölibat	(lat. *coelebs* = ehelos) Ehelosigkeit, zu der kath. Priester seit der Synode zu Rom (1074) unter Bannandrohung verpflichtet sind

PERSONENREGISTER

SACHREGISTER

Fett gedruckte Seitenzahlen verweisen auf Hauptstellen, *kursiv* gedruckte auf Definitionen oder wichtige Informationen.
(FB) = Fremdbegriffe; → = siehe unter; vgl. = vergleiche; (a.V.) = als Vergleich; (Mhz.) = Mehrzahl